U0368682

高等学校商科教育应用系列教材

资产评估基础与实务

（第二版）

蔡 璐 杨 良 主 编

张欣蕾 孙雪静 副主编

清华大学出版社

北 京

内 容 简 介

本书根据新版资产评估师考试教材用书及近期相关法律、法规编写,全面系统地阐述了资产评估的基本理论、基本方法,并在此基础上,重点突出房地产评估、流动资产评估、机器设备评估、长期资产及负债评估、无形资产评估、企业价值评估等。本书通过资产评估案例,演示资产评估的基本方法以及操作的全过程。每章都设置习题,以便教师和学生选用。

本书适用于以应用能力培养为目标的本科及研究生资产评估课程教学之用,也可供资产评估工作者以及相关研究人员使用或参考。

本书封面贴有清华大学出版社防伪标签,无标签者不得销售。

版权所有,侵权必究。举报:010-62782989,beiqinquan@tup.tsinghua.edu.cn。

图书在版编目(CIP)数据

资产评估基础与实务/蔡璐,杨良主编.—2 版.—北京:清华大学出版社,2019(2023.8重印)
(高等学校商科教育应用系列教材)
ISBN 978-7-302-52156-3

Ⅰ.①资…　Ⅱ.①蔡…②杨…　Ⅲ.①资产评估-高等学校-教材　Ⅳ.①F20

中国版本图书馆 CIP 数据核字(2019)第 013865 号

责任编辑:左卫霞
封面设计:傅瑞学
责任校对:赵琳爽
责任印制:丛怀宇

出版发行:清华大学出版社
　　　　网　　　址:http://www.tup.com.cn,http://www.wqbook.com
　　　　地　　　址:北京清华大学学研大厦 A 座　　　　　　邮　　编:100084
　　　　社 总 机:010-83470000　　　　　　　　　　　　邮　　购:010-62786544
　　　　投稿与读者服务:010-62776969,c-service@tup.tsinghua.edu.cn
　　　　质量反馈:010-62772015,zhiliang@tup.tsinghua.edu.cn
　　　　课件下载:http://www.tup.com.cn,010-83470410
印 装 者:北京嘉实印刷有限公司
经　　销:全国新华书店
开　　本:185mm×260mm　　印　张:24.25　　　　　　字　　数:586 千字
版　　次:2014 年 1 月第 1 版　2019 年 8 月第 2 版　　印　次:2023 年 8 月第 5 次印刷
定　　价:69.00 元

产品编号:078790-02

第二版 前 言

《资产评估》自2014年1月出版以来,承蒙读者的厚爱,取得了较好的效果。资产评估行业近些年快速发展,为了规范资产评估行为,保护资产评估当事人合法权益和公共利益,促进资产评估行业健康发展,维护社会主义市场经济秩序稳定,全国人民代表大会常务委员会于2016年7月2日发布《中华人民共和国资产评估法》,并于2016年12月1日开始实施。为适应这些变化,结合使用教材学校反馈意见,我们决定对《资产评估》教材进行修订,修订后的教材名称为《资产评估基础与实务》,这更加符合本书的内容及使用定位。

本书力求全面、系统地反映资产评估理论和实践的成果,内容包括资产评估总述、资产评估的基本方法、基本信息的收集与分析处理、各类资产的评估(房地产、流动资产、机器设备、长期资产及负债、无形资产、企业价值)、以财务报告为目的的评估、国内外资产评估发展情况及准则、资产评估程序及资产评估报告与档案,涵盖了资产评估理论、方法、制度、法规等。

再版后的《资产评估基础与实务》在第一版《资产评估》的基础上作了如下修订。

(1)长期资产及负债评估、企业价值评估、以财务报告为目的的评估、国内外资产评估发展情况及准则、资产评估程序及资产评估报告与档案为新增加的章。

(2)删除了金融资产评估、资产评估准则和会计处理、资产评估报告三章。

(3)其他章根据最新的理论及规定进行了更新。

(4)新配备同步练习,适合学生课后消化、复习与提高。

本书由蔡璐、杨良主编。各章编写分工如下:蔡璐执笔第一章、第二章、第四章～第六章、第八章、第九章,张欣蕾执笔第三章,陈雪、吴俊岭执笔第七章,张琪、陈玲玲、翟会颖执笔第十章,杨良执笔第十一章,孙雪静执笔第十二章。全书由蔡璐负责拟定编写大纲、组织编写以及对全书修改、补充和总纂。

感谢燕京理工学院领导的扶助,感谢会计学院领导的悉心指导和照顾,感谢同事们的热心帮忙,感谢2018级我的毕业生的协助,感谢家人的大力支持,感谢清华大学出版社诸位工作人员的辛勤努力。由于条件所限,书中疏漏和不当之处在所难免,欢迎专家、学者和广大读者对本书提出意见和建议。

蔡 璐

2019年2月

第一版 前 言

  资产评估作为一种新兴的行业,自它诞生之日起,就肩负维护社会主义市场秩序、保障各类产权主体合法权益的历史重任,在我国社会主义市场经济中发挥越来越重要的作用。资产评估在世界范围内进入一个前所未有的高速发展时期,为了便于资产评估管理机构、经济理论界、科学研究单位和高等财经院校的教师、研究生深入研究资产评估问题,更为了高等院校及时培养资产评估专业人才,我们编写了本书。

  本书全面系统地阐述了资产评估的基本理论、基本方法,坚持理论联系实际,既有基本理论的详细论述,又有实践操作方法的介绍。本书在全面阐述资产评估内容的基础上,重点突出房地产评估、流动资产评估、机器设备评估、金融资产评估、无形资产评估、企业价值评估和资产评估报告。本书每章均以资产评估案例情境导入,有利于进一步理解和掌握资产评估的内容和方法,学以致用,提高实际操作能力。根据教学实践,为了能更好地领会、理解每一章的重点内容,在每一章后设置了思考题或计算题,以便教师和学生选用。

  本书由蔡璐、杨良主编,孙雪静、张欣蕾、陈雪副主编,何璋教授主审。各章编写分工如下:蔡璐执笔第一章、第二章、第四章、第六章,杨良执笔第五章、第八章,张欣蕾执笔第三章,陈雪执笔第七章,吴俊玲执笔第九章,孙雪静执笔第十章,张琪执笔第十一章。全书由蔡璐负责拟定编写大纲、组织编写,以及对全书的修改、补充和总纂。

  我们尽量争取教材能够有一定水平并符合应用型人才培养的需要。但由于条件所限,书中疏漏和不当之处在所难免,欢迎专家、学者和广大读者对本书提出意见和建议。

编 者

2013 年 10 月

目　录

第一章

资产评估总述

学习目标

1. 了解资产评估总体产生和发展概况。
2. 了解资产评估的基本概念及作用。
3. 掌握资产评估的原则。
4. 掌握资产评估的基本事项。
5. 了解资产评估的理论基础。

情境导入

随着改革的不断深入,国有企业产权不明晰、权责不明确越来越成为改革前进道路上的一块巨大"绊脚石"。自 20 世纪 80 年代国有企业改制试点以来,全国每天流失的国有资产数额达上亿元,且呈现逐年大幅度增长势头。据不完全统计,20 世纪 80 年代末,全国平均每天流失的国有资产约为 1.3 亿元,到了 20 世纪 90 年代增加到 2.5 亿元左右,进入 21 世纪之后,流失速度更快,有时一天就达十多亿元,触目惊心。

国有资产流失的途径有以下几种。

(1) 将国有资产"缩水"。在企业资产估价时,只将企业创建之初的资本作为国有资本,而将后来的资本积累全部界定为集体资本;对企业的固定资产、材料、库存商品等低价评估,无形资产不计价;在改制时将公有资产按比例配股奉送给股东,在企业分红时使用同股不同酬的方法,使国有股份少分利润,或不分利润;在改制企业合并、分立、破产、终止等情况发生时,不按照国家规定清算,将企业的债务、亏损等全部交由国家承担。

(2) 管理方面的缺陷和漏洞导致国有资产流失,如企业的领导和高层管理人员,利用企业管理方面的缺陷,将企业的资金假借对外投资的名义转出,或随意外借,或无偿为私营企业提供担保,谋取私利,导致企业出现大量呆账、坏账。

(3) 不法分子疯狂窃取,如利用虚假出资、抽逃资金等方法成立"皮包"公司,与国有企业合资或合作,窃取国有企业应得利益。

请思考:资产评估究竟是做什么的? 为什么正常的资产评估可以防止国有资产流失? 资产什么情况下可以作评估?

第一节　资产评估总体产生与发展概况

从历史上看,伴随商品交换的出现,评估就自然成为一项有助于搞好市场交易的中介,受到人们的重视。随着商品经济的发展、交易规模的扩大和频率的加快,公司之间、公司与企业集团之间,发生资产买卖的可能性逐渐增大。这种资产交易的发展,使资产评估变得更加必要和经常化。资产评估的发展大致经历了三个阶段:原始评估阶段、经验评估阶段、现代科学评估阶段。

一、原始评估阶段

原始评估是资产评估的最早形式。这种评估是偶然地、直观地对财产的评价。它产生于原始社会向奴隶社会过渡阶段。社会生产力发展到一定阶段,随着私有制的出现,出现了商品生产和商品交换,把房屋、土地、牲畜、珠宝等财产也作为商品进行买卖。在交易这些财产的过程中,买卖双方都期望第三方出面说句公道话,以公平价格成交,这时充当这个角色的一般都是双方熟悉并能信得过的人。被人请出来充当这个角色的人,实际上扮演了类似现在评估员的角色。

原始评估具有以下特点:①直观性,没有借助于其他测评设备,仅仅依靠评估人员的直观感觉和主观偏好进行;②偶然性,由于原始评估阶段还处于社会生产力发展的较低阶段,价值较高的商品生产和交换相对不够频繁,买卖双方达不成协议的情况有限,因此只是偶然发生的;③非专业性,原始评估往往是由资产交易双方或一方指定的人员进行评估,评估人员并不具备专业评估手段和技能,或没有受过专门训练,甚至是由那些不懂多少评估知识,但却在一定范围内德高望重的人员进行评估;④无偿性,资产交易双方无须支付报酬给评估人员,评估人员也无须对评估结果负法律责任。

二、经验评估阶段

随着生产力的不断提高,经济的进一步发展及商品、资产交易频率的增加,资产评估业务也逐步发展得更加专业化,产生了一批具有一定评估经验的评估人员。这些评估人员积累了比较丰富的评估经验,专业水平更高,因而资产交易双方都愿意委托他们进行评估,他们接受的委托评估业务也就较为频繁。资产的评估实行有偿服务,逐步向职业化方向发展。与原始评估阶段相比,经验评估阶段的评估结果更为可靠,但还未能实现评估工作的规范化和评估方法的科学化。从时间上看,前资本主义阶段的资产评估基本上处于经验评估阶段。

经验评估阶段具有以下特点:①经验性,频繁发生的资产评估业务,使评估人员积累了丰富的执业经验;②有偿性,资产评估人员对资产评估业务进行有偿服务;③责任性,评估机构或人员对评估结果,特别是对欺诈行为和其他违法行为产生的后果负法律责任。

三、现代科学评估阶段

产业革命促使资本主义经济飞速发展,生产要素市场日臻发达。科学技术引入评估工作,特别是近代工业发展带来的数学知识、统计学知识发展,使评估进入科学评估阶段,并逐步成为一个提供中介服务的行业。在现代资产评估行业中,评估机构通过为资产交易双方提供评估服务,积累了大量的资产评估资料和丰富的资产评估经验,形成了符合现代企业特点的管理模式,产生了一大批具有丰富评估经验的评估人员。具备了这些条件,公司化的资产评估机构就产生了。这类评估机构依靠其强大的评估实力和现代化的管理方式,为资产业务双方提供优质的评估服务,并通过这些业务使自身得到发展。通常,资产评估公司集中了许多具有专业化水平的评估人员,这些人员既可以是评估公司的员工,也可以是评估公司的兼职人员。在科学评估阶段,资产评估的理论研究也得到了很大发展。新古典经济学派的阿尔弗莱德·马歇尔率先将价值理论引入估价工作中,并对销售对比、成本、收益法三种主要的评估技术进行研究。其后,美国颇有影响力的经济学家伊尔文·弗雪对马歇尔提出的三种评估技术作了进一步的探讨,并着重研究了收益的价值理论,发展并完善了收益法。

总之,资产评估已成为市场经济体系中一个不可或缺的社会中介行业,为维持市场经济秩序发挥重大的作用。资产评估具备以下特点:①公司化的评估机构。评估机构通常是产权清晰、权责明确、政企分开、管理科学的现代服务型企业,以自主经营、自负盈亏的企业法人形式进行经营管理。其客户是参与资产业务的交易双方,其产品是以评估报告形式提交给客户的优质评估报告。②专业化的评估人员。评估机构中的从业人员必须了解、掌握资产评估的专业理论与业务知识,评估报告只能由具备资产评估师或价值评估师等资格者签发。③多元化的评估业务。评估内容十分丰富,不仅包括有形资产和无形资产的评估,而且细化到专项资产、金融资产的评估,从整个资产评估行业看,评估业务几乎无所不包。④科学化的评估方法。现代科学技术和方法在资产评估中广泛运用,极大地提高了资产评估结果的准确性和科学性。⑤法律化的评估结果。评估人员必须在评估报告上签章,评估机构和评估人员对签章的资产评估报告须负相应的法律责任。

第二节　资产评估的基本概念及作用

一、资产及资产评估

(一)资产

1. 资产的定义

经济学中的资产是指未来的经济利益。会计学中的资产是指企业的交易或事项形成并由企业拥有或控制的、预期会给企业带来经济利益的资源(我国 2006 年颁布的《企业会计准则——基本准则》)。

目前资产评估学中资产的定义,与会计学中的资产不是一个概念,而与经济学中的定义内涵接近。资产是指特定权利主体拥有或控制的、能够给特定权利带来未来经济利益的经济资源。

2. 资产的特点

资产评估中的资产是经济主体拥有或控制的、能以货币计量的、能够给经济主体带来经济效益的经济资源资产。资产具有以下特征。

(1)资产必须是经济主体拥有或者控制的。权属问题也是资产的本质内容,权属模糊不清,就无法界定资产范围,也就无从估算其价值。一般来说,一项财产要作为经济主体的资产予以确认,经济主体对该项财产应具有产权。对于一些特殊方式形成的资产,经济主体虽然对其不拥有所有权,但能够实际控制的,如融资租入机器设备,根据实质重于形式原则,应当将其作为经济主体资产予以确认。

(2) 资产必须能以货币计量,也就是说,资产能够运用货币计量其价值,如无法用货币对资产的价值进行计量,不能将其作为资产予以确认。

(3) 资产必须能够给经济主体带来经济利益,也就是说,资产必须具有交换价值和使用价值,没有交换价值和使用价值的物品,不能给经济主体带来未来效益,则不作为资产确认。资产的价值是其获利能力决定的,不是评估人员评出来的,获利能力的大小决定其价值的大小。

3. 资产的分类

(1) 按资产的流动性分类,可以分为短期资产和长期资产。一般情况下,拥有或控制的时间还不到 1 年的为短期资产,超过 1 年的为长期资产。

(2) 按资产存在形态分类,可以分为有形资产和无形资产。有形资产是指具有实物形态的资产,如机器设备、房产建筑、自然资源;无形资产是指不具有实物形态但具有经济价值的资产,如土地使用权、商标权、专利权、非专利技术、商誉等。

(3) 按资产是否具有综合获利能力分类,可以分为单项资产和整体资产。单项资产,如单台设备;整体资产,如企业。其中整体资产的价值不等于各单项可确指资产价值的总额,企业整体资产评估主要考虑的是它作为一项整体资产的生产能力或获利能力,所以其价值不只包括各单项可确指的资产价值,还包括不可确指的资产,即商誉的价值。

(4) 按资产能否独立存在分类,可以分为可确指的资产和不可确指的资产。可确指的资产是指能独立存在的资产,所有有形资产与除商誉外的无形资产,均为可确指的资产。不可确指的资产是指不能独立于有形资产而单独存在的资产,如商誉。

(5) 按资产在生产经营过程中的作用分类,可以分为经营性资产和非经营性资产。其中经营性资产按是否对盈利产生贡献,又分为有效经营性资产和无效经营性资产。

(6) 根据《企业会计准则》,资产可以分为固定资产、流动资产、无形资产、长期投资性资产、递延资产和其他资产。

(二) 资产评估

1. 资产评估的定义

简单地说,资产评估就是确定资产某一时点价值的行为和过程,它为资产交易提供公平的价值尺度。具体来说,资产评估是指在市场经济条件下,由专业机构和人员,按照国家法律、法规和资产评估准则,根据特定目的,遵循评估原则,依照相关程序,选择适当的价值类型,运用科学的方法,对资产价值进行分析、估算并发表专业意见的行为和过程。

《中华人民共和国资产评估法》(以下简称《资产评估法》)从资产评估职业角度,对资产评估的概念界定如下:"评估机构及其评估专业人员根据委托对不动产、动产、无形资产、企业价值、资产损失或者其他经济权益进行评定、估算,并出具评估报告的专业服务行为。"该概念除了规定资产评估是一种价值评定、估算行为外,还强调了资产评估的主体、对象、法律特点和服务成果,具体如下。

(1) 资产评估的主体。资产评估法规定,资产评估机构及其评估专业人员是资产评估的主体;资产评估法不仅从概念上对资产评估进行界定,还对机构设立、人员从业、业务承办和资产评估报告签署等方面作出了具体规定。比如,法定资产评估业务至少应当指定两名资产评估师承办,并在资产评估报告上签名;其他资产评估业务至少应当指定两名资产评估专业人员承办,并在资产评估报告上签名;资产评估专业人员从事资产评估业务,应当加入评估机构。资产评估机构应满足规定的设立条件,并应当在领取营业执照之日起三十日内向有关评估行政管理部门备案。

（2）资产评估的客体。资产评估的客体是指资产评估的对象，包括不动产、动产、无形资产、企业价值、资产损失或者其他经济权益。

（3）资产评估服务的法律行为。作为专业服务，资产评估是根据委托人的要求进行的，属于受托民事行为。因此，《资产评估法》规定，委托人应当与评估机构订立委托合同。资产评估应当按照法律、法规规定和委托合同约定进行。

（4）资产评估服务的内容及成果。资产评估是对评估对象价值进行评定估算的专业服务，资产评估机构出具的资产评估报告是向委托人提供的服务成果。

《资产评估法》对资产评估的程序作了明确规定，要求评估机构及相关评估专业人员应对所出具的评估报告依法承担责任。

2. 资产评估的特点

（1）市场现实性。资产评估为资产交易提供公平的价值尺度。通过模拟市场条件，现实存在作为资产确认、估价和报告的依据，以评估基准期为时间参照，按这一时点的资产实际状况对资产进行的评定估算，对资产的价值给出经得起市场检验的评定估算和报告。其中市场现实性是资产评估区别于其他会计活动的显著特征。

（2）预测性。资产现实价值的确认，依赖于对资产未来继续利用价值的预测。一项资产是否有价值，关键取决于其未来是否有用，能否给资产的所有者带来未来收益。未来没有潜能和效益的资产，现实评估价值是不存在的。资产评估的预测性主要表现在以下两个方面：①用未来预期收益折算反映整体资产的现实价值；②用预期使用年限和功能评估某类资产的价值。

（3）公正性。资产评估的性质要求其必须保证公正性。公正性是资产评估存在和立足的根本。资产评估行为服务于资产业务的需要，对于评估当事人具有独立性，资产评估过程及其结果只服从于资产评估对象及评估时的各种主客观条件，不服务于资产业务当事人任何一方的需要。要保证资产评估的公正性，一方面，资产评估机构和评估人员保持超然独立的地位，与资产交易各当事人没有利益或利害关系，这是公正性的组织基础；另一方面，资产评估必须按公允、法定的准则和规程执业，具有公允的行为规范和业务规范，这是公正性的技术基础。

（4）专业咨询性。资产评估属于一种专业技术咨询活动，需要由具有资产评估及其相关知识的专业人士或专家，以及由这些专业人士及专家组成的机构完成。资产评估结论应该是这些专家的专业判断和专家意见，评估结论是建立在专业知识和经验的基础上的。

资产评估结论是为资产业务提供的专业化估价意见，这个意见本身并无强制执行的效力，评估者只对结论本身合乎职业规范要求负责，而不对资产业务定价决策负责。资产评估为资产交易提供的估价，只是作为当事人要价和出价的参考，最终的成交价则还取决于当事人谈判的技巧。

3. 资产评估的分类

资产评估的对象是资产，资产种类和资产业务都具有多样性，为了科学地进行资产评估，应针对资产评估的具体情况进行分类。按资产评估分类方法的不同可以得出不同分类结果。

（1）按资产的构成和获利能力，资产评估可具体划分为单项资产评估和整体资产评估。单项资产评估是指对单项可确指资产的评估。在单项资产评估中，将单项资产评估价值汇总起来,可以求得作为资产综合体的企业的总资产价值。但是,如果不是变卖单项资产,而是把企业或单独的生产车间作为商品进行买卖时,一般要进行整体资产评估。整体资产评估是指若干单项资产综合体所具有的整体生产能力或获利能力的评估,最为典型的整体资产评估就是企业价值评估。

(2) 按资产评估面临的条件、资产评估执业过程遵循资产评估准则的程度及对评估披露的要求角度,可以分为完全评估和限制评估。完全评估一般是指完全按照评估准则及其规定的程序和要求进行的资产评估。限制评估一般是指评估机构及其人员由于评估条件的限制而不能按照资产评估准则的要求进行执业,此时需要做更为详尽的说明和披露,或在允许的前提下,未完全按照评估准则及其规定的程序和要求进行的资产评估,评估结果是在受限的条件下得出的。

(3) 按引起资产评估的经济行为划分,资产评估还可具体划分为资产转让评估、企业兼并评估、企业出售评估、企业改制评估、股权重组评估、中外合资合作资产评估、企业清算评估等。

(4) 从资产评估服务的对象、评估的内容和评估者承担的责任等方式看,主要分为评估价值、评估复核、评估咨询。这是目前国际上的资产评估分类方式。评估类似于我国目前广泛进行的为产权变动和交易服务的资产评估,它一般服务于产权变动主体。评估复核是指评估机构对其他评估机构出具的评估报告进行的评判分析和再评估。评估咨询既可以是评估人员对特定资产的价值提出咨询意见,也可以是评估人员对评估标的物的利用价值、利用方式、利用效果的分析和研究,以及与此相关的市场分析、可行性研究等。

二、资产评估的作用

(一) 资产评估的基本作用

资产评估的主要对象是"资产",随着社会的发展,资产作为生产要素正式从财产中分离,出现了生产要素市场。

不同于在产品市场流通的、可供人们消费的最终产品,在生产要素市场流动配置的是在生产经营活动中被利用的经济资源,如技术、信息、房屋、土地、机器设备等。除了上述单项资产,资产还包括由多种生产要素组成的、具有获利能力的资产组合体,如整体的企业、完整的业务单元等。

一般而言,市场经济利用"无形的手"对资源进行合理配置,市场对公开交易的资产由供求价格机制定价。但生产要素市场所流通的"资产"形态是复杂的,大部分资产组合是独一无二的,很难在市场上找到相似的参照物,一般不宜像普通商品那样通过市场解决定价问题。另外,受资产特性、交易机制等固有局限,或当时当地的主客观条件,有时可能出现市场价格机制失灵的状况,这就需要通过价值判断和估计解决资产定价问题。

资产评估就是依据市场的价格形成机制,通过模拟市场条件,运用合理的技术方法,确定特定用途资产在约定时点的价值。资产评估作为价格机制的补充手段是资产价值发现、衡量及实现的重要工具。资产评估行业是市场经济体制中不可或缺的中介服务行业。

因此,反映和揭示资产的价值是资产评估的基本作用。

(二) 我国资产评估服务的主要领域及作用

资产评估是现代高端服务业,是经济社会发展中的重要专业力量。

我国资产评估行业发展近30年来,积极服务国家改革开放和市场经济建设,资产评估实践已涵盖经济建设的各个领域,服务的经济行为和资产类型体现出广泛性和综合性特点,成为市场经济必不可少的基础环节和有机组成部分,为维护国有资本权益、规范资本市场运作、防范金融系统风险、保障社会公共利益和国家经济安全作出了重要贡献。资产评估在我国主要的服务领域如下。

1．国有资产

我国资产评估行业是从服务于国有企业与外资合作起步的。迄今,涉及国有资产的资产评估业务仍然是我国资产评估行业主要服务领域之一。

在国有企业放权让利改革、引进外资、清产核资、公司制和股份制改革、进入国内国际资本市场、建立国有资产出资人制度、混合所有制改革、实施境内外投资并购等改革进程中,资产评估积极参与国有企业改革和国有资本战略重组,提供专业的资产价值估算和经济行为定价依据。

通过资产评估确定国有资产的实际价值,有助于形成国有资产管理最重要的基础资料。依托资产评估反映资产的实际价值,为优化国有资源配置和国有资产保值增值提供依据,有利于防范国有资产流失。资产评估已成为维护国有资产权益的重要专业手段之一,也是我国国有资产管理的必要程序。国有资产评估已经成为我国目前主要的法定资产评估业务之一。

国有资产主管部门对资产评估报告的使用主要是审核相关经济行为定价依据的合规、合理性。国务院国有资产监督管理委员会发布的《中央企业资产评估项目核准工作指引》和《企业国有资产评估项目备案工作指引》等文件,规定了对报送国有资产主管部门核准或备案资产评估项目的审核要求。

2．资本市场

我国资产评估行业对资本市场的服务始于国有企业股份制改造和上市,目前资本市场依然是我国资产评估行业重要的服务领域之一。

我国资本市场已发展成为包括主板市场、中小板市场、创业板市场以及全国中小企业股份转让系统(俗称"新三板")的多层次、多板块市场体系。资产评估参与资本市场业务项目数量和规模越来越大,功能和作用日益增强。资产评估为推动企业发行上市和并购重组、引导投资行为、优化资源配置、规范市场秩序、保障资本市场安全高效运行和整体稳定发挥了重要作用。资产评估师已经与独立财务顾问、注册会计师、律师一起成为服务于我国证券市场和上市公司的主要专业力量。

资产评估对资本市场提供的专业服务主要包括以下内容。

(1) 为拟上市公司变更为股份公司时的注册资本核定进行出资资产评估。

(2) 为新股发行定价了解拟上市公司价值进行企业价值评估。

(3) 为上市公司并购重组、资产取得或处置等产权变动提供相关定价参考服务。

(4) 为上市公司财务报表编制过程提供合并对价分摊、公允价值计量和资产减值测试等进行评估。

(5) 为资产证券化、发行公司债券等业务提供基础资产、担保资产的收益预测或价值评估。

在上述领域,资产评估通过向交易参与者提供评估服务,为上市公司、投资者、证券监管与交易管理机构以及社会公众等提供了丰富、专业的资产价值信息。

对于公司首次发行股票,用于股份制变更的资产评估报告属于申请企业的申报材料,证券监督管理部门审核申请企业的申报材料及招股说明书时,会关注资产评估报告以及申请企业、中介机构对相关信息披露的合规情况。

对于上市公司的公司并购、资产收购、资产置换、以资抵债等行为,证券监督管理部门等对资产评估报告的使用主要是审核资产定价依据的合规、合理性。

3. 金融领域

金融领域也是我国资产评估的重要服务领域。资产评估行业的价值估算、分析等专业服务,促进了我国金融行业的改革和发展,为金融创新、加强金融监管和风险防控提供了有益支持。

资产评估在金融领域提供的专业服务主要包括如下内容。

(1) 为国有商业银行等金融企业的股份制改革提供资产评估。

(2) 为新股发行定价,对拟上市的国有金融企业进行企业价值评估。

(3) 为银行债权转股权提供对被转股企业的企业价值和拟转股债权的评估。

(4) 为资产管理公司金融不良资产处置提供价值评估或价值分析业务。

(5) 为商业银行等金融机构抵(质)押贷款提供押品价值评估。

财政部门和相关金融企业在国有金融资产评估项目核准(备案)时,对资产评估报告的使用主要是审核相关经济行为定价依据的合规、合理性。

金融不良资产评估业务包括资产评估专业人员执行的以金融不良资产处置为目的的价值评估业务和以金融不良资产处置为目的的价值分析业务。后者是指资产评估机构及其资产评估专业人员根据委托,对无法履行必要资产评估程序的金融不良资产在评估基准日特定目的下的价值或者价值可实现程度进行分析、估算,并出具价值分析报告等咨询报告的专业服务行为。

在金融不良资产处置环节,资产评估通过提供对金融不良资产的价值评估或价值分析业务,为不同经济主体间的利益分割以及指导金融不良资产处置定价、监督处置行为和衡量处置效果发挥了专业基础作用。

抵(质)押贷款中,对押品价值的评估是中外评估实践的重要领域和资产评估行业的传统业务。对抵(质)押的评估需求,主要包括以下三种情形。

(1) 贷款发放前设定抵(质)押权的评估,作为确定发放贷款的参考依据。

(2) 实现抵(质)押权的评估,作为将押品折价或变现时的定价参考。

(3) 贷款存续期对押品价值动态管理所要求的评估,以便根据押品的价值变化对贷款风险防范提出建议。

资产评估机构的评估,对提高抵(质)押担保质量、保障银行债权安全、及时量化和化解风险提供了有效的专业支持。

4. 司法领域

司法实践领域中,关于涉案标的财产(资产)的价值认定、资产损害赔偿价值认定、刑事案件中影响量刑依据的涉案财物(资产)及损失判定,都需要由法院认定的专业评估机构出具专业价值意见。

资产损害赔偿鉴定评估是资产的所有权、用益物权或者担保物权受到侵害,从而对损害带来的资产价值减损额进行的鉴定评估。资产变价是人民法院执行案件的重要环节之一。由资产评估确定资产价值减损额、确定资产变价底价是国际通行的做法。2009年8月,最高人民法院发布的《最高人民法院关于人民法院委托评估、拍卖和变卖工作的若干规定》规定："拍卖财产经过评估的,评估价即为第一次拍卖的保留价。"资产评估的结果可以作为民事执行的参考依据。资产评估提供专业支持,有助于提高司法审判的权威性,提升案件处理的公正性,维护社会公平正义。人民法院采信资产评估机构出具的关于资产损害赔偿的鉴定评估结论,为法院判案提供依据,有利于案件的处理及纠纷的化解。在此方面,资产评估发挥了重要作用。

资产评估结论关系犯罪嫌疑人的定罪量刑,即罪与非罪、此罪与彼罪、量刑的多少等。因此,刑事案件中资产评估结论决定犯罪嫌疑人的切身利益,决定案件审理的客观、公正,是非常重要的鉴定结论。如备受国际国内广泛关注的"力拓案",资产评估为人民法院提供了公允的价值评估结论,使案件得到顺利判决。

资产评估是专业性很强的工作,资产评估可以为涉案标的提供价值衡量尺度。民事诉讼案中,在立案、审理、判决、执行等各个环节,资产评估均可以提供涉案标的资产的价值鉴定工作。随着社会经济的发展,人们的经济活动大量增加,经济活动中的民事纠纷也随之增加,资产评估行业将会在司法领域发挥更大作用。

5. 非货币资产出资

以非货币资产出资设立公司或对公司增资扩股,是投资企业中较为常见的形式,对出资资产进行评估是资产评估较为常见的业务之一。

《中华人民共和国公司法》(简称《公司法》)规定："对作为出资的非货币财产应当评估作价核实财产,不得高估或者低估作价。"公司成立后,"发现作为设立公司出资的非货币财产的实际价额显著低于公司章程所定价额的,应当由交付该出资的股东补足其差额;公司设立时的其他股东承担连带责任"。

对于可以用于出资的资产,《公司法》规定,"股东可以用货币出资,也可以用实物、知识产权、土地使用权等可以用货币估价并可以依法转让的非货币财产作价出资"。符合国家工商行政管理总局的《公司注册资本登记管理规定》的股权债权可分别用于出资或转为公司股权。

资产评估的评估结果用于揭示资产的公允价值,可以保障企业的股东、债权人以及社会公众的利益。

在 2014 年 3 月《公司法》修订前,办理公司设立或增资登记的需要向工商行政管理部门提交用于出资的非货币资产的资产评估报告和验资证明。《公司法》修订后实行资本认缴制的公司,在办理与出资相关的公司登记时,工商行政管理部门不再要求其提交资产评估报告和验资证明,资产评估报告成为被出资企业留存的备查文件。工商行政管理部门在对企业公示信息抽查时,资产评估报告能够帮助其判定企业申报出资额的合理性。对仍有实收资本要求的企业,公司登记时还需要提交依法设立的验资机构出具的验资证明,涉及非货币资产出资的应当出具资产评估报告。工商行政管理部门在办理公司登记时对其用于出资的非货币资产的作价(折股)依据进行审核。

资产评估揭示的出资财产价值,有助于核查企业的资本真实和公示信息的诚信水平,显化企业从事经营活动、承担债务责任的物质基础。

6. 税收领域

我国在核定税基、确定计税价格、关联交易转让定价等税收领域都对资产评估产生了需求。资产评估的独立、专业地位可以为税收的征管提供公允的价值尺度。

目前我国税务征管部门,要求提供或备查资产评估报告的情形主要有以下几种。

(1) 非货币性资产出资。按照税法规定,以非货币性资产对外出资,应当确认非货币性资产转让所得,税收征管部门要求"企业应将股权投资合同或协议、对外投资的非货币性资产(明细)公允价值评估确认报告、非货币性资产(明细)计税基础的情况说明、被投资企业设立或变更的工商部门证明材料等资料留存备查"。这实际是要求企业取得用于投资的非货币性资产的资产评估报告。使用评估报告的目的是审核、确定计税资产申报价值的公允性。

(2) 对非货币性资产征税。根据持有或流转的情形,对非货币性资产的持有或流转,可能会涉及流转税、所得税、财产税和土地增值税等税种。对纳税申报不合理、未制定计税价格标准且价值不易按照通常方法确定的非货币性资产,税收征管部门会要求提供资产评估报告。使用评估报告的目的是根据涉税情形,帮助税收征管部门确定相关非货币性资产的应税流转或所得额、财产价值或增值额。

与税务领域相关的业务还有抵税财物处置环节的资产评估,如对抵税财物的拍卖。按照规定,除有市场价或可依照通常方法确定价格之外的拍卖对象应当委托评估,评估的目的是帮助确定相关财物的拍卖保留价。

资产评估可以为税收部门依法治税、提高税基核定权威性和税收征管效率提供专业技术保障。

7. 会计计量领域

公允价值计量方式被引入会计系统,为越来越多国家的会计准则所采用,引发了对利用评估技术解决公允价值计量的需求。引进独立、专业的资产评估机构,提供对复杂资产公允价值的评估或复核服务,控制公允价值计量风险,也成为许多国家的通行做法。我国2006年颁布的《企业会计准则》,在部分准则中直接或间接采用了公允价值的概念或计量方法。2014年公布的《企业会计准则第39号——公允价值计量》,2017年中国资产评估协会发布《以财务报告为目的的评估指南(试行)》,有力推动了我国会计计量领域资产评估实践的发展。企业合并对价分摊、资产减值测试投资性房地产和金融工具等资产的公允价值计量等资产评估业务,形成了我国资产评估服务于会计计量的主要业务内容。

在服务会计计量领域,资产评估作为独立的专业力量评估公允价值,企业在会计核算中运用公允价值,审计机构对公允价值的形成和使用进行审核,有利于厘清相关主体的专业边界。资产评估的专业属性能够提高计量价值判断的权威性、独立性,增强计量结果的公正性。在市场条件存在局限时,资产评估还可以运用专业知识和经验,弥补市场机制的不足,合理发现资产或负债的公允价值,为会计计量和独立审计提供有效的专业支持。

资产评估为会计核算和财务报表编制提供公允价值或特定价值的确认依据,有利于提高财务会计信息的质量,增强信息披露的相关性和适用性。

8. 资本跨境合作

资本跨境合作包括我国引进外资和境外投资。在经济全球化浪潮中,境外资本通过合资合作、直接投资或企业并购等方式进入我国,我国资本也通过投资并购走出国门,参与国际竞争。

资产评估借助专业手段,通过提供尽职调查、价值评估、评估复核等服务,为确定非货币资本、并购标的价值和实施并购价格分摊等提供依据,有力地促进了国内外资本的跨境合作。企业"走出去"和"一带一路"的实施提高了国内企业的国际化经营水平。

同时,引进外资或对外投资的主管单位及国家外商投资主管部门还可以通过资产评估了解跨境合作定价的合规、合理性,对外商投资涉及的国家经济安全事项进行审查。

第三节　资产评估的原则

资产评估的原则是规范资产评估人员评估行为和业务的准则,同时也是调节资产评估委托者、承担评估业务机构及人员和其他与资产业务有关权益各方在资产评估中的相互关系的行为准则。具体内容包括资产评估的工作原则和资产评估的经济技术原则两方面。

一、资产评估的工作原则

资产评估的工作原则是资产评估工作的规范要求,资产评估机构和资产评估师在执业过程中应坚持独立性、客观公正性和科学性等工作原则。

1. 独立性原则

资产评估中的独立性原则包含两层含义：①评估机构本身应该是一个独立的、与资产评估业务当事人任何一方都没有利益及利害关系的社会中介机构,不应受外界干扰和委托者意图的影响；②评估机构及评估人员在执业过程中应始终站在独立的第三方的立场上,评估工作不受评估业务当事人任何一方的影响,独立、公正地得出评估结论。资产评估工作为资产业务本身服务,而不是服务于当事人任何一方利益的需要。

2. 客观公正性原则

客观公正性原则要求专业评估人员要从实际出发,尊重客观事实,认真进行调查研究,通过合乎逻辑的分析,在评估过程中排除人为因素的干扰。资产评估的工作应以资产的实际状况为依据,坚持公平、公正的立场,最终实事求是地得出评估结论。资产评估结论是评估人员经过认真调查研究,按法定程序操作得出的,因而具有公允性。

3. 科学性原则

科学性原则是指在资产评估过程中,资产评估机构及评估人员必须遵循科学的评估标准,根据评估的特定目的,选择适用的价值类型和方法,制订科学的评估实施方案,使资产评估结果科学合理。资产评估业务不同,其评估程序也有繁简的差异。

在评估工作中,应根据评估本身的规律性和国家有关规定,结合资产评估的实际情况,确定科学的评估程序。在整个评估工作中必须把主观评价与客观测算、静态分析与动态分析、定性分析与定量分析有机结合起来,使评估工作做到科学合理、真实可信。

二、资产评估的经济技术原则

资产评估的经济技术原则是指在资产评估执业过程中的一些技术规范和业务准则,主要包括以下几点。

1. 评估时点原则

市场是不断变化的,随着时间的推移,资产价值会随对价值有影响的因素变化而不断变化。为了使资产评估的结果能被市场检验,在资产评估时必须假定市场条件固定在某一时点,这一时点就是评估基准日,也叫估价日。评估基准日为资产评估提供了一个时间基准。资产评估的评估时点原则要求资产评估必须有评估基准日,而且评估值就是评估基准日的资产价值。

2. 预期收益原则

预期收益原则是评估人员判断资产价值的一个最基本的依据。预期收益原则是指在资产评估过程中,资产的价值可以不按照过去的生产成本或销售价格决定,而是基于对未来收益的期望值决定,因此必须合理预测其未来的获利能力以及拥有获利能力的有效期限。一项资产取得时的成本很高,但对购买者来说,其效用不高,评估值就不会很大。资产价值的高低主要取决于它能为其所有者或控制者带来预期收益量的多少。

3. 贡献原则

贡献原则是指某一资产或资产的某一构成部分的价值,取决于它对其他相关的资产或资产整体的价值贡献,或者整体资产缺少它时对整体价值下降的影响程度来衡量确定该资产的价值。贡献原则要求在评估一项由多个资产构成的整体资产的价值时,必须综合考虑该项资产在整体资产构成中的重要性,而不是孤立地确定该项资产的价值。因此贡献原则主要适用于评估整体资产中部分要素的价值。

4. 替代原则

作为一种市场规律,在同一市场上,具有相同使用价值和质量的商品应有大致相同的交换价值。如果具有相同使用价值和质量的商品具有不同的交换价值或价格,买者就会选择价格较低者;作为卖者,如果可以将商品卖到更高的价格水平上,就会在较高的价位上出售商品。因此评估时,某一资产的可选择性和有无替代性是需要考虑的一个重要因素。在资产评估中确实存在评估数据、评估方法等的合理替代问题,正确运用替代原则是公正地进行资产评估的重要保证。

5. 供求原则

供求原则要求在资产评估时要遵循市场供求规律。市场供求规律是指假定在其他条件不变的前提下,商品的价格随着需求的增长而上升,随着供给的增加而下降。供求规律对商品价格形成的作用力同样适用于资产价值的评估,评估人员在判断资产价值时也应充分考虑和依循供求原则。

6. 最高最佳使用原则

最高最佳使用原则依据价值理论原理,强调商品在交换时,应以最佳用途及利用方式实现其价值。由于商品,特别是资产的使用受到市场条件的制约因素,最高最佳用途的确定一般需要考虑以下几个因素。

(1) 反映法律上许可的要求,必须考虑该项资产使用的法律限制。

(2) 确定该用途技术上是否可能,必须是市场参与者认为合理的用途。

(3) 确定该用途财务上的可行性,必须考虑在法律上允许且技术上可行的情况下,使用该资产能否产生足够的收益和现金流量,在补偿使资产用于该用途所发生的成本后,仍然能够满足市场参与者所要求的投资回报。

7. 外在性原则

交易至少是两个当事人、两种权利主体之间的事情。一方的行为可能要对另一方造成损失或收益,这就是所谓的外在性。

资产评估中的外在性原则是指"外在性"会对相关权利主体带来自身因素之外的额外收益或损失,从而影响资产的价值,对资产的交易价格产生直接的影响。资产评估应该充分关注"外在性"给被评估资产带来的损失或收益以及这种损失或收益对资产价值的影响。

例如,在对房屋建筑物进行评估时,一个重要的价格影响因素就是环境因素,房屋周边开发的程度、环境状况等因素与房屋本身的所有权无关,但对房屋价格有重要影响。有时环境因素影响的权重,甚至不亚于房屋本身的造价。环境因素对房屋建筑物评估价值的影响实际上就是"外在性"对房屋建筑物价值影响的体现。优良的环境会对房屋使用功能产生溢出效应,增加房屋的转让价值或使用收益;恶劣的环境则会对房屋使用功能产生波及效用,减损房屋的转让或持有价值。

第四节 资产评估基本事项

一、资产评估的假设

假设对任何学科都是重要的,相应的理论观念和方法都是建立在一定假设的基础之上,如会计的四大假设:会计主体、会计分期、持续经营、货币计量。资产评估是在资产交易发生之前,通过模拟市场对准备交易的资产在某一时点的价格所进行的估算。但事实上,人们是无法完全把握市场机制的,评估人员模拟市场进行资产评估往往必须借助于若干种假设,以便对资产的未来用途和经营环境作出合理的判断。因此,资产评估与其他学科一样,其理论和方法体系的确立也是建立在一系列假设基础上的,各种假设主要是以交易假设为基础。

为了发挥资产评估在资产实际交易之前为委托人提供资产交易底价的专家判断的作用,同时又能够使资产评估得以进行,假定所有待评估资产已经处在交易过程中,评估师根据待评估资产的交易条件等模拟市场进行估价,就是交易假设。它是资产评估得以进行的最基本的前提假设。交易假设一方面为资产评估得以进行创造了条件;另一方面它明确限定了资产评估的外部环境,即资产是被置于市场交易中的。资产评估不能脱离市场条件而孤立地进行。在资产评估中有三个基本的假设:公开市场假设、持续使用假设和清算假设,它们都是交易假设的具体化。

(一)公开市场假设

公开市场是指充分发达与完善的市场。这个市场应该满足以下几个条件:①有足够的买者和卖者;②买者和卖者的地位是平等的;③彼此都有获得足够市场信息的机会和时间;④买卖双方的交易行为都是在自愿、理智而非强制的,或不受限制的条件下进行的。事实上,现实中的市场条件未必真能达到上述公开市场的完善程度。

公开市场假设就是假定这种较为完善的竞争性市场存在,被评估资产将要在这样一种公开市场中进行交易。当然,公开市场假设也是基于市场客观存在的现实,即以资产在市场上可以公开买卖这样一种客观事实为基础的。

凡是能够在公开市场上交易,用途较为广泛或者通用性较强的资产,都可以考虑使用公开市场假设进行评估。不同类型的资产,其性能、用途不同,市场程度也不一样,用途广泛的资产一般比用途狭窄的资产市场活跃,而不论资产的买者或卖者,都希望得到资产最佳效用。所谓资产的最佳效用,是指资产在法律允许的范围内,可以实现的且持有人能够得到最大收益的用途。这种资产的最大最佳效用可以是现时的,也可以是潜在的,由资产所在地区、具体特定条件以及市场供求规律所决定。评估资产时,按照公开市场假设处理或做适当的调整,才有可能使资产效用最大。

(二) 持续使用假设

持续使用假设是先设定被评估资产正处于使用状态,包括正在使用中的资产和备用的资产,再确认这些处于使用状态的资产还将继续使用下去。满足以下条件的资产,可以继续使用。

(1) 资产能以其提供的服务或用途满足资产持有人经营上期望的收益。

(2) 资产的所有权明确,从经济上、法律上允许转作他用,转换用途能实现其最佳效用。

(3) 资产尚有显著的剩余使用寿命,资产的使用功能完好或较为完好。

持续使用假设是在一定市场条件下对被评估资产使用状态的假设,其评估结果使用范围常常是有限制的,它只对特定的买者或者卖者是公平合理的。持续使用假设又可以细分为在用续用、转用续用、移地续用。这一假设要求通常情况下不能按照把资产拆零出售所得收益之和来评估资产价格,即应该把资产看作一种获利能力而不是物的堆积。比如,一台机床用于制造产品时,其估价可能是10万元,而将其拆成齿轮发动机、床身等零部件分别出售时,可能仅值4万元。同一资产按不同的假设用作不同目的,其价格是不一样的。

(三) 清算假设

清算假设是指在非公开市场条件下,资产所有者经协商或以拍卖等方式将其资产被迫出售或快速变现条件的假定说明。这种情况下的资产评估具有一定的特殊性,适应强制出售中市场均衡被打破的实际情况,被评估资产的评估值通常要低于在公开市场假设或持续使用假设前提下同样资产的评估值。因此,在清算假设前提下的资产评估结果的适用范围是非常有限的,资产评估人员在评估业务活动中要充分分析了解、判断认定被评估资产最可能的效用,以便得出有效结论。

二、资产评估相关当事人

(一) 评估委托人

资产评估是一项委托/受托的民事事项。资产评估需要签订委托合同,委托合同的委托方是评估委托人,受托方则是评估机构,两者之间是民事合同的当事双方。

1. 评估委托人的概念

《资产评估法》规定,资产评估委托人应当与评估机构订立委托合同,也就是资产评估作为一项民事经济活动,是建立在委托契约基础上的,与资产评估机构就资产评估专业服务事项签订委托合同的民事主体,就是资产评估的评估委托人。

委托人可以是一个,也可以是多个,可以是法人,也可以是自然人。一旦委托合同签订,该评估委托合同受合同法规范,评估委托人和资产评估机构享有委托合同中规定的权利,同时也都要严格履行委托合同中约定的义务。

《资产评估法》规定评估分为法定评估和非法定评估。法定评估的,委托人的确定需要符合国家有关法律、法规的规定;非法定评估的,委托人可以在自愿协商的原则下确定。

2. 评估委托人的权利与义务

(1) 评估委托人享有的权利。评估委托人可以根据委托合同的约定,享有合同中规定的相关权利。《资产评估法》对评估委托人的权利有以下规定。

① 评估委托人有权自主选择符合《资产评估法》规定的评估机构,任何组织或者个人不得非法限制或者干预。

② 评估委托人有权要求与相关当事人及评估对象有利害关系的评估专业人员回避。

为了保证资产评估的公正性,当发现参与评估工作的评估机构中有与相关当事人或资产评估对象存在利害关系的,或者评估机构安排的评估人员与相关当事人或资产评估对象存在利害关系的,评估委托人有权要求有利害关系的机构或人员回避。

③ 当评估委托人对资产评估报告结论、评估金额、评估程序等方面有不同意见时,可以要求评估机构解释。评估委托人认为评估机构或者评估专业人员违法开展业务的,可以向有关评估行政管理部门或者行业协会投诉、举报,有关评估行政管理部门或者行业协会应当及时调查处理,并答复评估委托人。

(2) 评估委托人的义务。评估委托人在享有必要权利的同时还必须承担评估委托合同约定的义务。《资产评估法》对委托人的义务有以下规定。

① 评估委托人不得对评估行为和评估结果进行非法干预。评估委托人不得串通、唆使评估机构或者评估专业人员出具虚假评估报告。为了保证资产评估的客观公正性,任何人都不允许对资产评估机构或者评估人员的评估工作进行非法干预,更不能串通、唆使评估机构或评估人员出具虚假评估报告。

② 评估委托人应当按照合同约定向评估机构支付费用,不得索要、收受或者变相索要、收受回扣。

③ 评估委托人应当对其提供的权属证明、财务会计信息和其他资料的真实性、完整性和合法性负责。

提供真实、完整、合法的权属证明、财务会计信息和其他资料是资产评估业务正常开展的基础。真实是指所提供的相关资料的内容必须反映评估对象的实际情况,不得弄虚作假;完整是指提供的相关资料种类应当齐全、内容应当完整不得有遗漏;合法是指所提供的资料的内容和形式应当符合法定要求。评估委托人对其提供的权属证明、财务会计信息和其他资料的真实性、完整性和合法性负责是其最基本的义务。

④ 评估委托人应当按照法律规定和评估报告载明的使用范围使用评估报告,不得滥用评估报告及评估结论。

资产评估准则要求资产评估报告需要明确该评估报告的评估目的。评估委托人使用评估报告应当符合评估目的的要求,不得将评估报告的结论用作其他目的,或者提供给其他无关人员使用。除非法律、法规有明确规定,评估委托人未经评估机构许可,不得将资产评估报告全部或部分内容披露于任何公开的媒体上。

(二) 评估机构

1. 评估机构的概念

评估机构是资产评估委托合同的受托人,是出具资产评估报告的主体,也是对资产评估报告承担法律责任的法人(或非法人组织)主体。根据《资产评估法》的规定,资产评估机构是对不动产、动产、无形资产、企业价值、资产损失或者其他经济权益进行评定、估算,并出具评估报告的专业服务机构。[①]

评估机构是依法成立的享有独立民事责任的法人组织。评估专业人员从事评估业务,应当加入评估机构,并且只能在一个评估机构从事业务,不能私自接受委托从事资产评估

① 本书所指资产评估机构特指在财政部门备案的评估机构。

业务。

资产评估机构一般都会加入评估行业协会,接受行业协会的自律管理。

中国资产评估协会是资产评估行业的全国性自律组织,依法接受财政部和民政部的指导、监督。评估机构加入资产评估协会可以及时掌握行业的政策及动态,通过参加行业的继续教育培训提高执业水平,规范执业行为,提高专业服务的社会公信力,通过会员单位的交流提高管理水平,在出现执业纠纷的情况下行业协会也可以最大限度保护机构的合法权利。

2. 评估机构的权利与义务

(1) 评估机构的权利。评估机构依法享有评估委托合同中约定的权利。《资产评估法》对资产评估机构应享有的权利有以下规定。

① 评估委托人拒绝提供或者不如实提供执行评估业务所需的权属证明、财务会计信息和其他资料的,评估机构有权依法拒绝其履行合同的要求。

② 评估委托人要求出具虚假评估报告或者有其他非法干预评估结果情形的,评估机构有权解除合同。

评估机构享有的上述权利,可以使评估机构在签订评估委托合同后,如果发现委托人拒绝提供或者不如实提供执行评估业务所需的权属证明、财务会计信息和其他资料时,或者评估委托人要求出具虚假评估报告或者有其他非法干预评估结果情形时,可以拒绝出具评估报告或单方面解除评估委托合同,而无须为此承担责任。

上述规定是杜绝由于委托人或产权持有人(或被评估单位)不提供相关评估资料,或者提供虚假信息资料导致评估机构出具虚假或不实评估报告的重要举措,同时也是对评估机构诚信的一种保护。

(2) 评估机构的义务。评估机构依法承担评估委托合同中约定的义务。《资产评估法》对资产评估机构的义务有如下规定。

① 评估机构及其评估专业人员开展业务应当遵守法律、行政法规和评估准则,依法独立、客观、公正开展业务,建立健全质量控制制度,保证评估报告的客观、真实、合理。

② 评估机构应当建立健全内部管理制度,对本机构的评估专业人员遵守法律、行政法规和评估准则的情况进行监督,并对其从业行为负责。

③ 评估机构应当依法接受监督检查,如实提供评估档案以及相关情况。评估档案的保存期限不少于15年,属于法定评估业务的,保存期限不少于30年。

(三) 资产评估专业人员

资产评估专业人员包括资产评估师和其他具有评估专业知识及经验的评估从业人员。其中资产评估师需要通过资产评估师资格考试。资产评估师考试发展历程如下。

1995年10月,依据《人事部、国家国有资产管理局关于印发〈注册资产评估师执业资格制度暂行规定〉及〈注册资产评估师执业资格考试实施办法〉的通知》(人职发〔1995〕54号),国家开始实施资产评估师执业资格制度。注册资产评估师执业资格实行全国统一大纲、统一命题、统一组织的考试制度。考试工作由人事部、财政部共同负责,日常工作委托中国注册会计师协会承担,具体考务工作委托人事部人事考试中心组织实施。

2002年2月,人事部、财政部下发《关于调整注册资产评估师执业资格考试有关政策的通知》(人发〔2002〕20号),对原有考试管理办法进行了修订。

2003年3月,人事部、财政部下发《关于在注册资产评估师执业资格中增设珠宝评估专业有关问题的通知》(人发〔2003〕19 号),决定在注册资产评估师执业资格中增设珠宝评估专业。

2014 年 7 月,根据国务院下发的《国务院机构改革和职能转变方案》和《国务院关于取消和调整一批行政审批项目等事项的决定》(国发〔2014〕27 号),取消"注册资产评估师职业资格许可"。2014 年(注册)资产评估师考试暂停一年。

2015 年 4 月,依据《人力资源社会保障部 财政部关于印发资产评估师职业资格制度暂行规定和资产评估师职业资格考试实施办法的通知》(人社部发〔2015〕43 号),国家设立资产评估师水平评价类职业资格制度,面向全社会提供资产评估师能力水平评价服务,纳入全国专业技术人员职业资格证书制度统一规划。资产评估师职业资格增设珠宝评估专业,其资格名称为资产评估师(珠宝)。

2016 年 4 月,中国资产评估协会发布《中国资产评估协会通告 2016 年第 1 号》,在文件中公布了《2016 年度资产评估师职业资格全国统一考试报名简章》。这标志中国资产评估协会开始负责资产评估师职业资格考试的组织和实施工作。该协会组织成立资产评估师职业资格考试专家委员会,研究拟订资产评估师职业资格考试科目、考试大纲、考试试题和考试合格标准。人力资源社会保障部、财政部对中国资产评估协会实施的考试工作进行监督和检查,指导中国资产评估协会确定资产评估师职业资格考试科目、考试大纲、考试试题和考试合格标准。

2017 年 5 月,根据《人力资源社会保障部 财政部关于修订印发〈资产评估师职业资格制度暂行规定〉和〈资产评估师职业资格考试实施办法〉的通知》(人社部规〔2017〕7 号),对资产评估师职业资格考试的科目进行了改革。

2017 年 6 月,根据《中评协关于印发〈资产评估师资格考试报名管理办法〉和〈资产评估师资格考试免试管理暂行办法〉的通知》(中评协〔2017〕23 号)的规定,同时符合下列条件的中华人民共和国公民,可以报名参加资产评估师资格考试:①具有完全民事行为能力;②具有高等院校专科以上(含专科)学历。大大降低了考试报名条件。

(四) 产权持有人(或被评估单位)

1. 产权持有人(或被评估单位)的概念

产权持有人是指评估对象的产权持有人。当评估对象为股权或所有者权益时,"产权持有人"是指股权或所有者权益的拥有者。与相关股权或所有者权益对应的被投资单位则被称为被评估单位。

委托人与产权持有人可能是同一主体,也可能不是同一主体,资产评估的委托人并不一定是评估对象的产权持有人。例如,按照国有资产评估管理法规的规定,对国有企业法人财产权转让时需要由产权持有人委托评估机构,这时的委托人与产权持有人为同一主体;国有企业收购非国有资产,如果被收购方不同时作为委托人,评估委托人与评估对象的产权持有人则不是同一主体。

评估对象一般受产权持有人控制。当评估委托人与评估对象的产权持有人不是同一主体时,资产评估专业人员在对评估对象实施评估时需要通过委托人协调产权持有人配合工作。有时产权持有人可能不愿意提供评估所需要的资料,或不愿意配合评估工作,这样就会对评估程序的实施产生一定的影响。出现上述情况,评估人员应该与委托人协商,由委托人出面协调产权持有人配合评估工作。

2. 产权持有人(或被评估单位)的权利与义务

当评估委托人与评估对象的产权持有人不是同一主体时,产权持有人也可能会作为单独的签约主体出现在资产评估委托合同中,或者作为由委托人负责协调和安排的对象在合同中体现。目前《资产评估法》中没有单独规范产权持有人(或被评估单位)权利与义务的相关条款,作为签约主体的产权持有人的权利及义务可以在资产评估委托合同中直接约定,对不作为资产评估委托合同签订方的产权持有人配合资产评估的要求,一般通过对委托人的协调义务及责任加以实现。

(五)报告使用人

1. 报告使用人的概念

报告使用人是指法律、法规明确规定的,或者评估委托合同中约定的,除评估委托人之外有权使用资产评估报告或评估结论的其他资产评估当事人。

对法律、法规中没有明确规定,也未在评估合同中约定且未经过评估机构书面同意,得到或利用资产评估报告或者结论的其他单位和个人,并不作为评估报告使用人。

2. 报告使用人的权利与义务

评估报告使用人有权按照法律规定、资产评估委托合同约定和资产评估报告载明的使用范围和方式使用评估报告或评估结论。

评估报告使用人未按照法律、法规或资产评估报告载明的使用范围和方式使用评估报告的,评估机构和评估专业人员将不承担责任。

评估机构和评估人员不承担非评估报告使用人使用评估报告的任何后果和责任。

例 1-1 A 公司委托评估机构 V 对 X 公司股权进行评估,评估报告载明的评估委托人是 A 公司,报告使用人为 A 公司和其关联公司 C 公司,评估目的是为 A 公司和 C 公司增资 X 公司提供 X 公司股权的价值。在上述经济行为实施过程中,出现一家 E 公司也需要对 X 公司增资,但是在评估委托合同上没有约定 E 公司为评估报告使用人,国家法律、法规也没有明确规定 E 公司是评估报告的法定使用人,E 公司可能因实施的经济行为与 A、C 公司一致,借用评估机构 V 出具的评估报告,但是评估机构 V 仅对 A、C 公司按照约定要求使用评估报告产生的后果承担责任,不会对 E 公司使用评估报告的后果承担责任,E 公司将对自己使用评估报告的行为及后果承担责任。

三、资产评估对象

(一)资产评估对象的概念

资产评估对象也称为评估客体,是指被评估标的,是资产评估的具体对象。

资产评估对象通常为整体企业(或单位)、资产组合和单项资产。

资产组合的形式通常包括单项资产和多项资产按照特定的目的组成的实现特定功能的业务资产组或资产组合。

企业会计准则中规定的业务资产组(或称现金产生单元 CGU)是企业可以认定的最小业务资产组合,其产生的现金流入应当独立于其他资产或者资产组产生的现金流入。

一个企业实际就是一个或多个业务资产组的组合。整体企业或资产组的评估对象通常是指其权益。例如,对于一个企业,评估对象可能是股权或者是企业整体价值(股权+债权),对于一个非企业的业务资产组也可能是资产组投资者对该资产组享有的权益。

单项资产的评估对象一般就是该资产。需要特别说明的是,无形资产由于没有实物形态,其评估对象往往是指其权利状态。不同形式的权利可能形成的评估对象也会存在一些差异。

(二)资产评估对象的组成

1. 企业价值评估对象的组成

企业一般都是由一个或多个实现特定业务的资产组组成,因此企业价值评估对象的组成可能分为两种情况:其一是将企业作为一个整体进行转让或其他相关经济行为涉及的评估对象;其二是将组成企业的资产中各单项资产进行转让或者其他相关目的的经济行为所涉及的评估对象。

将企业作为一个整体进行评估,其评估对象一般为企业的股权,在有些特别情况下也可能是企业的整体投资,即股权+债权;将组成企业的资产作为经济行为对象的评估,评估对象就是经济行为涉及的组成企业资产的相关资产和负债,如财务报告目的的合并对价分摊评估,评估的对象可以根据委托要求确定为企业的各项可辨认的资产、负债。

2. 业务资产组评估对象的组成

业务资产组的组成包括相关单项资产,也包括形成这些资产的资金来源,如股权投资或债权投资。从资产组组成的资产方角度分析,资产组实际相当于企业的资产;从资产组的负债方角度分析,资产组也有所有者权益和债权权益。实际上,我们可以将业务资产组理解为介于单项资产与企业整体资产之间的一种状态。只是在法律形式上资产组尚没有构成一个企业法人,甚至可能尚没有构成一个会计主体。

业务资产组评估对象的认定可以参考企业价值评估的评估对象认定标准。如果业务资产组的评估目的涉及资产组整体转让,则评估对象可以按照其整体转让经济行为界定为资产组的权益,如所有者权益;如果评估目的涉及的经济行为是针对业务资产组各单项资产的,则可以将评估对象设定为各单项资产和负债。

例 1-2 公司 X 是一个有限责任公司。该公司包括两个长期投资 A 公司和 B 公司,现需要对公司 X 进行转让目的的评估,则评估对象就是 X 公司的股权。

例 1-3 Y 是有限责任公司,现变更为股份有限公司,需要进行资产评估,评估对象不是该企业的整体权益,而是该企业按照《公司法》规定可以作为出资的可辨识资产和相关负债。

例 1-4 Z 是一个特殊普通合伙企业,现需要对其进行转让目的的评估。其评估对象应该是该企业的相关合伙人权益。

例 1-5 公司 W 有两个独立的业务,分别是业务 A 和业务 B,现要将其中的一个业务 A 转让,需要进行评估。其评估对象就是 W 对业务 A 的权益。

3. 单项资产评估中的评估对象的组成

这里的"单项资产",不仅指"一项资产",也包括若干项以独立形态存在可以单独发挥作用或以个体形式进行销售的资产。

无形资产实际属于单项资产范畴,但是具有一定特殊性,因此在这里单独说明。

无形资产作为一种特殊形态的资产,其评估对象的组成具有自身的特性,无形资产的评估对象组成一般包含以下三个层次的内容。

(1)无形资产的种类及名称。无形资产的种类是指评估对象中的无形资产的种类,如专利、专有技术、商标或者其他类型的无形资产。例如,如果无形资产是专利资产,则指该专利的类型及名称等；如果属于商标，则指该商标属于什么类型的商标、注册领域以及名称等。这属于第一个层级的内容。

（2）无形资产的权利。无形资产多表现为享有一种权利。这种权利可能是已经确立的权利，也可能是还在申请阶段的权利，如专利申请权。对于已经确立的权利，则需要进一步明确这种权利是所有权还是许可使用权。因此，无形资产权利状态是无形资产评估对象的第二层级的内容。

（3）无形资产的组成。无形资产评估对象的第三个层级的内容是该评估对象的组成，即是单项无形资产，还是一个由多种、多个无形资产组成的具有特定功能的无形资产组合。如果是无形资产组合，则需要明确该组合中相关组成部分的具体类型、名称及权利状态等。

例 1-6　A 企业集团拥有一个发明专利 X，采用普通方式许可给公司 C 使用。许可合同规定，专利 X 的年许可费为 C 公司每年专利产品销售收入的 μ。现 A 企业集团想将该专利 X 进行质押，需要对该专利进行评估，应该如何确定该专利资产的评估对象？

本案例评估目的是将上述专利资产质押。由于质押应该涉及专利的所有权（包括使用、收益和处分的权利），同时由于专利 X 存在对外许可合同（合同权益或义务），因此评估对象应该为专利 X 的所有权以及专利 X 的许可 C 公司使用的许可合同的合同权益。

例 1-7　W 企业集团拥有一个商品商标 Y，注册领域为第 1 号注册领域。据了解该集团采用普通方式将商标 Y 许可给其下属的上市公司 C 使用，合同规定，下属上市公司可以无时间限制、无地域限制地免费使用该商标 Y。现 W 企业集团准备将该商标所有权转让给该上市公司，需要对该商标所有权进行评估。另外，W 企业集团在同一注册领域内还有注册商标 Z。商标 Y 属于产品商标，本次评估目的是转让其专用权（所有权）。但是拟受让人在此之前已经拥有该商标的许可使用权（普通许可），转让方还拥有与商标 Y 注册在同一领域内的商标 Z，该商标主要作为保护商标使用，需要随着商标 Y 一并转让。

该案例的评估对象为：①由于 W 集团已经采用普通许可方式无限期、免费许可给上市公司使用其商标，因此，此次商标所有权中不应包含该项许可使用权；②商标 Y 所有权中除 C 公司许可使用权之外的权利；③商标 Z 的所有权。

例 1-8　ABC 公司聘请国内 L 姓教师利用《愉快汉语》汉语教学用的英文版教材上课，课程采用录像方式制作成 VCD 光盘，并且准备以该套光盘 VCD 的相关著作资产出资与其他投资合资成立一家企业。

该 VCD 光盘属于录音录像制品，委托方属于录音录像制品制作者，评估的目的实现后被投资企业会将该光盘内容上载到网络服务器，因此，要完成上述功能应该需要以下著作权和与著作权相关权利。

（1）VCD 音像制品的网络播放权。

该权利属于音像制品制作者，即委托方。本次评估的目的是出资，因此这个权利应该是所有权利。

（2）《愉快汉语》汉语教学用的英文版教材的改编权、网络传播权和摄制权。

录制本 VCD，需要《愉快汉语》教材著作权中的改编权、摄制权以及网络传播权，本次评估目的需要上述权利的所有权。

（3）表演者（讲课教师）的相关邻接权权利。

表演者的相关邻接权包括：许可他人录音录像的权利，许可他人复制、发行录有其表演的录音录像制品的权利,许可他人通过信息网络向公众公开传播其表演的权利。

上述表演者的权利委托方已经通过相关方式获得,本次评估目的的实现需要上述所有权。

该案例的评估对象为:①VCD音像制品的网络传播权,权利类型为所有权;②《愉快汉语》教学用的英文版教材的改编权、网络传播权和摄制权,权利类型为所有权;③表演者(教课教师)的许可他人录音录像的权利,许可他人复制、发行录有其表演的录音录像制品的权利,许可他人通过信息网络向公众公开传播其表演的权利。权利类型为所有权。

例 1-9　某自来水厂 A 与客户 X 签订了一个为期 10 年的自来水供水合同。该合同规定每年 A 水厂需要向 X 客户供应 10 万吨符合标准的自来水,现需要对供水合同评估,评估对象如何界定?

根据介绍,A 水厂与 X 客户签订一个供水合同,因此,A 水厂存在一个合同的确定权益,也就应该存在可辨识的无形资产,需要进一步分析确认该无形资产的种类。

如果该供水合同中规定了销售价格,且销售价格高于市场水价,则 A 水厂存在一个合同约定的超额收益,因此存在一个合同权益无形资产;同时由于 A 水厂可以保证每年销售10 万吨水,因此还应该存在一个有合同保证的客户关系类无形资产。

如果该合同没有规定销售价格,也就是价格随行就市,则可能不存在合同权益,但还是存在一个合同约定的客户关系类无形资产。

该案例的评估对象如下。

(1)当合同规定水价,并且水价高于市场,则评估对象为一项合同权益无形资产和客户关系类无形资产。

(2)当合同没有规定水价,则评估对象为客户关系类无形资产。

(三)资产评估对象的确定

评估对象应当由委托人依据经济行为要求和法律、法规提出,并在评估委托合同中明确约定。在评估对象确定过程中,评估机构和资产评估专业人员应当关注其是否满足经济行为要求、符合法律法规规定,必要时向委托人提供专业建议。

四、资产评估范围

(一)资产评估范围的概念

资产评估范围是组成评估对象的资产种类和数量。事实上评估范围是对评估对象组成、结构进一步补充说明。

(二)企业价值评估涉及范围

企业价值评估的评估对象一般分为两类:①企业股权和整体价值(股权+债权),这时评估范围应该是被评估企业的全部资产和负债,包括可辨识的资产和不可辨识的资产,如商誉等;②如果评估对象为企业可辨识的资产(如财务报告目的中合并对价分摊评估),则其评估对象与评估范围是一致的。

(三)业务资产组评估涉及范围

当业务资产组的评估对象是资产组的权益时,评估范围就是组成该业务资产组的全部资产与负债;当业务资产组的评估对象是组成资产组各单项资产与负债,则评估范围与评估对象重合一致。

在企业评估实务中,存在一种评估范围是剥离部分资产后剩余资产组成的业务资产组,或者是从一个企业中剥离部分资产与负债组成业务资产组,上述两种情况的评估对象就是相关业务资产组的权益,评估范围构成业务资产组资产及负债。

(四)单项资产评估涉及范围

当资产评估对象是单项资产时,评估对象和评估范围都是该项资产。如评估一辆车,评估对象就是该辆车,评估范围也是该辆车。

无形资产如果涉及评估对象是单项资产的相关权利,则评估范围也是该单项无形资产。例如一项发明专利的所有权或者使用权,这时评估对象是该项专利的所有权或者使用权,评估范围是该单项无形资产。

如果涉及多项无形资产组成资产组权利,则其评估范围包括组成资产组的全部单项无形资产种类及权利状态等。例如,评估一个由多个专利和专有技术等组成的无形资产组合时,评估对象可能是该无形资产组合的所有权或使用权,评估范围则是组成该无形资产组合的全部专利资产和专有技术资产。这一点与一般业务资产组的情况基本一致。

(五)资产评估范围的确定

资产评估范围应当依据评估对象合理确定,满足实现评估目的和法律、法规要求,在资产评估委托合同中明确规定,具体内容应由委托人负责提供。

例 1-10　某国有企业拥有汽车总装和零部件生产两种业务,需要将零部件生产业务转让,按照相关法规规定需要对零件生产业务的价值进行评估,如何确定评估范围?

该企业拥有两种业务,需要评估的是其中一种业务。按照国有资产管理规定,该国企需要聘请审计机构对该企业财务报表进行分割。评估人员应根据审计师提供的分割后的零部件生产业务的模拟会计报表确定评估范围。

五、资产评估目的

(一)资产评估目的的概念与作用

资产评估目的是资产评估业务对应的经济行为对资产评估结果的使用要求,或资产评估结果的具体用途。

评估目的直接或间接地决定和制约资产评估的条件以及价值类型的选择。不同的评估目的可能会对评估对象的确定、评估范围的界定、价值类型的选择以及潜在交易市场的确定等方面产生影响。

例如,对于一个企业的评估,如果评估目的是有限责任公司变更设立股份有限公司,评估结果用于核定股份有限公司设立的注册资本,涉及的评估对象和资产范围是该企业根据《公司法》的规定,可以用于出资的资产及相关负债形成的净资产,价值类型需要选择市场价值,潜在交易市场需要选择经营注册地的资产交易的有效市场;如果评估目的是股权转让,评估对象就应该是企业的股权,涉及的资产范围就是企业的全部资产和负债(包括《公司法》规定不能用于出资的资产,如商誉)。价值类型则需要根据交易双方的实际情况选择市场价值或投资价值等,潜在市场则需要根据可能的交易地点选择最有利的股权交易的市场等。

总之,资产评估目的是委托人对资产评估结果的使用要求,或是委托人或报告使用人对资产评估结果的具体用途,在整个资产评估过程中具有十分重要的作用。

(二) 资产评估目的的确定

资产评估目的需要在评估委托合同中明确约定。因此评估目的实际上是委托人进行评估委托的目的。法定评估的评估目的通常是由法律、法规规定,因此法定评估业务的评估目的需要符合法律、法规的规定;非法定业务的评估目的可以依据协商原则确定。

资产评估目的通常按照其经济行为分为转让定价评估目的;抵、质押评估目的;公司设立、改制、增资评估目的;财务报告评估目的;税收评估目的和司法诉讼评估目的等。

1. 转让定价评估目的

转让定价评估目的是指资产评估为标的资产转让定价提供参考。

对于一些在市场上无法直接获得交易价格信息的资产交易,交易双方在进行交易时可能需要借助资产评估专业服务,帮助交易双方确定交易价格或者是聘请评估专业机构对交易双方商定的交易价格进行公允性鉴证。此类目的也是最常见的一类评估目的。这类目的的评估有些是国家法律、法规规定的法定评估,还有一些是市场参与者自愿委托的非法定评估。

根据国有资产管理法规的规定,国有产权转让、收购非国有资产、资产转让置换以及以非货币资产偿还债务等都是涉及资产转让行为目的的法定评估。

2. 抵、质押评估目的

抵、质押评估目的是指企业在向金融机构或者其他非金融机构进行融资时,金融机构或非金融机构要求企业提供其用于抵押或者质押资产的评估报告,目的是了解用于抵押或者质押资产的价值。

实务中最为常见的这类评估包括房地产抵押、知识产权质押、珠宝质押目的的评估。

3. 公司设立、改制、增资评估目的

根据《公司法》及国家工商行政管理部门颁布的相关法规的规定,以下经济行为需要评估。

(1) 非货币资产出资行为。我国《公司法》规定,股东可以用货币出资,也可以用实物、知识产权、土地使用权等用货币估价并可以依法转让的非货币财产作价出资;但是,法律、行政法规规定不得作为出资的财产除外。对作为出资的非货币财产应当评估作价,核实财产,不得高估或者低估作价。

根据我国工商行政管理总局的规定,符合要求的股权也可用作出资。

(2) 企业整体或部分改制、改建为有限公司或股份公司。企业进行公司制改建,或者由有限责任公司变更为股份有限公司,需要对改建、变更所涉及的整体或部分资产实施资产评估。

企业由有限责任公司变更为股份有限公司时,采用有限责任公司经审计的净资产账面价值折股时,需要对有限责任公司用于折股的净资产进行评估。这个评估的实质是核实有限责任公司按照《公司法》规定可用于出资资产的市场价值扣除负债后的净资产价值是否不低于其用于折股的审计后的净资产账面价值,其目的是在企业以净资产折股时核实股权/股份的真实性,防止虚折股权/股份的情况发生。

如果国有控股、参股有限责任公司改建股份有限公司过程中,发生引进战略投资者等导致拟改建公司股权结构及比例发生变化的情况,根据国有资产监管要求需要在上述股权结构及比例变化环节,对拟改建公司的整体资产进行评估。

（3）发行股份购买资产。这里的发行股份购买资产是指上市公司通过增发股份的方式购买相关实物资产。按照相关法规的规定,这种行为实质是采用非货币资产对股份公司进行增资的行为。

（4）企业债权转股权。企业拟转为股权的债权,应当经依法设立的资产评估机构评估。债权转股权的作价出资金额不得高于该债权的评估值。

这种行为实质是债权人采用非货币资产对其享有债权的公司进行增资的行为。被转股企业为国有非上市公司的,还应按规定对其整体资产进行评估。

4. 财务报告评估目的

企业在编制财务报告时,可能需要对某些资产进行评估并且委托评估机构承担该种评估工作,这类目的的评估,属于财务报告评估目的的评估。

会计准则中的《企业会计准则第 3 号——投资性房地产》《企业会计准则第 8 号——资产减值》《企业会计准则第 11 号——股份支付》《企业会计准则第 20 号——企业合并》《企业会计准则第 22 号——金融工具确认和计量》,以及《企业会计准则第 1 号——存货》《企业会计准则第 9 号——职工薪酬》《企业会计准则第 10 号——企业年金基金》《企业会计准则第 21 号——租赁》等,都可能涉及财务报告目的的评估。

目前尚没有相关法律、法规规定财务报告目的是一种法定评估事项。企业的会计记录是企业的法定义务,是否需要聘请评估机构提供评估服务由企业自主决定,因此财务报告目的的评估不是一项法定评估。但是企业一旦决定委托评估机构承担财务报告目的评估时,评估机构需要按照会计准则和评估准则的规定进行相关评估操作,还必须遵循在会计准则与评估准则发生冲突时,会计准则优先的原则。

如果没有遵循会计准则和评估准则的相关规定,评估机构可能需要承担相应的责任或连带责任。

5. 税收评估目的

税收目的的评估通常是为税务机关计量相关税金提供计税基础,如计算不动产税目的的计税评估等。税收目的的评估还包括提供财产转移定价公允性的鉴证评估,如税务机关对某项资产转让价格提出质疑,可能需要委托评估机构对其价值进行评估,以合理确定资产转让的公允价格,并进而准确估算该资产交易的流转税和所得税等。

6. 司法诉讼评估目的

司法诉讼目的的评估包括两类:其一是司法评估;另一类是诉讼协助评估。

司法评估主要是评估机构接受法院的直接委托,对涉及诉讼或执行的资产进行价值评估。这种评估事项是法院司法判决或执行程序的组成部分。

诉讼协助评估是指评估机构接受诉讼当事人或律师的委托,对涉诉资产进行评估的事项,为评估委托人提供诉讼协助服务。这类评估属于当事人根据自己意愿决定的评估事项。

六、价值类型

（一）价值类型的概念

价值类型是指资产评估的结果的价值属性及其表现形式。不同价值类型从不同角度反映资产评估的属性和特征。不同的价值类型所代表的资产评估价值不仅在性质上是不同的,在数量上往往也存在较大差异。

（二）价值类型的作用

价值类型在资产评估中的作用主要表现为：①价值类型是影响和决定资产评估价值的重要因素；②价值类型对资产评估方法的选择具有一定的影响，价值类型实际上是评估价值的一个具体标准；③明确价值类型，可以清楚地表达资产评估结果，可以避免评估委托人和报告使用人误用评估结果。

（三）价值类型的种类

目前国际和国内评估界对价值类型有不同分类，一般认为主要的价值类型包括以下几种。

1. 市场价值

市场价值是在适当的市场条件下，自愿买方和自愿卖方在各自理性行事且未受任何强迫情况下，评估对象在评估基准日进行公平交易的价值估计数额。

市场价值是自愿买方和自愿卖方在各自理性行事且未受任何强迫情况下对交易标的作出交易的交易价值判断。市场价值主要受两方面影响：①交易标的因素。交易标的因素是指不同资产，其预期可以获得的收益是不同的，不同获利能力的资产自然会有不同的市场价值。②交易市场因素。交易市场是指该标的资产将要进行交易的市场，不同的市场可能存在不同的供求关系等因素，对交易标的市场价值产生影响。总之，影响市场价值的因素都具有客观性，不会受到个别市场参与者个人因素的影响。

2. 投资价值

投资价值是指评估对象对于具有明确投资目标的特定投资者或者某一类投资者所具有的价值估计数额，又称特定投资者价值。

投资价值与市场价值相比，除受交易标的因素和交易市场因素影响外，其最重要的差异是受市场参与者与个别因素的影响，也就是受交易者个别因素的影响。这里的交易者可能是一个特定的交易，也可能是一类特定的投资者，但是这类特定的投资者一定不是主要的市场参与者，或者其数量不足以达到市场参与者的多数。

3. 在用价值

根据目前国内资产评估价值类型指导意见的规定，在用价值是指将评估对象作为企业组成部分或者要素资产按其正在使用方式和程度及其对所属企业的贡献的价值估计数额。

实际上，在用价值并非一定要求作为企业组成部分或者要素，可以将其扩展到业务资产组，也可以将在用价值表述为是将评估对象作为业务资产组的组成部分或者要素资产按其正在使用方式和程度及其对所属业务资产组的贡献的价值估计数额。

4. 清算价值

清算价值是指在评估对象处于被迫出售、快速变现等非正常市场条件下的价值估计数额。

清算价值与市场价值相比，其主要差异是：①清算价值是一个资产拥有者需要变现资产的价值，是一个退出价，不是购买资产的进入价；而市场价值没有规定必需的退出价。②清算价值的退出变现是在被迫出售、快速变现等非正常市场条件下进行的，这一点与市场价值相比也是明显不同的。

因此清算价值的特点主要是：①该价值只是退出价；②这个退出是在受外力胁迫的情况下退出的，不是正常的退出。

5. 残余价值

残余价值是指机器设备、房屋建筑物或者其他有形资产的拆零变现价值估计数额。

残余价值实际是将一项资产拆除成零件进行变现的价值。这种资产从整体角度而言，已经没有使用价值，也就是其已经不能再作为企业和业务资产组的有效组成部分发挥在用价值，而只能变现。由于其整体使用价值已经没有，因此整体变现也不可能，只能改变状态变现，也就是拆除零部件变现。

6. 其他价值类型

《资产评估价值类型指导意见》规定，执行资产评估业务应当合理考虑该指导意见与其他相关准则的协调。评估工作人员采用本指导意见规定之外的价值类型时，应当确信其符合该指导意见的基本要求，并在评估报告中披露。

上述规定实际允许评估人员根据特定业务需求，选择其他价值类型，但是需要在评估报告中进行充分披露。

现实评估实务中的确存在其他价值类型，比较常见的是会计准则中的公允价值。

《企业会计准则第39号——公允价值计量》中的公允价值是指市场参与者在计量日发生的有序交易中出售一项资产所能收到或者转移一项负债所需支付的价格。

《以财务报告为目的的评估指南(试行)》规定，在符合会计准则计量属性规定的条件时，会计准则下的公允价值一般等同于资产评估准则下的市场价值。

评估实务中还存在一些抵押、质押目的的评估和保险赔偿目的的评估等。这些目的的评估可能会需要其他价值类型，评估人员只要确信其符合价值类型指导意见的基本要求，并在评估报告中披露就可以使用。

(四) 价值类型的选择

在满足各自含义及相应使用条件的前提下，市场价值、投资价值以及其他价值类型的评估结论都是合理的。评估人员执行资产评估业务，选择和使用价值类型，应当充分考虑评估目的、市场条件、评估对象自身条件等因素。

另外，评估人员选择价值类型时，应当考虑价值类型与评估假设的相关性。

1. 市场价值类型的选择

当评估人员执行的资产评估业务对市场条件和评估对象的使用并无特别限制和要求，特别是不考虑对特定市场参与者自身因素和偏好，评估目的是为正常的交易提供价值参考依据时，通常应当选择市场价值作为评估结论的价值类型。

但是在选择市场价值时，评估人员必须关注不同的市场可能会有不同的市场价值。特别是不同的国家和地区可能形成不同的交易市场，有的甚至一个国家和地区内可能也会存在多个不同的交易市场，评估人员在选择市场时，还应同时关注所选择的市场价值体现哪个市场的市场价值。

当标的资产可以在多个市场上交易时，评估人员除需要在评估报告中恰当披露所选择的市场价值是哪个市场的市场价值，还应说明选择该市场价值的理由。

例 1-11   某企业准备以一台设备作为出资在中国设立一家有限责任公司，需要将该设备进行评估，需要选择何种价值类型？

由于该评估目的是将标的资产用作出资，出资视同交易，该项交易没有设定特定的投资者，也就是没有考虑特定的买方或者卖方的特性，同时也没有考虑任何特定的交易附带条件,因此本案例应该选择市场价值。另一方面,该案例评估目的是在中国设立有限责任公司,因此,这个交易应该视为在我国发生,该市场价值应该设定为在中国关税区的市场价值。

例 1-12　国内某上市公司计划并购一家国内的非公众公司。该非公众公司注册经营地在中国,按照我国法律、法规注册成立,并受我国法律、法规管辖,对该标的股权进行评估,需要选择何种价值类型?

由于该案例的评估目的是为某上市公司收购国内非公众公司提供参考依据,没有提及需要考虑特定的买方和卖方的特性,因此应该选择市场价值。同时,该项交易应该在中国发生,因此选择中国的市场价值。另外,标的公司是国内一家非公众公司,其股权不能在证券交易市场上转让,也不能在股转交易("新三板")市场上转让,只能在中国一般产权交易市场上转让。因此,选择的市场价值应该是中国产权交易市场上的市场价值。

例 1-13　国内某国有企业计划到加拿大收购一家公司,该标的公司是当地证券交易所上市的公司,现需要对该标的企业进行评估,选择何种价值类型?

由于该交易是国内的企业到加拿大收购当地公司,并且没有提及特定的买方与卖方的特性,因此应该选择市场价值。这个交易受加拿大法律、法规的管辖,因此应该选择加拿大的市场价值,同时这个市场价值应该是加拿大证券交易市场的市场价值,不是一般产权交易市场的市场价值。

例 1-14　国内上市公司甲公司以发行股份购买资产的方式收购国内另一家公司乙公司在开曼群岛注册的子公司丙,现需要对丙公司进行评估,应该如何选择价值类型?

国内上市公司采用发行股份购买资产的方式收购境外企业,目前这种交易通常要按照我国法律、法规进行,应该理解为标的公司丙公司的母公司将其持有的丙公司的股权"拿到"国内来转让给上市公司。因此,该评估应该选择国内产权交易市场的市场价值。

例 1-15　某国内一家企业计划收购一家总部在澳大利亚的甲公司,该公司有一家全资子公司乙公司,注册在美国。现需要评估甲公司的子公司乙公司股权价值,应该如何选择价值类型?

本案例是要评估甲公司的子公司乙公司的价值,但是标的资产甲公司是澳大利亚的公司,评估甲公司的价值应该是甲公司在澳大利亚市场的价值,但是这不代表评估其子公司乙公司的市场价值时也一定是澳大利亚的市场价值。因为乙公司是美国注册的公司,从理论上说,可以在美国市场上转让该公司股权,也可以在欧洲市场上转让其股权,并且这两种转让方式都有可能。因此在选择乙公司市场价值时,应该选择乙公司在美国市场和澳大利亚市场中最有利的市场价值。

2. 投资价值类型的选择

如果评估人员在执行资产评估业务,该评估业务针对的是特定投资者或者某一类投资者,也就是评估中必须要考虑这个和这些特定市场参与者自身"特性"对交易价值的影响时,可能需要考虑选择投资价值类型。

特定市场参与者"特性"可能表现为其自身已拥有的资产与标的资产之间形成协同效应,可以获得超额收益,也可能是自身的某些偏好而可以接受一般市场参与者无法接受的交易价值。无论是哪种情况,都需要采用投资价值类型。在第一种情况下,评估人员可以合理计量协同效应而估算投资的价值;而对于第二种情况,评估人员可能无法采用经济学的手段估算这种投资价值。

在评估实务中,评估人员在选择投资价值时,通常需要说明选择的理由以及所考虑投资价值包含的与市场价值区别的要素,如果发生协同效应的资产范围以及产生协同效应的种类,这是选择资产投资价值必须详细披露的内容。

例 1-16 　企业 A 拥有一座海滨酒店,企业 B 拥有一个海滨浴场,并且 A 企业与 B 位置相连,现在企业 A 要收购企业 B,应该如何选择价值类型?

海滨酒店与海滨浴场显然存在经营层面的协同,这种"酒店＋浴场"的经营模式更容易吸引顾客,因此,企业 A 收购企业 B 存在协同效应,并且这种协同应该属于经营协同,对于这种明显存在协同效应的评估可以选择投资价值。但是是否选择投资价值,需要评估人员与委托方协商后确定。

例 1-17 　某移动通信运营商计划收购一家互联网电商企业,如何选择价值类型?

移动运营商有大量客户资源,可以将这些客户资源嫁接给电商企业使电商企业在短时间内快速聚集自己的客户资源,并且由于移动通信与电商之间没有相互竞争,移动通信企业将自身客户嫁接电商企业对自身经营一般没有影响,这是一个典型的客户资源协同效应。这种存在明显的协同效应的案例可以选择投资价值,但是需要充分沟通。

3. 在用价值类型选择

如果评估人员在执行资产评估业务时,评估对象是企业或者整体资产组中的要素资产,并且在评估业务执行过程中只需要考虑以这些资产未来经营收益的方式确定资产的价值时,评估人员需要选择在用价值。

在用价值实际上不是一种资产在市场上实际交易的价值,而是计量交易价值的一个方面。一项资产在市场上的实际交易价值一定是综合其在用价值和交换价值之后确定的。

《企业会计准则第 8 号——资产减值》中资产减值是指资产的可收回金额低于其账面价值,可收回金额应当根据资产的公允价值减去处置费用后的净额与资产预计未来现金流量的现值两者之间较高者确定。

上述概念中"资产预计未来现金流量的现值"就是标的资产在该企业未来的经营活动中可以获得的预期收益的现值。这里的预期收益的现值不是标的资产的公允价值,而是该标的资产按照企业目前经营方式或模式持续经营下的在用价值。因此在进行资产减值测试时,评估人员需要测试标的资产在企业目前经营模式下的在用价值,再对其公允价值进行测试,两者中高者才是资产可回收金额。

4. 清算价值类型选择

当评估对象面临被迫出售、快速变现或者评估对象具有潜在被迫出售、快速变现等情况时,评估人员通常应当选择清算价值作为评估结论的价值类型。

当选择清算价值时,评估对象一般都处于强制清算过程中。强制清算是指该清算行为已经不在资产所有者控制下进行,这种情况可能受法院或者法院指定的清算组控制,或者由债务人控制等,这种清算一般需要选择清算价值。

5. 残余价值类型选择

当评估对象无法或者不宜整体使用时,也就是其整体已经不具有使用价值,但是如果改变其计量单元,将计量单元缩小至零部件后,还可以具有使用价值时,评估人员通常应当考虑评估对象的拆零变现,并选择残余价值作为评估结论的价值类型。

比较经典的案例是国家规定发电机组"上大压小",以及小规模发电机组必须强制淘汰,因此对于将要淘汰的发电机组,从整体上看已经不具有再继续使用的价值。但是如果改变其计量单位,将评估对象即一个发电机组拆分成一些零部件,则其零部件中仍可能存在可以继续使用的零部件,因此,这时评估人员可以选择残值价值类型对其进行评估。

例 1-18　某火力发电厂拥有一台 10 万千瓦的火力发电机组,按照国家有关产业政策,该火力发电厂需要关停,发电机组不能异地使用。现需要对该火力发电厂进行清算目的的评估,应该如何选择价值类型?

该火力发电机组不能续用,需整体报废。但是该发电机组中部分设备还可以继续利用,如变压器等,存在继续使用的价值。也就是说,整体发电机组需要报废,但是部分部件还有使用价值,在这种情况下,可以选择残余价值类型。

七、资产评估基准日与报告日

(一)资产评估基准日

1. 资产评估基准日的概念

资产评估基准日是资产评估结论对应的时间基准,评估委托人选择一个恰当的资产时点价值,有效地服务于评估目的。资产评估机构接受客户的评估委托后,需要了解委托人根据评估目的及相关经济行为的需要确定评估时点,也就是委托人需要评估机构评估在什么时点上的价值。这个时间点就是资产评估基准日。

2. 资产评估基准日的作用

一般而言,资产的价值随时间的变化而变化,不同的时间点将产生不同的价值。这主要体现在两个方面:①资产的状态随时间的变化而变化,资产交易的市场情况也随时间的变化而变化,因此不同时点,评估对象在市场上的交易价值是不同的;②用于计量资产价值的货币也是随时间变化而变化,采用不同时点货币价值计量的评估对象的价值也是不同的。

(1)明确评估结论所对应的时间概念。资产评估是为特定的经济行为服务的,这个特定的经济行为是存在时效性的。因此,为了满足经济行为时效性的要求,评估委托人需要选择一个恰当的资产时点价值,有效地服务于评估目的。因此,评估基准日的作用就是选择一个恰当的资产时点价值,以满足经济行为时效性的需要。评估基准日实际上起到了规定评估结论所对应的时间基准的作用。

不同时间点的基准日会导致不同类型资产评估业务。

① 现实性评估。如果评估基准日选择的是现实日期,也就是评估工作日近期的时点,这时评估结论采用的价格依据和标准是近期有效的。这样的评估就是现实性评估,也就是评估结果表达的是评估对象截至评估基准日现实状态中,在评估基准日市场条件中,以评估基准日货币币值计量的评估结果。

② 追溯性评估。如果评估基准日选择的是过去的日期,而非评估工作日近期时点,这样的评估就属于追溯性评估。一般追溯性评估结论所表达的含义是采用被追溯基准日的货币价值作为计量标准,以评估对象截至被追溯基准日的状态为准,在追溯基准日市场条件下所表现的价值。

③ 预测性评估。如果评估基准日选择的是未来日期,而非评估工作日近期时点,这样的评估就属于预测性评估。

预测性评估采用的是被预测基准日预期的市场条件和价格标准(依据)。评估对象的状态则依据委托要求,可以选择评估工作日现实的状态,也可以确定为被预测基准日预期的状态。

(2)用于确定评估报告结论的使用期限。由于现实资产评估所服务的经济行为具有时效性,对资产结论的使用也应该规定一个有效期,超过这个有效期,评估报告的结论就很可能不能有效、合理地反映评估对象及其所对应的市场状况。

按照中国资产评估协会现行资产评估执业准则的规定,评估结论的使用有效期是以评估基准日为基础确定的。评估报告服务的经济行为必须在与这个评估基准日匹配的有效期内实施。这就是评估报告结论使用有效期的概念,评估报告使用人对此需要特别关注。

3. 资产评估基准日的选择

(1)国有资产评估基准日的选择。评估基准日的选择应该是委托人的责任,评估人员可以提供相关专业建议。

目前,国有资产评估大多为现实性评估,也就是评估基准日需要选择现实日期。资产评估基准日一般会选择会计主体的结账日,即每月的月底,并且评估基准日的选择应该与评估目的相关联的经济行为发生日相近的日期。

根据国有资产管理的相关规定,国有资产评估备案项目评估基准日应该选择在评估报告使用有效期之前至少4个月;国有资产评估核准项目评估基准日选择在评估报告使用有效期之前至少5个月。特殊情况,经批准可以低于4个月或5个月,但需要提前申报。

对于上市公司发行股票购买资产等重大资产重组事项,非上市公司的资产评估基准日应该尽量与发行股票的定价日一致。

国有资产目前对过去或者未来评估基准日的选择都没有明确规定。

(2)其他资产评估基准日的选择原则。其他资产可以根据经济行为的性质和评估结果的使用要求妥善选择评估基准日。

(二)资产评估报告日

1. 资产评估报告日的概念

按照资产评估报告准则的规定,资产评估报告日通常为评估结论形成的日期。

2. 资产评估报告日的法律意义

根据目前评估准则的规定以及社会对评估报告的认识惯例,评估报告日的法律意义是在评估基准日到评估报告日之间,如果被评估资产发生重大变化,评估机构负有了解和披露这些变化以及可能对评估结论产生影响的义务。评估报告日后,评估机构不再负有对被评估资产重大变化进行了解和披露的义务。

3. 资产评估基准日后的后期事项处理原则

首先评估机构和评估人员需要采用适当的方式对评估人员撤离评估现场后至评估报告日之间被评估资产所发生的相关事项以及市场条件发生的变化进行了解,并分析判断该事项和变化的重要性,对于较大的事项应该在评估报告中进行披露,并提醒报告使用者注意后期事项对评估结论可能产生的影响;如果后期的事项非常重大,就会对评估结论产生颠覆的影响,评估机构应当要求评估委托人更改评估基准日重新评估。

第五节 资产评估的理论基础

一、资产评估的理论研究现状

我国资产评估经过20多年的发展历程,理论研究尤其是准则建设取得了丰硕的成果,但与会计、审计和财务管理等相关学科相比,其研究文献的数量和质量尚存在以下不足。

(1)时间短、数量小、研究不够透彻。

(2)研究人员规模小、素质差。研究成果水平有限,大多重概念阐释和一般性的论述。

(3)期刊平台低,进入国家核心期刊的文献为数不多。

二、资产评估的具体理论基础

(一)资产评估理论的概念

关于理论,世界著名《韦氏国际词典(第三版)》的解释为:理论是某一研究领域的一套前后一致的假设、概念和实用原则所构成的系统。资产评估理论是人们基于对资产评估实务活动的认识,通过思维运动而形成的关于资产评估发展规律的系统化的、合乎逻辑的理性认识,是由资产评估的基本概念、基本原则、基本原理,以及由此推演出的派生概念、原则、原理所构成的资产评估知识体系。资产评估理论一方面解释现存的资产评估实务,另一方面预测和指导未来的资产评估实务。或者说,建立资产评估理论的主要意图是对现行的资产评估实务进行批判和论证,同时,资产评估理论又要接受资产评估实务的验证。

(二)资产评估理论基础的主要内容

资产评估作为一个行业,在西方国家已有百余年历史(以1792年英国测量师学会的成立为标志)。在上百年的时间里,西方国家的许多学者对资产评估进行了大量的理论研究。其中对不动产评估和价值评估的理论研究居多,并推动资产评估业在世界范围内形成了两大体系:以英国为代表,形成了以不动产评估为主要内容的不动产评估体系;以美国为代表,形成了以企业各项资产评估为主要内容的综合评估体系。由此可以看出,西方国家的理论研究主要侧重于评估实务,为行业的实际业务操作服务,而对评估基础理论的研究却很少。

我国许多学者对评估理论的研究,侧重于对评估理论中某一方面进行独立研究,如对评估方法、评估准则和评估质量的研究,并且研究内容照搬多于创新,而很少有学者将各个独立的评估理论联系起来看作一个完整的体系进行深入研究。同时评估实务中出现的种种问题,恰恰反映了理论界对于资产评估理论的研究还很不成熟、不完善。因此,对现有的理论研究成果进行梳理、分析和深化,使其形成一套严密、前后一贯的理论体系,对指导资产评估实践以及推动评估理论研究的发展都是十分必要的。

资产评估理论是对资产评估实践的总结和抽象,它源于实践又直接指导资产评估实践和资产评估准则的制定,并通过资产评估准则规范和建议资产评估实践。归结起来,资产评估的理论基础主要包括以下几种。

1. 新古典经济学的价值论

以马歇尔为代表的新古典经济学派对价值理论作出了杰出的贡献。新古典经济学派把劳动价值论为主的生产价值论和边际效用学派的效用价值论有机地结合起来,从供给和需求两个方面考虑商品或资产的价格,以亚当·斯密的自由放任经济理论为基础,建立了自己的价值学说,促进了价值理论的发展。

新古典经济学价值论的基本要点是:商品的价值来源于生产和消费两个方面;生产方面决定商品或资产的供给;在市场经济条件下,商品或资产的价格由供给和需求双方共同决定。这一理论在资产评估中具有重要的理论意义和实践意义,主要表现在以下方面。

(1)在市场经济条件下,商品或资产的市场价格都会随着市场的波动而变化,而影响市场波动的因素有很多,有经济本身的因素,也有非经济因素,各种因素互相作用,造成市场供求变化,从而会影响市场资产的市场价格,而这些因素有时和资产的本身不一定有多大关系。具体来说,当宏观经济中总需求大于总供给、经济快速增长时,资产的市场价格通常会上升;当总需求小于总供给、经济萧条、经济严重紧缩时,资产的价格通常会下降。但是,一般来说,资产的市场价格都以实际价格(价值)为基础而进行上下波动的。一支普通钢笔的价格无论如何波动也不会高于一栋房子的价格;反之,一栋房子的市场价格无论如何波动也不会低于一只普通钢笔的价格。因此,在资产评估特别是采用现行市价法进行资产评估时,必须充分考虑市场波动因素对资产价格的影响,同时又不能因为市场价格的波动而掩盖资产的实际价格。

(2)资产评估要考虑资产的市场需求。市场需求一般取决于资产为其持有者带来的预期收益,收益越大,市场需求也越大,资产的价格就越高,反之就越低。资产的收益是一定时期的收入流,在对资产的收益进行预测时,需要把未来的收入流按照一定的贴现率换算成现在的收益。此外,资产的收益不仅包括经济收益,也包括非直接经济收益,非直接经济收益又包括对资产持有者公众形象的改善、企业商誉的提高等。

(3)资产评估要充分考虑生产成本和市场需求的影响。资产的价格既不单纯取决于生产资产的成本,也不单纯取决于市场需求,而是取决于二者的综合影响。假定一项资产的生产成本很高,但如果给其持有者带来的收益很小,则市场需求也就很小,这种资产的价值就不会很高;相反,在短期内,也可能出现这样的情况,一项资产的生产成本很低,但为其持有者带来的收益很大,这种资产的价格也不会很高,因为随着市场的变化,资产的收益会随之发生变化。

(4)资产评估要考虑生产资产的成本。生产成本主要包括人力成本、资产成本、资金成本和地租成本等。生产成本取决于市场平均成本水平及其变化,平均成本水平越高,资本的价格就越高,反之则越低;同时,市场平均成本水平的上升趋势表明资产的价格有上升的趋势,特别是在应用重置成本法进行资产评估时,更应该重点考虑生产成本这一因素。在运用成本法评估资产的现行再取得成本即重置成本时,需要借鉴会计学中的成本核算方法。成本核算是把一定时期内企业生产经营过程中所发生的费用,按其性质和发生地点,分类归集、汇总、核算,计算出该时期内生产经营费用发生总额和分别计算出每种产品的实际成本和单位成本的管理活动。而成本对象的不同,形成了品种法、分批法和分步法三种不同的成本计算方法。此外,如果产品的品种规格繁多,为了简化产品成本核算工作,可将产品的品种规格归并分类,按类别开设成本计算单归集费用,然后再按品种规格或生产批别、生产步骤分配费用、计算成本。产品成本核算方法如表1-1所示。

表 1-1　产品成本核算方法分类

成本核算方法	生产组织形式	生产工艺过程和管理要求	适用的类型
品种法	大量、大批单步骤生产	单步骤生产或管理上不要求分步骤计算成本的多步骤生产	发电、采煤
分批法	小批、单件生产	管理上不要求分步骤计算成本	精密仪器、专用设备
分步法	大量、大批多步骤生产	管理上要求分步骤计算成本的多步骤生产	冶金、纺织、造纸
分类法	产品品种、规格、型号繁多的综合性生产	产品品种、规格、型号繁多，又能按照一定标准分类的企业或车间	家电、服装

2. 资金时间价值理论

资金时间价值是指资金经历一定时间的投资和再投资所增加的价值,也称为货币的时间价值。资金的时间价值从价值量上看,是没有风险和没有通货膨胀条件下的社会平均资金利润率,它是公司资金利润率的最低限度。货币时间价值理论是资产评估中计算资产现行市价的重要理论,其基本思想对资产评估结果有重要影响。

(1) 资金时间价值理论的基本思想。用经济学的术语说,就是货币在银行的存放可以带来利息。如将资金运用于公司的经营活动可以获得利润,将资金用于对外投资可以获得投资收益等。这种由于资金运用实现的利息、利润或投资收益就表现为资金的时间价值。

(2) 货币时间价值理论对资产评估的影响。众所周知,一笔资产为其持有人带来的收益不是一次性的,而是在一定时期内连续不断地为持有人带来收益。如企业的机器设备、厂房、无形资产等每年每月甚至每天都在为企业带来收益。资产持有人总是希望自己持有的资产能够具有较高的收益率、较强的流动性和较高的安全性。当流动性和安全性既定时,资产的价值将主要取决于其收益率的高低。

(3) 按照货币时间价值理论,获得不同时点上的相同数量的收益,其价值是不同的。这一基本思想告诉我们,如果采用收益现值法评估,就必须首先将不同时点上的一系列收益分别进行折现处理,然后再加总,而不能将资产创造的收益流简单相加。

总之,凡是采用收益现值法对不同资产进行评估,都必然要涉及货币收益的时间价值问题,因此都应该按照上述折现原理对资产为其持有人带来的收益流进行折现,折现后的价值就是被评估资产的现行市价。

3. 资产补偿理论

(1) 资产补偿理论的内容。企业的生产经营是一个连续不断的过程,要维持正常的生产,实现资产的连续运营,必须及时足额地进行生产要素的补偿。企业资产的补偿必须在正确的补偿理论的指导下进行:①企业资产的正常运营以投入生产要素得到合理补偿为前提。②企业资产补偿分为价值补偿和实物补偿。价值补偿要求企业资产的价值经过补偿后,始终保持原来的数量。实物补偿是指企业资产在实物形态上的更新或替代,即当价值补偿积累到一定程度时,企业就会淘汰已经报废的固定资产,同时购置新的资产来替代。从时间上看,价值补偿是一个发生在前的连续过程,实物补偿则是一个发生在后的瞬时过程,价值补偿为后续的实物补偿积累了相应的价值。③企业一般采用不同的方法对消耗的生产要素进行补偿。流动资产的补偿是通过从销售收入中扣除生产成本,固定资产的补偿一般通过提取折旧的方法。

(2) 资产补偿理论对资产评估的影响。不同的资产有不同的补偿特点,应根据各自的补偿特点采用不同的评估方法。例如,固定资产补偿是通过提取折旧的方法进行的,因此评估时一般采用重置成本法;无形资产补偿程度不容易被确定,因此评估时一般采用收益现值法;而在企业破产或清算时,资产的补偿程度无足轻重,因此评估时采用清算价格法。可见,资产补偿的特点对确定资产评估的方法具有重要意义。在采用特殊方法进行资产评估时,可将资产的补偿程度作为评估结果的矫正与补充。例如,在评估企业专项设备时,通过补偿程度的测算,可以简单推算出设备的剩余价值和剩余年限,从而确定设备资产的现行市价。

4. 马克思劳动价值论

马克思劳动价值论的一个基本观点是,商品的价值是由社会必要劳动时间决定的。社会必要劳动时间是指:"在现有的社会正常的生产条件下,在社会平均的劳动熟练程度和劳动强度下制造某种使用价值所需要的劳动时间。"与资产评估相联系,该理论的主要内容可概括如下。

(1) 资产的价值由劳动决定,即由生产该项资产的社会必要劳动时间决定。换言之,劳动是形成资产价值的决定因素。因此,从分配角度看,劳动者即生产该项资产的工人所付出的活劳动与凝聚到资产中的物化劳动构成资产价值的全部来源。社会必要劳动时间越长,资产的价值越大;反之,资产的价值越小。

(2) 生产某项资产的社会必要劳动时间,会随着社会技术水平的进步和劳动条件的改善及劳动者劳动技能的提高而不断变化,并呈现下降的趋势。即使是新购建的经济效用相同的资产,如果技术水平发生了变化,它们的价值也可能存在较大的差别,从收益的角度看,可以认为技术水平变化前的资产产生了较显著的技术性贬值。

(3) 一项资产的价值量会随着社会必要劳动时间的变化而变化,并最终由先进技术条件下产生的同类资产的社会必要劳动时间所决定。马克思将上述劳动价值论总结为:"商品的价值量与体现在商品中的劳动的量成正比,与这一劳动的生产力成反比。"

劳动价值论告诉我们,在资产评估中必须充分注意:①资产的价值由生产该项资产的社会必要劳动时间决定,在资产评估中必须充分考虑生产该项资产的社会必要劳动时间,这是构成资产价值的物质基础;②在资产评估中必须注意到资产的技术性贬值,有时这样的贬值非常显著,如果忽略,资产评估的结果就不可能公正、科学、合理;③进行资产评估时必须把被评估资产置于市场条件变化的动态中考虑,评估资产不仅需要站在动态的角度考虑科技进步引起的功能性贬值,还要考虑科技进步带来的人们生活方式的改变对被评估资产所生产的商品需求的变化趋势;④劳动价值论是重置成本法评估资产的理论基础之一。从本质上讲,劳动价值论认为资产价值由凝聚到资产中的物化劳动和活劳动所决定,这是典型的生产成本决定价值论,它从资产的供给角度来度量资产的实际价值。

5. 效用价值论

效用价值论即商品价值决定论。其主要观点为商品价值是人对商品效用的主观心理评价。对商品拥有者来说,有效用才有收益,收益决定着商品的价值,效用越大,收益越高,资产的价值越大。换言之,资产的价值与其生产成本高低无关。

从资产评估角度看,效用价值论的基本思想是资产的价值由资产为其占有者所带来的效用决定,效用越大,资产的价值就越高。

(1) 资产的效用意味着资产的收益。效用是指商品或劳务满足人的欲望的能力,资产的效用则意味着资产的收益,资产的占有者总是期望资产的收益能够实现最大化。资产的收益越高,资产的价值就越大,而不论其生产成本高低如何。当然,在市场经济条件下,当市场机制完善、市场充分发挥作用时,生产成本高的资产,其预期收益通常也较大;生产成本低的资产,其预期收益通常也较小。如果市场失灵,两者的偏差就可能更大。

(2)资产的收益通常表现为一定时期内的预期收益流,因而必须考虑预期收益流的时间价值。在资产评估中,为测算资产在评估基准日的价值,就必须将被评估资产的预期收益流折算成现值,以此表示资产的收益,这也就是资产评估价值。

目前,在西方发达国家,收益现值法是一种被广泛采用的资产评估方法,在企业资产交易以及企业兼并中更是被大量采用。当然,效用价值论侧重于从需求方的角度对资产的价值进行分析,并对资产的现时价格进行评估是有区别的。

尽管劳动价值论与效用价值论这两种主张存在巨大的差异,在资产评估的执行时产生了不同的标准,但经过深入比较分析后,不难发现,两种体系在运用于资产评估上有很多互补性和相通之处。劳动价值论在肯定平均分析时并没有否定边际分析,并承认在价值层次上的相融性。

6. 生产要素分配理论

生产要素分配理论所研究的问题是,企业在一个生产周期完成并得到相应的收益后,各种生产要素的分配比例应该如何确定,即各种生产要素共同实现一定的价值后,各自的贡献比例应该如何确定。生产要素分配理论认为,企业在完成一个生产周期后,生产要素都应该得到相应的报酬,即资本得到利息,劳动得到工资,土地等自然资源得到地租,企业家得到正常利润,知识得到收入,公共产品得到税收。企业为各类生产要素支付的报酬都相应地分配给各类生产要素的提供者。在运用收益现值法评估一个企业的整体价值时,要测定资产的具体价值,就必须科学合理地确定该资产对企业整体价值的贡献率。这就是生产要素分配理论在资产评估中的重要作用体现。

第二章

资产评估的基本方法

 **学习目标**

1. 理解市场法、成本法、收益法的基本原理。
2. 掌握市场法、成本法、收益法的计算方法。
3. 了解对市场法、成本法、收益法的评价。
4. 了解三种基本评估方法的比较和选择。

情境导入

　　A市宏达公司与宏伟集团达成协议,将宏达公司的部分库房作价入股,XYZ评估公司于2018年7月31日接受委托,对这部分库房进行价值评估。宏达公司的四栋仓库坐落于A市F区G街,第一栋库房宽8米,长125米,建筑面积为1 000平方米;第二栋宽6米,长100米,建筑面积为600平方米;第三栋宽8米,长105米,建筑面积为840平方米;第四栋宽7米,长80米,建筑面积为560平方米;总建筑面积为3 000平方米。这四栋库房都是宏达公司在1995年修建的,经查阅宏达公司的财会档案资料,修建费用为90万元,使用8年多,一直作为仓库使用,保养一般,未经过所有权转移。具体情况有待评估人员进一步核查。

　　请思考:某评估公司相关人员对涉及的具体资产进行勘察后,应如何确定资产价值?应选择哪种评估方法进行评估?

　　资产评估方法是实施资产评估工作的技术手段。多年的资产评估实践中,这些方法按分析原理和技术路线不同,可以归纳为市场法、收益法、成本法三种基本方法。在运用基本方法时,可能会根据不同情况和每种基本方法的基本原理加以适当变通,从而派生出多种多样的评估方法。

第一节 市 场 法

一、市场法的基础理论和基本程序

(一)市场法的概念

　　市场法也称为现行市价法、市场价格比较法、比较法等,是指在市场上选择若干与被评估资产相同或类似的资产作为可参照资产,并根据其差异对可参照资产的市场价格进行调整，从而估算被评估资产价值的一种评估方法。

市场法是资产评估中最直接、最具说服力的评估方法。这种方法根据"替代原则"，以均衡价值论为理论基础。运用市场法要求充分利用类似资产成交价格信息，并以此为基础判断和估算被评估资产的价值。运用经过市场检验的结论评定资产价值，很容易被资产业务当事人接受。在我国，随着社会主义市场经济体制的逐步完善，为市场法提供了有效的应用空间，使其日益成为一种重要的资产评估方法。

（二）市场法的基本前提

1. 存在充分活跃的公开市场

在公开市场里，有大量自愿的买者和卖者，他们之间进行平等交易，这就排除了个别交易的偶然性。资产交易越频繁，与被评估资产相类似资产的价格越容易获得，按市场行情估测被评估资产价值，评估结果会更贴近市场，更容易被交易各方所接受。

2. 公开市场上存在相当数目的产生交易活动的可比资产

这些可比资产的一些技术指标、比较参数、经验数据易于观察和处理。资产及其交易的可比性是指选择的可比资产与被评估资产及资产业务相同或相似，且其交易活动在近期公开市场上已经发生过。这些已经完成交易的资产，就可以作为被评估资产的参照物，其交易数据是进行比较分析的主要依据。资产及其交易的可比性具体体现在以下三个方面。

（1）参照物与评估对象在功能上具有可比性（包括用途、性能上的相同或相似），这样可以避免张冠李戴，比如评估人员不会把大卡车作为大客车的参照物。

（2）参照物与被评估对象面临的市场条件具有可比性（包括市场供求关系、竞争状况和交易条件、交易方式、交易地点等）。

（3）参照物成交时间与评估基准日间隔时间不能过长，应在一个适度的时间范围内。一般来说，市场环境相对稳定时，间隔可以长一些；市场环境波动较大时，间隔时间要相对缩短。同时，时间对资产价值的影响是可以调整的。

（三）市场法的基本程序

1. 明确评估对象

选择参照物时，应以评估对象为基础，所以首先要明确评估对象的主要参数，如用途、基本功能指标、成新率，并以此为可比因素选择参照物。

2. 选择合适的参照物

选择出合适的参照物是应用市场法的基础，参照物选不好，会直接影响评估结果。参照物的合适性主要体现在以下三个方面。

（1）参照物具有可比性。可比因素主要包括功能、时间、区域、交易情况等因素。要求参照物与被评估资产的可比因素要尽可能类似，如有差异，差异也应该是可以量化调整的。例如，在房地产评估中要求参照物与被评估房地产应在同一供需圈内或同一区域；在机器设备评估中，要求参照物与被评估机器设备功能相似，最好是规格型号相同、出产日期相近等。

（2）参照物的数量充足。由于市场法通过对参照物的价格进行调整确定被评估资产的价值，如果只能找到一两个具有可比性的参照物，是不能反映市场行情的。我国目前一般要求至少有 3 个交易案例，在正常情况下要求搜集 4～5 个交易案例，才能有效运用市场法。但参照物选择过多往往会提高评估成本，因此在保证评估效果的前提下，参照物的数量不是越多越好。

(3) 参照物有真实的成交价。参照物的成交价必须是实际的成交价格。报价、拍卖底价等均不能视为成交价,它们不是实际成交的结果,不能作为参考价格。

3. 调整差异

确定参照物后,参照物与被评估资产之间具体存在哪些差异,需视具体资产业务采用定性或定量的方法分析确定。一般来说,需要调整的差异主要包括以下几个方面。

(1) 时间因素。时间因素是指参照物交易时间与被评估资产评估基准日时间上的不一致所导致的差异。时间因素调整的方法可以采取定基物价指数法,也可以采取环比物价指数法。如果评估对象与参照物之间只有时间因素的影响,则被评估资产的价值可用下式表示为

$$评估值=参照物成交价×交易时间差异修正系数$$

(2) 区域因素。区域因素是指参照物所处区域与被评估资产所处区域条件差异对被评估资产价值的影响。区域因素对不动产价格的影响尤为突出。如果参照物所在区域条件比被评估资产所在区域好,需将参照物的成交价下调;反之,则应上调。量化区域差异的具体方法主要为打分法。当评估对象与参照物之间只有区域因素的影响时,被评估资产的价值可用下式表示为

$$评估值=参照物成交价×区域因素修正系数$$

(3) 交易情况。交易情况差异是指由于非正常交易使参照物的成交价高于或低于当时市场正常交易价格。如交易双方是母子公司或类似有关联的公司对交易价格产生的影响;融资条件差异,即一次性付款和分期付款对成交价的影响;销售情况不同,即单件购买与批量购买对交易价格的影响;破产清算或急于出卖,交易价格相对较低,急于购入,交易价格往往相对较高;以非现金的形式抵扣资产价值等。当评估对象与参照物之间只有交易情况的差异时,被评估资产的价值可用下式表示为

$$评估值=参照物成交价×交易情况修正系数$$

(4) 资产内在因素。资产内在因素主要包括资产的功能、成新率、实体特征和质量等。功能因素是指参照物与被评估资产的功能差异对被评估资产价值的影响。成新率因素是指参照物与被评估资产有形损耗差异对被评估资产价值的影响,除了土地资产外,一般有形资产都存在有形损耗问题,有形损耗率越高,成新率越低,资产价值就越低。资产的实体特征主要是指资产的外观、结构、规格型号等。资产的质量主要是指资产本身的建造或制造的工艺水平。

4. 确定评估值

在分别完成对各参照物成交价各差异因素的修正后,即可获得若干个修正值,根据资产评估的一般管理要求,正式的评估结果只能是一个,如果参照物与评估对象可比性都很好,评估过程中没有问题,将这些调整值进行算术平均或加权平均,就可最终确定评估值。

二、市场法的具体评估方法

(一) 直接采用法

直接采用法是指能够在市场上找到与被评估资产完全相同的参照物,或被评估资产的取得时间与评估基准日非常接近且市场价格基本稳定的情况下,直接以参照物的市场交易

价格或购置价格作为被评估资产的评估值的评估方法。这种方法最为直观,但在市场上找到与评估对象完全相同的资产可能性极小,因此使用起来有很大的局限性。

(二)单项特征比较法

单项特征比较法是指利用参照物交易价格及参照物某一基本特征,直接与评估对象同一基本特征进行比较,得到两者的基本特征修正系数或基本特征差额,在参照物交易价格的基础上进行修正,从而得到评估对象价值的方法。其计算公式为

$$资产评估值=参照物成交价\times某一基本特征修正系数$$

或　　　　　　　　　$$资产评估值=参照物成交价\pm某一基本特征修正值$$

单项特征比较法直观简捷,便于操作,但对参照物与评估对象之间的可比性要求较高。参照物与评估对象的差异主要体现在某一明显的因素上,如新旧程度或交易时间等。

1. 物价指数法

物价指数法也叫价格指数法。物价指数法是指以参照资产成交价为基础,考虑参照物成交日期与被评估资产评估基准日的时间间隔对资产价值的影响,利用物价变动指数调整参照物成交价,从而得到评估对象评估值的方法。其计算公式为

$$资产评估值=参照物成交价\times物价指数$$

此方法只适用于评估对象与参照物之间仅存在交易时间差异且时间差异不能过长的情况。

例 2-1　某资产与评估对象完全相同,3 个月前的成交价格为 100 万元,相比 3 个月前该类资产的物价指数为 106%,则该资产评估值是多少?

解:资产评估值$=100\times106\%=106$(万元)

2. 交易情况修正法

交易情况修正法也叫市场折扣法,是以参照物成交价为基础,考虑评估对象在销售条件、销售时限等交易方面的差异因素,凭借评估人员经验或有关部门规定,设定一个交易情况修正系数确定评估价值的方法。其计算公式为

$$资产评估值=参照物成交价\times交易情况修正系数$$

此方法只适用于评估对象与参照物之间仅存在交易情况差异的情况。

例 2-2　甲企业预购入专用设备一套,规定使用年限为 10 年,已使用 3 年。经调查,某一同样设备的成交价为 120 万元,由于参照物销售时处于供不应求阶段,而现在该专用设备供求趋于平稳,所以设定折扣率为 10%,则该专用设备的现行市价是多少?

解:该专用设备评估值$=120\times(1-10\%)=108$(万元)

3. 功能价值调整法

功能价值调整法也称功能系数法、功能价值类比法。功能价值调整法是以参照物的成交价为基础,考虑参照物和评估对象之间仅存在功能差异,通过调整两者功能差异估算资产价值的方法。根据资产的功能与其价值之间的线性关系和指数关系的区别,可以分为以下两种情况。

(1)生产能力比例法。此时假设资产价值与其功能呈线性关系。当评估对象与参照物之间只有功能差异时,其计算公式可为

$$资产评估值=参照物成交价\times\frac{评估对象生产能力}{参照物生产能力}$$

例 2-3   被评估资产年生产能力为 1 000 吨，参照物资产的年生产能力为 1 600 吨，评估时点参照资产的市场价格为 100 万元，则被评估资产价值是多少？

解：资产评估值 $= 100 \times \dfrac{1\,000}{1\,600} = 62.5$（万元）

（2）规模经济效益指数法。此时假设资产价值与其功能呈指数关系。当评估对象与参照物之间只有功能差异时，其计算公式可为

$$资产评估值 = 参照物成交价 \times \left(\dfrac{评估对象生产能力}{参照物生产能力}\right)^x$$

式中，x 为规模经济效益指数。

例 2-4   被评估资产年生产能力为 90 吨，参照物资产的年生产能力为 120 吨，评估时点参照资产的市场价格为 10 万元，该类资产的功能价值指数为 0.6，则被评估资产价值是多少？

解：资产评估值 $= 10 \times \left(\dfrac{90}{120}\right)^{0.6} = 8.41$（万元）

4. 成新率调整法

成新率调整法是指以参照物成交价格为基础，考虑参照物和成交对象仅存在新旧程度上的差异，通过成新率调整估算被评估对象价值的方法。其计算公式为

$$资产评估值 = 参照物成交价 \times \dfrac{评估对象成新率}{参照物成新率}$$

公式中的成新率通常按使用年限确定。此方法只适用于评估对象和参照物之间仅存在成新程度差异的情况。

例 2-5   被评估资产的成新率为 80%，近期交易的参照物资产的成新率为 60%，参照资产的交易价格为 50 万元，则被评估资产价值是多少？

解：资产评估值 $= 50 \times \dfrac{80\%}{60\%} = 66.67$（万元）

5. 成本市价法

成本市价法是指以评估对象的现行合理成本为基础，考虑参照物和成交对象仅存在成本上的差异，利用参照物成交市价比率确定评估对象价值的方法。其计算公式为

$$资产评估值 = 评估对象现行合理成本 \times \dfrac{参照物成交价}{参照物现行合理成本}$$

例 2-6   评估时某市区商品住宅的成本市价率为 130%，已知被估全新住宅的现行合理成本为 220 万元，则被评估资产价值是多少？

解：资产评估值 $= 220 \times 130\% = 286$（万元）

6. 市盈率乘数法

市盈率乘数法是考虑参照物和成交对象仅存在收益额的差异，以参照物的市盈率作为乘数，并以此乘数与评估对象的收益额相乘来估算评估对象价值的方法。这种方法主要适用于企业整体价值评估和长期投资（主要是股票投资）评估。其计算公式为

$$资产评估值 = 评估对象收益额 \times 参照物市盈率$$

例 2-7   某啤酒企业的年净利润为 5 000 万元，评估时点资产市场上同类企业平均市盈率为 15 倍，则该企业的评估值是多少？

解：该企业的评估值 $= 5\,000 \times 15 = 75\,000$（万元）

（三）市场售价类比法

市场售价类比法是市场法中最基本的评估方法。该方法不要求参照物与评估对象必须一样或基本一样。只要参照物与评估对象在大的方面基本相同或类似，通过对比分析参照物和成交价格之间的差异，就能够在参照物成交价格的基础上确定评估对象的评估值。

市场售价类比法主要是指以参照物成交价格为基础，考虑评估对象和参照物在功能、市场条件和销售时间等方面的差异，通过对比分析和量化差异，调整估算评估对象价值的方法。

资产评估值＝参照物成交价×物价指数×交易情况调整系数×……×功能差异调整系数

或 资产评估值＝参照物成交价＋时间差异值＋交易情况差异值＋……＋功能差异值

（四）间接比较法

间接比较法是利用资产的国家标准、行业标准或市场标准（标准可以是综合标准，也可以是分项标准）作为基准，分别将评估对象和参照物整体或分项与其对比打分从而得到评估对象和参照物各自的分值，再利用参照物的市场交易价格以及评估对象的分值与参照物的分值的比值（系数）求得评估对象价值的一类评估方法。该方法不要求参照物与评估对象必须一样或者基本一样，只要参照物与评估对象在大的方面基本相同或相似，通过评估对象和参照物与国家、行业或市场标准的对比分析，掌握参照物与评估对象之间的差异，在参照物成交价格的基础上调整估算评估对象的价值。

由于间接比较法需要利用国家、行业或市场标准，应用起来有较多的局限，在资产评估实践中应用并不广泛。

在上述各种具体评估方法中，许多具体评估方法既适用于直接评估单项资产的价值，也适用于在市场法中估测评估标的与参照物之间某一种差异的调整系数或调整值。在市场经济条件下，单项资产和整体资产都可以作为交易对象进入市场流通，不论是单项资产或是整体资产的交易实例，都可以为运用市场法进行资产评估提供可参照的评估依据。当然，上述具体方法只是市场法中的一些经常使用的方法，市场法中的具体方法还有许多，在此不一一赘述。

第二节 收 益 法

一、收益法的基础理论和基本程序

（一）收益法的概念

收益法也称为收益现值法、收益还原法、现值法，是指通过估测被评估资产未来预期收益的现值判断资产价值的各种评估方法的总称。这里的收益是指未来一定期间内收入超过费用的部分。

收益法服从资产评估中以利求本的逆向思维思路。该思路认为，任何一个理智的投资者在购置或投资于某一资产时，所愿意支付或投资的数额不会高于所购置或投资的资产在未来能给其带来的回报，即收益额。将收益采用资本化和折现的途径及其方法判断和估算资产价值。根据评估对象的预期收益评估其价值，很容易被资产业务各方接受。从理论上讲，收益法是资产评估中较为科学合理的评估方法之一。

（二）收益法的基本前提

（1）被评估资产必须是具有持续获利能力的经营性资产，且其未来预期收益可以预测并可以用货币衡量（R_i 或 A）。收益法是从产生收益能力的角度评估一项资产，这就要求被评估资产与其经营收益之间存在较为稳定的比例关系。影响预期收益的主要因素包含主观因素和客观因素，应该比较明确，评估人员可以据此分析和测算出被评估资产的预期收益。

（2）投资者获得预期收益所承担的风险也可以预测并可以用货币衡量（r）。被评估对象所具有的行业风险、地区风险、企业风险等是可以预测并可以计量的，这是测算折现率或资本化率的基本参数之一。由于风险不一样，大家肯定会选择购买风险低的资产，或者说大家会认为风险低的资产的现值更高。从货币时间价值的角度，从资产股价的角度看，不同风险的收益需要使用不同的折现率计算现值。

（3）被评估资产预期获利年限可以预测（n）。评估对象获利期限的长短即评估对象的寿命，也是影响其评估值的重要因素之一。资产预期获利年限可以是有限期的，也可以是无限期的。

（三）收益法的基本程序

（1）搜集验证与评估对象未来预期收益有关的数据资料，包括经营前景、财务状况、市场形势，以及经营风险等。

（2）根据搜集的数据资料分析测算被评估对象未来预期收益，确定折现率或本金化率（资本化率），也可以是预期投资报酬率，分析测算被评估资产未来预期收益持续的时间。

（3）用折现率或资本化率将评估对象未来预期收益折算成现值，并最终分析确定评估结果。

（四）收益法中各项基本参数的确定

收益法的运用，不仅在于掌握其在不同情况下的各种计算过程，最基础也最重要的是，科学地确定方法中要运用的各项基本参数。收益法中的主要参数有收益额（R_i 或 A）、折现率（r）、收益年限（n）。

1. 收益额

收益额（R_i 或 A）是资产在正常情况下所能得到的归其产权主体的所得额。收益额是资产未来预期收益额，而不是资产的历史收益额或现实收益额；用于资产评估的收益额是资产的客观收益，而不是资产的实际收益，客观的收益就是根据各种变量、因素合理估计被评估资产的收益；而现实收益中可能包括不合理的因素。

资产收益额的表现形式有多种，不同种类资产的收益额表现形式不同，需要合理选择收益额的种类。资产预期收益有三种可选择的类型：净利润、净现金流量和利润总额。利润总额由于包含不属于资产持有者的税收，因而一般不适宜作为预期收益指标。净利润和净现金流量都属于税后净收益，都是资产持有者的收益，在收益法中被普遍采用。两者的区别在于确定的原则不同，净利润是按权责发生制确定的，净现金流量是按收付实现制确定的。从资产评估的角度看，净现金流量更适宜作为预期收益指标，其与净利润相比有以下两点优势：①净现金流量能够更准确地反映资产的预期收益。将折旧视为预期收益的一部分，有其合理性。折旧是为取得收益而发生的贬值，是资产价值的时间表现形式。折旧在资产的整个使用期内并未真正发生支出，也没有一个企业因为折旧的存在而准备大量资金用于支付,但是折旧所形成的价值却被企业以收益形式获得。这一点在会计上已被人们认可。②净现金流量体现了资金的时间价值。净利润没有考虑现金流入流出的时间差异,它并不一定表明在未来某个时点资产持有者可支配的现金流量。由于收益法是通过将资产未来某个时点的收益折算为现值估算资产的价值,因此用净现金流量表示收益更加准确。

预期收益的测算:现实经济生活中,无论是投资者还是理性分析人员,都无法准确预知资产的未来收益,除非是无风险资产。预测资产未来收益的方法很多,但归纳起来主要有以下几种:时间序列法,适宜预期收益趋势明显的情况;综合调整法,预期年收益额＝当前正常年收益额＋预期有利因素增加的收益额－预期不利因素减少的收益额;产品寿命周期法,可用增长量模型几何平均法;因果分析法有一元线性回归和多元线性回归方法,曲线模型预测方法等。

2. 折现率

r 取值主要为折现率,有时为本金化率(资本化率)或预期投资报酬率等,其中前两个名称使用频率较高。折现率和本金化率在本质上并无多大差别,都是将未来的预期收益折算成现值的比率,只是适用场合不同。折现率是将未来有限期的预期收益(收入流)折算成现值的比率,本金化率则是将未来永续期的预期收益(年金)折算成现值的比率。

在运用收益法时,关键是折现率的确定,资本化率是以折现率为基础的。确定折现率的方法有加和法、市场比较法、加权平均资本成本法等。

(1) 加和法。将无风险报酬率和风险报酬率相加可获得折现率,其公式为

折现率＝无风险报酬率＋风险报酬率

其中无风险报酬率的确定比较容易,政府债券投资收益率通常被看作无风险报酬率的替代值。对资产评估而言,最好用较长期的政府债券利率作为基本收益率,因为评估通常涉及基于长期收益趋势的资产,所以不选择通常使用的短期政府债券而选择长期债券利率作为无风险报酬率,更具有可比性和相关替代性。

折现率中的风险报酬率部分主要有两种风险:一是市场风险;二是特定的被评估资产或企业的内部风险。市场风险包括与市场相关的风险行业的总体状况、宏观经济状况、地区经济状况、市场竞争状况、法律或法规约束、国家产业政策;内部风险包括产品或服务的类型、企业规模、财务状况、管理水平、收益数量及质量、地理位置等。

由此可见,风险报酬率的确定相当复杂,而且对于每一个潜在的投资者而言,都会有所不同。常见的风险报酬率的确定方法有累加法和资本资产定价模型使用法。

① 累加法。其公式为

被评估项目风险报酬率＝行业风险报酬率＋经营风险报酬率＋财务风险报酬

累加法的基本思路是:将企业在生产经营过程中可能面临的行业风险、经营风险和财务风险对投资报酬率的要求加以量化并予以累加,即可得到企业的风险报酬率。

② 资本资产定价模型使用法:

$$R = R_f + \beta(R_m - R_f)$$

式中,R_f 为无风险报酬率;R_m 为市场平均收益率;β 为被评估企业证券的风险报酬率与证券市场上平均风险报酬率的比值;$\beta(R_m - R_f)$ 为风险报酬率。

$R_m - R_f$ 表示市场平均风险报酬率,β 反映了与其他企业相比,被评估企业特定的风险程度,r 与 β 系数正相关,即由 β 系数所测算的被投资项目的风险越大,投资者所要求的收益

率越高。

市场平均收益率(R_m)和无风险报酬率(R_f)比较容易获得。β系数的计算较为复杂,但在国外有专门的机构根据上市公司的经营状况和市场表现编制行业和公司的β系数,并及时予以更新。例如,美国前罗森伯格事务所就为在美国证券市场上市的约7 000家公司提供β系数,且每季度予以更新。

(2)市场比较法。市场比较法是通过寻找与被评估资产相类似资产的收益率取平均值。相类似资产是指与被评估资产在行业、销售类型、收益水平、风险程度、流动性等方面相类似的资产。同时,市场法要求尽可能多的样本,否则不能准确反映市场对某项投资回报的普遍要求。

(3)加权平均资本成本法。加权平均资本成本法的基本思路是:将资产视作投入资金总额,则企业资产可以理解为长期负债与所有者权益之和。从这一角度分析,长期负债和所有者权益所表现的利息率和投资报酬率必然影响折现率的计算。对此可通过加权平均法计算如下:

折现率=长期负债占资产总额的比重×长期负债利息率×(1-所得税税率)+
所有者权益占资产总额的比重×投资报酬率

例 2-8　某企业资本构成如下:长期借款占30%,利息率8%;应付债券占20%,利息率10%;股东权益占50%,投资报酬率14%;适用的所得税税率为25%,则该企业的折现率为多少?

解:$r=30\%×8\%×(1-25\%)+20\%×10\%×(1-25\%)+50\%×14\%=10.3\%$

3. 收益年限

收益年限是指资产具有获利能力持续的时间,通常以年为单位。它由评估人员根据被评估资产自身功能和相关条件,以及有关法律法规、契约合同等加以测定。

二、收益法的具体评估方法

(一)收益法应用的基础

收益法应用的基础就是资金的时间价值理论方法,资金的时间价值从价值量上看,是指没有风险和没有通货膨胀条件下的社会平均资金利润,它是公司资金利润的最低限度。计算资金时间价值量,必须引入现值和终值两个概念,用以表示不同时期的资金时间价值。现值又称本金,是指资金现在的价值。终值又称本利和,是指资金经过若干时期后包括本金和时间价值在内的未来价值。通常有单利终值与现值、复利终值与现值、年金终值与现值。

1. 单利

单利是指只对本金计算利息,利息部分不再计息的一种方式。通常用P表示现值,F表示终值,r表示利率(贴现率、折现率),n表示计算利息的期数。

单利的终值:

$$F = P(1+rn)$$

单利的现值:

$$P = \frac{F}{1+rn}$$

2. 复利

复利是指不仅本金要计算利息,本金所生的利息在下期也要加入本金一起计算利息,即通常所说的"利滚利"。复利终值是指一定数量的本金在一定的利率下,按照复利的方法计算出的若干时期以后的本金与利息之和。例如,公司将一笔资金 P 存入银行,年利率为 i,如果每年计息一次,则 n 年后的本利和就是复利终值。

复利的终值:

$$F = P(1+r)^n = P(F/P, r, n)$$

复利的现值:

$$P = F(1+r)^{-n} = F(P/F, r, n)$$

式中,$(1+r)^n$ 为复利终值系数,用符号 $(F/P, r, n)$ 表示;$(1+r)^{-n}$ 为复利现值系数,用符号 $(P/F, r, n)$ 表示。1 元复利终值表和 1 元复利现值表扫右边二维码查看。

资金时间
价值系数表

3. 普通年金的终值和现值

在现实经济生活中,还存在一定时期内多次收付的款项,如果每次收付的金额相等,这种系列收付款项便称为年金。通常记为 A。年金的形式多种多样,如保险费、折旧费、租金、税金、养老金、等额分期收款或付款、零存整取或整存零取储蓄都可以是年金形式。年金具有连续性和等额性特点。连续性要求在一定时间内,间隔相等时间就要发生一次收支业务,其间不得中断;等额性要求每期收、付款项的金额必须相等。

普通年金的终值:

$$F = A \frac{(1+r)^n - 1}{r} = A(F/A, r, n)$$

普通年金的现值:

$$P = A \frac{1-(1+r)^{-n}}{r} = A(P/A, r, n)$$

式中,$\frac{(1+r)^n - 1}{r}$ 为年金终值系数,用符号 $(F/A, r, n)$ 表示;$\frac{1-(1+r)^{-n}}{r}$ 为年金现值系数,用符号 $(P/A, r, n)$ 表示。1 元年金终值表和 1 元年金现值表扫上边二维码查看。

资金时间价值的计算应注意以下问题。

(1) P 发生在一个时间序列的第 1 期期初,F 则发生在一个时间序列的第 n 期(最后一期)期末。

(2) 没有特别说明,收益额都认为是在该期期末发生。

(3) 收益的分布如不规则,需进行调整,灵活运用各种计算方法。

(二) 收益法的运用形式

1. 符号约定及基本形式

收益法实际上是指在预期收益还原思路下若干具体方法的集合。收益法在具体运用时,首先,针对评估对象未来预期收益有无限期的情况,分为有限期和无限期的评估方法;其次,针对评估对象预期收益额的情况,又可分为等额收益评估方法、非等额收益评估方法等。为了便于收益法基本计算公式的运用,对符号做如下统一规定:

P——评估值;

i——年序号,即第 i 年;

P_m——未来第 m 年的评估值;

R_i——未来第 i 年的预期收益;

r——折现率或资本化率;

r_i——第 i 年的折现率或资本化率;

n——整个收益年期;

m——部分收益年期;

A——年金,即每年相等的收益额。

运用收益法求评估值主要是复利计息,其基本公式为

$$P = \frac{R_1}{1+r_1} + \frac{R_2}{(1+r_2)^2} + \cdots + \frac{R_i}{(1+r_i)^i} + \cdots + \frac{R_n}{(1+r_n)^n} = \sum_{i=1}^{n} \frac{R_i}{(1+r_i)^i}$$

例 2-9 某收益性资产,经专业评估人员预测,收益期为 5 年,评估基准日后第一年预期收益为 100 万元,第二年预期收益为 105 万元,第三年预期收益为 115 万元,第四年预期收益为 120 万元,第五年预期收益为 110 万元。折现率为 8%,该资产的评估价值应为多少?

解:该资产的评估价值 $= \dfrac{100}{(1+8\%)} + \dfrac{105}{(1+8\%)^2} + \dfrac{115}{(1+8\%)^3} + \dfrac{120}{(1+8\%)^4} + \dfrac{110}{(1+8\%)^5}$

$\qquad\qquad\qquad\quad = 436.97$(万元)

2. 收益法具体应用形式

1) 收益额每年相等

(1) 纯收益每年保持不变(为 A),折现率固定且大于零(为 r),收益年期无限,则

$$P = \frac{A}{r}$$

例 2-10 被评估资产为一未公开的药物配方,预计在未来无限年期产生的年收益为 200 万元,资本化率为 10%,则该药物配方的价值是多少?

解:该资产的评估价值 $= \dfrac{200}{10\%} = 2\,000$(万元)

(2) 纯收益每年保持不变(为 A),折现率固定且大于零(为 r),收益年期有限,则

$$P = A\frac{1-(1+r)^{-n}}{r}$$

例 2-11 被评估资产为某一自行车品牌的特许经营权。根据许可方与被许可方签订的合同,在评估基准日,该品牌尚可使用年限为 5 年。根据以往的经营数据和市场对该品牌的认可程度,预计其未来年净收益将会维持在 300 万元。折现率假定为 14%,则该品牌的特许经营权价值是多少?

解:$P = A\dfrac{1-(1+r)^{-n}}{r} = 300 \times \dfrac{1-(1+14\%)^{-5}}{14\%} = 1\,029.92$(万元)

(3) 纯收益每年保持不变(为 A),折现率等于零,收益年期有限,则

$$P = An$$

2) 收益额成等差级数变化

(1) 纯收益每年成等差级数递增,第一年收益为 A,且逐年递增额为 B,资本化率 r 大于

零,收益年期无限,则

$$P = \frac{A}{r} + \frac{B}{r^2}$$

（2）纯收益每年成等差级数递增,第一年收益为A,且逐年递增额为B,资本化率r大于零,收益年期有限,则

$$P = \left(A + \frac{B}{r}\right) \cdot \frac{1 - (1+r)^{-n}}{r} - \frac{B}{r} \cdot \frac{n}{(1+r)^n}$$

（3）纯收益每年成等差级数递减,第一年收益为A,且逐年递减额为B,资本化率r大于零,收益年期有限,则

$$P = \left(A - \frac{B}{r}\right) \cdot \frac{1 - (1+r)^{-n}}{r} + \frac{B}{r} \cdot \frac{n}{(1+r)^n}$$

其中,$A > (n-1)B$。

例 2-12　某收益性资产,经专业评估人员预测,评估基准日后第一年预期收益为 100 万元,以后每年递增 10 万元,收益期无限,假设折现率为 5%,该资产的评估价值是多少?

解： $P = \dfrac{A}{r} + \dfrac{B}{r^2} = \dfrac{100}{5\%} + \dfrac{10}{5\%^2} = 6\,000$（万元）

例 2-13　某收益性资产,经专业评估人员预测,评估基准日后第一年预期收益为 100 万元,以后每年递减 10 万元。假设折现率为 5%,该资产的评估价值是多少?

解： $P = \left(\dfrac{A}{r} - \dfrac{B}{r^2}\right) \cdot \left[1 - \dfrac{1}{(1+r)^n}\right] + \dfrac{B}{r} \cdot \dfrac{n}{(1+r)^n}$

式中,A 是评估基准日后的第一期收益 100 万元,B 是等差级数递减额 10 万元,$r = 5\%$,$n = 10$。所以：

$$P = \left(\frac{100}{0.05} - \frac{10}{0.05^2}\right) \times \left[1 - \frac{1}{(1+5\%)^{10}}\right] + \frac{10}{0.05} \times \frac{10}{(1+5\%)^{10}}$$

$$= (2\,000 - 4\,000) \times 0.386\,1 + 1\,227.82 = 455.62\,(\text{万元})$$

3）收益额成等比级数变化

（1）纯收益每年成等比级数递增,第一年收益为A,且逐年递增率为s,资本化率$r > s > 0$,收益年期无限,则

$$P = \frac{A}{r - s}$$

（2）纯收益每年成等比级数递增,第一年收益为A,且逐年递增率为s,资本化率$r > s > 0$,收益年期有限,则

$$P = \frac{A}{r - s} \cdot \left[1 - \left(\frac{1+s}{1+r}\right)^n\right]$$

（3）纯收益每年成等比级数递减,第一年收益为A,且逐年递减率为s,资本化率$r > s > 0$,收益年期无限,则

$$P = \frac{A}{r + s}$$

（4）纯收益每年成等比级数递减,第一年收益为A,且逐年递减率为s,资本化率$r > s > 0$,收益年期有限,则

$$P = \frac{A}{r + s} \cdot \left[1 - \left(\frac{1-s}{1+r}\right)^n\right]$$

例 2-14　某被估房地产自评估基准日起剩余使用年限为 30 年,经专业评估人员分析,评估基准日后第一年的预期收益为 50 万元,其后各年的收益将以 2% 的比例递增。设定的折现率为 10%,该房地产的评估值是多少?

解:纯收益按等比级数递增,收益年期有限。

$$P = \frac{50}{10\% - 2\%} \times \left[1 - \left(\frac{1 + 2\%}{1 + 10\%} \right)^{30} \right] = 560(万元)$$

例 2-15　被评估非专利技术自评估基准日起剩余使用年限为 8 年,经专业评估人员分析,评估基准日后第一年的预期收益为 50 万元,其后各年的收益将以 2% 的比例递减。若折现率为 10%,该非专利技术的评估值是多少?

解:$P = \dfrac{A}{r + s} \times \left[1 - \left(\dfrac{1 + s}{1 + r} \right)^{n} \right] = \dfrac{50}{10\% + 2\%} \times \left[1 - \left(\dfrac{1 + 2\%}{1 + 10\%} \right)^{8} \right] = 188.9(万元)$

4) 分段法

收益额总是按照一定的规律获取并不符合实际,即使是预计收益额,不同的阶段也可能有不同的收益,这时就要用分段法。分段法的基本思路是把收益分为几个阶段,每阶段分别求现值,然后求现值和就得到了评估值。下面介绍一些常用的分段法。

(1) 纯收益在 m 年(含第 m 年)以前有变化,在 m 年以后保持不变,资本化率大于零,收益年期无限,则

$$P = \sum_{i=1}^{m} \frac{R_i}{(1 + r)^i} + \frac{A}{r(1 + r)^m}$$

例 2-16　H 企业预计未来 5 年的预期期末股权现金流量为 100 万元、120 万元、150 万元、160 万元和 200 万元,根据企业的实际情况推断,从第六年开始,企业的年股权现金流量将维持在 200 万元。假定权益回报率为 10%,采用收益法对 H 企业的股权价值进行评估,其评估价值是多少?

解:评估价值 $= \dfrac{100}{1 + 10\%} + \dfrac{120}{(1 + 10\%)^2} + \dfrac{150}{(1 + 10\%)^3} + \dfrac{160}{(1 + 10\%)^4} + \dfrac{200}{10\% \times (1 + 10\%)^4}$
$= 1\,778(万元)$

(2) 纯收益在 m 年(含第 m 年)以前有变化,在 m 年以后保持不变,资本化率大于零,收益年期有限,则

$$P = \sum_{i=1}^{m} \frac{R_i}{(1 + r)^i} + A \times \frac{1 - (1 + r)^{m-n}}{r(1 + r)^m}$$

例 2-17　预计某收益性资产未来 5 年的预期超额收益为 100 万元、120 万元、150 万元、160 万元和 200 万元,根据推断,从第六年开始,该收益性资产的预期超额收益将维持在 200 万元,并能维持 5 年。假定权益回报率为 10%,采用收益法对该收益性资产进行评估,其评估价值是多少?

解:评估价值 $= \dfrac{100}{1 + 10\%} + \dfrac{120}{(1 + 10\%)^2} + \dfrac{150}{(1 + 10\%)^3} + \dfrac{160}{(1 + 10\%)^4} + 200 \times \dfrac{1 - (1 + 10\%)^{4-10}}{10\% \times (1 + 10\%)^4}$
$= 1\,006.7(万元)$

(3) 纯收益在 n 年(含第 n 年)以前有变化,预计第 n 年的价格为 P_n,资本化率大于零,则

$$P = \sum_{i=1}^{n} \frac{R_i}{(1 + r)^i} + \frac{P_n}{(1 + r)^n}$$

例 2-18　被评估对象为一房地产,预计该房地产在评估基准日后未来 5 年每年的收益分别为 8 万元、10 万元、11 万元、12 万元、12 万元,并在第五年年末出售该房地产。专家分析认为,该房地产在第五年年末的预期出售价格约为 400 万元,假设折现率为 10%,该房地产的评估价值是多少?

解:评估价值$= 8 \times \dfrac{1}{(1+10\%)^1} + 10 \times \dfrac{1}{(1+10\%)^2} + 11 \times \dfrac{1}{(1+10\%)^3} + 12 \times \dfrac{1}{(1+10\%)^4} +$

$$12 \times \dfrac{1}{(1+10\%)^5} + 400 \times \dfrac{1}{(1+10\%)^5} = 287.82(万元)$$

（4）纯收益在 n 年(含第 n 年)以前保持不变,预计第 n 年的价格为 P_n,资本化率大于零,则

$$P = A \times \frac{1-(1+r)^{-n}}{r} + \frac{P_n}{(1+r)^n}$$

例 2-19　被评估对象为某企业的无形资产,预计该无形资产在评估基准日后未来 5 年每年的收益维持在 120 万元,并在第五年年末出售该房地产。专家分析认为,该无形资产在第五年年末的预期出售价格约为 200 万元,假设折现率为 10%,该无形资产的评估价值是多少?

解:评估价值$= 120 \times \dfrac{1-(1+r)^{-n}}{r} + 200 \times \dfrac{1}{(1+r)^n} = 120 \times \dfrac{1-(1+10\%)^{-5}}{10\%} + 200 \times$

$$\dfrac{1}{(1+10\%)^5} = 580(万元)$$

分段法的具体应用还有很多种,这里不再一一罗列。具体情况具体分析,计算也要与之符合。

第三节　成　本　法

一、成本法的基础理论和基本程序

（一）成本法的概念

成本法也叫重置成本法,是指在评估资产时,按被评估资产的现时重置成本扣减其各项损耗价值确定被评估资产价值的方法。

（二）成本法的前提条件

1. 应用成本法评估资产的基本前提条件

（1）被评估资产处于继续使用状态或被假定处于继续使用状态。资产的继续使用不仅是一个物理上的概念,它包含有效使用资产的经济意义,只有被评估资产继续使用,再取得被评估资产的全部费用,才能够构成其价值的内容。

（2）被评估资产的预期收益能够支持其重置及其投入价值。只有当资产能够继续使用并且在持续使用中为潜在所有者或控制者带来足够经济利益,资产的重置成本才能为那些潜在投资者和市场所接受。

2. 应用成本法评估资产应具备的条件

从相对合理准确、减少风险和提高评估效率的角度分析,使用成本法评估资产应该具备以下几个条件:

（1）被评估资产的实体特征、内部结构及其功能，必须与假设的重置全新资产具有可比性。同时，被评估资产必须是可以再生的，或者说是可以复制的。不能再生或复制地被评估资产，如土地、矿藏，一般不适用成本法。

（2）形成资产价值的各种耗费是必需的。耗费是形成资产价值的基础，但是这些成本耗费应该是取得资产所必须付出的代价，或者说，应该体现整个社会或行业的平均成本耗费水平，而不是某项资产的个别成本耗费水平。

（3）具备可利用的历史资料。成本法的运用是建立在历史资料的基础上的，如复原重置成本的计算、成新率的计算等，许多信息指标要通过这些历史资料的收集获取。

（三）成本法的基本程序

（1）确认评估对象。评估人员应和委托方的工作人员认真做好资产核查工作，经审核后符合条件的资产才能作为评估对象。

（2）进行核算评估对象的重置成本，确定其已使用年限、尚可使用年限，估算其成新率等基础工作。

（3）使用科学的方法计算资产的各类贬值。

（4）估算确认评估对象的净价。国有资产管理局颁布的《资产评估操作规范意见》规定，采用成本法计算出的评估值，不能低于该资产清理变现的净收益。对于基本能够正常使用的资产，其成新率不低于15%，评估值不低于重置成本的15%。

二、成本法的基本思路和各项相关要素

（一）成本法的基本思路

先计算被评估资产的现时重置成本，然后再减去各项损耗价值。由于资产价值是一个变量，影响资产价值量变化的因素，除了市场价格以外还有许多其他因素，如因使用磨损和自然力作用而产生的实体性贬值，因技术进步而产生的功能性贬值，因外部环境因素变化而产生的经济性贬值等。这种评估思路可以用公式表示为

资产评估价值＝重置成本－实体性贬值－功能性贬值－经济性贬值

或　　　　　　　　　　资产评估价值＝重置成本×综合成新率

式中，综合成新率是指在综合考虑资产的各种损耗后确定的成新率，它反映了资产的现行价值与其全新状态重置价值的比率。被评估资产的综合成新率，必须由具有专业知识和丰富经验的专家和工程技术人员对资产实体的各主要部位和功能进行技术性与经济性鉴定，在综合考虑资产的实体性贬值、功能性贬值和经济性贬值的基础上最终确定。

（二）成本法的相关要素

1. 重置成本

重置成本是指按现行市场条件重新建造或者购置一项全新状态下的被评估资产所支付的全部货币总额。包含取得资产所耗费的合理必要费用、资本成本和合理利润。按其确定的依据，可分为复原重置成本和更新重置成本两类。

（1）复原重置成本是指采用与评估对象相同的材料、相同的建筑或制造标准、相同的设计、相同的规格及技术等，以现行价格水平重新购建与评估对象相同的全新资产所发生的费用。

（2）更新重置成本是指采用新型材料，并根据现代建筑或制造标准、新型设计、新型规

格及技术等,以现行价格水平购建与评估对象具有同等功能的全新资产所发生的费用。

复原重置成本和更新重置成本的相同点在于,均采用资产的现行价格估算具有同等功能的全新资产,不同点在于采用的材料、标准、设计等方面存在差异。应该强调的是,即使是更新重置成本,也没有完全改变被评估资产的原有功能。例如,评估双核笔记本电脑,就不能以单核笔记本电脑作为更新重置成本。

在选取重置成本时,如果同时拥有计算复原重置成本和更新重置成本的信息资料,应优先选择更新重置成本。其理由有两点:①因为新技术提高了劳动生产率,使采用新技术生产相同功能的资产所需的必要劳动时间减少,根据资产评估的替代原则应选择更新重置成本;②采用新型设计、材料、工艺制造的资产,无论在使用性能还是成本耗费方面,都会优于旧资产。所以,更新重置成本作为评估的基础更符合技术进步的要求和市场竞争的法则。由此可见,更新重置成本与复原重置成本的差异,主要体现在超额投资成本和超额运营成本两个方面。

2. 实体性贬值

资产的实体性贬值又称有形损耗,是指资产由于使用及自然力作用导致的物理性能的损耗或作用下降而引起的价值损失。一般来说,使用时间越长、开工率越高,有形损耗也就越大,但保养状况较好或质量较高的资产相比同期产品有形损耗会偏小。进行资产评估时,以实际的磨损程度确定实体性贬值。

3. 功能性贬值

资产的功能性贬值是指由于新技术的推广和使用,如新技术的出现导致生产率的提高,生产方法的改进导致劳动生产率提高,由于分工日益细密导致劳动生产率提高等,使原有资产在技术上明显落后、性能降低而造成的资产价值损失。

它包括由于新工艺、新材料和新技术的采用,而使原有资产的建造成本的超支额(超额投资成本)和其原有资产超过体现技术进步的同类资产的运营成本的超支额(超额运营成本)。其中,由于超额投资引起的功能性贬值,即为复原重置成本大于更新重置成本的差额。在资产评估中一般不刻意计算超额投资成本,往往只计算超额运营成本,也称为营运性贬值,以此确认功能性贬值。

4. 经济性贬值

资产的经济性贬值是指由于资产外部环境因素的变化,引起资产闲置、收益下降等造成的资产价值损失。引起经济性贬值的原因主要有以下几种:①竞争加剧,社会总需求减少,导致资产开工不足;②原材料供应不畅,导致生产中断;③原材料成本增加,导致企业费用直线上升;④在通货膨胀情况下,国家实行高利率政策,导致企业负担加重;⑤国家产业政策的变动,环境保护等。

三、成本法的具体评估方法

(一)重置成本的估算方法

估算重置成本的方法有多种,包括重置核算法、物价指数法、功能价值调整法、点面推算法等,评估时可根据具体评估对象和可以获得的资料进行选择。

1. 重置核算法

重置核算法也称核算法、加和分析法、细节分析法等。它是利用成本核算的原理,根据重新取得资产所需的费用项目,按现行市价逐项计算,然后累加得到资产的重置成本。在实际测算过程中又具体划分为两种类型:购买型和自建型。

购买型以购买资产的方式作为资产的重置过程,一般以资产的购置价作为重置成本(购置价=现行购买价格+运杂费+安装调试费+其他必要的费用)。

自建型把自建资产作为资产重置方式,根据重新建造资产所需的料、工、费等必要资金成本和开发者的合理收益等,分析和计算重置成本。

无论是购买型还是自建型,其重置成本的计算均可表示为:重置成本=直接成本+间接成本。其中,直接成本是购建全新资产时所花费的直接计入购建成本中的那部分成本,如直接购买费用、运输费、安装调试的材料费和人工费等;间接成本是购建过程中不能直接计入的成本,但又是与资产形成有关的一些支出,如购置资产所发生的管理费、运输费、前期准备费、设计费、维修费等。通常对间接成本的分配可以采用人工成本比例法、工作量比重法、直接成本比例法等。但如果间接成本金额较小,则可以忽略不计。

例 2-20   重置购建某机器设备一台,现行市场价格每台 20 万元,运杂费 5 000 元,直接安装成本 9 000 元,其中原材料 3 000 元,人工成本 6 000 元。根据统计分析,计算求得安装成本中的间接成本为人工成本 0.5 元。该机器设备重置成本是多少?

解:直接成本=200 000+5 000+9 000=214 000(元)

式中,买价 200 000 元,运杂费 5 000 元,安装费用 9 000 元。安装费用包括原材料 3 000 元,人工费 6 000 元。

$$间接成本(安装成本)=6 000 \times 0.5=3 000(元)$$

$$重置成本=直接成本+间接成本=214 000+3 000=217 000(元)$$

采用重置核算法的前提是能够获得处于全新状态的被估资产的现行市价。重置核算法既适合于计量复原重置成本,也适合于计量更新重置成本。

2. 物价指数法

如果既无法获得处于全新状态的被评估资产现行市价,也无法获得与被评估资产相类似的参照资产的现行市价,就只能根据资产的历史成本(或账面成本),利用与资产有关的物价变动指数,将其调整为重置成本。这种通过物价变动指数调整确定被评估资产的重置成本的方法称为物价指数法。其计算公式为

$$资产重置成本=资产历史成本 \times 物价指数$$

或 $$资产重置成本=资产历史成本 \times (1+物价变动指数)$$

式中,资产的历史成本要求真实、准确,并符合社会平均的合理成本。所采用的物价指数一定要选择同类资产的价格指数,即个别物价指数,越是分类具体的物价指数越准确。一般不用通货膨胀指数,否则无法代表被评估资产的价格及其变动趋势,从而影响资产评估值的准确性。物价指数的计算可以使用定基物价指数,也可以使用环比物价指数。

1)物价指数根据定基物价指数计算获得

$$资产重置成本=资产历史成本 \times \frac{资产评估时的定基物价指数}{资产购建时的定基物价指数}$$

式中,物价指数$=\dfrac{资产评估时的定基物价指数}{资产购建时的定基物价指数}$。

例 2-21　某项固定资产购建于 2013 年,账面原值为 25 万元,2018 年进行评估,已知 2013 年和 2018 年该类资产相对于 2012 年的定基物价指数分别为 110％和 160％。则该项资产的重置成本是多少?

解：被评估资产重置成本＝$25 \times \dfrac{160\%}{110\%} = 36.36$（万元）

2）物价指数还可以根据环比物价指数或者环比物价变动指数计算获得

$$资产重置成本 ＝资产历史成本 \times 物价指数$$

式中,物价指数＝$(1+a_1)(1+a_2)(1+a_3) \cdots (1+a_n) \times 100\%$；$n = 1,2,3,\cdots,n$；$a_n$ 为第 n 年的环比物价变动指数,$(1+a_n)$ 为第 n 年的环比物价指数。

例 2-22　某被评估资产账面价值为 33 万元,2015 年建成,2018 年进行评估,经调查已知 2014 年到 2018 年同类资产的环比物价变动指数分别为 10.9％、16.8％、20％、13％、25％,则被评估资产重置成本是多少?

解：被评估资产重置成本＝$33 \times (1+20\%) \times (1+13\%) \times (1+25\%) \times 100\%$
　　　　　　　　　　　$= 55.94$（万元）

物价指数法与重置核算法是重置成本估算最常用的方法,它们的相同点是方法的使用都是建立在利用历史资料基础上。因此,都需要注意判断、分析资产评估时重置成本口径与委托方提供历史资料(如财务资料)的口径差异。

同时两者也具有明显的区别,明确物价指数法和重置核算法的区别,有助于重置成本估算中方法的判断和选择。区别具体表现在：①物价指数法估算的重置成本,仅考虑了价格变动因素,因而确定的是复原重置成本；而重置核算法既考虑了价格因素,也考虑了生产技术进步和劳动生产率的变化因素,因而可以估算复原重置成本和更新重置成本。一般情况下,物价指数法和重置核算法相比,核算的结果可能有误差,其准确度没有后者高。②物价指数法建立在不同时期的某一种或某类甚至全部资产的物价变动水平上,而重置核算法建立在现行价格水平与购建成本费用核算的基础上。

3. 功能价值调整法

功能价值调整法也称为功能价值类比法、功能成本法,是指利用某些资产功能(主要指生产能力)的变化与其价格或重置成本的变化呈某种线性关系或指数关系,通过参照物的价格或重置成本,以及功能价值关系估测评估对象价格或重置成本的技术方法。根据资产的功能与重置成本之间函数关系的不同,功能价值调整法有不同的计量方法。

1）生产能力比例法

生产能力比例法是通过寻找与被评估资产相同或相似的资产为参照物,计算其每一单位生产能力价格或参照物与被评估资产生产能力的比例,据以估算被评估资产的重置成本。其计算公式为

$$被评估资产重置成本＝参照物资产重置成本 \times \dfrac{被评估资产年产量}{参照物年产量}$$

这种方法运用的前提条件是假设资产的重置成本与其生产能力呈线性关系,生产能力越大,成本越高,而且是成比例变化,否则这种方法就不可以采用。

例 2-23　重置全新的一台机器设备价格为 130 000 元,年产量为 10 000 件。已知被评

估资产年产量为 8 000 件,其重置成本为多少?

解: 被评估资产重置成本 $= 130\,000 \times \dfrac{8\,000}{10\,000} = 104\,000$(元)

2) 规模经济效益指数法

如果资产的功能与成本呈指数关系,虽然和生产能力比例法一样,功能与成本呈同方向变化,但不同的是,随着资产功能的增大,资产成本的上升幅度会趋缓,不再呈正比例关系,而表现规模经济效应,此时可采用规模经济效益指数法确定资产的重置成本。其计算公式为

$$被评估资产重置成本 = 参照物资产重置成本 \times \left(\frac{被评估资产年产量}{参照物年产量} \right)^{x}$$

式中,x 是个经验数据,称为规模经济效益指数,它的设定需在同类资产中选择有代表性的样本进行分析。迄今为止,我国尚无统一的规模经济效益指数数据,因此评估过程中要谨慎使用这种方法。

例 2-24 某设备生产能力为每年 60 000 件,参照设备生产能力为每年 40 000 件,重置成本为 350 000 元。设规模经济效益指数为 0.7,则该设备的重置成本为多少?

解: 被评估资产重置成本 $= 350\,000 \times \left(\dfrac{60\,000}{40\,000} \right)^{0.7} = 464\,870.43$(元)

由于功能价值调整法所选择的参照物一般为新技术条件下生产的资产,因此通过调整被评估资产与参照物之间的功能差异获得的重置成本,一般是已经去掉了部分功能性贬值的更新重置成本。

上述三种方法均可用于确定在成本法运用中的重置成本。至于选用哪种方法,应根据具体的评估对象和可以搜集到的资料确定。这些方法对某项资产可能同时都能使用,有的资产则不然,应用时必须注意分析方法运用的前提条件,否则将得出错误的结论。同时,应该注意以上三类方法都适用于单项资产重置成本的计算。

当被评估资产单位价值较低、数量较多时,为了降低评估成本、节约评估时间,可以采用统计分析法评估某类资产的重置成本。

4. 点面推算法

点面推算法也叫统计分析法,其计算步骤如下。

(1) 在核实资产数量的基础上,把全部资产按照适当标准划分为若干类别。如机器设备按相关规定可以划分为专用设备、通用设备、运输设备、仪器、仪表等。

(2) 在各类资产中抽样选择适量具有代表性的资产,一般而言,样本量越大,评估值越准确,但工作量也会相应增大,要根据实际情况权衡选择样本量。

(3) 应用前面讲过的重置核算法、物价指数法、功能价值调整法等估算样本的重置成本。然后依据分类抽样估算资产的重置成本额与账面历史成本,计算分类资产的调整系数。其计算公式为

$$调整系数 K = \frac{抽样资产的重置成本和}{抽样资产的历史成本和}$$

(4) 依据模型求取被评估资产的重置成本,其计算公式为

$$被评估资产重置成本 = 某类资产账面历史成本和 \times 调整系数 K$$

例 2-25 评估某企业某类运输设备,经抽样选择具有代表性的运输设备 3 台,估算其重

置成本之和为 320 万元,而该 3 台具有代表性的通用设备历史成本之和为 240 万元,该类通用设备账面历史成本之和为 1 600 万元,则该类通用设备重置成本是多少?

解:调整系数 $K = \dfrac{320}{240} = 1.333$

该类通用设备重置成本 $= 1\,600 \times 1.333 = 2\,132.8$(万元)

(二) 实体性贬值的估算方法

重置成本确定后,就要估算各种贬值,其中比较直观容易估算的就是实体性贬值。观察法、使用年限法、修复费用法等方法是计算实体性贬值的主要方法。对某些特定的资产,如交通运输工具等,也可以用工作量、工作时间、行驶里程等进行估算,使用起来类似于使用年限法。

1. 观察法

观察法也称成新率法,是指由具有专业知识和丰富经验的工程技术人员,通过对资产实体各主要部位的观察及仪器测量等方式进行的技术鉴定,并综合分析资产的使用时间、使用率(也叫利用率)、资产本身的质量、维修保养程度等因素,将评估对象与其全新状态相比后得出其对资产的功能、使用效率带来的影响,判断被评估资产的成新率,从而估算实体性贬值。这种方法主要有两种方式:①总体法,即对资产总体进行观察后,确定资产总体的实体性贬值,一般适用于简单的单项资产;②加权法,即将资产总体分解为若干部分进行观察后确定实体性贬值,再以各部分成本占总成本的比重为权数,计算总体资产的实体性贬值。其计算公式为

$$资产实体性贬值 = 重置成本 \times (1 - 成新率)$$
$$= 重置成本 \times 实体性贬值率$$

2. 使用年限法

使用年限法也叫年限比率法,是利用被评估资产的实际已使用年限与其总使用年限的比值来确定资产的实体性损耗程度。其计算公式为

$$资产的实体性贬值 = (重置成本 - 预计残值) \times \dfrac{实际已使用年限}{总使用年限}$$

式中,预计残值是指从资产评估角度所认识的被评估资产在最终清理报废时所有的净收回金额,而且通常只考虑数额相对较大的残值,即残值数额较小时可以忽略不计。

总使用年限是指实际已使用年限与尚可使用年限之和,计算公式为

$$总使用年限 = 实际已使用年限 + 尚可使用年限$$
$$实际已使用年限 = 名义已使用年限 \times 资产利用率$$

名义已使用年限是指资产从购进使用起到评估基准日时的年限,名义已使用年限可以通过会计记录、资产登记簿、登记卡片查询确定。实际已使用年限是指资产在使用中实际损耗的年限。资产在使用中受负荷程度及日常保养的影响,为了使资产评估结果尽量精确,必须将资产的名义已使用年限调整为实际已使用年限。

实际已使用年限与名义已使用年限的差异,可以通过资产利用率调整。资产利用率的计算公式为

$$资产利用率 = \dfrac{截至评估基准日资产累计实际利用时间}{截至评估基准日资产累计法定利用时间} \times 100\%$$

资产实际已使用年限比名义已使用年限要长,表示资产超负荷运转,资产利用率 $>$

100%;资产实际已使用年限等于名义已使用年限,表示资产满负荷运转,资产利用率=100%;资产实际已使用年限小于名义已使用年限,表示资产开工不足,资产利用率<100%。但实际评估中,资产利用率指标往往较难确定,需要评估人员综合分析资产的使用情况,如资产的实际开工情况、季节性生产、原材料及能源供应情况、大修间隔期等因素后加以确定。

例 2-26 某设备于 2008 年 2 月购进,2018 年 2 月评估时,名义已使用年限是 10 年。根据该资产技术指标,在正常使用情况下,每天应工作 8 小时,该资产实际每天工作 7 小时。该设备的资产利用率是多少?

解:资产利用率=$(10×360×7)÷(10×360×8)×100\%$
$$=87.5\%$$

一项资产的尚可使用年限可以从不同的角度认识,例如,被评估资产的自然寿命、技术寿命、经济寿命等。从不同的角度认识会得出不同的资产继续使用年限。一般来讲,通常要结合被评估资产未来的有形损耗、无形损耗、维修成本以及运营成本等因素,对其继续使用年限综合考虑。

3. 修复费用法

修复费用法是指利用恢复资产功能所支出的费用金额来直接估算资产实体性贬值的一种方法,也称直接价值法。它一般适用于可以恢复功能的资产价值评估。使用这种方法时,要尽可能把实体性贬值的可修复部分与不可修复部分区分开。其中,可修复部分是可以修复的而且经济上合算,包括资产主要零部件的更换或者修复、改造、停工损失等费用支出;不可修复部分的实体性贬值则不能修复或者可以修复,但在经济上不合算。对于可修复部分的实体性贬值以直接支出的金额来估算,对于不可修复的实体性贬值,则可运用上述的观察法和使用年限法来确定。如果通过修复可以恢复到其全新状态,可修复部分与不可修复部分的实体性贬值之和为资产的总修复费用,构成被评估资产的实体性贬值。

例 2-27 A 公司于 3 年前购买了一台计算机,交易价格为 1 万元。目前,该种型号的计算机全新状态下市场价值为 5 000 元。由于使用不当,该计算机光驱已损坏,更换光驱需要1 000 元。假设该计算机的经济寿命为 5 年,含光驱的计算机整体残值率为 10%,光驱的残值率为 0,试估算该计算机当前的市场价值。

解:根据上述条件,由于 10% 为计算机整体的残值率,即包含光驱部分。

首先计算计算机本体(不包含光驱)的残值率。

计算机残值率=$\dfrac{\text{计算机本体残值率×计算机本体现行市价+光驱残值率×光驱现行市价}}{\text{计算机本体现行市价+光驱现行市价}}$

则　计算机本体残值率=[计算机残值率×(计算机本体现行市价+光驱现行市价)−
光驱残值率×光驱现行市价]÷计算机本体现行市价

已知:计算机残值率为 10%;

计算机本体现行市价=计算机市价−光驱市价=$5\,000−1\,000=4\,000$(元)

光驱残值率为 0;

则　计算机本体残值率=[计算机残值率×(计算机本体现行市价+光驱现行市价)−
光驱残值率×光驱现行市价]÷计算机本体现行市价

$$=[10\%\times(4\ 000+1\ 000)-0\times1\ 000]\div4\ 000$$
$$=12.5\%$$

其次,计算计算机本体贬值额。

$$计算机本体贬值额=计算机本体现行市价\times(1-计算机本体残值率)\times$$
$$已使用年限\div经济耐用年限$$
$$=4\ 000\times(1-12.5\%)\times3\div5$$
$$=2\ 100(元)$$

最后,计算该计算机的市场价值。

$$计算机评估值=计算机市价-计算机实体贬值额-光驱修复成本+旧光驱残值$$
$$=5\ 000-2\ 100-1\ 000+0$$
$$=1\ 900(元)$$

(三)功能性贬值的估算方法

资产功能性贬值是指由于技术相对落后造成的贬值。估算功能性贬值时,主要根据资产的效用、生产加工能力、工耗、物耗、能耗水平等功能方面的差异所造成的成本增加或效益减少,确定相应的功能性贬值额。同时,还要重视技术进步因素,注意替代设备、替代技术、替代产品的影响,以及行业技术装备水平现状和资产更新换代程度,考虑其功能性贬值额的增加。

资产的超额运营成本主要体现在材料、能源、工时等消耗的增加,其具体计算步骤如下。

(1)确定年超额运营成本。将被评估资产的年运营成本与功能相同但性能更好的新资产的年运营成本进行比较,其差值即为年超额运营成本。计算公式为

年超额运营成本=被评估资产的年运营成本-功能相同的全新资产的年运营成本

(2)确定年净超额运营成本。由于企业支付的运营成本是在税前扣除的,企业支付的超额运营成本会引起税前利润额下降,所得税额降低,使企业负担的运营成本低于其实际支付额,因此净超额运营成本是超额运营成本扣除其抵减的所得税之后的余额。计算公式为

年净超额运营成本=年超额运营成本×(1-所得税税率)

(3)估算被评估资产的剩余使用寿命。

(4)以适当的折现率将被评估资产在剩余使用寿命内年净超额运营成本加以折现,这些折现值之和就是被评估资产的功能性损耗。计算公式为

$$超额运营成本=\sum(被评估资产年净超额运营成本\times折现系数)$$

如果年超额运营成本每年都相同,则超额运营成本的计算公式为

超额运营成本=(被评估资产的年运营成本-功能相同的全新资产的年运营成本)×
(1-所得税税率)×年金现值系数

例2-28 某机器设备与目前普遍使用的技术先进的设备相比,在完成同样生产任务的情况下,能源消耗超支30 000元,材料消耗超支10 000元,人工消耗超支10 000元,需2人工。经评估人员鉴定,该设备尚可使用5年,同行业的资产平均收益率为10%,所得税税率为25%,该设备的功能性贬值为多少?

解：功能性贬值 $=(30\,000+10\,000+10\,000\times2)\times(1-25\%)\times\left[\dfrac{1-(1+10\%)^{-5}}{10\%}\right]$

$$=170\,586(元)$$

资产功能性贬值的另一种表现形式为超额投资成本，是指被评估资产与当前新资产建造成本相比，因建造技术、工艺、材料和设计上的差别而导致的贬值。其计算公式为

$$资产的功能性贬值=复原重置成本-更新重置成本$$

在实际评估中也可能存在功能性溢价的情况，即当评估对象功能明显优于参照资产功能时，评估对象就可能存在功能性溢价。

（四）经济性贬值的估算方法

资产的经济性贬值是指因资产的外部环境变化所导致的资产贬值，具体引起外部环境变化的原因前面已经叙述了。资产经济性贬值一般表现为两种形式：一种是资产利用率的下降，如由于市场需求导致设备利用率下降、房屋出租率下降等；另一种是资产收益的减少。

1. 由于资产利用率下降所造成的经济性贬值的计量

$$经济性贬值额=重置成本\times\left[1-\left(\frac{资产预计可被利用的生产能力}{资产原设计的生产能力}\right)^{x}\right]\times100\%$$

式中，x 为功能价值指数，实践中多采用经验数据，数值一般在 $0.6\sim0.7$。

这个公式在估算重置成本时未反映经济性贬值的情况下使用，且不考虑实体性贬值和功能性贬值。如确定重置成本时已经考虑了各种贬值，这个公式就不再适用。

例 2-29 某电视机生产厂家，其电视机生产线的重置成本为 10 万元，年生产能力为 10 万台，由于市场竞争加剧，该厂电视机产品销售量锐减，企业不得不将电视机生产量减至年产 7 万台（销售价格及其他条件未变）。这种局面在今后很长一段时间内难以改变。评估师根据经验判断，电视机行业的生产规模效益指数为 0.6，请估算该电视机生产线的经济性贬值。

解：经济性贬值 $=10\times\left[1-\left(\dfrac{7}{10}\right)^{0.6}\right]\times100\%=1.93(万元)$

2. 因收益减少所导致的经济性贬值的计量

$$经济性贬值额=资产年收益损失额\times(1-所得税税率)\times年金现值系数$$

例 2-30 承接例 2-29，如果该电视机生产企业不降低生产量，就必须降价销售电视机。假定原电视机销售价格为 2\,000 元/台，经测算每年完成 10 万台的销售量，售价需降至 1\,900 元/台，即每台损失毛利 100 元。经估算，该生产线还可以继续使用 3 年，企业所在行业的平均投资报酬率为 10\%，试估算该生产线的经济性贬值额。

解：经济性贬值额 $=(100\times10)\times(1-25\%)\times\left[\dfrac{1-(1+10\%)^{-3}}{10\%}\right]=1\,865.18(万元)$

在评估实践中，要比较准确地计算资产的经济性贬值额，通常比较困难，因此，通过估算经济性贬值率确定经济性贬值额较为可行。

需要注意的是，并非每个被评估资产都需要计算经济性贬值。一般来说，只有能够单独计算收益的资产，如一个企业、一个车间、一条生产线在评估基准日以后，资产的寿命期内存在利用率降低或收益额减少的情况时，才需要考虑计算。在实际评估工作中也有经济性溢价的情况，即当评估对象及其产品有良好的市场及市场前景或有重大政策利好，评估对象就可能存在经济性溢价。

第四节　基本评估方法的比较和选择

一、三种基本评估方法的特点

在资产评估中,市场法、收益法、成本法以及这三种方法的衍生思维方式构成了资产评估的方法体系。各种方法之间都存在一定的联系,评估方法之间又相互独立存在,说明都有其各自的特点。研究资产评估方法的特点,对于分析比较各种方法之间的联系和区别,选择资产评估方法具有重要意义。

1. 市场法的特点

市场法是国际上公认的三大基本评估方法之一,原理简单,易于理解和掌握。采用市场法评估,所用数据资料均来源于市场,因此更能反映市场价值变动趋势,评估结论易于为各方所接受。但市场法对市场环境要求较为严格,事实上理想状态下的公开市场条件常常是很难满足的,因此这一方法的使用受到很大的限制。同时在进行影响因素比较、差异调整时难以用数学公式量化,要评估人员根据经验判断,受主观因素的影响较大,这在一定程度上会影响其评估结果的准确性。市场法只适用于以市场为基础的资产评估业务,不适用于专业机器设备和绝大部分无形资产,以及受到严格限制的非竞争性资产评估业务,如核武器生产设备、海港码头。

2. 收益法的特点

使用收益法进行资产评估,充分考虑了资产未来收益和货币时间价值,能够真实准确地反映企业本金化的价值。因为资产未来预期收益的折现过程与投资过程相吻合,所以此法得出的评估结论易为买卖双方所接受。但使用收益法往往受到很多条件的限制,通常适用于能够持续获利的企业整体资产和可预测未来收益的单项生产经营性资产的评估。在国内的很多企业,其资产运营相当程度上受非经营性因素的影响,资产未来收益额及风险报酬率等收益指标的预测难度较大,且易受主观判断和未来不可预见因素的影响。

3. 成本法的特点

成本法比较充分地考虑了资产的各种损耗贬值,评估结果更趋于公平合理。成本法除了适用于单项资产和具有特定用途的专项资产评估外,也适用于那些不易计算资产预期收益、难以取得市场参照物的资产。但采用成本法进行评估时,涉及大量经济参数的计算,工作量大,还有些指标不易取得,如资产个别价格变动指数。因为成本法注重从成本耗费的角度评估资产价值,可某些资产的价值主要是由效用决定的而非成本耗费,所以这些资产评估不适合用成本法,如企业整体资产、无形资产及资源性资产等。

二、三种基本评估方法的联系与区别

由以上三种基本评估方法的特点可以看出,它们既有区别又有联系。主要体现在以下几方面。

（一）联系

（1）评估方法是实现评估目的的手段,评估方法之间的联系主要表现在各种评估方法的评估目的是一致的。对于特定经济行为,在相同的市场条件下,对处在相同状态下的同一资产进行评估,其评估值应该是客观的,这个客观的评估值不会因评估人员所选用的评估方

法的不同而出现截然不同的结果。从另外一个角度看,如果评估方法的基本前提同时具备,资产评估师的判断能力足够专业,同一个资产的评估也可以采用多种方法,且多种方法得出的结果应该趋同,结果可以相互验证。从整体上来说,评估方法是由互相关联的、内在相关的、不可分割的技巧和程序组成的,成本和市场销售数据的分析通常是收益法运用中不可缺少的部分;同样,折现和本金化的运用也时常运用于市场法和成本法中。例如,市场法中分析和调整参照物价格与被评估资产价格的差异因素,会用到折现和本金化技巧,在成本法中,对功能性贬值等的确定也要采用折现和本金化的方法。

(2) 如采用多种评估方法得到的评估结果出现较大差异,那么可能的原因主要有以下几项:①某种或某些方法应用的前提条件不具备;②使用了不合适的推理数据模型;③分析过程有缺陷或整个的结构分析有问题;④某些支撑评估结果的信息依据因为调查不严谨等问题出现失真;⑤评估师的专业素养不够,职业判断出现失误。

(二) 区别

1. 适用范围不同

在满足市场法的前提条件下,市场法可以适用于以市场价值为基础的资产评估业务。但下列情况不宜采用市场法:因资产具有特定用途或性质特殊很少在公开市场出售,以致没有公开市场价格的资产,如专用机器设备或无法重置的特殊设备等;对于大多数的无形资产而言,因其具有保密性、不可重复性等特点,所以其交易价格资料往往不对外公开,可比价格难以收集,因此不宜采用市场法。

收益法一般适用于企业整体价值的评估,或者能预测未来收益的单项资产或无法重置的特殊资产的评估活动,如涉及企业整体资产的经济业务均可采用收益法。此外,可以单独计算收益的房地产、无形资产也可应用此法。

成本法适用范围相对广泛,原则上说,对于一切以资产重置、补偿为目的的资产业务都适用,包括可复制的单项资产和专业资产等。

2. 评估的时间角度不同

市场法是从现行市场的角度出发,以市场价格作为资产评估的计价尺度,根据已进行交易的参照物的实际交易价格,以及比较被评估资产与参照资产之间的差异并加以量化,以调整后的价格作为资产评估价值。

收益法是从预期收益的角度出发,以资产未来预计收益的折现值作为计价尺度,通过预测被评估资产的未来收益并将其折现,以各年收益折现值之和作为资产的评估价值。

成本法从成本及资产过去使用状况的角度出发,以重置成本作为资产评估的价值尺度,把重置功能相同的全新资产的成本(重置成本)扣减资产的各种贬值(实体性贬值、功能性贬值和经济性贬值)后的余额作为资产的评估价值。

三、资产评估方法的选择中应注意的问题

从理论上讲,不同的评估方法产生的评估值趋同,在必要时需同时采用几种方法评估一项资产。但是,由于在现实中市场总是存在一定的缺陷,不同的评估对象具有不同的特点,这就为实际工作中评估人员根据不同情况选择评估方法提供了可能。为了高质量、高效率、相对合理地评估出资产的价值,在评估方法的选择过程中应注意以下问题。

1. 资产评估方法的选择必须与资产评估的目的相适应

资产评估的目的基本决定了资产评估价值类型,资产评估价值类型基本决定了应该评估的价格类型,资产评估方法作为获得特定价值尺度的技术规程,必须与评估价值类型相适应。资产评估价值类型确定的准确性与相匹配的科学评估方法,是资产评估价值具有科学性和有效性的重要保证。

2. 资产评估方法的选择必须与评估对象相适应

由基本评估方法的特点可知,每种方法都有不适用的评估对象。同时因为评估对象的存在形态和价值特征不同,如是单项资产还是整体资产,是有形资产还是无形资产,往往要求不同的评估方法与之相适应。同时,资产评估对象的状态不同,所要求的评估方法也往往不同。例如,一台市场交易很活跃的旧机器设备可以采取市场法进行评估,而旧的专用设备的评估,通常只能采用成本法进行,如果该机器设备还能有持续的预期收益,也可以考虑使用收益法。所以,评估方法的选择必须与评估对象的特定情况相适应。

3. 资产评估方法的选择还要受可收集数据和信息资料的制约

各种方法的运用都要根据一系列数据、资料进行分析、处理和转换,没有相应的数据和资料,方法就会失灵。在评估方法运用方面,西方评估机构采用更多的是市场法。但在我国,由于受到市场发育不完善的限制,市场法的运用无论在广度还是使用效率方面,都远远落后于其他成熟的市场经济国家的水平。就资产评估来说,评估方法的科学性还依赖于方法运用中指标参数的正确确定。因此,评估人员应根据可获得的资料及经过努力能收集到的资料的满足程度选择适当的评估方法。当根据评估目的和评估对象情况所选择的最优方案由于资料难以收集齐全时,可以选择次优方案,所以在评估方法的选择中,不要只准备唯一方案,而应有一个以上的相应的备选方案。

4. 资产评估方法的选择要用系统思想考虑

各种资产评估方法各有其特点和付诸实现的条件。一般来说,方法的选择应在评估开始之前予以确定。当然,也可以分别采取几种方法进行评估,根据各自的特点又能互相验证或分析、修正某些误差因素,分析比较结果的科学性。在选择方法时,一是充分考虑资产评估工作的效率,选择简便易行的方法;二是根据资产评估人员的特长进行选择。

总之,在评估方法的选择过程中,应注意因地制宜和因事制宜,不可死板地按某种模式或某种顺序进行选择。但是,不论选择哪种方法进行评估,都应保证评估的目的;保证每种评估方法运用中所依据的各种假设、前提条件、数据参数的可比性,以便能够确保运用不同评估方法所得到的评估结果的可比性和相互可验证性。

第三章

基本信息的收集与分析处理

学习目标

1. 了解信息资料对资产评估的意义。
2. 掌握资产评估中需要收集的信息、信息的来源和收集信息的方法。
3. 掌握对信息的初步处理方法和逻辑分析方法。
4. 理解数据资料的定量分析方法并会在资产评估中应用。

情境导入

2018 年,万家乐公司资产重组涉及控股子公司顺特电气有限公司拟收购顺特电气设备有限公司 10% 的股权。评估基准日为 2017 年 12 月 31 日,顺特电气设备有限公司委托广东中广信资产评估有限公司对顺特电气设备有限公司于评估基准日对 10% 的股权进行评估,评估范围为顺特电气设备有限公司的资产和相关负债。

请思考:进行该评估重要的数据资料如何获取? 资料的分析处理都有哪些方法?

资产评估的过程就是对有关评估信息的收集、整理、分析和判断的过程。不论采用什么样的技术途径和方法进行资产评估,都要有充分的数据资料作保证。因此,数据资料的来源和渠道、分类整理与归纳分析都将影响资产评估的质量,甚至是评估结果的可用性。因此,学习和掌握资产评估信息的收集和分析处理方法是开展评估工作的基础,也是对评估人员的最基本要求。

第一节 资产评估中信息的收集

一、信息资料对资产评估的意义

1. 收集和占有信息资料是进行资产评估的前提条件

资产评估存在的前提是:①客观上存在需要进行评估判断的对象;②评估专业人员必须掌握与判断对象有关的数据。收集和占有相关信息资料是资产评估得以进行的前提条件。

2. 完整准确的信息资料是资产评估的基本依据

资产评估的目的是客观准确地估算被评估资产的价格。在市场经济条件下,商品的价格受多种因素的影响和制约,包括商品的内在价值、市场因素、技术条件、劳动生产率,以及时间和地点等自然因素。要想对资产价格作出客观的判断,没有完整的数据资料是不可能的。

3. 信息资料收集处理的现代化以及信息资料的储存和积累是资产评估职业化的重要基础

资产评估工作在其发展过程中大致分为三个阶段:起步阶段、发展阶段和成熟阶段。由起步阶段进入发展阶段须具备两个条件:①评估人员素质的提高;②收集处理与被评估资产有关的信息资料手段的现代化。由发展阶段进入成熟阶段的前提条件是:评估机构及其人员的评估经验积累到了一定的程度,与资产评估有关的信息资料的积累达到了相当的程度。从这个意义上讲,信息资料收集处理的现代化以及信息资料的储存、积累,是资产评估工作进一步发展并逐步规范化、职业化的重要基础。

二、资产评估中需要收集的信息

资产评估人员应当独立获取评估所依据的信息,并确信信息来源是可靠的和适当的。资产评估人员在执行评估业务过程中,不能随意采用那些不具有可靠来源和不合理的信息资料。资产评估人员在评估过程中依据的所有信息,应当是资产评估人员本人在其力所能及的条件下认为是可靠和适当的,同时为达到这种确信程度而采取的必要措施应当是行业内所公认的。资产评估信息包括与拟评估资产和评估业务有关的各方面信息,主要包括以下几个方面。

(1) 有关资产权利的法律文件或其他证明资料。

(2) 资产的性质、目前和历史状况信息。

(3) 有关资产的剩余经济寿命和法定寿命信息。

(4) 资产的使用范围和获利能力的信息。

(5) 资产以往的评估及交易情况信息。

(6) 资产转让的可行性信息。

(7) 类似资产的市场价格信息。

(8) 卖方承诺的保证、赔偿及其他附加条件。

(9) 可能影响资产价值的宏观经济前景信息。

(10) 可能影响资产价值的行业状况及前景信息。

(11) 可能影响资产价值的企业状况及前景信息。

(12) 其他相关信息。

三、资产评估信息的来源

资产评估中所需要的信息通常由拟评估资产所有者或占有者内部的信息资料和企业外部的信息资料构成。

(一) 资产所有者或占有者内部的信息资料

与资产评估业务有关的资产所有者或占有者的内部信息资料,主要包括公司历史沿革、企业组织结构、产品或服务构成、企业主要决策者和管理者、主要客户和供应商情况、企业管理理念和管理制度、目标资产的历史经营情况、现状与市场预期、企业主要财务报告和经营管理水平等。一般情况下,分析人员应收集的信息资料,还包括目标资产的相关文件(如产权证明、技术说明、功能)、使资产达到目前(评估基准日)状态所支付的费用、资产的获利能力和剩余寿命、涉及目标资产及类似资产的交易等。

（二）资产所有者或占有者外部的信息资料

1. 传统的外部数据来源

传统的外部数据来源非常广泛，它们一般来源于公共信息领域，如各级政府、市场、媒体、行业协会、商业性出版物。

（1）政府部门。许多有关企业的信息可以通过查看各级政府部门的资料获取。例如，各级工商行政管理部门都保存有注册公司的基本登记信息，各级统计部门通常也会发布有关产业的统计数据，这些数据对资产评估中分析行业及产业状况非常重要。政府部门的资料一般比较正式，具有较高的权威性和可信度，但在时效性等方面可能存在问题。

（2）公开市场信息。公开市场是资产评估人员获取信息资料的主要来源，与内部信息相比，公开市场信息具有公开性、合理性、时效性、复杂性和直接性等特点。直接获得的市场信息可能存在未充分反映交易内容和条件的问题，因此为全面把握市场变化，评估人员应当尽可能全面收集公开市场信息，并判定信息的真伪，进行必要的分析调整。

（3）媒体信息。在信息时代，大众媒体是信息传播的主要途径，特别是报纸、电视、互联网以及专业杂志等。新闻媒体提供的信息不仅包含原始信息，并且通常都有一些分析，有助于评估人员加深对所需信息的理解。但是信息传播者往往带有自己的观点或偏见，可能会误导受众，因此，需要评估人员对媒体信息的真伪和可靠性加以甄别，避免因采用不可靠信息而导致资产价值评估偏差。对资产评估来说，专业杂志提供的信息具有较强的参考价值。这些刊物上发表的文章比一般的新闻媒介上发表的东西更突出重点，披露的信息也更详细，分析也较有深度。

（4）证券交易机构。有关上市公司的资料可在证券交易所查询。公开上市公司都必须向监管部门和有关证券交易所提交年度报告和中期报告，并予公告。上市公司的这些公开信息要接受审计师审计，反映的情况较为真实准确，资产评估人员查询收集这些信息也较为方便。利用这些信息，不仅可了解资产所有者的状况，也可了解其竞争对手状况及其所处行业的情况。对于未上市公司，也可从上市公司中挑选可比的对象作为目标公司的参照物，进行类比分析。

（5）行业协会或管理机构及其出版物。随着市场经济的发展，行业协会在行业自律、规范行业行为、引导行业发展等方面发挥越来越重要的作用。资产评估人员不仅可以从行业协会获得有关产业结构与发展情况、市场竞争情况等信息，还能咨询到有关专家的意见。行业协会通常都会有有关该行业的专业出版物，而行业出版物是有关行业发展趋势、行业研究成果和专家讨论的重要平台，也成为资产评估人员了解该行业情况的重要资料来源。例如，我国的证券交易机构出版的行业分析报告，资产评估协会出版的《中国资产评估》杂志及各种专业指南。

（6）学术出版物。学术出版物是学术研究成果展示和讨论的平台。在资产评估实践中，资产评估人员可借鉴学术出版物上的最新研究成果和相关信息，提高资产评估人员工作的水平和评估质量，促进评估业务的发展。已出版的有关资产评估和经济分析的文献，可以通过标准索引进行查询。这些标准索引可以从绝大部分的公共和学术图书馆中找到。还可以查询学术和行业出版的文章资料，通过相关的和专业的书籍，收集有关的信息资料。国外出版的一些专业指南也可作为收集资料的参考，当然，利用国外的信息资料一定要谨慎，应充分研究其适用的条件和环境，并需要作出适当的调整才能加以利用。

2. 外部数据的新纪元——在线数据库

收集传统的外部数据往往是一项艰苦的工作，它意味着要和政府部门、行业协会和其他部门联络,然后等待回音;数次往返图书馆寻找有关报告……今天,计算机基础上发展而来的在线数据库(on-line database)就可以解决这个难题。如果具备了一定的设备,任何人都可以及时地获取在线数据(on-line data)。

与传统的印刷出版的数据相比,计算机数据库具有以下优点。

(1)数据是最近的或是最新的,因为出版商和数据收集编辑者现在都已将使用计算机作为最基本的生产技术。

(2)搜集过程更具综合性、更快、更简单。联网的计算机可以提供几百个数据库的信息,使用起来又快又方便。

(3)费用也相对较低,因为查询的时间很短。

(4)只要个人计算机与相关通信设备连接,就可以容易地得到所需数据。

毫无疑问,国际互联网和万维网的革命正在席卷全球,其运用的范围也越来越广和越来越深入,尤其在营销、管理、公共关系、产品销售、客户支持和电子交换方面,将有无限的潜能。作为资产评估人员,当然可借助这些现代技术搜集与资产评估有关的数据资料。

四、资产评估中信息收集的方法

在具体评估中如何收集信息数据,可以根据信息资料源的属性进行。如对于内源性信息数据,可采用被评估单位申报、评估人员实地考察等方法;对于外源性信息数据,则可通过一般网页查询、数据库查询等获取。对于较大的项目甚至需要聘请专业的调查机构帮助做调查分析。以下重点介绍外源性信息数据的收集方法。

1. 网页查询

通过互联网查询收集信息是一种很重要的方法。由于互联网上发布信息容易,许多公司和机构在互联网上公布大量的信息,尤其是一些机构的网站,公布的信息十分丰富。例如,我国政府机构的网站,如国家统计局、专利局、工商局等机构的网站上能查询到有关的宏观经济统计信息、专利申请、商标注册信息等。通过网页查询,还可以很方便地收集到国外的相关资料。评估人员要事先整理好一个常用的互联网网址手册,并熟练掌握互联网搜索引擎的使用方法。

2. 数据库查询

数据库是开展信息收集工作的最好工具之一。它们是由计算机储存、记录、编制索引的信息资源,其功能相当于电子参考书。计算机程序会根据标题、作者、摘要和索引等在整个数据库档案中查找评估人员所需的信息。

数据库可分为两类:一类是文字性的;另一类是数据性的。文字性的数据库包括来自报纸、杂志等的文字、新闻稿、新闻发布、政府报告等。数据性的数据库包括专利、财经信息、股票交易信息、统计数据、销售数据等。这些信息都是未经过滤的、原始的。许多服务公司,如我国的万方公司等都向客户提供最新数据库,许多数据库可通过购买光盘得到。这些光盘数据可能不是最新的,但它们可帮助评估人员加深对资产所属企业及其行业背景的了解。

3. 问卷调查

问卷调查是把所要调查的内容设计成一组问题,以设问的方式或表格的形式形成一份问卷,通过让调查对象填写问卷来收集信息的一种调查方法,是一种专门为向特定公众调查对某些具体问题的知晓、态度、意图等情感与行为的反映而设计的书面测验。评估人员不仅经常要向目标企业的相关人员做问卷调查,了解分析他们对相关问题的看法,还需要在企业外部做调查,如了解某一企业或商标的知名度、某种产品的需求情况等。一个出色的、科学严谨的问卷常常是保证调查成功的最重要的因素之一。

第二节 资产评估中信息的分析处理

一、资产评估信息的初步处理

资产评估人员在完成信息收集后,需要对所收集的信息进行分析筛选、去粗取精、去伪存真,提高信息的真实性和可靠性。

(一) 资产信息资料的鉴定

鉴定资产信息资料主要是识别判断信息资料的真实性和可靠性,还要分析资料的相关性。对于失真的资产信息资料要及时地鉴别并剔除,以保证评估所依据的信息数据准确无误。资产信息资料的鉴定通常可通过确定信息源的可靠性和资料本身的可靠性解决。

信息源的可靠性可通过对如下因素的考察判断:该渠道过去提供信息的质量;信息资料来源渠道的可靠性;信息提供者提供信息的动因;渠道的社会信誉度等。

至于资料本身的可靠性,可通过参考其他来源进行佐证,必要时也可进行适当的调查验证。如果信息是人员提供的,可以采用电话询问查证,也可以扩大调查范围,多向一些人查证,还可以通过访谈中得到的其他数据查证。

为帮助资产评估人员分析和处理所收集到的信息,通常根据信息的准确度和信息源的可靠性将信息"定级"。这种"定级"不仅能帮助评估人员分析所收集的信息,而且还能帮助评估人员掌握各种信息源的概况。通常信息源的可靠性可分为:完全可靠、通常可靠、比较可靠、通常不可靠、不可靠和无法评价可靠性六个等级。信息本身的准确度可分为:经其他渠道证实、很可能是真实的、可能是真实的、真实性值得怀疑、很不可能、无法评价真实性六个等级。

(二) 资产信息资料的筛选与调整

在资产信息资料鉴定的基础上,评估人员需要对资产信息资料进行筛选、整理、分类。

信息资料筛选是评估人员根据资产评估的目的和要求,鉴别所收集信息资料的真伪,判断资料的可靠性和实用性的活动。信息资料筛选的主要目的在于"去伪存真""由表及里",即保留对资产评估活动有参考价值的资料。

信息资料的整理是对经过筛选的信息资料按照一定的标准、性质或特点进行归类。一般可将鉴定后的资产信息资料按两种标准进行分类。

1. 按可用性原则划分

(1) 可用性资产信息资料,即在某一具体评估项目中可以作为评估依据的资产信息资料。

(2) 有参考价值的资产信息资料,即与评估项目有联系的信息资料,是评估时需注意或考虑的一个因素。

(3) 不可用信息资料,即在某一个具体的评估项目中,与此项评估业务没有直接联系或根本无用的资产信息资料。

2. 按信息来源划分

(1) 一级信息。一级信息是直接来自信息源的、未经处理的事实。如公司的年度报告、证交所的报告、评估人员通过问卷调查得来的信息、政府机构的档案和法庭的文件等。一级信息的可靠性高,是评估人员分析的最重要资料。

(2)二级信息。二级信息提供的是变动过的信息。二级信息比一级信息更容易找到,包括报纸、杂志、行业协会出版物、有关公司的学术论文和分析员的报告等方面的信息。二级信息经过信息源有选择地加工处理,具有一定的倾向性,掺入了加工者的个人观点或意见,使用前需要评估人员做进一步判断。

二、资产评估中常用的逻辑分析方法

(一)比较

比较是针对比较对象,确定它们之间的差异点和共同点的逻辑分析方法。比较的客观基础是事物间的差异性和同一性。在资产评估中,比较分析法是一种常见的分析方法。在实践中,比较通常分为纵向比较和横向比较。

1. 纵向比较

纵向比较属于时间上的比较,是通过对同一事物在不同时期或时点上的某一(或某些)指标进行对比分析,以动态地认识和把握事物发展变化的历史、现状和趋势。例如,通过比较某企业在不同时点上的资产、负债规模,分析其资产负债的变化。

2. 横向比较

横向比较属于空间上的比较,是通过对同一时期不同国家、地区或不同企业的同类事物的对比分析,找出差距,判明优劣。例如,通过对比同类资产项目在同一时期不同企业的获利能力,分析企业的经营能力。

在分析资产评估资料时,纵向比较和横向比较通常结合使用,以从整体上把握事物的变化。在比较时,要注意以下三个方面。

(1)要注意可比性。可比性即进行比较的各个事物必须具有可比较的基础。如某行业在一个国家是垄断性经营,而在另一国家是垄断性竞争,则隶属于这两个国家的该类企业在盈利能力方面就不具有可比性。

(2)要注意比较方式的选择。不同的比较方式会产生不同的结果,并可用于不同的目的。例如,时间上的比较可反映某一事物的动态变化趋势,可用于预测未来;空间上的比较可找到不同比较对象之间的水平和差距。

(3)要注意比较内容的深度。在比较时,应注意不要被所比较的对象的表面现象所迷惑,而应该深入其内在的本质。

(二)分析与综合

1. 分析

分析是根据研究目的把研究对象分解为各组成要素,研究各要素的特点及它们之间的关系,以便正确认识事物的一种逻辑方法,即由整体到部分。

分析法的优点是:①能使人们能够由表及里地看到事物的本质;②能推究事情的结果或原因;③能帮助人们厘清事物间发展的联系。

分析的基本步骤有以下四步。

(1)明确分析的目的。

(2)将事物整体分解为若干个相对独立的要素。

(3)研究事物的构成和各个要素的特点。

（4）分析各要素间的关系，进而探明各要素在事物整体中的地位和作用等。

在资产评估中，分析各要素间关系的方法主要有因果分析法、表象和本质分析法、相关性分析法和典型分析法。

2. 综合

综合是与分析相对应的一种方法，是通过研究与事物有关的众多片面因素及其相互关系，从整体的角度把握事物的本质和规律的一种逻辑方法，即由部分到整体。

综合的基本步骤有以下四步。

（1）明确综合的目的。

（2）分析各相关要素的特点。

（3）判断各个要素之间的有机联系。

（4）从事物整体的角度把握事物的本质和规律。

在资产评估中，综合是将各种来源、内容各异的分散信息，根据资产评估的目的和要求进行汇集、整理、归纳和提炼，从而形成系统的、全面的认识或结论。例如，在机器设备评估中，评估人员通过收集大量的有关设备技术、性能、市场前景、利用率等信息资料，综合分析它们对设备价值的影响，估计设备的价值。

（三）推理

推理法又叫逻辑推导方法，是在掌握一定的事实、数据和事物相关性信息的基础上，通过一定的逻辑关系，进行顺次的、逐步的、合理的推演，最终获得新的结论的一种逻辑思维方法。

1. 推理的三要素

推理一般包括三个要素：①前提，即推理所依据的一个或几个判断；②结论，即由已知判断推出的新判断；③推理过程，即由前提到结论的逻辑关系形式。

2. 推理时应注意的问题

为确保推理结论的可靠性，推理时应注意两点：①推理的前提必须是准确无误的，错误的前提不可能得到正确的结论；②推理的过程必须合乎逻辑思维规律。

推理是一种重要的逻辑方法，在资产评估中有着广泛的应用。例如，通过对房地产价值的变化历史和现状分析，结合发达国家和地区的变化历程，预测房地产价值将来的变化趋势。

常用的推理方法包括演绎推理、归纳推理和类比推理。

第三节　定量分析方法

对资料进行了初步的分析处理之后，为了进一步的分析研究，需要进行定量分析，定量分析是从数量的角度对信息资料进行的分析，统计分析方法是常用的定量分析方法。

一、指标分析

我们要寻找几个最简洁、最能充分描述数据分布特征的指标，把数据分布变化规律描述出来，而综合指标就能对数据变化规律进行描述。

一般来说，综合指标主要包括绝对指标、相对指标、平均指标和标志变异指标，它们分别反映现象的总量规模、相对水平、集中趋势和离散趋势。而运用综合指标对现象进行综合分析的方法是最基本的统计分析方法。

（一）绝对指标

绝对指标也叫总量指标（或数量指标），是反映评估对象总体规模和绝对水平的综合指标，也称为绝对数。如资产总额、负债总额、利润总额。

按反映的时间状态不同，绝对指标可以分为时期指标和时点指标两类。时期指标表明评估对象在一段时期内发生的总量，如产品产量、利润、成本等。时点指标反映评估对象在某一时刻的状态总量，如职工人数、设备台数、资产总量、商品库存量等。

时期指标和时点指标各有不同的特点。时期指标数值可以直接相加，时期越长，指标数值越大，是连续登记、累计的结果。时点指标不具有可加性，指标数值大小与时间间隔长短无直接关系，通常每隔一段时间登记一次。

（二）相对指标

1．相对指标的概念

相对指标是两个有联系的指标数值对比的比率，也称为相对数。即

$$相对指标 = \frac{某一指标数值}{另一有关系的指标数值}$$

相对指标可以反映现象之间的联系程度，能够为不能直接对比分析的总量指标提供可以比较的基础，从而判断现象之间的差异程度。

相对指标的形式有两种：一种是无名数；另一种是有名数。无名数可用倍数或系数、成数、百分比数、千分数等表示。有名数表示的相对数是复名数，将对比的分子分母的名数都保留下来，以表示事物的程度、密度、普遍程度等，如人口密度指标以"人/平方千米"表示，劳动力装备程度用"瓦/人"表示。

2．相对指标在资产评估中的应用

根据研究目的不同和对比的指标不同，相对指标可以反映经济效益的相对水平、结构和分布、比例关系、发展速度、普遍程度等。

比如，用重置成本法评估资产价值时，可将构成该资产的成本项目逐一列举，并计算各项目所占的比重，即结构相对指标，然后再按各项目的价格变化情况计算重置成本。用总体的部分数值与总体的另一部分数值对比的比例数，即比例相对指标，可以反映评估对象内部的比例关系。

又如，评估资产甲生产能力 30 000 件/年，参照乙的生产能力为 45 000 件/年，则被评估资产的生产能力是参照物的 75％，即用不同空间、同一对象的数值之比，可以比较不同单位的经济实力和工作优劣；用不同时间、同一空间、同一现象的数值对比，即动态相对数，可以反映现象的发展速度，如企业 2019 年度实现利润与 2018 年度利润的数值之比，以及对通货膨胀率的分析等。

（三）平均指标

平均指标是反映评估对象总体单位数量标志一般水平的综合指标，又称统计平均数。平均指标是总体分布的特征值之一，它反映总体分布的集中趋势。由于总体各单位资产评估数值在客观上存在差异，所以需要找出一个将数量差异抽象化、代表各单位一般数量水平的指标。同时，由于各单位又具有同质性，而各单位的标志在数量上的差异总是有一定范围的，所以可以找到一个能够代表一般水平的指标反映总体的数量特征。平均指标是将总体各单位某一数量标志差异抽象化，反映现象在一定时间、地点条件下所达到的一般水平。

常用的平均指标主要有算术平均数、调和平均数、几何平均数、中位数、众数等。

1. 算术平均数

算术平均数是总体标志总量与总体单位总数之比。其基本计算公式为

$$算术平均数 = \frac{总体单位标志值之和}{总体单位数}$$

实际工作中,算术平均数的计算,由于掌握的资料不同,繁简程度不同,可分为简单算术平均数和加权算术平均数。

(1) 简单算术平均数。依据未分组的原始数据,将总体单位标志值简单加总求和,除以总体单位数所得结果为简单算术平均数,这种计算方法称为简单算术平均法。其计算公式为

$$\overline{X} = \frac{X_1 + X_2 + X_3 + \cdots + X_n}{n} = \frac{\sum X}{n}$$

式中,$\overline{X}$ 为算术平均数;$\sum$ 为求和符号;X 为总体各单位标志值;n 为总体单位数。

(2) 加权算术平均数。实际工作中总体单位数往往是很多的,某些标志值也是重复出现,这就需要将统计资料整理成变量分配数列,或编成分配数列,即已知各组标志值及相应的单位数或频率的条件下,计算算术平均数,需采用加权算术平均数的方法。其计算公式为

$$\overline{X} = \frac{X_1 f_1 + X_2 f_2 + X_3 f_3 + \cdots + X_n f_n}{n} = \frac{\sum Xf}{\sum f}$$

式中,$\overline{X}$ 为总体加权算术平均数;X 为总体各单位标志值;f 为总体中各组变量值出现的次数。

上述公式中,所乘以的各组次数的大小,对计算出来的算术平均数起到权衡轻重的作用,因此次数也称为权数,这种计算方法称为加权算术平均法。

2. 调和平均数

在某些场合,由于资料的限制,无法直接得到被平均的标志值的相应次数,这时要计算调和平均数。调和平均数是各个变量值倒数的算术平均数的倒数,即用各标志值的倒数作为新变量,以标志总量为权数进行加权的算术平均数的倒数,故又称倒数平均数。

根据所掌握资料和计算上的复杂程度不同,调和平均数可分为简单调和平均数和加权调和平均数两种。

(1) 简单调和平均数。简单调和平均数是各单位标志值倒数的简单算术平均数的倒数,以 X_H 表示调和平均数,其计算公式为

$$\overline{X}_H = \frac{n}{\dfrac{1}{X_1} + \dfrac{1}{X_2} + \dfrac{1}{X_3} + \cdots + \dfrac{1}{X_n}} = \frac{n}{\sum \dfrac{1}{X}}$$

(2) 加权调和平均数。加权调和平均数是各单位标志值倒数的加权算术平均数的倒数,以 m 表示各项权数,其计算公式为

$$\overline{X}_H = \frac{m_1 + m_2 + m_3 + \cdots + m_n}{\dfrac{m_1}{X_1} + \dfrac{m_2}{X_2} + \cdots + \dfrac{m_n}{X_n}} = \frac{\sum m}{\sum \dfrac{m}{X}}$$

式中,m 为权数,是各组的标志总量;$\sum m$ 为总体标志总量;X 为各组的变量值;$\sum \dfrac{m}{X}$ 为总体单位总量。

3. 几何平均数

几何平均数是用若干项标志值的连乘积开项数次方来计算的一种平均数,即 n 个数据

的连乘积的开 n 次方根。

在客观事物中,有些事物的总量是由各量相加而得,总量是各量的算术和,求平均数就用算术平均数;但有些事物的总量却是由若干个分量连乘而得,总量是各分量的连乘积,求平均数时就要用几何平均法。根据掌握的资料不同,几何平均数可分为简单几何平均数和加权几何平均数。资产评估中常用的是简单几何平均数,简单几何平均数适用于资料未分组的情况,其计算公式为

$$\overline{X}_G = \sqrt[n]{X_1 X_2 X_3 \cdots X_n} = \sqrt[n]{\prod X}$$

式中,$\overline{X}_G$ 为几何平均数;n 为变量值个数;$\prod$ 为连乘积符号。

例 3-1　对某企业进行资产评估,已知该企业净资产规模 2013—2018 年分别是前一年净资产规模的 227.8%、180.2%、136.8%、101.0%、187.8%、109.7%,计算 6 年来该企业净资产的平均发展速度。

解:$\overline{X}_G = \sqrt[6]{227.8\% \times 180.2\% \times 136.8\% \times 101.0\% \times 187.8\% \times 109.7\%} = 150.64\%$
即 6 年来该企业净资产的平均发展速度为 150.64%。

4. 中位数

总体单位标志值按大小顺序排列起来以后,处于数列正中间位置的标志值为中位数。中位数将数列分为相等的两部分:一部分标志值小于中位数;另一部分标志值大于中位数。

中位数不受标志值中极端数值的影响,可以从另一个侧面反映次数分布的集中趋势而代表现象的一般水平。例如,某校 4 个学生和 1 个教师的年龄分别为 18 岁、19 岁、20 岁、21 岁、60 岁,若用算术平均法,平均年龄为 27.6 岁,这个平均数显然不能代表 5 个人年龄的一般水平;若用中位数 20 岁代表 5 个人年龄的一般水平,比用算术平均数 27.6 岁更具有代表性。

在标志值未分组的情况下,确定中位数的方法是:①把各单位的标志值按从小到大排序;②利用公式 $(n+1)/2$(n 为单位数)计算中位数的位次;③根据位次找出中位数。

如果研究总体的单位数是奇数,则居于中间位置的标志值就是中位数。例如,某数列为 65、66、68、75、77、85、95、98、99,中间位次为 $10/2=5$,中位数为 77。

如果研究总体的单位数是偶数,则居于中间位置的两个标志值的算术平均数是中位数。例如,某数列为 65、66、68、75、77、85、95、98、99、100,中间位次为 $11/2=5.5$,中位数为 $(77+85)/2=81$。

5. 众数

众数是指在总体中出现次数最多的标志值。它能够鲜明地反映数据分布的集中趋势。

众数也是一种位置平均数,不受极端值的影响。例如,要掌握某设备的普遍可使用年限,某种产品的尺寸、号码,都可以运用众数说明其一般水平。应当指出,众数只有在总体单位数比较多而又有明显的集中趋势的数据资料中才有意义。

众数可能不存在或不唯一。需要说明的是,其他平均数的代表值只有一个,而众数则可能有两个或两个以上。在一个总体中有两个众数的称为复众数。另外,当分布数列没有明显的集中趋势而趋向均匀分布时,则无众数可言。

6. 众数、中位数、算术平均数的比较

众数、中位数和算术平均数各自具有不同的特点,掌握它们之间的关系和不同特点,有助于在实际应用中选择合理的测度值来描述数据的集中趋势。

　　众数是一组数据分布的峰值,是一种位置代表值。其优点是易于理解,不受极端值的影响。当数据的分布具有明显的集中趋势时,尤其是对于偏态分布,众数的代表性比算术平均数要好。其特点是具有不唯一性,对于一组数据可能有一个众数,也可能有两个或多个众数,也可能没有众数。

　　中位数是一组数据中间位置上的代表值,也不受极端值的影响。对于具有偏态分布的数据,中位数的代表性要比算术平均数好。

　　算术平均数的含义通俗易懂,直观清晰,是实际应用最广泛的集中趋势测度值。其主要缺点是易受极端值影响,对于偏态分布的数据,算术平均数的代表性较差。

(四)标志变异指标

　　标志变异指标是反映总体各单位标志值差异程度的综合指标,它反映分配数列中各标志值的变动范围或离差程度,因此,标志变异指标也称标志变动度指标。

　　平均指标在反映总体一般数量水平的同时,掩盖了总体各单位标志值的数量差异,变异指标弥补了这方面的不足,它综合反映了总体各单位标志值的差异性,从另一方面说明了总体的数量特征。平均指标说明总体各单位标志值的集中趋势,而变异指标则说明标志值的分散程度或离中趋势。标志变异指标是衡量平均指标代表性大小的尺度。标志变动度越大,平均数代表性越小;标志变动度越小,平均数代表性越大。

　　常用的标志变异指标有全距、平均差、平均差系数、标准差及标准差系数。在此仅介绍资产评估中常用的标准差与标准差系数。

1. 标准差

　　标准差是数据分布中所有数据值与其平均数的离差平方的平均数的平方根,又称均方差,用 σ 表示。

　　根据所掌握的资料不同,标准差的计算分为简单标准差和加权标准差两种形式。

　　(1)简单标准差。对于未分组的资料,计算简单标准差,其计算公式为

$$\sigma = \sqrt{\frac{\sum (X - \overline{X})^2}{n}}$$

　　(2)加权标准差。对于已分组的资料,计算加权标准差,其计算公式为

$$\sigma = \sqrt{\frac{\sum (X - \overline{X})^2 f}{\sum f}}$$

2. 标准差系数

　　上面介绍的标准差是反映数据分散程度的绝对值,其数值的大小一方面取决于原变量值本身水平高低的影响,也就是与变量值的算术平均数大小有关。变量值绝对水平越高,离散程度的测度值自然也就越大;绝对水平越低,离散程度的测度值自然也就越小;另一方面,它们与原变量值的计量单位相同,采用不同计量单位计量的变量值,其离散程度的测度值也就不同。因此,对于平均水平不同或计量单位不同的不同组别的变量值,是不能直接用上述离散程度的测度值直接进行比较的。为了消除变量值水平高低和计量单位不同对离散程度测度值的影响,需要计算标准差系数,它是一组数据的标准差与其相应的算术平均数之比,是测度数据离散程度的相对指标,其计算公式为

$$V_\sigma = \frac{\sigma}{\overline{X}}$$

式中，V_σ 为标准差系数。

二、相关分析

（一）相关关系的概念

无论是在自然界还是社会经济领域，一种现象与另一种现象之间往往存在依存关系，当我们用变量反映这些现象的特征时，便表现为变量之间的依存关系。人们通过实践，发现变量之间的依存关系可以分为以下两种。

（1）函数关系。函数关系反映客观事物之间存在严格的依存关系。在这种关系中，对于某一变量的每一个数值，都有另一变量的确定的值与之对应，并且这种关系可以用一个数学表达式反映。例如，圆的面积（S）与半径（r）之间的关系可表示为 $S=\pi r^2$，当圆的半径 r 的值确定后，其圆的面积也随之确定。

（2）相关关系。相关关系反映的是客观事物之间的非严格、不确定的依存关系。这种相关关系的特征是：①客观事物之间在数量上确实存在一定的内在联系。表现在一个变量发生数量上的变化，要影响另一个变量也相应地发生数量上的变化。例如，施肥量的增加会对产量产生一定的影响。②客观事物之间的数量依存关系不是确定的，具有一定的随机性。表现在给定自变量一个数值，因变量会有若干个数值和它对应，并且，因变量总是遵循一定规律围绕这些数值的平均数上下波动。其原因是影响因变量的因素不止一个。例如，影响工业总产值的因素除了职工人数外，还有固定资产原值、流动资金、生产技术水平和能耗等因素，以至于职工人数相同的企业可以有不同的工业总产值。变量间的这种不严格的依存关系就构成了相关与回归分析的对象。

（二）相关分析

在相关分析中常用的一个统计指标是相关系数。相关系数是度量两个变量间线性关系密切程度的数量指标。

相关系数通常以 r 表示，它的基本公式为

$$r = \frac{\sum(x-\bar{x})(y-\bar{y})}{\sqrt{\sum(x-\bar{x})^2 \sum(y-\bar{y})^2}}$$

用上述公式计算相关系数计算量比较大，因此根据平均数的数学性质可将其简化为

$$r = \frac{n\sum xy - \sum x \sum y}{\sqrt{n\sum x^2 - \left(\sum x\right)^2} \cdot \sqrt{n\sum y^2 - \left(\sum y\right)^2}}$$

可以证明，相关系数 $|r| \leqslant 1$。$r>0$，表明变量之间正相关；$r<0$，表明变量之间负相关。那么，相关关系的强弱如何通过 r 体现？

$|r|=1$，表明变量之间为完全的线性相关关系；$|r|=0$，表明变量之间没有线性关系；当 $0<|r|<1$ 时，变量之间有不同程度的线性关系，且当 r 的绝对值越接近 1，表示线性关系越密切。由此可以确定一个对相关程度评价的标准：

$0<|r| \leqslant 0.3$ 为弱相关；

$0.3<|r| \leqslant 0.5$ 为低度相关；

$0.5<|r| \leqslant 0.8$ 为显著相关；

$0.8 < |r| \leqslant 1$ 为高度相关。

需要注意的是,相关系数是说明变量之间线性相关程度的,相关系数很小甚至等于零时,只能说明变量间的线性关系很弱,不能表示它们之间不存在其他关系。

三、回归分析

1. 回归分析的概念

通过相关分析可以说明变量之间相关关系的方向和程度,但是却不能说明变量之间具体的数量因果关系。当自变量给出一个数值时,因变量可能取值是多少,这是相关分析不能解决的。这需要通过新的方法,即回归分析。

回归分析是建立一个数学方程反映变量之间具体的相互依存关系,并最终通过给定的自变量数值估计或预测因变量可能的数值,该数学方程称为回归模型。

在回归分析中,如果变量之间的回归模型是直线方程,这类回归分析称为线性回归分析(直线回归),该直线方程称为线性回归方程。如果直线方程中只有一个自变量和一个因变量,称为一元线性回归分析;若存在两个或两个以上的自变量和一个因变量,称为多元线性回归分析。

线性回归分析是整个回归分析的基础,而一元线性回归分析又是线性回归分析的基础,因此本节重点介绍一元线性回归分析。

2. 一元线性回归模型

设因变量为 Y,自变量为 X,为进一步探讨变量 Y 与 X 之间的统计规律性,我们用下面的数学模型描述它。变量 Y 对 X 的总体一元线性回归模型为

$$Y = \beta_0 + \beta_1 X + \varepsilon$$

式中,β_0 和 β_1 是未知参数,β_0 为回归常数,β_1 为回归系数;ε 表示其他随机因素的影响。一般假定 ε 的数学期望为零,从而总体一元线性回归方程为

$$E(Y \mid X) = \beta_0 + \beta_1 X$$

在实际生活中,总体的真值多数情况下是未知的,这时就只能从总体中抽取部分单位作为样本,求样本回归方程,用它对总体线性回归方程进行估计。

样本回归直线方程为

$$\hat{y} = \hat{\beta}_0 + \hat{\beta}_1 x$$

式中,$\hat{\beta}_0$、$\hat{\beta}_1$ 分别表示总体参数 β_0、β_1 的估计值;$\hat{y}$ 是因变量的 y 的估计值,又称理论值。

样本回归直线方程中的待定参数是根据数据资料求出的,其计算公式为(由于本书旨在介绍该种方法在资产评估中的应用,故数学推导方法略)

$$\hat{\beta}_1 = \frac{n \sum x_i y_i - \sum x_i \sum y_i}{n \sum x_i^2 - \left(\sum x_i \right)^2} = \frac{\sum (x_i - \bar{x})(y_i - \bar{y})}{\sum (x_i - \bar{x})^2}$$

$$\hat{\beta}_0 = \frac{\sum y_i}{n} - \hat{\beta}_1 \frac{\sum x_i}{n} = \bar{y} - \hat{\beta}_1 \bar{x}$$

$\hat{\beta}_0$、$\hat{\beta}_1$ 求出后,一元线性回归方程 $\hat{y} = \hat{\beta}_0 + \hat{\beta}_1 x$ 便可确定了。对于一个给定的 x 值,可以预测 y 的值。

3. 一元线性回归分析在资产评估中的应用

外购无形资产完全重置成本的一种评估方法是市价类比法。这种方法是指在无形资产交易市场选择类似的参照物,再根据功能和技术先进性、适用性对评估价格作适当调整的一种方法,这种方法的关键就是进行功能与价格的回归分析。

例 3-2　假设某企业拟购买一项生产专有技术,原购价为 1 300 万元,功能系数为 500。现有 A、B、C、D、E 五家企业购买过与此项专有技术相同的无形资产,其购买价分别为 1 500 万元、2 000 万元、1 800 万元、1 600 万元、2 100 万元,对应的功能系数分别为 800、1 200、1 000、900、1 300,该项无形资产实际购置费用相当于购买价的 1%,试按市价类比法评估该企业购买这项生产专有技术的重置全价。

解:　经过对无形资产的买价与功能系数进行分析,发现买价与功能系数的相关度较高,可作功能与价格的回归分析。运用最小二乘法求价格 y 与功能 x 的关系式:

$$\hat{y} = \hat{\beta}_0 + \hat{\beta}_1 x$$

列表计算,计算过程如表 3-1 所示。

表 3-1　某项无形资产价格与功能回归分析计算

企业	功能系数(x)	价格(y)/万元	x^2	y^2	xy
A	800	1 500	640 000	2 250 000	1 200 000
B	1 200	2 000	1 440 000	4 000 000	2 400 000
C	1 000	1 800	1 000 000	3 240 000	1 800 000
D	900	1 600	810 000	2 560 000	1 440 000
E	1 300	2 100	1 690 000	4 410 000	2 730 000
合计	5 200	9 000	5 580 000	16 460 000	9 570 000

利用公式得:$\hat{\beta}_1 = 1.22, \hat{\beta}_0 = 530.16$。

所以价格 y 与功能系数 x 之间的回归方程式为

$$y = 530.16 + 1.221x$$

又知被评估资产的功能系数为 500,按现行市价类比,并考虑功能因素,代入上式得:

重置购价 $= 530.16 + 1.221 \times 500 = 1\ 140.66$(万元)

重置全价 $=$ 重置购价 $+$ 重置费用 $= 1\ 140.66 + 11.41 = 1\ 152.07$(万元)

如果应用最小二乘法估计的回归方程能满意地描述 x、y 之间的关系,那么对于一个已知的 x 值,评估预测 y 的值将是合理的。

另外,利用一元线性回归,还可以分析产品产量与销售成本的关系,产量与利润总额的关系等,而对这些变量的分析和估计是在各类资产评估中必不可少的。在对企业进行整体资产评估时,通常需要对未来收益进行预测,这时只要设时间为自变量做回归分析即可。

四、物价指数调整法

1. 物价指数

物价指数又称商品价格指数,是反映各个时期商品价格水准变动情况的指数。物价指数是一个与某一特定日期一定组合的商品或劳务有关的价格计量。当该商品或劳务的价格发生了变化,其价格指数也随之变化。

物价指数主要有定基指数和环比指数。定基指数是指在编制各期指数时,以某一固定时期为基期计算的统计指数。环比指数是指在编制各期指数时,均以报告期的前一期作为基期编制的指数。

物价指数有两种计算方法,可以将数量固定在基期水平上,也可以将数量固定在报告期水平上。这样就得到了两个公式:拉氏公式和派氏公式。

(1)拉氏公式。拉氏物价指数将数量固定在基期水平,即

$$\overline{K}_p = \frac{\sum p_1 q_0}{\sum p_0 q_0}$$

(2)派氏公式。派氏物价指数将数量固定在报告期水平,即

$$\overline{K}_p = \frac{\sum p_1 q_1}{\sum p_0 q_1}$$

2. 物价指数调整法

成本法中经常应用物价指数调整法。这种方法是根据资产的有关原始成本记录、国家公布的价格变动指数,或评估人员调查掌握的数据,确定在现行价格水平下购建与评估资产同样或类似的全新资产的重置成本。这种方法适用于按账面历史成本调整为现价的重置成本计算。

物价指数调整法评估资产重置成本的基本公式为

资产重置成本=被估资产历史成本×适用的物价变动指数

例 3-3 某机床于 2013 年购置安装,账面原值为 16 万元。2015 年进行一次改造,改造费用为 4 万元;2017 年又进行一次改造,改造费用为 2 万元。若定基物价指数 2013 年为1.05,2015 年为 1.28,2017 年 1.35,2018 年为 1.60。采用物价指数调整法计算该机床2018 年的重置成本。

解:计算过程如表 3-2 所示。

表 3-2 机床的重置成本计算

时间	投入费用/万元	物价指数	调整物价变动指数	重置成本/万元
2013	16	1.05	1.60/1.05=1.52	16×1.52=24.32
2015	4	1.28	1.60/1.28=1.25	4×1.25=5
2017	2	1.35	1.60/1.35=1.19	2×1.19=2.38
2018		1.60	1.60/1.60=1	
合计				31.7

该机床 2018 年的重置成本是 31.7 万元。

物价指数调整法可以依照统一的物价指数,简便易行、可控性好,而且物价指数的高低可以作为自动准允评估的控制标准。因而,在涉及资产补偿并影响税收的情况下,国家通常采用物价指数调整法作为重估资产价格或增提折旧的法定方法。

运用物价指数调整法时应当注意,选用的物价指数应当能恰当、准确地反映被评估资产的价格变动,如采用分类物价指数或个别物价指数,而一般不能将统一的通货膨胀指数用于所有资产的评估,因此选用物价指数要谨慎。

第四章

房地产评估

学习目标

1. 了解房地产评估的基本内容和特点。
2. 熟悉房地产评估的影响因素。
3. 掌握房地产评估中市场法、收益法、成本法这些基本方法的运用。
4. 熟悉房地产评估的剩余法。
5. 了解基准地价修正法和在建工程评估方法。

情境导入

中和资产评估有限公司接受湘电集团有限公司的委托,按照法律、行政法规和资产评估准则的规定,坚持独立、客观和公正的原则,采用成本法,按照必要的评估程序,对湘电集团有限公司拟转让部分固定资产所涉及的湘电集团有限公司申报评估的房屋建筑物、构筑物及其他辅助设施、机器设备、车辆及电子设备,在评估基准日 2018 年 5 月 31 日的市场价值进行了评估。

湘电集团有限公司申报的房屋建筑物共 5 项,建筑面积为 2 273.34 平方米,至评估基准日止,均未办理房屋所有权证。对于房屋权属情况,湘电集团有限公司出具了《关于湘电集团有限公司房屋建筑物、构筑物及其他辅助设施的权属情况说明》,该公司将根据评估所对应经济行为的利害当事方的要求予以解决,不会因此影响评估所服务的经济行为实现后被评估对象的接受方对相关资产的占有、使用、收益和处置权利的行使,该公司愿为此承担相关法律及经济合同规定的责任。申报的构筑物及其他辅助设施共计 19 项,主要包括道路水电改造、储水池、中央大道变压器移位、架空线下地工程、东门至地磅房电缆沟、井、路灯等工程、户外给水管道等。主要房屋建成于 1974—2003 年,砖混结构。房屋建筑物维护、保养一般,基本能够满足经营需要。

由于被评估对象主要为生产厂区内自建房屋建筑物,可以找到同类型物业在当地开发过程中各项取费的客观成本,故适宜采用重置成本法进行测算。另调查湘潭市房地产市场,与被评估对象同类型物业的市场销售案例及租赁案例开发较缺乏,且不具备再开发潜力,故不适宜采用市场法、收益法及假设开发。综上所述,根据评估目的和评估对象的特点,以及评估方法的适用条件,评估房屋建构筑物采用重置成本法。

请思考:房地产评估都应该考虑哪些具体问题?三种基本方法应该如何正确使用才能科学地估算出房地产的价值?

第一节　房地产评估概述

一、房地产概述

(一)房地产相关概念

1. 不动产

不动产是指不可移动或者如果移动就会改变性质、损害其价值的有形财产,包括土地及其定着物,包括物质实体及其相关权益。我国不动产的类型如下:土地、建筑物、构筑物以及添附于土地和建(构)筑物的物。所以地产和房产均属不动产。附着物是指附着于土地,在与土地不可分离的状态下才能使用的物体,如建筑物、构筑物等。附着物与土地分离要花费相当大的劳动和费用,因而会使地价发生变化。

2. 地产

地产是指土地及其相关的财产权利,即土地资产或土地财产。一般来说,土地是指地球表层的陆地部分,包括内陆水域和滩涂。土地资源是自然本身的产物,既是资源也是资产,具有不可再生性。我国土地的分类主要有以下三大类:农用地、建设用地和未利用地。土地具有两重性,不仅是资源,也是资产。尤其是城市土地,是人类改造自然、经过加工的改良物,凝聚了人类大量的物化劳动,投入了各种基础设施,是由人类开发和再开发形成的。

3. 房产

房产是指有墙面和立体结构,能够遮风避雨,可供人们在其中生活、学习、工作、娱乐、居住或贮储物资的场所。房产按字面意思应为房地产中的一部分,再缩小一些范围则仅指地上建筑物部分,包括房屋建筑物的附属物及其财产权利。房产通常建筑在土地之上,因而房产的实体一般都与土地结合为一体,比如买卖房屋,不仅指买卖房产,也包括土地的使用权。但基于评估目的的需要,有时也可以就建筑本身进行评估,比如以建筑物投保火险为目的的投保价值评估,就只能计算建筑物价值,而不考虑土地价值。

4. 房地产

有些定义中,将房地产定义为房产与地产的合称,其实这种说法是不严谨的,因为并非有地产就一定连着房产,如耕地、林地。房地产是指土地、建筑物及固着在土地、建筑物上不可分离的部分及其附带的各种权益。房地产可以有三种存在形态,即土地、建筑物、房地合一。资产评估中有时需要将土地和土地之上的建筑物作为一个整体资产进行价值评估,这既要考虑土地对建筑物价值的影响,也要考虑建筑物对土地价值的影响。

土地、地产、房地产、不动产之间的关系如图 4-1 所示。

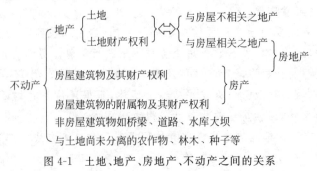

图 4-1　土地、地产、房地产、不动产之间的关系

5．物业

物业一词译自英语 property 或 estate，其含义为财产、资产、地产、房地产、产业等，是指已经建成并投入使用的各类房屋及与之相配套的设备、设施和场地。

物业可分为居住物业、商业物业、工业物业、政府行政类物业和其他用途物业等类型。

6．建（构）筑物评估中的常用语

用地面积：用地方案图中划定的面积。

建筑面积：建筑物外墙或结构外围水平投影面积。

容积率：项目规划用地范围内总建筑面积与总建筑用地面积之比。

建筑密度：也叫建筑覆盖率，是指项目用地范围内所有建筑基底面积之和与规划建筑用地面积之比。

套内建筑面积：为套内使用面积、套内墙体面积及套内阳台建筑面积之和。

套内使用面积：是指房屋户内全部实际可供使用的空间，按房屋的内墙线水平投影计算。

商品房销售面积：商品房整幢出售，其销售面积为整幢商品房的建筑面积（地下室作为人防工程的，应从整幢商品房的建筑面积中扣除）。商品房按"套"或"单元"出售，其销售面积为购房者所购买的套内或单元内建筑面积（以下简称套内建筑面积）与应分摊的共有建筑面积之和。

绿地率：居住区用地面积范围内各类绿地的总和与居住区用地的比率。

净高：层高减去楼板厚度。

层高：下层楼板顶面或底面到上层楼顶顶面或底面之间的垂直距离。

开间：通常是指房间宽度。

进深：通常是指房间长度。

三通一平：通水、通电、通路及场地平整。

五通一平：道路、电力、通信、供水、排水及场地平整。

七通一平：道路、电力、通信、供水、排水、燃气、供热及场地平整。

九通一平：市政道路通、雨水通、污水通、自来水通、天然气通、电力通、电信通、热力通、有线电视管线通和土地自然地貌平整。

商品房：在以市场地价获得的土地上建造的可自由转让或出租的建筑物，其权益包含建筑物的所有权和所占用土地的使用权，二者合一，不可分割。地上建筑物的所有权依赖于土地的使用权，土地使用权的性质、用途和年限决定了房屋所有权的性质、类别、年限。

房政房：按照国家房改有关售房政策以标准价、优惠价、成本价向符合分房条件和已取得住房使用权的住房出售的公有直管和自管住宅。

"五证一书"："国有土地使用证""建设用地规划许可证""建设工程规划许可证""建设工程施工许可证""商品房预售许可证""房地产开发企业资质证书"。

（二）房地产相关特性

1．土地的供给和特性

1）土地的自然供给和特性

（1）土地的自然供给是指地球提供给人类可利用的土地数量。它反映了土地供人类使用的天然特性，其数量包括已利用的土地和未来可供利用的土地。土地的自然供给是相对稳定的，几乎不受任何人为因素或社会经济因素的影响，因此，它基本上是无弹性的。一般来说,自然供给的土地具有以下五个条件:具有适宜于人类生存和工作的气候条件;具有适宜于植物生长的土壤和气候条件;具有可以利用的淡水资源;具有可供人类利用的生产资源;具有一定的交通条件。

(2) 土地的自然特性。

地理位置的固定性。人们对土地的开发利用只能在原有固定的位置进行,土地不能随土地产权的流动而改变其空间的位置。因此,地产交易不是土地实体本身的空间移动,而是土地产权的转移。土地位置的固定性决定了土地价格具有明显的地域性特征。

质量的差异性。由于土地是大自然的产物,受多种自然情况的影响,土地的位置不同,就造成了土地之间存在自然差异,没有完全相同的两块土地,这些差异导致了土地级差地租的产生。

不可再生性。土地是不可再生资源,土地资源只能利用而不能加以生产。只有科学合理地开发利用土地,才能供人类永续利用。

效用的耐久永续性。土地不因使用或放置而损耗、毁灭或增值。只要土地利用得当,土地的效用价值会一直延续下去。

2) 土地的经济供给和特性

(1) 土地的经济供给是指在自然供给范围内,对土地进行开发、规划和整治,满足不同需求的土地供给,即通过人类开发利用而形成的土地供给。土地经济供给的变化可以是直接变化,也可以是间接变化。直接变化是指某种用途土地数量绝对面积的变化;间接变化是指单位土地面积上集约率的变化。开发新土地、调整用地结构、提高土地集约率等活动,都影响土地的经济供给数量。由此可见,土地的经济供给是有弹性的,同时土地的经济供给会受人类社会活动的影响。

(2) 土地的经济特性。

权益的可垄断性。土地不可移动,所以不能变动,则土地的所有权和使用权都可以垄断。由于土地具有可垄断性,因此,在土地所有权或使用权让渡时,就必然要求实现其垄断利益,在经济上获得收益。

经济供给的稀缺性。土地经济供给的稀缺性,主要是指某一地区的某种用途的土地供不应求,形成稀缺的经济资源,造成供求矛盾。往往由于人口密度过大,土地经济供给的稀缺性客观上要求人们集约用地。

用途多样性。用途多样性也称用途的竞争、转化及并存的可能性,主要是指空地所具有的特性。一块土地的用途是多种多样的,从经济角度来说,土地利用的优先顺序如下:商业、办公、居住、工业、耕地、牧场、放牧地、森林、不毛荒地。土地利用的多方向性客观上要求在房地产评估中需要确定土地的最佳用途。

效益的级差性。由于土地质量的差异性而使不同区位土地的生产力和地域条件不同,从而在经济效益上产生级差性。

2. 房地产的特性

房地产是与房屋相关的地产和房屋及其权属的总称。土地上建筑物有以下特点:建筑物与土地不可分离;虽然可以将建筑物分离出去,但是分离后不经济,会破坏土地和建筑物的完整性及其使用价值或功能。土地是房屋不可缺少的物质载体,任何房屋都不能离开土地而独立存在。《中华人民共和国城市房地产管理法》(以下简称《城市房地产管理法》)规定,"房地产转让、抵押时,房屋的所有权和该房屋占用范围内的土地使用权同时转让、抵押"。因此,在房地产评估中,通常评估的都是房地产的整体价值。房地产一般具有以下特性。

(1)房产依附地产。房屋和建筑物都是建立在土地之上的,也就是说,房屋和建筑物必须依附特定的土地才能存在。土地的区位决定了房屋的位置,直接影响房地产的价格,即地价影响房价。因此,评估人员再评估房地产价值时,必须考虑房产所占土地的价格因素。

(2)供求区域性。由于房屋固着在土地上,因此房地产的相对位置是固定不变的。一个城市房地产的供给过剩并不能解决另一个城市供给不足的问题。例如,农村大量空置的房地产并不能解决京上广等城市的房地产需求不足的问题。地球上没有完全相同的房地产,即使有两宗房地产的地上建筑物设计、结构和功能等完全相同,因土地位置区域的差异、房地产供求关系的地区差异,也会造成房地产价格的差异。

(3)保值与增值性。保值是指房地产能抵御通货膨胀。一般物品在使用过程中由于老化、变旧、损耗、毁坏等原因,其价值会逐渐减少。但从长期来看,在正常的市场条件下,土地的价值呈上升走势。同时由于土地可以永续利用,建筑物也是耐用品,使用年限可达数十年甚至上百年,使用期间即使房屋变旧或受损,也可以通过不断翻修延长其使用期。土地资源的有限性和固定性,制约了对房地产不断膨胀的需求。同时对土地的改良和城市基础设施的不断完善,使土地原有的区位条件改善,也会导致土地增值,比如地铁的修建。

(4)政策限制性。房地产市场受国家和地区政策影响较大。城市规划、土地利用规划、土地用途管制、住房政策、房地产信贷政策、房地产税收政策等,都会对房地产的价格产生直接或间接的影响。

(5)难以变现性。由于房地产具有位置固定性、用途不易改变等特性,使其不像股票、国债和外汇那样,可以迅速变现,其变现性较差。

(6)投资大量性和风险性。房地产生产和经营管理要经过一系列过程:取得土地使用权、土地开发和再开发、建筑设计和施工、房地产销售等,在这些过程中要投入大量的资金。在大城市,地价和房屋的建筑成本更是相当高。房地产能够长期使用,同时其保值增值性使之成为投资回报率较高的行业。房地产的投资风险也比较大,主要来自以下几个方面:房地产的生产周期较长,从取得土地到房屋建成销售,通常要3~5年时间,在此期间影响房地产发展的各种因素发生变化,都会对房地产的投资效果产生影响,如国家政策变化、自然灾害、社会动荡,都会对房地产投资产生无法预见的影响;房地产无法移动,建成后又不易改变用途,如果市场销售不对路,容易造成长期的空置、积压。

(7)权益受限性。建(构)筑物权益是指基于建(构)筑物实物所衍生的权利、利益和益处。最完整的建(构)筑物所有权形式是完全所有权。它可以区分为私人所有权和公共所有权。私人所有权表现为个人、团体、企业、联合体等所拥有的权益;公共所有权表现为政府力量执行的征收权、征税权、警察权和充公权(见图4-2)。建(构)筑物评估通常涉及的是与私人所有权相关的部分权益。

建(构)筑物的权益和利益是由许多权利构建成的"权利束"(a bundle of rights)(见图4-3)。不同权利束是可以变动和组合的,由此构成了建(构)筑物权益的排他性、收益性、可让渡性、可分割性等,也决定了建(构)筑物权益的性质和结构。

《中华人民共和国物权法》(以下简称《物权法》)规定,不动产所有权人对自己的不动产,依法享有占有、使用、收益和处分的权利。不动产所有权人有权在自己的不动产上设立用益物权和担保物权。业主对建筑物内的住宅、经营性用房等专有部分享有所有权,对专有部分

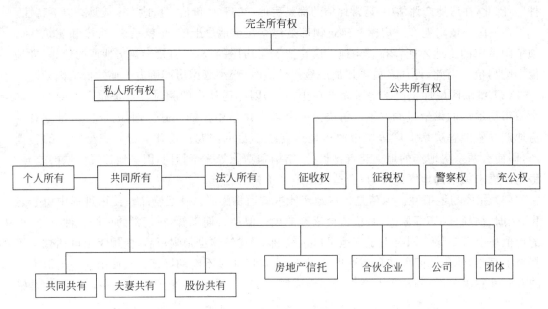

图 4-2 建(构)筑物权益关系

以外的共有部分享有共有和共同管理的权利。不动产权利人应当为相邻权利人用水、排水提供必要的便利。不动产权利人对相邻权利人因通行等必须利用其土地的，应当提供必要的便利。不动产或者动产可以由两个以上单位、个人共有。共有包括按份共有和共同共有。用益物权人对他人所有的不动产或者动产，依法享有占有、使用和收益的权利。地役权人有权按照合同约定，利用他人的不动产，提高自己的不动产的效益。

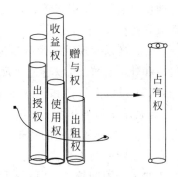

图 4-3 建(构)筑物的权利束

可见，我国建(构)筑物相关权利包括土地所有权、土地使用权、房屋所有权、共有权、地役权、租赁权、承包经营权、抵押权、担保权等。

(三)房地产相关权益

1. 土地的相关权益

1) 土地所有权

土地所有权是一项专有权，在我国，城市土地的所有权属于国家，农村和城市郊区的土地，除由法律规定属于国家所有的以外，属于农民集体所有，宅基地和自留地、自留山属于农民集体所有。这是由我国实行土地的社会主义公有制决定的。在符合规划的前提下，村庄、集镇、建制镇中的农民集体所有建设用地使用权可以依法流转。

2) 土地使用权

在我国实行国有土地所有权与使用权相分离的制度，国有土地所有权不能进入房地产市场流转，国有土地使用权可以转让，因此地价一般是土地使用权的价格。

(1) 概念。土地使用权是指国家机关、企事业单位、农民集体和公民个人，以及三资企业，凡具备法定条件者，依照法定程序或依约定对国有土地或农民集体土地所享有的占有、利用、收益和有限处分的权利。按照《中华人民共和国土地管理法》(以下简称《土地管理法》)的规定,土地使用权可以有出让、转让、买卖、出租、抵押、交换、变更、继承、赠与、划拨、终止等使用形式。

(2)根据《土地管理法》《土地登记办法》的相关规定,国家土地使用权的类型,只有土地划拨和土地出让两种形式。

划拨土地使用权。划拨土地使用权是指经县级以上人民政府依法批准,在土地使用者缴纳补偿、安置等费用后,取得的国有土地使用权,或者经县级以上人民政府依法批准后无偿取得的国有土地使用权。由此可见,划拨土地使用权有两种基本形式:经县级以上人民政府依法批准,土地使用者缴纳补偿、安置等费用后取得的国有土地使用权;经县级以上人民政府依法批准后,土地使用者无偿取得的土地使用权。

出让土地使用权。国有土地使用权出让是指国家以土地所有者的身份将国有土地使用权在一定年限内让与土地使用者,并由土地使用者向国家支付土地使用权出让金的行为。取得的土地使用权是一种物权。土地使用权出让是以土地所有权与土地使用权分离为基础的。土地使用权出让后,在出让期限内受让人实际享有对土地占有、使用、收益和处分的权利,其使用权在使用年限内可以依法转让、出租、抵押或者用于其他经济活动,合法权益受国家法律保护。土地使用权出让的形式有三种,即协议出让、招标出让和拍卖出让。

土地使用者享有土地使用权的期限以出让年限为限。出让年限由出让合同约定,但不得超过法律限定的最高年限。国有土地使用权出让最高年限按下列用途确定:居住用地70年;工业用地50年;教育、科技、文化、卫生、体育用地50年;商业、旅游、娱乐用地40年;综合或者其他用地50年。

土地使用权出让合同约定的使用年限届满,土地使用者需要继续使用土地的,应当最迟于届满前1年申请续期,除根据社会公共利益需要收回该土地的,应当予以批准。经批准续期的,应当重新签订土地使用权出让合同,依照规定支付土地使用权出让金。土地使用权出让合同约定的使用年限届满,土地使用者未申请续期或者虽申请续期但依照法律规定未获批准的,土地使用权由国家无偿收回。我国土地的所有权和使用权所属情况如图4-4所示。

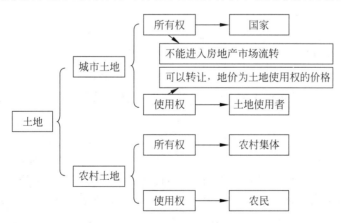

图4-4 我国土地的所有权和使用权所属情况

(3)土地使用权的其他使用形式(土地处置权)。土地使用权还有转让、买卖、出租、抵押、交换、变更、继承、赠与等使用形式。主要介绍转让、出租、抵押三种。

① 转让。土地使用权转让是指土地使用者将土地使用权再转移的行为,包括出售、交换和赠与。凡未按土地使用权出让合同规定的期限和条件投资开发、利用土地的,土地使用权不得转让。土地使用权和地上建筑物、其他附着物所有权转让,应当依照规定办理过户登记。土地使用权转让时,土地使用权出让合同和登记文件中所载明的权利、义务随之转移。土地使用权转让时,其地上建筑物、其他附着物所有权随之转让。土地使用者通过转让方式取得的土地使用权,其使用年限为土地使用权出让合同规定的使用年限减去原土地使用者已使用年限后的剩余年限。地上建筑物、其他附着物的所有人或者共有人,享有该建筑物、附着物使用范围内的土地使用权。土地使用者转让地上建筑物、其他附着物所有权时,其使用范围内的土地使用权随之转让,但地上建筑物、其他附着物作为动产转让的除外。

② 出租。土地使用权出租是指土地使用者作为出租人将土地使用权随同地上建筑物、其他附着物租赁给承租人使用,由承租人向出租人支付租金的行为。未按土地使用权出让合同规定的期限和条件投资开发、利用土地的,土地使用权不得出租。

③ 抵押。土地使用权抵押时,其地上建筑物、其他附着物随之抵押。地上建筑物、其他附着物抵押时,其使用范围内的土地使用权随之抵押。土地使用权抵押,抵押人与抵押权人应当签订抵押合同。抵押合同不得违背国家法律、法规和土地使用权出让合同的规定。土地使用权和地上建筑物、其他附着物抵押,应当依照规定办理抵押登记。抵押人到期未能履行债务或者在抵押合同期间宣告解散、破产的,抵押权人有权依照国家法律、法规和抵押合同的规定处分抵押财产。因处分抵押财产而取得土地使用权和地上建筑物、其他附着物所有权的,应当依照规定办理过户登记。

2. 房地产权益

房地产权益是指以房地产为载体而存在的无形的、不可触摸的部分,包括权利、利益和收益,房地产的利益和收益基于房地产的权利而衍生。

房地产的权利包括所有权和使用权。所有权是所有人对所有物依法拥有的完全支配权,是使用权的基础。使用权是依法对他人之物使用和收益的权利,从范围上来说,是指土地所有权之外的其他类型的他物权,如空间利用权,在公共绿地下建一个地下停车场就属于动用空间利用权。

(四)房地产价格

1. 房地产价格的特征

房地产价格也是物价,用货币表示,受供求等因素的影响;按质论价,优质高价,劣质低价。房地产价格又与一般物价不同,表现出房地产价格的特征。房地产价格的特征主要有下列几项。

(1)房地产价格实质上是房地产权益的价格。由于房地产的自然地理位置具有不可移动性,结果其可以转移的并非房地产实物本身,而是有关该房地产的所有权、使用权或其他权益,所以房地产价格实质上是这些无形权益的价格。因此,房地产估价与对房地产权益的了解、分析之间有密切关系是必然的。发生经济行为的房地产转移方式不同,形成的房地产权益不同,而每种权益均会影响价格,其权益价格也不相同,估价结果也会不同,评估时必须对此仔细考虑。

(2)房地产价格与用途相关。一般商品的价格由其生产成本、供给和需求等因素决定,其价格一般并不因使用状况不同而产生差别。但是,同样一宗房地产,在不同的用途下,产生的收益是不一样的。特别是土地,在不同的规划用途下,其使用价值是不一样的,土地价格与其用途相关性极大。例如,房地产用于出租,若要评估其价值,只要能把握纯收益和资本化率,依照收益法将纯收益资本化即可。在市场经济条件下,一宗土地如果合法地用于经营商业比用于住宅更有利,其价格必然由商业用途决定。

(3) 房地产价格是在长期考虑下形成的。一宗房地产通常与周围其他宗房地产构成某一地区,虽然该地区地理位置固定不变,但社会经济位置经常在不断变化,所以考虑该房地产过去如何使用,将来能作何种使用,总结这些并考虑结果后才能形成房地产的今日价格(或某特定时间的价格)。

(4) 房地产价格具有明显的个别性。房地产具有个别性,没有两宗房地产条件完全一致。由于不可移动性、数量固定性、个别性等土地的自然特性,使房地产不同于一般物品,交易往往是单个进行。房地产价格形成过程中,交易主体间的个别因素容易起作用,因此形成的房地产市场是一个不完全竞争市场。一般商品可以开展样品交易、品名交易,其价格可以在交易市场上形成,而房地产则不能搬到一处作比较。要认识房地产,只有亲自到所在地观察。

(5) 房地产价格具有可比性。房地产价格尽管具有与一般商品不同的许多特性,但并不意味着其价格之间互不联系。事实上,人们可以根据房地产价格的形成规律,对影响房地产价格的因素进行比较,从而能够比较房地产的价格。

(6) 房地产价格具有较强的政策性。由于房地产在国民经济和人民生活中的特殊作用,决定了政府必须对土地的合理开发和利用、房地产的产生和交易给予比较多的直接或间接干预,由此产生了政府关于房地产的一系列政策、法规以及对土地利用的规划等。这些政策、法规、规划必然会对房地产的价格产生重要影响,有时甚至是决定性影响。比如,2016年的国庆节成为史上房地产调控政策最为密集的假期。各地政府在之前限购限贷的基础上,又加强了从销售价格监管、超严房贷审批、规范交易市场等层面的调控。

2. 房地产价格分类

进行房地产估价,必须弄清楚房地产价格的种类和每一种房地产价格的确切含义。不同的房地产价格,其所起的作用不尽相同,评估的原则、依据和考虑的因素也不尽相同。

(1) 按出让采用的方式分为拍卖价格、招标价格、协议价格。

① 房地产的拍卖价格是指采用拍卖方式交易(或出让)房地产的成交价格。

② 房地产的招标价格是指采用招标方式交易(或出让)房地产的成交价格。

③ 房地产的协议价格是指采用协议方式交易(或出让)房地产的成交价格。

上述三种价格的关系为:由于协议出让是政府部门对那些需要扶持的高科技工业或教育、卫生、慈善、宗教事业提供土地的方式,一般会降低地价;招标方式因为不仅考虑报价,通常还要考虑开发方案,所以选定的土地使用者不一定是出价最高者,因此有抑制地价的作用;但单纯以报价方式投标有抬高地价的作用;在拍卖的场合,由于土地由谁取得完全取决于报出的价格高低,所以最能抬高地价。因此,通常情况下采用协议方式出让的地价最低,其次是招标,拍卖的地价最高。

(2) 根据权益的不同,可分为所有权价格、使用权价格、其他权利价格。

① 所有权价格。房地产的所有权价格是指交易房地产所有权的价格。房地产所有权价格还可依据所有权是否完全再细分。所有权应为占有权、管理权、享用权、排他权、处置权(包括出售、出租、抵押、赠与、继承)的总和,但若在所有权上设定了他项权利,则所有权变得

不完全,其价格因此而降低。我国通常不存在土地所有权价格评估。

② 使用权价格。房地产的使用权价格是指交易房地产使用权的价格。以土地为例,目前我国有偿出让土地的价格都是土地使用权价格。从国家获得土地使用权的价格的法定名称为出让金。但现实中有各种演变,多称为地价款,各地的名称也不尽相同。

③ 其他权利价格。其他权利价格未具体列明,泛指除上述所有权价格和使用权价格以外的权利价格,如房地产抵押权价格、房地产租赁权价格。

一般情况下,房地产所有权价格高于房地产使用权价格。抵押价格是为房地产抵押而评估的房地产价格。租赁价格是承租方为取得房地产租赁权而向出租方支付的价格。

(3) 按价格形成方式,可分为成交价格、市场交易价格、理论价格和评估价格。

① 成交价格是一个已完成的事实,是个别价格,通常随着交易者的财务、动机、对交易对象和市场行情了解程度、购买或出售的急迫程度、讨价还价能力、交易双方之间的关系、卖者的价格策略等不同而不同。在卖方市场下,成交价格往往是偏高的;在买方市场下,成交价格往往是偏低的。成交价格可能是正常的,也可能是不正常的,所以,可将成交价格区分为正常成交价格和非正常成交价格。非正常成交价格受一些不良因素的影响,如不了解市场行情、垄断、胁迫等。

② 市场交易价格是房地产在正常的市场条件下,在市场交易中实际成交的价格。市场价格是指某种房地产在市场上的一般、平均水平价格,是该类房地产大量成交价格的抽象结果(如平均数、中位数或众数)。由于交易的具体环境不同,市场交易价格经常波动。市场交易价格一般具有如下作用:交易双方收支价款的依据、缴纳契税和管理费的依据等。

③ 理论价格是指经济学假设的"经济人"的行为和预期是理性的,或真实需求与真实供给相等的条件下形成的价格。理论价格不是事实,但又是客观存在的。

④ 评估价格是评估人员对房地产客观合理价格作出的一种估计、推测或判断,是对市场交易价格的模拟。由于评估人员的经验、对房地产价格影响因素理解不同,同一宗房地产可能得出不同的评估价格,评估结果也可能不同。但在正常的情况下,不论运用何种方法,评估结果不应有太大的差距。为求评估价格客观合理,必须建立健全估价制度,制定估价技术标准和估价人员的职业道德准则。一般来说,具有丰富经验的估价人员评估出的价格,较接近于市价。

(4) 房地产价格根据使用目的及其作用,可分为基准地价、标定地价、房屋重置价格、交易底价、课税价格、征用价格、申报价格等。

① 基准地价。城市基准地价是在某一城市的一定区域范围内,根据用途相似、地段相连、地价相近的原则划分地价区段,然后调查评估各地价区段在某一时点的平均水平价格。

② 标定地价。标定地价是指一定时期和一定条件下,能代表不同区位、不同用途地价水平的标志性宗地的价格。标定地价可以以基准地价为依据,根据土地使用年限、地块大小、土地形状、容积率、微观区位等条件,通过系数修正进行评估得到,也可以通过市场交易资料直接进行评估得到。

③ 房屋重置价格,简单地说,是指假设房屋在估价时点重新建造时,必要的建造费用加平均利润。具体地说,是指按照估价时点当时的社会正常的建筑技术、工艺水平、建筑材料价格、人工和机械费用等,重新建造同类结构、式样、质量及功能的新房屋所需要的费用加平均利润。

基准地价、标定地价、房屋重置价格由政府制定,且由政府定期公布。

④ 交易底价,可由交易有关方面制定,是指政府、企业或私人出售(尤其是拍卖)房地产时确定的最低价格,也称起叫价格(简称起价),若低于这个价格则可以不出售。

⑤ 课税价格是指政府为课征有关房地产税而由评估人员评估的作为课税基础的价格。具体的课税如何,要视课税政策而定。

⑥ 征用价格是指为政府征收房地产补偿而评定的价格。在有些国家和地区,将政府公布的公告地价作为征收土地增值税和征收土地进行补偿的依据。

⑦ 申报价格是房地产权利人向政府申报的房地产交易成交价格。《城市房地产管理法》第三十四条规定:"国家实行房地产成交价格申报制度。房地产权利人转让房地产,应当向县级以上地方人民政府规定的部门如实申报成交价,不得瞒报或者做不实的申报。"

(5) 按房地产的实物形态,可划分为土地价格、建筑物价格和房地产价格。

① 土地价格,通常是指空地的价格。根据目前我国的地价体系,地价又可以具体划分为基准地价、标定地价、出让底价、转让地价和其他地价(如出租价格、抵押价格)若干种。根据土地的"生熟"程度,把土地粗略地分为生地、毛地、熟地三种,由此又有生地价格、毛地价格、熟地价格。

② 建筑物价格是指纯建筑物部分的价格,不包含其占用的土地价格。在人们日常生活中纯粹的建筑物价格并不多见,人们脑海中的建筑物价格通常是包含地价的。

③ 房地产价格是指建筑物连同其占用的土地在一起的价格。房地产价格情况比较复杂,以住宅为例,在"房改"之后,住宅价格包括职工购买现住房价格、动迁房价、安居工程房价和商品房价等。同一块土地,其开发条件不同,会有不同的价格,如拟作为国家建设用地而未进行征收补偿的农地,购地者需办理土地征收手续,支付征地补偿费;即使已征为国家所有,尚需看其开发情况,是否达到"三通一平""七通一平""九通一平"等。

对于同一宗房地产而言:①房地产价格=土地价格+建筑物价格;②土地价格=房地产价格-建筑物价格;③建筑物价格=房地产价格-土地价格。

(6) 按房地产价格表示单位,可划分为房地产总价格、单位价格、楼面地价。

① 房地产总价格是指一宗房地产的整体价格,不看单价和面积,房地产总价格一般不能说明房地产价格水平的高低。

② 单位价格分三种情况:对土地而言,单位价格是指单位土地面积的土地价格;对建筑物而言,单位价格是指单位建筑面积的建筑物价格;对房地产单位价格而言,单位价格是指单位建筑面积的房地产价格。房地产的单位价格能反映房地产价格水平的高低。

③ 楼面地价又称单位建筑面积地价,是指平均到每单位建筑面积上的土地价格。

$$楼面地价 = \frac{土地总价格}{建筑总面积}$$

$$容积率 = \frac{建筑总面积}{土地总面积}$$

则有

$$楼面地价 = \frac{土地单价}{容积率}$$

房地产单位价格和楼面地价都是反映房地产价格水平高低的指标。其中,楼面地价在反映某一具体宗地地价时，往往比单位地价更能说明地价水平，楼面地价是一个比较有用的价格指标。

3. 影响房地产价格的因素

影响房地产价格的因素众多而复杂。由于这些因素本身具有动态性，因此它们对房地产价格的影响也是动态的。熟悉和掌握影响房地产价格的各种因素，无疑有助于房地产的评估。为了便于了解影响房地产价格的因素，可以将其进行适当的归类。通常将影响因素分为自然因素、社会因素、行政因素和经济因素四个方面。此外，还可以将影响因素划分为一般因素、区域因素和个别因素。这里着重介绍后一种分类方法中的各类影响因素，影响房地产价格的因素通常可划分为一般因素、区域因素和个别因素。

对房地产价格影响因素的总体认识：不同的影响因素或者其变化，引起房地产价格变动的方向不尽相同；不同的影响因素或者其变化，引起房地产价格变动的程度不尽相同；不同影响因素的变化与房地产价格变动之间的关系是不尽相同的；有些影响因素对房地产价格的影响与时间无关，有些与时间有关；某些影响因素对房地产价格的影响可以用数学公式或数学模型量化；各种因素对同一类型房地产价格的影响方向和影响程度不是一成不变的，随着时间不同、地区不同、房地产用途不同，这些因素的影响作用也可能会改变，比如，本来是影响较小的因素，可能会成为主导因素，相反，主导因素也会成为次要因素。各种因素在不同水平上的变化对房地产价格的影响是不同的，同一因素在不同地区对房地产价格的影响可能是不同的。具体的影响因素如下。

1) 一般因素

一般因素是指影响房地产价格的一般的、普遍的、共同的因素。这些因素通常会对较广泛地区范围内的各宗房地产的价格产生全局性的影响，从而成为影响房地产价格的基本因素。这类因素主要包括经济因素、社会因素、行政因素和心理因素等。

(1) 经济因素。

① 经济发展因素。国民经济增长速度、国民生产总值、居民收入水平、物价指数等经济因素都会对房地产价格的形成产生影响。经济发展，预示投资、生产活动活跃，对厂房、办公室、商场、住宅和各种文娱设施等的需求增加，引起房地产价格上涨，尤其是引起地价上涨；居民收入的真正增加，显示人们的生活水平将随之提高，从而促使对房地产的需求增多，导致房地产价格上涨。其中，如果居民收入的增加是中、低等收入水平者的收入增加，对居住房地产的需求增加，促使居住房地产的价格上涨；反之，高收入水平者的收入增加对房地产价格的影响不大，不过，如果利用剩余的收入从事房地产投资（尤其是投机），则必然会引起房地产价格变动；不论一般物价总水平是否变动，其中某些物价的变动也可能会引起房地产价格的变动，如建筑材料价格、建筑人工费的上涨，会增加房地产的开发建设成本，从而可能推动房地产价格上涨。有关研究表明，房地产业发展周期与国民经济发展周期总体趋势基本一致，因此房地产价格总水平与地区经济发展状况呈正相关关系。

② 财政金融因素。存款利率、贷款利率、物价上升指数、税率、贷款比例和土地资本化率等财政金融因素对房地产价格的形成有密切关系。从较长时期来看，房地产价格的上涨率要高于一般物价的上涨率。房地产价格与利率负相关，利率下降，房地产价格会上升；利率上升，房地产价格会下降。但从房地产开发商来看，利率上升，房地产价格上升；利率下降，房地产价格下降。从房地产购买者来看，利率上升，房地产价格下降；利率下降，房地产价格上升。

由于在国际房地产投资中,汇率波动会影响房地产的投资收益,当预期某国的货币会升值时,会吸引国外资金购买该国房地产,从而使房地产价格上涨,相反则会使房地产价格下降。

③ 产业结构因素。产业结构在这里主要是指第一产业、第二产业及第三产业在国民经济及国民生产总值中的比例关系以及房地产业在其中所占的比重。一般来说,第三产业的比重越大的地区,房地产价格会相应越高。

(2) 社会因素。

① 人口数量因素。房地产需求的主体是人,因此,人的数量直接决定对房地产的需求程度,因而对房地产价格有很大影响。具体来说,人口数量因素对房地产价格的影响主要从绝对数和相对数两个方面体现:绝对数,人口总数量与房地产价格的关系是正相关的。人口总量增长,对房地产的需求就会增大,房地产价格一般也就会上升;反之,房地产价格则下降。相对数,人口密度是人口数量的相对指标。人口密度高的地区,一般房地产的供给相对缺乏,供不应求,同时,人口密度高还有可能刺激商业、服务业等产业的发展,因而会提高房地产价格,该地区的房地产价格水平趋高。

② 人口素质因素。社会文明、人口平均文化程度、居民的修养也能间接地影响房地产价格。如果一个地区的教育水准高、科研水平高,则意味着受教育的方便程度提高,人口素质提升,因而房地产价格水平也会上升。居民素质较高的地区,居住环境维护得较好,房地产价格水平一般趋高;居民素质较低的地区,组成复杂,秩序欠佳,房地产价格则会低落,尤其是居住用地的房地产价格会降低。

③ 家庭规模因素。家庭规模是指社会或某一地区家庭平均人口数。即使一个地区人口总数不变,家庭人口数的变化也将影响居住面积的变化。比如,随着家庭人口平均数的下降,即家庭小型化,对总的住宅套数的需求将增加,因此,对房地产的需求会增加,房地产的价格也会上涨。

④ 城市化因素。一般来说,城市化意味着人口向城市地区集中,造成城市房地产需求不断增加,带动城市房地产价格上涨。

⑤ 房地产投机因素。房地产投机是市场经济下的一种社会现象,是投资者利用房地产价格的变动获得超常利润的行为。当房地产价格不断上涨时,预测房地产价格还将进一步上涨的房地产投机商会纷纷抢购,哄抬价格,造成一种虚假需求,这将促使房地产价格进一步上涨;当房地产价格不断下跌时,预测房地产价格将进一步下跌的房地产投机商纷纷抛售时,在市场上造成一种虚假的供过于求的现象,引起房地产价格进一步下跌;当房地产价格跌落时,预测将来房地产价格会上涨的房地产投机商收购房地产,造成房地产需求增加,从而抑制房地产价格的进一步下跌;或当房地产价格上涨时,囤积房地产的投机商抛出房地产,增加房地产供给,从而也能平抑房地产价格。这也是很多城市住房空置率较高的原因,因为相当一部分房地产被用来投资而无人居住。

⑥ 治安因素。一个地区若经常发生偷盗、抢劫等犯罪案件,则意味着该地区居民的生命财产缺乏保障,会造成房地产价格低落。

⑦ 国际因素。影响房地产价格的国际因素主要有世界经济状况、国际竞争状况、政治对立状况和军事冲突状况。如果世界经济发展良好,一般有利于房地产价格上涨。各国为吸引投资者,通常会采取低地价政策,会使房地产价格低落;但如果在其他方面采取优惠政策,吸引大量外来投资者,对房地产的需求会增加,导致房地产价格上涨。如果国与国之间

发生政治对立,则不免会出现经济封锁、冻结贷款、终止往来等情况,这些因素一般会导致房地产价格下跌。遭受战争威胁时,大家争相出售房地产,供大于求,房地产价格势必大幅度下跌。

(3) 行政因素。行政因素通过对社会、经济等行为加以规范影响房地产价格。行政因素主要是指影响房地产价格的制度、政策、法规、行政措施等方面的因素。

① 土地使用制度与地价政策。土地使用制度科学合理,可以调动土地利用者或投资者的积极性,促进土地资源合理配置、带动土地增值,导致地价上涨。根据对国民经济或地区经济宏观调控的需要,政府可能推行高地价政策,引导地价上涨,也可能实行低地价政策,抑制地价上涨。

② 住房制度。住房制度与土地制度一样,对房地产价格的影响也是最大的。真正意义上实行低租金、福利制,必然造成房地产价格低落。

③ 城市规划、土地利用规划、城市发展战略。这些因素决定了一个城市的性质、发展方向和发展规模,还决定城市用地结构、城市景观轮廓线、地块用途、利用程度等。城市规划中的规定用途、容积率、覆盖率、建筑高度等指标也影响房地产的价格。土地被规划为住宅区、商业区、工业区、农业区等不同区域,对房地产价格影响也很大。

④ 税收等政策。房地产税收可以调节房地产投资者的积极性,抑制不正当的房地产投机,理顺房地产收益分配关系,稳定房地产市场。进行房地产评估时,需考虑不同税种对房地产市场中供需双方的不同影响。

⑤ 行政隶属关系变更。一个地区的行政隶属关系发生变更,也会影响其房地产价格水平。行政隶属关系变更包括级别升格和管辖权变更。例如,将非建制镇升格为建制镇,将建制镇升格为市,或在经济落后地区建立经济特区,实行特殊的政策、特殊的体制、特殊的对外开放措施,往往会提高该地区的房地产价格。

⑥ 交通管制。交通管制包括禁止通行、实行单行道及限制通行时间等规定。一般而言,由于交通管制,使该地区道路的通达性及便捷度受到影响,从而降低房地产价格,但在住宅区内禁止货车通行,可以减少噪声,保持清净和行人安全,会提高房地产价格。

(4) 心理因素。心理因素对房地产价格的影响是很微妙的,也是一个不可忽视的因素。主要表现为:购买或出售心态、对居住环境的认同度、欣赏趣味、时尚风气、接近名家住宅心理、讲究吉祥的门牌号码、讲究风水、价值观的变化等。

2) 区域因素

区域因素是指房地产所在地区的自然条件、社会条件、经济发展状况和行政条件相结合所形成的地区性特点或区域性特点。这类因素可细分为交通条件因素、商服繁华因素、配套设施完善程度因素和环境因素等。

(1) 交通条件因素。社会因为信息、物资、能源和人员的流动而存在,交通条件是衡量地理位置好坏的重要指标,是影响区域因素的主要方面。

① 距离市中心的距离。城市对居住者吸引力最大之处,是城市功能最集中和完善的城市中心(有的城市只有一个中心,有的城市有多个中心)。一般来说,与市中心等距的同心圆上的不同房地产,有大致相当的价格水平。通常到市中心的时间距离越短、交通设施越完善,居民对其综合评价就会越高,因此房地产价值也会越高。北京的情况就明显地表现出了这一特征,不过,在实际情况中,因自然条件和社会发展及历史文化等影响,不会表现出标准

的同心圆。

② 市内公交交通便捷情况。公共交通是指城市范围内定线运营的公共汽车及轨道交通、渡轮、索道等交通方式。公交便捷度主要是指公共汽车及轨道交通两种方式。公交是市内居民出行的主要交通方式,房地产所在区位的公交站点数量以及通达程度是消费者着重考虑的因素。公交的便捷度不仅能方便市民,更能带动相关产业的发展,特别是房地产行业。

③ 交通道路完善程度。交通条件的完善,可以带动相关区域的发展,有利于区域的升值,从而带动房地产业的蓬勃发展。城市内道路完善度主要表现在市内交通网络的完整程度,对外则表现为交通网络的辐射能力和发达程度。一般情况下,城市道路的容纳承载量越大,则供给能力越强,道路的辐射范围及吸引力越大,能够带动相关区域发展,提升区域价值,进而带动房地产业的快速发展。

(2) 商服繁华因素。商业的繁华程度是反映社会财富聚集度和社会信息、物资与人员聚集程度,反映城市功能的重要指标。商服集聚点以同心圆方式服务于城市,逐渐形成城市的中心商业区(CBD),中心商业区凝聚了巨大的人力、财力等各种资源的投入。等级越大、集聚度越高的商业中心所产生的引力越大,对周边环境的辐射作用也越强,所具有的价值自然也就会越高。

(3) 配套设施完善程度因素。城市设施可以分为以下三类:基础设施,主要包括供水、排水、供电、供气、供热和通信等;生活设施,主要包括学校、医院、农贸市场、银行、储蓄所、邮局等;文体娱乐设施,主要包括电影院、图书馆、博物馆、俱乐部、文化馆等。

城市配套设施是与城市居民日常生活息息相关的设施。基础设施配套完善的过程,就是房地产的升值过程。现代城市或者开发商都能满足居民对于供水、供电、供气等设施的需求,因此对房地产区位价值差异性影响不大,而教育、医疗、娱乐等公共设施则区别很大。

(4) 环境因素。环境因素可引起房地产开发成本的上涨,造成房地产价格上升。同时,由于需求扩大及收入增加使人们对于环境因素日益重视,人们对于高品质住宅较高价格的接受程度也随之上升。因此在这两种作用力的相互影响下,高价格、高品质住宅与环境质量呈正相关关系。环境因素在这里主要是指自然环境和景观环境。

① 自然环境。自然环境主要是指气候环境和声觉环境。气候环境主要是指空气干燥或者湿润,地下水、沟渠、河流江湖、海洋等污染程度如何,房地产所处的地区有无难闻的气味、有害物质和粉尘等,这些因素对房地产价格都有较大的影响;对于声觉环境来说,噪声大的地方,房地产价格必然较低;反之噪声小、安静的地方,房地产价格通常较高。房地产价格与风向的关系在城市中比较明显,在上风地区房地产价格一般较高,在下风地区房地产价格一般较低。

② 景观环境。房地产周围安放的东西是否杂乱,建筑物之间是否协调,公园、绿化等形成的景观是否赏心悦目,清洁卫生情况如何,这些因素对房地产价格都有影响。在同一城市中,不同区域或者地段的空气清新程度、水源洁净程度和绿化程度等都是不同的;在大型公园旁开发楼盘,或在具有一定规模的社区内建造公园,这已成为近年来国内高档住宅开发的一个定律。

3) 个别因素

个别因素是指那些反映房地产本身的自然物理状态的因素。房地产自身条件的好坏,直接关系其价格高低。个别因素分为土地个别因素和建筑物个别因素。

(1) 土地个别因素。土地个别因素也叫宗地因素,是宗地自身的条件和特征对该地块价格产生影响的因素。

① 区位因素。区位是影响地价的一个非常主要的因素。区位也叫宗地位置。区位的经济地理区位却会随着交通建设和市政设施的变化而变化。当区位由劣变优时,地价会上升;相反,则地价下跌。

② 地基地质因素、地势因素、地形因素。地基地质状况是指地基的承载力、稳定性和地下水位等。地基地质条件直接关系建筑物的造价和建筑结构设计,对于高层建筑和工业用地的地价影响尤其大,它与地价成正比。地势因素是指该土地与相邻土地的高低关系,特别是与邻近道路的高低关系,一般来说,地势高的宗地地价比地势低的宗地价格高。地形是指地面的起伏形状,一般来说,土地平坦,地价较高;反之,地价较低。

③ 面积因素、宽度因素、深度因素。一般来说,宗地面积必须适宜,规模过大或过小都会影响土地效用的充分发挥,从而降低单位地价。临街宽度过窄,影响土地使用,影响土地收益,从而降低地价。宗地临街深度过浅、过深,都不适合土地最佳利用,从而影响地价水平。该因素也是影响土地价格的主要因素之一。

④ 形状因素。土地形状有长方形、正方形、三角形、菱形、梯形等。形状不规则的土地,不便于利用,地价较低。土地经过调整或重划之后,利用价值提高,地价立即随之上涨。地价与土地形状呈正相关:土地形状规则,地价就高;土地形状不规则,地价就低。

⑤ 用途因素和剩余使用年限。土地的用途对地价影响相当大,同样一块土地,规划为不同用途,则地价不相同。一般来说,对于同一宗土地而言,商业用地、居住用地、工业用地的地价是递减的。在年地租不变的前提下,土地剩余使用年限越长,地价越高。

⑥ 土壤因素。土壤因素是指土壤的污染情况、自然酸碱性和地力。碱性土壤不利于植物生存。地力又称土地肥沃程度或土地肥力。这个因素只与农业用地的价格有关,土地肥沃,地价就高;相反,地价则低。

(2) 建筑物个别因素。在影响房地产价格的个别因素中,影响土地价格的个别因素和影响建筑物价格的个别因素并不完全相同。

① 施工总体质量。建筑物的施工质量不仅影响建筑物的投入成本,更重要的是影响建筑物的耐用年限和使用的安全性、方便性和舒适性。因此施工质量是否优良,对建筑物的价格也有很大影响。建筑物的建筑面积、居住面积、高度等不同,则建筑物的重建成本也不相同。建筑物的结构及使用的建筑材料的质量也对建筑物的重建成本有影响,从而影响其价格。如果建筑物的面积或高度与基地及周围环境不相协调,则该建筑物的价值会大大降低。

② 设计、设施、设备等是否良好。建筑物外观包括建筑式样、风格和色调,对房地产价格有很大影响。凡建筑物外观新颖、优美,可以给人们舒适的感觉,则价格高;反之,单调、呆板,很难引起人们强烈的享受欲望,甚至令人压抑、厌恶,则价格就低。同时,建筑物形状、设计风格、建筑装潢应与建筑物的使用目的相适应,建筑物设计、设施、设备是否与其功能相适应,对建筑物价格有很大的影响。

③ 容积率因素。容积率越大,人均休闲空间可能越少,楼层越高,房地产价格略低;容积率越小,人均休闲空间可能越多,楼层越低,房地产价格略高。容积率与房地产价格一般不呈线性关系。

④ 法律限制。有关建筑物方面的具体法律限制,主要是城市规划及建筑法规。如建筑物高度限制、消防管制、环境保护等,评估时应考虑这些法律限制对建筑物价值已经产生和可能产生的影响。

⑤ 房屋条件。楼层好、户型好、采光好、通风好、隔音好的房地产,价格相对会高一些。

二、房地产评估的原则和程序

房地产评估是指专业评估人员为特定目的,对房地产的特定权益在某一特定时点上的价值进行估算。

(一)房地产评估的原则

由于土地的位置固定性使房地产具有供求区域性等特性,房地产市场显示的是一个不完全竞争,即不充分市场,所以房地产价格通常依交易要求个别形成,并受许多个别因素影响。但人们在房地产估价的反复实践和理论探索中,逐渐认识了房地产价格形成和变动的规律,并在此基础上总结、提炼出一些简明扼要的进行房地产估价所依据的法则或标准,这些法则或标准就是房地产评估的原则。评估师在进行评估活动时,必须在一定的评估原则下开展评估活动。作为资产评估的一部分,在进行房地产评估时,一定要遵循资产评估原则,尤其要注意遵循合法原则和最有效使用原则等。

1. 合法原则

合法原则是指房地产评估应以评估对象的合法产权、合法使用和合法处分等为前提进行。

(1)合法产权。在依法判定的权利类型及归属方面,一般应以房地产权属证书、权属档案以及相关合同等其他合法权属证明为依据。现行的房地产权属证书有房屋权属证书、土地权属证书或者统一的房地产权证书。任何权利状况的房地产都可以成为估价对象,只是其评估价值应与其权利状况相匹配,但法律法规或政策明确规定不得作为估价对象的房地产除外。

(2)合法使用。在依法判定的使用权利方面,应以使用管制(如城市规划、土地用途管制)为依据。例如,如果城市规划规定了某宗土地的用途、建筑高度、容积率、建筑密度等,那么,对该宗土地进行估价就应以其使用符合这些规定为前提。又如,测算房地产的净收益时,其经营用途应为合法用途,比如正常情况下不能用作赌场。

(3)合法处分。在依法判定的处分权利方面,应以法律、行政法规或合同(如土地使用权出让合同)等允许的处分方式为依据。处分方式包括买卖、租赁、抵押、抵债、赠与等。

2. 最有效使用原则

最有效使用原则要求房地产估价结果是在估价对象最高最佳使用下的价值。最高最佳使用是指法律上许可、技术上可能、经济上可行,经过充分合理的论证,能够使估价对象的价值达到最大化的一种最可能的使用。

在合法原则的基础上,房地产权利人为了获得最大收益,总是希望房地产达到最佳使用。房地产可以有商业、居住、工业等多种用途,且同一房地产在不同用途状况下,其收益并不相同,在市场经济条件下,房地产用途可以通过竞争决定,使房地产达到最有效使用。我国许多地区土地严重失管,出现土地乱用的现象,未达到最有效使用,包括用途不合理以及集约利用度低下。因此评估地价时,不能仅仅考虑地块现阶段的用途和利用方式,还应考虑其最佳使用下的价值,以最有效使用所能带来的收益评估地块的价格。

(二)房地产评估的程序

房地产评估除了要应用资产评估中的相关知识外,还涉及法律、工程、经济等方方面面的知识和技术,依赖于评估人员个人的经验和主观判断,相对比较复杂。为了有条理地完成一个房地产评估项目,房地产评估应该按照以下程序进行。

1. 明确评估的基本事项

在接受评估委托后,为了能更好、更有效率地完成评估工作,评估人员应首先完成好以下工作。

(1)明确评估对象的总体情况。评估人员应该首先确定评估对象是土地,还是房地产。如果是单纯的土地,应确定是生地、毛地还是熟地;如果是房地产,应确定是哪种类型的房地产。然后还应该了解土地和建筑物的基本情况。对房地产权益状态的了解包括土地权利性质、权属、土地使用权的年限、建筑物的权属、评估对象设定的其他权利状况等。

(2)明确评估目的。不同的评估目的,其所评估的价值的内涵也不完全相同。比如,土地使用权出让评估、房地产转让价值评估、房地产租赁价值评估、房地产抵押评估、房地产保险评估、房地产课税评估、征地和房屋拆迁补偿评估等,在受理评估业务时,通常委托方提出评估目的,并将评估目的写在委托协议或合同中,最后要明确地写在评估报告上。

(3)明确评估基准日和报告提交的日期。

(4)明确评估业务的相关收益。表 4-1 是以房产为主的房地产价格评估收费标准计算,用于参考。

表 4-1   以房产为主的房地产价格评估收费标准计算

档　次	房地产价格总额/万元	累进计费率/‰
1	100 以下(含 100)	5.0
2	101～1 000	2.5
3	1 001～2 000	1.5
4	2 001～5 000	0.8
5	5 001～8 000	0.4
6	8 001～10 000	0.2
7	10 001 以上	0.1

2. 签订评估合同

在明确评估基本事项的基础上,双方便可签订评估合同,用法律的形式保护各自的权益。评估合同的内容要明确规定双方的权益和应尽的义务,以及对违反合同的处理办法。

3. 制订评估工作方案

制订工作计划就是对评估工作日程、人员组织等作出安排。在对被评估对象有一基本了解之后,需要实地勘查与收集资料。房地产评估的工作量很大,为了提高效率有的放矢,必须确定技术方案和制订合理的工作计划,这样有助于提高工作效率和评估质量。

4. 现场勘查并收集数据资料

现场勘查就是评估人员亲临委托评估的房地产现场,对房地产的实体进行了解,内容包括土地面积、土地形状、临路状态、土地开发程度、地质、地形及水文状况;建筑物的类型、结构、面积、层数、朝向、平面布置、工程质量、新旧程度、装修和室内外的设施等。还应充分了解被评估房地产的特性和所处的区域环境。现场勘查要做记录,形成工作底稿。

评估资料的收集在房地产评估过程中是一项耗时较长,而且艰苦细致的工作。其内容涉及选用评估方法和撰写评估报告所需的资料数据。获得上述资料的途径,除了委托方提供外,主要通过现场的勘测和必要的调查访问。

5. 评定估算并分析确定结果

在调查研究和资料分析的基础上,便可根据选定的评估方法进行价值测算,得出评估对象房地产符合评估目的的评估值。由于被估房地产的性质差异和资料取得的难易程度不同,并非每一种评估方法都适用于各类具体条件下的房地产。为求得一个公平合理的价值,一般以一种评估方法为主,同时以另一种或几种评估方法为辅,以求互相对照和检验修正。最后得出一个尽可能公平合理的评估结果。

6. 撰写评估报告

评估报告是评估过程和评估成果的综合反映,通过评估报告,不仅可以得到房地产评估的最后结果,还能了解整个评估过程的技术思路、评估方法和评估依据,并为之后的其他类似房地产评估提供经验资料和依据。

第二节　基本评估方法在房地产评估中的应用

一、市场法在房地产评估中的应用

(一)应用的基本思路和范围

1. 基本思路

市场法是房地产评估方法中最常用的基本方法之一,也是目前国内外广泛应用的评估方法,尤其是在房地产市场比较发达的地区用市场法评估房地产价值更为适用。其基本思路是:在评估房地产价值时,将待估房地产与近期内市场上已经发生了交易的类似房地产比较对照,对已发生了交易的类似房地产的价格进行调整修正,进而得出待估房地产评估基准日时的评估价值,调整修正的因素主要有交易情况、交易日期、区域因素等。

2. 适用范围

市场法只要有适合的类似房地产交易实例,即在同一供求范围内存在较多的类似房地产的交易就可应用,如房地产开发用地、普通商品房、高档住宅、写字楼、商场、标准工业厂房等。同一地区或同一供求范围内的类似地区中,与被评估房地产相类似的房地产交易越多,市场法应用越有效。

但在房地产交易发生较少的地区,市场法往往难以适用。某些类型很少见的房地产或交易实例很少的房地产,如古建筑、教堂、寺庙、图书馆、体育馆、学校用地、风景名胜区土地等,也很难用市场法进行评估。

(二)市场法具体操作步骤

运用市场法评估房地产价值,一般经过以下程序:收集相关资料,确定可比实例,对交易情况、交易日期、区域因素等进行修正,确定房地产价值。下面对操作步骤做具体介绍。

1. 收集相关资料

使用市场法评估房地产价值,必须有足够的房地产市场交易资料,这是运用市场法评估房地产价格的基础和前提条件。如果等到需要时才去临时找交易实例,往往因为时间紧迫,很难来得及搜集到足够的交易实例。所以评估人员必须注意日积月累,在平时就要时刻关注房地产市场变化,随时搜集有关房地产交易实例。

搜集实际交易实例的主要方式有:①到房屋中介去了解挂牌价格、交易价格。②查阅政府有关部门的房地产交易资料,如房地产权利人转让时申报的成交价格资料、交易登记资料,政府出让土地使用权的地价资料,政府确定公布的基准地价、标定地价和房屋重置价格等。③直接到售楼部或参加房地产交易展示会,了解房地产价格行情,搜集有关信息,索取相关资料,也可以以房地产购买者与房地产出售者身份,如房地产开发商、经纪代理商等洽谈,取得真实的房地产价格资料。④留意当地的报纸、互联网等媒体查询。⑤向房地产交易当事人、四邻、金融机构、司法机关等调查了解有关交易情况。认识做房地产企业审计的人,可以取得企业的销售发票记载的价格;有合作的律师事务所,可以获得有关二手房交易的价格;有做银行按揭的合作伙伴,也可获得房产价格信息。⑥利用公司资料和同行之间互相提供的资料等。

2. 确定可比的房地产实例

在多方搜集交易实例的同时,就应该开始初步地甄选,把特别不适合的实例舍去。然后根据要求标准选取相似的合适交易实例,具体的要求标准有:①所选取的交易实例应该和被评估房地产处于相同的地区或供求范围类似的地区;②所选取的交易实例应该和被评估房地产的用途和建筑结构相似或相同;③所选取的交易实例应该和被评估房地产的交易情况、交易目的相同,如不相同也是可以调整的,但成交价格调整幅度超过30%的,就不具有可比性了;④所选取的交易实例应该和被评估房地产的交易时间尽量相近,如果房地产市场较为稳定,评估基准日与交易实例交易日期可相差较远,但所选取的交易实例资料通常不应该超过2年,如果市场变动剧烈,变化较快,则只宜选取较近时期的交易实例,最好是半年内的;⑤所采用的交易实例的价格应该是实际成交价;⑥数量不得少于3个,一般选取5~7个。当然,如果能找到几乎一模一样的房地产交易实例,可以直接使用或微调,但这种情况极少。

3. 进行因素调整

对于所选取的房地产交易实例,极少能够直接使用,为了最后取得的修正值更接近于待估房地产价值,需要针对待估房地产和房地产实例的不同点,进行因素调整。主要调整因素包括:交易情况、交易日期、区域、个别因素。具体应用如下。

(1)交易情况因素调整。房地产价格的形成往往具有个别性,为了将交易中由于个别因素所产生价格偏差剔除,要以正常价格为基准,将房地产交易实例实际交易情况下的价格,调整为正常交易情况下的价值。需要修正的交易情况包括:①交易时有特别的动机,以急于脱售或急于购买最为典型;②有利益关系的经济主体间的交易,如亲友之间房屋交易、卖房给本单位职工等情况,通常都会以低于市价的价格进行交易;③双方掌握的信息不完全,使房地产交易价格偏高或偏低;④交易税费的非正常负担;⑤交易方式的不同,使交易价格与正常交易价格不同,如竞拍、招标、哄抬、抛售等。

$$交易情况调整系数 = \frac{正常交易情况指数}{房地产交易实例交易情况指数}$$

如果只有交易情况不同,则

修正后的房地产交易实例价值 = 房地产交易实例交易价格 × 交易情况调整系数

例 4-1 某房地产由于急于出售,交易价格为 115 万元,比正常售价低 5%,待估房地产只有交易情况与此房地产交易实例不同,则修正后的房地产交易实例价值是多少?

解:修正后的房地产交易实例价值 $=115\times\dfrac{1}{1-5\%}=121.05$(万元)

(2)交易日期因素调整。待估房地产的价值是评估基准日时的价值,房地产交易实例的价值是其交易日期的价值,而房地产交易实例的成交日期与评估时点不是同一个时间,通常成交日期早于评估时点。这段时间内,房地产市场状况可能发生了变化,如政府宏观调控、利率变化、物价上涨或下跌等都可能使房地产的价格有所改变。

需要根据房地产价格的变动率,将交易实例房地产价格修正为评估基准日的房地产价格,这就是交易日期调整。交易日期调整的关键就是把握成交日期与评估时点间价格涨落的变化,主要用物价指数法调整。交易日期的调整系数往往就是物价指数。

如果只有交易日期不同,则

$$修正后的房地产交易实例价值=房地产交易实例交易价格\times$$
$$交易日期调整系数(物价指数)$$

例 4-2 现选取某可比房地产交易实例,成交价格为 12 000 元/平方米,成交日期为2017 年 8 月。假设 2017 年 9 月至 2018 年 1 月,该类房地产价格每月比上月上涨 2%,2018 年2 月至 2018 年 5 月,该类房地产价格每月比上月下降 1%,则对该实例进行交易日期修正后2018 年 6 月的同类房地产价格是多少?

解:同类房地产价格 $=12\,000\times(1+2\%)^5\times(1-1\%)^4=12\,726.91$(元/平方米)

例 4-3 现选取某可比房地产交易实例,成交价格为 12 000 元/平方米,成交日期为2017 年 8 月。假设 2017 年 8 月至 2018 年 2 月,该类房地产价格的定基物价指数分别为103%、105%、110%、115%、118%、123%、126%,则对该实例进行交易日期修正后 2018 年2 月的同类房地产价格是多少?

解:同类房地产价格 $=12\,000\times\dfrac{126\%}{103\%}=14\,679.61$(元/平方米)

(3)区域因素调整。区域因素调整是指将房地产交易实例在其外部区域环境下的价格,调整为待估房地产的外部区域环境下的价格,即通过区域环境比较找出不同,调整价格差异。

区域因素调整有逐项因素调整法和打分法。逐项因素调整法是指将待估房地产的各项区域因素与房地产交易实例的相对应区域因素逐项比较差距,确定单项调整比率,然后确定总调整系数。打分法是指以待估房地产各项区域因素情况为基础并设定比较标准,一般假定待估房地产的分数为 100 分,将房地产交易实例相对应区域因素逐项打分,然后将分值比作调整系数。一般主要使用打分法。

需要调整的区域因素在第一节已经详细介绍,但不是每次评估都要把所有的因素比较一遍,要针对不同的案例选取不同的主要比较因素。比如,商场、写字楼主要考虑的区域因素包括商业繁华程度、交通便捷程度等,旅馆主要考虑的区域因素包括周围自然环境和人文环境、距离市中心的距离、交通便捷条件等,而居民区主要考虑的区域因素包括公共设施配套完备程度(如医疗完善程度、学区房等)、居住环境、城市规划限制等。

$$区域调整系数=\dfrac{待估房地产的区域因素分数}{房地产交易实例的区域因素分数}$$

如果只有区域因素不同,则

修正后的房地产交易实例价值=房地产交易实例交易价格×区域因素调整系数

例 4-4 表 4-2 是某待估房地产和交易实例的区域因素打分情况,交易实例的交易价格为 150 万元,如果两者之间只有区域因素差别,修正后的房地产交易实例价值是多少?

表 4-2 区域因素打分   单位:分

区域因素／房产	分属学区学校水平	社会环境	街道条件	交通便捷程度	基础设施状况	环境污染状况	规划限制	自然条件及景观
待估房地产	30	15	10	10	15	10	5	5
交易实例	20	18	9	15	15	8	5	8

解:由已知条件可求,待估房地产为 100 分,交易实例为 98 分,则

$$修正后的房地产交易实例价值=150\times\frac{100}{98}=153.06(万元)$$

(4)个别因素调整。个别因素调整是指将房地产交易实例在其个别因素状态下的价格,调整为待估房地产的个别因素状态下的价格,即通过个别因素比较找出不同,调整价格差异。房地产可调整的个别因素也很多,如土地面积、房屋构造、公摊面积、临街状况、楼层、施工质量、朝向、装修等。如果需要调整的个别因素比较多,也可以采用打分法。调整方法比较特别的个别因素主要有容积率和土地使用年限。

① 容积率因素调整。容积率调整系数通过容积率修正系数的比值求得。地价随容积率的变化呈现先递增后递减的趋势,各宗地的容积率在客观上存在一个最合理值,在编制城市规划时,对宗地的规划容积率一般不会突破这个最合理值。容积率修正系数应体现地价随容积率增加而增大的趋势,呈非线性正相关关系。不同城市规模、同一城市不同区位、不同用途,地价受容积率的影响程度不同。所以,在编制容积率修正系数表时,应体现容积率对地价的影响特点,应分城市、分区域(级别)、分用途编制相应的容积率修正系数表。

$$容积率调整系数=\frac{待估房地产的容积率修正系数}{房地产交易实例的容积率修正系数}$$

如果只有容积率因素不同,则

修正后的房地产交易实例价值=房地产交易实例交易价格×容积率调整系数

例 4-5 表 4-3 是某城市某用途土地容积率修正系数。

表 4-3 容积率修正系数

容积率	0.1	0.4	0.7	1.0	1.1	1.3	1.7	2.0	2.1	2.5
修正系数	0.5	0.6	0.8	1.0	1.1	1.2	1.6	1.8	1.9	2.1

如果确定可比案例宗地地价每平方米为 30 000 元,容积率为 1.7,被估宗地规划容积率为 2.1,如果两者之间只有容积率因素差别,则修正后的房地产交易实例价值是多少?

解:修正后的房地产交易实例价值$=30\,000\times\frac{1.9}{1.6}=35\,625$(元/平方米)

当前城镇土地估价容积率修正系数表主要采用三种方法确定:德尔菲测定法、样点地

价法和复合系数法。一般地方的相关部门会出台《法定图则地块容积率确定技术指引》等相关文件或提供不同用途土地的容积率修正系数表,可以作为容积率修正系数的参考值。

② 土地使用年限因素调整。我国实行有限年期的土地使用权有偿使用制度,土地使用年期的长短,直接影响土地收益的多少。土地的年收益和折现率确定以后,土地的使用期限越长,土地的总收益就越多,土地利用效益也越高,土地的价格也会因此提高。通过使用年期修正,可以消除由于使用期限不同而对房地产价格造成的影响。

$$土地使用年限调整系数 = \frac{1-(1+r)^{-m}}{1-(1+r)^{-n}}$$

式中,r 为资本化率;m 为被估对象的使用年限;n 为可比实例的使用年限。

如果只有土地使用年限因素不同,则

修正后的房地产交易实例价值=房地产交易实例交易价格×土地使用年限调整系数

例 4-6 若选择的比较案例成交地价为每平方米 19 000 元,对应土地使用年期为 25 年,而待估宗地出让年期为 35 年,土地资本化率为 8%,则修正后的房地产交易实例价值是多少?

解:修正后的房地产交易实例价值 $= 19\,000 \times \dfrac{1-(1+8\%)^{-35}}{1-(1+8\%)^{-25}} = 20\,743.93$(元/平方米)

(5) 综合计算公式。房地产交易实例往往和待估房地产有很多因素不同,需要调整。综合这些因素进行调整,可得到下面这个公式:

$$\begin{array}{c}单个房地产交易实例 \\ 修正后的价值\end{array} = \begin{array}{c}房地产交易实例的 \\ 交易价格\end{array} \times \begin{array}{c}交易情况因素 \\ 调整系数\end{array} \times \begin{array}{c}交易日期因素 \\ 调整系数\end{array} \times$$

$$\begin{array}{c}区域因素 \\ 调整系数\end{array} \times \begin{array}{c}个别因素 \\ 调整系数\end{array}$$

4. 确定待估房地产价值

经过上述的一系列因素的调整,就可得到在评估基准日的待估房地产的若干个价格,交易实例选取几个就可能有几个价格。通过计算公式求取的若干个价格,可能不完全一致。而被评估的房地产的价值却只能有一个。求取最终的房地产价值可采用统计学方法,如简单算术平均数法、加权算术平均数法、众数法、中位数法、混合法等。

(三)市场法应用举例

例 4-7 有一处待估房地产 G 需评估,现收集到与待估房地产条件类似的 6 个房地产交易实例,具体情况如表 4-4 所示。

表 4-4 房地产情况

房地产	交易价格/(元/平方米)	交易时间	交易情况	建筑物质量	容积率	剩余使用年限
A	680	2017.9	+1%	+1%	1.2	35
B	610	2017.9	0	−1%	1.1	30
C	700	2017.8	+5%	−2%	1.4	30
D	720	2017.10	0	−1%	1.0	25
E	750	2017.11	−1%	+2%	1.7	30
F	700	2017.12	0	+1%	1.3	30
G			0	0	1.1	30

该城市 2017 年 6 月到 2017 年 12 月的房地产定基物价指数分别为 100、103、107、110、108、107、112。土地资本化率为 8%,评估基准日为 2017 年 12 月。

另据调查，该市此类用地容积率与地价的关系为：当容积率在 $1\sim1.5$ 时，容积率每增加 0.1，宗地单位地价比容积率为 1 时的地价增加 5%；超过 1.5 时，超出部分的容积率每增长 0.1，单位地价比容积率为 1.0 时的地价增加 3%。对交易情况、建筑物质量的调整，都是房地产交易实例与待估房地产比较，表 4-4 中负号表示房地产交易实例比待估房地产差，正号表示房地产交易实例优于待估房地产，数值大小代表调整幅度。试根据以上条件，评估房地产 G 评估基准日的价值。

解：

(1) 建立容积率地价指数表，如表 4-5 所示。

表 4-5 容积率地价指数

容积率	1.0	1.1	1.2	1.3	1.4	1.5	1.6	1.7
修正系数	100	105	110	115	120	125	128	131

(2) 因素调整计算。

房地产交易实例 A 调整后的单价为

$$680\times\frac{112}{110}\times\frac{1}{1+1\%}\times\frac{1}{1+1\%}\times\frac{105}{110}\times\frac{1-(1+8\%)^{-30}}{1-(1+8\%)^{-35}}=625.81(元/平方米)$$

房地产交易实例 B 调整后的单价为

$$610\times\frac{112}{110}\times1\times\frac{1}{1-1\%}\times\frac{105}{105}\times1=627.36(元/平方米)$$

房地产交易实例 C 调整后的单价为

$$700\times\frac{112}{107}\times\frac{1}{1+5\%}\times\frac{1}{1-2\%}\times\frac{105}{120}\times1=623.05(元/平方米)$$

房地产交易实例 D 调整后的单价为

$$720\times\frac{112}{108}\times1\times\frac{1}{1-1\%}\times\frac{105}{100}\times\frac{1-(1+8\%)^{-30}}{1-(1+8\%)^{-25}}=835.17(元/平方米)$$

房地产交易实例 E 调整后的单价为

$$750\times\frac{112}{107}\times\frac{1}{1-1\%}\times\frac{1}{1+2\%}\times\frac{105}{131}\times1=623.13(元/平方米)$$

房地产交易实例 F 调整后的单价为

$$700\times\frac{112}{112}\times1\times\frac{1}{1+1\%}\times\frac{105}{115}\times1=632.80(元/平方米)$$

(3) 评估结果。房地产交易实例 D 的值为异常值，应予别除。其他结果较为接近，取其平均值作为评估结果。因此，待估房地产 G 的评估结果为

$$\frac{625.81+627.36+623.05+623.13+632.80}{5}=626.43(元/平方米)$$

二、收益法在房地产评估中的应用

（一）应用的基本思路和范围

1. 基本思路

房地产在交易时，随着房地产所有者权利的让渡，房地产的收益转归房地产购买者。房

地产所有者让渡出去的权利必然要在经济上得以实现,房地产购买者必须一次性支付一定的金额,补偿房地产所有者失去的收益。收益法应运而生,在国外此法被广泛地运用于收益性房地产价值的评估,这种方法符合预期收益原则,在对收益性房地产进行评估时,预计待估房地产未来的合理年净收益,并选用适当的折现率将其折现到评估基准日后累加计算出待估房地产的客观合理价值。

2. 适用范围

收益法适用于有收益或有潜在收益的房地产价值评估,如商场、写字楼、旅馆、餐馆、公寓、仓库、影剧院、娱乐中心等,对于政府机关、学校、公园等公用、公益性房地产价值评估大多不适用。此外,要注意的是收益法不限于待估房地产现在是否有收益,只要待估房地产有获取收益的能力即可,如空闲的公寓、仓库等,虽然目前没有收益,但可以将其设想为出租运用此方法估价。

(二) 评估房地产价值应用收益法各参数的估算

1. 收益额

在房地产评估中的收益额即净收益(纯收益),是指归属于房地产的除去各种费用后的收益,一般以年为单位。在确定净收益时,必须注意房地产的实际净收益和客观净收益的区别。实际净收益是指在现状下被估房地产实际取得的净收益,实际收益由于受到多种因素的影响,通常不能直接用于评估。而评估结果是用来作为正常市场交易的参考,因此,必须取得在正常的市场条件下的房地产用于法律上允许最佳利用方向上的纯收益,其中还应包含对未来收益和风险的合理预期。这个收益通常称为客观净收益,只有客观净收益才能作为评估的依据。

客观净收益＝客观总收益－客观总费用

(1) 客观总收益。客观总收益即有效毛收入。总收益是指以收益为目的的房地产和与之有关的各种设施、劳动力及经营管理者要素结合产生的收益,也就是指被估房地产在一年内所能得到扣除待估房地产预期可能存在的部分闲置(空置)及坏账等损失后的所有收益。求取总收益时,应以客观收益即正常收益为基础,而不能以实际收益计算。在现实经济中,应为正常使用下的正常收益,但由于现实经济过程的复杂性,呈现在评估人员面前的收益状况也非常复杂,因而收益的确定较难。为此,在确定总收益时要注意以下几点:①需以类似房地产的收益做比较;②需对市场走势做准确的预测;③必须考虑收益的风险性和可实现性,比如有租约时就要考虑违约是否值得。

(2) 客观总费用。客观总费用是指取得该收益所必需的各项支出,如维修费、管理费、保险、税金等,也就是为创造总收益所必须投入的正常支出。具体内容要根据租赁契约规定的租金含义取舍。比如,租约规定日常维修费由承租方全部或部分负担时,承租方负担部分就不作为费用扣除,水电费、垃圾处理费等如果由出租方负担,则应作为费用扣除。折旧费、债务及利息支付等与经营无关的成本,一般不作为费用扣除。所以从总收益中扣除的总费用,要做认真分析,剔除不正常的费用支出。

2. 资本化率(折现率)

资本化率又称还原利率,收益性房地产的购买实际上是一种投资行为,所以在一定程度上其实质就是投资收益率。评估值对资本化率最为敏感,因此它是决定待估房地产价值的最关键的因素。由于确定资本化率是一项复杂的、精度要求高的工作,所以运用收益法的评估人员必须具有较高的评估水平和丰富的经验。对于房地产评估,资本化率包括土地资本化率、建筑物资本化率、房地产资本化率。

收益性房地产的交易之所以能够达成,是因为投资于房地产的利润率与投资于其他具有同等风险的项目的利润率相当。一般来说,银行存款的风险很小,因而存款利息率较低,资本化率几乎都要比银行存款利率高。处于不同用途、不同区位、不同交易时间的房地产,投资风险也各不相同,因此,其资本化率也各不相同。求取资本化率的方法在第二章第二节里基本都讲过了,这里着重介绍针对房地产的资本化率估算。

(1)市场提取法。这种方法运用的基础是房地产商品的替代性,要求房地产市场发育比较充分、交易案例比较多,评估人员必须拥有丰富的资料。评估人员收集市场上近期交易的与被估房地产相同或相近似的房地产的净收益、价格等资料,反算出它们各自的资本化率。此时求得的各资本化率是用实际收益与房地产价格之比求出来的,可以通过选取多个案例的资本化率取平均值的办法消除各种偶然因素的影响。

例4-8 在房地产市场中收集到4个与待估房地产类似的交易实例,交易价格和净收益如表4-6所示,求折现率。

表4-6 房地产交易实例的交易价格和净收益 单位:元/平方米

项 目	实例A	实例B	实例C	实例D
交易价格	48 000	50 000	46 000	51 000
年净收益	3 800	4 200	4 000	4 300

解: 房地产交易实例A、B、C、D的资本化率,即折现率分别为

A: $\dfrac{3\ 800}{48\ 000} \times 100\% = 7.92\%$ B: $\dfrac{4\ 200}{50\ 000} \times 100\% = 8.4\%$

C: $\dfrac{4\ 000}{46\ 000} \times 100\% = 8.7\%$ D: $\dfrac{4\ 300}{51\ 000} \times 100\% = 8.43\%$

取平均值,待估房地产的折现率为

$$\frac{7.92\% + 8.4\% + 8.7\% + 8.43\%}{4} = 8.36\%$$

(2)安全利率加风险调整值法(加和法)。通常选择银行利率作为安全利率,然后根据影响被估房地产的社会经济环境状况,估计投资风险程度,确定一个调整值,把它与安全利率相加或在安全利率基础上加风险调整值。这种方法简便易行,对市场要求不高,应用比较广泛,但是风险调整值的确定主观性较强,不容易掌握。

(3)加权平均资本成本法。将购买房地产的抵押贷款的利息率与自有成本所期望的投资回报率按照资金构成比例进行加权平均求取折现率。用公式表示为

$$r = r_m m + r_e (1-m)$$

式中,r_m 为抵押贷款折现率;m 为抵押贷款所占房地产价值的比率;r_e 为自有成本期望的投资回报率;$(1-m)$ 则为自有成本所占房地产价值的比率。

3. 收益年限的确定

房地产收益期限要根据具体的评估对象、评估对象的寿命及评估时采用的假设条件等确定。对于单独的土地和单纯的建筑物作为评估对象的,应分别根据土地剩余使用权年限和建筑物剩余经济寿命确定未来可获收益的期限。对于房地合一作为评估对象的,比较土

地剩余使用年限和建筑物的剩余经济寿命,取两者剩余时间较短的那个。

(三)收益法评估房地产的基本公式

运用收益法时,只要被评估资产具有连续的、可预测的纯收益,就可以评估其价值。可以评估单独的土地价值,也可以评估单独的地上建筑物价值,还可以评估房地合一的房地产价值(以下公式假设收益期无限,但在评估实务中应注意土地和建筑物的有限年期)。

1. 资本化率、净收益、价值之间的关系

$$\left. \begin{array}{l} 房地产价值＝土地价值＋建筑物价值(现值)\\ 房地产年净收益＝土地年净收益＋建筑物年净收益 \end{array} \right\} \qquad (1)$$

$$\left. \begin{array}{l} 土地价值＝\dfrac{土地年净收益}{土地资本化率}\\[2mm] 建筑物价值＝\dfrac{建筑物年净收益}{建筑物资本化率}\\[2mm] 房地产价值＝\dfrac{房地产年净收益}{房地产资本化率} \end{array} \right\} \qquad (2)$$

由前面两组公式可推出:

$$\frac{房地产年净收益}{房地产资本化率}＝\frac{土地年净收益}{土地资本化率}＋\frac{建筑物年净收益}{建筑物资本化率}$$

房地产价值×房地产资本化率＝土地价值×土地资本化率＋建筑物价值×
建筑物资本化率

2. 单独评估建筑物的价值

单独评估建筑物的价值主要考虑的是收回土地使用权、拆迁对地上建筑物的补偿问题。

$$建筑物价值＝房地产价值－土地价值$$

$$建筑物价值＝\frac{房地产净收益－土地年净收益}{建筑物资本化率}$$

3. 单独评估土地的价值

(1)由土地收益评估土地价值,一般适用于空地出租。

$$土地价值＝\frac{土地年净收益}{土地资本化率}$$

式中,土地年净收益＝土地年客观总收益－土地年客观总费用。

(2)由房地产收益评估土地价值。

方法一:

$$土地价值＝房地产价值－建筑物现值$$

$$建筑物现值＝建筑物重置成本－年贬值额×已使用年限$$

这里

$$年贬值额＝\frac{建筑物重置价－残值}{总使用年限}$$

总使用年限的确定,除了要考虑建筑物的经济耐用年限以外,还要考虑土地的剩余使用年限。

各种结构房屋的经济耐用年限和残值率的参考值如下。

- 钢结构。生产用房 70 年,受腐蚀的生产用房 50 年,非生产用房 80 年;残值率 0。
- 钢筋混凝土结构(包括框架结构、剪力墙结构、简体结构、框架—剪力墙结构等)。生产用房 50 年,受腐蚀的生产用房 35 年,非生产用房 60 年;残值率 0。

- 砖混结构一等：生产用房 40 年，受腐蚀的生产用房 30 年，非生产用房 50 年；残值率 2%。
- 砖混结构二等：生产用房 40 年，受腐蚀的生产用房 30 年，非生产用房 50 年；残值率 2%。
- 砖木结构一等：生产用房 30 年，受腐蚀的生产用房 20 年，非生产用房 40 年；残值率 6%。
- 砖木结构二等：生产用房 30 年，受腐蚀的生产用房 20 年，非生产用房 40 年；残值率 4%。
- 砖木结构三等：生产用房 30 年，受腐蚀的生产用房 20 年，非生产用房 40 年；残值率 3%。
- 简易结构：10 年；残值率 0。

其中，几种结构房屋示例如图 4-5 所示。

钢结构   砖木结构   钢筋混凝土结构

砖混结构   剪力墙结构   其他结构

图 4-5   几种结构房屋示例

方法二：

$$土地价值=\frac{房地产年净收益-建筑物年净收益}{土地资本化率}$$

$$建筑物净收益=建筑物价值\times建筑物资本化率$$

4. 评估房地合一的房地产的价值

依照我国现时法律，建筑物和其他定着物、附着物均附属于土地，土地使用权转让，地上物一并转让。所以，当房地产经济行为产生时，建筑物和土地往往是不可分割的，房地合一的价值评估是房地产评估的主要内容。

$$房地产价值=\frac{房地产年净收益}{房地产资本化率}$$

式中，房地产年净收益=房地产年客观总收益-房地产年客观总费用。

（四）收益法评估房地产的具体应用

例4-9 光明集团欲购买一宗土地，政府出让该土地年期为50年，卖方万达集团已使用该土地5年，土地的资本化率为10％，预计未来前5年该土地的净收益分别为10万元、12万元、16万元、15万元、25万元，第6年开始净收益大约可以稳定在20万元。试评估该宗土地的收益价值。

解： 该宗土地的收益价值

$$\frac{10}{1+10\%}+\frac{12}{(1+10\%)^2}+\frac{16}{(1+10\%)^3}+\frac{15}{(1+10\%)^4}+\frac{25}{(1+10\%)^5}+20\times\frac{1-(1+10\%)^{-40}}{10\%}\times\frac{1}{(1+10\%)^5}$$

$$=10\times0.909\,1+12\times0.826\,4+16\times0.751\,3+15\times0.683+25\times0.620\,9+20\times9.779\,1\times0.620\,9$$

$$=177.99(万元)$$

例4-10 某土地使用权于2018年6月1日购得，用于商店经营，该商店共有两层，每层可出租面积各为300平方米。附近类似商场一层和二层可出租面积的正常月租金分别为220元/平方米和140元/平方米，运营费率为28％，该房地产的报酬率为10％，该房地产的价值是多少？

解：

（1）该商场每年的净收益为

年净收益＝一层年净收益＋二层年净收益

$$=220\times300\times12\times(1-28\%)+140\times300\times12\times(1-28\%)$$

$$=933\,120(元)$$

（2）该房地产的价值为

$$年净收益\times\frac{1-(1+10\%)^{-40}}{10\%}=933\,120\times9.779\,1=912.51(万元)$$

例4-11 某房地产开发公司于2012年5月以有偿出让方式取得一块土地50年使用权，并于2014年5月在此地块上建成一座砖混结构的写字楼，当时造价为每平方米2 000元，经济耐用年限为55年，残值率为2％。目前，该类建筑重置价格为每平方米2 500元。该建筑物占地面积500平方米，建筑面积900平方米，现用于出租，每月平均实收租金3万元。另据调查，当地同类写字楼租金一般为每月每建筑平方米50元，空置率为10％，每年需支付的管理费为年租金的3.5％，维修费为建筑重置价格的1.5％，土地使用税及房产税合计为每建筑平方米20元，保险费为重置价的0.2％，土地资本化率为7％，建筑物资本化率为8％。假设土地使用权出让年限届满，土地使用权及地上建筑物由国家无偿收回。试根据以上资料评估该宗地2018年5月的土地使用权价值。

解：

（1）选定评估方法。该宗房地产有经济收益，适宜采用收益法。

（2）计算年总收益。总收益应该为客观收益而不是实际收益。

$$年总收益=50\times12\times900\times(1-10\%)=486\,000(元)$$

（3）计算年总费用。

年管理费＝486 000×3.5％＝17 010(元)　　　　　　　　　　　　　　（1）

年维修费＝2 500×900×1.5％＝33 750(元)　　　　　　　　　　　　　（2）

年税金＝20×900＝18 000(元)　　　　　　　　　　　　　　　　　　　（3）

年保险费＝2 500×900×0.2%＝4 500(元) 　　　　　　　　　　　　　　(4)

年总费用＝(1)＋(2)＋(3)＋(4)＝17 010＋33 750＋18 000＋4 500＝73 260(元)

(4) 计算年房地产净收益。

年房地产净收益＝年总收益－年总费用＝486 000－73 260＝412 740(元)

(5) 计算房屋年净收益。

① 计算年贬值额。年贬值额本来应该根据房屋的耐用年限而确定,但是,本例中土地使用年限小于房屋耐用年限,土地使用权出让年限届满,土地使用权及地上建筑物由国家无偿收回。这样,房屋的重置价必须在可使用期限内全部收回。因此,房地产使用者可使用的年期为48年(50－2),并且不计残值,视为土地使用权年期届满,地上建筑物一并由国家无偿收回。

$$年贬值额＝\frac{建筑物重置价}{使用年限}＝2\ 500×900÷48＝46\ 875(元)$$

② 计算房屋现值。

房屋现值＝房屋重置价－年贬值额×已使用年数

＝2 500×900－46 875×4＝2 062 500(元)

③ 计算房屋年净收益(假设房屋收益年期为无限年期)。

房屋年净收益＝房屋现值×房屋资本化率＝2 062 500×8%＝165 000(元)

(6) 计算土地年净收益。

土地年净收益＝年房地产净收益－房屋年净收益

＝412 740－165 000＝247 740(元)

(7) 计算土地使用权价值。

土地使用权在2018年5月的剩余使用年期＝50－6＝44(年)

$$土地使用权价值＝247\ 740×\frac{1-(1+7\%)^{-44}}{7\%}＝3\ 358\ 836.15(元)$$

单价＝3 358 836.15÷500＝6 717.67(元/平方米)

(8) 评估结果。

本宗土地使用权在2018年5月的土地使用权价值为3 358 836.15元,单价为每平方米6 717.67元。

三、成本法在房地产评估中的应用

(一) 应用的基本思路和范围

1. 基本思路

成本法应用于房地产评估中,是以假设重新复制被估房地产所需要的成本为依据评估房地产价值,即以重置一宗与被估房地产可以产生同等效用的房地产所需投入的各项费用之和为依据,再加上一定的利润和应纳税金确定被估房地产价值。该方法认为生产成本与价格之间有密切联系。

由于房屋与其所依附的土地具有不同的自然及经济特性,因此房产价值评估与土地价值评估的成本法计算公式并不相同,即使一并评估房地产价格时,也往往将二者的价格分别评估再加以汇总。

2. 适用范围

成本法一般适用于房地产市场发育不成熟,成交实例不多,无法利用市场法、收益法等方法进行评估的情况。适用于既无收益又很少有交易情况的政府办公楼、学校、医院、图书馆、军队营房、机场、博物馆、纪念馆、公园、新开发地等特殊性房地产评估,同时也适用于化工厂、钢铁厂、机场等有独特设计或只针对个别用户的特殊需要而开发建设的房地产。

成本法还可以用于市场法和收益法评估结果的检验。在房地产保险及其他损害赔偿中,通常也采用成本法评估房地产的保险价值。成本法同样适用于新近开发建设、可以假设重新开发建设或者计划开发建设的房地产。

（二）土地评估的成本法操作步骤

成本法的基本公式为

土地价值＝待开发土地取得费＋土地开发费＋利息＋利润＋税费＋土地增值收益

1. 计算待开发土地取得费用

土地取得费是为取得土地使用权而向原土地使用者支付的费用。根据取得方式不同,其土地取得费的构成和费用标准也不一样。

（1）征用集体土地的费用。征用集体土地需要向农村集体经济组织及个人支付费用,包括安置补助费、土地补偿费、附着物和青苗补偿费、征用城市郊区的菜地。

① 安置补助费。每一个需要安置的农业人口,为该耕地被占用前 3 年平均产值的 4～6 倍,但是每公顷的安置补助费,不超过被征用前 3 年平均年产值的 15 倍。

需要安置的农业人口数量,按照被征用的耕地数量除以征地前被征收单位平均每人占有耕地的数量计算。

按照规定支付的土地补偿费和安置补助费,不能够保证被安置农民原有生活水平的,经省级政府批准,可以增加,但是土地补偿费和安置补助费之和,不得超过土地被征用前 3 年平均年产值的 15 倍。

特殊情况下,根据社会经济发展水平,经国务院批准可以提高土地补偿费和安置补助费的标准。

② 土地补偿费。土地补偿费按该耕地被征用前 3 年平均年产值的 6～10 倍计算。

③ 附着物和青苗补偿费。附着物和青苗补偿费按省、自治区、直辖市规定费用标准计算。

④ 征用城市郊区的菜地。征用城市郊区的菜地,按照国家有关规定缴纳新菜地开发建设基金。

（2）购买和征用城市旧有土地的费用。购买和征用城市旧有土地,需向原土地所有者支付拆迁费用等,标准由各地规定。

2. 计算土地开发费

一般来说,土地开发费主要包括基础设施配套费、公共事业建设配套费和小区开发配套费。

（1）基础设施配套费。对于基础设施的配套要求为"三通一平"和"七通一平",各地方规定不一。

（2）公共事业建设配套费。公共事业建设配套费主要是指邮电、图书馆、学校、公园、绿地等设施的费用。这与项目大小、用地规模有关,各地情况不一,根据实际情况而定。

（3）小区开发配套费。小区开发配套费应按小区内各种设施及网点的配套情况,或按当地规定确定。

3. 计算投资利息

投资利息是土地建设中占用资金的时间价值。在土地评估中,投资者贷款需要向银行偿还贷款利息,利息应计入成本;投资者利用自有资金投入,也可以看作损失了利息,从这种意义上看,也属于投资机会成本,也应计入成本。在用成本法评估土地价格时,投资包括土地取得费利息和土地开发费利息两大部分。

（1）土地取得费利息。土地取得费在土地开发动工前就要全部付清,在开发完成销售后方能收回,因此,计息期应为整个开发期和销售期。

（2）土地开发费利息。如果土地开发费是均匀投入的,以整个土地开发费(或资金投入)为基数,计息期按土地开发期限的一半计算。这里应该包含整个销售期。

计算投资利息时要注意以下问题。

（1）无论是自有资金还是借入资金,都要计算利息。

（2）关于计息期。要准确地把握垫付的资金所占用的时间。分清期初一次性投入、均匀投入、分段均匀投入。

① 期初一次性投入：全期计息。

② 均匀投入：计息期为开发期的一半。

③ 分段均匀投入(例如,第一年投入30%,第二年投入70%,这就是分两段)：计息期为投入当年的时间按照一半计算,附加剩余占用期间。

（3）利息的计算。利息计算采用复利,而不是单利。

4. 计算投资利润和税费

投资的目的是获取相应的利润,以作为投资的回报。对土地投资,当然也要获取相应的利润。该利润计算的关键是确定利润率或投资回报率。利润率计算的基数可以是土地取得费和土地开发费,也可以是开发后土地的地价。计算时,要注意所用利润率的内涵。税费是指土地取得和开发过程中所必须支付的税负和费用。

5. 计算土地增值收益

土地增值收益主要是由于土地的用途改变或土地功能变化而引起的。由于农地转变为建设用地,新用途的土地收益将远高于原用途土地,必然会带来土地增值收益。目前,土地增值收益率通常为10%～25%。

$$土地增值收益 = (土地取得成本 + 土地开发成本) × 直接成本利润率$$

或　　　　　　　$$土地增值收益 = 开发后的地价 × 销售利润率$$

6. 土地评估成本法的应用举例

例4-12　某市经济技术开发区内有一块土地面积15 000平方米,该地块的土地征地费用(含安置、拆迁、青苗补偿费和耕地占用税)为每亩10万元,土地开发费为每平方千米2亿元,土地开发周期为2年,第一年投入资金占总开发费用的35%,开发商要求的投资回报率为10%,当地土地出让增值收益率为15%,银行贷款年利率为6%,试评估该土地的价值。

解：该土地的各项投入成本均已知,可用成本法评估。

（1）计算土地取得费。

$$土地取得费 = 10\ 万元/亩 = 150\ 元/平方米$$

（2）计算土地开发费。

$$土地开发费＝2亿元/平方千米＝200元/平方米$$

（3）计算投资利息。

土地取得费的计息期为2年，土地开发费为分段均匀投入，则

土地取得费利息＝$150×[(1+6\%)^2-1]=18.54(元/平方米)$

土地开发费利息＝$200×35\%×[(1+6\%)^{1.5}-1]+200×65\%×[(1+6\%)^{0.5}-1]$

$$=6.39+3.84=10.23(元/平方米)$$

（4）计算开发利润。

$$开发利润＝(150+200)×10\%＝35(元/平方米)$$

（5）计算土地出让增值收益。

土地出让增值收益＝$(150+200+18.54+10.23+35)×15\%=62.07(元/平方米)$

（6）计算土地价值。

$$土地单价＝150+200+18.54+10.23+35+62.07＝475.84(元/平方米)$$

$$土地总价＝475.84×15\,000＝7\,137\,600(元)$$

该宗地单价为475.84元/平方米，总价为7 137 600元。

（三）新建房地产评估的成本法操作步骤

新建房地产成本法评估的基本公式为

新建房地产价值＝土地取得费用＋开发成本＋管理费用＋投资利息＋

销售税费＋开发利润

1．土地取得费用

土地取得的途径有征收、拆迁改造和购买等，根据取得土地的不同途径，分别测算取得土地的费用，包括有关土地取得的手续费及税金。

2．开发成本

开发成本主要由以下五个方面构成。

（1）勘查设计和前期工程费包括临时用地、用水、用电、铺路、场地平整等费用；工程勘查测量及工程设计费；城市规划设计、咨询、可行性研究费；建设工程许可证执照费等。

（2）基础设施建设费包括由开发商承担的红线内外的自来水、雨水、污水、煤气、热力、供电、电信、道路、绿化、环境卫生、照明等建设费用。

（3）房屋建筑安装工程费可假设为开发商取得土地后将建筑工程全部委托给建筑商施工，开发商应当付给建筑商的全部费用。包括建筑安装工程费、招投标费、预算审查费、质量监督费、竣工图费等。

（4）公共配套设施建设费包括由开发商支付的非经营性用房，如居委会、派出所、托幼所、自行车棚、信报箱、公厕等的费用；附属工程，如锅炉房、热力点、变电室、开闭所、煤气调压站的费用和电贴费等；文教卫系统，如中小学、文化站、门诊部、卫生所用房的建设费用。而商业网点，如粮店、副食店、菜店、小百货店等经营性用房的建设费用应由经营者负担，按规定不计入商品房价格。

（5）开发过程中的税费及其他间接费用。

3．开发利润

利润率应根据开发类似房地产的平均利润率确定。

4. 管理费用

管理费用主要是指开办费和开发过程中管理人员的工资等。

5. 投资利息

以土地取得费用和开发成本之和作为计算利息的基数。

6. 销售税费

销售税费主要包括以下几个方面。

(1) 销售费用包括销售广告宣传费、委托销售代理费等。

(2) 销售税金及附加(即两税一费)包括营业税、城市维护建设税、教育费附加。

(3) 其他销售税费包括应当由卖方负担的印花税、交易手续费、产权转移登记费等。

(四)旧建筑物评估的成本法操作步骤

运用成本法评估旧建筑物的价值时,由于建筑物是在过去某时点建造的,所以,不能采用建筑物原来的建造成本,而应以评估时点的重新建造成本为基础,考虑评估对象的使用和磨损,扣除建筑物的贬值额。旧建筑物价值的现值公式为

$$建筑物价值=重置成本-一年贬值额 \times 已使用年限$$

重置成本是采用新的建筑材料和工艺建造一个与原建筑物功能结构基本相同的建筑物的成本。假设旧建筑物所在的土地已取得,且此土地为空地,但除了旧建筑物不存在之外,其他的状况均维持不变,然后在此空地上重新建造与旧建筑物完全相同或具有同等效用的新建筑物所需的一切合理、必要的费用、税金和正常利润,即为建筑物的重新购建价格;或是设想将建筑物发包给建筑承包商建造,由建筑承包商将直接可使用的建筑物移交给发包人,在这种情况下发包人应支付给建筑承包商的费用,再加上发包人应负担的正常费用、税金和利润,即为建筑物的重新购建价格。

贬值是指建筑物的价值减损。这里所指的贬值与会计上折旧的内涵是不一样的。建筑物的价值减损,一般由两种因素引起:物理化学因素,即因建筑物使用而使建筑物磨损、建筑物自然老化、自然灾害引起的建筑物结构缺损和功能减弱,所有这些因素均导致建筑物价值减损,故这种减损又被称为自然折旧或有形损耗;社会经济因素,即由于技术革新、建筑工艺改进或人们观念的变化,造成建筑设备陈旧落后、设计风格落后,由此引起建筑物陈旧、落后,致使其价值降低,这种减损称为无形损耗。所以,从建筑物重置成本中扣除建筑物损耗,即为建筑物现值,因此确定建筑物贬值额就成为房产评估中的关键一环。

计算贬值额的方法有很多种,如直线折旧法、余额递减法、年数合计法、成新折扣法等。常用的方法是直线折旧法和成新折扣法。

1. 直线折旧法

直线折旧法又称定额法,假设建筑物的价值损耗是均匀的,即在耐用年限内每年的贬值额相等,则建筑物每年的贬值额为

$$年贬值额=\frac{建筑物重新建造成本-净残值}{建筑物耐用年限}$$

耐用年限用下式计算更为准确。

$$耐用年限=建筑物已使用年限+建筑物尚可使用年限$$

2. 成新折扣法

成新折扣法是根据建筑物的建成年代、新旧程度、功能损耗等,确定建筑物的成新率,直

接求取建筑物的现值。其计算公式为

$$建筑物价值＝重置成本×成新率$$

例 4-13 某公司热电厂房，两层框架结构，建筑面积 1 932 平方米，建于 1997 年，独立柱基础，砖墙、木门、钢窗。外墙水泥砂浆粉刷，内墙混合砂浆和内墙涂料，水泥砂浆地面，现场勘察结构无明显不均匀沉降，外墙粉刷面基本完好，钢窗个别无玻璃。

解：

(1) 房屋重置的价格。

① 前期工程费 144 900 元。

其中，勘察设计费：15×1 932＝28 980(元)。

规划报建费：根据安徽省合肥市城建规划部门的规定，生产用房屋报建费为 60 元/平方米。其中，市政配套费 45 元/平方米，白蚁防治费 2 元/平方米，新型墙体基金 8 元/平方米，环卫配套费 5 元/平方米。

共计：60×1 932＝115 920(元)。

② 建筑安装工程费为 2 912 001 元(详见工程造价书，略)。工程造价书中工程类别调整根据 2000 年《全国统一建筑工程基础定额安徽省估价表》。

③ 建设单位管理费为建筑安装工程费的 3％。

$$建设单位管理费＝2 912 001×3％＝87 360(元)$$

④ 资金成本，根据 2000 年《全国统一建筑安装工程工期定额》，工程建设工期为 10 个月，前期工程费一次投入，工程建设资金均匀投入，资金成本率为 6 个月至 1 年期银行贷款利率 5.85％。

$$资金成本＝144 900×5.85％×10÷12＋(2 912 001＋87 360)×5.85％×10÷12÷2$$
$$＝80 173(元)$$

房屋重置价格＝前期工程费＋建筑安装工程费＋建设单位管理费＋资金成本

房屋重置价格＝144 900＋2 912 001＋87 360＋80 173＝3 224 434(元)

该房屋建筑面积 1 932 平方米，每平方米重置价格为 1 668.96 元。

(2) 房屋成新率。该房屋已使用 3 年，根据现场勘察，该房屋尚可使用 47 年。

房屋成新率＝房屋尚可使用年限÷(房屋尚可使用年限＋房屋已使用年限)×100％

房屋成新率$_1$＝47÷(47＋3)×100％＝94％

根据《房屋完损等级评定标准》，经现场打分，结构部分合计得 95 分，装饰部分得 90 分，设备部分得 90 分。

$$房屋成新率＝房屋结构部分合计得分×G＋装饰部分合计得分×S＋$$
$$设备部分合计得分×B$$

式中，G 是结构部分的评分修正系数；S 是装饰部分的评分修正系数；B 是设备部分的评分修正系数；经查《房屋完损等级评定标准》，$G＝0.8$，$S＝0.1$，$B＝0.1$。

房屋成新率$_2$＝(95×0.8＋90×0.1＋90×0.1)÷100×100％＝94％

所以，综合成新率取 94％。

房屋评估价值＝房屋重置价格×房屋成新率＝3 224 434×94％＝3 030 968(元)

第三节　其他评估方法在房地产评估中的应用

房地产评估可应用的其他方法主要有剩余法、基准地价修正法、路线价法。另外，在建工程的评估也应有针对性地进行。下面主要介绍剩余法、基准地价修正法以及在建工程评估。

一、剩余法在房地产评估中的应用

（一）应用的基本思路和适用范围

1. 基本思路

剩余法又称假设开发法、倒算法或预期开发法，是成本法评估房地产价值的一种特例。剩余法的基本思路，是假定被评估宗地在满足规划条件下得到最佳开发利用，开发完成后房地产有预期价值，在此基础上扣除正常投入费用、正常税金及合理利润后，依据该剩余值测算被估房地产价值。

运用该方法评估地价，具体来说，就是作为房地产开发商，购买这块土地进行开发的目的，是将其出售赚取利润。开发商进行土地投入，就必须有收益，且希望获得最多的收益。为此，开发商就会根据规划部门对该地块的限制条件，如用途、容积率、绿地覆盖度、层数、朝向等有关法律法规的限制，确定该块土地的最佳使用状况。然后，根据目前的房地产市场状况，预测建筑完成后的房地产售价，以及为完成这一开发所需的花费，开发商就可以算出为取得这块土地支付的最高价格是多少，这就是剩余法的主要应用所在。

在我国香港特别行政区，假设开发法的计算公式为

$$地价＝楼价－建筑费用－专业费用－利息－发展商利润$$

或　　　　$$地价＝总开发价值－开发费用－开发者收益－取得土地所需的税费$$

式中，开发费用包含拆迁费和对现有承租者的补偿、基建费、业务费、财务费、应急费、代理及法律事务费用等。

目前，现实评估中剩余法的具体公式为

$$地价＝预期楼价－建筑费用－专业费用－投资利息－销售费用－$$
$$销售税费－其他税费－利润$$

2. 适用范围

剩余法主要适用于具有投资开发或再开发潜力的房地产评估，具体如下：①待开发土地的评估，用开发完成后的房地产价值减去建造费、专业费等；②将生地开发成熟地的土地评估，用开发完成后的熟地价减去土地开发费用；③待拆迁改造的再开发地产的评估，这时的建筑费还应包括拆迁费用。对于城市规划尚未正式明确的待开发房地产，难以采用剩余法，因为在该房地产的法定开发利用前提未确定的情况下，价值就无法确定。

（二）剩余法的操作步骤

根据剩余法评估的基本思路，剩余法评估的程序为：建立信息资料库，确定被估房地产最佳的开发利用方式，估算房地产开发完成后的收益，估算开发建设期间的主要成本费用，估算税金和开发完成后的房地产租售费用，估算开发商的合理利润，估算待估对象价值。

1. 建立信息资料库

建立信息资料库即调查被评估对象的基本情况。调查内容主要有：调查土地的限制条

件,如土地政策的限制,城市规划、土地利用规划的制约等;调查土地位置,掌握土地所在城市的性质及其在城市中的具体坐落位置,以及周围土地条件和利用现状;调查土地面积大小和土地形状、地质状况、地形地貌、基础设施状况和生活设施状况以及公用设施状况等;调查房地产利用要求,掌握城市规划对此宗地的规划用途、容积率、覆盖率、建筑物高度限制等;调查此地块的权利状况,包括权利性质、使用年限、能否续期、是否已设定抵押权等,这些权利状况与确定开发完成后的房地产价值、售价及租金水平有着非常密切的关系。

2. 确定被估房地产最佳的开发利用方式

在城市规划及法律法规等限制所允许的范围内,确定地块的最佳利用方式包括确定用途、建筑容积率、土地覆盖率、建筑高度、建筑装修档次等,其中土地用途的选择,要与房地产市场的需求相结合,并且需要进行合理的预测。最佳的开发利用方式决定开发完成后销售时能获得最高的收益。

3. 估算房地产开发完成后的收益

估算房地产开发完成后的收益主要有以下两种情况:①对于出售的房地产,如居住用商品房、工业厂房等,可采用市场比较法估算出开发完成后的房地产总价;②对于出租的房地产,如写字楼和商业楼宇等,其开发完成后房地产总价的确定,首先采用市场法确定所开发房地产出租的净收益(主要考虑以下几项,单位建筑面积月租金或年租金、房地产出租费用水平、房地产还原利率、可出租的净面积),再采用收益法将出租净收益转化为房地产总价。

例4-14　有一宗"七通一平"的待开发建筑用地,土地面积为2 000平方米,建筑容积率为2.5,拟开发建设写字楼,该写字楼建成后即出售,预计售价为9 000元/平方米,试估算该房地产预期楼价。

解: 楼价＝2 000×2.5×9 000＝45 000 000(元)

例4-15　根据当前房地产市场的租金水平,与所开发房地产类似的房地产未来月租金净收益为每建筑平方米200元,该类房地产的资本化率为10%,总建筑面积5 000平方米,出租率为80%,则所开发房地产的总价是多少?(假设房屋收益年期为无限年期)

解: 房地产总价＝200×12×5 000×80%÷10%＝9 600(万元)

4. 估算开发建设期间的主要成本费用

(1)建设费用包括直接工程费、间接工程费、建筑承包商利润等。可采用比较法或建筑工程概预算的方法来估算。

(2)专业费用包括建筑设计费、工程概预算费用等,一般采用建造费用的一定比率估算。

(3)投资利息即全部预付资金的成本,不仅是建造工程费用的利息,还应包括土地资本的利息。房地产开发的预付资本包括地价款、开发建造费、专业费和不可预见费等,即使这些费用是自有资金,也要计算利息。

5. 估算税金和开发完成后的房地产租售费用

税款主要是指建成后房地产销售的营业税、印花税、契税等,应根据当地政府的税收政策估算,一般以建成后房地产总价的一定比例计算。租售费用主要是指用于建成后房地产销售或出租的中介代理费、市场营销广告费、买卖手续费等,一般以房地产总价或租金的一定比例计算。

6. 估算开发商的合理利润

开发商的合理利润一般以房地产总价或预付总资本的一定比例计算,销售利润率的计算基数一般为房地产售价,有时也采用年利润率计算。

7. 估算待估对象价值

运用公式求取待估对象价值,应用时需注意待估对象对应的时点,还要考虑不确定因素对房地产价值的影响,估算具有公允性的评估价值。

(三) 剩余法的应用实例

例 4-16　该待估对象是一块"七通一平"的建设用地;土地总面积 10 000 平方米,且土地形状规则;规划许可用途为商业和居住,容积率≤5,建筑覆盖率≤50%;土地使用权出让时间为 2015 年 10 月,土地使用年限从土地使用权出让时起 50 年。

(1) 通过市场调查研究,得知该块土地的最佳开发利用方式如下:①用途为商业与居住混合。②容积率达到最大的允许程度,即为 5,故总建筑面积为 50 000 平方米。③建筑覆盖率适宜为 30%。④建筑物层数确定为 18 层,1~2 层的建筑面积相同,均为 3 000 平方米,适宜为商业用途;3~18 层的建筑面积相同,均为 2 750 平方米,适宜为居住用途;预计共需 3 年时间才能完全建成投入使用,即 2018 年 10 月建成。根据对市场的调查分析,预计商业部分在建成后可全部售出,居住部分在建成后可售出 30%,半年后可再售出 50%,其余 20% 需 1 年后才能售出;商业部分在出售时的平均价格为每平方米建筑面积 6 500 元,居住部分在出售时的平均价格为每平方米建筑面积 4 500 元。

(2) 建筑安装工程费预计为每平方米建筑面积 1 200 元,勘查设计和前期工程费及管理费等预计为每平方米建筑面积 500 元。估计在未来 3 年的开发期内,开发建设费用(包括勘察设计和前期工程费、建筑安装工程费、管理费等)的投入情况如下:第一年需投入 20%,第二年需投入 50%,第三年投入余下的 30%。年利息率为 8%。销售费用和销售税费预计为售价的 9%,其中广告宣传和销售代理费为售价的 3%,两税一费和交易手续费等为售价的 6%。折现率选取 10%,开发利润为 20%。据了解,如果得到该土地,还需要按土地取得价款的 3% 缴纳有关税费。试评估该块的土地价值。

解:由于该宗土地属于待开发房地产,所以对该宗地的价值评估应选用假设开发法。

$$地价＝预期楼价－建筑费用－专业费用－投资利息－销售费用－$$
$$销售税费－其他税费－利润$$

① 开发完成后的房地产面积。

$$1\sim 2 \text{ 层的总建筑面积}＝3\,000\times 2＝6\,000(\text{平方米})$$

$$3\sim 18 \text{ 层的总建筑面积}＝2\,750\times 16＝44\,000(\text{平方米})$$

② 预期楼价＝6 500×6 000＋4 500×44 000＝237 000 000(元)

③ 开发建设总费用＝建筑费用＋专业费用

$$＝(1\,200＋500)\times 50\,000＝85\,000\,000(\text{元})$$

④ 投资利息＝地价×$[(1＋8\%)^3－1]$＋85 000 000×20%×$[(1＋8\%)^{2.5}－1]$＋

85 000 000×50%×$[(1＋8\%)^{1.5}－1]$＋85 000 000×30%×

$[(1＋8\%)^{0.5}－1]$

＝0.259 7×地价＋9 809 000

⑤ 销售费用＋销售税费＝237 000 000×9％＝21 330 000(元)

　　购地税费＝地价×3％＝0.03×地价

⑥ 开发利润＝(地价＋开发设计费用)×利润率

　　　　　＝(地价＋85 000 000)×20％

　　　　　＝0.2×地价＋17 000 000

⑦ 地价＝237 000 000－85 000 000－0.259 7×地价－9 809 000－21 330 000－

　　　0.03×地价－0.2×地价－17 000 000

　　地价＝69 719 406.59(元)

⑧ 土地单价＝$\frac{69\ 719\ 406.59}{10\ 000}$＝6 971.94(元/平方米)

　　楼面地价＝$\frac{土地单价}{容积率}$＝$\frac{6\ 971.94}{5}$＝1 394.39(元/平方米)

二、基准地价修正法在房地产评估中的应用

(一)应用的基本思路和范围

基准地价修正法是利用当地政府制定的基准地价对出让年限、个别因素、市场转让等因素进行修正,从而求取宗地土地使用权转让价格的一种评估方法。

1. 基本思路

(1)基准地价。基准地价是按照城市土地级别或均质地域分别评估的商业、住宅、工业等各类用地和综合土地级别的土地使用权的平均价格。

由定义可见,基准地价具有以下特点:它是特定区域的平均价格,表现形式有区片价和路段价;基准地价是土地使用权价格;因为基准地价是区域性价格,因而必定是平均价格;基准地价一般都要覆盖整个城市建成区;基准地价是单位土地面积的地价;基准地价具有现实性,是评估的特定时点的价格。

基准地价的作用:基准地价具有政府公告作用,是宏观调控地价水平的依据、国家征收城镇土地税收的依据、政府参与土地有偿使用收益分配的依据、进一步评估宗地地价的基础,能够引导土地资源在行业部门间的合理配置。

(2)基准地价测算采用的主要方法。依据土地使用权出让、转让、出租和房屋出租、买卖等资料,分别采用多种方法试算样点地价,对样点地价经过年期、容积率、交易情况、土地条件等修正,得到标准宗地地价,然后根据评估区域内的标准宗地地价求取基准地价。

基准地价修正法的基本思路是,利用城镇基准地价和基准地价修正系数表等评估成果,按照替代原则,将被估宗地的区域条件和个别条件等,与其所处区域的平均条件比较,并对照修正系数表选取相应的修正系数对基准地价进行修正,从而求取被估宗地在评估基准日的价格。在我国许多城市,尤其是地产市场不太发达的城市,基准地价修正法也是常用的方法。但由于基准地价修正法估价的精度取决于基准地价及其修正系数的精度,该方法在宗地地价评估中一般不作为主要的评估方法,而作为一种辅助方法。

2. 基准地价修正法的应用范围

(1)适用于具备基准地价成果图和相应修正体系成果的城市。

(2) 由于基准地价修正法可以在短时间内大批量地进行宗地地价评估,所以,当需要快速方便地进行大面积且数量众多的土地价值评估时,适合使用此方法。

(二)基准地价修正法评估的程序

1. 收集、整理土地定级估价成果资料

定级估价成果资料是采用基准地价修正法评估宗地地价必不可少的基础性资料。在评估前必须收集当地定级估价的成果资料,主要包括土地级别图、基准地价图、样点地价分布图、基准地价表、基准地价修正系数表和相应的因素条件说明表等,并进行归纳、整理和分析,作为宗地评估的基础资料。

2. 确定修正系数表

根据被估宗地的位置、用途、所处的土地级别、所对应的基准地价等,确定相应的因素条件说明表和因素修正系数表,以确定地价修正的基础和需要调查的影响因素。

3. 调查宗地地价影响因素的指标条件

调查项目应与修正系数表中的因素一致。宗地因素指标的调查,应充分利用已收集的资料和土地登记资料及有关图件,不能满足需要的,应进行实地调查采样,在调查基础上,整理归纳宗地地价因素指标数据。

4. 制定被估宗地因素修正系数

根据每个因素的指标值,查对相对应用途土地的基准地价影响因素指标说明表,确定因素指标对应的优劣状况;再按优劣状况查对基准地价修正系数表,得到该因素的修正系数。对所有影响宗地地价的因素都同样处理,得到宗地的全部因素修正系数。

5. 确定被估宗地使用年期修正系数

基准地价对应的使用年期是各用途土地使用权的最高出让年期,而具体宗地的使用年期可能各不相同,因此必须进行年期修正。土地使用年期修正系数可按下式计算:

$$宗地使用年期修正系数 = \frac{1+(1+r)^{-m}}{1-(1+r)^{-n}}$$

式中,r 为土地资本化率;m 为宗地可使用年期;n 为该用途土地法定最高出让年期。

6. 确定期日修正系数

基准地价对应的是基准地价评估基准日的地价水平,随时间推移,土地市场的地价水平会有所变化,因此必须进行期日修正,把基准地价对应的地价水平,修正到宗地地价评估基准日的地价水平。期日修正一般可以根据地价指数的变动幅度进行。

7. 确定容积率修正系数

对于基准地价修正法,容积率修正系数是一个非常重要的修正系数。基准地价对应的是该用途土地在该级别或均质地域内的平均容积率。各宗地的容积率可能各不相同,同时容积率对地价的影响也非常大,并且在同一个级别区域的各宗地容积率的差异甚至很大。容积率修正,就是将区域平均容积率水平下的地价修正到宗地实际容积率水平下的地价。

8. 评估宗地地价

依据前面的分析和计算得到的修正系数,按下式求算待估宗地的地价水平。

待估宗地地价=待估宗地所处地段的基准地价×年期修正系数×日期修正系数×
容积率修正系数×其他因素修正系数

三、在建工程评估

(一)在建工程基本概述

1. 在建工程的概念

在建工程是指以下两种工程:①在评估时点尚未完工的建设项目;②虽然已经完工但尚未竣工验收交付使用的建设项目。其中的评估项目还包括建设项目备用的材料、设备等资产。

在建工程要已经合法取得"国有土地使用权证""建设用地规划许可证""建设工程规划许可证""建筑施工许可证"。对在建工程进行估价,实际上是对其现状工程价值及其土地使用权价值的评估。

2. 在建工程的特点

(1)在建工程情况复杂,一方面,在建工程涉及的工程项目、工程资料物资和相关工程税费种类繁多;另一方面,在建工程的范围很广,情况复杂。以建筑工程为例,包括建设中的各种房屋建筑物,又包括各种设备安装,范围涉及各个行业,情况比较复杂,具有较强的专业技术特点。

(2)建设工期长短差别较大。房屋建设项目的建设工期一般短则一两年,如厂区内的道路、设备基础等,长则五六年,甚至更长,如高速公路、港口码头等。建设工期长短的差别与建造期费用相关,对在建工程的估价有很大影响。对工期较长或停建多年的工程,由于市场和外部条件的变化,其技术性、功能性贬值不可忽视,特别是在采用成本法估价时要特别注意。

(3)在建工程之间可比性较差。在建工程的工程进度差异很大,有的是刚刚投资兴建,有的已经完工但尚未交付使用。这些工程进度上的差异造成在建工程资产功能上的差异。因此,在建工程之间的可比性较差,评估时直接可比案例较少。

(4)在建工程的投资不能完全体现在建工程的形象进度。由于在建工程的投资方式和会计核算要求,其账面价值往往包括预付材料款和预付设备款,同时也记录在建工程中的应付材料款及应付设备款等,因此,实际的费用支出并不能客观地反映在建工程的价值。

(二)在建工程评估方法

通过收集与在建工程评估有关的资料,确定被估在建工程的合法性,分析在建工程有关技术和经济指标。在建工程评估所需的资料一部分由委托方提供,同时,受托方必须到施工现场实地考察,以获取更加详细、直观的资料。在收集有关资料和实地勘查的基础上,要对与被估在建工程有关的宏观经济形势、市场情况和在建工程本身、区位条件、投资计划进度、发展商、施工等有关情况进行综合分析。

1. 未完工在建工程的评估

未完工在建工程是指尚未完成施工项目的在建工程。

(1)形象进度法又叫预算调整法,是指选择足够的可比销售资料,根据在建工程建造完成后的房地产市场价格,结合工程形象进度评估在建工程价值的方法。

应用形象进度法评估在建工程价值的计算公式为

在建工程价值＝在建工程建造完成的房地产市场价值×工程形象进度百分比×(1−折扣率)

式中,在建工程建造完成的房地产市场价值一般可采用市场法或收益法评估;折扣率的确定应考虑营销支出、广告费和风险收益等因素。

$$工程进度形象百分比 = \frac{实际完成工程量}{总工程量} \times 100\%$$

或 $$工程进度形象百分比 = \frac{实际已发生工程造价}{工程总预算造价} \times 100\%$$

式中,实际完成工程量=实际完成建筑工程量+实际完成安装工程量。

实际已发生工程造价=实际完成建筑工程造价+实际完成安装工程造价

在实际评估中,往往将上述两个公式结合使用。

就房地产在建工程而言,一般可以分为基础工程、结构工程、装饰工程三个基本组成部分。这三项工程一般具有时间上的先后顺序,但对于由多个子项目构成的整体项目,这三个工程有可能同时进行,在评价在建工程的形象进度时,要综合考虑这三项工程各自的进度。因此,工程形象进度的计算公式还可以表示为

工程形象进度=基础工程形象进度×对应部分造价占工程总预算造价的比例+

结构工程形象进度×对应部分造价占工程总预算造价的比例+

装饰工程形象进度×对应部分造价占工程总预算造价的比例

(2) 重置成本法。成本法评估(重置成本法)在建工程是指按在建工程客观投入的成本评估,即以开发或建造被估在建工程已经耗费的各项必要费用之和,再加上正常的利润和应纳税金确定被估在建工程价值的方法。

在建工程价值=土地取得费用+专业费用+建造建筑物费用+正常利润+正常税费

式中,土地取得费用是指为获得土地而发生的费用,包括相关手续费和税金;专业费用包括咨询、规划、设计等费用;建造建筑物费用是指在评估基准日在建工程已经耗费的各项必要建造费用之和。

属于停建的在建工程,要查明停建的原因,并要考虑在建工程的功能性及经济性贬值,进行风险系数调整。

2. 已完工在建工程的评估

(1) 已完工在建工程是指已完成施工项目,具备相对完整的服务能力,但未进行竣工结算和交付使用的在建工程。对于已完工的在建工程,因其已形成相对独立完整的收益能力,因此宜采用收益法。具体来讲,只有当房地产在建工程预计在交付使用后是作为收益性房地产时,该方法才适用。

(2) 当房地产在建工程在交付使用后是作为非收益性房地产或企业生产用房而不能合理地确定房地产的纯收益时,成本法是最好的选择。因为工程项目完工不久,其各项技术经济指标与评估时相比变化不大,正适合于成本法应用的环境。也正是由于这个原因,我们在运用成本法评估已完工在建工程时,无须逐项核算各工程项目的重置成本,而只需根据刚刚完成不久的工程决算的有关资料做一定的调整即可得出在建工程的价值,计算公式如下:

已完工在建工程价格=工程决算总支出额×(1+调整系数)

式中,工程决算总支出额主要是指列入工程决算范围内的工程直接费用和间接费用等,直接费用由人工费、材料费、机械费、措施费等组成,间接费用包括管理费等内容;调整系数是反映工程材料差价、间接费用标准差异的综合修正系数。

第五章

流动资产评估

学习目标

1. 理解流动资产的评估特点。
2. 掌握运用成本法和市场法评估实物类流动资产的价值。
3. 掌握非实物类流动资产的价值评估。

情境导入

北京××资产评估有限责任公司接受××药业股份有限公司的委托,根据国家有关资产评估的规定,本着客观、独立、公正、科学的原则,按照公认的资产评估方法,对该公司的流动资产等进行了评估。此次评估采用资产基础法,得出如下评估结论:以持续经营为假设前提,在评估基准日 20×7 年 10 月 30 日,企业申报的企业总资产账面价值为 30 130.76 万元,总负债为 26 919.44 万元,净资产为 3 211.32 万元;调整后总资产账面值为 30 130.76 万元,总负债为 26 919.44 万元,净资产为 3 211.32 万元;评估后总资产为 30 482.27 万元,总负债为 26 915.10 万元,净资产为 3 567.17 万元,评估增值 355.85 万元,增值率为 11.08%。流动资产 14 122.494 万元。

本项目评估基准日为 20×7 年 10 月 31 日,所揭示的评估结论仅对本报告的经济行为有效。资产评估结果使用有效期为自评估基准日起 1 年,超过 1 年,需重新进行资产评估。

请思考:案例中,对流动资产评估采用的是什么评估方法? 还可以用哪些方法对流动资产进行评估? 流动资产评估应按照什么样的原则评估?

第一节　流动资产评估概述

一、流动资产概述

1. 流动资产相关概念

(1)流动资产的概念。资产按其流动性不同,分为流动资产和非流动资产。满足下列条件之一的,归类为流动资产。

① 预计在一个正常营业周期中变现、出售或耗用。

② 主要为交易目的而持有。

③ 预计在资产负债表日起1年内(含1年)变现。

④ 自资产负债表日起1年内(含1年),交换其他资产或清偿负债能力不受限制的现金或现金等价物。

(2) 流动资产的内容。流动资产的内容即流动资产评估对象,一般包括库存现金、银行存款、其他货币资金、交易性金融资产、应收票据、应收账款、预付账款、其他应收款、存货以及其他流动资产等。

现金是指企业的库存现金,包括企业内部各部门用于周转使用的备用金;银行存款是指企业存放在银行的货币资金;其他货币资金是指除现金和银行存款以外的其他货币资金,包括外埠存款、银行本票存款、银行汇票存款、存出投资款、信用卡存款、信用证保证金存款等;交易性金融资产是指企业购入的各种能随时变现、持有时间不超过1年的投资,包括不超过1年的股票、债券、基金等有价证券和其他投资;应收票据是指企业收到的未到期收款、未向银行贴现的应收票据;应收账款是指企业因销售商品、提供劳务等应向购货和受益单位收取的款项,是购货单位所欠的短期债务;预付账款是指企业按照购货合同规定预付给供货单位的购货定金或部分货款;其他应收款是指企业对其他单位和个人的应收和暂付款项,如预缴税、费;存货是指企业的库存材料、在产品、产成品、商品等,如大修理支出等;其他流动资产是指评估基准日不能列入以上科目,但性质又属于流动资产的各项资产。流动资产评估对象如图5-1所示。

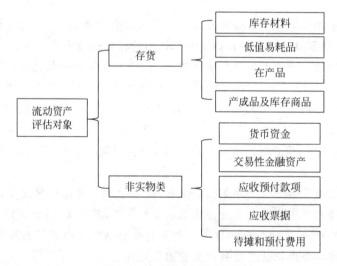

图5-1　流动资产评估对象

(3) 流动资产的分类。流动资产按表现形态可分为货币性流动资产和实物形态流动资产。货币性流动资产以货币形态存在,包括结算资产和货币资产;实物形态流动资产包括储备资产、生产资产、成品资产等,是流动资产价格鉴定的重点。

2. 流动资产的特点

(1) 价值的循环流动性。流动资产一般都直接参加商品生产和流通的整个过程,在企业的再生产过程中它依次经过购买、生产、销售三个阶段,并分别采取货币资产、储备资产、生产资产和产品资产等形态,不断地循环流动。因此,流动资产具有流动性大、周转期限短、形态变化快等特点,其价值也在生产和流通中一次性消耗、转移和实现。

（2）变现能力强。这是企业中流动资产区别于其他资产的重要标志,但各种形态的流动资产,其变现速度是有区别的。流动资产按其变现能力的强弱排序,首先是货币资产,其次是短期投资,再次是较易变现的应收账款,最后是存货。企业的流动资产是可以在1年内或者超过1年的一个营业周期内变现,它是企业对外支付和偿债能力的手段和物质基础。尤其是流动资产中的货币资产,它本身就是各种存款和现金,根本就不存在变现问题。

（3）波动性。由于企业的流动资产一般要不断地进行购买和售卖,受市场商品供求变化和生产、消费的季节性影响较大。另外,还受外部经济环境、经济秩序等因素的制约,使其占用总量以及流动资产的不同形态构成比例呈现波动性。

上述特点决定流动资产评估有别于固定资产评估。由于流动资产的价值是一次性地全部转移,其主要形态是有形资产,易核实、周转快、占用时间短,所以一般不存在有形损耗的问题,更无须考虑折旧等因素。这就给评估工作带来了方便条件,因此,评估中对流动资产的评估值要比固定资产的评估值精确一些。

二、流动资产评估的特点

1. 流动资产评估主要是单项资产评估

流动资产一般作为单独的评估对象,不需要以其综合获利能力进行综合性价值评估,一方面是由于流动资产与固定资产存在不同的运营方式,其价值变化的规律是不同的,因而评估的技术特点也就不同;另一方面是由于流动资产在会计核算和会计报表中是独立的计量账户,它与流动负债配合,共同反映营运资金的状况,为投资人和债权人提供企业资产流动性的信息。

2. 流动资产评估必须规定统一的基准时间

流动资产评估必须规定统一的基准时间,即要合理确定评估基准日。流动资产评估时点要尽可能与评估结论使用时点接近。由于流动资产的流动性和价值波动性,其资产的构成、数量及价值总额随时都在变化,而评估是针对某一时点上的价值估算。因此,在评估实践中,一是选择评估时点要尽可能接近评估结论使用时点,二是要在规定的时点进行资产清查核实、登记及确定资产数量和账面价值,避免重登和漏登。

3. 流动资产评估应分清主次、掌握重点

流动资产量大类繁,决定了在评估方法的选择和确定上应采取抓住重点与兼顾一般相结合的原则,重视分类评估的特点。流动资产一般具有数量大、种类多的特点,清查工作量很大,所以流动资产清查应考虑评估的时间要求和评估成本。流动资产评估往往需要根据不同企业的生产经营特点和流动资产分布的情况,对流动资产分清主次,选择不同的方法进行清查和评估,做到突出重点,兼顾一般。

4. 流动资产评估可以账面价值为依据

流动资产评估实务受企业运营的牵制较大,对企业流动资产会计核算资料的依赖度高。由于流动资产处于企业生产经营的实际运转中,进入现场评估会影响企业正常运转,因而通常更需要企业配合,在相对静止的条件下进行清查核实。流动资产种类繁多,许多价格信息只有通过会计资料才能获得,因此,流动资产评估的一个重要特点就是对企业会计账表进行可用性判断,并确切了解企业在流动资产、成本费用等项目核算中所使用的程序和方法,在此基础上判断流动资产评估与这些会计程序、方法间的联系与区别,从而正确利用会计信息。

由于流动资产周转速度快,变现能力强,无须考虑资产的功能性贬值和经济性贬值,资产的实体性损耗的计算也只适用于低值易耗品、包装物,以及呆滞、积压物资的评估。在正常情况下(流动资产周转速度快,变现能力强,价格变化不大),流动资产的账面价值基本上可以反映流动资产的现值。因此,在特定情况下,可以采用历史成本作为评估值。

三、流动资产评估目的和评估方法的选择

1. 流动资产评估目的

(1) 在企业产权变动,如企业改制、合资合作经营、联营等需要采用资产基础法对企业价值进行评估时,需单独对各类流动资产进行评估。

(2) 企业清算和资产变卖时,对所涉及的流动资产进行评估。

(3) 保险索赔对所涉及的流动资产进行评估。我国企业财产保险以企业的固定资产和流动资产为保险标的,索赔以保险责任范围内的标的损失及蔓延费用为依据,这就需要对所涉及的流动资产进行单独评估。

(4) 清产核资。

(5) 会计核算需要。

(6) 其他经济行为中对所涉及的流动资产进行评估。

2. 流动资产评估方法的选择

上述不同的资产评估,按照流动资产自身的特点,大致有以下三种情形。

(1) 流动资产在企业持续经营条件下按在用用途使用。例如,在企业改制、合资合作经营和联营等产权变动的资产业务中,被估企业不改变生产经营方式、产品结构等,流动资产就可按在用用途评估。清产核资、会计核算、保险索赔等,在总体上都是以企业持续经营、资产按在用用途使用为前提的,这种情况下,按重置成本评估流动资产。

(2) 企业持续经营,而流动资产进入市场转移使用或出售。例如,企业产权变动后,生产经营方式、产品结构等进行调整,未来生产经营对被估流动资产的需求大大减少或不需要,这种情况下,按变现净值评估流动资产。

(3) 因企业清算,要求流动资产快速变现,按快速变现净值评估流动资产。当然,在评估实践中,不同类型的流动资产变现性能不同,变现价值与账面价值可能存在较大差异,如包装物、低值易耗品等,而部分待分摊费用的价值则可能损失殆尽。

第二节　实物类流动资产评估

一、实物类流动资产评估程序

1. 确定评估范围,界定评估对象

存货评估首先要确定评估范围,界定评估对象,这是保证评估满足对应经济行为需要的重要前提条件之一。存货评估范围和评估对象,由委托方根据评估对应的经济行为所涉及的资产范围确定,并通过评估委托合同予以约定,提供给评估机构。在评估实践中,对于企业产权变动的整体资产评估,企业账面核算的全部存货一般均为评估范围。对于单项存货评估,将委托方确定的存货资产范围清单作为评估范围。

2. 确定评估基准日

一般来说,特别是企业产权变动的整体资产评估,评估时点随同其他各单项资产的评估一同确定,至少需要考虑以下几个因素:①与会计报表的时间尽可能接近,这是为了方便利用会计信息;②最好选择在评估工作期间或者与此临近的某个时点;③尽可能地与资产变动的发生或生效的时间接近,以保证评估结果的可用性,减少因价格调整而产生的工作量。尽管这三个因素并不总是一致的,但适当兼顾是可行的。对于单项存货评估,尽管可以不需考虑其他单项流动资产的评估,但考虑上述因素也是评估工作需要的。

3. 清查核实

存货的清查盘点通常由委托方完成,并由委托方提供存货账表清单。评估专业人员如何利用这些资料,就成为评估工作的程序之一。根据委托方提供的存货账表清单,评估专业人员的主要工作内容有两项:①通过抽查方式核实、验证存货账表清单与实际数量、状况的一致性,抽查的范围和比例,应根据委托方(或资产占有方)的管理水平以及评估对应的经济行为确定;②核实存货的权属。

评估实践中,关于采用抽查方式核实、验证存货账表清单与实际数量、状况的一致性,一般有以下几种情形。

(1) 委托方(或资产占有方)的存货管理水平好,核算基础好,抽查范围和比例可以小一些。

(2) 如果存货评估结论对委托方(或资产占有方)的利害关系大,则应对金额较大、易出现误差的资产进行详细核查。

(3) 如果抽查结果表明账实误差对评估结论没有影响,可以认为委托方(或资产占有方)提供的存货账表清单资料可以直接利用;账实误差对评估结论影响较小,可以重点对最大值高的存货重新清查,其他则按抽查情况作适当调整,从而利用存货账表清单资料;账实误差对评估结论影响较大,提供的存货账表清单资料基本不能利用,应按评估业务委托合同的约定重新进行全面的清查。

(4) 对于由第三方保管或控制的存货,如果占整体资产数量和金额的比例较大,或者对评估结论影响较大,在切实可行的情况下,应进行清查核实,至少应向持有被评估单位存货的第三方发出函证,获取存货的数量和状况信息。

(5) 存货评估核实工作,还应查明存货有无霉烂、变质、毁损,有无超储呆滞等。与固定资产不同,存货一般不会磨损以及大面积的技术性、功能性陈旧,但存货有时会出现损耗,这种损耗反映为数量减少,也反映在实体损耗和质量下降上。例如,木材因日晒雨淋出现腐烂,钢材因氧化生锈,食品药品及化学试剂因存放过久而变质或效用降低,等等。这些情况势必会影响存货的价值,在评估时应加以考虑。在存货清查核实中,应进行必要的检测和技术鉴定工作。

评估实践中,特别是对于国有资产规定、上市公司并购及重大资产重组规定有要求,同时开展财务审计工作的评估项目,可以充分利用注册会计师的存货监盘资料,综合判断存货账表清单资料的可利用性。但应特别注意注册会计师实施存货监盘的资料能否直接用于评估,并充分关注存货监盘中发现的问题对利用存货账表清单资料进行评估的影响。定期盘点存货、合理确定存货的数量和状况是企业的日常工作。注册会计师为获取有关存货数量和状况的充分、适当的审计证据而实施存货监盘。存货监盘作为一项核心的审计程序,可以获取证据以证实被审计单位记录的所有存货确实存在,并属于被审计单位的合法财产,同时也已经反映了被审计单位拥有全部存货。注册会计师实施存货监盘包括以下程序：评价管理层用以记录和控制存货盘点结果的指令和程序，观察管理层制定的盘点程序的执行情况，检查存货。存货监盘中，注册会计师不协助被审计单位的存货盘点工作。考虑评估工作效率，评估专业人员可以与注册会计师共同确定检查存货的范围和比例，共同实施存货核实工作；在确定存货的范围和比例时，应充分考虑满足评估工作的需要。

4. 选择评估方法及评定估算

评估专业人员在核实清楚存货账表清单与实际数量、状况是否一致后，应根据获取的存货信息资料，选取适当的评估方法，对存货价值进行估算。

存货评估方法的选择，一是根据评估的目的，二是根据不同种类存货的特点，一般采用的评估方法为市场法和成本法。如果其价格变动较大，则以市场价格为基础，分析存货本身是否具有按现行市场价格出售的可能性。如果其价格变动不大，则可以以账面核算成本为基础，分析估算存货价值。

二、材料的评估

1. 材料评估的内容

企业中的材料，可以分为库存材料和在用材料。由于在用材料在再生产过程中形成产品或半成品，已不再作为单独的材料存在，故材料评估是对库存材料评估。库存材料包括原料及主要材料、辅助材料、燃料、修理用备件、外购半成品等。由于低值易耗品和包装物在一定程度上与材料类似，故应采用与材料类似的评估方法。

2. 材料评估的注意事项

库存材料品种多、数量大、金额大，而且计量单位、购进时间和自然损耗等各不相同，根据这些特点，可以按照下列步骤进行评估。

(1) 进行实物盘点，使其账实相符。在进行材料的价值评估前，首先应进行材料清查，做到账实相符。与此同时，还应对具有实物形态的流动资产进行质量和技术状况调查。查明材料有无霉烂、变质、呆滞、毁损等。

(2) 根据待估资产的特点和不同评估目的，选择相应的评估方法。在评估方法的选择上，更多的是采用成本法或市场法。从评估实践的角度看，不同的经济行为，材料评估的方法和标准是不同的。材料评估的标准有现行市价标准、重置成本标准、收益现值标准和清算价格标准；材料评估的方法主要有重置成本法、现行市价法和清算价格法。因为材料等流动资产的功效高低取决于其自身，而且是生产过程中的"消费性"资产，所以，即使在发生投资行为的情况下，仍可采用成本法或市场法。就这两种方法而言，在某种材料存在活跃市场、供求基本平衡的情况下，成本法和市场法二者可以替代使用。如不具备上述条件，则应分析使用。

(3) 运用企业库存管理的 ABC 管理法对库存材料进行科学分类。A 类资产品种少，占用资金多；B 类资产品种比 A 类多一些，占用资金比 A 类少一些；C 类资产品种繁多，占用资金少。流动资产评估借用该方法进行资产核实和评估，目的就是对 A 类材料重点核实，重点调查整理现行价格资料，以控制总体，然后根据一定的目的和要求，对材料排队，分清重点，着重对重点材料(A 类)进行评估。对其他材料可适当粗略一些，做到既能保证评估质量，又能节约评估费用。

3. 材料评估的方法

对库存材料进行评估时,可以根据材料购进情况的不同选择合适的评估方法。

(1)近期购进材料评估。近期购进库存材料的库存时间较短,在市场价格变化不大的情况下,其账面值与现行市价基本接近,评估时可以采用历史成本法。对于运杂费,如果是从外地购进的原材料(本地没有这种材料),因运杂费发生额较大,评估时应将由被评估材料分担的运杂费计入评估值;如果是本市购进,运杂费发生额较少,评估时则可以不考虑运杂费。

例 5-1 某企业在评估基准日 1 月前购进生产原材料 15 吨,单价 2 万元/吨,购入时每吨运杂费 200 元。至资产评估日,尚余库存 10 吨,且这种材料的市场价格近期无较大波动。确定该原材料的评估值。

解:原材料评估值=10×(20 000+200)=202 000(元)

(2)购进批次间隔时间长、价格变化大的库存材料的评估。这种库存材料的评估可以采用以下两种方法:①以最接近市场价格的那批材料的价格作为评估的计价基础;②直接以评估基准日时的市场价格作为评估的计价基础。

例 5-2 某企业要求对其库存的特种钢材进行评估。该特种钢材分两批购进,第一批购进时间是上年 10 月,购进 1 000 吨,每吨 3 800 元;第二批是今年 4 月购进,数量 100 吨,每吨 4 500 元。今年 5 月 1 日评估时,经核实去年购进的特种钢材尚存 500 吨,今年 4 月购进的尚未使用。因此,需评估特种钢材的数量是 600 吨,价格可采用 4 500 元计算,求材料价值。

解:特种钢材评估值=600×4 500=2 700 000(元)

应该注意,本例中,因评估基准日 5 月 1 日与本年 4 月购进时间较近,因而直接采用 4 月购进材料价格作为评估值。倘若材料是分批分期购入,最后一次购入材料与评估时的市场价格相差很大,则不能以最后一批购入材料的市场价格作为评估基准日的现行市价,而应该采取评估基准日的实际市场价格作为评估价格。操作中可以采用物价指数法,以统一的评估时点为基准日,利用物价指数对不同批次的材料账面价值进行调整。其计算公式为

$$评估价值=\frac{账面价值×评估时物价指数}{取得时物价指数}-损耗$$

此外,材料分期购进,由于各企业采用的核算方法各不相同,如先进先出法、加权平均法等,其账面余额也不尽相同。但核算方法的差异不应影响评估结果。评估时关键是核查库存材料的实际数量,以及选准评估价格。

(3)缺乏准确现行市价库存材料的评估。对这种类型材料的评估,可以使用下列方法。

① 同类商品的平均物价指数修正进价。这是用同类商品的平均物价指数修正材料进价的评估方法。其基本公式为

$$材料评估值=库存数量×同类商品的平均物价指数-减值因素$$

例 5-3 某厂 20×4 年 6 月购进甲材料 200 吨,单价 2 000 元/吨,由于当时该材料属于紧俏物资,价格较高,而且这种材料的供应有明显的季节性,20×5 年 12 月进行评估时,市场上已无大量的交易活动。另据调查,同类商品的物价指数在 20×4 年 6 月为 100%,在 20×5 年 12 月为 105%。经清查核实,此种材料的库存尚有 20 吨,因保管等原因造成的减值因素占材料原值的 4%。试确定甲材料的评估值。

解:甲材料的评估值=$\frac{20×2\,000×105\%}{100\%}$-2 000×20×4%=40 400(元)

② 参照替代品的现行市价。这是通过寻找替代品的现行价格,修正材料进价的评估方法。其基本公式为

$$材料评估值=库存数量×替代品现行市价×调整系数-减值因素$$

例 5-4 某厂 20×4 年 6 月购进甲材料 200 吨,单价 2 000 元/吨,由于当时该材料属于紧俏物资,价格较高,而且该种材料的供应有明显的季节性,20×5 年 12 月进行评估时,市场上已无大量的交易活动。市场上另有一种材料乙与材料甲功能相似,可作为甲材料的替代品,乙材料的现行市价为 1 500 元/吨。根据历史数据可知甲、乙材料的价格之比为 1:0.8。经清查核实,甲材料的库存尚有 20 吨,因保管等原因造成的减值因素占材料原值的 4%。试确定甲材料的评估值。

解:甲材料的评估值$=\dfrac{20×1\,500×1}{0.8}-2\,000×20×4\%=35\,900(元)$

③ 根据市场价格趋势修正进价。这是在市场供需分析的基础上,确定价格趋势,并以此修正材料进价的评估方法。其基本公式为

$$材料评估值=库存数量×进价×市场供需升降指数-减值因素$$

例 5-5 某厂 20×4 年 6 月购进甲材料 200 吨,单价 2 000 元/吨。由于当时该材料属于紧俏物资,价格较高,而且该种材料的供应有明显的季节性,20×5 年 12 月进行评估时,市场上已无大量的交易活动。通过分析市场供需趋势,甲材料价格目前基本稳定,但需求略有上升,将价格拉动上升了 5% 左右。经清查核实,甲材料的库存尚有 20 吨,因保管等原因造成的减值因素占材料原值的 4%。试确定甲材料的评估值。

解:甲材料的评估值$=20×2\,000×105\%-2\,000×20×4\%=40\,400(元)$

(4) 超储积压物资的评估。超储积压物资是指从企业库存原材料物资中清理划出,需要进行处理的那部分流动资产。这类物资长期积压,可能会因为自然力作用或保管不善等原因造成使用价值下降。有的还既占用流动资金,并需支付银行利息。

对超储积压物资的评估,数量和质量进行核实和鉴定,然后区别不同情况进行评估。对其中失效、变质、残损、报废、无用的,应通过分析计算,扣除相应的贬值数额后,确定其评估值。其基本公式为

$$超储积压物资的评估值=超储积压物资账面值×(1-调整系数)$$

例 5-6 某企业库存的 A 类化工原料为被估资产,其有关评估资料如下。

(1) 核实库存量 400 吨,账面原始成本共 2 500 000 元。

(2) 经技术质量鉴定,A 类化工原料中有一种原料共 3 吨已全部失效,每吨购进成本为 6 000 元,无回收价值。

(3) 经测算 A 类原料的平均库存期为 4 个月,每月价格上涨系数为 2.5%。

(4) 通过储备量分析,A 类化工原料库存量比合理储备量超额 20%,这部分超储原料平均每吨多支付利息及保管费用 500 元。根据上述资料计算 A 类化工原料的评估价值。

解:A 类化工原料调整后原始成本$=2\,500\,000-3×6\,000=2\,482\,000(元)$

A 类化工原料调整系数$=4×2.5\%=10\%$

超储原料的超额成本$=\left(400-\dfrac{400}{1+20\%}\right)×500=33\,333.333(元)$

A 类化工原料评估价值$=2\,482\,000×(1+10\%)-33\,333.333=2\,696\,866.67(元)$

三、低值易耗品的评估

1. 低值易耗品的概念和分类

（1）概念。低值易耗品是指不构成固定资产的劳动工具。不同行业对固定资产和低值易耗品的划分标准是不完全相同的。例如，服装行业的缝纫机，虽然其单位价值较小，但它是该行业的主要劳动工具，应作为固定资产核算和管理。但在其他行业，一般情况下，则把缝纫机作为低值易耗品处理。因此，在评估过程中判断劳动资料是否为低值易耗品，原则上视其在企业中的作用而定，一般可尊重企业原来的划分标准。同时，低值易耗品又是特殊流动资产，与典型流动资产相比，它具有周转时间长、不构成产品实体等特点。

（2）分类。低值易耗品种类较多，为了准确评估其价值，可以对其进行必要的分类。一般按照其用途和使用情况分类。

① 按用途分类，可以分为一般工具、专用工具、替换设备、管理用具、劳动保护用品、其他低值易耗品等。

② 按使用情况分类，可以分为两类：一是在库低值易耗品，二是在用低值易耗品。这是最常见的分类方法。

2. 低值易耗品的评估方法

（1）在库低值易耗品的评估。在库低值易耗品的评估方法与库存材料的评估方法是相同的，可以根据不同情况分别采用历史成本法、重置成本法和现行市价法进行评估。

（2）在用低值易耗品的评估。在用低值易耗品的评估方法类似于固定资产评估的评估方法。它与在库低值易耗品的区别就在于它已经发生了一定的损耗，不能按原值进行评估，只能按净值评估。基本公式如下：

$$在用低值易耗品的评估价值＝全新低值易耗品的重置价值×成新率$$

对于全新低值易耗品的评估价值，可以直接采用其账面价值（价格变动不大的情况下），也可以采用现行市场价格，还可以在账面价值基础上乘以其物价变动指数确定。

成新率的确定是使用这种方法的关键。低值易耗品的使用期限短于固定资产，一般不考虑其功能性损耗和经济性损耗，可根据实际观测确定，也可用下式计算成新率：

$$成新率＝\left(1-\frac{低值易耗品实际已使用时间}{低值易耗品可使用时间}\right)×100\%$$

在会计核算上，低值易耗品的价值采用摊销的方式，其摊销的目的在于有效地计算成本、费用，基本不反映低值易耗品的实际损耗程度。评估时确定低值易耗品成新率，应根据其实际损耗程度确定，而不能按照其摊销方式确定。

例 5-7　某被评估企业某车间生产用夹具现有 50 个，按规定每个使用 10 个月，现已使用 4 个月，该夹具目前市场价格每个 30 元。试确定该批夹具的评估值。

解：由于市场价格变动不大，采用原账面历史成本法确定其全新成本价值。

$$在用夹具评估值＝50×30×(1-4÷10)＝900(元)$$

四、包装物的评估

1. 包装物的概念

包装物本来属于辅助材料，但由于它的使用和核算特殊，所以被单列为评估对象研究。评估中所指的包装物,与会计制度规定的口径一样,是为包装本企业产品并随同产品出售而出租、出售、出借的各种包装容器,如桶、箱、瓶、坛及袋等。按其储存保管地点和使用情况,可分为在库未用包装物、在库已用包装物和出租及出借包装物。下列各项不属于包装物评估的范围。

(1) 各种包装材料,如纸、绳、铁丝及铁皮等,这些一次性使用的包装材料,应视同典型材料进行评估。

(2) 用于储存和保管产品、材料而不对外出售的包装物,这类包装物应按其价值的大小和使用年限的长短,分别作为固定资产或低值易耗品评估。

(3) 计划上单独列作企业商品产品的自制包装物,应作为产成品进行评估。

2. 包装物评估的方法

包装物评估不同于典型材料的评估,在使用过程中不断周转,也就会不断磨损,需要进行维护、修理,这与低值易耗品的特点相似,故在评估时需要考虑其实体性贬值,一般不考虑功能性贬值和经济性贬值。

但是,包装物与低值易耗品又不一样,形成包装物评估的最大特点是,反映包装物本身价值的资产账户可能变得不代表包装物价值,而与它相关联的负债账户或许是包装物价格的准确体现。因此,包装物的评估除采用类似固定资产或低值易耗品的评估方法,重点是对由负债转化为资产部分的评估,即对包装物押金退还的可能性进行评估,确定哪些按实际在用的包装物估价,哪些按押金估价,评估的方法主要是根据经验数据进行分析测算各类出售、出租、出借的包装物的回收概率,回收率余数与押金之积就是相应的包装物的价值。

(1) 在库未用包装物的评估方法与典型材料的评估方法相同。

(2) 在库已用包装物的评估与在用低值易耗品的评估相同,基本公式如下:

$$在库已用包装物的评估值＝包装物的全新价×成新率$$

同样,成新率可根据实际观测确定,也可按包装物的已使用时间、尚可使用时间和使用寿命计算确定。

(3) 出租、出借包装物。首先根据经验数据对出租、出借包装物的可收回性进行评估,确定哪些参照在库已用包装物评估,哪些按押金评估。将不可回收率乘以押金,就是不可回收包装物的评估值。

例5-8 某厂2年前购进一批包装物,在产品销售中周转使用。企业改制要求对这批包装物进行评估。评估收集到如下资料。

(1) 此批包装物账面原值50万元,其中库存未使用包装物5万元,库存已使用包装物10万元,另有出租出借包装物35万元。

(2) 企业包装物采用五五摊销,领用后即按账面原值50%摊销,故账面价值27.5万元。

(3) 至评估基准日,同类包装物成本上涨了10%。

(4) 现场查勘,库存未用包装物完好,库存已用包装物综合鉴定四成新。

(5) 出租出借包装物押金为成本的2倍,约定时间不收回不退押金,基准日在账押金70万元。根据历史资料分析,出租出借包装物收回比率为80%。

求该批包装物的评估值。

解:根据上述资料,评估计算如下。

(1) 库存未用包装物,按外购材料评估,采用物价指数调整:

$$5×(1+10\%)＝5.5(万元)$$

（2）库存已使用包装物，按在用低值易耗品评估，经查勘鉴定成新率结果为40%：

$$10×(1+10\%)×40\% = 4.4(万元)$$

（3）出租出借包装物，对可收回部分与不可收回部分分开评估。

可收回包装物：$35×(1+10\%)×80\%×40\% = 12.32(万元)$

不可收回包装物：$35×20\%×2 = 14(万元)$

该厂包装物评估值总额为：$5.5+4.4+12.32+14 = 36.22(万元)$

五、在产品的评估

1. 在产品的概念和特点

（1）概念。在产品包括生产过程中尚未加工完毕的在制品、已加工完毕但不能单独对外销售的半成品（可直接对外销售的半成品视同产品评估）。

（2）特点。①在产品的数量不易清查核实；②在产品由于尚未加工或装配完成，需要估计完工程度。

2. 在产品的具体评估方法

由于在产品和半成品的数量不太容易核查清楚，而且对其进行评估还需要估计其完工程度，所以对在产品的评估应结合它的特点，采用成本法或市场法。

（1）成本法。成本法是根据技术鉴定和质量检测的结果，按评估时的相关市场价格及费用水平重置同等级在制品及自制半成品所需投入合理的料工费计算评估值。这种评估方法只适用于生产周期较长的在产品的评估。对生产周期较短的在产品，主要以其实际发生的成本作为价值评估依据，在没有变现风险的情况下，可根据其账面价值进行调整。具体方法主要有账面价值调整法、定额成本法和约当产量法。

① 账面价值调整法。按价格变动系数调整原成本。对生产经营正常，会计核算水平较高的企业在产品的评估，可参照实际发生的原始成本，根据评估目的市场价格变动情况，调整成重置成本。该方法适用于生产经营正常、会计核算水平高的情况。具体评估方法和步骤如下。

第一，对被评估在产品进行技术了解，将其中不合格在产品的成本从总成本中剔除。

第二，分析原成本构成，将不合理的费用从总成本中剔除。

第三，分析原成本构成中材料成本从其生产准备开始到评估基准日止市场价格变动情况，并测算价格变动系数。

第四，分析原成本中的工资、燃料、动力费用以及制造费用从开始生产到评估基准日有无大的变动，是否需要进行调整，如需调整，测算调整系数。

第五，根据技术鉴定、原始成本构成的分析及价值变动系数的测算，调整成本，确定评估值，必要时，从变现的角度修正评估值。评估价值计算的基本公式如下：

在产品的评估值＝原合理材料成本×(1＋价格变动系数)＋原合理工资、费用(含借款费用)×(1＋合理工资、费用变动系数)

例5-9　被评估资产是企业准备生产的甲系列产品的在产品，评估人员在被评估企业了解和进行市场询价后，得到以下资料。

（1）该在产品的账面成本累计到评估基准日总成本为3 000 000元。

（2）经复查和技术鉴定，发现该在产品废品率偏高，超过正常范围的废品有50件，账面单位成本为50元，估计可收回的废料价值为500元。

（3）在该在产品的总成本中,材料成本占 60%。材料是生产开始时一次投入,从生产准备开始到评估基准日期间,按公布的价格计算,此种材料价格上涨了 15%。

（4）经分析,单位在产品制造费用偏高,经调查分析主要是由于将补提折旧费用 100 000 元计入了本期成本。

请根据以上资料对该在产品的价值进行评估。

解：甲系列在产品总成本＝3 000 000(元)

减：超过正常范围的废品成本＝50×50－500＝2 000(元)

减：补提折旧费用＝100 000(元)

加：因材料涨价增加的费用(3 000 000－2 000)×60%×15%＝269 820(元)

甲系列在产品评估值＝3 000 000－2 000－100 000＋269 820＝3 167 820(元)

② 定额成本法。按社会平均工艺定额和现行市价计算评估值,即按重置同类资产的社会平均成本确定被评估资产的价格。在用此方法之前先要掌握以下几点。被评估在产品的完工程度；被评估在产品有关工序的工艺定额；被评估在产品耗用物料的近期市场价格；被评估在产品的合理工时及单位工时的取费标准,而且合理的工时及其取费标准应按正常生产经营情况进行测算。

采用此法计算评估值的基本公式如下(这里只考虑了某几道工序,而在产品可能已经过若干道工序)：

某在产品评估值＝在产品实有数量×(该工序单件材料工艺定额×单位材料现行市价＋
该工序单件工时定额×正常工资费用)

对于工艺定额的选取,如果有行业的平均物料消耗标准的,可按行业标准计算；没有行业统一标准的,按企业现行的工艺定额计算。

例 5-10 企业处于某一生产阶段的在产品 300 件,已知每件的铝材消耗 50 千克,每千克市场单价 5 元；在产品累计单位工时定额 20 小时,每定额小时的燃料和动力费用定额 0.45 元、工资及附加费定额 10 元、车间经费定额 2 元、企业管理费用定额 4 元,该在产品不存在变现风险。试根据上述资料评估该在产品的价值。

解：原材料成本＝300×50×5＝75 000(元)

工资成本＝300×20×10＝60 000(元)

费用成本＝300×20×(2＋4)＝36 000(元)

燃料和动力成本＝300×20×0.45＝2 700(元)

该在产品评估值＝75 000＋60 000＋36 000＋2 700＝173 700(元)

③ 约当产量法。按在制品的完工程度计算评估值。因为在制品的最高形式为产成品,因此,计算确定在制品评估值,可以在计算产成品重置成本基础上,按在制品完工程度计算确定在制品评估值。计算公式如下：

在产品评估值＝产成品重置成本×在产品约当量

约当量是指在产品完工程度折合相当于完工产品的数量。它可以根据其完成工序与全部工序比例、生产完成时间与生产周期比例确定。

在产品约当量＝在产品数量×在产品完工率

＝∑ 第 i 道工序在产品数量×第 i 道工序在产品完工率

例 5-11 评估某企业一批在制品。这批不同完工程度的在制品共 700 件,其中处于第一道工序的在制品有 300 件,第二、第三道工序的在制品各 200 件。产品原材料在开始生产时一次投入。单位产品原料成本 150 元,工资及附加和其他费用每小时 10 元。该在制品工时定额为 60 小时,经三道工序完成,其中第一道工序工时定额 24 小时,第二道工序为 30 小时,第三道工序为 6 小时。根据上述资料评估在产品价值。

解: 在产品约当产量:$300 \times 20\% + 200 \times 65\% + 200 \times 95\% = 380$(件)

材料成本:$700 \times 150 = 105\,000$(元)

在产品工资及附加、其他费用:$380 \times 600 = 228\,000$(元)

在产品评估值:$105\,000 + 228\,000 = 333\,000$(元)

(2)市场法。市场法是按同类在产品和半成品的市价,扣除销售过程中预计发生的费用后计算评估值。一般来说,被估资产通用性好,尚能用于产品配件更换或用于维修,评估的价值就比较高;对不能继续生产,又无法通过市场调剂出去的专用配件只能按废料回收价格进行评估。对此类在产品计算评估值的基本公式如下:

某在产品评估值=该种在产品实有数量×可接受的不含税的单位市场价格－

预计在销售过程中发生的费用

如果在调剂过程中有一定的变现风险,还要考虑设立一个风险调整系数,计算可变现的评估值。

报废的在产品评估值=可回收废料的重量×单位重量现行的回收价格

例 5-12 某企业因产品技术落后而全面停产,现准备与 M 公司合并,有关在产品的资料如下:在产品原账面记录的成本为 1 750 000 元。按其状态及通用性分为三类。

第一类,已从仓库中领出,但尚未加工的原料,按现行市场价格计算评估值。

第二类,已加工成部件,可通过市场销售且流动性较好的在产品,按市场价计算。

第三类,加工成的部件无法销售,又不能继续加工,只能报废处理的在产品,按废料的回收价格计算评估值。

确定该企业在产品评估值。

解: 根据评估资料可以确定三类在产品的评估结果,如表 5-1～表 5-3 所示。

表 5-1 车间已领用尚未加工的原材料

材料名称	编号	实有数量	现行单位市价	按市价计算的资产价值/元
黑色金属	A001	150 吨	1 600 元/吨	240 000
有色金属	A002	3 000 千克	18 元/千克	54 000
有色金属	A003	7 000 千克	12 元/千克	84 000
合计	—	—	—	378 000

表 5-2 车间已加工成部件并可直接销售的在产品

部件名称	编号	实有数量	现行单位市价	按市价计算的资产价值/元
A	B001	1 800 件	54 元/件	97 200
B	B002	600 件	100 元/件	60 000
C	B003	100 台	250 元/台	25 000
D	B004	130 台	165 元/台	21 450
合计	—	—	—	203 650

表 5-3 报废在产品

在产品名称	实有数量/件	可回收废料/ (千克/件)	可回收废料数量/ 千克	回收价格/ (元/千克)	评估值/元
D001	5 000	35	175 000	0.4	70 000
D002	6 000	10	60 000	0.4	24 000
D003	4 500	2	9 000	6	54 000
D004	3 000	11	33 000	5	165 000
合计	—	—	—	—	313 000

该企业在产品评估值＝378 000＋203 650＋313 000＝894 650(元)

六、产成品及库存商品的评估

1. 产成品、库存商品的概念

产成品包括完工入库和已完工并经过质量检验但尚未办理入库手续的产成品、商业企业的库存商品等。两者都具有完整的实物形态和完整的价格形态。产成品和库存商品的评估还包括对准备对外销售的自制半成品和代修品、代制品的评估。

2. 产成品、库存商品的具体评估方法

由于产成品可以直接对外销售,依据其变现的可能和市场接受的价格,通常可采用成本法和市场法进行评估。

(1) 成本法。该方法主要适用于企业承包、租赁、联营等资产业务,不发生资产所有权变动的情况以及生产周期超过 1 年,而且在 1 年内生产资料价格和劳动力价格均发生了较大变化的企业产成品的评估。至于生产加工周期不到 1 年的企业,其产品的重置价可用实际发生成本为依据,考虑物价变动等重大因素调整而得,无须进行每项产品成本的重新计算。

采用成本法对生产及加工企业的产成品评估,主要根据生产、制造该项产成品全过程发生的成本费用确定评估值。具体应用过程中,可分以下两种情况进行。

① 评估基准日与产成品完工时间较接近,且成本费用变动不大。这时可以直接按产成品账面成本确定。其计算公式为

产成品评估值＝产成品数量×单位产成品账面成本

例 5-13 东方公司对库存甲产成品进行价值评估,甲产成品系评估日前不久入库,经核实有数量为 5 000 件,标准单位材料用量为 3 千克,材料单价为 15 元/千克;标准单位工时为 2 小时,每小时标准工资率为 1.5 元,每小时标准制造与管理费用率为 2 元。试估算甲产品的评估值。

解:甲产品的评估值＝5 000×(3×15＋2×1.5＋2×2)＝260 000(元)

② 评估基准日与产成品完工时间相距较长,且成本费用变化较大。这时的产成品评估值可按下面两种方法进行。

第一种:产成品评估值＝产成品实有数量×(合理材料工艺定额×材料单位现行价格＋
合理工时定额×单位小时合理工时工资、费用)

第二种:产成品评估值＝产成品实际成本×(材料成本比例×材料综合调整系数＋
工资、费用成本比例×工资、费用综合调整系数)

以上两种方法中的费用含借款费用。

例 5-14 某评估事务所对某企业进行资产评估。经核查，该企业产成品实有数量为 12 000 件，根据该企业的成本资料，结合同行业成本耗用资料分析，合理材料工艺定额为 500 千克/件，合理工时定额为 20 小时。评估时，由于生产该产成品的材料价格上涨，由原来的 60 元/千克涨至 62 元/千克，单位小时合理工时工资、费用不变，仍为 15 元/小时。产品的成本利润率为 15%。试根据上述资料确定产成品评估值。

解：产成品评估值 $= 12\,000 \times (500 \times 62 + 20 \times 15) \times (1 + 15\%) = 43\,194$（万元）

例 5-15 某企业产成品实有数量 60 台，每台实际成本 58 元，根据会计核算资料，生产该产品的材料费用与工资、其他费用的比例为 60:40，根据目前价格变动情况和其他相关资料，确定材料综合调整系数为 1.15，工资、费用综合调整系数为 1.02。产品的成本利润率为 12%。试根据上述资料确定产成品评估值。

解：产成品评估值 $= 60 \times 58 \times (60\% \times 1.15 + 40\% \times 1.02) \times (1 + 12\%) = 4\,279.56$（元）

（2）市场法。该方法适用于涉及所有权变动的资产交易（一般的产品资产评估也大多采用该方法）。市场法是指按不含价外税的可接受市场价格，扣除相关费用后计算被评估产成品评估值的方法。其中工业企业的产品一般以卖出价为依据，商业企业一般以买进价为依据。选择市场价格时应注意考虑下面几项因素。

① 产成品的使用价值，根据对产品本身的技术水平和内在质量的技术鉴定，确定产品是否具有使用价值以及产品的实际等级，以便选择合理的市场价格。

② 分析市场供求关系和被评估产成品的前景。

③ 所选择的价格应是在公开市场上所形成的近期交易价格，非正常交易价格不能作为评估的依据。

④ 对于产品技术水平先进，但产成品外表存有不同程度的残缺的，可根据其损坏程度，通过调整系数予以调整。

采用市场法评估产成品时，现行市价中包含成本、税金和利润的因素，如何处理利润和税金，运用市场法评估产成品原则上可根据《资产评估操作规范意见（试行）》第四十三条的要求：对于十分畅销的产品，根据其出厂销售价格减去销售费用和全部税金确定评估值；对于正常销售的产品，根据其出厂销售价格减去销售费用、全部税金和适当数额的税后净利润确定评估值；对于勉强能销售出去的产品，根据其出厂销售价格减去销售费用、全部税金和税后净利润确定评估值；对于滞销、积压、降价销售产品，应根据可收回净收益确定评估值。

例 5-16 某厂的产成品转让分为 A、B、C、D 4 个系列的产品。A 系列十分畅销，库存共 100 件，出厂价（含增值税）113 元/件；B 系列正常销售，库存共 500 件，出厂价（含增值税）226 元/件；C 系列勉强能够销售，库存共 100 件，出厂价（含增值税）339 元/件；D 系列属积压产品，库存共 200 件，出厂价（含增值税）226 元/件。假设所有产品的畅销费用率均为 2%，销售税金及附加占销售收入的比例为 1%，利润率为 15%，所得税税率为 25%。计算该厂产成品的评估值。

解：A 产品畅销：

$$\text{评估值} = 100 \times \frac{113}{1.13} \times (1 - 2\% - 1\% - 15\% \times 25\%) = 9\,325（元）$$

B 产品正常销售，假设只保留 60% 的税后利润：

$$评估值=500\times\frac{226}{1.13}\times(1-2\%-1\%-15\%\times25\%-15\%\times75\%\times40\%)=88\ 750(元)$$

C产品勉强能够销售:

$$评估值=100\times\frac{339}{1.13}\times(1-2\%-1\%-15\%)=24\ 600(元)$$

D产品积压,预计折扣率为80%:

$$评估值=200\times\frac{226}{1.13}\times(1-80\%)=8\ 000(元)$$

故该厂全部产成品的评估值:9 325+88 750+24 600+8 000=130 675(元)。

七、房地产开发企业实物类流动资产的评估

1. 房地产开发企业存货类型

房地产开发企业存货包括:原材料类存货,如用于开发土地、房屋、建筑物等的各种材料物资;设备类存货,如购入的用于房地产开发经营的各种设备;在产品类存货,如尚未开发的土地、房屋等;产成品类存货,如已完成开发建设全过程并已验收合格、可以按合同规定交付使用或对外销售的土地、房屋、配套设施;开发用品类存货,如进行房地产开发经营活动所必需的低值易耗品及其他用品等。

2. 房地产开发企业存货评估方法

(1)原材料类存货、设备类存货、开发用品类存货的评估。可采用一般存货评估方法进行评估,即外购原材料、辅助材料、燃料、外购半成品、在库低值易耗品,根据清查核实后的数量乘以现行市场购买价,再加上合理的运杂费、损耗、验收整理入库费及其他合理费用,得出各项资产的评估值。对其中失效、变质、残损、报废、无用的,需根据技术鉴定结果和有关凭证,通过分析计算,扣除相应贬值额(保留变现净值)后,确定评估值。

在用低值易耗品直接采用成本法进行评估。按清查核实结果,将同种低值易耗品的现行购置或制造价格加上合理的其他费用得出重置价值,再根据实际状况确定综合成新率,相乘后得出低值易耗品的评估值。

在库低值易耗品直接根据现行购置或制造价格加上合理的其他费用确定评估值。对残损、无用、待报废的低值易耗品,需根据技术鉴定结果和有关凭证,通过分析计算,扣除相应贬值额(保留变现净值)后,确定评估值。

(2)在产品类存货——未开工土地的评估。未开工的土地是指已取得土地使用权,获得开发权但尚未开发的土地,可以采用市场法和假设开发法评估。

(3)在产品类存货——尚未完工的各种土地和房屋的评估。尚未完工的各种土地和房屋可以分别采用假设开发法和成本法评估。

假设开发法是预测评估对象未来开发完成后的价值,然后减去预测的未来开发成本、税费及利润等来求取评估对象价值的方法。

成本法是按实际发生的成本加上一定比例的投资利润确定评估值。

(4)产成品类存货的评估。产成品类存货按是否对外出售可以细分为对外出售的产成品和对外出租的产成品。

对外出售的产成品主要包括商品住宅、写字楼、独立商铺等,可以采用市场法评估。对外出租的产成品主要包括地下车库、大型超市等,可以采用收益法评估。

第三节　非实物类流动资产评估

一、非实物类流动资产评估程序及清查核实方法

1. 非实物类流动资产评估程序

（1）了解账项核算具体内容。

（2）抽查核实账面记录的正确性。

（3）选择相应的评估方法。

（4）评定估算。

2. 非实物类流动资产的清查核实方法

非实物类流动资产的清查核实方法，视不同的资产种类有所不同。常用的清查核实方法有盘点、函证、抽查、访谈等。

（1）盘点。盘点一般用于库存现金的清查核实。库存现金盘点是证实资产负债表中或申报的资产评估明细表中所列现金是否存在的一项重要评估程序。库存现金盘点通常是指对已收到但未存入银行的现金、零用金、找换金等进行的盘点。库存现金盘点的步骤如下。

① 制定库存现金盘点程序，采取突击方式进行检查。

② 审阅现金日记账并同时与现金收付凭证相核对。

③ 由出纳员将已办妥现金收付手续的收付款凭证登入现金日记账，并结出现金结余额。

④ 盘点保险柜的现金实存数，同时编制"库存现金盘点表"，分币种、面值列示盘点金额。

⑤ 盘点金额与现金日记账余额进行核对，如有差异，应查明原因，并作出记录或适当调整。

盘点现金时，应注意以下问题。

① 复盘时，必须要求现金出纳人员始终在场。

② 对于盘点中发现的充抵库存现金的借条、未作报销的收据和发票，要在"库存现金盘点表"中加以说明。

③ 盘点完毕，现金退回给出纳人员时，应取得出纳人员签字的收条或由出纳人员在盘点表上注明已收回盘点的现金。

④ 对于存放在不同地点的库存现金，应将全部现金打上封条，并同时盘点，以避免企业将已盘点的现金转移为未盘点现金。

（2）函证。函证是注册会计师获取审计证据的重要审计程序，多用于执行审计和验资业务，如对应收账款余额或银行存款，通过直接来自第三方对有关信息和现存状况的声明，获取和评价审计证据的过程。通过函证获取的证据可靠性较高，因此，函证是受到高度重视并被经常使用的一种重要程序，也是评估专业人员对资产进行清查核实，获取评估依据的重要评估程序。

评估实践中，特别是对于国有资产规定、上市公司并购及重大资产重组规定有要求，同时开展财务审计工作的评估项目，可以充分考虑与注册会计师函证程序的衔接。考虑评估

工作效率,评估专业人员可以与注册会计师共同确定函证范围和比例,共同实施函证工作。在确定函证范围和比例时,应充分考虑满足评估工作的需要以及相关评估准则的要求。

评估实践中,需要注意记录无误的"函证"不能得出"无回收风险"的结论。从评估专业工作程序上看,对部分债权以被估企业名义发出的函证,充其量也就是核实账面记录的正确性而已,评估专业人员核实账面记录的正确性仅仅是评估作价的基础,评估最重要的工作是对核对无误的账面债权可回收价值的判断。欠款方承认债务的存在、认可债务账面记录,并不说明债权方能够全额收回欠款。有偿还的动机和足够的偿还能力才是全额收回欠款的真正依据。

(3) 抽查(会计凭证)。凭证抽查是注册会计师审计工作中一项非常普遍却又十分重要的程序,也是评估工作中一项十分重要的评估程序。

会计科目或资产类型不同,凭证抽查所关注的内容就不一样。银行存款凭证抽查,特别是各种银行进账单,对于日期、双方账户、金额、银行业务章等的查看,都是十分重要的。取得应收款权利,查看发票的购货方是否与记账凭证上的明细单位一致;收回应收款,查看进账单的付款方与记账凭证的明细单位是否一致;等等。这些都是十分重要的核实内容。存货的购入,查看发票类型,确定进项税是否可以抵扣;查看发票日期及存货入库单日期,确定存货是否存在跨期;各种形态流动资产,查看内部领料单或者出库单的日期,防止跨期;等等。这些是存货凭证抽查的重要内容。固定资产的购入,查看发票类型,确定税额是否可以抵扣;查看发票时间(或提货时间),确定开始计提折旧的日期;查看发票购方,确定是否为被评估企业;等等。这些是固定资产凭证抽查的重要内容。收到借款,着重关注借款单上的借款日期、借款期限、借款利率,这些都是测算利息支付是否合理的依据。关注归还借款日期,确定利息测算的截止日。应付职工薪酬后附的文件主要为人力资源管理部门提供的工资明细表,关注公司是否按部门将工资正确地列入成本费用。应交税费关注借方缴税发生额,对于贷方税费计提,倾向于对税金及附加的抽查。

(4) 访谈。访谈是一种重要的评估工作方法。就评估工作需要了解的信息,与被评估企业相关资产管理人员进行集中或一对一的访问、交谈,可以极大地帮助评估专业人员取得系统的信息,特别是账项核算的内容。一方面,可以大幅度缩减评估工作时间,提高评估工作效率;另一方面,可以发现相关记录未记录的问题,掌握评估信息,防范评估执业风险。例如,就应收账款评估明细表中的有关记录,向企业有关人员进行访问,迅速了解账项核算的内容,并配合抽查凭证,有效完成清查核实工作。

二、货币资金的评估

货币资金不会因时间的变化而发生变化,只存在不同币种的换算和不同货币资金形态的转换,因此,不存在价值估算,而仅仅需要核实数额。对现金的评估,实际上是通过对现金的盘点,与现金日记账和现金总账核对,确定现金数额。对各项银行存款的评估,实际上是通过银行函证与核对,核实各银行存款的实有数额,最后,以核实后的实有数额作为评估值。如有外币,一般按评估基准日时的汇率换算成等值人民币。

三、应收款项的评估

应收款项属于债权类资产。应收款项是指债权已经成立,债务人负有偿债责任的各种款项的总称,包括应收账款和其他应收款。应收款项的经济特点是债权以明确的货币金额量化,无论是否约定偿债期,到期偿还的债务额都是事前形成、约定的,如企业生产经营过程中由于赊销等原因形成的尚未支付的货款,因债务方已经收到货物,自然形成需要偿还的债务。

1. 应收款项评估的特点

(1) 因债权金额是事前形成、约定的,评估不是对债权金额的重新认定。应收款项账面余额反映的是已经发生的经济业务和已经成立的债权价值,资产评估不是对应收款项金额(账面记录)的重新估计或确定。

(2) 应收款项评估的是"风险损失"。因债务人的信用和还款能力,债权回收可能存在一定的风险,回收金额可能小于债权金额。因此,应收款项评估是对债务人的信用和还款能力的分析,评估对象是应收款项的"风险损失"。

(3) 应收款项评估的是"未来现金资产"。应收款项既非现金,也非实际可用于企业经营的资产,而是在未来回收后才能作为实际资产,即"未来现金资产"。即使在未来某一时点应收款项全额回收,从资金的时间价值角度看,未来回收的价值小于应收款项账面记录。

应收款项不是现金,是一种变现性很强的资产,它的账面金额是固定的,一旦不存在回收风险,其价值是足额的。但其变现时机和过程往往会花很长时间,一笔巨额的应收款需10年甚至20年才能偿还完。尽管不存在回收的风险,但对于反映评估基准日资产价值的专业判断来说,就不得不考虑资金的时间价值。只不过在多数情况下,大都是金额不大、时间不长的应收款,评估中忽略未计。

从上述特点不难看出,应收款项评估的本质是对款项回收的"风险损失"和"未来现金资产"的确定,而不是对应收账款账面记录的重新估计。

2. 应收款项评估的程序和方法

(1) 确定应收款项账面余额。确定应收款项账面余额,一般采取账证账表核对、函证、抽查凭证等方法,查明每项款项发生的时间,发生的经济事项和原因,债务人的基本情况(信用和偿还能力),这些作为评估预计风险损失的依据。在评估实践中,需要注意以下两点。

① 对集团内部独立核算单位之间的往来,必须进行双向核对,避免重计、漏计。

② 同时进行财务审计工作的项目,如企业改制设立公司评估项目,应与注册会计师审定调整后的账面余额核对一致,避免重评、漏评。

(2) 确认已发生的坏账损失。坏账是指企业无法收回或收回的可能性极小的应收款项。发生坏账而产生的损失,称为坏账损失。已经发生的坏账损失是指评估时有确切证据证明全部或部分金额确实无法回收。通常情况下,企业应收账款符合下列条件之一的,确认为坏账。

① 因债务人死亡或者依法被宣告失踪、死亡,其财产或者遗产清偿后仍然无法收回。

② 因债务人依法宣告破产、关闭、解散、被撤销,或者被依法注销、吊销营业执照后,其财产清偿后仍然无法收回。

③ 债务人较长时间内(如超过3年)未履行偿债义务,并有其他足够的证据表明无法收回或收回的可能性极小。

④ 与债务人达成债务重组协议或法院批准破产重整计划后,无法追偿的。

⑤ 因自然灾害、战争等不可抗力导致无法收回的。

评估操作中,判断作为已发生的坏账损失,应取得下列工作底稿。

① 法院的破产公告和破产清算的偿还文件。

② 法院的败诉判决书、裁决书,或者胜诉但被法院裁定终(中)止执行的法律文书。

③ 工商部门的注销、吊销公示信息。

④ 政府部门有关撤销、责令关闭的行政决定文件。

⑤ 公安等有关部门的死亡、失踪证明。

⑥ 逾期 3 年以上及已无力清偿债务的确凿证明。

⑦ 与债务人的债务重组协议及其相关证明。

⑧ 其他相关证明。

已发生的坏账损失,直接从应收款中扣减。

(3) 分类评信判断,确定可能发生的坏账损失。对于被评估企业的应收账款,应根据应收账款收回的可能性进行判断。一般可以根据企业与债务人的业务往来和债务人的信用情况将应收账款分类,并按不同类别估计坏账损失发生的可能性及其数额。应收账款的分类情况如下。

第一类,业务往来较多,债务人结算信用好,这类应收账款一般能够如期全部收回。

第二类,业务往来少,债务人结算信用一般,这类应收账款收回的可能性很大,但收回时间不能完全确定。

第三类,偶然发生业务往来,债务人信用状况未能调查清楚,这类应收账款可能只收回一部分。

第四类,有业务往来,但债务人信用状况较差,有长期拖欠货款的记录,这类应收账款可能无法收回。

上述分类方法,既是对应收账款坏账损失可能性的判断,也是对预计坏账损失定量分析的准备。

预计坏账损失的定量计算常用的有两种方法,一种是坏账估算法,另一种是账龄分析法。

① 坏账估算法。坏账估算法也叫坏账比例法或者应收账款余额百分比法。根据被评估企业前若干年(一般为 3~5 年)的实际坏账损失额与其应收账款发生额的比例确定。确定坏账损失比率时,还应该分析其特殊原因造成的坏账损失,这部分坏账损失产生的坏账比率有其特殊性,不能直接作为未来预计损失计算的依据。其计算公式为

$$坏账比例 = \frac{评估前若干年发生的坏账数额}{评估前若干年应收账款余额} \times 100\%$$

$$坏账损失额 = 应收账款额 \times 坏账比例$$

需要注意的是,如果一个企业的应收账款多年未清理,账面找不到处理坏账的数额,也就无法推算坏账损失率,在这种情况下就不能采用这种方法。

例 5-17　对某企业的应收账款进行评估时,根据账面的记载,截至评估基准日应收账款的账面余额为 5 000 000 元,前 4 年的应收账款发生情况及坏账损失情况如表 5-4 所示。

表 5-4　前 4 年的应收账款发生情况及坏账损失情况　　　　单位：元

时间	应收账款余额	处理坏账金额
第一年	1 500 000	200 000
第二年	2 450 000	72 000
第三年	2 500 000	120 000
第四年	3 550 000	108 000
合计	10 000 000	500 000

试计算坏账比例，预计坏账损失额。

解：坏账比例 $=\dfrac{500\ 000}{10\ 000\ 000}\times 100\%=5\%$

预计坏账损失额 $=5\ 000\ 000\times 5\%=250\ 000$（元）

需要说明的是，确定坏账比例时还应分析因特殊原因造成的坏账损失。在计算坏账比例时，应将因特殊原因造成的坏账从中扣除，不能直接作为预计未来坏账损失的依据。

② 账龄分析法。账龄是指债务人所欠账款的时间。账龄越长，发生坏账损失的可能性就越大。账龄分析法是根据应收账款的时间长短估计坏账损失的一种方法。采用账龄分析法时，将不同账龄的应收账款进行分组，并根据前期坏账实际发生的有关资料，确定各账龄组的估计坏账损失百分比，再将各账龄组的应收账款金额乘以对应的估计坏账损失百分比，计算各组的估计坏账损失额之和，即为当期的坏账损失预计金额。

例 5-18　某企业评估时，经核实，该企业应收账款实有金额为 858 000 元，具体发生情况以及由此确定坏账损失情况如表 5-5 和表 5-6 所示。

表 5-5　应收账款账龄分析　　　　单位：元

欠款单位	总金额	其中未到期	其中：已过期			
			半年	1 年	2 年	3 年及 3 年以上
甲	487 000	202 000	85 000	160 000	40 000	—
乙	176 000	80 000	40 000	—	10 000	46 000
丙	66 000	—	—	18 400	32 000	15 600
丁	129 000	22 000	18 000	24 000	25 000	40 000
合计	858 000	304 000	143 000	202 400	107 000	101 600

表 5-6　坏账损失计算分析　　　　单位：元

账　龄	应收金额	预计坏账损失率	坏账金额
未到期	304 000	1%	3 040
已过期：半年	143 000	10%	14 300
1 年	202 400	15%	30 360
2 年	107 000	25%	26 750
3 年以上	101 600	43%	43 688
合计	858 000	—	118 138

根据表 5-6 计算的应收账款评估值为 858 000－118 138＝739 862（元）。

真实的账龄是"账龄分析法"的前提条件。账龄的划分一般有三种方法：一是最后账龄法,如果每个客户应收款项截至某一年内有经济业务发生,则将该客户应收款项的全部余额视为某一年度确定账龄。这一方法虽然简便,但不太符合实际情况。二是先进先出法,假设收回的账款为先收回先发生的应收款项,以此确定账龄。三是实际账龄法,按每笔经济业务(或每个合同)实际发生的应收款项和收回款项确定账龄。评估实践中,经常遇到被评估单位申报应收款项资产清单时,有的反映的是最后一笔借方额记录时间,有的反映的是最后一笔贷方额记录时间。一次性业务形成的单笔款项对评估影响不大。多次业务的多笔借方和贷方款项,如常年多次发生赊销、还款业务,这种情况下,账龄的划分对评估十分重要。

此外,还应考虑应收账款评估时"坏账准备"科目的处理。一般来说,应收账款评估以后,账面上的"坏账准备"科目按零值计算,评估结果中没有此项目。对应收账款评估时,是按照实际可收回的可能性进行的。因此,应收账款评估值就不必再考虑坏账准备数额。

应收款项评估价值估算的基本公式为

应收款项评估价值＝应收款项账面余额－已确定的坏账损失－预计可能发生的坏账损失

也就是说,根据对应收款项可收回性的判断,预计风险损失,然后用款项的账面余额减去预计的风险损失,得出应收款项的评估价值。

四、应收票据的评估

1. 应收票据的种类和范围

票据是具有一定格式的书面债据,由债务人签发的指定日期内有持票人或承兑人收回票面金额的书面证明。票据有记名的,也有不记名的;有带息的,也有不带息的;有由出票人支付的本票、银行本票或期票,也有由出票人通知另一方支付的本票或汇票;有见票即付的即期票据,也有按票面载明日期付款的远期票据。

应收票据是指企业持有的尚未兑现的各种票据。主要包括以下内容。

(1) 顾客交来的自己签发的本票。

(2) 顾客交来的他人签发背书的本票和汇票。

(3) 企业自身签发的、经付款人承兑的汇票。

票据有不带息和带息之分,对于不带息票据,其评估值即是其票面额;对于带息票据,应收票据的评估值应由本金和利息两部分组成。

2. 应收票据的评估方法

(1) 不带息票据的评估。不带息票据其评估值即是其票面金额。严格来说,应该是票面面额的折现值,但是由于票据的期限比较短,忽略了货币的时间价值。

(2) 带息票据的评估。带息应收票据评估可采取下列两种方法。

① 按本金加利息确定(这运用的是单利而不是复利)。用公式表示如下:

$$应收票据评估值＝本金×(1＋利息率×时间)$$

式中,时间是指从票据签发日至评估基准日之间的这段时间。

例 5-19 某企业持有一张为期 1 年的应收票据,本金为 150 万元,年利息率为 12%,截至评估基准日离付款日还差 2 个月时间,试计算该票据评估值。

解:应收票据评估值＝150×(1＋12%÷12×10)＝165(万元)

② 按应收票据的贴现值计算。应收票据的评估价值为按评估基准日到银行申请贴现的贴现值。其计算公式为

$$应收票据评估值＝票据到期价值－贴现息$$

式中,贴现息＝票据到期价值×贴现率×贴现期。

例 5-20　某企业向甲企业售出一批材料,价款 500 万元,商定 6 个月收款,采取商业汇票结算。该企业于 4 月 10 日开出汇票,并经甲企业承兑。汇票到期日为 10 月 10 日。现对该企业进行评估,基准日为 6 月 10 日。由此确定贴现日期为 120 天,贴现率按月息 6‰计算。则有

$$贴现息＝(500×6‰÷30)×120＝12(万元)$$
$$应收票据评估值＝500－12＝488(万元)$$

与应收账款类似,如果被评估的应收票据在规定的时间内尚未收回票据,由于会计处理上将不能如期收回的应收票据转入应收账款账户,此时,按应收账款的评估方法进行价值评估。

五、待摊费用及预付费用类资产的评估

1. 待摊费用类资产的评估

待摊费用类资产本身不是资产,而是已耗用资产的反映,从而本身并不是评估的对象。但是,费用的支出可以形成一定形式的实物资产和享用服务的权利及其他无形资产,这种有形或无形的资产只要存在,已付出的费用就有价值。因此,对于待摊费用的评估,一般是按其形成的具体资产价值分析确定。

例如,某企业待摊费用中,发生的待摊修理费用 1 万元,而在机器设备评估时,由于发生大修理费用会延长机器设备的使用寿命或增加其功能,使机器设备评估值增大,因此,待摊费用 1 万元已在机器设备价值中得以体现,而在待摊费用中就不应该重复体现。

待摊费用价值只与资产和权益的存在相关,与摊余价值没有本质的联系。如果待摊费用所形成的资产和权益已经消失,无论摊余价值有多大,其价值都应该为零。

2. 预付费用类资产的评估

预付费用类资产与待摊费用类资产类似,只是这类费用在评估基准日之前企业已经支出,但在评估基准日之后才可能产生效益,如预付的报纸、杂志费,预付保险金,预付租金等。因而,可将这类预付费用看作未来取得服务的权利。预付费用的评估依据是未来可产生效益的时间。如果预付费用的效益已在评估基准日前全部体现,只因发生的数额过大而采用分期摊销的办法,那么这种预付费用不应在评估中作价。只有那些在评估基准日之后仍将发挥作用的预付费用,才具有相应的评估价值。

例 5-21　某资产评估公司受托对某企业待摊费用和预付费用进行单项评估,评估基准日为 20×2 年 6 月 30 日。企业截至评估基准日待摊和预付费用账面余额为 86.78 万元,其中有预付 1 年的保险金 7.56 万元,已摊销 1.89 万元,余额为 5.67 万元;尚待摊销的低值易耗品余额为 39.71 万元;预付的房租租金 25 万元,已摊销 5 万元,余额为 20 万元。根据租约,起租时间为 20×0 年 6 月 30 日,租约终止期为 20×5 年 6 月 30 日。根据上述资料对其待摊费用和预付费用进行评估。

解:(1)预付保险金的评估。根据保险金全年支付数额计算每月应分摊数额为

$$每月分摊数额＝75\,600÷12＝6\,300(元)$$
$$应预留保险金(评估值)＝6\,300×6＝37\,800(元)$$

（2）未摊销的低值易耗品的评估。低值易耗品根据实物数量和现行市场价格评估,评估值为 412 820 元。

（3）租入固定资产租金的评估。租入固定资产的价值按租约规定的租期和 5 年总租金计算,租赁的房屋尚有 3 年使用权。

$$评估值 = 50\,000 \times 3 = 150\,000(元)$$
$$评估结果 = 37\,800 + 412\,820 + 150\,000 = 600\,620(元)$$

六、交易性金融资产的评估

交易性金融资产是各种能够随时变现、持有时间不超过 1 年的有价证券以及不超过 1 年的其他投资。由于有价证券等经常在市场流通,可随时变现,因此,对该类资产的评估应按评估基准日的市场收盘价为基础确定评估日。其基本公式为

$$交易性金融资产评估价值 = \sum(有价证券股数 \times 每股市场收盘价)$$

对于不能公开交易的有价证券,可按其本金加持有期间的利息计算评估值。

例 5-22 甲企业以每股 10 元的价格购入上市公司 A 的股票 10 000 股,目的是用于短期投资,至评估日收盘价每股 15 元,试确定股票的评估值。

解：A 股票投资的评估值 $= 10\,000 \times 15 = 150\,000(元)$

第六章

机器设备评估

 **学习目标**

1. 了解机器设备的相关知识及机器设备评估的相关知识
2. 掌握机器设备的重置成本、实体性贬值、功能性贬值、经济性贬值的估算方法。
3. 理解机器设备市场比较法评估中有关比较指标的修正系数的确定。

 情境导入

有研半导体材料股份有限公司(以下简称公司)聘请中资资产评估有限公司分别对有研稀土新材料股份有限公司、有研亿金新材料股份有限公司、有研光电新材料有限责任公司的股东全部权益以及北京有色金属研究总院部分机器设备进行了评估,评估基准日为 2019 年 3 月 31 日,并分别出具了《资产评估报告书》(中资评报〔2019〕117、118、119、120 号),前述《资产评估报告书》已经国务院国资委备案确认。

请思考:该公司的机器设备评估应考虑哪些参数指标?哪种评估方法更为常用?

第一节　机器设备评估概述

一、机器设备的定义和分类

1. 机器设备的定义

机器设备是指利用机械原理制造的装置,将机械能和非机械能转化为便于人们利用的机械能以及将机械能转化为某种非机械能,或利用机械能做一定工作的装备和器具。机器设备一般有三个基本特征:①由零部件组成;②零部件之间有确定的相对运动;③有能量转换。在资产评估领域,从自然属性和资产属性两个方面对机器设备进行定义,即机器设备是指人类利用机械原理以及其他科学原理制造的、特定主体拥有或者控制的有形资产,包括机器、仪器、器械、装置附属的特殊建筑物等,不仅包括利用机械原理制造的装置,也包括利用机械、电子、电工、光学等各种科学原理制造的装置。

2. 机器设备的分类

机器设备种类繁多,分类方法十分复杂。按不同的分类标准,机器设备可以分为不同的类别。不同分类方式满足不同领域或管理需要。固定资产管理中和会计核算中的使用分类方法,经常在资产评估实践中使用。

(1) 固定资产管理中,机器设备的分类。我国固定资产管理中使用的是国家质量监督检验检疫总局和国家标准化管理委员会于 2011 年 1 月 10 日发布的《固定资产分类与代码》(GB/T 14885—2010),该标准适用范围包括国内的企业事业单位、社会团体、军队和武警部队以及各级有关管理部门的固定资产管理、清查、登记、统计等工作。国内编制的机器设备价格资料及价格指数大都采用这种分类方法。这种分类方法是资产评估中使用的最基本的分类方法。评估实践中,资产评估机构使用的机器设备评估明细表就考虑了这种分类要求,既适应了资产占有单位的资产管理制度,为机器设备清查、评估信息填报和根据评估结果进行账务处理提供便利,又有利于资产评估专业人员开展资产核实和资料搜集工作。

(2) 会计核算中机器设备的分类。目前,我国企业会计核算领域按使用性质将机器设备分为以下六大类。

① 生产机器设备是指直接为生产经营服务的机器设备。

② 非生产机器设备是指企业所属的福利部门、教育部门等使用的设备。

③ 输出机器设备是指企业出租给其他单位使用的机器设备。

④ 未使用机器设备是指企业尚未投入使用的新设备、库存的正常周转用设备、正在修理改造尚未投入使用的机器设备等。

⑤ 不需要机器设备是指已不适合本单位使用,待处理的机器设备。

⑥ 融资租入设备是指企业以融资租赁方式租入使用的机器设备。

此外,在资产评估领域,按机器设备的组合形式,将机器设备分为单台机器设备和机器设备组合。

在资产评估实践中,应当注意企业对机器设备的分类信息,便于在制订评估计划时了解机器设备在企业资产中的重要程度,对评估对象进行 ABC 分类,确定需重点关注设备的核实及评估方法。例如,一些制造类企业通常将机器设备分为机械设备和动力设备,机械设备又分为金属切削设备、锻压设备、起重运输设备、工程机械设备、通用设备、木工铸造设备、专业生产设备及其他机器设备,动力设备又分为动能发生设备、电气设备、工业炉窑及其他动力设备等。有些企业也常根据设备的大小、重要程度、精密等级等对机器设备进行分类,将设备分为大型设备、精密设备、关键设备、稀有设备等。

二、机器设备的经济管理

(一) 机器设备的磨损与补偿

1. 机器设备的磨损

机器设备在使用或闲置过程中,由于物理或技术进步的原因会逐渐发生磨损而降低价值。机器设备的磨损分为有形磨损和无形磨损两种形式。

(1) 有形磨损。有形磨损又称物质磨损,是指设备在实物形态上的磨损。按产生原因的不同,有形磨损可分为以下两种。

① 在使用过程中,设备的零件由于摩擦、振动、腐蚀和疲劳等产生磨损。这种磨损称为第一种有形磨损,通常表现为机器设备零部件的原始尺寸、形状发生变化,公差配合性质改变,精度降低以及零部件损坏等。

② 设备在闲置过程中,由于自然力的作用而腐蚀,或由于管理不善和缺乏必要的维护而自然丧失精度和工作能力,使设备遭受有形磨损,称为第二种有形磨损。

第一种有形磨损与使用时间和使用强度有关,而第二种有形磨损在一定程度上与闲置时间和保管条件有关。

有形磨损的技术后果是机器设备的使用价值降低,到一定程度可使设备完全丧失使用价值。有形磨损的经济后果是生产效率逐步下降,消耗不断增加,废品率上升,与设备有关的费用也逐步提高,从而使所生产的单位产品成本上升。当有形磨损比较严重时,如果不采取措施,将会引发事故,从而造成更大的经济损失。

(2) 无形磨损。无形磨损是指由于科学技术进步而不断出现性能更加完善、生产效率更高的设备,致使原有设备价值降低;或者是生产相同结构的设备,由于工艺改进和生产规模扩大等,其重置价值不断降低,导致原有设备贬值。无形磨损也可分为两种形式。

① 由于相同结构设备重置价值的降低而带来的原有设备价值的贬值称为第一种无形磨损。

② 由于不断出现性能更完善、效率更高的设备而使原有设备在技术上陈旧和落后所产生的无形磨损,称为第二种无形磨损。

在第一种无形磨损情况下,设备技术结构和经济性能并未改变,设备尚可继续使用,一般不需要更新。在第二种无形磨损情况下,由于出现了生产率更高,经济性能更好的设备,原设备经济效果降低。这种经济效果的降低,实际上反映了原设备使用价值的部分或全部丧失,当设备的贬值达到一定程度,就需要用新设备代替原有设备或对原有设备进行技术改造。第二种无形磨损也称为功能性磨损。

2. 机器设备磨损的补偿

机器设备遭受磨损以后,应当进行补偿。设备磨损形式不同,补偿的方式也不一样。如当机器设备的有形磨损是由零件磨损造成的,一般可以通过修理和更换磨损零件,使磨损得到补偿;当设备产生了不可修复的磨损,则需要进行更新;当设备遭受第二种无形磨损时,可采用更新、更先进的设备,或对原有设备进行技术改造。

(二)机器设备的利用率

机器设备的利用率是指每年度设备实际使用时间占计划用时的百分比,是反映设备工作状态及生产效率的技术经济指标。常用的设备利用率指标有时间利用率和能力利用率。

1. 时间利用率

设备时间的利用好坏将直接影响生产能力的发挥,从而影响设备的效率。为了分析设备的时间利用情况,可对设备时间做如下划分。

(1) 日历时间是指按日历日数计算的时间。

(2) 制度时间取决于设备的工作制度。当采用连续工作制时,制度时间就是日历时间;当采用间断工作制时,制度时间就是日历时间扣除节假日、公休日及不工作的轮班时间后,设备应工作的时间。

(3) 计划工作时间是从制度时间中扣除计划停工后的工作时间。

(4) 实际工作时间是从计划工作时间中扣除因事故、材料供应、电力供应等原因造成的停工时间。

设备时间利用情况通常用两个指标反映,即设备计划时间利用率和设备日历时间利用率,其计算公式为

$$计划时间利用率 = \frac{实际工作时间}{计划工作时间} \times 100\%$$

$$日历时间利用率 = \frac{实际工作时间}{日历时间} \times 100\%$$

上述两式分别表示计划规定时间的利用情况和全年日历时间(即最大可能时间)的利用情况。

2. 能力利用率

设备的数量和时间利用指标从不同的角度反映了设备的利用情况,但是,有时可能出现设备的数量和时间虽得到充分利用,而产品的实际生产量却并不高的情况。其原因是设备能力没有完全发挥。通常可以采用设备能力利用率反映生产设备能力的利用。设备能力利用率是单位时间内平均实际产量与设备在单位时间内最大可能产量之比,其计算公式为

$$设备能力利用率 = \frac{单位时间内平均实际产量}{单位时间内最大可能产量} \times 100\%$$

最大可能产量是按设备设计能力计算的,如果由于设备改进,或生产技术提高,设备已突破了原设计能力,则最大可能产量就应根据改进后设备的生产能力计算。

如果企业时间利用率或能力利用率过低,评估专业人员应当关注其原因。比如,是否因故障率高、使用状态不佳而需要耗费大量时间进行维护保养,或市场原因导致开工不足。

(三) 机器设备的维护、检查、修理、更新改造与报废

1. 设备的维护

设备的维护是指为了保持设备处于良好工作状态,延长其使用寿命所进行的日常工作,包括清理擦拭、润滑涂油、检查调校,以及补充能源、燃料等消耗品等。设备维护分日常维护和定期维护两种。

2. 设备的检查

设备的检查是指按规定的标准、周期和检查方法,对设备的运行情况、技术状况、工作精度、零部件老化程度等进行检查。设备检查分为日常检查、定期检查、精度检查和法定检查等。

3. 设备的修理

设备的修理是指通过修复或更换磨损零件,调整精度,排除故障,恢复设备原有功能而进行的技术活动。

按照设备的修理策略,可分为预防性修理、事后修理、改善修理和质量修理。其中,预防性修理是指按事先的计划和相应的技术要求所进行的修理活动,其目的是防止设备性能、精度的劣化,从而降低故障率。预防性修理可分为小修、中修、大修和项修。小修通常只需修复、更换部分磨损较快和使用期限等于或小于修理间隔期的零件,调整设备的局部机构,以保证设备能正常运转到下一次计划修理。中修是对设备进行部分解体,修理或更换部分接近失效的主要零部件和其他磨损件,并校正机器设备的基准,使之恢复并达到技术要求。大修是对设备进行全部拆卸和调整,更换或修复所有磨损零部件,全面恢复设备的原有精度、性能及效率,以达到设备出厂时的水平。项修是项目修理的简称,它是根据设备的实际情

况,对状态劣化已难以达到生产工艺要求的部件进行针对性修理。项修具有安排灵活,针对性强,停机时间短,修理费用低,能及时配合生产需要,避免过剩维修等特点。项修是我国设备维修实践中不断总结完善的一种修理类别。

4. 设备的更新与技术改造

设备更新是指用技术性能更高、经济性更好的新型设备代替原有的落后设备。设备的技术改造是指应用现代科学技术的新成果,对旧设备的结构进行局部改革,如安装新部件、新附件和新装置使设备的技术性能得到改进。对设备的技术改造是补偿第二种无形磨损的重要方法。

5. 设备的淘汰报废

设备由于有形磨损、无形磨损或其他原因而不能继续使用并"退役"的称为设备报废。设备报废绝大多数是由于长期使用造成设备的零部件变形、变质、减重、老化,使结构损坏,性能劣化,精度不能满足生产工艺的要求;也有的是因为人为事故或自然灾害,使设备损坏而报废;也有的是因为耗能高、污染严重,国家要求强制淘汰。

根据我国《节约能源法》和《环境保护法》的规定,国家实行淘汰能耗高的老旧技术、工艺、设备和材料的政策,不符合的机器设备应立即报废或限期报废。许多在用设备因不符合能源、环保要求而报废或在一定时间内退出使用,甚至包括一些没有出库的新设备。

1982年以来,国家有关部门通过公布节能机电产品和淘汰落后机电产品、落后生产工艺及落后产能目录等举措,推动产业升级和设备更新换代。1997年,根据《大气污染防治法》和全国人大环境与资源保护委员会关于落实修改后的大气污染防治法的有关要求,国家公布了第一批15项严重污染环境(大气)的淘汰工艺与设备名录。1999年,国家经济贸易委员会先后公布了两批淘汰落后生产能力、工艺和产品的目录,第一批涉及10个行业的114个项目,第二批涉及8个行业的119个项目,第三批涉及13个行业的117个项目。

2009—2014年,国家工业和信息化部陆续发布《高耗能落后机电设备(产品)淘汰目录》(第一批至第三批),国家发展和改革委员会陆续发布了《产业结构调整目录》《外商投资产业指导目录》《中西部地区外商投资优势产业目录》《国家重点节能技术推广目录》《国家鼓励发展的环保产业设备(产品)目录》,以及行业准入条件、各行业淘汰落后生产能力等公告,限制高能耗、落后产能(设备、工艺),进而推广节能、先进产能(设备、工艺)。

三、机器设备寿命

机器设备寿命是指机器设备从开始使用到被淘汰所经历的时间期限,可分为自然寿命、经济寿命和技术寿命。

(1) 机器设备的自然寿命是指设备从开始使用到因自然磨损不能正常使用所经历的时间。设备在存放和使用过程中,自然力侵蚀、摩擦、振动和疲劳等均可产生自然磨损。其磨损形式往往不是以单一形式表现,而是共同作用于机器设备。设备自然寿命的终结往往是因为上述综合磨损导致设备无法使用而报废。

(2) 机器设备的经济寿命是指机器设备从开始使用到因遭受有形磨损和无形磨损,继续使用在经济上已不合适而被淘汰所经历的时间期限。关于机器设备经济寿命的基本观念有两种:一种认为设备的经济寿命是指设备从开始使用到其年均费用最小的年限。使用年限超过设备经济寿命,设备的平均费用将上升,所以设备使用到其经济寿命年限就进行更新最为经济;另一种则认为,对生产设备来说,设备经济寿命的长短不能单看年均费用的高低,而是要以使用设备时所获得的总收益的大小决定,要在经济寿命这段很有限的时间内获得最大的收益。

(3) 机器设备的技术寿命是指机器设备从开始使用到因技术进步导致其功能落后被淘汰所经历的时间期限。数字化技术的出现导致使用模拟技术的移动通信设备被替代,使用胶片技术的影像设备被相关数码设备取代等,这些都是技术进步缩短被替代设备技术寿命的生动例证。

技术设备的技术寿命主要是由其无形磨损决定的,它一般要短于自然寿命,而且科学技术进步越快,技术寿命越短。在经济可行的条件下,通过实施现代化改造也可延长设备的技术寿命。

四、机器设备评估的定义和特点

1. 机器设备评估的定义

机器设备评估是指资产评估机构及其资产评估专业人员遵守相关法律、法规及资产评估准则的要求,根据委托对在评估基准日特定目的下单独的机器设备或者作为企业资产组成部分的机器设备价值进行评定、估算,并出具评估报告的专业服务行为。

2. 机器设备评估的特点

(1) 机器设备类资产一般是企业整体资产的一个组成部分,通常与企业的其他资产,如房屋建筑物、土地、流动资产、无形资产等,共同实现某项特定的生产经营目的,一般不具备独立的获利能力。所以在进行机器设备评估时,收益法的使用受到一定的限制,通常采用重置成本法和市场法。

(2) 机器设备的存在形式可以是独立实现某种功能的单台设备,也可以是由若干机器设备组成的有机整体,如一条生产线、一个生产车间、一个工厂等。评估应注意资产之间的有机联系对价值的影响,整体的价值不仅仅是单台设备的简单相加。

(3) 资产按其可移动性可分为动产和不动产。对于设备,一部分属于动产,不需安装,可以移动使用;一部分属于不动产或介于动产与不动产之间的固置物,需要永久地或在一段时间内以某种方式安装在土地和建筑物上,移动这些资产可能导致机械设备的部分损失或完全失效。

(4) 设备的贬值因素比较复杂,除实体性贬值外,往往还存在功能性贬值和经济性贬值。科学技术的发展,国家有关的能源政策、环保政策等,都可能对设备的评估价值产生影响。

第二节　机器设备评估基本事项的明确及清查核实

一、机器设备评估基本事项的明确

机器设备评估明确的基本事项包括评估目的、价值类型、评估假设、评估对象和评估范围、评估方法等。

（一）明确评估目的

机器设备的评估目的通常有两种：①机器设备是企业价值或其他整体资产组合评估的组成部分，此种情况下机器设备的评估目的需要服从于企业价值的评估目的，具体情形通常包括企业改制设立公司、企业股权转让或收购、兼并等；②机器设备或机器设备组合出资、抵押、转让、保险、涉讼、涉税，以财务报告为目的的公允价值计量、资产减值测试等。

（二）确定价值类型

应当根据评估目的等相关条件选择恰当的价值类型。

1. 作为整体资产组成部分的机器设备

采用资产基础法评估整体企业价值，机器设备所能够实现的价值取决于自身对该整体企业价值的贡献程度，该价值一般不等于这些设备单台、独立销售时实现的市场价值。对机器设备的评估依据是替代原则，即采用同等功能的替代产品的价格作为重置价，因为功能相同的机器设备对企业的贡献是相同的。机器设备的价值是指按原来的用途与其他资产一起持续使用条件下的使用价值，即续用价值。

2. 脱离整体资产而独立存在的机器设备

如果一台或几台机器设备与整体资产分割开，其所能实现的价值可能只是变现价值。这种情况下机器设备的市场价值一般是指其在二手设备市场所能实现的价值。

3. 交易受到限制的机器设备

清算是最常见的交易受到限制的情况之一。评估机器设备在清算条件下的价值一般会选择市场价值以外的价值类型，比如清算价值。

（1）快速清算价值。快速清算价值也就是拍卖价值，是强制性的快速变现。所有设备的销售是以单台为基础，以当时、当地方式成交；没有考虑任何未知费用，如安装调试费用、运输费用等；买主负责所购设备的拆迁并承担风险。快速清算价值通常不包括附加价值，如可以生产的产品、已有的安装、制造许可证、商标、客户清单，可持续经营等因素。

例如，企业以部分机器设备抵押获得银行贷款，因未能履约，所抵押的设备必须以拍卖的形式快速变现。设备原有的安装、可以生产的产品等因素对购买者已没有意义，甚至在购买时要考虑拆除机器所需支付的费用。

（2）有序清算价值。有序清算价值是指资产所有者被允许有一个适当的时限，将资产进行宣传推销，选择买主变现资产的价值。有序清算仍属于强制出售，与快速清算价值的不同之处在于全部设备必须在今后某一特定时间内变卖出去。

（3）原地复用清算价值。原地复用清算价值是指以原地持续使用为处置条件所能实现的资产清算价值。

原地复用清算价值适用的条件是：企业生产设备被强制出售，不是由于外部经济因素、产品制造流程和设备使用等技术因素，而是缘于企业的内部管理，更新新的董事会或管理班子可以使企业恢复盈利。

使用原地复用清算价值还应关注设备使用所依赖的土地和建筑物等能够通过购买或租赁等方式一并提供给复用者使用。使用原地复用清算价值，还必须考虑行业经济状况，企业所在区位条件和清算资产是否具有吸引复用者购买的条件，了解复用者现实或意向需求情况。

这种价值概念较多地用于设备安装成本很高的企业,由于安装成本高,工厂和设备很难拆迁,其适应能力和在市场变现的可能性都比较有限。

(三)明确评估假设

在明确评估目的后,要根据机器设备的预期用途明确评估假设。机器设备评估实践中,通常使用的评估假设包括继续使用或变现、原地使用或移地使用、现行用途使用或改变用途使用(见表 6-1)。

表 6-1　机器设备评估假设一般类型

持续使用	按现行用途持续使用	原地使用
		移地使用
	改变用途持续使用	原地使用
		移地使用
变现	变现	变现

1. 持续使用假设与变现假设

持续使用假设是指机器设备未来将按某种特定的用途持续使用。变现假设机器设备未来在二手设备市场或以其他方式出售。

在对一个持续经营的企业进行整体企业价值评估时,机器设备一般适用于持续使用假设。在对破产清算企业进行评估时,大多数情况下可能使用变现假设。

一台机器设备或者被视为整体资产的一部分,或者被视为脱离整体资产的独立资产单独销售,所能够实现的价值是不同的。前者所能够实现的价值取决于该设备对整体的贡献,后者只能实现该设备单独销售的变现价值。

2. 现行用途使用假设与改变用途使用假设

现行用途使用假设是指被评估的机器设备按目前的用途持续使用。改变用途使用假设是指被评估的机器设备未来将改变用途持续使用。

机器设备是否按现行用途(原设计用途)继续使用,对机器设备的价值评估有很大影响。机器设备有时因所生产的产品、工艺等发生变化而需要改变用途,工艺或产品的调整可能会导致一些专用设备报废,或者要对这些专用设备进行改造,以适应新产品和新工艺的要求。

3. 原地使用假设与移地使用假设

原地使用假设是指被评估的机器设备未来将在原来的使用地点持续使用。移地使用假设是指被评估的机器设备未来将改变使用地点持续使用。

不动产是指土地及土地上的建筑物等附属设施是不能移动并且有形的。动产是指不是永久地固定在不动产上的,可以被移动的、有形的实体资产。机器设备有些属于动产,如车辆等不需要进行任何安装可以随意移动的机器;有些属于不动产,如工业炉窑等。另外很大一部分介于两者之间,称为"固定装置"或"固置物",介于动产与不动产之间。这些设备曾经是动产,并已采用一定的安装方式永久或半永久地固定在不动产上,挪动这些资产可能导致不同程度的损坏。

在评估中,很多时候需要判断资产的移动性以及可能产生的价值损失。如面对临搬迁企业的资产评估,或政府征收土地的拆迁企业损失评估。这时所评估的设备价值是它的移地使用价值,评估时必须考虑哪些设备可以移动,哪些设备不可以移动,哪些设备移动时会造成损坏,即设备的可移动性及移动损失。

(四)明确评估对象和评估范围

1. 评估对象

机器设备评估的评估对象,有时是机器设备组合,有时则是单台机器设备。

单台机器设备是指以独立形态存在、可以单独发挥作用或以单台的形式进行销售的机器设备。可以独立运营的设备主要有船舶、汽车等。

机器设备组合是指为了实现特定功能,由若干机器设备组成的有机整体(如生产线等),如车间、生产线、工厂等。除了少部分单台设备可以独立用于经营,具有独立获利能力外,在大多数情况下,一个具有特定功能的运营组合需要多台机器设备,或机器设备与其他资产组成。

2. 评估范围

机器设备的评估范围,除了机器设备本体可能还包括设备基础,附属设施等。对于未安装的设备,评估范围一般为设备本体;对于已安装的在用设备,评估范围可能还包括设备基础、附属设施等。

有些设备基础是独立的,有些设备基础是与建筑物密不可分的,甚至是建筑物的一个组成部分,特别是对于工厂、车间等,机器设备评估范围并不一定是显而易见的。

机器设备往往需要动力管线为其提供动力,也有一些机器设备包括一些附属设施。

另外,在进行机器设备评估时,应当关注评估对象是否包括操作软件、技术数据和专利等无形资产。

(五)确定评估方法

根据评估目的、评估对象、价值类型、资料收集情况等,分析成本法、市场法和收益法三种资产评估基本方法评估设备的适用性,恰当选择评估方法。

对某些机器设备的评估或者在某些评估前提下同时使用这三种方法是不切合实际的。例如,在评估机器设备的清算价值时,一般不采用成本法和收益法;对于不具有独立获利能力,或获利能力无法量化的机器设备,一般不采用收益法;对于市场上独一无二的设备,或市场交易不够活跃的机器设备,一般不宜采用市场法。

(六)不同评估业务评估基本事项的确定

1. 整体企业评估所涉及的机器设备评估

(1)评估目的。以增资扩股、股权收购或转让,企业改制等为目的的企业整体评估,在运用资产基础法时,需要对作为评估范围组成的机器设备实施评估。

(2)价值类型。在使用资产基础法评估企业整体价值时,市场价值是通过评估企业各类资产的持续使用价值体现的,机器设备所能够实现的价值取决于其对企业整体的贡献。因此,整体企业价值评估中所涉及的在用机器设备评估一般选择"市场价值"类型。

(3)评估假设。对持续经营的企业进行整体企业价值评估,机器设备一般适用于"原地持续使用假设"。

因政府土地征收或企业自身原因,被评估企业需要搬迁到新址继续生产经营时,对所涉及的能够移地继续使用的待搬迁机器设备,一般按"移地持续使用"设定评估假设。

被评估企业因市场等原因,需要改变所生产的产品或生产工艺等导致机器设备淘汰、报废或进行技术改造,一般采用"改变用途使用假设"评估相关机器设备。

对于被评估整体企业中存在的多余、闲置或待报废的机器设备,一般采用变现出售方式处置,这类机器设备可以采用"变现假设"。

(4)评估对象及评估范围。对原地持续使用机器设备评估时,机器设备的评估范围除了机器设备本身,还应包括使其正常发挥作用的设备基础、附属设施等。移地持续使用机器设备的评估范围一般不包括不能移动的资产及设施。

大部分需要变现处置的机器设备,其评估范围一般只包括设备本体及相关附件,不包括运杂费、安装调试费、基础费等。对于需要现场拆除的机器设备,应明确所评估的价值中是否包括拆除、运输等费用。

(5)评估方法。对于持续使用的机器设备一般采用重置成本法评估,需要变现处置的机器设备一般采用市场法评估。

2. 机器设备单项资产评估业务

(1)评估目的。因出资、抵押、出售、抵债、保险、涉讼、涉税等目的需要单独委托评估机器设备,也是机器设备评估常见的业务类型。这类业务中机器设备的评估目的就是为受托的具体经济行为服务。

以下以机器设备转让评估业务为例。

(2)价值类型。以机器设备转让为目的的评估,需要评估的是机器设备单独销售所能实现的价值,评估时一般选择市场价值类型。

(3)评估假设。机器设备转让行为的评估假设通常采用变现假设。

(4)评估对象及评估范围。机器设备转让的评估范围一般只包括设备本体及相关附件,不包括运杂费、安装调试费、基础费等。对需要现场拆除的机器设备还应明确所评估的价值中是否包括拆除、运输等费用。

(5)评估方法。机器设备转让目的评估通常选择市场法,一般选择二手设备交易市场。

3. 清算行为涉及的机器设备评估

(1)评估目的。清算需要对企业的债务进行清偿,评估的目的通常是确定纳入清算资产可能实现的货币价值。

(2)价值类型。机器设备清算评估需要确定在强制条件下被评估对象所能实现的变现价值,一般适用于清算价值类型。

(3)评估假设。被清算机器设备可以采取分拆或整体方式进行处置。有别于将被清算设备分别销售的分拆处置方式,整体处置是将被清算机器设备作为整体资产完整出售。例如,被清算企业由于内部管理不善导致破产清算,外部形势、市场条件等仍支持其在更换新管理班子后实现盈利,采用整体处置的方式更有利于实现其清算价值。化工、钢铁等类型企业,设备通用性差,安装费很高且拆卸困难,如果具备就地续用的经营环境,整体处置将有利于减少资产价值的清算损失。对具备就地续用、整体处置条件的清算设备评估,通常可以采用原地复用清算假设。

评估采用分拆处置方式的清算设备一般采用变现假设。

受困于条件要求,机器设备变现时间紧迫的清算评估一般选择快速变现假设;对清算主体有条件获得更多展示推销时间完成机器设备处置的评估,一般采用有序清算假设。

（4）评估对象及评估范围。原地复用清算假设机器设备的评估范围，除了机器设备本体还应包括使其正常发挥作用的设备基础、附属设施等资产。采用变现假设清算的机器设备的评估范围，一般只包括设备本体及相关附件，不包括运杂费、安装调试费、基础费等。对需要现场拆除的机器设备还应明确所评估的价值中是否包括拆除、运输等费用。

（5）评估方法。对采用变现假设的机器设备，一般采用市场法评估其清算价值。但对有交易时间限制的，通常选用可比设备的拍卖实例或对应的二手设备市场的交易信息，通常不直接采用正常二手设备市场的交易实例。

在实例选择或比较测算中，还可能需要针对清算方案和委托条件，考虑处置时间要求的影响。机器设备在快速变现条件下的清算价值，通常等于或接近其拍卖价值，但一般低于在正常二手市场的交易价值；在有序清算条件下，其价值一般要高于快速变现价值，但不超过在正常二手市场的交易价值。

采用整体方式处置的机器设备清算评估，实际情形较为复杂。一般根据被评估设备的变现时限，以及处置后的使用条件选择市场法、收益法或成本法。对不能直接得到清算价值的，可以先评估其市场价值，再根据调查情况考虑变现折扣后确定其清算价值。

4. 机器设备减值测试评估

（1）评估目的。当企业发现机器设备资产存在减值迹象，需要为此进行减值测试时，通常会委托评估其可回收金额。当可回收金额低于其账面价值时，需要及时确认和计量资产减值，将账面价值减记至可回收金额。此类业务的评估目的就是机器设备减值测试。

（2）价值类型。根据《会计准则第8号——资产减值》和《以财务报告为目的的评估指南》，机器设备减值测试评估，需要评估机器设备在减值测试日的"可回收价值"。按照会计准则的定义，可回收价值等于被评估对象预计未来现金流量的现值或公允价值减去处置费用的净额孰高者。

资产评估准则要求资产评估专业人员执行以财务报告为目的的资产评估业务，应当根据会计准则等相关规范中关于会计计量的基本概念和要求，恰当选择市场价值或者市场价值以外的价值类型作为评估结论的价值类型。在符合会计准则计量属性规定的条件时，会计准则下的公允价值一般等同于资产评估准则下的市场价值；会计准则涉及的重置成本或净重置成本、可变现净值或公允价值减去处置费用的净额、现值或资产预计未来现金流量的现值等计量属性，可以理解为相对应的评估价值类型。

据此，资产减值测试评估结论所对应的价值类型应当是评估对象的可回收价值。具体操作中，在确定评估对象预计未来现金流量的现值、公允价值减去处置费用的净额时，"预计未来现金流量的现值"（在用价值）和"公允价值减去处置费用的净额"（可变现净值）应当是与之对应的评估价值类型。

上述的"可回收价值""预计未来现金流量的现值"和"公允价值减去处置费用的净额"，都是会计准则为规范资产减值测试所规定的特有计量概念。

（3）评估假设。根据资产减值测试要求，确定评估对象预计未来现金流量的现值时，评估采用原地持续使用假设；确定评估对象公允价值减去处置费用的净额时，则按变现假设设定评估假设。

（4）评估对象及范围。机器设备资产减值测试的评估对象一般以资产组的形式出现，但在以下情况下也可以确定为单项资产：能够独立产生现金流的营运性资产，如船舶等运输设备;闲置停用、陈旧过时、毁损报废、拟处置的单项资产。

资产组是企业可以认定的最小资产组合,其产生的现金流入应当独立于其他资产或资产组。资产组应当由创造现金流入的相关资产组成。对设备而言可能就包含设备组合。

评估对象为资产组时,评估范围包括构成资产组的所有资产。评估对象为单项资产时,评估范围除相关设备之外,还要视其是否原地持续使用,确定是否包含使其正常发挥作用的其他内容。

(5) 评估方法。确定评估对象预计未来现金流量的现值时应当采用收益法。

确定评估对象公允价值减去处置费用的净额时,其公允价值可以采用市场法、收益法等,并根据减值测试日的标准确定其处置费用。

二、机器设备的清查核实

机器设备的清查核实是确定机器设备是否存在、明确机器设备的存在状态并对其法律权属资料进行核查,为进行机器设备评估提供基础。

(一)清查核实的内容

机器设备清查核实一般包括微观调查、宏观调查及法律权属资料情况三个方面。

1. 微观调查

微观调查是以单台设备为调查对象,具体内容一般包括机器设备的基础信息和安装使用情况。

(1) 基础信息。基础信息主要包括以下内容。

① 机器设备的名称。

② 制造厂家。

③ 品牌(商标)。从机器设备的品牌(商标)可以了解相关机器设备的生产厂商、机器设备的品质和市场影响力。品牌不同,机器设备的价值很可能也不同。

④ 规格型号,通常可能包含设备的类型、通用及结构特征、主参数及组系代号、重大改进等重要信息。比如,从 M1432B×1 500 可以了解,这是一台最大磨削尺寸为 $\phi 320\text{mm}\times$ 1 500mm 的万能外圆磨床。

⑤ 序列号,是厂家用来定义所生产机器设备的唯一代码。通过向厂家查询序列号,可获得该机器设备的生产年代、能力、规格等信息,甚至还可以了解到最初拥有者。对于一些机械(如机床和建筑设备等),这些数据非常有用。

⑥ 主要技术参数,可以反映有关机器设备性能、规格、尺寸等数据指标。比如,起重设备的主要参数包括起重量、起升高度、工作级别、幅度和起重力矩(臂架类起重机)、跨度(桥式起重机)等。搜集主要技术参数对于了解被评估设备的性能和使用情况,查询和比较设备价格都有帮助。

⑦ 出厂日期(役龄)。机器设备的役龄是指其从投入生产起计算的参与生产过程的年限。设备的役龄有日历役龄和有效役龄之分,后者在前者基础上又考虑了机器设备利用因素的影响,反映了机器设备的实际使用和损耗情况。出厂日期(役龄)是机器设备评估时估算被评估对象实体性贬值的重要基础信息。

⑧ 购置日期。

⑨ 附件及其相关内容。附件是具有增加功能的机器设备成品附带的零部件,或者是机

器设备专用组成零部件,比如可以扩大数控机床的加工性能和使用范围的刀架、卡盘、自定心中心架等。

调查与机器设备相关的附件、专用工具及备件、无形资产(如软件、技术许可等),了解在机器设备采购时是否随机包含这些内容,有助于合理界定机器设备的评估对象与范围,理解购置设备的交易条件和价格内涵。

(2)安装使用情况。安装使用情况主要包括以下内容。

① 安装状态,主要了解相关机器设备达到可使用状态时是否需要安装,要求安装的是否已被安装以及安装的方式、基础、调试及验收情况等。

② 使用情况,主要了解机器设备的使用方式、生产及工艺条件、工作负荷及利用水平等。对闲置设备应了解闲置的原因和时间,关注是否为不需用设备,是否需要进行处置或报废。

③ 维护保养情况,主要了解机器设备的外观、技术状态及运行环境,调查对机器设备的维护保养和专业检测情况,并对发现的残损现象或设备故障及时记录。

2. 宏观调查

宏观调查是以机器设备所服务的主体为调查对象。在对整体企业进行评估时,机器设备评估除了要对设备情况进行微观调查外,还应对设备所服务的企业整体情况进行宏观调查。

调查的内容一般包括以下内容。

(1)企业的名称与地址。

(2)企业的产品及生产工艺,内容主要涉及:①企业生产的产品、副产品及其数量和用途;②企业的生产工艺。需要调查企业的基本生产工艺、流程安排及设备布置等,了解其是否满足生产和管理需要。

(3)企业的生产能力,主要调查企业的设计生产能力、实际生产能力。对生产能力利用不足的应了解原因。

(4)企业机器设备等固定资产建设情况,主要了解工程建设及改扩建的日期、设计与施工单位、建设投资等信息。

(5)企业的生产组织和作业模式,包括生产组织调度、工作班制、作业模式、生产作业是否受季节性影响等。

(6)企业的设备维护政策。了解企业的设备维护制度,是定期制、预检修制,还是根据操作人员要求维护;哪些设备需要额外维护(需要额外维护的原因);过去3~5年的维修费用,以及未来维修费用的预算等。

(7)企业的生产经营情况,内容主要包括:①企业产品的市场情况和销售情况;②企业生产经营历史数据;③企业的经营成果。需要调查企业的收益情况,出现亏损的应关注原因。

(8)企业的安全环保情况。需要调查企业能源及燃料单耗水平,能源、环保和安全政策,是否受政策限制或面临设备设施的升级改进等。

进行宏观调查有助于从企业层面收集和把握与机器设备评估相关的信息,特别是与功能性贬值和经济性贬值分析相关的资料。

3. 法律权属资料情况

机器设备评估与其法律权属状况有密切关系。资产评估专业人员应当了解评估对象法律权属对评估结论具有重要影响,并予以必要关注。要了解的权属资料情况主要包括机器设备的所有权情况、抵(质)押情况、融资租赁情况等。

资产评估专业人员应当向委托方、资产占有方或其他当事方收集机器设备的权属资料。委托方和相关当事方应当依法提供评估对象法律权属等基础资料,并对其真实性、合法性和完整性承担责任。

由于机器设备不同于不动产,除车辆、船舶等特殊的机器设备,大部分机器设备一般没有产权证明文件证明其法律权属。因此,资产评估专业人员一般会要求委托方、资产占有方或其他当事方对机器设备的权属作出承诺。同时,也应对机器设备的权属资料进行必要的查验,并在评估报告中对评估对象法律权属及其证明资料来源予以必要说明。

在报告中对法律权属的披露不意味着资产评估专业人员对评估对象的权属作出保证。但资产评估专业人员如果知道委托方和相关当事方提供虚假法律权属资料,不得承接该项评估业务。

(二)清查核实的方法和手段

1. 清查核实的方法

清查核实一般可以采用逐项调查或抽样调查的方法。

机器设备评估应当对机器设备进行现场逐项调查或抽样调查,确定机器设备是否存在,明确机器设备存在状态并关注其权属。评估实践中,对于数量较大的机器设备,当资产评估专业人员认为通过对样本的调查,可以推断整体设备的状态时,可以采用抽样调查方法。采用抽样调查,需要根据具体观察到的评估对象状况,对所抽取样本以外的机器设备进行一定的假设和推断。评估专业人员应当了解采用抽样调查方式的局限性,充分考虑抽样风险,在制订抽样方案时,应当对抽样风险进行测算。同时,也要在评估报告中进行恰当的披露。

此外,如果因客观原因等因素限制,无法实施现场调查,资产评估专业人员应当采取适当措施加以判断并予以恰当披露。

2. 清查核实的手段

对机器设备的清查核实通常可以借鉴设备使用单位提供的设备档案资料,利用专业机构出具的检测或鉴定意见,对设备进行清查核实。

设备的出厂铭牌、设备卡片、台账等通常记录了设备的基础信息,如设备的名称、型号、规格、主要技术参数、出厂编号、出厂日期、生产厂家名称、联系方式等。

工厂及设备的原始设计及技术文件通常包括主要及辅助设备的构成、设备的技术性能、设计生产能力、技术经济指标、工艺流程、运行班次、管道及附属设施、基础等隐蔽工程等。

设备的购置、安装调试、技术服务合同通常能反映设备的供应或制造商、安装调试单位和技术服务商信息,所购置设备的组成、价格和交易条件信息,设备安装调试的工作内容、要求及合同额,保障设备使用的技术支持及服务内容等信息。

设备的财务及预决算资料等记录设备投资所涉及的项目、实物及工程量和金额,是核查分析历史成本、测算重置成本的重要参考资料。设备投资及技改工程的验收报告等可反映相关项目所涉及的内容、过程、工程质量、验收或整改情况等信息。

设备的运行、维修保养记录等可以反映机器设备的运行质量和技术状态,有助于了解企业设备的维护、检查和修理的制度及执行情况,是了解设备的完损情况、测算成新率或贬值额的参考依据。

资产评估专业人员需要通过现场勘查了解机器设备的外观、运行环境和运行状态。通常在现场勘查时资产评估专业人员很少使用专业的测试仪器,有时会使用一些简单的仪器对评估对象进行必要的测试。当资产评估专业人员认为使用一般的评估检查手段不能确定设备技术状态时,应考虑进行精确的技术鉴定,但是该工作已超出资产评估专业人员的能力范畴,需要聘请专业机构对评估对象进行技术鉴定。另外,许多设备的检测和鉴定需要国家有关部门核发的特殊资格,大部分资产评估机构不具备此条件,如必须进行某些特殊鉴定,则要聘请有资格的专业机构进行。

国家对于压力容器、电梯、起重机械、车辆等均要求定期进行检验、检测,由有资质的部门出具定期检测或年检报告。评估专业人员应收集上述设备近期有效的检测报告书用以判断设备的状态。

在机器设备清查核实中,资产评估专业人员可以利用专家及其工作成果,如专业机构出具的技术鉴定报告、检测报告、律师出具的法律意见书等,也可以要求相关当事人提供保证书或承诺函等。

第三节　基本评估方法在机器设备评估中的应用

现今我国机器设备的交易市场还处于发展阶段,尚需进一步规范和完善。因此,在机器设备的评估中,成本法应用得相对多一些,而市场法和收益法在评估机器设备方面的广泛应用,还待市场的持续发展。

一、成本法在机器设备评估中的应用

成本法是通过估算被评估机器设备的重置成本和各种贬值,用重置成本扣减各种贬值作为资产评估价值的一种方法。它是机器设备评估中最常使用的方法。

成本法的计算公式为

机器设备评估值＝重置成本－实体性贬值－功能性贬值－经济性贬值

还可以用综合反映各种贬值的综合成新率进行计算,其计算公式为

机器设备评估值＝重置成本×综合成新率

(一)重置成本的测算

更新重置成本是指在现行技术条件下,按现行的价格购建一台在功能和效用上与被评估机器设备最接近的新设备所需的成本。

1. 自制机器设备重置成本的测算

(1)自制机器设备价值的构成。制造费用包括:消耗的原材料、辅助材料的购价、人工费用、运杂费和应分摊的管理费用及财务费用等;安装调试费;大型自制设备合理的资金成本;合理利润,可参照成本利润率确定;其他必要合理的费用等。

(2)自制机器设备复原重置成本的测算。机器设备的复原重置成本是指按现行的价格购建与被评估设备完全相同的设备所需的成本。

例 6-1 某企业一台自制设备,账面原值 244 300 元,市场没有可替代产品。该设备的购建成本核算资料保存完整,评估人员核查企业的账册,该设备的成本构成中制造费用为219 000 元,安装调试费为 25 300 元,具体消耗量及价格变化如表 6-2 所示。试评估该设备的重置成本。

表 6-2 制造费用和安装调试费价格变化

消耗项		消耗量	购建时单价	现时单价
制造费用	钢材消耗	25 吨	2 800 元/吨	3 700 元/吨
	铸铁消耗	22 吨	900 元/吨	1 300 元/吨
	外协件	16 吨	3 200 元/吨	3 400 元/吨
	工时消耗	6 000 定额工时	10 元/工时	15 元/工时
	管理费用	6 000 定额工时	3 元/工时	5 元/工时
安装调试费	水泥消耗	10 吨	260 元/吨	380 元/吨
	河沙消耗	30 立方米	30 元/吨	50 元/吨
	钢材消耗	5 吨	2 800 元/吨	3 700 元/吨
	工时消耗	600 定额工时	10 元/工时	15 元/工时
	管理费用	600 定额工时	3 元/工时	5 元/工时

解：制造费用为

$$25 \times 3\ 700 + 22 \times 1\ 300 + 16 \times 3\ 400 + 6\ 000 \times 15 + 6\ 000 \times 5 = 295\ 500(元)$$

安置调试费为

$$10 \times 380 + 30 \times 50 + 5 \times 3\ 700 + 600 \times 15 + 600 \times 5 = 35\ 800(元)$$

该评估设备的重置成本为

$$295\ 500 + 35\ 800 = 331\ 300(元)$$

(3) 自制机器设备更新重置成本的测算。机器设备的更新重置成本是指在现行技术条件下,按现行的价格购建一台在功能和效用上与被评估机器设备最接近的新设备所需的成本。

例 6-2 某企业一台机器设备需要评估重置全价,有关资料如下：自制设备成本为30 万元(其中,钢材占 40%,铸铁占 20%,人工费占 30%,管理费占 10%)。按现行技术条件更新自制设备,钢材和铸铁均可节约 20%,人工节省 10%。通过调查得知,自制设备自制造以来,钢材价格上升 80%,铸铁价格上升 50%,工时成本上涨 100%,管理费按工时分摊的额度上升 40%。试评估该设备的重置成本。

解：材料成本为

$$30 \times 40\% \times (1-20\%) \times (1+80\%) + 30 \times 20\% \times (1-20\%) \times (1+50\%) = 24.48(万元)$$

人工成本为

$$30 \times 30\% \times (1-10\%) \times (1+100\%) = 16.2(万元)$$

管理费用为

$$30 \times 10\% \times (1-10\%) \times (1+40\%) = 3.78(万元)$$

该设备的重置成本为

$$24.48 + 16.2 + 3.78 = 44.46(万元)$$

（4）综合估价法。综合估价法是根据设备的主材费用和主要外购件费用与设备成本费用有一定的比例关系,在不考虑税金的情况下,通过确定设备的主材费用和主要外购件费用,计算设备的完全制造成本,并考虑企业利润和设计费用,确定设备的重置成本。

2. 外购机器设备重置成本的测算

（1）外购机器设备价值的构成。设备的购置价格,可采用直接询价法、市场法、价格指数法、功能类比法等方法取得。运杂费主要包括:运费、装卸费、保险费用等;安装费和调试费;其他税费等。

（2）外购国内机器设备重置成本的测算。基本公式为

$$机器设备重置成本=设备购置价格+运杂费+安装费+调试费$$

例 6-3 某台需要重新评估的机床,企业提供的购建成本资料如下:该设备采购价 5 万元,运输费 0.1 万元,安装费 0.3 万元,调试费 0.1 万元,已运行 2 年。经市场调查,该机床在市场上仍很流行,且价格上升了 20%,铁路运价 2 年翻了 1 倍,安装的材料和工费上涨幅度加权计算为 40%,调试费上涨了 15%。试评估该机床原地续用的重置成本。

解：机器设备采购重置价=$5\times(1+20\%)=6$(万元)

运杂费重估价=$0.1\times2=0.2$(万元)

安装费重估价=$0.3\times(1+40\%)=0.42$(万元)

调试费重估价=$0.1\times(1+20\%)=0.12$(万元)

该机床原地续用的重置成本=$6+0.2+0.42+0.12=6.74$(万元)

（3）外购国外机器设备重置成本的测算。进口机器设备重置成本的基本构成为

$$重置成本=现行国际市场的到岸价格(CIF)+进口关税+$$
$$消费税+增值税+银行及其他手续费+国内运杂费+安装调试费$$

式中,现行国际市场的到岸价格(CIF)=[现行国际市场的离岸价格(FOB)+国外运杂费+
$$境外途中保险费]\times评估基准日汇率$$

重置成本的构成因素测算如下。

① 现行国际市场的到岸价格。该指标首选使用进口设备现行到岸价格(CIF),若无法查询到,则选取可获得的国外替代产品现行的到岸价格。如果都无法取得,可采用功能系数法或价格指数法等调整法测算到岸价格。

现行国际市场的离岸价格,测算方法同现行到岸价格。

国外运杂费可按设备的重量、体积及海运公司的收费标准计算,也可按一定比例计取,计算公式为

$$国外运杂费=FOB\times国外运杂费率$$

费率远洋一般取 5%~8%,近洋一般取 3%~4%。

境外途中保险费的计算公式为

$$境外途中保险费=(FOB+国外运杂费)\times保险费率$$

费率可根据保险公司费率表确定,一般在 0.4% 左右。

② 进口关税的计算公式为

$$进口关税=设备到岸价(CIF)\times关税税率$$

消费税的计算公式为

$$消费税=\frac{(关税完税价+关税)\times消费税税率}{1-消费税税率}$$

增值税的计算公式为

$$增值税=(关税完税价+关税+消费税)\times增值税税率$$

如减免关税,则同时减免增值税。

③ 银行财务费的计算公式为

$$银行财务费=设备离岸价(FOB)\times现行银行财务费率$$

④ 外贸手续费的计算公式为

$$外贸手续费=设备到岸价(CIF)\times现行外贸手续费率$$

例 6-4　2×12 年年底评估某合资企业一台进口机器设备。该机器 2×08 年 2 月从德国某公司进口,进口合同中的 FOB 价格是 38 万欧元,当时欧元兑人民币的汇率为 10.661 2∶1。该机器已安装,正在使用。评估人员通过询价了解到,当时德国已不再生产被评估型号的机器设备,其替代产品是全面采用计算机控制的新型机器设备,新型机器设备的现行 FOB 报价为 50 万欧元。经与有关专家共同分析研究报价和成交价格的差别,评估人员认为实际成交价应为报价的 70%～90%。故按德方 FOB 价格的 80%作为 FOB 成交价。

分析新型机器设备与被评估机器设备在技术性能上的差别后,认为评估机器设备的现行 FOB 价格约为新型机器设备 FOB 价格的 70%,30%的贬值折扣主要是技术落后造成的。评估基准日欧元兑人民币的汇率为 7.930 2∶1。境外运杂费按 FOB 价格的 5%计算,保险费按 FOB 价格的 0.5%计算,关税与增值税因为符合合资企业优惠条件,予以免征。

银行手续费按 CIF 价格的 0.8%计算,国内运杂费按 CIF 价格+银行手续费的 3%计算,安装调试费用是 12 万元人民币。由于该设备安装周期较短,不考虑利息因素。

根据上述分析及数据资料,被评估机器设备的重置成本应为多少?

解：FOB 价格=50×80%×70%=28(万欧元)

境外运杂费=28×5%=1.4(万欧元)

保险费=28×0.5%=0.14(万欧元)

CIF 价格=FOB 价格+运费+保险费=29.54(万欧元)

银行手续费用=29.54×0.8%=0.236(万欧元)

国内运杂费=(29.54+0.236)×3%=0.893(万欧元)

安装调试费=12 万元

机器设备重置成本=(29.54+0.236+0.893)×7.930 2+12=255.21(万元)

(二) 实体性贬值的测算

1. 机器设备的实体性贬值

机器设备的实体性贬值又称有形磨损,可分为两种:设备在使用过程中产生的有形磨损称为第一种有形磨损;设备在闲置存放过程中产生的损耗称为第二种有形磨损。由此引起的贬值称为实体性贬值,或物理性贬值。

2. 影响机器设备的实体性贬值的因素

(1) 机器设备的已使用时间。设备的已使用时间越长,有形损耗越大,实体性贬值一般就越大。

（2）机器设备的利用率。利用率越高,则负荷程度越强,一般情况下实体性贬值就越大。

（3）机器设备的质量。机器设备的质量越好,耐磨性越好,有形损耗小,实体性贬值就相对越小。

（4）机器设备的维修保养情况。机器设备的日常维修保养越好,有形损耗越小,实体性贬值就越小。

3. 实体性贬值具体测算方法及应用

（1）观察法。观察法又称成新率法,是评估师通过观察,凭借视觉、听觉、触觉,或借助于少量的检测工具,对设备进行检查,根据经验对鉴定对象的状态、实体性损耗程度作出判断。在不具备测试条件的情况下,这是最常用的方法。成新率是指机器设备从实体上反映新旧程度的指标。在估测设备成新率时,应主要观察分析以下主要指标:设备的现时技术状态;设备的实际已使用时间;设备的正常负荷率;设备的原始制造质量;设备的维修保养状况;设备重大故障(事故)经历;设备大修、技改情况;设备工作环境和条件;设备的外观和完整性等。对于大型设备,为了避免个人主观判断的误差,可以采用德尔菲法。它的特点是:匿名性、多次反馈、小组的统计回答。

（2）使用年限法。使用年限法是从使用寿命的角度估算贬值。它假设机器设备有一定的使用寿命,设备的价值与使用寿命成正比。设备在使用过程中,由于物理磨损使设备的使用寿命逐步消耗,直至寿命耗尽,退出使用。因此,设备的贬值可以用使用寿命的消耗量表示,实体性贬值率也可以用已使用寿命与总使用寿命之比表示。

$$资产的实体性贬值率 = \frac{实际已使用年限}{总使用年限} \times 100\%$$

$$总使用年限 = 实际已使用年限 + 尚可使用年限$$

总使用年限与尚可使用年限是对应的两个指标,如能确定其中一个指标,另外一个就很容易求得。由于机器设备的具体情况不尽相同,如有的机器设备的投资是一次完成的,有的投资可能分次完成,有的可能进行过更新改造和追加投资,因此,应采取不同的方法测算其已使用年限和尚可使用年限。

① 简单年限法。简单年限法假定机器设备的投资是一次完成的,没有更新改造和追加投资等情况的发生,这对于许多机器设备的特定时期来说是符合实际的。

机器设备已使用年限是指机器设备从开始使用到评估基准日所经历的时间;机器设备尚可使用年限是指从评估基准日开始到机器设备停止使用所经历的时间,即机器设备的剩余寿命,主要通过法定年限法(参照国家规定的机器设备的折旧年限,扣除已使用年限即为机器设备的尚可使用年限)和预期年限法(也称技术鉴定法,是应用工程技术手段现场勘察和技术鉴定,凭专业知识和经验判定机器设备的尚可使用年限)确定。

例 6-5　某卡车重置成本为 20 万元,按行驶里程设计的总使用寿命为 80 万千米,已经运行 16 万千米,不考虑残值,计算实体性贬值。

解:实体性贬值为

$$20 \times \frac{16}{80} \times 100\% = 4(万元)$$

② 综合年限法。综合年限法根据机器设备投资是分次完成、机器设备进行过更新改造

和追加投资,以及机器设备的不同构成部分的剩余寿命不相同等一些情况,经综合分析判断,并采用加权平均计算法,确定被评估机器设备的成新率。一台机器设备由于分次投资、更新改造、追加投资等情况,使不同部件的已使用年限不同,要确定整台设备的已使用年限,应以各部件重置成本的构成为权重,对各部件参差不齐的已使用年限进行加权平均,确定使用年限。

例 6-6 被评估甲设备购建于 2×02 年 12 月,账面价值 100 万元,2×07 年 12 月对设备进行技术改造,追加投资 20 万元,2×12 年 12 月对该设备进行评估。经评估人员调查分析得到如下数据:2×02—2×07,每年该类设备价格上升率为 8%,而 2×08—2×12,每年该类设备价格上升率为 5%。该设备在评估前使用期间的实际利用率,仅为正常利用率的 80%。经技术检测该设备尚可使用 5 年,在未来 5 年中,设备利用率能达到设计要求。计算被估设备的实体性贬值。

解:重置成本 $=100×(1+8\%)^5×(1+5\%)^5+20×(1+5\%)^5=213.053(万元)$

加权投资成本 $=100×(1+8\%)^5×(1+5\%)^5×10+20×(1+5\%)^5×5$
$$=2\,002.908(万元)$$

加权投资年限 $=\dfrac{2\,002.908}{212.053}=9.445(年)$

实体性贬值率 $=\dfrac{9.445×80\%}{9.445×80\%+5}×100\%=60.178\%$

实体性贬值 $=212.053×60.178\%=127.61(万元)$

(3) 修复费用法。修复费用法是指根据为使机器设备达到全新功能状态而修复其实体有形损耗所需支出的费用总额确定机器设备实体性损耗的办法。它适用于某些特定结构部件已经被磨损,但能够以经济上可行的办法修复的情形,对机器设备来说,包括主要零部件的更换或者修复、改造费用等。对不可修复或经济上不划算的磨损,按观察法或使用年限法进行评估,可修复损耗和不可修复损耗往往同时存在,要分别计算其贬值。另外,由于机器设备的修复往往同功能改进一并进行,这时的修复费用很可能不全用在实体性损耗上,有一部分可能用在功能性贬值因素上。因此,在评估时应注意不要重复计算机器设备的功能性贬值。

例 6-7 被评估设备为一个储油罐,这个油罐已经建成并已使用了 10 年,并预计还能再使用 15 年。评估人员了解到,该油罐目前正在维修,其原因是储油罐受到腐蚀,底部出现裂纹,发生渗漏,必须更换才能使用。整个维修计划大约需要花费 35 万元,其中包括油罐停止使用造成的经济损失、清理、布置安全工作环境、拆卸并更换腐蚀底部的全部费用。评估人员已经估算该油罐的复原重置成本为 200 万元,用修复费用法估测油罐的有形损耗。

解:可修复部分实体性贬值 $=35(万元)$

不可修复部分有形损耗率 $=10÷(10+15)=40\%$

不可修复部分复原重置成本 $=200-35=165(万元)$

不可修复部分实体性贬值 $=165×40\%=66(万元)$

油罐全部有形损耗率 $=$ 可修复部分实体性贬值 $+$ 不可修复部分实体性贬值
$$=35+66=101(万元)$$

（三）功能性贬值的测算

1. 机器设备功能性贬值

机器设备功能性贬值是指由于新技术发展结果导致资产价值的贬损。机器设备的功能性贬值包括两个方面：①超额投资成本造成的功能性贬值，主要是由于新技术引起的布局、设计、材料、产品工艺、制造方法、设备规格和配置等方面的变化和改进，使购建新设备比老设备的投资成本降低；②超额运营成本造成的功能性贬值，主要是由于技术进步，使原有设备与新式设备相比功能落后，运营成本增加。

2. 机器设备功能性贬值的估算

（1）超额投资成本造成的功能性贬值的估算。当机器设备的重置全价按照资产复原的模式评估时，就会产生功能性贬值，由于超额投资成本造成的功能性贬值表现为新设备的购建成本比老设备便宜，因此：

超额投资成本造成的功能性贬值＝设备复原重置成本－设备更新重置成本

在实际评估中应注意：①如果估测的重置成本是更新重置成本，实际已经将被评估设备价值中所包含的超额投资成本部分剔除，就不必再刻意寻找设备的复原重置成本，然后再减掉设备的更新重置成本，得到设备的超额投资成本；②当机器设备处于停产状态时，应尽量选取与重置机器设备功能相同的替代设备。

（2）超额运营成本造成的功能性贬值的估算。超额运营成本造成的功能性贬值与实体资产的任何有形损耗均无关联，它是由于技术的发展所引起的待估设备相对于替代资产运营费用过高造成的，并且这种过高的营运费用在设备的剩余使用寿命内每年均会出现。

超额运营成本造成的功能性贬值，可采用未来超额运营成本净额折现法估测。首先重点分析以下待估机器设备的几个方面：操作人员数量；维修保养人员数量和材料；能源和水电消耗；产量。然后选择参照物，核定参照物与待估对象在以上几个方面的差异，并将参照物的年运营成本与被评估对象的年运营成本比较，计算被评估对象的年超额运营成本。最后根据待估机器设备的剩余寿命和年超额运营成本扣减采用新设备生产的新增利润应缴的所得税之后得到年净超额运营成本，选择合适的折现率，把整个剩余寿命期间的各年度净超额运营成本折成现值，其现值和就是超额运营成本引起的功能性贬值额。

例 6-8 现有一台与待估控制装置生产能力相同的新控制装置设备，采用新控制装置设备比待估控制装置每年可节约材料、能源消耗和劳动力等费用 50 000 元。A 设备尚可使用 3 年，假定年折现率为 10%，该企业的所得税税率为 25%，求待估控制装置的超额运营成本引起的功能性贬值。

解：待估控制装置年净超支额＝50 000×(1－25%)＝37 500(元)

$$待估控制装置的功能性贬值＝37\,500×\frac{1-(1+10\%)^{-3}}{10\%}$$
$$＝37\,500×2.486\,9$$
$$＝93\,258.75(元)$$

（四）经济性贬值的测算

1. 机器设备的经济性贬值

机器设备的经济性贬值是因外界因素变化导致的设备价值损耗，其因素大致有：对产品需求的减少,市场竞争的加剧,原材料供应情况的变化,通货膨胀,高利率,政府法律、政策的影响,以及环境保护等。其最终表现为设备的利用率下降和收益的减少。

2. 机器设备经济性贬值的测算

(1) 因设备利用率下降导致的经济性贬值的测算。可通过比较设备目前实际生产能力和设计生产能力,以百分比的形式计算设备的经济性贬值率,然后再用设备的重置成本扣减实体性贬值和功能性贬值后的数额,乘以设备的经济性贬值率得出设备的经济性贬值额。

$$设备的经济性贬值率=\left[1-\left(\frac{设备预计可被利用的生产能力}{设备原设计的生产能力}\right)^x\right]\times100\%$$

例6-9　某水泵厂每年可生产8 000台水泵。由于市场竞争激烈,该企业水泵的销售量减少,产量降为原来的80%。生产该水泵的设备尚可使用5年,其行业基准折现率为10%,企业规模经济效益指数为0.7。经评估该设备重置成本600万元,实体性贬值100万元,功能性贬值50万元,所得税税率为25%。求该设备的经济性贬值。

解: 经济性贬值率$=(1-80\%^{0.7})\times100\%=14.461\%$

扣除实体性贬值和功能性贬值后的价值$=600-100-50=450$(万元)

经济性贬值$=450\times14.461\%=65.07$(万元)

(2) 因收益减少导致的经济性贬值的测算

$$经济性贬值额=年收益减少额\times(1-所得税税率)\times现值系数$$

例6-10　某造纸生产线年产量3 000吨,由于违反环保政策违规排放,被处以停产整顿3个月。整改后由于处理废水能力受限,产量减少,使年收益减少600万元。该企业生产线还可使用5年,所得税税率为25%,折现率为10%,试求该生产线的经济性贬值。

解: 经济性贬值额$=600\times(1-25\%)\times\dfrac{1-(1+10\%)^{-5}}{10\%}$

$=600\times0.75\times3.790\,8$

$=1\,705.86$(万元)

(五) 成本法的应用举例

例6-11　被评估设备是于2×08年1月1日进口的大型设备,账面原值为人民币2 219.38万元,其中以美元支付的设备购置款(离岸价)折合人民币1 500万元,境外运输及保险费占离岸价的1.5%,设备进口时的关税税率为17%,增值税税率为17%,银行手续费为到岸价的1%,国内运杂费为人民币30万元,安装及配套费用共计人民币100万元,进口时美元与人民币的汇率为1:7.3,评估基准日为2×12年1月1日。

评估人员在评估中了解到,设备生产国同类设备在4年中价格上升了5%,境外运输及保险费仍为离岸价的1.5%,评估基准日该设备的进口关税税率下降至10%,增值税税率变为13%,银行手续费率也未发生变化。对国内调查得知,4年中各种费用物价指数均发生了较大变化,其中安装配套费2×08年1月1日的定基物价指数为108%,2×12年1月1日的定基物价指数为116%,运杂费用价格指数自2×08年起均在上一年的基础上递增1%。经对设备情况调查鉴定得知,该设备与现有同类新设备相比,每年增加运营成本人民币20万元,今后该设备若保持90%的利用率,企业规模经济效益指数为0.7,则尚可使用12年。评估基准日美元兑人民币的汇率为1:6.7,企业所在行业的正常投资回报率为

10％,企业所得税税率为 25％。

解:

(1) 该设备的重置成本。

$$FOB=\frac{1\,500}{7.3}\times(1+5\%)=215.753(万美元) \tag{1}$$

$$境外运输保险费=215.753\times1.5\%=3.236(万美元) \tag{2}$$

$$关税=(215.753+3.236)\times10\%=21.899(万美元) \tag{3}$$

$$增值税=(215.753+3.236+21.899)\times13\%=31.315(万美元) \tag{4}$$

$$银行手续费=(215.753+3.236)\times1\%=2.19(万美元) \tag{5}$$

$$国内运杂费=30\times(1+1\%)^4=31.218(万元) \tag{6}$$

$$安装及配套费用=100\times\frac{116\%}{108\%}=107.407(万元) \tag{7}$$

$$重置成本=[(1)+(2)+(3)+(4)+(5)]\times6.7+(6)+(7)=1\,977.058(万元)$$

(2) 该设备的实体性贬值$=1\,977.058\times\dfrac{4}{4+12}=494.265(万元)$

(3) 该设备的功能性贬值$=20\times(1-25\%)\times\dfrac{1-(1+10\%)^{-12}}{10\%}=102.206(万元)$

(4) 该设备的经济性贬值$=(1\,977.058-494.265-102.206)\times(1-90\%^{0.7})\times100\%$
$$=98.157(万元)$$

该设备的评估值$=1\,977.058-494.265-102.206-98.157=1\,282.43(万元)$

二、市场法在机器设备评估中的应用

(一)市场法应用于机器设备评估的前提条件

1. 需要一个充分发育活跃的机器设备交易市场

一个充分发育活跃的机器设备交易市场是运用市场法估价的基本前提。在这个市场中应有充分的参照设备可取,机器设备交易越频繁,与被评估相类似的设备价格越容易被获得。因为经济技术都在不断发展,新设备层出不穷,被评估设备多为已用的机器设备,因而设备二手设备市场是否活跃发达是运用市场法的重要条件。

2. 可找到与被评估机器设备相同或相类似的参照物

在设备市场中与被评估对象完全相同的资产是很难找到的,一般是选择与被评估设备相类似的机器设备作为参照物。参照物与被评估机器设备之间不仅在用途、性能、规格、结构、型号、新旧程度方面应具有可比性,而且在交易背景、交易时间、交易目的等交易条件方面也具有可比性。尤其是交易时间,最好与评估基准日相差时间接近,最好在 3 个月之内。

(二)运用市场法评估机器设备的基本步骤

1. 收集相关机器设备交易资料

需要收集的资料主要包括被评估机器设备的基本情况,如确定评估目的,确定机器设备的类型、功能、规格型号、已使用年限、设备的实际状态等;然后要根据以上的资料进行市场调查,收集与被评估对象相同或类似的机器设备交易实例资料。

2. 选择合适的参照物

确保资料的真实性和可靠性。对所收集的资料进行分析整理后,按可比性原则,选择所需的参照物。参照物选择的可比性应注意两个方面:一是交易情况的可比性;二是设备本身各项技术参数的可比性。

(1)交易情况的可比性。交易情况一般是指交易动机、交易背景以及市场供求状况尽量相同或相似。不同的交易动机、交易背景和市场供求状况对设备的价格都会产生影响。比如,以清偿、快速变现或破产清算为目的的出售,其售价往往低于正常的交易价格。另外,交易数量也会影响设备的售价,大宗的设备交易价格往往会低于单台设备的价格。

(2)设备本身各项技术参数的可比性。这是指反映设备在结构、形状、尺寸、性能、生产能力、安装方式、质量、经济性等方面的可比性。不同的设备,可比因素也不同。在评估中,常用于描述机器设备的指标一般包括名称、型号规格、生产能力、制造厂家、技术指标、附件、设备的出厂日期、役龄、安装方式、实体状态。参照物的这些指标情况应与被评估的机器设备相同或相似。

另外,还要考虑到地域和时间方面的可比性。

3. 量化和调整各种因素的差异并确定被评估机器设备的价值

应对各项可比因素进行分析,对由于可比因素引起的价格偏高或偏低情况进行量化和修正,剔除其对交易价格的影响。得出初步评估结果后,应对其进行分析,采用加权平均或算术平均法确定最终评估结果。

(三)运用市场法评估机器设备的具体方法

1. 直接比较法

这种方法可用公式表示为

$$评估值＝参照物的市场价值±差异调整值$$

直接比较法是指寻找与被评估机器设备几乎完全相同的市场参照物,按参照物的市场价格来直接或简单调整差异,确定被评估机器设备的价格。例如,评估一辆汽车时,如果其与同类汽车制造商、型号、年代、附件相同,只是行驶里程和实体状态方面有些差异,这时,评估人员一般直接将评估对象与市场上正在销售的同类汽车作比较,从而确定评估对象的价格。

例 6-12　某二手斯柯达轿车需要进行资产评估,评估师从市场上获得的参照物在型号、购置时间、行驶里程、发动机、底盘及各主要系统的状况与被评估车辆基本相同,只是参照物的右前大灯破损需要更换,更换费用约 1 200 元,被评估车辆大灯完好;另外,参照物刚对车内进行了装饰,造价为 2 000 元,被评估车辆没有进行装饰。若参照物的市场售价为 83 000 元,求该辆斯柯达轿车的评估值。

解:评估值＝参照物的市场价值±差异调整值

$$＝83\ 000＋1\ 200－2\ 000＝82\ 200(元)$$

直接比较法的前提是评估对象与市场参照物基本相同,需要调整的项目较少,差异不大,并且差异对价值的影响可以直接确定,总之要求比较严格,所以直接比较法使用情况不多。

2. 类比法

类比法是指在公开市场上找不到与被评估机器设备几乎完全相同的市场参照物时,可以将相似参照物的分析作为估值基础,依其价格做相应的差异调整,从而确定被评估机器设备的价值。为了减少比较调整的工作量,减少调整时因主观因素产生的误差,所选择参照物应尽可能与评估对象相似。如尽可能是相同制造商生产的产品,尽可能是相同规格型号的产品,地理位置尽可能相邻近,销售时间尽可能相近等。

例 6-13　对某企业一台榨油机进行评估,评估人员经市场调查选择本地区近几个月成交的同种榨油机的 3 个交易实例作为参照物,有关资料如表 6-3 所示。

表 6-3　榨油机对比

项　目	参照物 A	参照物 B	参照物 C	被评估设备
交易价格	10 000	6 000	9 500	
交易情况	公开市场	公开市场	公开市场	公开市场
生产厂家	上海	济南	上海	沈阳
交易时间	6 个月前	5 个月前	1 个月前	
成新率	80%	60%	75%	70%

另有调查结果显示,上海比平均价格一般高 25%。近 12 个月,价格平均每月比上个月上涨 3%。

解:测算各参照物修正后的价格为

参照物 A 调整后的价格 $= 10\,000 \times \dfrac{1}{1+25\%} \times (1+3\%)^6 \times \dfrac{70\%}{80\%} = 8\,358.366$(元)

参照物 B 调整后的价格 $= 6\,000 \times 1 \times (1+3\%)^5 \times \dfrac{70\%}{60\%} = 8\,114.919$(元)

参照物 C 调整后的价格 $= 9\,500 \times \dfrac{1}{1+25\%} \times (1+3\%) \times \dfrac{70\%}{75\%} = 7\,306.133$(元)

则被评估榨油机的价值为

$$\frac{8\,358.366 + 8\,114.919 + 7\,306.133}{3} = 7\,926.47\,(元)$$

三、收益法在机器设备评估中的应用

1. 收益法应用于机器设备评估的运用范围

收益法是通过预测机器设备的获利能力,并采用合适的折现率折算成现值,然后累加求和,得出机器设备评估值的方法。《资产评估准则——机器设备》第二十四条明确规定,注册资产评估师运用收益法评估机器设备时,应当:

(1) 明确收益法一般适用于具有独立获利能力或者获利能力可以量化的机器设备;

(2) 合理确定收益期限、合理量化机器设备的未来收益;

(3) 合理确定折现率。

收益法在机器设备评估的实践中相对应用得较少。租赁的机器设备和生产线、成套装置、完整加工功能等具有独立获利能力的机器设备可以使用收益法评估。

2. 运用收益法评估机器设备

例 6-14 某租赁的机器设备,条件如下。

(1) 评估师根据市场调查,被评估机器设备的年租金收入为 50 000 元,为租赁支出的费用为 5 000 元。

(2) 评估师根据被评估机器设备的现状,确定该租赁设备的收益期为 10 年。

(3) 评估师通过对类似设备交易市场和租赁市场的调查,确定被评估设备的折现率为 15%。

计算该机器设备的评估值。

解:该机器设备的评估值为

$$P = (50\,000 - 5\,000) \times \frac{1 - (1 + 10\%)^{-15}}{10\%} = 225\,846(万元)$$

第七章

长期资产及负债评估

学习目标

1. 了解债券和股票的相关知识。
2. 掌握非上市交易债券的评估方法。
3. 掌握优先股、固定红利型、红利增长型和分段型股利分配政策假设前提下的股票价值评估方法。
4. 掌握长期待摊费用、长期应收款的评估方法。
5. 理解企业负债的评估。

情境导入

华天酒店集团股份有限公司拟转让对北京浩搏基业房地产开发有限公司债权,本次评估目的是为委托方提供该经济行为所涉及的其他应收款的市场价值于评估基准日的作价参考依据。本次评估的评估对象为华天酒店集团股份有限公司所持有的对北京浩搏基业房地产开发有限公司的部分债权的市场价值,评估范围为华天酒店集团股份有限公司所持有的对北京浩搏基业房地产开发有限公司的部分其他应收款。在北京浩搏基业房地产开发有限公司持续经营等假设条件下,华天酒店集团股份有限公司所持有的对北京浩搏基业房地产开发有限公司的债权于评估基准日 2017 年 9 月 30 日表现的市场价值为 41 295.82 万元(大写为肆亿壹仟贰佰玖拾伍万捌仟贰佰元整),本次委托方申报的债权账面金额为 78 167.37 万元,评估减值 36 871.55 万元,减值率 47.17%。

请思考:评估机构应收集哪些资料? 正常情况下应采用什么方法评估?

第一节　基本概念

一、长期资产

长期资产是指企业拥有的变现周期在 1 年以上或者一个营业周期以上的资产。包括长期投资性资产、固定资产、无形资产、递延资产和其他长期性资产。长期投资性资产是指不准备随时变现、持有时间超过 1 年以上的投资性资产,按其投资的性质可分为债券投资、股票投资和长期股权投资等。其中投资是指企业通过分配增加财富,或为谋求其他利益,而将资产让渡给其他单位所获得的另一项资产。其他长期性资产包括长期待摊费用、长期应收款、生产性生物资产和其他长期资产。而其他长期资产是指具有待定用途,不参加正常生产经营过程的资产,如特准储备物资、银行冻结存款、冻结物资、诉讼中财产等。由于这类资产在评估实务操作过程中涉及很少,所以本书所述其他长期性资产不包括上述内容。

本章主要介绍长期投资性资产及部分其他长期性资产的评估相关内容,即图 7-1 中字体加粗的部分。

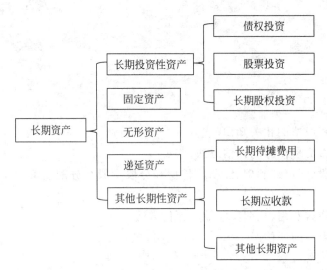

图 7-1　长期投资的主要内容

二、负债

负债是企业承担的、以货币计量的在将来需要以资产或劳务偿还的债务,代表企业偿债责任和债权人对资产的求索权。

按流动性分类,负债可分为流动负债和非流动负债。流动负债一般包括短期借款、应付票据、应付账款、预收账款、应付职工薪酬、应付股利、应交税金和其他应付款。流动负债以外的负债应当归类为非流动负债,一般包括长期借款、应付债券、长期应付款及专项应付款。除上述负债类型,金融企业还有吸收存款、未决赔偿准备金、未到期责任准备金等负债项目。

第二节　债券投资的评估

一、债券概述

1. 债券的定义及特点

债券是政府、企业、银行等为了筹集资金,按照法定程序发行的并向债权人承诺于指定日期还本付息的有价证券。债券投资具有如下特点。

(1) 投资风险较小,安全性较强。国家对债券发行有严格规定,发行债券必须满足国家规定的基本要求。比如,政府发行国债由国家财政担保;银行发行债券要以其信誉及一定的资产作为后盾;企业发行债券也有严格的限定条件,通常以实力及发展潜力作为保证。因此,债券投资风险相对较小。当然,债券投资也具有一定的风险,一旦债券发行主体出现财务困难,债券投资者就有发生损失的可能。但是,相对于股权投资,债券投资具有较高的安全性,即使债券发行企业破产,在破产清算时,债券持有者也有优先受偿权。

(2)到期还本付息,收益相对稳定。债券收益取决于债券面值和债券票面利率,而且都是事前约定。债券利率通常比较稳定,只要债券发行主体不发生较大变故,债券收益是相当稳定的。

(3)具有较强的流动性。如果购买的债券是可以上市交易的债券,其变现能力较强,投资企业可以随时在证券市场上交易变现。

2.债券的基本要素

债券包含以下四层含义。

(1)债券的发行人(政府、金融机构、企业等)是资金的借入者。

(2)购买债券的投资者是资金的借出者。

(3)发行人(借入者)需要在一定时期还本付息。

(4)债券是债权债务的证明书,具有法律效力。债券购买者与发行者之间是一种债权债务关系,债券发行人即债务人,投资者(或债券持有人)即债权人。

债券作为证明债权债务关系的凭证,一般用具有一定格式的票面形式表现。通常债券票面上基本标明的内容要素如表 7-1 所示。

表 7-1　债券票面载明的基本要素

要　　素	说　　明
票面价值	包括币种、票面金额
还本期限	指债券从发行之日起至偿清本息之日的时间
债券利率	债券利息与债券票面价值的比率,通常年利率用百分比表示
发行人名你	指明债券的债务主体,为债权人到期追回本金和利息提供依据

上述四个要素是债券票面的基本要素,但在发行时不一定全部在票面上印刷,如在很多情况下,债券发行者是以公告或条例形式向社会公布债券的期限和利率。此外一些债券还包含其他要素,如还本付息方式等。

3.债券的分类

按债券不同特性划分,债券可以分为不同类型。

(1)按发行主体划分。按发行主体不同,债券可以分为政府债券、金融债券和公司债券,如表 7-2 所示。

表 7-2　债券按发行主体分类

发行主体	说　　明
政府债券	政府为筹集资金而发行的债券,主要包括国债、财政债券等,其中最主要的是国债。国债因其信誉好、利率高、风险小又被称为"金边债券"
金融债券	由银行和非银行金融机构发行的债券。在我国,目前金融债券主要由国家开发银行、进出口银行等政策性银行发行
公司债券	公司债券是企业依照法定程序发行,约定在一定期限内还本付息的债券。公司债券的发行主体是股份公司,但也可以是非股份公司的企业发行债券,所以,一般归类时,公司债券和企业发行的债券合在一起,可直接称为公司(企业)债券

我国历史上曾发行的国债主要品种有:国库券和国家债券。其中,国库券自1981年后基本上每年都发行,主要针对企业、个人等。曾经发行的国家债券包括国家重点建设债券、国家建设债券、财政债券、特种债券、保值债券、基本建设债券,这些债券大多对银行、非银行金融机构、企业和基金定向发行,部分也对个人投资者发行。

(2)按国债的券面形式划分。按国债的券面形式,债券可以分为无记名式(实物)国债、凭证式国债和记账式国债。其中无记名式国债已不多见,而后两者为目前的主要形式。

① 无记名式(实物)国债是一种票面上不记载债券人姓名或单位名称的债券,通常以实物券形式出现,又称为实物券或国库券。无记名式国债是我国发行历史最长的一种国债。新中国成立以来,20世纪50年代发行的国债和从1981年起发行的国债主要是无记名式国库券。

② 凭证式国债是指国家采取不印刷实物券,而用填制"国库券收款凭证"的方式发行的国债。我国从1994年开始发行凭证式国债。凭证式国债其票面形式类似于银行定期存单,利率通常比同期银行存款利率高,具有类似储蓄又优于储蓄的特性,通常被称为"储蓄式国债",是以储蓄为目的的个人投资者理想的投资方式。

③ 记账式国债又称无纸化国债,它是指将投资者持有的国债登记于证券账户中,投资者仅取得收据或对账单以证明其所有权的一种国债。我国从1994年开始推出记账式国债。记账式国债的特点是国债无纸化,投资者购买时没有得到纸券或凭证,而是在其债券账户上记一笔。

(3)按计息方式划分。按计息方式,债券可以分为如表7-3所示几种。

表7-3 债券按计息方式分类

计 息 方 式	说 明
零息票(贴现)债券	债券面上不附有息票,发行时按规定的折扣率,以低于债券面值的价格发行,到期按面值支付本息。贴现债券的发行价格与其面值的差额即为债券的利息
一次还本付息债券	债券到期时和本金一起一次性付息,利随本清,也可称为到期付息债券。付息特点:一是利息一次性支付,二是债券到期时支付
附息债券	债券券面上附有息票,按照债券票面载明的利率及支付方式支付利息。息票上标有利息额、支付利息的期限和债券号码等内容。持有人可以从债券上剪下息票,并据此领取利息。附息国债的利息支付方式一般是在偿还期内按期付息,如每半年或1年付息一次
单利债券	在计息时,不论期限长短,仅按本金计息,所生利息不再加入本金再计算利息
复利债券	与单利债券相对应,计算利息时,按一定期限将所生利息加入本金再计算利息,逐期滚算
累进利率债券	年利率以利率逐年累进方法计息。利率随着时间的推移,后期利率比前期利率更高,呈累进状态

(4)按利率确定方式划分。按利率确定方式,债券可分为如表7-4所示几种。

表7-4 债券按利率确定方式分类

类 别	说 明
固定利率债券	在发行时规定利率在整个偿还期内不变
浮动利率债券	是与固定利率债券相对应的,发行时规定债券利率随市场利率定期浮动。其利率通常根据市场基准利率加上一定的利差确定。浮动利率债券往往是中长期债券。由于利率可以随市场利率浮动,可以有效地规避利率风险

（5）按偿还期限划分。按偿还期限，债券可以分为如表 7-5 所示几种。

表 7-5 债券按偿还期限分类

期　　限	说　　明
长期债券	一般来说，偿还期在 10 年以上的为长期债券
中期债券	期限在 1 年或 1 年以上、10 年以下（包括 10 年）的为中期债券
短期债券	偿还期限在 1 年以下的为短期债券

我国企业债券的期限划分与表 7-5 所述标准有所不同。我国短期企业债券的偿还期限在 1 年以内，偿还期在 1 年以上 5 年以下的为中期企业债券，偿还期限在 5 年以上的为长期企业债券。

（6）按债券形态划分。按形态，债券可以分为如表 7-6 所示几种。

表 7-6 债券按形态分类

形　　态	说　　明
实物债券（无记名债券）	以实物债券的形式记录债权，券面标有发行年度和不同金额，可上市流通。实物债券由于其发行成本较高，将会被逐步取消
凭证式债券	一种储蓄债券，通过银行发行，采用"凭证式国债收款凭证"的形式，从购买之日起计息，但不能上市流通
记账式债券	没有实物形态的票券，以记账方式记录债权，通过证券交易所的交易系统发行和交易。由于记账式国债发行和交易无纸化，交易效率高，成本低，是未来债券发展的趋势

（7）按募集方式划分。按募集方式，债券可分为如表 7-7 所示两种。

表 7-7 债券按募集方式分类

募集方式	说　　明
公募债务	按法定手续，经证券主管机构批准在市场上公开发行的债券。这种债券的认购者可以是社会上的任何人。发行者一般有较高的信誉。除政府机构、地方公共团体外，一般企业必须符合规定的条件才能发行公募债券，并且要求发行者必须遵守信息公开制度，向证券主管部门提交有价证券申报书，以保护投资者的权益
私募债券	以规定的少数投资者为对象发行的债券，发行手续简单，一般不能公开上市交易

此外，还有特殊类型的债券，如可转换债券。根据债券的可流通与否还可以分为可流通债券和不可流通债券，以及上市债券和非上市债券等。

二、债券投资的评估

债券作为一种有价证券，从理论上讲，它的市场价格是收益现值的市场反映。当债券可以在市场上自由买卖、变现时，债券的现行市价就是债券的评估值。但是，如果企业购买的是不能在债券市场自由交易的债券，其价值就要通过一定的方法进行评估。

1. 上市交易债券的评估

债券是政府、企业、银行等为了筹集资金，按照法定程序发行并向债权人承诺于指定日期还本付息的有价证券。

上市交易的债券是指可以在证券市场上交易、自由买卖的债券,对此类债券一般采用市场法(现行市价)进行评估,按照评估基准日的收盘价确定评估值。如果在特殊情况下,某种可上市交易的债券市场价格严重扭曲,不能代表实际价格,就应该采用其他的评估方法进行评估。

运用市场法评估债券,债券价值的计算公式为

$$债券评估价值=债券数量\times评估基准日债券的市价(收盘价)$$

需要特别说明的是,采用市场法评估债券价值,应在评估报告书中说明所用评估方法和结论与评估基准日的关系,并说明该评估结果应随市场价格变化而适当调整。

例 7-1　某评估公司受托对某企业的持有至到期投资进行评估,持有至到期投资账面余额为 12 万元(购买债券 1 200 张、面值 100 元/张),年利率 10%,期限 3 年,已上市交易。在评估前,该债券未计提减值准备。根据市场调查,评估基准日的收盘价为 120 元/张。据评估专业人员分析,该价格比较合理,则该持有至到期投资的评估值为多少?

解:该持有至到期投资的评估值为 1 200×120=144 000(元)。

2. 非上市交易债券的评估

非上市交易债券不能直接采用市场法评估,应该采取相应的评估方法进行价值评估。对距评估基准日 1 年内到期的债券,可以根据本金加上持有期间的利息确定评估值;超过 1 年到期的债券,可以根据本利和的现值确定评估值。对于不能按期收回本金和利息的债券,评估专业人员应在调查取证的基础上,通过分析预测,合理确定评估值。通过本利和的现值确定评估值的债券,宜采用收益法进行评估。根据债券付息方法,债券又可分为到期一次还本付息债券和分次付息、到期一次还本债券两种。评估时应采用不同的方法计算。

(1) 到期一次还本付息债券的价值评估。对于一次还本付息的债券,其评估价值的计算公式为

$$P = F \div (1+r)^n$$

式中,P 为债券的评估值;F 为债券到期时的本利和;r 为折现率;n 为评估基准日到债券到期日的间隔(以年或月为单位)。

本利和 F 的计算还可区分单利和复利两种计算方式。

① 债券本利和采用单利计算时:

$$F = A(1+mq)$$

② 债券本利和采用复利计算时:

$$F = A(1+q)^m$$

式中,A 为债券面值;m 为计息期限;q 为债券利息率。

债券利息率、计息期限、债券本金在债券上均有明确记载,而折现率是评估人员根据评估时的实际情况分析确定的。折现率包括无风险报酬率和风险报酬率,无风险报酬率通常以银行储蓄利率、国库券利率或国债利率为准;风险报酬率的大小则取决于债券发行主体的具体情况。国库券、金融债券等有良好的担保条件,其风险报酬率一般较低;企业债券如果发行企业经营业绩较好,有足够的还本付息能力,则风险报酬率较低;否则,应以较高风险报酬率调整。

例 7-2　某评估公司受托对 B 企业拥有的 A 公司债券进行评估,被评估债券面值 50 000 元,系 A 公司发行的 3 年期一次还本付息债券,年利率 5%,单利计息,评估基准日距离到期日为 2 年,当时国库券利率为 4%。经评估人员分析调查,发行企业经营业绩尚

好,财务状况稳健。2年后有还本付息能力,投资风险较低,取2%的风险报酬率,以国库券利率作为无风险报酬率,故折现率取6%。该国库券的评估值是多少?

解: $F = A(1 + mq) = 50\,000 \times (1 + 3 \times 5\%) = 57\,500$(元)

该国库券的评估值 $P = F \div (1 + r)^n = 57\,500 \div (1 + 6\%)^2 = 51\,175$(元)

(2)分次付息、到期一次还本债券的评估。分次付息、到期一次还本债券的评估宜采用收益法,其计算公式为

$$P = \sum_{i=1}^{n} \frac{R_i}{(1+r)^{-i}} + A(1+r)^{-n}$$

式中,P 为债券的评估值;R_i 为第 i 年的预期利息收益;r 为折现率;A 为债券面值;i 为评估基准日距收取利息日期限;n 为评估基准日距到期还本日期限。

例 7-3　仍采用例 7-2 的资料,假定该债券是每年付一次息,债券到期一次还本。则其评估值是多少?

$$P = \sum_{i=1}^{n} \frac{R_i}{(1+r)^{-i}} + A(1+r)^{-n}$$

$$= 50\,000 \times 5\% \times (1 + 6\%)^{-1} + 50\,000 \times 5\% \times (1 + 6\%)^{-2} + 50\,000 \times (1 + 6\%)^{-2}$$

$$= 2\,500 \times 0.943\,4 + 2\,500 \times 0.89 + 50\,000 \times 0.89$$

$$= 49\,083.5(元)$$

第三节　股票投资的评估

一、股票概述

1. 股票的概念及特点

股票是股份公司为筹措自有资本而发行的有价证券,是用于证明投资者的股东身份和权益,并据以获得股息和红利的凭证。股票持有人即为股东。公司股东作为出资人按投入公司的资本比例享有取得资产收益、参与公司重大决策和选择管理者的权利,并以其所持股份为限对公司承担责任。

与债券投资相比,股票投资一般具有以下特点。

(1)股票投资是权益性投资。股票投资与债券投资虽然都是证券投资,但投资的性质不同。股票投资属于权益性投资,股票是代表所有权的凭证,购买了股票就成为公司的股东,可以参与公司的经营决策,有选举权和表决权。而债券投资属于债权性投资,债券是债券债务凭证,购买了债券就成为发行公司的债权人,有权定期获得利息,但无参与公司经营决策的权利。

(2)股票的投资风险大。与债券投资相比,股票投资的风险较大。投资者购买股票之后,不能要求股份公司偿还本金,只能在证券市场上转让。股票投资的收益主要取决于股票发行公司的经营状况和股票市场的行情。如果公司经营状况好,盈利能力强,股票价格会上涨,投资者的收益就会较大;如果公司的经营状况不佳,整个经济形势不景气,股票价格会下跌,投资者就会遭受较大的损失。如果公司破产,股东的求偿权位于债权人之后,因此,股东可能部分甚至全部不能收回投资。而债券是要定期还本付息的,所以其风险要比股票投资小。即使公司破产,因其求偿权位于股东之前,也能收回部分投资,不至于血本无归。

(3)股票投资的收益不稳定。股票投资的收益主要是公司发放的股利和股票转让的价差收益,其稳定性较差。股票股利直接与公司的经营状况相关,公司盈利多就可能多发放股利,公司盈利少,就可能少发或不发股利;股票转让的价差收益主要取决于股票市场的行情,股市行情好,出售股票就可以得到较大的价差收益,股市低迷时,出售股票不仅得不到价差收益,反而会遭受损失。而债券投资的收益就比较稳定,可以定期得到利息收入。但是,一般而言,股票投资的收益要比债券投资的收益大。

(4)股票的价格波动性大。这点投资人在进行股票投资前一定要了解。股市价格受多种因素影响,波动性极大,自从有股市以来,股价暴涨暴跌屡见不鲜,股票市场具有极大的投机性。投资者既可以在这个市场上赚取高额利润,也可能会损失惨重,甚至血本无归。而债券的市场价格尽管也有一定的波动性,但通常不会偏离价值太多,波动性相对较小。

(5)股票的流通性。股票的流通性是指股票可随时在市场上买卖的特性,它是由股票自身的性质决定的。股票是一种永久性投资工具,反映股票持有人与股份公司之间的永久的所有权关系。这决定了投资者欲将股票变现时不能向公司赎回,因此流通转让机制应运而生。正因为这种流动性的存在,才使股票成为重要的投资工具而不断发展。

2. 股票的分类

股票的种类有很多,如普通股、优先股等。

从资产评估的角度出发,根据股票持有者享有权利和承认风险的大小将股票分为普通股和优先股。

(1)普通股。普通股是指股东完全平等地享受一般财产所有权的基本权利和义务的股票。我国法律规定,现在只允许发行记名的普通股,主要是因为我国证券市场不够成熟,投资者多为中小投资者,投资素质不高,为避免过度投机,保护投资者的合法权益和维护证券市场的稳定,因此只允许发行记名的普通股。当然,股票虽然采取了无纸化的形式,但从理论上讲仍属于记名股票。

目前我国可选的股票投资品种如下。

① 国家股。国家股又称为各级政府股或公股。国家股由国家财政原来投入全民所有制企业的资金构成,主要包括由国家财政拨款形成的固定资产和流动资金,是国有资产折算或国家投资持有的那部分股份。

② 法人股。法人股由本企业和其他企业或单位的投资组成。本企业股主要是指企业历年结余的生产发展基金、职工福利基金、奖励基金、后备基金中长期沉淀部分的资金用作入股资金。其他企业股主要是指其他企业或法人单位使用按照国家规定有自主支配权的资金投入股票。

③ 公众股。公众股即个人投资部分,包括本企业职工和社会公众投资购买的股份。社会公众股是指在社会上公开发行的,用于吸取社会闲散资金的股票,是最一般、最普通的股票。这种股票的投资者成分十分复杂,来自各行各业。它对于吸收社会闲散资金、优化资金配置及建立多元化的体制和现代企业制度有着重要意义。

④ 公司职工股。公司职工股是指本公司的职工购买股份公司股票所占的股份。从理论上讲,发行公司职工股有利于调动本企业职工的积极性和主人翁意识,提高劳动效率,为本公司发展献计献策,从而有利于公司的长远发展。但在我国实际运行中,公司职工股变为职工谋福利的手段,目前已不允许再发行内部职工股。

⑤ 外资股。外资股是由中国内地的股份有限公司向外国或者我国港澳台地区的投资者发行的、以外币认购和交易的股票。外资股按上市地域可以分为境内上市外资股和境外上市外资股。

境内上市外资股是指股份有限公司向境外投资者募集并在我国境内上市的股份。这类股票在上海证券交易所、深圳证券交易所上市的称为 B 股。B 股以人民币标明股票面值，以外币认购买卖。境外上市外资股是指股份有限公司向境外投资者募集并在境外上市的股份，称为 H 股。它也采取记名股票形式，以人民币标明面值，以外币认购。

（2）优先股。优先股是公司发行的优先于普通股股东获得股利和公司剩余财产的股票，是一种介于普通股和债券之间、兼具普通股和债券特点的混合性有价证券。一方面，优先股在某些方面比普通股优先享有股利，因此常被普通股股东视为一种负债；另一方面，发行优先股票获得的是自有资金，因而又常被债权人视为权益资本。作为一种混合性证券，优先股具有如下特征。

一是具有普通股的特征。优先股股东对公司的投资在公司注册成立后不得抽回，没有到期日，也不必偿还本金，其投资收益从公司的税后利润中支付；在公司清算时，其对公司财产的要求权也排在债权人之后；从公司资本结构上看，优先股属于公司的权益资本。优先股股利支付可像普通股股利那样，能够向后推延。以上这些都表现优先股权益资本的特征，与普通股票性质类似。

二是具有类似债券的特征。一方面，当公司因故解散清算时，在偿清全部债务和清算费用之后，优先股股东有权按照股票面值先于普通股股东获得公司的剩余资产；另一方面，优先股股利通常是按照其面值的固定比例支付的，即股利支付率是固定的，无特殊情况，不随公司经营业绩的波动而波动。此外，优先股股东一般没有公司的经营管理权，即没有选举权、被选举权和对公司的控制权。上述情况表明优先股又具有一定的公司债券的性质。

优先股必须具有面值，其面值的意义主要表现在：①代表优先股股东在公司清算时应获得的清偿价值；②作为计算优先股股利的基础。

优先股的种类较多，不同类型的优先股具有的权利也不尽相同。

① 累积优先股和非累积优先股。累积优先股是指当年未支付的股利可累积到以后年度一起支付的优先股，积欠的股利一般不加利息。公司只有在发放完历年积欠的全部优先股股利后，才能发放普通股股利。这种股利累积是对优先股股东形成一种利益上的保护，保证其投资的安全性。例如，某公司因经营不善，当年未能发放面值 100 元、股利率 6％的优先股股利。第二年公司经营状况好转，有能力支付优先股和普通股股利，公司首先应发放优先股股利每股 12 元（其中 6 元为前一年积欠的股利），然后再发放普通股股利。

非累积优先股是指欠发的股利不再补发的优先股。若公司某年因故无法支付优先股股利，今后盈利时只需付清当年的优先股股利后即可发放普通股股利，以前积欠的优先股股利无须补发。如上例，第二年公司只需发放当年优先股股利 6 元后就可发放普通股股利。

② 参与优先股和非参与优先股。参与优先股是指优先股股东在获取定额股利后，还有权与普通股股东一起参加剩余利润的分配。各参与优先股在参与利润分配中按参与程度不同，可分为部分参与优先股和全部参与优先股。部分参与优先股是指优先股股东有权按规定额度与普通股股东共同参与利润分配；全部参与优先股是指优先股股东有权与普通股股东分享本期剩余利润。非参与优先股是指优先股股东按规定股利率获取股利后，无权再参

加剩余利润的分配。大多数情况下,企业发行的优先股都是非参与优先股,其持有者只能获得额定的股利。

③ 可转换优先股和不可转换优先股。可转换优先股是指按发行契约规定可以在未来一定时期内按一定比例转换成普通股的优先股。转换比率按普通股和优先股现行价格确定,到时是否转换完全取决于投资者的意愿及当时普通股和优先股的价格变化程度。如果普通股价格上升,优先股股东可行使转换权利,从中获利;反之,优先股股东便不行使这一权利,继续享受优先股的优惠。可转换优先股使其股东在公司收益不稳定时受到保护,在公司盈利时分享更多的利润,处于有利的地位。但这种优先股在出售时价格较高,公司可筹到更多的资金;反之则为不可转换优先股,它只能获得固定股利,不能获得转换收益。

④ 可赎回优先股和不可赎回优先股。可赎回优先股是指公司按照股票发行的规定,可在将来某一时期按规定的价格收回的优先股。通常优先股没有规定的到期日,但有时企业并不考虑把优先股作为一种永久性的筹资手段,在发行时会附有赎回条款,条款中规定回购价格。这种事先赋予回购条款的优先股能确保公司资本的弹性,增强公司财务的灵活性。这种优先股的选择权在发行公司而非股东方面,所以其发行价格较低。不可赎回优先股是指不能赎回的优先股票。由于优先股都有固定股利,不可赎回优先股的发行会成为永久性的财务负担,所以公司很少发行这种优先股。

3. 股票的价格形式

按照不同的角度,股票有多种价格,与评估有关的价格主要有以下几种。

(1)票面价格是公司发行股票时在票面载明的金额。对于无票面价格的股票,它的面值以每股占公司所有权的一定比例表示。

(2)账面价格是指公司股票在账面的价值,即公司所有者权益的账面价值除以发行在外的股份数。

(3)清算价格是指公司清算时的每股净资产价值。

(4)内在价格是指根据公司的经营、财务状况、发展前景、外部环境等因素估计公司未来的经营权益,并对未来的收益按公司风险大小进行折现的现值。

(5)市场价格是指证券市场上股票的买卖价格。在成熟稳定的证券市场上,股票市场价格是市场对公司股票的客观评价。

股票的价值评估通常与股票的票面价格、发行价格和账面价格的联系并不紧密,而与股票的内在价格、清算价格和市场价格有较为密切的联系。

股票的清算价格是公司清算时公司的净资产与公司股票总数的比值。如果因经营不善或者其他原因被清算时,该公司的股票价值就相当于公司股票的清算价格。股票的内在价值,是一种理论价值或模拟市场价值,它是根据评估人员对股票未来收益的预测,经过折现后得到的股票价值。股票的内在价值主要取决于公司的财务状况、管理水平、技术开发能力、公司发展潜力,以及公司面临的各种风险。股票的市场价格是证券市场上买卖股票的价格。在证券市场比较完善的条件下,股票的市场价格基本上是市场对公司股票内在价值的一种客观评价,在某种程度上可以将市场价格直接作为股票的评估价值。当然,当证券市场发育尚未成熟,股票市场的投机成分太大时,股票的市场价格就不能完全代表其内在价值。因此,在具体进行股票价值评估时,不能不加分析地将其市场价格作为股票的评估值。股票的价值评估一般分为上市交易股票和非上市交易股票两类。

二、上市交易股票的价值评估

上市变易股票是指企业公开发行的、可以在证券市场自由交易的股票。对上市交易股票的价值评估,正常情况下,可以采用现行市价法,即按照评估基准日的收盘价确定被评估股票的价值。正常情况是指股票市场发育正常,股票自由交易,不存在非法炒作的现象。此时股票的市场价格可以代表评估时点被评估股票的价值;否则,股票的市场价格就不能完全作为评估的依据,而应以股票的内在价值作为评估股票价值的依据。通过对股票发行企业的经营业绩、财务状况及获利能力等因素的分析,综合判断股票内在价值。除此之外,以控股为目的而长期持有上市公司的股票一般可采用收益法评估其内在价值。依据股票市场价格进行评估,应在评估报告中说明所用的方法,并说明该评估结果应随市场价格变化而予以适当调整。

三、非上市交易股票的价值评估

非上市交易的股票,一般应采用收益法评估,即综合分析股票发行企业的经营状况及风险、历史利润水平和分红情况,行业收益等因素,合理预测股票投资的未来收益,并选择合理的折现率确定评估值。非上市交易股票按普通股和优先股的不同而采用不同的评估方法。普通股没有固定的股利,其收益大小完全取决于企业的经营状况和盈利水平;优先股是在股利分配和剩余财产分配上优先于普通股的股票。优先股的股利是固定的,一般情况下,都要按事先确定的股利率支付股利。在这方面,优先股与债券很相似,二者的区别在于,债券的利息是在所得税前支付,而优先股的股利是在所得税后支付。

1. 普通股的价值评估

对非上市普通股的价值评估,实际是对普通股预期收益的预测,并折算成评估基准日的价值。因此,需要对股票发行企业进行全面、客观的了解与分析。首先,应了解被评估企业历史上的利润水平;其次,了解企业的发展前景,其所处行业的前景、盈利能力、企业管理人员素质和创新能力等因素;最后,应分析被评估公司的股利(利润)分配政策。因为公司的股利分配政策直接影响被评估股票价值的大小。股份公司的股利分配政策,通常可以划分为固定红利型、红利增长型和分段型三种类型。在不同类型的股利政策下,其股票价值的评估方法也不完全相同,特作如下说明。

(1)固定红利型股利政策下股票价值评估。固定红利型是假设企业经营稳定,分配红利固定,并且今后也能保持固定水平。在这种假设条件下,普通股股票评估值的计算公式为

$$P = \frac{R}{r}$$

式中,P 为股票评估值;R 为股票未来收益额;r 为折现率。

例 7-4　假设被评估企业拥有 C 公司的非上市普通股 10 000 股,每股面值 1 元。在持有期间,每年的收益率一直保持在 20% 左右。经评估专业人员了解分析,股票发行企业经营比较稳定,管理人员素质高,管理能力强。在预测该公司以后的收益能力时,稳健评估,今后若干年内,其最低的收益率仍然可以保持在 16% 左右,评估专业人员根据该企业的行业特点及当时宏观经济运作情况,确定无风险报酬率为 4%(国债利率),风险报酬率为 4%,则确定的折现率为 8%。根据上述资料,计算其评估值。

解：$P = \dfrac{R}{r} = \dfrac{1 \times 10\,000 \times 16\%}{8\%} = 20\,000$（元）

(2) 红利增长型股利政策下股票价值评估。红利增长型适用于成长型股票的评估。成长型企业发展潜力大，收益率会逐步提高。该类型的假设条件是发行企业并未将剩余收益分配股东，而是用于追加投资扩大再生产，因此，红利呈增长趋势。在这种假设前提下，普通股股票价值评估值的计算公式为

$$P = \frac{R}{r-g}(r > g)$$

式中，P 为股票评估值；R 为股票未来收益额；r 为折现率；g 为股利增长率。

股利增长率 g 的计算方法：①统计分析法，即根据过去股利的实际数据，利用统计学的方法计算的平均增长率，作为股利增长率；②趋势分析法，即根据被评估企业的股利分配政策，以企业剩余收益中用于再投资的比率与企业净资产利润率相乘确定股利增长率。

例 7-5 某评估公司受托对 D 企业进行资产评估。D 企业拥有某非上市公司的普通股股票 20 万股，每股面值 1 元，在持有股票期间，每年股票收益率在 12% 左右。股票发行企业每年以净利润的 60% 用于发放股利，其余 40% 用于追加投资。根据评估人员对企业经营状况的调查分析，认为该行业具有发展前途，该企业具有较强的发展潜力。经过分析后认为，股票发行企业至少可保持 3% 的发展速度，净资产收益率将保持在 16% 的水平，无风险报酬率为 4‰（国库券利率），风险报酬率为 4%，则确定的折现率为 8%。根据上述资料，计算其评估值。

解：$P = \dfrac{R}{r-g} = 200\,000 \times \dfrac{12\%}{4\%+4\%-40\%\times16\%}$

$ = \dfrac{24\,000}{8\%-6.4\%}$

$ = 1\,500\,000$（元）

(3) 分段型股利政策下股票价值评估。前两种股利政策中一种是股利固定，另一种是增长率固定，过于模式化，很难适用于所有的股票评估。针对实际情况，采用分段型股利政策模型对股票的价值评估更具客观性。分段型股利政策模型可采用两段式或多段式模型，下面以两段式为例说明分段型方法的原理。

第一段，指能够较为客观地预测股票的收益期间或股票发行企业某一经营周期。

第二段，以不易预测收益的时间为起点，以企业持续经营到永续为第二段。

将两段收益现值相加，得出评估值。实际计算时，第一段以预测收益直接折现；第二段可以采用固定红利型或红利增长型，收益额采用趋势分析法或其他方法确定，先资本化再折现。

例 7-6 某资产评估公司受托对 E 公司的资产进行评估。E 公司拥有某一公司非上市交易的普通股股票 10 万股，每股面值 1 元。在持有期间，每年股利收益率均在 15% 左右。评估人员对发行股票公司进行调查分析后认为，前 3 年可保持 15% 的收益率；从第 4 年起，一套大型先进生产线交付使用后，可使收益率提高 5 个百分点，并将持续下去。评估时国库券利率为 4%，假定该股份公司是公用事业企业，其风险报酬率确定为 2%，折现率为 6%，则该股票评估值是多少？

解：股票的评估价值＝前 3 年收益的折现值＋第 4 年后收益的折现值

$$=100\,000\times15\%\times\frac{1-(1+6\%)^{-3}}{6\%}+\frac{100\,000\times20\%}{6\%}\times\frac{1}{(1+6\%)^3}$$

$$=15\,000\times2.673\,0+20\,000\div6\%\times0.839\,6$$

$$=40\,095+279\,867$$

$$=319\,962(元)$$

2. 优先股的价值评估

在正常情况下，优先股在发行时就已规定了股息率。评估优先股主要是判断股票发行主体是否有足够税后利润用于优先股的股息分配。这种判断是建立在对股票发行企业的全面了解和分析的基础上，包括股票发行企业生产经营情况、利润实现情况、股本构成中优先股所占的比重、股息率的高低，以及股票发行企业负债状况等。如果股票发行企业资本构成合理，企业盈利能力强，具有很强的支付能力。评估人员可以根据事先确定的股息率，计算优先股各年的年收益额，然后进行折现计算，即可得出评估值。计算公式如下：

$$P=\sum_{i=1}^{\infty}\frac{R_i}{(1+r)^i}$$

如果每年优先股的收益相等，则

$$P=\frac{A}{r}$$

式中，P 为优先股的评估值；R_i 为第 i 年的优先股的收益；r 为折现率；A 为优先股的年等额股息收益。

例 7-7　新华纺织厂拥有长兴染料厂 1 000 股累积性、非参加分配优先股，每股面值 100 元，股息率为年息 17%。评估时，长兴染料厂的资本构成不尽合理，负债率较高，可能会对优先股股息的分配产生消极影响。因此，评估人员将新华纺织厂拥有的长兴染料厂的优先股票的风险报酬率定为 5%，加上无风险报酬率 4%，该优先股的折现率为 9%。根据上述数据，对该优先股评估值进行评估。

解：$P=\dfrac{A}{r}$

$$=\frac{1\,000\times100\times17\%}{4\%+5\%}$$

$$=17\,000\div9\%$$

$$=188\,889(元)$$

如果非上市优先股有上市的可能，持有人又有转售的意向，这类优先股可参照下列公式评估：

$$P=\sum_{i=1}^{n}\frac{R_i}{(1+r)^i}+F(1+r)^{-n}$$

式中，F 为优先股的预期变现价格；n 为优先股的持有年限。

第四节　长期股权投资的评估

一、长期股权投资评估相关概述

1. 长期股权投资的概念

股权及股东权益是指投资人因投资而享有的权利。股权投资是指投资主体将现金资产、实物资产或无形资产等直接投入被投资企业,取得被投资企业的股权,从而通过控制被投资企业获得利益。股权投资通常是长期持有,以期通过股权投资达到控制被投资单位,或对被投资单位施加重大影响,或为了与被投资单位建立密切关系,以分散经营风险,因此,多被称为长期股权投资。长期股权投资通常具有投资大、投资期限长、风险大以及能为企业带来较大的利益等特点。

2.长期股权投资评估的概念

长期股权投资评估是指采用企业价值评估方式对被投资企业在某一时点的股东权益价值所做的评判和估算。不同于某单项或某几项资产的评估,股权投资评估是从价值形态上以法定货币尺度测定长期股权投资公允价值的手段。

母公司的资产负债表中长期股权投资往往金额相对较大,重要性毋庸置疑,因母公司发生经济行为需确定其股东权益价值时必然要评估其长期股权投资的价值。此外,在新会计准则引入公允价值计量属性之后,长期股权投资的初始确认和后续计量中的减值测试等,均需要评估给予专业意见,作为会计入账及调整的依据。因此,股权投资评估不仅是交易定价及投资决策的基础,也有助于对被评估企业的股权投资的内在价值进行正确评价。

长期股权投资评估包括对具有控制权的股权评估及缺乏控制权的股权评估。

3.长期股权投资评估的基本特点

(1)股权投资评估是对资本或权益的评估。长期股权是投资方在被投资单位所享有的权益,投资方出资形式可能包括货币资金、实物资产及无形资产等,自被投资单位接收之日起即转换为资本或权益,投资方不能再去自由支配出资的资产。因此,长期股权投资评估实质上是对被投资单位资本或权益的评估。

(2)股权投资评估可能是对被投资企业获利能力的评估,也可能是为间接提高投资方自身盈利能力的战略投资价值的评估。长期股权的投资方作为被投资企业的股东,不准备随时变现,投资不单是为了获取投资收益,还可能是为了影响、控制或迫使被投资企业采取有利于投资方利益的经营方针和利润分配方案。因此,被投资单位的获利能力或其他战略投资价值成为长期股权投资评估的关键因素。

(3)股权投资评估通常是建立在被投资企业持续经营的基础上。被投资企业在评估基准日净资产为负值,通常是因为资本结构不合理,如股东投入资本金过低而靠结款开展经营活动等。因此,持续经营是长期股权投资评估重要的评估假设。

(4)股权投资评估通常是基于被投资企业权益的可分性,即企业的权益可分为股东全部权益和股东部分权益,不同的权益份额可能有不同的价值内涵。当评估对象为同一标的企业的不同权益时,评估方法、模型、影响因素等均有可能不同,股东部分权益不必然等于股东全部权益与股权比例的乘积。

4.长期股权投资评估应注意的问题

(1)应当把被投资单位作为一个有机整体,不仅要关注企业财务账内的资产和负债,也要关注重要的可识别的账外资产和负债,如无形资产、或有负债等。

(2)应关注公司章程或投资协议,了解股东在利益分配、股权转让等方面的权利和义务是否存在特殊的约定,如分红限制、清算约定和存在限售期等,考虑其对评估的影响。

(3)应关注公司最新的工商登记情况和近期的董事会决议等材料,了解被评估单位股权结构及股东权益。

（4）应关注评估范围内的重要资产和负债。通过实施询问、函证、核对、监盘、勘查、检查等必要的程序，了解其经济、技术和法律权属状况及其对评估的影响。

（5）应关注可能影响评估结论的重要事项。要求委托人或被评估企业就该事项出具承诺等内部证明材料和律师函等第三方证明材料，作为评估依据。

（6）应关注关联交易的影响。根据《企业会计准则第33号——合并财务报表》，母公司编制合并财务报表时应当将整个企业集团视为一个会计主体，依据相关会计准则的确认，计量和列报要求，按照统一的会计政策，反映企业集团整体财务状况、经营成果和现金流量。当采用母公司报表口径单独对其长期股权投资单位评估时，应关注评估基准日母子公司间的产品（或服务）销售等关联交易及合并会计分录。内部关联销售产生利润可能导致虚增净资产，而低于市场价格的内部关联销售可能导致虚减净资产。

（7）应关注亏损企业采用收益法评估的适用性。亏损企业往往不能简单理解为收益法不适用，因为导致亏损的因素是多方面的，有可能是经营决策失误等主观因素，也有可能是突发事件等客观因素，应剔除非正常因素的影响。

二、具有控制权股权的评估

1. 具有控制权股权评估的特点

（1）对于具有控制权股权的评估，被投资单位在配合实施评估程序方面与母公司基本相同，有利于评估工作的开展。因而在评估方法选择上，通常可结合被投资单位所处行业及自身特点，全面考虑评估方法适用性，从而作出合理选择。

（2）关注资产权属资料完善情况。对于具有控制权股权的评估，需关注被投资单位土地、房屋建筑物及无形资产等重要资产权属和使用状况。对资料不全面的，应关注企业是否已经妥善解决。关注是否有账外资产、或有负债、资产（土地、车辆等）权利人与实际使用人是否一致，是否存在隐匿或遗漏等。

（3）可能存在控制权溢价因素。控制权溢价通常是指一个投资者为了获得公司普通股的控股权益而愿意付出比市场流通的少数权益价值更高价格的附加价值。控制权被认为比少数股权有更多价值，因为公司控制权享有许多非控制权没有的非常价值的权利，如控股方能够控制公司董事会，任命关键管理人员，决定公司发展战略、发展方向，重大投资决策、股利政策等。通过并购案例总结，控制权溢价往往与被收购公司管理层的管理水平成反比。被收购企业的管理水平越差，控制权的价值越高；被收购企业的管理水平越高，控制权的价值就越低。

2. 具有控制权股权评估的评估程序

（1）明确评估范围。明确评估范围是对长期股权投资实施评估程序的首要步骤。评估范围通常为被投资单位法人全部资产，包括企业拥有权属清晰并投入经营或未投入经营的资产企业实际拥有但尚未办理产权登记的资产。对于股权投资单位持有的长期股权投资中具有控制权的被投资单位，仍需采用同样的评估程序"向下"延伸。

（2）核实投资（并购）协议、账面记录。收集股权投资的初始协议，了解长期股权投资取得方式和初始计量方法，核对会计核算是否正确，核实长期股权投资企业在评估基准日近期的信息，包括企业名称，注册地，业务性质，当期的主要财务信息，与子公司、合营企业及联营企业投资相关的或有负债等。

(3) 核对持股比例。收集股权投资企业在工商登记部门备案的公司章程,核对注册资本、出资额、母公司对该企业的持股比例和表决权比例。

(4) 选择评估方法,编制评估计划。对被投资企业的会计信息进行全面了解分析,与委托人商谈评估程序实施是否受限等,根据评估目的、评估对象、价值类型、资料收集情况等相关条件,分析收益法、市场法和资产基础法三种资产评估基本方法的适用性,综合判断,恰当选择评估方法。编制评估计划需充分考虑评估对象的性质、所处行业特点及发展趋势、资产规模及分布、评估所需资料收集状况、评估专业人员的独立性及专业胜任能力、与其他专业机构的工作衔接配合等诸多因素,明确评估过程的主要工作步骤、预计时间,人员安排,配合要求等,恰当编制评估计划。

(5) 确定(计算)股权评估值。选择确定基本评估方法,确定相关评估参数,开展评定估算工作。在所采用评估方法形成的初步结果基础上,对各种方法使用的信息资料及参数的数量和质量进行比对分析,最终确定股权评估值。

3. 具有控制权股权评估的清查核实方法

(1) 核对。主要核对被投资企业法人资产数量、使用状态、法律权属状态及其他影响评估作价的重要因素,针对不同的资产类型分别采取不同的核实方法。

(2) 抽查(会计凭证)。随机抽查。在实施评估程序时,从被评估的长期股权投资单位总体会计凭证中,根据重要程度,随机选取一定数量的样本进行抽查,以便核实其历史成本或核算入账的背景。

重点抽查。发现资产权责不对应、资产权属或边界不清晰,如母公司已将某项资产作价投入子公司(但仍将其在母公司账上核算,而子公司账上未核算该项资产或核算内容为对该资产的追加投资)、母公司将为子公司对外垫付费用等款项核算在对子公司投资中而子公司未入账、母公司替子公司购买资产支付款项并计入长期股权投资而子公司未将资产入账、母子公司往来账余额不一致等情形,需抽取母子公司相关会计凭证,查证问题。

处理方式。将抽查发现的问题提交企业会计负责人及审计师,共同商讨解决办法,将处理结果归纳整理到工作底稿。

(3) 尽职调查。对被投资单位的评估尽职调查通常包括两个方面:①对企业的历史数据和文档资料、管理层背景、市场风险、管理风险、技术风险和资金风险等作全面调查,对企业作初步定性评价。具体方式包括调查问卷及独立调查。②对评估基准日企业各项资产负债全面清查。

调查问卷主要内容包括公司及股东各方面基本情况,公司组织结构,采购供应,业务和产品、销售、研发、固定资产、财务核算体系、债权和债务、投资项目、涉诉事项、行业背景资料等部分,每部分结合企业情况提出若干具体问题。向企业相关管理职能部门发放和回收问卷,将回收问卷及调查记录归纳整理到工作底稿。

独立调查内容包括直接从市场等渠道独立获取的资料,从委托方、产权持有者等相关当事方获取的资料以及从政府部门、各类专业机构和其他相关部门获取的资料。具体包括查询记录、询价结果、检查记录、行业资讯、分析资料、鉴定报告、专业报告及政府文件等。

各项资产负债的清查。通常通过获取资料、询问、函证、核对、监盘、勘查、检查等方式对各项资产及负债进行清查核实,重点关注影响资产价值的各项因素,并对资产的权属状况、使用状况等调查。

（4）访谈。访谈对象：企业高管、财务/企划/供应/销售/人力/技术/研发等职能部门负责人。

访谈内容：企业的总体概况、经营状况、生产能力、收益能力、市场状况和发展规划等基本情况。侧重于主要产品或服务的应用领域，市场环境，生命周期、先进性、竞争优势及风险，采购销售渠道，知识产权及研发能力，管理层及员工薪酬计划、各部门的管控目标等。

完成目标：通过访谈了解企业基本信息，对财务数据和经营参数具体分析，通过了解企业历史经营状况及未来发展趋势对其作出总体评价，就盈利预测相关内容与管理人员讨论。

4. 具有控制权股权评估的评估结论的确定

根据现行评估执业准则和规定，企业价值评估通常需要采用两种以上的评估方法，并得出不同评估方法下的初步评估结果，需要对形成的初步评估结果进行分析，确定最终的评估结论。下面讨论两种评估方法下的初步评估结果如何确定最终评估结论的问题。

（1）评估结论确定的基本思路。国外评估准则的基本精神是，只要是采用一种以上的评估方法并形成不同的初步评估结果，就应当对各种结果所依据的资料数据的质量和数量进行考虑分析。评估专业人员在确定评估结论时，应当提供合乎逻辑的依据。

评估专业人员在评价各种评估方法所得出的初步评估结果时，应重点考虑以下方面：①各种方法的评估范围及价值内涵是否一致；②不同方法与评估目的及评估结果的用途是否匹配；③不同的企业特点与资产使用状况对不同方法评估结果的影响，如被评估企业是直接进行生产经营的企业还是投资公司或不动产经营企业，是否处于正常经营状态，是否拥有大量非经营性或溢余资产等；④不同方法初步评估结果所依据的信息资料的质量和可靠性是否满足要求。

（2）采用不同方法需要考虑的具体问题。

① 资产基础法和收益法。首先，应考虑两者的评估对象与评估范围的一致性。资产基础法是以被评估企业资产负债表为基础，合理评估企业表内及表外各项资产、负债价值，确定评估对象价值的评估方法。有一个必须考虑的重要因素，就是企业表内及表外的资产和负债，是否列为资产负债表内资产和负债，取决于企业会计准则的规定，即符合资产定义并同时满足两个条件：与该资源有关的经济利益很可能流入企业；该资源的成本或价值能够可靠计量。对于企业改制、上市公司重大资产重组等评估项目，通常还涉及改制重组协议中重大事项安排等决定和影响评估范围的问题。因此，收益法将被评估企业预期收益资本化或折现所得出的评估结果有时并不完全对应于账面资产，可能还包含表外资产的贡献，特别是轻资产公司。

其次，当收益法评估结果高于资产基础法评估结果时，应关注资产基础法评估结果是否涵盖了企业全部有形资产和无形资产价值。如果资产基础法未考虑无形资产，则可能导致两种评估方法结果的差异。处于成长期企业或预期业绩将出现高增长的企业，资产基础法评估结果通常无法充分体现其价值，而收益法评估结果必然会高于资产基础法评估结果。

最后，当收益法评估结果低于资产基础法结果时，应关注企业的收益和资产使用状况，判断持续经营前提下企业经营性资产是否存在经济性贬值。评估基准日前后资产价格处于较大波动中的企业，或者现金流为负数的企业，预期的未来亏损也无法客观地体现在资产基础法评估结果中，其收益法结果必然会低于资产基础法结果。

例7-8 甲公司为一中等规模电器制造企业，截至评估基准日 2018 年 6 月 30 日，账面总资产 5 000 万元,其中流动资金 1 000 万元,固定资产 3 000 万元,无形资产 1 000 万元。负债合计 2 000 万元,企业在 2015 年、2016 年、2017 年分别实现主营业务收入 12 000 万元、10 000 万元、9 000 万元,净利润分别为 600 万元、500 万元、400 万元。分别采用资产基础法及收益法评估,资产基础法评估结果为 5 500 万元,收益法评估结果为 5 000 万元。

经分析,资产基础法中固定资产评估值为 4 000 万元,评估增值 1 000 万元;无形资产评估值 2 500 万元,评估增值 1 500 万元。

本案例中,在企业持续经营前提下,若评估对象为甲公司具有控制的股权,则应选择资产基础法评估结果,因为控股股东可以实现股东权益最大化为目标分享资产处置收益,若评估对象为甲公司缺乏控制权的股权,则应选择收益法评估结果,因为处置公司资产要获得多数股东同意,在不出售该资产的前提下少数股东无法分享评估增值,无实际控制权的投资者无法分享各类资产的市场价值,能够收获的仅仅是利润分配。

如果一个企业的生产力要素配置不够合理,尽管其拥有优质的资产,但未必能取得相应的收益。因此,相比资产基础法而言,收益法评估结果会更合理地体现非控股股权的价值。美国评估师认为资产基础法获得的是 100% 股权的价值,评估少数股东权益时该方法可能不合适,或许考虑少数股权折扣以及缺乏流动性折扣。

② 市场法和收益法。

第一,市场法的价值比率体现了市场对风险波动的敏感性作出的反应,与收益法折现率一样同样基于期望回报率。应当关注收益法估算折现率时对风险的评估与市场法调整价值比率所隐含的风险评估是否匹配。

第二,关注收益法预测的明确增长假设与市场法中的隐含增长假设是否一致。特别要关注收益法中对于中小企业明确预测期后的永续价值的合理性问题。

第三,关注两种方法对非经营性、溢余资产负债的判断是否一致,如不一致是否符合各自方法对经营趋势判断的影响,并能合理反映企业的财务状况和营利能力。

第四,市场法中上市公司比较法应关注流动性对价值的影响,当某些股票市场交易价格严重偏离价值或合理回报时可能不被理性投资者接受。应充分考虑将其作为可比企业是否合适。

第五,市场法中交易案例比较法应关注可比案例与评估对象的实际相似性、会计政策及税收差异、二手数据的可靠性、特殊交易背景或动机、交易价中的协同效应、差异因素修正等影响。

第六,关注收益法对存在明显周期性波动的企业,是否只采用了波峰或波谷价格和销量等不具有代表性的指标预测长期收入水平。关注历史上采用关联方销售定价的企业,是否分析确认定价的公允性及可持续性。考虑对享有税收优惠政策的企业进行持续性预测是否合适等。

③ 市场法和资产基础法。市场法的价值比率选取了市净率时,与资产基础法如何衔接的问题就更加突出。

首先,应当关注资产基础法中的溢余/闲置资产、非经营性资产、存在经济性贬值的经营性资产等,在市场法中是否直接作为企业净资产乘以市净率价值比率或单独处理。

其次,应当关注市场法选取的可比交易案例中,是否存在被评估企业同类资产,在调整修正过程中是否合理考虑,并形成最终的价值比率。

5．几种特殊情形对股权评估的影响

（1）股东出资不同步。

例 7-9　甲、乙双方于 2018 年 6 月签署协议承诺分别以现金 102 万元、98 万元按分期出资方式组建有限责任公司丙，约定首期出资不低于 50%。最晚出资期限为 2019 年 6 月 30 日。截至 2018 年 12 月 31 日，丙实收资本 151 万元，未分配利润－10 万元，净资产 141 万元，甲出资 102 万元（承诺出资 100%），乙出资 49 万元（承诺出资 50%）。甲拟转让部分股权，乙同意放弃优先购买权并表示将继续履行承诺，完成出资义务。以 2018 年 12 月 31 日为评估基准日对甲持有丙股权价值进行评估，按照基准日净资产计算丙公司的股东全部权益为 141 万元，其中甲实际出资比例为 102÷(102＋49)＝67.5%，而不是章程约定的 51%。理论上也可将乙承诺未出资的 49 万元列为基准日丙公司的应收款项，但因与会计核算不一致通常不会采用这样的处理方式。

因股东出资不同步，确定评估范围及股权比例是评估难点之一。依据公司章程股东采取分期出资方式，评估基准日在股东承诺出资期限之前，因此出现各股东出资不一致、个别股东出资不到位现象。也存在个别股东承诺以知识产权等非货币资产出资但因故未到位现象。评估对此通常需查阅章程约定了解具体原因，结合实际情况确定股权比例，并充分披露可能对评估结果造成的影响。不能简单按出资协议约定的比例计算，评估专业人员自行判断有难度的也可以请律师给出专业判断。

（2）股东独享权益。

例 7-10　Z 上市公司年报称"报告期末，公司国有独享资本公积金为 14.66 亿元，主要系国防军工建设项目等国拨资金项目转回后，国拨资金由专项应付款转为国有独享资本公积金所致"。按照国家国防科工局《国有控股企业军工建设项目投资管理暂行办法》等有关规定，应在履行必要程序后转为国有股本。对 Z 公司股东权益的价值评估，需核实其财务处理的会计分录，单独计算国有独享权益，合理考虑对评估结果的影响。

国资委曾在决算编制的说明中规定："属于合资、合作、股份制等多元投资主体性质的企业，国有资本享有的权益年初、年末余额及本年发生额按以下公式计算填列：

（资本公积＋盈余公积＋未分配利润－国有独享部分）×
（国有实收资本/实收资本）＋国有独享部分

国有独享部分包括国家专项拨款、各项基金转入、土地估价入账、税收返还或专项减免、国家拨付流动资本等政策因素形成的国家独享权益数额。"

在一些地方国有企业改制中，企业享受了地方财政某项优惠政策，如减免缴纳土地出让金、矿业权价款等，地方财政或国资部门成为改制后企业的股东，在引进新投资者时主张将此优惠计为原股东独享权益。对于有明确证据表明的股东独享权益，凡可在评估结果中体现的应单独列示，无法在评估结果中体现的应在特别事项说明中充分披露可能对评估结果造成的影响。

例 7-11　×公司在公司制改建处置划拨土地时采用"作价入股"方式处置，×公司定期向"持股单位"缴纳经营收益，而在×公司工商登记的股东中并无该"持股单位"，俗称暗股或代持股。×公司拟引进新投资者需评估其股东全部权益，通常应提请企业重组方案对此作出安排，建议会计核算单独计量此类归属部分股东的独享权益，无论采用什么评估方法，股东权益评估均应单独考虑影响，并在特别事项中充分披露。

（3）分红与股比不一致。

例 7-12　甲收购乙，但甲与乙的原股东丙在收购价上存在分歧。为尽快促成收购，双方商定甲收购乙后的两年，原股东丙以原持有股比例享有分红，评估基准日距该收购不满两年。对甲所持乙股权评估如何考虑该事项影响？

本案例中"双方商定甲收购乙后的两年，原股东丙以原持股比例享有分红"，需进一步分析，是否只要乙有利润，丙就有权以其净利润乘以原持股比例获得相应的分红额，从而导致前两年内乙的经营成果与甲的收益无关？如果乙在这两年内亏损又如何处理？这些问题在评估中需认真考虑。

有些投资是按约定取得固定分红，与股权及利润比例无关。法律界认为在公司注册资本符合法定要求的情况下，有限责任公司的全体股东内部也可以约定不按实际出资比例持有股权，这并不影响公司资本对公司债权进行担保等对外基本功能的实现。如该约定是各方当事人的真实意思表示，且未损害他人的利益，不违反法律和行政法规的规定，应属有效，股东按照约定持有的股权应当受到法律的保护。《公司法》第三十四条规定，股东按照实缴的出资比例分取红利，但是全体股东约定不按照出资比例分取红利的除外。第一百九十五条规定，公司财产按前款规定清偿后的剩余财产，有限责任公司按照股东的出资比例分配，股份有限公司按照股东持有的股份比例分配。股权比例与红利分配比例或实际出资比例不一致，其合法性可依据法律意见书判断，收益法评估股东权益时可按股东实际可获红利比例计算。但成本法评估通常按照股东持有的股份比例分配财产的规定，即按股份比例确定。

（4）名股实债。名义上是以股权方式投资但实质上却签署了具有刚性兑付的保本约定。该投资方式已被私募基金和信托公司广泛运用于房地产开发或其他现金流短缺的行业。国家税务总局公告 2013 年第 41 号《关于企业混合性投资业务企业所得税处理问题的公告》对符合"混合性投资"条件的"名股实债"税务处理问题作出了规定。名股实债的投资业务中，如约定利息由被投资方的原始股东以溢价收购的方式在期限届满时支付，而非由被投资企业支付，在评估核实过程中应特别关注。对于评估基准日已收到但未确认收入的利息原则上应视同预收账款评估。当约定利息由被投资方的原始股东以溢价收购的方式在期限届满时支付而非由被投资企业支付时，应判断其可实现性和风险，在特别事项说明中充分披露。

例 7-13　甲公司于 2017 年 3 月入股乙公司为其第二大股东，采用乙公司股东全部权益价值估值作为对价基础，甲公司现金出资并计入长期股权投资 5 000 万元，持股比例为 30%。甲、乙除签署增资协议外还另行签署了一份协议，约定两年后甲公司将退出并由乙公司大股东保证其年投资回报率不低于 10%。

① 以 2018 年 12 月 31 日为评估基准日评估甲公司股东权益价值，假设甲对乙投资后尚未获取股利，评估时应取得乙公司评估基准日的会计报表，分别计算其净资产乘以股利比例的结果及承诺投资回报加本金结果，分析乙公司 POA/ROE 指标与所承诺的年投资回报率的可实现性，谨慎确定该股权评估值。

② 以 2019 年 4 月 30 日为评估基准日评估甲公司股东权益价值，假设甲对乙投资后尚未获取股利并正在商洽股权退出事宜，乙公司经营业绩较差，大股东现金流吃紧暂时无力回购甲的股权。此时评估股权价值时不能采用上述所承诺年投资回报率的债权评估方式，而应对乙公司采用企业价值评估方法单独评估后确定其价值。

（5）被投资企业资不抵债。

例 7-14 甲公司为乙公司的全资子公司。评估基准日甲公司资产合计 300 万元，负债合计 600 万元。经评估，甲公司净资产为−300 万元，乙对甲的长期股权投资评估值应如何确定？

第一种情况，当子公司净资产为负即资不抵债时，如果无关闭清算计划，则在甲持续经营前提下，评估乙持甲股权价值时应考虑债权的影响。

① 乙其他应收款中应收甲 500 万元。债权正常确认则股权评估值为−300 万元。股东以出资额承担有限责任，故该股权评估值应为零，而债权按账面值评估确认（母公司关联方往来不计提坏账），从合并角度看，母子公司往来冲抵后虚增了乙的股东权益 300 万元。换个角度看，这样的处理相当于认定甲有 300 万元负债无须支付，也就意味着乙对甲债权评估值应为 200 万元而不是 500 万元。

② 乙其他应收款中无应收甲款项。甲持续经营则乙必然要保证其债务偿付承担亏损，如果该股权评估为零则乙负债评估应增加 300 万元，或者股权评估值仍为−300 万元。此时评估专业人员应向甲、乙公司管理层做专项访谈并征求处理意见，寻求是否存在其他解决方案，综合判断后确定评估值。

第二种情况，如果计划对甲清算，应考虑债权人公告、职工安置、税务清算等可能新增的或有负债对评估值的影响，资产价值类型应选择清算价值而非市场价值。

评估基准日是否持续经营是重要的评估假设，对于待清算企业和持续经营企业会采用不同的评估方法，在评估报告中应充分披露。

（6）被投资企业经营不独立。在母公司为非投资性主体，且母子公司主营业务相同或相近，或存在较多关联交易或子公司经营活动完全受制于母公司而缺乏决策的独立性等情形下，采用合并报表口径评估母公司的股东权益价值，较分别采用母子公司报表口径更能客观真实地反映其公允价值，避免对子公司股权价值的错误估计。

采用合并报表口径评估所使用的评估方法通常为收益法和市场法，资产基础法应用的前提通常是以母公司报表为基础。

例 7-15 Y 公司是一大型软件开发技术服务提供商，提供 IT 外包、众包、业务流程外包、系统集成等多项服务。Y 公司总部设于北京，根据业务需要在全球设立了 60 家子公司，员工总数超万人，服务数百家中国及海外客户。现需评估 Y 公司股东权益价值，如何对其 60 家子公司开展评估，是制订评估计划需首先讨论的问题。经向管理层了解，其中全资子公司 48 家，控股子公司 12 家，具有母子公司主营业务相同、存在较多关联交易、子公司经营活动完全受制于母公司而缺乏决策的独立性等特点，且母子公司均为轻资产公司。如果单独评估每个子公司，则可能出现因内部考核分配及核算时间差异导致的非正常性盈亏，难以准确反映 Y 公司股东权益价值。经研究决定采用合并财务报表口径，选择收益法及市场法评估 Y 公司股东权益价值，发现需重点核实解决的问题包括各个子公司企业所得税税率、员工薪酬、管理费用、营运资金、溢余及非经营性资产及负债、少数股权等，在收益法评估中统一考虑资本结构、营运资金变动、溢余及非经营性资产及负债影响，综合考虑确定折现率，合理扣除归属少数股东的权益价值。基于合并财务报表口径采用市场法评估时，通常应注意选取样本（可比公司或可比交易案例）的可比性，溢余及非经营性资产及负债处理口径与样本的一致性，所选用的估值乘数及指标所对应的会计期间的一致性等。

三、缺乏控制权股权的评估

1. 缺乏控制权股权评估的特点

(1) 评估程序及评估方法的选择可能受到限制。对于缺乏控制权股权的评估,实务中,被评估单位配合实施评估程序会受到限制,不利于评估工作的开展。因此,评估程序的实施及评估方法的选择均具有局限性。

(2) 应关注流动性影响。流动性是指在市场上快速买卖一项物品,而不导致价格大幅波动的能力。如何评估不具有活跃市场和流动性受限制的股权价值,如处于 IPO 限售期内的股权,以及产业投资基金投入拟上市公司中的股权价值,是评估实践中的难点之一。随着期权估值模型的应用推广,结合影响期权价值的因素分析及对不同模型的计算结果进行比较,期权估值模型近年来在评估实践中有了较快发展。

2. 缺乏控制权股权评估的评估程序

缺乏控制权的股权投资单位能否单独评估,取决于该投资的重要程度、委托人的管控程度、被评估投资单位的配合意愿等。

(1) 确定评估范围。单独评估时,评估范围通常为被投资单位产权涉及的全部资产和负债,包括企业拥有权属清晰并投入经营或未投入经营的资产,企业实际拥有但尚未办理产权登记的资产。

非单独评估时,评估范围可以是被投资单位的全部资产和负债,也可以是长期股权投资本身。

(2) 核实投资(并购)协议、账面记录。单独评估时,核实内容与具有控制权的股权一致。

非单独评估时,应向母公司取得股权投资的初始协议,了解长期股权投资取得方式和初始计量方法,核对会计核算是否准确无误,核实长期股权投资企业在评估基准日近期的会计信息,包括企业名称、注册地、业务性质、当期的主要财务信息。

(3) 核实持股比例。一般应向母公司取得股权投资企业在工商登记部门备案的公司章程,核实母公司对其持股比例和表决权比例。评估专业人员对执业中使用的有关文件、证明、资料等,应当采取必要措施确信其合理性。被投资企业的注册资金、地址、法人、经营范围、投资人信息、企业变更情况、有无违法记录等均可通过全国企业信用信息公示系统(gsxt. saic. gov. cn)或"天眼"(tianyancha. com)等系统查询。

(4) 选择评估方法。单独评估首先对其会计信息作了解分析,考虑评估程序实施是否受限制等,根据评估目的、评估对象、价值类型、资料收集情况等相关条件,分析收益法、市场法和资产基础法三种资产评估基本方法的适用性,综合判断恰当选择评估方法。

通常需结合评估对象的性质、所处行业特点及发展趋势、资产规模及分布、评估所需资料收集状况、评估专业人员独立性及专业胜任能力、与其他专业机构工作衔接配合等因素,合理确定评估过程的主要工作步骤、预计时间、人员安排、配合要求等。

非单独评估主要根据被投资企业所处细分行业市场及竞争态势、业绩表现、股利分配、近期规划,判断市场法及收益法的适用性,合理选择评估方法。

(5) 确定(计算)股权评估值。在选择确定评估方法后,依据评估执业准则和相关规定,合理采用评估依据及评估假设,确定相关评估参数,开展评定估算工作。在所采用评估方法形成的初步结果基础上,对各种方法使用的信息资料及参数的数量和质量进行比对分析,最终确定股权评估值。

3. 缺乏控制权股权评估的清查核实方法

(1)核对。单独评估时,核对工作主要针对被投资企业。主要核对企业资产数量、使用状态、法律权属状态及其他影响评估作价的重要因素。针对不同的资产性质及特点分别采取不同的核实方法。对于实物资产主要依据资产清查评估明细表,通过现场盘点勘查方式进行清查核实,同时收集被评估资产的产权证明文件和反映性能、状态、经济技术指标等情况的文件资料,进一步完善资产清查评估明细表,以做到表、实相符,对评估范围内评估对象法律权属资料和来源进行必要的查验。对于非实物资产,主要通过查阅企业的原始会计凭证、函证和核实有关经济行为证明文件的方式核查,关注债权债务的形成过程和账面数字的准确性。

非单独评估时,核对工作主要针对母公司核算及管控长期股权投资的全部档案资料及被投资单位的近期财务报告,必要时也可向被投资企业发函确认。

(2)抽查(会计凭证)。单独评估时,抽查方法与具有控制权股权评估相同。

非单独评估时,抽查主要针对母公司核算长期股权投资的各期会计凭证,以及母子公司关联往来科目的会计凭证,核实其历史成本或核算入账的背景以及关联往来情况。发现母公司权益法核算问题、母子公司往来账余额不一致等,将问题提交企业会计负责人及审计师,共同商讨解决办法,将处理结果归纳整理到工作底稿。

(3)尽职调查。单独评估时,与具有控制权股权相同,可向被评估企业发放和回收调查问卷,同时开展独立调查工作及各项资产负债清查核实工作。

非单独评估时,考虑被评估企业配合意愿较低,很难完成调查问卷的回收,通常以独立调查为主、调查问卷为辅。

对于境外投资企业,在获取公司审计报告和必要的评估资料基础上,考虑不同国家会计政策的差异和母公司报表核算方式,关注报表是否为公允价值计量,以电子邮件问卷等代替程序完成该工作。

(4)访谈。单独评估时,访谈内容与具有控制权的股权评估相同。

非单独评估时,访谈对象主要为母公司负责该长期股权投资核算的财务人员及母公司派驻投资单位任职的高管。访谈内容及完成目标与具有控制权的股权评估相同。

4. 缺乏控制权股权评估的评估方法

如果采用资产基础法,需要被投资企业配合实施的评估程序较复杂,因此,对于缺乏控制权的股权的评估通常不作为首选方法,但对已停业或拟清算的长期股权投资企业仅能采用资产基础法评估,此时要关注债权申报和税务清算等进程,合理确认负债。采用收益法中的现金流量折现法,除必要的财务尽职调查工作外,还需了解企业发展定位、战略规划、管理层应对市场制定的对策等,很大程度上需要企业管理层对企业未来盈利预测提供必要配合。收益法中的股利折现法是将预期股利进行折现以确定评估对象价值的具体方法,通常适用于缺乏控制权的股东部分权益价值的评估。采用市场法与采用收益法评估的基础工作有很多相同之处,除上述必要的工作内容外,还需在市场上找到与被评估企业类似的可比交易案例或可比上市公司。

对于缺乏控制权的股东无法单独评估时,可使用被投资企业评估基准日财务报表净资产数据确定长期股权投资评估价值。此时应说明不能单独评估的理由和使用财务报表分析确定股东权益价值的过程。

(1) 被投资企业属重资产类且近期盈利不佳,通常可对资产负债表做分析,估算固定资产及无形资产可能产生的增减值。

(2) 被投资企业属轻资产类且近期盈利较好,通常可结合其历年财务报表及利润分配情况采用收益法评估。

(3) 设立时间较短的非控股长期股权投资,通常可采用评估基准日经核实后的企业账面投资成本评估。

(4) 评估基准日近期收购的非控股长期股权投资,应分析投资成本(收购价格)与被投资企业账面净资产差异形成的原因及对商誉的影响。

例 7-16 现因经济行为需要评估 G 公司股东权益价值,截至评估基准日 G 公司长期股权投资共 4 家,如表 7-8 所示。

表 7-8   G 公司长期股权投资

长期股权投资企业	所属行业	持股比例/%	账面值/万元
L	金属冶炼	20	800
M	物流运输	30	300
N	电子信息	25	250
P	高新技术	18	180

经 G 公司相关人员协调确认,上述被投资单位均不能配合进行单独评估。评估专业人员通过调查获取被投资单位的基本信息汇总如下。

(1) L 公司近年主营业务连续亏损,截至评估基准日账面资产合计 4 000 万元,其中流动资产 800 万元,固定资产 2 400 万元(冶炼厂房及生产装置),无形资产 800 万元(土地使用权)。负债合计 3 000 万元,实收资本 4 000 万元,未分配利润−300 万元。

(2) M 公司业务稳定且用户满意度高,截至评估基准日账面资产合计 2 000 万元,其中流动资产 1 400 万元,固定资产 200 万元(车辆及办公设备),其他长期资产 400 万元(经营场所预缴租金)。无负债。实收资本 1 000 万元,未分配利润 600 万元。近 3 年主营业务净利润分别为 280 万元、320 万元、300 万元。

(3) N 公司设立不足 1 年,截至评估基准日账面资产合计 900 万元,其中流动资产 800 万元,固定资产 100 万元。无负债,无收入。实收资本 1 000 万元,未分配利润−100 万元。

(4) P 公司为高新技术企业,由初创期过渡至成长期。截至评估基准日资产合计 5 000 万元,其中流动资产 4 600 万元,固定资产 150 万元,无形资产及其他长期资产 250 万元。流动负债 4 100 万元,总股本 1 000 万元,实收资本 1 000 万元,未分配利润 100 万元。近 3 年净利润分别为−400 万元、100 万元、400 万元。

在获取评估所需信息后,分别采取如下方法评估。

(1) 对 L 公司采用资产负债表分析法。据估算,因技术更新及钢材降价,结合固定资产计提折旧情况,评估基本无增减值变化。土地使用权评估可增值约 200 万元。评估基准日净资产账面价值 1 000 万元,评估价值约 1 200 万元。因而其 20%股权的评估价值为 240 万元。评估减值 560 万元,增值率为−70%。

（2）对M公司结合其历年财务报表及尽职调查情况采用简单收益法。预测未来年均收益为300万元，折现率取12％，M公司股东权益价值为2 500（300÷12％）万元。其30％股权的评估价值为750万元，评估增值450万元，增值率为150％。

（3）N公司设立较短且尚未开展业务，如简单按其账面净资产计算股权会有约10％的减值，不符合对处于开办期内的新公司股权价值的公允判断，因此G公司持有25％的股权，按其实收资本计算，股权价值为250万元，评估无增减值变化。

（4）P公司处于成长期，假设P公司预期现金流9 000万元，可比上市公司收益波动率为0.4，无风险收益率为0.03，早期成长阶段投资1 800万元，加速成长阶段投资3 000万元，稳定阶段投资2 000万元，成熟阶段投资1 600万元，每阶段间隔1年，发行总股本3 000万股。采用实物期权模型评估P公司未来上市股票发行价格现值为1.328元/股，故该股权投资评估价值为239（180×1.328）万元，评估增值59万元，增值率为33％。

第五节　长期待摊费用的评估

一、长期待摊费用评估相关概述

1. 长期待摊费用的概念

长期待摊费用是指企业已经支出，但摊销期限在1年以上（不含1年）的各项费用，包括开办费、租入固定资产的改良支出以及摊销期在1年以上的固定资产大修理支出、股票发行费用等。应当由本期负担的借款利息、租金等，不作为长期待摊费用处理。

2. 长期待摊费用的特点

（1）长期待摊费用是企业发生的摊销期限在1年以上的各种预付费用的集合，属于企业的长期资产。

（2）长期待摊费用是企业已经支出的各项费用，不能进行转让。企业的固定资产是有形资产，本身具有价值，可以对外转让；无形资产虽然没有实物形态，但它代表着一种权利，本身具有价值，也可以对外转让。长期待摊费用一经发生就已经消费完了，虽然将其作为一项资产核算，但它只是一项虚资产，不能对外转让。

（3）长期待摊费用应能使以后会计期间受益。长期待摊费用为企业所带来的经济利益主要表现在以后的会计期间，且费用数额一般较大，受益期限较长。按照权责发生制原则，长期待摊费用单独核算，并在各费用项目的受益期限内分期平均摊销。

3. 长期待摊费用的评估程序

（1）了解长期待摊费用核算情况、形成新资产和权利情况。获取长期待摊费用评估申报表，复核其加计的正确性，并与明细账、总账及报表核实一致；抽查大额长期待摊费用发生的原始凭证及相关文件、资料，以查核其发生额的合法性、真实性和准确性；抽查大额待摊费用受益期的有关文件、资料，了解长期待摊费用的摊销政策并对其摊销进行复核计算，确认待摊费用受益期及其摊销额是否正确。

（2）选择合适的评估方法。对长期待摊费用的评估，可根据评估目的实现后资产的占有情况和尚存情况、资料收集情况及长期待摊费用的构成情况选择评估方法。一般可采用费用分摊法、账面余额法。

（3）估算长期待摊费用的价值，得出评估结论。经过上述评估程序，对长期待摊费用进行评估后,可得出相应的评估结果。

4. 长期待摊费用的清查核实方法

(1)抽查原始凭证(大额)。由于长期待摊费用数额较大,因此需对其原始凭证(包括银行付款凭证、财务会计凭证等)进行抽查,核实其发生额的真实性,并作出相应的抽查记录。

(2)抽查受益期的有关文件,了解摊销政策。与长期待摊费用相关的文件包括租赁协议(合同)、股票发行文件等。在收集相关文件的基础上,与企业财务人员访谈了解会计摊销政策,并核实其实际执行的摊销政策是否符合企业会计制度的规定。

(3)对摊销数据进行复核计算。根据会计摊销政策,对摊销数据进行复核。

二、长期待摊费用的评估方法

在评估长期待摊费用资产时,必须了解其合法性、合理性、真实性和准确性,了解费用支出和摊余情况,了解形成新资产和权利的尚存情况。其评估值要根据评估目的实现后资产的占有情况和尚存情况确定,而且需确认与其他评估对象没有重复计算的现象存在。按此原则,长期待摊费用一般采用如下评估方法。

1. 费用分摊法

对于尚存资产或者权利的价值,可以准确计算的某些预付性质和性质特殊的费用,可以采用分摊法计算和评估。如租入固定资产的改良支出,由于其总的租赁费用、租期及尚存的使用期限均可以准确计算,故可按照其尚存情况采用费用分摊法计算评估值。

例 7-17 某企业拟进行股权转让,需对其股东全部权益价值进行评估。采用资产基础法评估时,其长期待摊费用的余额为 150 万元。其中,办公楼装修摊余费用 90 万元;租入固定资产改良支出费用发生总额 120 万元,摊余 60 万元。租赁协议约定固定资产租入期 6 年,已租入 2 年。由于办公楼装修费已在房屋建筑物评估中包含,则该企业长期待摊费用评估值为 120÷6×4=80(万元)。

2. 账面余额法

对于尚存资产或者权利的价值摊销以准确计算的费用,可按其账面价值余额计算评估值。如股票发行费用,一般包括股票承销费、注册会计师费(包括审计、验资、盈利预测等费用)、评估费、律师费、公关及广告费、印刷费及其他直接费用等。股份有限公司委托其他单位发行股票支付的手续费或佣金减去发行股票冻结期间的利息收入后的相关费用,从发行股票的溢价中不够抵销的,或者无溢价的,作为长期待摊费用,在不超过两年的期限内平均摊销,计入管理费用。评估时可按其账面余额计算评估值。

对于在其他项目评估时已经一并考虑的费用,评估长期待摊费用时不得计算评估值。如例 7-17,由于办公楼装修费已经在房屋建筑评估中体现,故该部分的长期待摊费用评估值为零。

第六节 长期应收款的评估

一、长期应收款评估相关概述

1. 长期应收款的概念

长期应收款是指企业融资租赁产生的应收款项和采用递延方式分期收款、实质上具有融资性质的销售商品和提供劳务等经营活动产生的应收款项。

2. 长期应收款的特点

长期应收款既不是流动资产也不是固定资产，而是具有融资产生的应收租赁款，以及采用递延方式分期收款销售商品或提供劳务等经营活动产生的长期应收款。该款项是根据相关融资租赁合同或销售合同确定，并在一定的期限内按照一定的金额分期收款的租金或货款。

3. 长期应收款的评估程序

（1）核对账证、账表。获取长期应收款评估申报表，并与明细账、总账、资产负债表进行核对；了解长期应收款项用途，收集大额长期应收款的合同、协议等资料；抽查相关会计凭证；对大额、重点长期应收款项实施函证。

（2）对长期应收款项进行减值测试，判断是否发生减值迹象。对长期应收款项的账龄进行分析，判断其可回收性，了解有无能按照合同规定或者减值准备的长期应收款，扣减坏账准备损失或者减值准备按照可回收金额确认评估值。

4. 长期应收款的清查核实方法

（1）收集长期应收款的合同、协议。了解分析长期应收款的款项用途，收集与长期应收款相关的合同、协议，并查看长期应收款是否按照合同或协议的规定按期收款，核实长期应收款的真实性。

（2）函证。对大额、有疑问的长期应收款进行函证，了解长期应收款的存在性及可回收性。

（3）抽查相关会计凭证，核实长期应收款发生的真实性。

（4）访谈。与相关财务人员、销售人员就长期应收款情况进行访谈并做好访谈记录。

（5）调查。对付款方的经营情况进行调查并判断其是否有偿还能力。

二、长期应收款的评估方法

《企业会计准则 2006》第四十一条表明，金融资产发生减值准备的客观证据是指金融资产初始确认后实际发生的、对该金融资产的预计未来现金流量有影响，且企业能够对该影响进行可靠计量的事项。

金融资产发生减值准备的客观证据如下。

（1）债务人发生严重财务困难。

（2）债务人违反了合同条款，如偿付利息或本金发生违约或逾期。

（3）债权人出于经济或法律等方面因素的考虑，对发生财务困难的债务人作出让步。

（4）债务人很可能倒闭或进行其他财务重组。

评估实务中，判断发生了减值准备迹象的金融资产，应获取相关的支持性文件或依据，具体可参考第五章第三节中"应收款项的评估"内容。

对于有减值迹象的长期应收款，需要估计其预计未来现金流量现值，应当按照该金融资产的原实际利率折现确定，原实际利率即初始确认该金融资产时确定的实际利率。如果预计未来现金流量现值低于账面值，证明发生了减值，则需要计提相应的减值准备，评估值为资产的账面值减记至预计未来现金流量现值。即

长期应收款评估值＝长期应收款账面余额－资产减值准备

例 7-18 2019 年年初以分期收款方式销售甲公司一批产品,长期应收款金额为 1 000 万元,约定分 5 年分期收取。经过对应收款项的可回收金额进行测试,相应的可回收金额为 950 万元,则应考虑 50 万元的资产减值准备,长期应收款评估值为 950 万元。

例 7-19 甲公司采用分期收款的方式向乙公司销售一套大型设备,合同约定的销售价格为 2 000 万元,分 5 次于每年 12 月 31 日等额收取。企业依据合同约定收款期安排测算该长期应收款折现值约 1 700 万元,并以 1 700 万元确认其公允价值,记入"长期应收款"科目。经评估专业人员核实,该设备销售后使用正常,且乙公司经营情况较好,无不能按期支付设备款的迹象,判断不存在坏账损失,故以核实后的账面值 1 700 万元确认为该长期应收款的评估值。

第七节　常见企业负债的评估

在采用资产基础法评估企业价值以及债务转让时,会涉及对企业负债的评估。企业价值评估对象为股东权益时,采用资产基础法评估,通常需要通过资产评估价值总额减去负债价值评估总额的余额确定。因此,采用资产基础法评估企业价值时,不仅要对其资产价值作出评估,还应对其负债进行评估和审核,尤其是对企业整体资产评估的目的为合并、兼并或收购时,收购企业在取得被收购企业资产的同时,往往还必须承担被收购企业所负担的债务。因此,对企业整体资产评估的同时,还必须对其负债作进一步核实。

一、企业负债评估相关概述

1. 企业负债的概念

企业负债是指过去的交易、事项形成的现有义务,履行该义务会导致经济利益流出企业。负债是企业承担的,以货币计量的在将来需要以资产或劳务偿还的债务,代表着企业偿债责任和债权人对资产的求索权。

按流动性分类,负债可分为流动负债和长期负债,满足下列条件之一的,归类为流动资产。

(1) 预计在一个正常营业周期中清偿。

(2) 主要为交易目的而持有。

(3) 自资产负债表日起一年内到期,应予以清偿。

(4) 企业无权自主地将清偿推迟至资产负债表日后一年以上。

2. 企业负债的特点

(1) 负债是企业承担的现时义务。负债必须是企业承担的现时义务,这是负债的一个基本特征。其中,现时义务是指企业在现行条件下已承担的义务。未来发生的交易或者事项形成的义务,不属于现时义务,不应当确认为负债。

这里所指的义务可以是法定义务,也可以是推定义务。其中法定义务是指具有约束力的合同或者法律、法规规定的义务,通常在法律意义上需要强制执行。例如,企业购买原材料形成应付账款,企业向银行贷入款项形成借款,企业按照税法规定应当缴纳的税款等,均属于企业承担的法定义务,需要依法予以偿还。推定义务是指根据企业多年来的习惯做法、公开的承诺或者公开宣布的政策而导致企业将承担的责任,这些责任也使有关各方形成了企业将履行义务、解脱责任的合理预期。例如,某企业多年来制定有一项销售政策,对于售出商品提供一定期限内的售后保修服务,将为售出商品提供的保修服务就属于推定义务,应当将其确认为一项负债。

（2）负债的清偿预期会导致经济利益流出企业。会导致经济利益流出企业也是负债的一个本质特征。只有在履行义务时会导致经济利益流出企业的,才符合负债的定义。在履行现时义务清偿负债时,导致经济利益流出企业的形式多种多样,例如,用现金偿还或以实物资产形式偿还,以提供劳务形式偿还,以部分转移资产、部分提供劳务形式偿还,将负债转为资本等。

（3）负债是由过去的交易或事项形成的。负债应当由企业过去的交易或者事项所形成。换句话说,只有过去的交易或者事项才形成负债。企业将在未来发生的承诺、签订的合同等交易或者事项,不形成负债。

3. 负债评估的特点

（1）从理论上,负债评估同样是反映其市场价值的。负债评估以价值判断为基础,反映企业负债在某一时点、特定评估目的下所具有的市场价值。其价值量一般与企业偿债能力、现金流、经营风险、负债率、举债能力、资产规模和利率水平汇率高低、通货膨胀率、整体经济形势等因素有关,有时候还需要考虑时间价值因素。负债评估结果是个经济概念,不是一种事实,而负债计量是依据企业会计准则,以实际发生额入账,是一种事实。

（2）评估实践中,负债评估多类似于会计核算审核性质。负债计量以事实判断为基础,反映企业现时义务,包括可能具有法律上的强制性,如应付款项和应缴税款等,也可能来自正常的经营实践、习惯和保持良好业务关系或公道行事的愿望。如产品质量保修的费用,其金额有的可以肯定,有的须视企业经营情况而定,有的须估计,而且是否发生还不能完全确定。从评估实践不难看出,目前,负债评估实际上是核实各项负债在评估基准日债务人的实际负债额,其他资产评估常用的现行市价法、重置成本法、收益现值法等评估方法不适用。

4. 负债评估的基本思路

由上可知,本书定义的负债评估是核实各项负债在评估基准日债务人的实际负债额。因此,判断是否为企业实际承担的负债以及负债数额是否正确是企业负债评估的基本思路。

就具体操作来说,负债评估主要包括两方面内容:一是企业负债确认,二是对企业负债金额的判断。企业负债确认主要是依据负债产生的原始依据,会计假设,有关法律、法规、政策制度等,判断企业负债产生的合法、合理性,确认是否属于企业需要履行的义务。对企业负债金额的判断,主要根据不同类型的企业负债,审核债务金额的真实性。形成企业负债过程中明确的会计记录、合同、借据等,都是企业负债评估的依据。

二、常见的企业负债评估

1. 应付及预收款项

应付及预收款项包括应付账款、预收账款及其他应付款。

应付账款是指企业因购买材料、商品和接受劳务供应等经营活动应支付给供应单位的款项。

预收账款是企业按照合同规定或交易双方的约定,向购买单位或接受劳务的单位在未发出商品或提供劳务时预收的款项。一般包括预收的货款、预收购货定金等。企业在收到款项时,商品或劳务的销售合同尚未履行,因而不能作为收入入账,只能确认为一项负债。

企业按合同规定提供商品或劳务后,再根据合同的履行情况,逐期将实现收入转成已实现收入。预收账款的期限一般不超过 1 年,通常作为一项流动负债反映在企业各期末的资产负债表上。

其他应付款是企业在商品交易业务以外发生的应付和暂收款项,即企业除应付票据、应付账款、应付工资、应付股利等以外的应付、暂收其他单位或个人的款项。

评估程序如下。

(1) 核对账证、账表。获取应付账款、预收账款及其他应付款评估申报表,并与明细账、总账、资产负债表进行核对;收集大额款项发生的合同、协议等重要资料;抽查相关会计凭证;通过发函询证方式对应付款项进行确认;抽查核实账面记录的正确性。

(2) 评定估算。应付账款评估的具体方法有两种:一是不存在现金折扣,可按实有应付金额予以确定;二是应付账款带有现金折扣,可根据会计上采用的核算方法,按应付账款的总值或扣除折扣后的净值予以确定,该种情形在实务操作中不常见。

预收账款评估可根据企业实际收取的金额予以确认。

其他应付款评估可根据有关合同、协议的规定,计算确定其评估价值。在评估操作中,应特别关注是否存在不需要支付的债务,若有,应将其评估为零。

2. 应付职工薪酬

应付职工薪酬是企业对职工个人的一种负债,是企业为获得职工提供的服务而给予各种形式的报酬以及其他相关支出,包括职工在职期间和离职后提供的全部货币性薪酬和非货币福利,如职工工资、奖金、津贴和补贴,职工福利费,医疗保险费、养老保险费、失业保险费、工伤保险费和生育保险费等社会保险费,住房公积金,工会经费和职工教育经费,非货币性福利,因解除与职工的劳动关系给予的补偿,其他与获得职工提供的服务相关的支出等。

评估程序如下。

(1) 收集有关职工薪酬、福利的制度及政策规定。

(2) 核实相关计提基数及比例是否符合国家有关财务制度的规定。

(3) 获取工资明细表并与应付工资账户核对,核实其余额是否正确。

对于职工薪酬的评估,一般以核实后的余额作为评估值。

3. 银行借款

银行借款包括短期借款、长期借款。短期借款是指企业用来维持正常的生产经营所需的资金或为抵偿某项权利而向银行或其他金融机构等外单位借入的、还款期限在一年内或超过一年的一个经营周期内的各种借款。长期借款是指企业向银行或其他金融机构借入的期限在一年以上(不含一年)或超过一年的一个营业周期以上的各项借款。

评估程序如下。

(1) 收集、审查借款合同或协议,确认借款的真实性。

(2) 向银行发出函证,确认借款金额的实有数。

短期借款评估。若企业短期借款利息采取预提方法,并按照会计制度的规定计入财务费用,则短期借款评估值为经核实后的短期借款金额;若企业短期借款利息不采取预提方法,则短期借款评估值等于短期借款金额加上借款日至评估日期间的应付利息。

长期借款评估。由于长期借款时间长、金额大,对其评估时,应按评估时的适用折现率进行折现,并将折现后的现值作为长期借款的评估价值。实务操作中,通常简化为将核实后的账面余额作为评估值。

例 7-20　A公司于2019年1月1日从银行借入一笔短期借款,共计100万元,期限9个月,年利率为6%,评估基准日为2019年6月30日。根据与银行签署的借款合同,该笔借款的本金到期后一次性归还,利息分月计提按季支付,则A公司短期借款评估值为1 000万元。若A公司与银行签署的借款合同约定本息到期一次性支付,那么A公司短期借款评估值是多少?

解：$1\,000\times\left(1+\dfrac{6\%}{12}\times6\right)=1\,030$（万元）

4. 应付票据

应付票据是由出票人出票,委托付款人在指定日期无条件支付确定的金额给收款人或持票人的票据,是委托付款人允诺在一定时期内支付一定款额的书面证明。在我国,应付票据是在采用商业票据结算方式下发生的。商业汇票按承兑人不同分为商业承兑汇票和银行承兑汇票。如承兑人是银行的票据,则为银行承兑汇票;如承兑人为购货单位的票据,则为商业承兑汇票。商业汇票按是否带息,分为带息票据和不带息票据。带息票据是指按票据上标明的利率,在票据票面金额上加上利息的票据,所以,到期承兑时,除支付票面金额外,还要支付利息。不带息票据是指票据到期时按面值支付,票据上无利息的票据。目前我国常用的是不带息票据。应付商业承兑汇票到期,如企业无力支付票款,应将应付票据按票面金额转作应付账款;应付银行承兑汇票到期,如企业无力支付票款,应将应付票据的票面金额转作短期借款。

例 7-21　甲企业12月1日开出为期五个月带息的银行承兑汇票200 000元连同解讫通知书交给乙厂,以抵付上月购料所欠乙企业的货款,汇票票面年利率为4.8%。次年5月1日,五个月前给乙企业的带息的银行承兑汇票已到期,假设评估基准日为5月30日,则应付票据评估值是多少?

解：应付票据评估值 $=200\,000\times\left(1+\dfrac{4.8\%}{12}\times5\right)=204\,000$（元）

该案例中,若甲企业到期无力支付,则转作短期贷款204 000元。

5. 应付股利

应付股利是指按协议规定应该支付给投资者的利润。由于企业的资金通常有投资者投入,因此,企业在生产经营过程中实现的利润,在依法纳税后,还必须向投资人分配。而这些利润在应付未付之前暂时留在企业内,构成了企业的一项负债。

评估程序如下。

(1) 获取被评估企业的合同、协议、章程,查看其有关利润分配的条款,如参与分配的股东人数及分配比例等,同时还应关注是否有对利润分配有限制性的条款。

(2) 依据企业全年实现的经营收益或预计经营收益,按照利润分配程序和规定的分配比例,对应付股利予以估计。

(3) 对其账面数额进行确认。

6. 应交税金

应交税金是企业在一定时期内取得的营业收入、实现的利润以及从事其他应税项目,需要按照规定向国家缴税。这些应交税费,需要按照权责发生制原则预提记入“应交税费”等科目,在未交之前暂时停留在企业,形成企业的一项负债。企业依法应缴的税费主要有增值税、消费税、所得税、资源税、土地增值税、城市维护建设税、房产税、土地使用税等。企业应缴的税费中,除印花税、耕地占用税以及其他不需要预计应缴的税费外,其他税费均需要通过"应交税费"科目核算。

评估程序如下。

(1) 应交税费申报表,与明细账、总账、报表进行核对。

(2) 抽查凭证并记录、复核,以明确此项业务是否符合会计制度规定。

(3) 核实应交税费的税种、税率和税目情况,了解税收政策、税收优惠政策并查阅有关政策规定。

(4) 查阅评估基准日纳税申报表及税单并复印取证。

(5) 检查应交税费上期未交数、本期应交数、已交数和期末未交数。

(6) 经分析、核实后,确定评估结论。

(7) 核实其他需要说明的事项。

7. 专项应付款

专项应付款是国家拨入的具有专门用途的拨款,如科技三项拨款:新产品试制费拨款、中间试验费拨款和重要科学研究补助费拨款。首先要获取拨款通知书或相关文件,确认该笔款项的性质、金额及期限,在此基础上,与企业访谈了解该笔款项的使用情况。具体评估时应结合会计准则的规定,区分是与资产相关还是与收益相关的专项应付款,分别进行评估。

(1) 与资产相关的专项应付款,若该项工程还未完工,按照账面值保留其评估值;若工程已经完工验收,评估值按照剩余寿命期所对应的价值进行确认。

例7-22   20×3 年 1 月 1 日,甲公司接到当地政府通知,向其提供一台不需要安装的设备,以鼓励甲公司继续生产环境保护产品。该设备已办好相关手续,公允价值是 80 000 元,假设该设备使用寿命为 10 年,企业所得税税率为 15%。评估基准日 20×8 年 6 月 30 日甲公司专项应付款账面仍有该笔设备款项 80 000 元,则

$$专项应付款审计后账面值 = 80\,000 \div 10 \times 4.5 = 36\,000(元)$$
$$专项应付款评估值 = 36\,000 \times 15\% = 5\,400(元)$$

(2) 与收益相关的专项应付款,分别按以下情况处理:①用于补偿企业已发生的相关费用或损失的,评估值仅保留所得税。②用于补偿企业以后期间的相关费用或损失的,评估值按照相关费用期间所对应的价值进行确认;根据会计准则的规定,尚存在需要返还的政府补助事项,由于该情形在评估实践中较少发生,故不再阐述。

例7-23   承例 7-22,当地政府于 20×8 年 1 月 1 日补偿甲公司因研发环保产品而发生的相关费用 100 000 元,则

$$专项应付款评估值 = 100\,000 \times 15\% = 15\,000(元)$$

例7-24   某粮食企业因购买储备粮,从 20×4 年 3 月 1 日起按规定每季季初收到财政扶持资金 30 万元,企业所得税税率为 25%,评估基准日 20×8 年 6 月 1 日企业账面该项财政扶持资金共计 510(30×17)万元,则

$$专项应付款评估值 = 510 \times 25\% = 127.5(万元)$$

第八章

无形资产评估

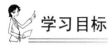

学习目标

1. 了解无形资产的分类和特点。
2. 了解无形资产价值评估的前提。
3. 理解无形资产价值影响因素,掌握其在无形资产价值评估中的运用。
4. 掌握收益法、成本法在无形资产评估中的应用。
5. 运用收益法、成本法等评估方法,对专利权、专有技术、商标权、特许权、著作权等无形资产的价值进行评估。

情境导入

无形资产评估报告

某资产评估事务所有限公司接受某生物股份有限公司的委托,就该公司拟受让的无形资产——生物蛋白舌下给药技术的中国独家使用权[目前主要涉及 IL-2(白介素-2)、EPO(红细胞生成素)、G-CSF(粒细胞刺激因子)、IFN(干扰素)四类产品]在评估基准日的市场价值进行了评估。

(1)评估目的。本次评估的目的是确定该生物股份有限公司拟受让的无形资产——生物蛋白舌下给药技术的中国独家使用权[目前主要涉及 IL-2(白介素-2)、EPO(红细胞生成素)、G-CSF(粒细胞刺激因子)、IFN(干扰素)四类产品]的市场价值,为其拟受让无形资产提供价值参考意见。

(2)评估对象与评估范围。本次评估的对象和范围为北京维达法姆科技有限公司持有的无形资产——生物蛋白舌下给药技术的中国独家使用权[目前主要涉及 IL-2(白介素-2)、EPO(红细胞生成素)、G-CSF(粒细胞刺激因子)、IFN(干扰素)四类产品]。该技术处于国际领先水平,目前国内外并无 IL-2、EPO、G-CSF、IFN 舌下缓释片的研究报道。

(3)评估基准日。2018 年 6 月 30 日。

(4)评估方法与价值标准。本次评估遵照中国有关资产评估的法令、法规,遵循独立、客观、科学的工作原则和持续经营、替代性、公开市场等有关经济原则,依据委估资产的实际状况、现行市场价格标准,以资产的持续使用和公开市场为前提,采用收益法进行评估,评估的价值类型为市场价值。

(5)评估结论。本公司评估人员对纳入评估范围的全部资产进行了必要的勘察核实,对委托方和产权持有者、项目实施企业提供的法律性文件、收益预测等相关资料进行了必要的核实、查证、估算、分析和调整等评估程序。

截至评估基准日,委估无形资产在本评估报告中所述假设前提下,其评估价值为人民币11 400万元,大写为人民币壹亿壹仟肆佰万元(取整)。

请思考:无形资产评估的收益如何预测?成本法和市场法是否适用?如何使用?

第一节 无形资产评估概述

一、无形资产概述

当无形资产能为企业带来丰厚的超额利润时,它就成为企业的重要经济资源,对推动企业发展、树立企业良好的社会形象起到举足轻重的作用。除了有形资产,一个企业所拥有的无形资产的数量及其价值也代表着该企业的技术实力和竞争能力。西方发达国家的企业中无形资产占总资产的比重越来越大,许多世界知名的公司依靠其专利、专有技术、商标权等无形资产,获得了丰厚的经济利益,为公司的长远发展奠定了坚实的基础。全球品牌集团在2012年10月5日发布了"2012全球品牌价值排行榜"。2018年福布斯全球最具价值品牌榜中,苹果获得冠军,其品牌价值和收入达到了惊人的1 828亿美元和2 286亿美元。谷歌和微软位列第二和第三。

科学地对无形资产进行评估,不仅可以真实地反映资产的价值量及其变动,而且有利于资产的合理流动和优化配置,提高资产的营运效益,保障资产的保值和增值,充分利用资源,保护知识产权,维护资产所有者、持有者、发明者和经营者的合法权益,对于调动科技人员的积极性具有不可估量的作用。无形资产评估是科技体制改革和市场经济发展的需要,是促进科技成果转化、完善知识产权保护制度的重要环节。建立起科学的无形资产评估制度,是完善社会主义市场机制的一项基础性工作。

1. 无形资产的概念

无形资产是指特定的主体所控制的,不具有实物形态,能持续发挥作用且能带来经济利益的资源。我国《资产评估准则——无形资产》指出,我国无形资产主要包括专利权、专有技术、商标权、著作权、土地使用权、特许权、商誉。

2. 无形资产的分类

无形资产种类很多,可以按不同标准进行分类。

(1) 国际评估准则委员会在其颁布的《无形资产评估指南》中,将无形资产分为权利型无形资产(如租赁权)、关系型无形资产(如顾客关系、客户名单等)、组合型无形资产(如商誉)和知识产权(包括专利权、商标权和版权等)。

(2) 按取得无形资产的方式分类,无形资产分为自创型无形资产和外购型无形资产。前者是由自己研制创造获得的,或者由于自身原因形成的,如自创的专利、非专利技术、商标、商誉等;后者则是以一定的代价从资产所有者那里购入的无形资产,如外购的专利权、商标权等。

(3) 按无形资产的存在期限划分,可分为有期限无形资产和无期限无形资产。有期限无形资产是指法律明确规定了其使用期限的无形资产,如专利权、专营权、版权等。无期限无形资产是指法律没有明确规定其期限或虽有法律规定期限却可以无限续展使用的无形资产。如产品生产的技术秘密无具体的保护期限,而企业的商标权虽然规定有效期限为10年,但期满后只要商标权利人不放弃其权益,就可以无限期多次续展。

(4) 按无形资产的作用分类,无形资产分为促销型无形资产、制造型无形资产、金融型无形资产。促销型资产包括商标、包装、特许权等,制造型无形资产包括专利、配方、专有技术等,金融型无形资产包括软件、版权、商誉等。

(5) 按无形资产构成内容分类,无形资产分为单项无形资产和无形资产组合。评估对象是若干项专利、专有技术等,或包含有专利、商标等无形资产,这些均称为无形资产组合。

(6) 按能否独立存在,无形资产可以分为可确指无形资产和不可确指无形资产。凡是那些具有专门名称,可单独取得、转让或出售的无形资产,称为可确指无形资产,如专利权、商标权等;那些不可辨认、不可单独取得,离开企业整体就不复存在的无形资产,称为不可确指无形资产,如商誉。按能否独立存在进行分类的无形资产如图 8-1 所示。

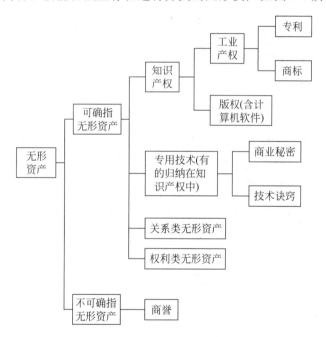

图 8-1　按能否独立存在进行分类的无形资产

3. 无形资产的特征

(1) 可控性。无形资产往往是由特定的主体控制占有的。这里的特定主体可以是唯一一个,此时这项无形资产就被垄断;也可以作为共同财富由不同的主体在不同地点同时使用。而有形资产是不可能这样使用的。例如,一项专利在一个企业使用的同时,并不影响转让给其他企业使用。另外,凡是不具有控制性或者不需要付出任何代价就能获得的,都不称为无形资产。

无形资产的可控性有的通过企业自身保护和反不正当竞争法来维护,如专有技术、商业秘密等;有的以适当公开其内容来获得广泛的法律保护,如专利权、版权等;有的借助法律保护并以长期生产经营服务中的信誉获得社会的公认,如商标、商誉等。

(2) 非实体性与附着性。无形资产本身不具有独立的物质实体形态,这一特性是无形资产区别于有形资产的重要特征。但无形资产会依托有形的表现形式来体现其价值,如专利证书、技术图纸、商标标记、工艺文件等。

无形资产本身是无形的,不具有实物形态,不占有空间,但并非没有物质载体,只是通过载体以直接或间接的形式存在,它附着于有形资产中而发挥功能。例如,商誉附含于企业的整体资产中,土地使用权依附于土地,著作权依赖于著作等。

(3) 效益性与成本弱相对性。无形事物能够成为无形资产的前提之一,就是它必须能够以一定的方式、直接或间接地为其控制主体创造效益,而且在较长的经营时期内持续产生经济效益。无形资产的研制是一种创造性活动,风险较大,同时无形资产的成本与效用之间往往存在弱相对性,所以无形资产价值主要以效用为基础。

(4) 积累性与替代性。无形资产自身的创造是不断积累的过程,同时无形资产自身的发展也是一个不断积累和演进的过程。因此,无形资产一方面总是在生产经营中发挥特定的作用,另外,它的成熟程度、影响范围和获利能力也处于一定的变化之中。在承认无形资产具有积累性的同时,还要考虑到它的替代性。如果说有形资产之间可以相互替代是体现一种多样性而已,那么无形资产之间的替代并不是共存或积累,而是取代或更新。这种特性表明一种无形资产总会由更先进的无形资产所替代,因而必须在无形资产评估中考虑它的尚可使用年限。

二、无形资产评估相关内容

1. 无形资产评估的概念

一般认为,无形资产评估是指根据特定的目的,由专门机构和人员依据一定的程序和方法,对无形资产的价值进行评定与估算。

2. 无形资产评估的特点

(1) 无形资产的评估是单项资产评估。无形资产的评估对象是具体的、特定的,而不是笼统的、成批的,每项无形资产都不尽相同。由于完全相同的无形资产是不存在的,因此,无形资产的评估具有具体性,都是对单项资产的评估。无形资产评估需要根据不同的评估对象、不同的评估目的、不同的交易方式等选择不同的评估方法,还需要因时、因地而异,不能以一概全,将同一类型的无形资产评估相互替代。这是反映评估对象的真实价值、提高评估准确性的必要保证。

(2) 无形资产评估的复杂性。对无形资产进行评估时,考虑到无形资产有自己的独有特征,市场上不存在完全相同的无形资产,因此,市场法一般不适用于无形资产评估,其评估方法的选择不能与有形资产一概而论。在无形资产评估中,使用最多的评估方法是收益法。该种方法在评估操作中其各项技术参数的测算难度很大,主要由于不确定性因素多,不仅预测的工作量大,而且其准确度也难以把握。无形资产所处的环境是不断变化的,多数的无形资产,尤其是技术型无形资产,今天价值不菲,但明天就有可能一文不值而被淘汰出局,淘汰率较高,时间更替较快,其有效使用年限、使用风险等都比较难确定。

总之,由于无形资产的价值受各种因素的影响较大,因此无形资产的评估要综合考虑其自身的内在因素和经济、技术、政治等多种外在因素,情况复杂,评估工作量很大。

(3) 无形资产评估的关联性。关联性是指企业的经营效益是其占有的全部无形资产和有形资产共同作用的结果。无形资产和有形资产的品种数量十分繁多,且都很可能从不同角度对企业的经济效益作出贡献。对无形资产的评估是要把某项无形资产的贡献从总贡献中剥离出来,它带来的超额收益现值才是其价值,但各类资产对企业经济效益的关联性大大增加了无形资产的评估难度。

(4)无形资产评估的预测性。无形资产评估的主要依据是预期超额收益,因此具有预测性。由于无形资产有收益性和成本弱相对性的特点,因此对其价值评价主要看其在使用期间是否能带来超额收益,而不是取决于取得这种无形资产所付出的代价。未来的超额收益具有不确定性,需要由企业根据无形资产所处的内外客观情况作出符合实际的预测。以未来收益为主要依据对无形资产进行评估,是其区别于有形资产评估的一个显著特点。

3.无形资产评估的前提

(1)无形资产的评估一般应以产权变动为前提。《资产评估准则——无形资产》中指出:当出现无形资产转让和投资、企业整体或部分资产收购处置及类似经济活动时,注册资产评估人员可以接受委托,执行无形资产评估业务。

(2)无形资产评估是对其获利能力的评估。无形资产只有能够给购买者带来新增收益(超额收益),才能根据带来的新增收益(超额收益)确定无形资产的价值,所以无形资产能获得新增收益(超额收益)是其评估的前提。

4.无形资产评估的目的

评估目的是无形资产评估过程中的关键评估要素。评估目的既可以规范无形资产评估报告的使用,将评估值控制在客观合理的范围内,避免无形资产评估报告被误用,又能够直接决定和制约无形资产评估的价值类型与评估方法的选择,还会对无形资产评估其他后续流程产生关键性影响。伴随着无形资产被广泛重视和利用,无形资产出资、交易、质押等经济活动日益活跃,无形资产评估的目的也具有多种情形。

(1)出资。无形资产出资即出资人根据《公司法》规定将无形资产作为非货币型资产出资设立一家公司或向一家公司增资。在实务中可以作为出资的无形资产主要有专利资产、专有技术资产、商标资产、著作权资产等。

(2)交易。以交易为目的的无形资产评估,主要表现为单项无形资产和无形资产组合的所有权或使用权转让。其中,无形资产的使用权转让还可以进一步细分为独占使用权、排他使用权、普通使用权等不同类型的使用权转让。

(3)质押。企业在利用无形资产质押向金融机构贷款时需要对无形资产价值进行评估。可用来质押的无形资产种类具体包括可以转让的商标权、专利权、著作权等知识产权。一般情况下,以质押为目的的无形资产评估选用市场价值作为价值类型,同时结合质押率进行无形资产价值确定。

(4)法律诉讼。以法律诉讼为目的而涉及无形资产评估的情形主要包括以下几种:一是因无形资产侵权损害而导致的无形资产纠纷。此种情形在以法律诉讼为目的的无形资产评估中最为常见。二是因悔约导致的无形资产损失纠纷。三是无形资产买卖交易等引起的仲裁。四是因公司、合伙关系解散或股东不满管理层的经营、决策等而涉及的无形资产纠纷等。

(5)财务报告。以财务报告为目的的无形资产评估主要涉及商誉减值测试、可辨认无形资产减值测试等业务情形。以财务报告为目的的无形资产评估已成为企业资产管理的重要环节。对此,中国资产评估协会专门出台了《以财务报告为目的的评估指南(试行)》(中评协〔2007〕169号),对以财务报告为目的的评估进行指导和规范。

（6）税收。以税收为目的的无形资产评估主要适用于企业重组涉税、内部无形资产转移等情形。根据税法规定或合理避税需要，以税收为目的的无形资产评估能够为企业提供无形资产公允价值的合法证据。

（7）保险。以保险为目的的无形资产评估主要包括两种情形：一是在投保前，对被保险无形资产的价值进行评估，可以为投保人确定投保额；二是一旦发生损失，通过评估被毁损无形资产的价值，可以确定赔偿额，为保险机构提供依据。

（8）管理。以管理为目的的无形资产评估主要服务于政府部门和企业主体。前者体现为政府部门基于行政事业单位资产管理、国有资产保值增值等需要所产生的无形资产评估需求；后者体现为企业基于资产经营管理、实现价值提升等需要所产生的无形资产评估需求。

（9）租赁。租赁根据具体目的可分为融资租赁和经营租赁两种类型。以融资租赁为目的的无形资产价值评估主要有两种情形：一种是在承租期满后，无形资产所有者将无形资产所有权转给承租方；另一种是在租赁期满后，无形资产出租方将无形资产收回。以经营租赁为目的的无形资产评估，主要是为出租方将无形资产使用权租赁给承租方时提供价值参考。在评估实务中，评估专业人员须区分具体租赁形式，并根据具体形式判断无形资产状态和选择合适的评估方法。

三、影响无形资产评估价值的因素

1. 影响价值的成本

无形资产的成本主要包括研发或取得以及持有期间的全部物化劳动和活劳动的费用支出。其成本的特性，尤其就研发形成的费用而言，明显区别于有形资产。

（1）不完整性。由于我国现行财务制度一般把科研费用从当期生产经营费用中列支，而不是先对科研成果进行费用资本化处理，再按无形资产折旧或摊销的办法从生产经营费用中补偿。因此，企业账簿上反映的无形资产成本是不完整的。同时，即使是按国家规定进行费用支出资本化的无形资产的成本核算一般也是不完整的。因为无形资产的创立具有特殊性，有大量的前期费用，如培训、基础开发或相关试验等往往不计入该无形资产的成本，而是通过其他途径进行补偿。

（2）弱对应性。无形资产的创建经历基础研究、应用研究和工艺生产开发等漫长过程，成果的出现带有较大的随机性和偶然性，其价值并不与其开发费用和时间产生某种既定的关系。如果在一系列的研究失败之后偶尔出现一些成果，由这些成果承担所有的研究费用显然不够合理。而在大量的先行研究（无论是成功，还是失败）成果的积累之上，往往可能产生一系列的无形资产，然而，继起的这些研究成果是否应该以及如何承担先行研究的费用也很难明断。

（3）虚拟性。既然无形资产的成本具有不完整性、弱对应性的特点，因而无形资产的成本往往是相对的。特别是一些无形资产的内涵已经远远超出了它的外在形式的含义，这种无形资产的成本只具有象征意义。

影响其价值的成本主要有以下两种。

（1）取得成本。无形资产和有形资产一样，都有取得成本，但相对于有形资产而言，无形资产的取得成本并不容易明晰和计量。而对于企业无形资产来说，外购的无形资产要比自创的容易计量。一般来说,外购的取得成本为购买价加上各种相关税费,自创的取得成本一般包括创造发明成本、获权及维权成本、交易成本等。但由于无形资产的成本弱相对性,所以无形资产的取得成本对无形资产价值的影响相对较弱。

（2）机会成本。机会成本是指该项无形资产转让、投资、出售后失去市场而损失收益的多少。失去的市场越大,企业在转让无形资产时会要求越高的价格。

2. 影响未来收益的因素

（1）获利能力因素。获利能力因素是指无形资产的预期经济收益,即由于该无形资产的实施和使用将给拥有者直接带来的收益价值。无形资产创造的收益可分为经济效益和社会效益,其中经济效益是指某项无形资产所具有的获利能力,在环境、制度允许的条件下,无形资产的获利能力越强,那么它在市场中的竞争力就越强,其评估值就越高,反之就越低。

（2）经济使用期限。任何一项无形资产都有一定的经济使用期限,即获得超额收益的期限。其经济使用期限的长短主要取决于两方面:一是该无形资产的先进程度;二是其无形损耗的大小。一般来说,该寿命的确定除了考虑法律保护期限外,主要由无形资产技术生命周期的长短来决定。如某项发明专利的法律保护期为 20 年,但由于同类技术发展较快,该项无形资产的无形损耗较大,致使该专利的技术生命周期只有 5 年,那么评估该项发明专利时,其经济使用寿命就只能确认为 5 年。

（3）风险因素。无形资产从开发到最终受益会遇到各种风险,包括开发风险、转化风险、技术运用风险、市场风险等,这些风险因素使无形资产价值的实现存在一定的不确定性,从而对无形资产的价值产生影响。收益法评估无形资产时,折现率的大小可以体现出风险因素的大小。

3. 市场因素

（1）市场供求因素。市场供求因素是指无形资产的价值受市场供求因素的制约和影响。反映在两个方面,一是无形资产的适用程度;二是无形资产的市场需求情况。一般而言,一项无形资产的适用程度越高,其市场需求就越大,评估值就越高;反之其评估值就会较低。

（2）同类无形资产的影响。同行业中,同类无形资产的市场价格与该无形资产相关产品或行业的市场状况也会影响该无形资产的价值。作为理性投资者,一般不会在偏离该资产市价很多的情况下购买待估无形资产,因此,评估结果不应偏离市场上同类无形资产的正常交易价格。另外,同类无形资产的供给品越多,待估无形资产供给的替代品就越多,这些将减少待估无形资产的预期收益,从而降低无形资产的评估价值。

四、无形资产评估的程序

根据无形资产的基本特性,我们采取相应的评估程序开展无形资产评估工作。一般按下列程序进行。

1. 了解无形资产评估的目的

无形资产评估目的是无形资产评估活动的起点,包括无形资产的转让、用于工商注册登记、股份制改造、合资合作重组兼并、银行质押贷款、法律诉讼等。详细了解委托方的评估目的后,对资产业务的合法合理性进行验证,确定无形资产权变动是所有权变动还是使用权变动,是单方使用权转让还是多方使用权转让。无形资产的评估目的直接影响到评估方法如何选择、工作资料如何收集、数据如何选取。如果评估目的不正当，评估机构不应该为其提供评估服务。

2. 明确待评估的无形资产

在明确评估目的的同时，还要进一步对无形资产进行鉴定。鉴定内容主要包括以下三项：证明无形资产的存在、确定无形资产种类、确定无形资产有效期限。

（1）证明无形资产的存在。主要包括以下工作内容：查询其技术内容、国家有关规定、技术人员评价情况、法律文书（如专利证书、技术鉴定书等），核实有关材料的真实性、可靠性和权威性；分析无形资产运用所要求的与之相适应的特定技术条件和经济条件，技术条件固然要达到，经济条件也很重要，经济条件主要是指应用该无形资产后能否提高劳动生产率、是否在并不降低产品质量的前提下降低成本、能否提高产品价格、能否增加销量，或者是否对企业竞争力的提升有效，总之要确保其应用能带来超额收益，鉴定其应用能力；确定无形资产的归属是否为委托者所拥有，要考虑其存在的条件和要求，对于剽窃、仿造的无形资产要加以鉴别，对有的无形资产要分析其历史渊源，看其是否符合国家的有关规定。

（2）确定无形资产种类。主要是确定无形资产的种类、具体名称、存在形式。有些无形资产由若干项无形资产综合构成，应加以确认和分离，避免重复评估和漏评估。

（3）确定无形资产有效期限。一般情况下，除个别资产无明确的使用期限外，一般无形资产都有明确的使用期限，无形资产有效期限是其存在的前提。某项专利权，如超过法律保护期限，就不能作为专利权评估。有效期限对无形资产评估具有很大影响，比如有的商标，历史悠久则价值越高；有的商标则是越新越值钱。在进行无形资产评估时，必须考虑其有效使用期限，特别是尚可使用的年限。

对无形资产剩余经济寿命的评估有三种方法。

① 法定（合同）年限法。无形资产的相当一部分是因受法律和合同的特定保护，才形成企业控制的资产，如专利的年限，因此法定保护年限就是经济寿命的上限。合同规定有效期的情形也是一样。一般来说，版权、专利权、专营权、进出口许可证、生产许可证、购销合同、土地使用权、矿业权、租赁权益、优惠融资条件、税收优惠等，均具有法定或合同规定的期限。如我国专利法规定发明专利权的保护期限为20年，实用新型专利权和外观设计专利权的期限为10年，均自申请日起计算。这时关键的问题是分析法定（合同）期限内是否还具有剩余经济寿命。对于版权、专利权来说，法律保护期限长，而技术和知识更新的速度较快，当剩余法律寿命还较长时，剩余经济寿命较难预期，需采用其他方法来评估。专营权、进出口许可证、生产许可证、租赁权益等法定（或合同）寿命长，而收益相对稳定，可以根据法定（或合同）寿命的剩余年限，确定其剩余经济寿命年限。

② 更新周期法。根据无形资产的更新周期评估其剩余经济年限，对部分专利权、版权和专有技术来说，是比较适用的方法。无形资产的更新周期有两大参照系：一是产品更新周期。在一些高技术和新兴产业，科学技术进步往往很快转化为产品的更新换代。例如，电子计算机每2~5年有一次技术换代。产品更新周期从根本上决定了无形资产的更新周期。特别是针对产品的实用新型设计、产品设计等，必然随着产品更新而更新。二是技术更新周期。新一代技术的出现替代现有的技术。采用更新周期法，通常是根据同类无形资产的历史经验数据，运用统计模型来分析，而不是对无形资产一一进行更新周期的分析。

③ 剩余寿命预测法。剩余寿命预测法直接评估无形资产的尚可使用的经济年限。这

种方法是根据产品的市场竞争状况、可替代技术的进步和更新的趋势做出的综合性预测。十分重要的是要与有关技术专家和经验丰富的市场营销专家进行讨论,特别是企业的技术秘诀,没有其他办法进行客观评估,依靠本企业的专家判断能比较接近实际。但需对判断中的片面性进行修正,才能得出综合性结论。

需要进一步说明的是,无形资产的剩余经济寿命本身就具有较大的不确定性,尤其是知识型无形资产的剩余经济寿命更具有随机性。所以,无论采用哪种方法来评估,实际上就是根据一定的概率来估算的,具有较大的不确定性。这样确定的无形资产的交易价格,使买卖双方都具有较大风险。因此,在实际无形资产的交易中,现在又兴起"动态技术"的交易,即不仅是交易现有技术,而且交易今后开发的替代技术。更新技术也确定了交易条件。这样,就不存在评估无形资产寿命周期的问题,只要这种交易持续下去,它的"寿命"就可以不断延续下去。

评估机构在明确以上事项后,如果决定接受该项无形资产评估业务委托,则双方应当签订《资产评估业务约定书》。

3. 收集评估所需资料

一般来说,这些资料关系到以下几方面。

(1)权属。权属是指证明无形资产归属的法律文件或其他证明材料,如专利证书、商标注册证、有关机构和专家的鉴定材料等。

(2)成本。成本是指无形资产的研发成本和外购成本的费用和价格资料。

(3)无形资产的技术资料。无形资产的技术资料包括反映技术先进性、可靠性、成熟度、适用性等方面的资料,还有无形资产处于所属技术领域研究阶段的开发、发展、成熟、衰退等各阶段的情况。

(4)无形资产转让的内容和条件。转让内容主要应考虑无形资产转让的是所有权或使用权以及使用权的不同方式等;转让条件包括转让方式、已转让次数、已转让地区范围、转让时的附带条件以及转让费支付方式等。

(5)无形资产盈利能力资料。无形资产盈利能力资料包括运用无形资产的生产能力、产品的销售状况、市场占有率、价格水平、行业盈利水平及风险等。

(6)期限。主要考虑无形资产的存续期、法定期限、收益年限、合同约定期限、技术寿命期等。

(7)无形资产的市场供求状况。无形资产的市场供求状况是指被评估无形资产市场上的需求、供给、活跃程度、变动趋势等。

(8)其他所需资料。无形资产评估的前期基础工作还应包括与委托方签订委托合同和制订评估计划等事项,完成这些工作后,就可以选择适当的方法对无形资产进行评估。

4. 确定评估方法,进行评定估算并确认结果

评估人员应根据被评估无形资产的评估目的、价值类型、所搜集的评估资料、评估原则及外部环境等,选用适当的评估方法来评估。无形资产的评估方法主要包括市场法、成本法、收益法。在估算过程中,评估人员要进行大量的分析和计算来确定各项参数,并得出估算结果。

5. 整理并撰写报告最终得出评估结论

报告应符合《资产评估准则——无形资产》的要求,要注重评估过程的陈述,要明确阐述

评估结论得出的前提、假设及限定条件,各种参数的选取依据,评估方法运用的理由及结果得出的推理过程。评估报告书要简洁、明确、避免误导。

第二节　基本评估方法在无形资产评估中的应用

一、收益法在无形资产评估中的应用

(一)收益法应用的基本公式

收益法在应用上可以表示为下列两种方式:

$$P = \sum_{i=1}^{n} \frac{R_i}{(1+r_i)^i}$$

和

$$P = 最低收费额 + \sum_{i=1}^{n} \frac{R_i}{(1+r_i)^i}$$

式中,P 为无形资产的价值;R_i 为无形资产第 i 年带来的超额收益;r_i 为无形资产第 i 年的折现率(投资报酬率);n 为无形资产的收益年限。

(二)各项技术指标的确定

1. 无形资产收益额的确定

无形资产的使用能够带来货币化计量的超额收益或垄断利润,是无形资产使用收益法的前提之一。无形资产能够带来的超额收益是指在其他条件保持社会平均水平的情况下,能够获得高于社会平均水平的新增收益。还有一种情形是能够带来垄断利润,是指购买方由于购入和运用无形资产形成市场垄断,通过垄断价格实现垄断利润。

收益额的计量主要有以下几种方法。

1) 直接估算法

通过未使用无形资产与使用无形资产的前后收益情况对比分析,确定无形资产带来的收益额。在许多情况下,主要通过提高产品销售价格、增加产品销售量以及降低生产产品成本的一种或几种方式使无形资产为特定持有主体带来经济利益,公式如下:

$$R = [(P_2 - C_2)Q_2 - (P_1 - C_1)Q_1](1-T)$$

式中,R 为超额收益;P_1 为未使用无形资产前产品的单位价格;P_2 为使用无形资产后产品的单位价格;C_1 为未使用无形资产前产品的单位成本;C_2 为使用无形资产后产品的单位成本;Q_1 为未使用无形资产前产品的销售量;Q_2 为使用无形资产后产品的销售量;T 为所得税税率。

具体可以将无形资产划分为收入增长型和费用节约型。收入增长型和费用节约型无形资产的划分,是一种为了明晰无形资产形成超额收益来源情况的人为划分方法。通常,无形资产应用后,其超额收益是收入变动和成本变动共同形成的结果。评估人员应根据具体情况,综合分析测算超额收益。

(1)收入增长型无形资产是指无形资产应用于生产经营过程,能够使产品的销售收入大幅度增大。这种无形资产有以下两种具体情况。

① 生产的产品能够以高出同类产品的价格销售,成本不发生变化,形成的超额收益可以用下式计算:

$$R = (P_2 - P_1)Q(1 - T)$$

② 生产的产品采用与同类产品相同的价格,成本不发生变化,销售数量大幅度增加,市场占有率扩大,从而获得超额收益,形成的超额收益可以用下列公式计算:

$$R = (P - C)(Q_2 - Q_1)(1 - T)$$

应该注意的是,销售量增加不仅可以增加销售收入,而且还会引起成本的增加。因此,估算超额收益时必须扣减由于销售量增加而增加的成本。另外,销售收入增加引起的收益增加一般不是同比例变动的,这是由于存在经营杠杆和财务杠杆效应引起的,在计算中应予以考虑。

(2) 费用节约型无形资产是指无形资产的应用,使生产产品中的成本费用降低,从而形成超额收益。计算公式如下:

$$R = (C_1 - C_2)Q(1 - T)$$

例 8-1　A 企业生产某型号产品,目前每年生产 150 万件,每件售价 120 元,每件成本 80 元,预计未来 10 年不会发生变化。为提高收入,现拟购买某无形资产 10 年的使用权,根据预测估计,如果在生产能力足够的情况下,该型号产品每年生产 180 万件,每件可售价 140 元,每件成本不变。所得税税率为 25%。另折现率为 10%,评估该无形资产的价值。

解:该无形资产的每年获取的超额收益为

$$[(140 - 80) \times 180 - (120 - 80) \times 150] \times (1 - 25\%) = 3\,600(万元)$$

该无形资产的价值为

$$3\,600 \times (P/A, 10\%, 10) = 3\,600 \times 6.144\,6 = 22\,120.56(万元)$$

2) 分成率法

采用利润分成率测算超额收益,是以无形资产投资产生的收益为基础,按一定比例(利润分成率)确定专利收益。利润分成率反映的是无形资产对利润的贡献。无形资产收益通过分成率来获得,是目前国际和国内技术交易中常用的一种实用方法。

无形资产收益额＝销售收入(利润)× 销售收入(利润)分成率×(1－所得税税率)

销售收入(利润)的测算已不是难解决的问题,重要的是确定无形资产分成率。既然分成对象是销售收入或销售利润,因而,就有两个不同的分成率。而实际上,由于销售收入与销售利润有内在的联系,可以根据销售利润分成率推算出销售收入分成率,反之亦然。因为

无形资产收益额 ＝ 销售收入 × 销售收入分成率 ×(1 － 所得税税率)
　　　　　　　＝ 销售利润 × 销售利润分成率 ×(1 － 所得税税率)

所以

销售收入分成率 ＝ 销售利润分成率 × 销售利润率

销售利润分成率 ＝ 销售收入分成率 ÷ 销售利润率

在资产转让实务上,一般是确定一定的销售收入分成率,俗称"抽头"。例如,在国际市场上一般技术转让费不超过销售收入的 1%～10%,如果按社会平均销售利润率 10% 推算,当技术转让费为销售收入的 3% 时,则利润分成率为 30%。评估无形资产转让的利润分成率的方法主要有边际分析法和约当投资分析法。

联合国工业发展组织对印度等发展中国家引进的技术价格分析后认为,利润分成率在 16%～27% 是合理的。1972 年在挪威召开的许可贸易执行协会上,多数代表提出利润分成率为 25% 左右较为合理。美国认为 10%～30% 合理。我国理论工作者和评估人员通常认

为利润分成率在 25%～33% 较合适。这些对实际评估业务具有参考价值,但要结合被评估专利进行具体分析。

随着国际技术市场的发展,分成率的大小已逐步趋于一个规范的数值,联合国工业发展组织对各国的技术贸易合同的分成率做了大量的调查研究,结果显示,分成率的一般取值范围是 0.5%～10%(分成基数为销售收入),各行业分成率取值如表 8-1 所示。

表 8-1　各行业分成率取值

行　　业	分成率
石油化工行业	0.5%～2%
日用消费品行业	1%～2.5%
机械制造行业	1.5%～3%
化学行业	2%～3.5%
制药行业	2.5%～4%
电器行业	3%～4.5%
精密仪器行业	4%～5.5%
汽车行业	4.5%～6%
光学及电子产品	7%～10%

由于上述分成的数值是得到世界公认的,而且在技术贸易实践中得到了验证,因此可以借鉴作为确定分成率的基础数据。

在具体业务中,引进方的销售利润是较难确定的因素,因为技术转让是一项连续性的业务,在实施技术的过程中,由于各种条件或因素的影响,引进方所能获得的利润是不确定的,当事双方不可能在交易前进行精确计算。另外,在实际交易过程中,出于保守商业秘密或少支出使用费的考虑,引进方一般不愿意提供利润数或允许对方查账,即使同意许可方检查,由于对利润的解释不一,也难以查到确切的引进方利润,所以,对引进方实施技术所获利润只能大致估算,难免会出现偏差。一般以引进方的销售收入为基数,双方商定一个销售收入分成率来计算技术转让价格。

例 8-2　宏大公司拟将其拥有的一项无形资产转让给金宇公司。现委托某资产评估事务所进行评估。评估基准日为 2018 年 12 月 31 日。评估人员搜集资料如下:金宇公司实际生产能力为年产某型号产品 10 万台,成本费用每台为 200 元。评估人员分析测定,该无形资产剩余使用寿命为 5 年,销售收入分成率为 1.8%。某型号产品由于采用了该项无形资产,评估基准日后每台售价为 800 元。假定折现率为 13%,所得税率税为 25%。试评估该无形资产的评估值。

解:该无形资产的评估值 $=800×10×1.8\%×(1-25\%)×(P/A,13\%,5)$

$$=108×3.5172$$

$$=379.86(万元)$$

3)要素贡献法

要素贡献法可以看作分成率法的一种特殊情况。有些无形资产已经成为生产经营的必要条件,但由于某些原因不可能或很难确定其带来的超额收益,这时可以根据构成生产经营的要素在生产经营活动中的贡献,从正常利润中粗略估计出无形资产带来的收益。国内外技术转让中确定利润分成率的依据主要有"三分说"和"四分说"。"三分说"认为企业所获利润是资金、技术、管理这三个因素的综合结果,技术所获利益应考虑技术本身状况和企业状况来决定,一般应占总利益的 1/3 左右。"四分说"认为企业所获利润是资金、组织、劳动和技术这四个因素的综合成果,因而技术所获利益应占总利益的 25% 左右,并根据具体情况进行修正。我国理论界通常采用"三分法",即主要考虑生产经营活动中的三大要素:资金、技术和管理。这三种要素的贡献在不同行业是不一样的。一般认为,对资金密集型行业,三者的贡献依次是 50%、30%、20%;在技术密集型行业,依次是 40%、40%、20%;在一般行业,依次是 30%、40%、30%;在高科技行业,依次是 30%、50%、20%。这些数据也可供在粗略估算无形资产收益额时参考,而不能直接用于评估无形资产收益额。

4) 差额法

当无法将使用了无形资产和没有使用无形资产的收益情况进行对比时,采用无形资产和其他类型资产在经济活动中的综合收益与行业平均水平进行比较,可得到无形资产的超额收益。具体计算过程如下。

(1) 收集有关使用无形资产的产品生产经营活动财务资料,进行盈利分析,得到经营利润和销售利润率等基本数据。

(2) 对生产经营活动中的资金占用情况(固定资产、流动资产和已有账面价值的其他无形资产)进行统计。

(3) 收集行业平均资金利润率等指标。

(4) 计算无形资产带来的超额收益。

计算公式为

$$无形资产带来的超额收益 = 经营利润 - 资金总额 \times 行业平均资金利润率$$

或

$$无形资产带来的超额收益 = 销售收入 \times 销售利润率 - 销售收入 \times$$
$$每元销售收入平均占用资金 \times 行业平均资金利润率$$

使用该方法时应注意,计算得到的超额收益,有时不完全由被评估无形资产带来(除非能够认定只有这种无形资产存在),往往是一种组合无形资产超额收益,还需进行分解处理。

2. 无形资产评估中折现率的确定

无形资产投资收益高、风险性强,因此,无形资产评估中的折现率往往要高于有形资产评估的折现率。折现率是将无形资产预期的未来收益折算成现值的比率,其本质就是无形资产的投资回报率,一般包括无风险利率和无形资产投资风险报酬率两个部分,公式表达为

$$无形资产折现率 = 无风险利率 + 无形资产投资风险报酬率$$

其中无风险报酬率是投资者应获得的最低报酬率,大多参考政府发行的中长期债券利率或同期银行存款的存款利率来确定。风险报酬率的确定则要考虑无形资产本身的情况,还要考虑运用该无形资产的外部环境等因素的影响。总之,应该根据无形资产实施过程中的风险因素及货币时间价值等因素合理估算折现率,无形资产折现率应当区别于企业或者其他资产折现率。

3. 无形资产收益期限的确定

无形资产收益期限或称有效期限,是指无形资产发挥作用,并具有超额获利能力的时间。需要强调的是,无形资产具有获得超额收益能力的时间才是真正的无形资产有效期限。资产评估实践中,预计和确定无形资产的有效期限,可依照下列方法确定。

(1) 法律或合同、企业申请书分别规定有法定有效期限和受益年限的,可按照法定有效期限与受益年限孰短的原则确定。

(2) 法律未规定有效期,企业合同或企业申请书中规定有受益年限的,可按照规定的受益年限确定。

(3) 法律和企业合同或申请书均未规定有效期限和受益年限的,按预计受益期限确定。预计受益期限可以采用统计分析的方法或与同类资产比较得出。

同时应该注意的是,无形资产的有效期限可能比其法定保护期限短,因为它们要受许多因素的影响,如产品所处生命周期的转变以及市场供求变化等。特别是科学技术发达的今天,无形资产更新周期加快,使其经济寿命缩短。评估时,对这种情况都应给予足够的重视。

(三) 收益法应用案例

例 8-3 某企业拟购买某无形资产,以使本企业生产的甲种产品达到升级换代的目的。已知该企业原甲种产品年销售量在 8 万台左右,出厂价格为每台 2 000 元,每台总成本为 1 800 元。升级后每年的销量为 12 万台,出厂价格约为每台 2 500 元,每台的总成本约为 2 200 元。评估基准日为 2019 年 1 月 1 日。经评估人员调查得知,该无形资产为实用新型,2013 年 12 月 31 日申请,2014 年 12 月 31 日获得专利授权,本次为无形资产所有权转让。适用折现率为 15%,所得税税率为 25%,对该无形资产所有权的转让价值进行评估。

解:

(1) 由题意可知,该无形资产的法律保护期限为 10 年,自申请日算起已经过了 5 年,所以该无形资产的剩余使用年限为

$$10 - 5 = 5(年)$$

(2) 该无形资产每年获得的超额收益为

$$[(2\,500 - 2\,200) \times 12 - (2\,000 - 1\,800) \times 8] \times (1 - 25\%) = 1\,500(万元)$$

(3) 该无形资产的价值为

$$1\,500 \times (P/A, 15\%, 5) = 1\,500 \times 3.352\,2 = 5\,028.3(万元)$$

二、成本法在无形资产评估中的应用

运用成本法进行无形资产评估的前提条件是,无形资产确实具有现实的或潜在的获利能力,但是不易量化,因此以无形资产的现行重置成本为基础来测算其价值。

1. 采用成本法评估无形资产的基本公式

$$无形资产评估值 = 无形资产重置成本 \times 成新率$$

式中,成新率 = 1 - 贬值率。

从公式中看出,估算无形资产重置成本(或称重置完全成本)和成新率(或贬值率),进而可以科学地确定无形资产评估值。

2. 重置成本的估算

根据企业取得无形资产的来源情况,无形资产可以划分为自创无形资产和外购无形资产。资产类型不同,重置成本的估算方法也不同。

(1) 自创无形资产重置成本的估算。自创无形资产的成本是由创制该资产所消耗的物化劳动和活劳动的总货币支出构成的。如果自创无形资产已有账面价值,可以使用物价指

数法得到重置成本。其他无账面价格的无形资产可采用以下评估方法进行计算。

① 成本核算法。采用成本核算法估算无形资产时,所得到的重置成本一般都是指无形资产的复原重置成本。主要是因为无形资产难以复制,同时无形资产创制过程中技术进步快,更新重置成本会大大低于复原重置成本,从而会导致补偿不足。需要核算的无形资产主要成本构成如图 8-2 所示。

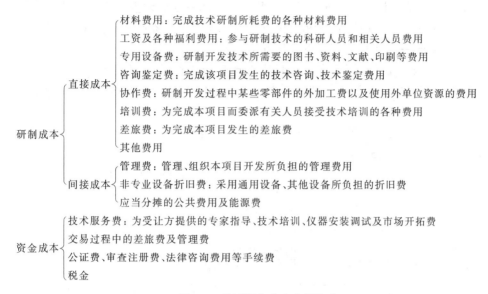

图 8-2 无形资产成本费用构成

成本核算法的基本计算公式为

$$无形资产重置成本＝直接成本＋间接成本＋资金成本＋合理利润$$

式中,直接成本按实际创制过程中发生的材料的数量及工时耗费量,以现行价格和费用标准估算。这里无形资产的直接成本不是按现行消耗量而是按实际消耗量来计算,主要是因为无形资产是创造性的成果,一般不能照原样复制,如按现有条件下的复制消耗量来估计重置成本,会影响到无形资产的价值形态的补偿,从而影响到知识资产的创制。间接成本按创建无形资产过程中分摊到该项无形资产的费用估算。资金成本按创建无形资产过程中资金筹集的不同方式根据相应标准合理估算。合理利润一般是在直接成本、间接成本、资金成本的基础上根据合理利润率来估算。基于特定目的的无形资产评估,其重置成本可以不考虑合理利润,如清偿。

② 倍加系数法。对于智力投入比重较大的技术型无形资产,考虑到科研劳动的复杂性和风险性,可用以下公式估算无形资产重置成本。

$$P = \frac{C + \beta_1 V}{1 - \beta_2}(1 + r)$$

式中,P 为技术性无形资产的重置成本;C 为无形资产研制开发中的物化劳动消耗;V 为无形资产研制开发中的活劳动消耗;β_1 为科研人员创造性劳动倍加系数;β_2 为科研的平均风险系数;r 为无形资产投资报酬率。

例 8-4 某厂家自行研制出通用模具制作技术,拟采用成本法进行评估。已知在自行研制过程中发生如下消耗:物料消耗及其他费用合计为 86 万元,科研人员的人工费用为

33万元。经分析确定科研平均风险系数为0.25,该技术的投资回报率为28%,科研人员创造性劳动倍加系数为1.8,则其重置成本为多少?

解:其重置成本为

$$P = \frac{C + \beta_1 V}{1 - \beta_2}(1 + r) = \frac{86 + 1.8 \times 33}{1 - 0.25} \times (1 + 28\%) = 248.15(万元)$$

(2) 外购无形资产重置成本的估算。外购无形资产一般有购置费用的原始记录,也可能有可以参照的现行交易价格,评估相对比较容易。外购无形资产的重置成本包括购买价和购置费用两部分,一般可以采用以下两种方法。

① 市价类比法。在无形资产交易市场中选择类似的参照物,再根据功能和技术先进性、适用性对其进行调整,从而确定其现行购买价格,购置费用可根据现行标准和实际情况核定。

② 物价指数法。它以无形资产的账面历史成本为依据,用物价指数进行调整,进而估算其重置成本。其计算公式为

$$无形资产重置成本 = 无形资产账面成本 \times \frac{评估时物价指数}{购置时物价指数}$$

(3) 无形资产成新率的估算。成新率的估算主要有以下两种方式。

① 直接估算法。也称为剩余寿命预测法,具体公式如下:

$$成新率 = \frac{剩余使用年限}{已使用年限 + 剩余使用年限} \times 100\%$$

式中,已使用年限比较容易确定,剩余使用年限应由评估人员根据无形资产的特征,分析判断获得。

② 通过贬值率来计算成新率。成新率等于1减去贬值率。由于无形资产不存在有形损耗,贬值率只是成本法评估无形资产时为了操作上方便的概念,因此它的运用也受到较大程度的限制。在评估实践中,一般选择综合考虑了被评估无形资产的功能性损耗和经济性损耗后的折算比率,即贬值率。

三、市场法在无形资产评估中的应用

从理论上讲,市场法是资产评估的首选方法,但无形资产的非标准性和唯一性特征限制了市场法在无形资产评估中的使用。当然,如果有充分的源于市场的交易案例,不排除在评估实践中仍有应用市场法的必要性和可能性,可以从中取得作为比较分析的参照物,并能对评估对象与可比参照物之间的差异作出合适的调整,应用市场法估算出无形资产的价值。

如果需要使用市场法评估无形资产,评估人员应注意以下事项。

1. 具有合理比较基础的类似的无形资产

作为参照物的无形资产与被评估无形资产至少要满足功能、性质、适用范围及交易条件相似的要求。关于上述要求,国际资产评估准则委员会颁布的《无形资产评估指南》指出:"使用市场法必须具备合理的比较依据和可进行比较的类似的无形资产。参照物与被评估无形资产必须处于同一行业,或处于对相同经济变量有类似反应的行业。这种比较必须具有意义,并且不能引起误解。"

2. 参照物与被评估无形资产的计价标准相同或接近

如同为重置价格或收益现值。另外,评估人员既要看到无形资产具有依法实施多元和

多次授权经营的特征,使过去交易的案例成为未来交易的参照依据。同时也应看到,时间、地点、交易主体和条件的变化,也会影响被评估无形资产的未来交易价格。

3. 作为市场法应用基础的价格信息应满足相关、合理、可靠和有效的要求

在这里,相关是指所收集的价格信息与需要作出判断的被评估无形资产的价值有较强的关联性;合理是指所收集的价格信息能反映被评估无形资产载体结构和市场结构特征,不能简单地用行业或社会平均的价格信息推理具有明显差异的被评估无形资产的价值;可靠是指经过对信息来源和收集过程的质量控制,所收集的价格信息具有较高的置信度;有效是指所收集的价格信息能够有效地反映评估基准日的被评估资产在模拟条件下的可能的价格水平。

4. 参照物的数目应足够准确地评估出无形资产的价值

无形资产个别性较强,参照物与被评估无形资产因时间、空间和条件的变化而产生很大的差异,因此至少要寻找到三个以上的参照物进行比较。

四、无形资产评估方法的选择

无形资产评估方法的选用由评估目的和评估对象状况决定,不能由评估人员主观选用。不同类型无形资产评估方法的选取可参见表 8-2。

表 8-2　不同类型无形资产评估方法的选取

无 形 资 产	评 估 方 法	无 形 资 产	评 估 方 法
专利权	收益法、成本法	商誉	收益法
商标权	收益法	图纸	成本法
专用技术	收益法	计算机软件	成本法、收益法
专营权	收益法、成本法	特许权	收益法、市场法
租赁权	市场法、收益法	许可证	收益法
版权	收益法		

第三节　专利权和专有技术评估

一、专利权和专有技术基本概述

1. 专利权概述

(1) 专利权的概念。专利权是知识产权的一种,是指发明创造人或其权利受让人对特定的发明创造在法定期限内依法享有的独占实施权。我国于 1984 年公布《中华人民共和国专利法》(以下简称《专利法》),1985 年公布该法的实施细则,对有关事项作了具体规定。

(2) 专利权的分类。根据我国《专利法》第二条的规定,专利法的客体包括发明、实用新型和外观设计三种。

① 发明。发明是指对产品、方法或者其改进所提出的新的技术方案。同时,发明通常是自然科学领域的智力成果,文学、艺术和社会科学领域的成果不能构成专利法意义上的发明。

根据专利审查制度的规定,发明分为产品发明、方法发明两种类型,既可以是原创性的

发明,也可以是改进型的发明。产品发明是关于新产品或新物质的发明。如果某物品完全处于自然状态下,没有经过任何人的加工或改造而存在,就不是我国《专利法》所规定的产品发明,不能取得专利权;方法发明是指为解决某特定技术问题而采用的手段和步骤的发明。能够申请专利的方法通常包括制造方法和操作使用方法两大类,前者如产品制造工艺、加工方法等,后者如测试方法、产品使用方法等。

其中,如果涉及计算机程序的发明专利申请的解决方案,执行计算机程序的目的是解决技术问题,在计算机上运行计算机程序从而对外部或内部对象进行控制或处理所反映的是遵循自然规律的技术手段,并且由此获得符合自然规律的技术效果,这种解决方案属于《专利法》第二条第二款所说的技术方案,属于专利保护的客体。

如果涉及计算机程序的发明专利申请的解决方案,执行计算机程序的目的不是解决技术问题,或者在计算机上运行计算机程序从而对外部或内部对象进行控制或处理所反映的不是利用自然规律的技术手段,或者获得的不是受自然规律约束的效果,则这种解决技术方案不属于《专利法》第二条第二款所说的技术方案,不属于专利保护的客体。

② 实用新型。实用新型是指对产品的形状、构造或者二者结合所提出的适于使用的新技术方案。实用新型专利只保护产品。该产品应当是经过工业方法制造的、占据一定空间的实体。一切有关方法(包括产品的用途)以及未经人工制造的自然存在的物品,不属于实用新型专利的保护客体。上述方法包括产品的制造方法、使用方法、通信方法、处理方法、计算机程序以及将产品用于特定用途等。例如,一种齿轮的制造方法、工作间的除尘方法、数据处理方法、自然存在的雨花石等,不能获得实用新型专利保护。

③ 外观设计。外观设计又称为工业产品外观设计,是指对产品的形状、图案或者二者结合,以及色彩与形状、图案相结合所作出的富有美感并适于工业上应用的新设计。外观设计的载体必须是产品(是指任何用工业方法生产出来的物品)。可以构成外观设计的组合有:产品的形状;产品的图案;产品的形状和图案;产品的形状和色彩;产品的图案和色彩;产品的形状、图案和色彩。

(3) 专利权的特点。专利权是国家专利机关依法批准的发明人或其权利受让人对其发明成果,在一定期间内享有的独占权或专有权。任何人如果要利用该项专利进行生产经营活动或出售使用该项专利制造的产品,需事先征得专利权所有者的许可,并付给报酬。和其他无形资产相比,专利权具有以下特点。

① 独占性也称排他性。同一内容的技术发明只授予一次专利,对于已取得专利权的技术,任何人未经许可不得进行营利性实施。由此可见,法律赋予的独占实施权是专利权人的基本权利。为了实现社会公益性目标,构建专利权与社会利益之间的平衡状态,各国均对专利权采用了禁止权利滥用原则,如专利法中所规定的先用权原则、强制许可原则等。

② 时间性。时间性是指法律对专利权所有人的保护不是无期限的,而是有期限的,超过这一时间限制则不再予以保护,专利权人的权利自行终止。我国《专利法》规定,发明专利的保护期限为 20 年,实用新型和外观设计的保护期限为 10 年。

③ 地域性。地域性是指任何一项专利权,只有依一定地域内的法律才得以产生并在该地域内受到法律保护。这也是区别于有形财产的另一个重要法律特征。根据该特征,依一国法律取得的专利权只在该国领域内受到法律保护,而在其他国家则不受该国家的法律保护,除非两国之间有双边的专利(知识产权)保护协定,或共同参加了有关保护专利(知识产

权)的国际公约。

④ 可转让性。专利权可以转让,由当事人订立合同,并经原专利登记机关或相应机构登记和公告后生效。专利权一经转让,原发明者不再拥有专利权,购入者继承专利权。

(4) 专利权的转让形式。不同情形下的专利权转让形式不同。专利权转让一般有两种情形:一种是刚刚研究开发的新专利技术,专利权人尚未投入使用就直接转让给接受方;另一种情形是转让的专利已经过长期的或一段时间的生产,是行之有效的成熟技术,而且转让方仍在继续使用。

总的来说,专利权的转让可以分为全权转让和使用权转让。全权转让是指将专利的所有权通过合同转让给受让方所有的形式。使用权转让往往通过技术许可贸易形式进行,这种使用权的权限、时间期限、地域范围和处理纠纷的仲裁程序,都在许可证合同中加以确认。

按技术使用权限的大小,使用权限主要分为以下几种。

① 独家使用权。独家使用权是指在许可证合同所规定的时间和地域范围内,卖方只把技术转让给某一特定买主,买方不得卖给第二家买主。同时卖主自己也不得在合同规定范围内使用该技术和销售该技术生产的产品。

② 排他使用权。排他使用权是指卖方在合同规定的时间和地域范围内只把技术授予买方使用,同时卖方自己保留使用权和产品销售权,不再将该技术转让给第三者。

③ 普通使用权。普通使用权是指卖方在合同规定的时间和地域范围内可以向多家买主转让技术,同时卖方自己也保留技术使用权和产品销售权。

2. 专有技术概述

(1) 专有技术的概念。专有技术也叫非专利技术,又称"技术秘密""技术诀窍"等,是指未公开、未申请专利、有实用价值(经实践证明)的秘密技术和特有经验,或者是其总和。专有技术得不到专利法、商标法的保护,即专有技术持有人对该技术不享有所有权,一旦技术泄露,他不能依照侵权行为依法起诉。但专有技术应当得到财产法的保护,作为一种财产,专有技术也可以以许可合同的方式进行转让。

(2) 专有技术资产的特点。

① 技术应用性。专有技术是一种技术知识,更是具有实用性的动态技术,必须能够在生产实践中操作,它才有存在的价值,不能应用实用性的技术不能称为专有技术。

② 新颖性。专有技术所要求的新颖性与专利技术的新颖性是不相同的。专有技术并非要具备独一无二的特性,但它也绝不可能是任何人都可以随意得到的东西。

③ 经济性。专有技术能够为工商企业提供利润,同时它自身在开发研究中也花费了大量的人力、物力和财力。如果说一项非专利技术是竞争者渴望拥有的,那么该专有技术就能够为其带来经济利益。

④ 可传授性和可转让性。专有技术的价值主要通过其技术使用获取利润来实现。一般有以下两种方式,一是自己使用,通过传授专有技术进行生产,获取利润;二是转让技术,通过转让权使自己获得收益。

⑤ 保密性。专有技术是没有取得专利权的技术知识,保密性是其最主要的特征,也是专有技术自我保护的方式。凡是在报纸、杂志或其他出版物上公开获得的东西,或行业内认为是一种公知技术,都不具有保密性,因而也就不可能成为专有技术。

3. 专利权与专有技术的区别

专利权与专有技术的主要区别如表 8-3 所示。

表 8-3　专利权与专有技术的区别

区　别	专　利　权	专　有　技　术
法律保护方面	受法律保护	以保密性方式自行保护
时效性	依照法律规定	持有者保密维持期限
地域性	在批准授权的地域内受保护	没有地域限制
公开程度	技术内容公开	技术内容保密
技术要求	新颖、实用、有创造性	实用性的成熟技术
技术发展程度	静止不变	不断发展

4. 专利权和非专利技术资产评估的特征

专利权和非专利技术资产评估的基本原理及原则是从有形资产评估理论延续而来的，但与之相比，仍具有一些独特的性质。其评估的特性主要体现在评估对象特性及参数选取的复杂性上。

(1) 评估对象特性复杂。专利权和非专利技术资产作为一种特殊的资产，与一般资产相比，其特性复杂，因此在评估过程中评估对象的内涵及权属的确定也相应复杂，另外，对评估对象的技术分析也是必不可少的。

(2) 评估参数选取复杂。专利权和非专利技术资产评估区别于其他资产评估的地方在于，专利权和非专利技术资产评估在很大程度上是基于预测作出的，它强调的是资产在未来的使用效果。因此在评估过程中，参数的选取具有一定的灵活性，使它的确定更为复杂，也更为重要。

二、专利权和专有技术评估方法及其应用

专利权和专有技术评估方法主要有收益法、成本法和市场法。由于其个体差异性较强，所以一般不采用市场法来评估专利权和专有技术。

1. 收益法及其应用

收益法应用的计算技巧已在前面的有关章节中作了详细介绍，根本的问题还是如何寻找、判断、选择和测算评估中的各项技术指标和参数，即收益额、折现率和获利期限。对收益额的测算，通常可以通过直接测算超额收益和利润分成率获得。由于收益的来源不同，我们可以划分为收入增长型和费用节约型来测算，也可以用分成率方法测算。采用利润分成率测算收益额，即以投资产生的收益为基础，按一定比例(利润分成率)分成确定收益。利润分成率反映专利技术对整个利润额的贡献程度。据联合国工业发展组织对印度等发展中国家引进技术价格的分析，认为利润分成率在 16%～27%是合理的，在挪威召开的许可贸易执行协会上，多数代表提出利润分成率为 25%左右较为合理。美国一般认为 10%～30%是合理的。我国理论工作者和评估人员通常认为利润分成率在 25%～33%较合适。这些基本分析在实际评估业务过程中具有参考价值，但更重要的是对被评估专利技术进行切合实际的分析，确定合理、准确的利润分成率。

下面举例说明收益法用于专利技术评估的过程。

例 8-5 某项技术为一项新产品设计及工艺技术,已使用 1 年,证明技术可靠,产品与同类产品相比性能优越。经了解,同类产品平均价格为 250 元/件,该产品价格为 280 元/件。目前该产品年销量为 2 万件。经分析,产品寿命还可以维持 8 年,但竞争者将会介入。由于该企业已经较稳固地占领了市场,竞争者估计将采取扩大市场范围的市场策略,预计该企业将会维持目前的市场占有率,但价格将呈下降趋势。产品价格预计为:今后 1~3 年维持现价;4~5 年降为 270 元/件;6~8 年降为 260 元/件,估计成本变化不大,故不考虑其变化。折现率为 10%,试用超额收益法评估该项新产品设计及工艺技术的价值。

解:

(1) 1~3 年获取的超额收益为

$$(280-250)\times2\times(1-25\%)\times(P/A,10\%,3)=111.911(万元)$$

(2) 4~5 年获取的超额收益为

$$(270-250)\times2\times(1-25\%)\times(P/A,10\%,2)\times(P/F,10\%,3)=39.117(万元)$$

(3) 6~8 年获取的超额收益为

$$(260-250)\times2\times(1-25\%)\times(P/A,10\%,3)\times(P/F,10\%,5)=23.163(万元)$$

(4) 该项新产品设计及工艺技术的价值为

$$111.911+39.117+23.163=174.19(万元)$$

下面举例说明收益法用于专有技术评估。

例 8-6 某啤酒有限公司将一项啤酒生产配方转让给另外一家啤酒有限公司,由于该配方具有一定的技术先进性,生产出的啤酒品质较高,能使啤酒的销量大增,根据双方协议,该啤酒生产配方收益期限为 5 年,试根据有关资料确定该啤酒生产配方的评估值。

收集资料如下。

(1) 预测、计算未来 5 年的收益(假定评估基准日为 20×3 年 12 月 31 日)。预测 20×4 年新增净利润为 350 万元,之后三年每年新增净利润为 400 万元,最后一年新增净利润为 450 万元,专有技术分成率为 27%。

(2) 根据银行利率确定安全利率为 2.5%,根据技术所属行业及市场情况确定风险率为 15.5%。

解: 折现率=无风险报酬率+风险报酬率=2.5%+15.5%=18%

该啤酒生产配方评估值=$350\times27\%\times(P/F,18\%,1)+400\times27\%\times(P/F,18\%,2)+$
$400\times27\%\times(P/F,18\%,3)+400\times27\%\times(P/F,18\%,4)+$
$450\times27\%\times(P/F,18\%,5)=350\times27\%\times0.847\,5+$
$400\times27\%\times0.718\,2+400\times27\%\times0.608\,6+400\times27\%\times$
$0.515\,8+450\times27\%\times0.437\,1=332.19(万元)$

2. 成本法及应用

成本法应用于专利技术的评估,主要用于分析计算其重置完全成本构成、数额以及相应的贬值率。专利分为外购和自创两种。外购专利技术的重置成本确定比较容易,自创专利技术的成本一般由下列因素组成。

(1) 研制成本。研制成本包括直接成本和间接成本两大类。直接成本是指研制过程中直接投入发生的费用,间接成本是指与研制开发有关的费用。

① 直接成本。直接成本一般包括:材料费用,即为完成技术研制所耗费的各种材料费

用；工资费用，即参与研制技术的科研人员和相关人员的费用；专用设备费，即为研制开发技术所购置或专用设备的摊销；资料费，即研制开发技术所需的图书、资料、文献、印刷等费用；咨询鉴定费，即为完成该项目发生的技术咨询、技术鉴定费用；协作费，即项目研制开发过程中某些零部件的外加工费以及使用外单位资源的费用；培训费，即为完成本项目委派有关人员接受技术培训的各种费用；差旅费，即为完成本项目发生的差旅费用；其他费用。

② 间接成本。间接成本主要包括：管理费，即为管理、组织本项目开发所负担的管理费用；非专用设备折旧费，即采用通用设备、其他设备所负担的折旧费；应分摊的公共费用及能源费用。

(2) 资金成本。资金成本，即发生在交易过程中的费用支出，主要包括：技术服务费，即卖方为买方提供专家指导、技术培训、设备仪器安装调试及市场开拓的费用；交易过程中的差旅费及管理费，即谈判人员和管理人员参加技术洽谈会及在交易过程中发生的食宿及交通费等；手续费，即指有关的公证费、审查注册费、法律咨询费等；税金，即无形资产交易、转让过程中应缴纳的营业税。

由于评估目的不同，其成本构成内涵也不一样，在评估时应视不同情形考虑以上成本的全部或一部分。

下面举例说明成本法用于专利技术评估的过程。

例 8-7 利发实业股份有限公司由于经营管理不善，企业经济效益不佳，亏损严重，将要被同行业的利达股份有限公司兼并，需要对利发实业股份有限公司全部资产进行评估。该公司有一项专利技术(实用新型)，两年前自行研制开发并获得专利证书。现需要对该专利技术进行评估。

解：评估分析和计算过程如下。

(1) 确定评估对象。该项专利技术系利发实业股份有限公司自行研制开发并申请的专利权，该公司对其拥有所有权。被兼并企业资产中包括该项专利技术，因此，确定的评估对象是专利技术的完全产权。

(2) 技术功能鉴定。该专利技术的专利权证书、技术检验报告书均齐全。根据专家鉴定和现场勘察，表明该项专利技术应用中对于提高产品质量、降低产品成本均有很大作用，效果良好，与同行业同类技术相比较，处于领先水平。经分析，企业经济效益不佳、产品滞销为企业管理人员素质较低、管理混乱所致。

(3) 评估方法的选择。应用成本法能反映该项专利技术的价值，故选用成本法。

(4) 各项评估参数的估算。

首先，分析测算其重置完全成本。该项专利技术系自创形成，其开发形成过程中的成本资料可从企业中获得，成本资料如表 8-4 所示。

表 8-4 成本资料   单位：元

项　　目	金　　额	项　　目	金　　额
材料费用	45 000	培训费	2 500
工资费用	10 000	差旅费	3 100
专用设备费	6 000	管理费分摊	2 000
资料费	1 000	非专用设备折旧费分摊	9 600
咨询鉴定费	5 000	合计	87 800

因为专利技术难以复制的特征,各类消耗仍按过去实际发生定额计算,对其价格可按现行价格计算。根据考察、分析和测算,近两年生产资料价格上涨指数分别为 5% 和 8%。因生活资料物价指数资料难以获得,该专利技术开发中工资费用所占份额很少,因此,可以将全部成本按生产资料价格指数调整,即可估算出重置完全成本。

$$重置完全成本=87\,800\times(1+5\%)\times(1+8\%)=99\,565(元)$$

其次,确定该项专利技术的成新率。该项实用新型的专利技术,法律保护期限为 10 年。尽管还有 8 年的保护期限,但根据专家鉴定分析和预测,该项专利技术的剩余使用期限仅为 6 年,由此可以计算成新率为

$$成新率=6\div(2+6)\times100\%=75\%$$

(5)计算评估值,得出结论。

$$评估值=99\,565\times75\%=74\,673.75(元)$$

因此,确定该项专利技术的评估值为 74 674 元。

下面举例说明成本法用于专有技术评估。

例 8-8　某企业转让制药生产全套技术;经搜集和初步测算已知:该企业与购买企业共同享受该生产技术,双方生产能力分别为 700 万箱和 300 万箱。该制药生产线系从国外引进,账面价格为 400 万元,已使用 3 年,尚可使用 9 年,2 年通货膨胀率累计为 10%。该项技术转让对该企业生产经营有较大影响,由于市场竞争加剧、产量下降,在以后的 9 年内减少的销售收入按折现值计算为 80 万元,增加开发费用以保住市场的追加成本按照现值计算为 20 万元。

根据上述资料,计算确定:

(1)该项技术的重置成本净值。

(2)该项技术的最低转让费。

解:对外购无形资产的重置成本可以按物价指数法进行调整,并根据成新率来确定净值。

$$该项技术的重置成本净值=400\times(1+10\%)\times\frac{9}{3+9}=330(万元)$$

因双方共同使用该项无形资产,则可确定:

$$该项技术的重置成本分摊率=\frac{300}{700+300}\times100\%=30\%$$

$$转让该项无形资产的机会成本=80+20=100(万元)$$

$$则该项技术转让的最低收费额=330\times30\%+100=199(万元)$$

第四节　其他无形资产评估

一、商标权的评估

1. 商标权概述

(1)商标权概念。商标权是商标专用权的简称,是指商标主管机关依法授予商标所有人对其注册商标受国家法律保护的专有权。商标注册人依法支配其注册商标并禁止他人侵害的权利,包括商标注册人对其注册商标的排他使用权、收益权、处分权、续展权和禁止他人

侵害的权利。

商标是商品或服务的标记,是商品生产者或经营者为了把自己的商品或服务区别于他人的同类商品或服务,在商品上服务中使用的一种特殊标记。这种标记一般由文字、图案或二者组合而成。

(2)商标权的权限说明。商标权是商标注册后,商标所有者依法享有的权益,它受到法律保护,未注册商标不受法律保护。商标权以申请注册的时间先后为审批依据,而不以使用时间先后为审批依据。在我国注册商标的有效期是 10 年,10 年届满如果没有申请续展,则商标的注册将被注销,商标权失效。商标权一般包括专有使用权、排他专用权、转让权、许可使用权、继承权、禁止权等。

① 专有使用权是商标权最重要的内容,是商标权中最基本的核心权利。它的法律特征为,商标权人可在核定的商品上独占性地使用核准的商标,并通过使用获得其他合法权益。专有使用权具有相对性,只能在法律规定的范围内使用。我国《中华人民共和国商标法》(以下简称《商标法》)第五十一条规定:"注册商标的专用权,以核准注册的商标和核定使用的商品为限。"即注册商标只能在注册时所核定的商品或者服务项目上使用,而不及于类似的商品或者服务项目;商标权人也不得擅自改变构成注册商标的标志,也不能使用与注册商标近似的商标。

② 排他专用权是指注册商标的所有者享有禁止他人未经其许可而在同一种商品服务或类似商品服务上使用其商标的权利。

③ 转让是指注册商标所有人按照一定的条件,依法将其商标权转让给他人所有的行为。转让商标权是商标所有人行使其权利的一种方式,商标权转让后,受让人取得注册商标所有权,原来的商标权人丧失商标专用权,即商标权从一主体转移到另一主体。我国《商标法》规定:"转让注册商标的,转让人和受让人应当签订转让协议,并共同向商标局提出申请。受让人应当保证使用该注册商标的商品质量。""转让注册商标经核准后,予以公告。"

④ 许可使用权是指商标权人依法通过商标使用许可合同允许他人使用其注册商标。商标权人通过使用许可合同,转让的是注册商标的使用权。

⑤ 继承权是指商标权人将自己的注册商标交给指定的继承人继承的权利,但这种继承必须依法办理有关手续。

⑥ 禁止权是指注册商标所有人有权禁止他人未经其许可,在同一种或者类似商品或服务项目上使用与其注册商标相同或近似的商标。商标权具有与财产所有权相同的属性,即不受他人干涉的排他性,其具体表现为禁止他人非法使用、印制注册商标及其他侵权行为。由此可见,专有使用权和禁止权是商标权的两个方面。

2013 年 8 月 30 日,第十二届全国人民代表大会常务委员会第四次会议通过了《关于修改〈中华人民共和国商标法〉的决定》,评估人员应该对最新的商标法有所了解。比如《商标法》中第三十一条:"两个或者两个以上的商标注册申请人,在同一种商品或者类似商品上,以相同或者近似的商标申请注册的,初步审定并公告申请在先的商标;同一天申请的,初步审定并公告使用在先的商标,驳回其他人的申请,不予公告。"第三十二条:"申请商标注册不得损害他人现有的在先权利,也不得以不正当手段抢先注册他人已经使用并有一定影响的商标。"

商标权和专利权都属于知识产权中的工业产权,它和专利权一样需要经过申请、审批、核准、公告等法定程序才能获得。商标权的价值是由商标所带来的效益决定的,带来的效益越大,商标价值就越高,反之则低。而商标带来效益的原因,在于它代表的企业的产品质量、信誉、经营状况的提高。

2．评估商标权所需资料

（1）企业基础资料。

① 工商企业法人营业执照及税务登记证、生产许可证等。

② 企业简况及经营优势、法定代表人简介、组织机构图、股权结构图、管理水平、文化素质等。

③ 国家驰名商标,省著名商标的相关申报资料或认定证书。

④ 新闻媒体及消费者对商标产品质量、售后服务的相关报道和评价等反馈信息,企业年度工作总结。

⑤ 技术产品研发情况简介、科学技术成果鉴定报告或技术产品说明书等技术鉴定资料。

⑥ 企业销售网络分布情况。

⑦ 企业产品质量标准,产品产量、工艺流程、出口历史及展望。

⑧ 商标产品获奖证书、企业荣誉证书、法定代表人荣誉证书。

（2）产权资料。

① 商标注册证书及相关变更注册法律文书。

② 商标图案及释义。

③ 涉及商标产权关系的相关批文或经济合同等法律文书。

（3）财务资料。

① 企业近三年（含评估基准日）财务年度报表以及财务年度分析报告。

② 企业主要产品生产经营统计资料。

③ 企业历年商标投入统计资料（包括广告、参展等费用）。

④ 企业未来五年（或十年）商标产品规划,追加投资计划。

⑤ 企业未来五年（或十年）商标产品收益预测以及预测说明。

（4）其他资料。

① 注册商标基本情况调查表。

② 商标续展承诺书。

③ 企业承诺书。

④ 购销合同、合作协议、租约等。

3．商标权的评估方法及应用

影响商标权价值的因素主要包括商标的法律状态、商标的知名度、商标所依托的商品、宏观经济状况、评估目的、类似商标的交易情况、商标设计和广告宣传等。

市场法、成本法和收益法这三种评估方法同样也适用于商标权评估,但比较常用的还是收益法。下面主要介绍收益法在商标权评估中的应用。

（1）商标所有权转让评估。

例 8-9　华盛公司将一种已经使用 20 年的注册商标转让。据收集资料显示,该公司近5 年使用这一商标的产品与同类产品的价格相比,每件高 0.4 元,该企业每年生产 150 万件。该商标目前在场上有良好趋势,产品基本上供不应求。根据预测估计,在生产能力足够的情况下,这种商标产品每年生产 180 万件,每件可获超额利润 0.5 元,预计该商标能够继续获取超额利润的时间是 10 年。前 5 年保持目前超额利润水平,后 5 年每年可获取超额利润为 42 万元,其折现率为 10%,评估这项商标权的价值。

解:预测期内前 5 年中每年的超额利润＝180×0.5＝90(万元)

商标权价值＝90×(P/A,10%,5)＋40×(P/A,10%,5)×(P/F,10%,5)

＝90×3.790 8＋42×3.790 8×0.620 9

＝440.03(万元)

由此确定商标权转让评估值为 440.03 万元。

(2) 商标许可价值评估(商标使用权评估)。

例 8-10　A 自行车厂将 RB 牌自行车的注册商标使用权通过许可使用合同允许给 B 厂使用,使用时间为 5 年。双方约定由 B 厂每年按使用该商标新增净利润的 27% 支付给 A 厂,作为商标使用费。根据评估人员预测,每辆车可新增净利润 5 元,第一年至第五年生产的自行车数量分别是 40 万、45 万、55 万、60 万、65 万(辆)。假设折现率为 10%。试评估该商标使用权价值。

解:每年新增净利润为

第一年:　　　　　　　　　40×5＝200(万元)

第二年:　　　　　　　　　45×5＝225(万元)

第三年:　　　　　　　　　55×5＝275(万元)

第四年:　　　　　　　　　60×5＝300(万元)

第五年:　　　　　　　　　65×5＝325(万元)

则每年新增净利润折现值的和为

$$\frac{200}{1+10\%}+\frac{225}{(1+10\%)^2}+\frac{275}{(1+10\%)^3}+\frac{300}{(1+10\%)^4}+\frac{325}{(1+10\%)^5}=981.084(万元)$$

最后,按 27% 的分成率计算确定商标使用权的评估值为

商标使用权评估值＝981.084×27%＝264.89(万元)

4. 商标评估应当注意的问题

商标权评估主要是评估商标权本身的价值并不是评估作为标记、图形或其组合的商标本身的价值。商标权价值的评估是一项复杂的工作。在进行商标权评估时不仅要考虑法律因素,还要考虑经济、文化因素以及消费者的认知程度等诸多因素,进行综合评价。

(1) 评估的商标是否已核准注册。根据我国商标法的规定,核准注册的商标,具有商标专用权,才能得到法律的保护。商标权才具有相对稳定性。

(2) 评估的商标是否有被撤销的可能。如果评估的商标有下列情况之一,有可能被商标局撤销:①违反商标法的禁用规定;②和他人在先权相冲突的;③以不正当手段注册或抢注他人商标的;④与在先注册的商标相同或相似,都是用于同类商品或相似商品上的。

(3) 评估的商标是否已成为无争议的商标。按照我国《商标法》的规定,商标注册后 5 年内,随时会因注册不当被撤销;5 年期满后,一般即可成为无争议商标。其商标权的价值和注册后 5 年内的商标价值应该是有很大差别的。

(4) 评估的商标是否已接近保护期。接近保护期的商标,其价值具有很大的不稳定性。如权利人放弃续展申请或续展申请没有被核准等,都有可能导致商标权的消灭。

（5）评估的商标是否为驰名商标或著名商标。根据保护驰名商标的国际公约和国外立法的规定，驰名商标和著名商标享有很多特权，各国对驰名商标的保护力度尤其强。和普通的商标相比，驰名商标的价值应是不言而喻的。

二、著作权的评估

1. 著作权概述

（1）著作权的概念。中文最早使用"著作权"一词，始于中国第一部著作权法律《大清著作权律》。清政府解释为："有法律不称为版权律而名之曰著作权律者，盖版权多于特许，且所保护者在出版，而不及于出版物创作人；又多指书籍图画，而不是以赅刻模型等美术物，故自以著作权名之适当也。"此后中国著作权法律都沿用这个称呼。如今华人社会通常还是使用版权一词，不过大陆地区及台湾地区对于著作相关权利的正式称呼均已不再使用版权。

国家版权局在 2012 年 3 月提出的《中华人民共和国著作权法（修改草案）》第一章第三条中写明：本法所称的作品，是指文学、艺术和科学领域内具有独创性并能以某种形式固定的智力成果。

作品包括以下几种。

① 文字作品，是指小说、诗词、散文、论文等以文字形式表现的作品。

② 口述作品，是指即兴的演说、授课、法庭辩论等以口头语言形式表现的作品。

③ 音乐作品，是指歌曲、交响乐等能够演唱或者演奏的带词或者不带词的作品。

④ 戏剧作品，是指话剧、歌剧、地方戏等供舞台演出的作品。

⑤ 曲艺作品，是指相声、快书、大鼓、评书等以说唱为主要形式表演的作品。

⑥ 舞蹈作品，是指通过连续的动作、姿势、表情等表现思想情感的作品。

⑦ 杂技艺术作品，是指杂技、魔术、马戏等通过形体动作和技巧表现的作品。

⑧ 美术作品，是指绘画、书法、雕塑等以线条、色彩或者其他方式构成的有审美意义的平面或者立体的造型艺术作品。

⑨ 实用艺术作品，是指具有实际用途的艺术作品。

⑩ 建筑作品，是指以建筑物或者构筑物形式表现的有审美意义的作品。

⑪ 摄影作品，是指借助器械在感光材料或者其他介质上记录客观物体形象的艺术作品。

⑫ 视听作品，是指固定在一定介质上，由一系列有伴音或者无伴音的画面组成，并且借助技术设备放映或者以其他方式传播的作品。

⑬ 图形作品，是指为施工、生产绘制的工程设计图、产品设计图，以及反映地理现象、说明事物原理或者结构的地图、示意图等作品。

⑭ 模型作品，是指为展示、试验或者观测等用途，根据物体的形状和结构，按照一定比例制成的立体作品。

⑮ 计算机程序，是指为了得到某种结果而可以由计算机等具有信息处理能力的装置执行的代码化指令序列，或者可以被自动转换成代码化指令序列的符号化指令序列或者符号化语句序列，同一计算机程序的源程序和目标程序为同一作品。

⑯ 其他文学、艺术和科学作品。

著作权自作品创作完成之日起自动产生,无须履行任何手续。

(2) 著作权受保护的时间和范围。

① 著作权受保护时间。国家版权局在 2012 年 3 月提出的《中华人民共和国著作权法(修改草案)》第二十六条、第二十七条和第二十八条规定如下。

第二十六条 署名权、保护作品完整权的保护期不受限制。

第二十七条 自然人的作品,其发表权、著作权中的财产权利的保护期为作者终身及其死亡后五十年;如果是不可分割的合作作品,其保护期计算以最后死亡的作者为准。

法人或者其他组织的作品、著作权由法人或者其他组织享有的职务作品,其著作权中的财产权利的保护期为首次发表后五十年,但作品自创作完成后五十年内未发表的,本法不再保护。

视听作品,其著作权中的财产权利的保护期为首次发表后五十年,但作品自创作完成后五十年内未发表的,本法不再保护。

本条第二、三款作品,其发表权的保护期为五十年,但作品自创作完成后五十年内未发表的,本法不再保护。

实用艺术作品,其著作权中的财产权利的保护期为首次发表后二十五年,但作品自创作完成后二十五年内未发表的,本法不再保护;其发表权的保护期为二十五年,但作品自创作完成后二十五年内未发表的,本法不再保护。

前五款所称的保护期,自作者死亡、相关作品首次发表或者作品创作完成后次年 1 月 1 日起算。

第二十八条 作者身份不明的作品,其著作权中的财产权利的保护期为五十年,自该作品首次发表后次年 1 月 1 日起算。作者身份确定后适用本法第二十七条规定。

② 著作权受保护范围。著作权是在作者的作品创作完成之后,即依法自动产生,而不需要经过任何主管机关的审查批准。我国公民、法人或其他组织的作品不论是否发表,都依法享有著作权。外国人、无国籍人的作品首先在中国境内出版的,也依法享有著作权。外国人、无国籍人的作品根据其作者所属国或者经常居住地国同中国签订的协议或共同参加的国际条约享有的著作权,受我国《著作权法》保护。

但并不是所有的作品都能受到《著作权法》的保护。如依法禁止出版、传播的作品、不适于著作权法保护的作品(法律、法规,国家机关的决议、决定、命令和其他具有立法、行政、司法性质的文件,及其官方正式译文;时事新闻;历法、通用数表、通用表格和公式)、已过保护期的作品都不能受到法律的保护。

2. 著作权价值的影响因素

(1) 著作权作品作者和著作权权利人。

(2) 著作权评估对象包含的财产权利种类、形式以及权利限制,包含时间、地域方面的限制以及存在的质押、发了诉讼等权利限制。

(3) 与著作权有关的权利和相关的专利权、专有技术和商标权。

(4) 著作权作品的类别。

(5) 著作权作品的创作形式。

(6) 著作权作品题材、题材类型等情况。

(7) 著作权的保护范围。

（8）著作权作品创作完成时间、首次发表时间。

（9）著作权作品创作的成本因素。

（10）所实施的著作权保护措施、保护措施的有效性以及可能需要的包含成本费用等。

（11）著作权剩余法定保护期限以及剩余经济寿命。

（12）著作权作品发表后的社会影响、发表状况。

3．著作权的评估方法及应用

著作权评估同样可以使用市场法、成本法、收益法。下面主要介绍收益法在图书版权评估中的应用。

例 8-11　预计某图书定价为 24 元/册，在著作使用权合同十年期内的总发行量估计能够达到 5 万册，前五年的销售量为每年 7 000 册，后五年的年销售量为每年 3 000 册，版税率（即收入提成）为 10%，稿酬的所得税税率为 20%，折现率为 10%。试评估该著作使用权的价值。

附：稿酬的应纳所得税税额为应纳所得税税额×税率（20%）×（1－30%）。每次收入不超过 4 000 元的，扣除费用 800 元之后，其余为应纳税所得额；4 000 元以上的，扣除 20% 的费用后，其余为应纳税所得额。

解：前五年与后五年的年版税收入分别为

$$7\,000 \times 24 \times 10\% = 16\,800（元）$$
$$3\,000 \times 24 \times 10\% = 7\,200（元）$$

前五年与后五年的年收入都超过了 4 000 元，所以应纳所得税税额为收入扣除 20% 的费用后的余额。那么前五年与后五年的年所得税后版权收入分别为

$$16\,800 - 16\,800 \times (1-20\%) \times 20\% \times (1-30\%) = 16\,800 - 1\,882 = 14\,918（元）$$
$$7\,200 - 7\,200 \times (1-20\%) \times 20\% \times (1-30\%) = 7\,200 - 806 = 6\,394（元）$$

折现后求得该著作使用权的价值为

$$\frac{14\,918}{0.1} \times \left[1 - \frac{1}{(1+0.1)^5}\right] + \frac{6\,394 \times \left[1 - \dfrac{1}{(1+0.1)^5}\right]}{0.1 \times (1+0.1)^5} = 71\,495（元）$$

第九章

企业价值评估

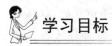

学习目标

1. 了解企业价值评估的对象、特点、范围与程序。
2. 理解企业价值评估的行业分析。
3. 掌握收益法在企业价值评估中的运用。
4. 掌握市场法在企业价值评估中的运用。
5. 掌握资产基础法在企业价值评估中的运用。

情境导入

北京中天和资产评估有限公司接受美康中药材有限公司(以下简称美康公司)的委托,根据有关法律、法规和资产评估准则、资产评估原则,采用资产基础法,按照必要的评估程序,对美康公司拟对吉林省嘉禾天然药物有限公司(以下简称吉林嘉禾)增资扩股之经济行为涉及的吉林嘉禾净资产在评估基准日的市场价值进行了评估。评估目的是根据中国医药健康产业股份有限公司总裁办公会会议纪要(通药办纪字〔2016〕68C 号),美康公司拟对吉林嘉禾增资扩股,因此需对上述经济行为涉及的吉林嘉禾的净资产于评估基准日的市场价值进行评估,为上述经济行为提供价值参考依据。评估对象是吉林嘉禾的净资产价值,具体评估范围为吉林嘉禾于评估基准日经审计的全部资产和负债,包括流动资产、非流动资产和流动负债。本次评估的价值类型选用市场价值。本项目评估基准日为 2016 年 12 月 31 日。本项目使用的评估基本方法为资产基础法。吉林嘉禾在持续经营情况下,总资产账面价值2 150.62 万元,评估值 2 227.97 万元,增值额 77.35 万元,增值率 3.60%;负债账面价值11.46 万元,评估值 11.46 万元,无增减值变化;净资产账面价值 2 139.16 万元,评估值2 216.51 万元,增值额 77.35 万元,增值率 3.62%。

请思考:企业价值评估的对象都有哪些?本案例属于哪一种?

第一节　企业与企业价值评估的对象

一、企业的内涵及特点

企业是企业价值的载体,要评估企业价值,则应该理解企业的概念及其特征。企业是一种把土地、资本、劳力和管理等生产要素集合起来的组织,进行讲究效率的生产或经营,以达到创造利润的目标。企业可以被定义为:企业是以营利为目的,按照法律程序建立的经济实体,形式上体现为由各种要素资产组成并具有持续经营能力的自负盈亏的经济实体。进一步说,企业是由各个要素资产围绕着一个系统目标,发挥各自特定功能,共同构成一个有机的生产经营能力和获利能力的载体及其相关权益的集合或总称。企业作为一类特殊的资产,具有自身的特点。

(1)盈利性。企业作为一类特殊的资产,其经营目的就是盈利。为了达到盈利的目的,企业需要在既定的生产经营范围内,以其生产工艺为主线,将若干要素资产有机组合并形成相应的生产经营结构和功能。

(2)持续经营性。企业要获取盈利,必须进行经营,而且要在经营过程中努力降低成本和费用。为此,企业要对各种生产经营要素进行有效组合并保持最佳利用状态。影响生产经营要素最佳利用的因素很多,持续经营是保证正常盈利的一个重要方面。

(3)整体性。构成企业的各个要素资产虽然各具不同性能,只要它们在服从特定系统目标前提下构成企业整体,企业的各个要素资产功能可能会产生互补。因此,它们可以被整合为具有良好整体功能的资产综合体。当然,即使构成企业的各个要素资产的个体功能良好,如果它们不能服从特定系统目标拼凑成企业,它们之间的功能可能就会不匹配,由此组合而成的企业整体功能也未必很好。因此,整体性是企业区别于其他资产的一个重要特征。

(4)权益可分性。作为生产经营能力载体和获利能力载体的企业具有整体性的特点,而与载体相对应的企业权益却具有可分性的特点。企业的权益可分为股东全部权益和股东部分权益。

二、企业价值评估的对象

企业价值评估(business valuation)是现代市场经济的产物,它适应频繁发生的企业改制、公司上市、企业购并和跨国经营等经济活动的需要而产生和发展。其评估对象的特殊性和复杂性,使其成为一项涉及面较广和技术性较强的资产评估业务。

中国资产评估协会 2017 年 9 月 8 日发布《资产评估准则——企业价值》(〔2017〕36 号),自 2017 年 10 月 1 日起施行。该准则第二条规定,本准则所称企业价值评估是指资产评估机构及其资产评估专业人员遵守法律、行政法规和资产评估准则,根据委托对评估基准日特定目的下的企业整体价值、股东全部权益价值或者股东部分权益价值等进行评定和估算,并出具资产评估报告的专业服务行为。因此,企业价值评估的对象通常包括企业整体价值、股东全部权益价值和股东部分权益价值。

1. 企业整体价值

企业整体价值是指公司所有出资人(包括股东、债权人)共同拥有的企业运营所产生的价值,即所有资本(付息债务和股东权益)通过运营形成的价值。企业整体价值评估是将企业作为一个有机整体,依据其拥有或占有的全部资产状况和整体获利能力,充分考虑影响企业获利能力的各种因素,结合企业所处的宏观经济环境及行业发展状况,对企业整体价值进行的综合性评估。从数量上来看,企业整体价值并不等于资产负债表中的资产合计数量。这是因为:首先,资产负债表中的资产均是以历史成本原则为计量依据的账面价值,不能够体现被评估企业通过运营产生的真实价值;其次,资产负债表中的资产合计数额是单项资产账面价值的简单相加,无法反映企业作为资产综合体的整体获利能力;最后,企业整体价值评估范围是企业的全部资产,除了表内资产还有表外资产,因此资产负债表上的资产总计不是构成企业整体价值的全部。

在企业价值评估实务中,根据《资产评估准则——企业价值》的规定,企业整体价值等于企业总资产价值减去企业负债中的非付息债务价值后的余值,或企业所有者权益价值加上企业的全部付息债务的价值。

2. 股东全部权益价值

股东权益代表了股东对企业净资产的所有权,反映了股东在企业资产中享有的经济利益。因此,企业股东全部权益价值就是企业的所有者权益或净资产价值。同企业整体价值一样,资产负债表上的股东权益或净资产数额并不能代表企业价值评估实务中的股东全部权益价值,同样需要基于特定的评估目的,在一定假设条件下,综合分析影响股东权益价值的各种因素,选择合适的估值方法,估算被评估企业股东全部权益在某一时点的客观的、公允的价值。由于企业整体价值等于股东全部权益价值加上全部付息债务价值,因此股东全部权益价值可以通过企业整体价值扣减全部付息债务价值得出。企业整体价值和股东全部权益价值之间的关系,可以通过表9-1作简单说明。

表 9-1　企业整体价值和股东全部权益价值之间的关系

简化资产负债表	负债和股东权益
流动资产价值(A)	非付息债务价值(C)
固定资产和无形资产价值(B)	付息债务价值(D)
其他资产价值(F)	股东全部权益价值(E)

表 9-1 是对某企业的全部资产和负债进行评估后的简化资产负债表,流动资产价值加上固定资产、无形资产价值和其他资产价值构成了企业全部资产的价值,即企业总资产的价值$=A+B+F$。流动负债和长期负债中的非付息债务价值加上付息债务价值和股东全部权益价值构成了全部负债和权益价值,即全部负债和权益价值$=C+D+E$。因为企业的总资产价值等于全部负债和权益价值的合计数,则有 $A+B+F=C+D+E$。整体企业权益价值等于企业总资产价值减去企业负债中的非付息债务价值后的余额,即整体企业权益价值$=(A+B+F)-C$,或整体权益价值等于股东全部权益价值加上企业付息债务的价值,即整体企业权益价值$=(D+E)$。因此,等式$(A+B+F)-C=D+E$成立。根据该等式,股东全部权益价值 $E=(A+B+F)-(C+D)$,即整体企业权益价值与股东全部权益价值是包含与被包含的关系。

3. 股东部分权益价值

股东部分权益价值其实就是企业一部分股权的价值,或股东全部权益价值的部分。股东部分权益价值的评估,通常也有两种途径:一是直接评估得出股东部分权益价值,比如,采用股利折现模型求取少数股权的价值;二是先评估得出股东全部权益价值,再乘以持股比例或持股数量,并考虑必要的溢价或折价因素后得出股东部分权益价值。股东部分权益价值并不必然等于股东全部权益价值与股权比例的乘积,这是因为在某些情况下,同一企业内不同股东的单位股权价值可能因股东具有控制权或者缺乏控制权,而相应产生溢价或折价,出现同一企业内不同股东单位股权价值不相等的情形。

控制权是指掌握企业经营和决策的权利。具有控制权通常会产生控制权溢价。

控制权溢价是指在同一企业用以反映控制权大小的,按照等比例分配的具有控制权的权益价值超过不具有控制权的权益价值的数量或百分比。缺乏控制权通常会产生折价。缺乏控制权的折价是指同一企业内用以反映缺乏部分或全部控制权,在股东全部权益价值按照等比例分配的基础上扣除的数量或百分比。拥有控制权的股东享有一系列少数股东无法享有的权利,如任命或更换企业管理层的权利、达成重大投融资项目的权利、达成重大并购重组的权利等。拥有控制权的股东可以通过实施控制权改变目标企业的经营与政策提升目标企业的价值。因此,控制权一般具有价值。

控制权或缺乏控制权不是非此即彼的关系,两者之间没有一个明显的界线,也不能仅仅根据持股比例是否大于50%来判断是否具有控制权。比如,在某些情况下,不足50%的投票权也可能获得对企业的有效控制;在某些情况下,即便获得了超过90%的投票权,可能受公司章程与协议条款的约束,或受产业管制强度的影响,而使股东无法享有应有的控制权。同理,并非所有的少数股权都伴随着折价。同样是少数股权,其拥有的权利有时差异也很大,比如,假设少数股权拥有阻止权利,且该少数股权能够和另外的股权联合形成控制权,即成为摇摆投票权,则拥有摇摆投票权的少数股权可能不会产生缺乏控制权的折价,甚至有可能因阻止权利的存在和联合实施而产生溢价。

在企业价值评估实务中,若是在先评估出股东全部权益价值基础上形成股东部分权益价值的,应在适当及切实可行的情况下考虑控制权的影响。

由于企业价值评估的对象是多层次的,评估专业人员在评估企业价值时,应当根据评估目的及委托人的要求等谨慎区分评估的是整体企业权益价值、股东全部权益价值还是股东部分权益价值,并在评估报告中予以明确说明。

第二节　企业价值评估的特点

企业价值评估是将企业作为一个有机整体,依据其拥有或占有的全部资产状况和整体获利能力,充分考虑影响企业获利能力的各种因素,结合企业所处的宏观经济环境及行业背景,对企业整体价值进行的综合性评估。

1. 评估对象载体是由多个或多种单项资产组成的资产综合体

企业价值评估的具体对象是被评估企业所拥有的固定资产、流动资产、无形资产等按照特定生产工艺或经营目标有机结合的资产综合体,而非孤立的多种单项资产。因此,无论是企业整体价值评估、股东全部权益价值评估,还是股东部分权益价值评估,评估的对象均是由多个或多种单项资产组成的资产综合体。

2. 决定企业价值高低的关键因素是企业的整体获利能力

影响企业价值高低的因素有很多,既包括外在的宏观经济环境和行业发展状况,又包括内在的企业自身经营能力和竞争能力等,但决定企业价值高低的核心因素是其整体获利能力。企业价值本质上是以企业未来的收益能力为标准的内在价值。因此,评估人员在评估企业价值的过程中要考虑其未来的整体获利能力。企业的获利能力通常是指企业在一定时期内获取利润或现金流量的能力,是企业营销能力、收取现金的能力、降低成本的能力以及回避风险等能力的综合体。从企业的角度来看,企业从事经营活动,其直接目的是最大限度地获取利润或现金流量并维持企业持续稳定地发展,而企业未来所能获取的利润和现金流量将直接影响到企业的现时价值。

企业在不同的获利水平状态下价值的表现形式不同。当企业处于严重亏损、即将破产或已破产时,企业不能补偿已消耗资产的价值。这时企业价值就只能体现在有形资产的破产清算价值上;当企业处于轻度亏损或微利状态时,企业创造的价值仅能弥补所消耗资产的价值,生产经营处于勉强维持状态。这时企业价值的构成是其有形资产的重置成本价值;当企业的获利水平较高但没有达到行业平均水平时,企业创造的价值不仅能补偿资产的耗费,而且能积累并进行扩大再生产,形成投入、产出的良性循环。这时企业价值的构成既包括有形资产的最佳使用价值,也包括专有技术等可确指无形资产的价值;当企业获利水平很高,超过行业平均水平时,企业不仅能够形成自我更新、自我发展的良性循环,而且能够依其良好的经营管理状况或其他因素的作用而获得超额利润。这时企业价值既来源于有形资产的最佳使用价值和可确指无形资产的价值,还包括不可确指资产的价值,如商誉。所有上述情况均是假设企业获利与企业价值之间的关系是精确固定的。但是,对于那些新成立的企业,不能说因其没有盈利就没有价值,这也是强调"获利能力"而不是"实际获利"的原因。因此,评估人员在进行企业价值评估时,要充分分析企业的历史经营状况、企业的产品、经营的外部环境等因素,判断企业的整体获利能力水平,选择合适的评估方法进行评估。

3. 企业价值评估是一种整体性评估

国内评估界一般将企业价值评估称为"整体资产评估""整体企业资产评估"或"企业整体资产评估"。整体性成为企业价值评估与其他资产评估的本质区别。企业价值评估是将企业作为一个经营整体并依据其未来获利能力来评估。其评估对象是企业的全部资产,所反映的是其生产经营能力和持续获利能力。因此,企业价值评估强调的是从整体上计量企业全部资产形成的整体价值,而不是简单估计单项资产的收益或者估计单项资产的价值。换言之,企业价值不是企业各单项资产的简单相加,企业单项资产的价值之和也并不一定是企业价值。构成企业的各个要素资产虽然具有不同性能,但只有在服从特定系统目标的前提下,以恰当的方式形成有机联系构成企业整体,其要素资产的功能才能充分发挥。企业是整体与部分的统一,部分只有在整体中才能体现出其价值。因此,整体性是企业价值评估区别于其他资产评估的一个重要特征,企业价值评估就是一种整体性评估。

第三节 企业价值评估的范围界定

企业价值评估的范围是指为了合理评价企业价值,以评估对象对标的及其延伸的需要进行评估的对象范围和工作范围。

1. 企业价值评估的一般范围

企业价值评估的一般范围,就一般意义上讲,是为进行企业价值评估所应进行的工作范围,通常是指企业产权涉及的资产范围。不论是进行企业整体价值评估、股东全部权益价值评估,还是股东部分权益价值的评估,其实都要求对企业进行整体性评估。企业价值评估的工作范围必然要涉及企业产权内的所有资产。从产权的角度界定,企业价值评估的一般范围应该是企业产权涉及的全部资产,包括企业产权主体自身拥有并已投入经营的部分、企业产权主体自身拥有但未投入经营部分、虽不为企业产权主体自身占用及经营,但可以由企业产权主体控制的部分,如全资子公司、控股子公司以及非控股公司中的投资部分;企业拥有的非法人资格的派出机构、分部及第三产业;企业实际拥有但尚未办理产权的资产等。在具体界定企业价值评估的一般范围时,应根据有关数据资料进行,如企业价值评估申请报告及上级主管部门批复文件所规定的评估范围;企业有关产权转让或产权变动的协议、合同、章程中规定的企业资产变动的范围;企业有关资产产权证明、账簿、投资协议、财务报表及其他相关资料等。

2.企业价值评估的具体范围

企业价值的形成基于企业整体营利能力,评估人员判断估计企业价值,就是要正确分析和判断企业的营利能力。但是,企业是由各类单项资产组合而成的资产综合体,这些单项资产对企业营利能力的形成具有不同的作用和贡献。评估人员在对企业价值评估的一般范围进行界定之后,需要对企业价值评估的具体范围进行判断和分析。通常情况下,企业价值评估一般范围内的所有具体资产并非只按一种评估思路进行评估,而是按照这些具体资产在企业中发挥的作用,将其划分为有效资产和溢余资产。

在企业价值评估中,有效资产和溢余资产的划分及其定义都是特指的,仅仅在企业价值评估具体操作中使用,这些定义并不具有一般性。其中,有效资产是指企业中正在运营或虽未运营但企业需要且具有潜在运营经营能力,并能对企业营利能力作出贡献、发挥作用的资产。溢余资产是指企业中不能参与生产经营,不能对企业营利作出贡献的相对过剩及无效的资产。

将企业价值评估一般范围内的具体资产按其在企业营利能力的形成过程中是否作出贡献划分为有效资产和溢余资产,目的在于要正确揭示企业价值。企业营利能力是企业的有效资产共同作用的结果,有效资产是企业价值评估的基础。溢余资产虽然也可能有交换价值,但其交换价值与有效资产价值的决定因素、形成路径是有差别的。要正确揭示和评估企业价值,评估人员就需要将企业价值评估一般范围内的有效资产和溢余资产进行正确界定和区分,对企业的有效资产运用各种评估途径与方法评估企业价值的基本范围或具体操作范围,对溢余资产单独进行评估或其他技术处理。有效资产和溢余资产的合理划分是进行企业价值评估的重要前提,二者划分得是否合理将直接影响运用不同评估途径与方法评估企业价值的结果合理性与可信度。

评估人员在界定企业价值评估一般范围和具体范围时,应注意以下几点。

(1)对于在评估时点产权不清的资产,应划为"待定产权资产",可以列入企业价值评估的一般范围,但在具体操作时,应作特殊处理和说明,并在评估报告中予以披露。

(2)在产权清晰的基础上,对企业的有效资产和溢余资产进行区分。在进行区分时应注意把握以下几点:①对企业有效资产的判断,应以资产对企业营利能力形成的贡献为基础;②在有效资产的贡献下形成的企业营利能力,应是企业的正常营利能力,由于偶然因素形成的短期营利及相关资产,不能作为判断企业营利能力和划分有效资产的依据;③评估人员应对企业价值进行客观揭示,如企业的出售方拟进行企业资产重组,则应以不影响企业营利能力为前提。

(3)在企业价值评估中,对溢余资产有两种处理方式:一是进行"资产剥离",将企业的溢余资产在运用多种评估途径及方法进行有效资产及企业价值评估前单独剥离出去,对溢余资产作为独立的部分进行单独评估,评估值不计入企业价值中,并在评估报告中予以披露;二是将企业的溢余资产在运用多种评估途径及方法进行有效资产及企业价值评估前单独剥离出去,用适合溢余资产的评估方法对其进行单独评估,将评估值加总到企业价值评估的最终结果中,并在评估报告中予以披露。

第四节 企业价值评估的程序

对于专业资产评估机构来说,资产评估程序通常包括明确评估业务基本事项、签订业务约定书、编制评估计划、现场调查、收集评估资料、评定估算、编制和提交评估报告以及工作底稿归档八个方面的内容。但由于企业价值评估目的的多样化,执行这一工作的主体既可以是企业管理者自身、个人投资者,也可以是专业评估机构。因此,本节对企业价值评估程序的阐述并非仅站在专业评估机构的角度,而是从执行该项工作所需要的一般性程序出发,将企业价值评估程序分为明确基本事项、收集评估资料(含现场调查)、评定估算价值、验证评估结果、编制评估报告、整理工作底稿六个方面的内容,对于签订业务约定书、编制评估计划等特定程序不再单独说明。评估人员可以根据实际工作需要在上述六个方面的基础上增减这些程序。

一、明确基本事项

1. 评估目的

了解与企业价值评估相关的经济行为并明确评估目的,对价值类型、评估方法的选取以及评估结论的形成等都有重要影响。企业价值评估时应当尽量细化评估目的和用途,依据"为什么评、评什么、用于什么方向"来了解与企业价值评估相关的经济行为,并以此确定评估目的。企业价值评估的目的可能是出于企业自身管理的需要,提升企业资产运营效率的需要,或者资本所有权交易行为的需要。企业价值评估的目的不同,评估的方法、原则以及应遵循的价格标准甚至评估的程序都可能有所差别。

2. 评估对象和评估范围

企业价值评估对象有企业整体价值、股东全部权益价值和股东部分权益价值。无论哪一种评估对象,评估人员都应清楚地了解该评估对象所对应的评估范围是什么,包括资产的数量、具体位置、账面价值等。除此之外,在企业价值评估中还需要强调有关估对象及其相关权益状况,如股东权益价值评估时需要明确被评估股权的比例、状况和性质,是控股权还是非控股权,是流通股权还是非流通股权等。

3. 价值类型

在企业价值评估过程中,评估人员需要根据评估目的选择恰当的价值类型,确信选择的价值类型适用于评估目的。通常来说,选择企业价值评估的价值类型,应当充分考虑评估目的、市场条件和评估对象自身条件等因素。

首先,评估目的决定了企业资产的存续条件,资产价值受制于这些条件及其可能发生的变化。因此,评估人员在进行企业价值评估时,一定要根据企业的特征,合理判断其可能面临的市场环境以及资产使用状况,并以此来选择与之相匹配的价值类型。

其次,市场条件也是决定价值类型和评估价值的重要因素之一。评估时所面临的市场条件及交易条件,是资产评估的外部环境和影响评估结论的外部因素。在不同的市场条件下或交易环境中,即使是相同的资产也会有不同的评估结论。

最后,评估对象自身的功能、使用方式和利用状态等资产自身的条件是影响资产评估价值的内因。从某种意义上讲,资产自身的条件对其评估价值具有决定性的影响。不同功能的资产会有不同的评估结论,而使用方式和利用状态不同的相同资产也可能会有不同的评估结论。

评估人员在设定价值类型时,需要明确该价值类型的具体定义是什么,需要基于哪些可能存在的明显或隐含的假设及前提,是否与评估目的、市场条件、评估对象自身条件相符等相关问题。

4. 评估基准日

由于企业自身的生产经营活动和外部经济环境是不断变化的,企业运营资产的数量、结构与形态无时无刻不处在运动和变化之中,因此,企业价值也会随时间的变化而波动。为了便于实际操作以及报告使用者对评估结果的合理利用,在企业价值评估时必须确定评估基准日。通常来说,选择何时作为评估基准日,取决于企业价值评估的目的。例如,当企业价值评估出于产权交易的目的,评估要了解企业在交易行为发生时的价值,以确定合理的对价,那么评估基准日一般要选择距离交易日较近的时间;当企业管理者出于了解企业内在价值的需要而对企业进行价值评估,基准日一般根据管理者的意愿而定;当投资者在投资前对被投资企业的价值进行评估,基准日则由投资者根据投资计划而定。

对于专业评估机构来说,评估基准日的确定除了考虑评估目的以外,还需要考虑是否有利于现场调查、评估资料收集等工作的开展,是否有法律、法规的相关规定或相关部门的特定要求等。一般来说,便于获取企业的财务状况信息,评估基准日一般应尽可能选择在某一会计期末,如季度末或年度末。

二、收集评估资料

在资料收集开始之前,评估人员通常要根据自己的专业知识、本次评估的基本事项对可能使用的评估方法作一个初步判断,然后着手开始收集对本次评估有用的数据资料。企业价值评估的资料可以概括为两个方面:一是企业内部信息,包括企业财务信息、相关制度文件和经营数据等;二是企业外部环境信息,包括宏观经济形势、行业发展信息和市场信息等。

1. 企业内部信息

根据企业内部信息所涉及的企业财务信息、相关制度文件和经营数据等,可以归纳出以下资料清单。

(1) 公司财务报表和税务信息,包括最近若干财务年度的资产负债表、损益表、现金流量表和股东权益表;销售、成本相关的历史明细表;有关税务的信息资料,包括国税与地税等。

(2) 其他财务数据,包括厂房与设备清单以及各项折旧表;设备或装备租赁概况;历史年份应收账款、应付账款情况;存货汇总表以及存货记账方法的信息;股东名册以及拥有股份清单;公司未来五年的财务预算和预测;长期股权投资的情况等。

(3) 公司文件,包括公司营业执照、税务登记证、企业代码证等;公司章程、公司各项规章制度以及各种补充修改文件等。

(4) 其他信息,包括企业概况(公司历史沿革、产品目录与价格表等);股权变动情况;人力资源情况,包括企业员工人数,各职能部门分布情况;关联交易信息;资产负债表外的资产和债务情况等;现有的各种借贷、租赁、销售合同,特许经营权的协议等。

2. 企业外部环境信息

由于企业是一个开放的系统,为了持续经营并实现价值最大化,企业要从其外部环境中寻求资源、求得发展,同时也受到外部经济环境的制约。因此,企业所处的外部环境状况,包括宏观经济环境、产业经济环境以及产品服务的市场环境等,都将对企业价值产生影响。收集这方面的资料就是为了对企业的外部环境进行分析,以判断其对企业价值的影响程度。这种分析对象包括企业经营范围之外一切影响企业价值的因素,比如对企业产生直接或间接影响的政策环境、经济发展速度、技术创新、产业结构以及行业状况等。一般来说,在企业价值评估中外部环境分析可以概括为宏观经济分析、行业环境分析和市场分析几个部分,资料收集时评估人员相应也需要获得相关的数据信息。

首先是宏观经济分析数据,包括当前宏观经济的形势、政策法律法规、经济增长速度、全球经济发展趋势等。这些信息在企业价值评估中可以为确定风险程度、增长速度等提供重要依据。

其次是行业环境分析数据,包括行业的特点、准入制度、市场分割状况以及行业整体发展的情况,通常可以从政府、行业协会、咨询机构或资本市场对行业发展的预测等有关资料中获取。

最后是市场分析数据,主要是指被评估企业生产的产品或提供服务的市场情况,特别是被评估企业的市场竞争地位以及核心竞争力信息。

在上述数据资料收集的基础上,评估人员需要进行资料整理工作,并充分分析其有用性和有效性。对于资料收集可能存在的缺失和虚假问题,评估人员还要寻找其他替代和补充资料。

三、评定估算价值

在对被评估企业的资料进行搜集、整理之后,评估人员就可以着手对企业价值进行评定估算。该过程通常需要在对企业的历史和未来经营状况进行分析的基础上选定适当的评估方法进行估算来实现。

1. 企业历史经营状况分析

对企业的历史经营业绩进行分析,评估人员可以借助被评估企业的历史财务数据,了解企业过去的财务状况和经营成果,为企业未来发展状况预测提供依据;在企业价值评估过程中,为了保证财务报表能够真实反映企业的经营状况,需要对被评估企业的财务报表进行必要的调整。

首先,调整被评估企业财务报表的编制基础。由于各个国家(地区)所采用的会计准则不同,在具体的会计处理上也有所差异,评估人员需要阅读分析被评估企业的历史财务数据,了解被评估企业所采用的会计准则是否符合相关要求等。必要的情况下,评估人员需要对重大的会计准则差异进行调整。常见的偏离会计准则的情况可能有:未予确认的销售收入;应收账款坏账准备计提不足;未予确认或计提的经营费用;固定资产存在报废、损坏或遗失但尚未予以反映等。

其次,调整非经常性项目和溢余资产。如果评估过程中需要利用参考公司的相关财务信息,那么评估人员在对被评估企业的这些资产项目进行调整的同时,也需要对参考公司的财务报表进行类似调整,使参考公司与被评估企业的财务报表具有可比性。

需要注意的是,评估人员进行上述调整应当有充分依据,并与被评估企业进行充分讨论。

2. 企业未来发展状况分析

分析企业未来的发展状况可以从企业内部和企业外部两个方面进行。

从企业内部看,主要是把握被评估企业价值驱动因素的变化规律。如果被评估企业属于收入驱动型公司(如制造业以及商业、非金融服务业等),那么其资产负债规模的发展主要取决于收入规模的扩张,当收入变化时,资产负债也会相应变化。此时,收入规模可以代表其业务规模;如果被评估企业属于资产驱动型公司(如银行业),那么其收入的规模直接取决于资产负债的规模,即资产负债的规模可以代表业务规模。明确了企业的价值驱动因素,便能够对企业的未来发展作出初步预测。

从企业外部看,主要是了解企业所处行业的特点以及企业的竞争优势和劣势,评估企业的战略地位,进而评价企业的增长潜力和获取高于资本成本的回报能力。企业的未来获利能力和持续经营的时间最终由企业之间以及产品之间的竞争来决定。一般来说,产品之间的竞争越是不充分,企业对价格的控制能力就越强,就越有可能获得高额的利润,竞争优势的持续时间也就越长,反之亦然。分析竞争情况主要考虑如下几个因素:首先是市场上产品服务的均衡程度,如果行业内的企业规模和市场地位比较悬殊,则竞争可能比较稳定;如果行业内企业很多,产品也很多,市场份额都不大,则竞争可能会很激烈,恶性竞争的结果是营利能力下降,优势持续时间缩短;其次是市场所处的生命周期特征,如果市场是在缓慢增长逐步进入成熟期,此时一旦有极少数企业对其市场地位不满,将会导致激烈竞争;最后是行业的准入门槛,如果行业准入门槛低,则容易增加额外的生产力,从而会在市场中引起新的竞争,导致企业面临的竞争情况复杂。所有这些外部信息都构成企业未来发展状况分析的重要依据。

3. 评估方法的选择

对企业历史经营和未来发展情况进行分析,并考虑评估事项的实际情况之后,评估人员即可选用合适的评估方法对被评估企业的价值进行评定估算。目前,国际通用的企业价值评估的基本方法包括收益法、市场法和成本法。评估人员应当充分考虑评估目的、评估对象的价值类型、资料收集情况等相关条件,分析收益法、市场法和成本法(资产基础法)三种基本评估方法的适用性,并恰当选择一种或多种方法进行企业价值评估。

评估方法的确定实际上包含不同层面的选择过程:其一是关于技术思路层面的选择,即分析三种基本评估方法所依据的资产评估技术思路的适用性;其二是在技术思路已经确定的基础上,选择实现各种评估技术思路的具体评估技术方法;其三是在确定了评估方法的前提下,对运用各种评估方法所涉及的经济技术参数的选择。选择恰当的评估技术思路、实现该评估技术思路的具体方法,以及具体评估方法的经济技术参数共同构成了恰当选择资产评估方法的内容,片面地强调某一个方面而忽略另一个方面,都有可能导致评估结果的失实和偏颇。

评估人员进行企业价值评估时,评估方法的选择可能会受到许多因素的影响,其中评估对象自身的条件、评估结果的价值类型和评估人员掌握的数据资料是相对较为重要的影响因素。具体来说,评估人员在选择评估方法的过程中应注意以下几方面。

(1)从整体思路而言,评估方法的选择要与评估目的、评估时的市场条件、被评估对象在评估过程中的条件以及由此所决定的资产评估价值基础和价值类型相适应。

(2)从具体操作的层面上讲,评估方法的选择受各种评估方法运用所需的数据资料及主要经济技术参数能否取得的制约。每种评估方法的运用所涉及的经济技术参数的选择,都需要有充分的数据资料作为基础和依据。在评估时点,以及一个相对较短的时间内,某种评估方法所需数据资料的收集可能会遇到困难,这就会限制该评估方法的选择和运用。在这种情况下,评估人员应考虑采用替代原理和原则,选择信息资料充分的评估方法进行评估。

(3)评估人员在选择和运用某一方法评估企业价值时,应充分考虑该种方法在具体评估项目中的适用性、效率性和安全性,并注意满足该种评估方法的条件要求和程序要求。

四、验证评估结果

不同评估方法得出的评估结果会存在差异,如何确定最终的评估结论,还需要借助一定的分析技术对评估方案进行验证,并对各评估方法得出的价值结论进行分析,最终形成合理的评估结论。

1. 情景分析

在企业价值评估过程中,无论选择哪种评估方法,都有一定的假设前提,这些假设反映了评估人员对未来宏观经济状况、公司所处的行业与市场状况以及公司经营管理的预期。而这些预期均源于对相关信息的提取和分析。但是,由于不确定性的存在,未来很可能出现不同于假设的情形。例如,在经济形势好的情况下,公司的收入增长会较高;相反,如果经济环境恶化,公司产品滞销,收入增长速度将会出现锐减甚至为负。又如,公司的战略计划可能面临不同的选择,公司可能通过兼并收购的方式进行扩张,也可能进行内含式扩张,着力改善自身经营水平。这些不同情形可能会对最终的企业价值评估结果产生重大影响。因此,评估人员在评估时应当考虑这些可能出现的情况,在所选评估方法中反映不同情况下的评估结果,此时就需要进行情景分析。

情景分析法又称前景描述法,是假定某种现象或某种趋势将持续到未来的前提下,对预测对象可能出现的情况或引起的后果作出预测的方法。通常用来对预测对象的未来发展作出种种设想或预计,是一种直观的定性预测方法。在企业价值评估中,情景分析就是对被评估企业未来可能出现的不同情境分别进行模拟,并评估各种可能情况下的企业价值。一般来说,情景分析可以分为以下三个步骤。

(1)分析并确定未来可能出现的各种情景。对一家企业来说,通常可以将其面临的情景分为三种情况:一是乐观情景,也称管理层情景,是对合理范围内可能产生的销售收入、利润率和其他假设作较好结果的预期;二是基本情景,是对最有可能发生的业绩和状况进行的一系列假设;三是悲观情景,是对合理范围内可能产生的销售收入、利润率和其他假设作较坏结果的预期。评估人员在与企业沟通的过程中,其管理层通常会将企业的经营状况描绘得很好,以最乐观的方式来估计企业未来的收入和经营状况,这可以被看作乐观情景。当评估人员根据经验,对这个行业、公司提出自己的看法和认识,结果可能会略低于企业管理层描述的乐观情况,其收入不会像管理层预计的那样持续高增长,成本也会略高于管理层的估计,这可以被看作基本情景。此外,为了保护投资者,有时需要将可能面临的较差情况考虑到评估过程中。因此,经济衰退,行业疲软,公司经营状况恶化这样的较差情况也是需要分析的情景之一。评估人员通过对各种情景进行分析,可以了解未来各种可能发生的情况,以便更好地控制评估风险。

(2)确定情景发生变化时哪些关键因素将发生改变。在企业价值评估过程中,当所选评估方法中使用的情景发生变化时,其中的某些关键假设数值也应随时改变。这些受情景影响的因素大致可以分为三类:一是宏观经济假设,如 GDP 增长率、利率、汇率等;二是行业和市场假设,如市场需求、产品价格、行业产能增长速度、平均产能利用率等;三是公司经营假设,如销售状况、固定资产投资计划、融资计划、重组计划等。

(3)确定当上述关键因素发生变化时,公司的经营和业绩将受到怎样的影响。当企业处于不同的情景下,上述假设数据将随之发生变化,企业未来的经营业绩将有所不同,评估结果相应也会发生变化。此时,针对不同的评估结果,评估人员可以借助自身经验,判断不同情景下各种假设的合理性。

2. 敏感性分析

影响企业价值的因素有很多,但是否存在某些因素,其本身具有不确定的特点,并且该因素微小调整可能会引起企业价值较大变化。如果存在这样的因素,评估人员就需要谨慎行事,对其影响进行详细分析,此时可以运用的技术手段就是敏感性分析。敏感性分析是企业价值评估中常用的一种分析不确定性的方法。它是在确定性分析的基础上,通过逐一改变关键影响因素数值的方法来解释企业价值受这些因素变动影响的规律,进一步分析不确定性因素对企业价值评估结果的影响方式及影响程度。在企业价值评估中,敏感性分析通常分为以下几个步骤。

(1)确定敏感性分析对象。在企业价值评估中,敏感性分析的对象是其评估对象,即企业整体价值、全部股东权益价值或部分股东权益价值,以及由此衍生的内含股价等。

(2)选取不确定因素。评估人员在进行敏感性分析时,并不需要将所有的不确定因素都考虑进来,而应视被评估企业的具体情况,选取几个不确定性较大并对企业价值影响作用较大的因素。例如,产品价格、产量规模、投资额、增长率、内含报酬率或折现率等,这些因素都有可能会对企业价值产生较大影响。若某因素的小幅度变化能导致评估结果的较大变动,则该因素为敏感性因素,反之则为非敏感性因素。

(3)测算不确定因素变动时对企业价值的影响程度。若进行单因素敏感性分析,需要在固定其他因素的条件下,变动其中一个不确定因素;然后,再变动另一个因素(仍然保持其他因素不变),以此判断各不确定因素本身对企业价值的影响程度。若同时进行多因素敏感性分析,可以借助一定的技术,判断几个因素同时变动对企业价值的影响程度。找出敏感因素之后,需要对其进行分析并尽量使之合理化,或者以区间的形式表示评估结果,提高评估方案抗风险的能力,增强评估结果的可信度。

3. 确定评估结论

对企业价值进行评估,可以采用一种或多种基本评估方法,得出不同的初步评估结论;也可能采用一种基本评估方法,同时采用多种具体的评估方法,并得出不同的初步评估结论。不论是哪一种情况,只要是采用一种以上的评估方法并形成不同的初步评估结论,就应当对形成的各种初步评估结论进行分析。然后,在综合考虑不同评估方法和初步价值结论的合理性及所使用数据的质量和数量的基础上,形成合理的评估结论。

对不同评估方法得出的不同评估结果,评估人员既可以利用其判断力对每一个价值计算结果进行权重分配来确定最终的评估结果,也可以仅以单一的评估方法确定评估结果。但无论采用哪种方式,评估人员都应当考虑多方面的因素,并基于对可靠信息的判断来说明评估结果的正确性与合理性。

五、编制评估报告

通常情况下,为了便于理解和使用企业价值评估的结论,评估人员需要按要求编制企业价值评估报告。评估报告是评估人员在履行了必要的评估程序后发表的,对评估对象在评估基准日特定目的下的价值分析和估算的专业意见,是评估人员履行必要评估程序后的工作成果。根据不同的标准及评估报告使用者的需要,评估报告可以有不同的类型。从评估报告的表现形式上,可以将评估报告分为书面评估报告和口头评估报告。对我国评估行业而言,专业机构承揽业务时只能提供书面评估报告。

六、整理工作底稿

工作底稿是指评估人员执行评估业务形成的,反映评估程序实施情况、支持评估结论的工作记录和相关资料。评估人员在执行评估业务过程中,每一阶段都应当留下记录评估工作的底稿,以反映履行评定估算价值的过程,用于支持评估结论形成,并且便于日后分析查看。对于专业评估机构来说,工作底稿的编制和管理是评价、考核评估师专业胜任能力和工作业绩的依据之一,是判断评估机构及评估师责任的有效证据,是控制评估质量和监控评估工作的重要手段。因此,整理工作底稿在企业价值评估工作中也是必不可少的程序。

第五节 收益法在企业价值评估中的应用

一、收益法评估企业价值的核心问题

在运用收益法对企业价值进行评估时,一个必要的前提是判断企业是否具有持续的营利能力。只有当企业具有持续的营利能力时,运用收益法对企业进行价值评估才具有意义。运用收益法对企业进行价值评估,关键在于对以下三个问题的解决。

(1)要对企业的收益予以界定。企业的收益能以多种形式出现,包括净利润、净现金流量(股权自由现金流量)、息前净现金流量(企业自由现金流量)等。选择以何种形式的收益作为收益法中的企业收益,在一定程度上会直接或间接地影响评估人员对企业价值的最终判断。

(2)要对企业的收益进行合理预测。要求评估人员对企业的将来收益进行精确预测是不可能的,但是,由于企业收益的预测直接影响对企业营利能力的判断,是决定企业最终评估值的关键因素,所以,在评估中应全面考虑影响企业营利能力的因素,客观、公正地对企业的收益作出合理的预测。在企业价值评估实务中,企业收益通常采用期望收益率或期望收益额。

(3)在对企业的收益作出合理的预测后,要选择合适的折现率。合适的折现率的选择直接关系到对企业取得未来收益面临的风险的判断。由于不确定性的客观存在,对企业取得未来收益的风险进行判断至关重要。能否对企业取得未来收益的风险作出恰当的判断,从而选择合适的折现率,对企业的最终评估值具有较大影响。

二、收益法的具体评估技术思路

1. 企业永续经营假设前提下的收益法

(1)年金法。年金法是评价企业价值的一种具体技术方法,适用于未来预期收益相对稳定、所在行业发展相对稳定的企业价值评估。年金法的计算公式为

$$P = \frac{A}{r}$$

式中,P 为企业评估价值;A 为企业每年的年金收益;r 为折现率或资本化率。

由于企业预期收益并不能表现为年金形式,评估人员如果要运用年金法评估企业价值,还需要对被评估企业的预期收益进行综合分析,确定被评估企业的预期年金收益。将企业未来若干年的预期收益进行年金化处理而得到企业年金是若干种分析测算企业年金收益方法中的一种。如果采用将企业未来若干年的预期收益进行年金化处理而得到企业年金的方法,年金法的数学概括式可以写成:

$$P = \sum_{i=1}^{n} \left[R_i \left(1+r\right)^{-i} \right] \div \sum_{i=1}^{n} \left[\left(1+r\right)^{-i} \right] \div r$$

式中,$\sum_{i=1}^{n} \left[R_i \left(1+r\right)^{-i} \right]$为企业前$n$年预期收益折现值之和;$\sum_{i=1}^{n} \left[\left(1+r\right)^{-i} \right]$为年金现值系数之和;$r$为折现率或资本化率。

用于企业价值评估的年金法,是将已处于均衡状态,其未来收益具有充分的稳定性和可预测性的企业未来若干年的预期收益进行年金化处理,然后再把已年金化的企业预期收益进行收益资本化,估测企业的价值。将企业相对稳定的、可预测的未来若干年预期收益进行年金化处理,仅仅是评估人员分析判断企业未来预期收益的一种方式。如果评估人员认为通过将企业未来若干年的预期收益进行年金化处理而得到的这个企业年金,足以反映出被评估企业未来预期收益能力和水平,这个企业年金就可以作为评价企业价值的收益额。如果评估人员并不能确信通过年金化处理而得到的这个企业年金可以反映出被评估企业未来预期收益能力和水平,这个企业年金就不可以直接作为企业价值评估的收益额,而需要通过其他方法估测适用于被评估企业的收益额。

例 9-1 待估企业预计未来 5 年的预期收益额为 100 万元、120 万元、110 万元、130 万元和 120 万元,假定企业永续经营,不改变经营方向、经营模式和管理模式,折现率及资本化率均为 10%,运用年金法估测该企业的持续经营价值接近 1 153 万元。具体过程如下。

企业的持续经营价值 $= (100 \times 0.909\ 1 + 120 \times 0.826\ 4 + 110 \times 0.751\ 3 +$
$\qquad 130 \times 0.683\ 0 + 120 \times 0.620\ 9) \div (0.909\ 1 + 0.826\ 4 +$
$\qquad 0.751\ 3 + 0.683\ 0 + 0.620\ 9) \div 10\%$
$\qquad = (91 + 99 + 83 + 89 + 75) \div 3.790\ 7 \div 10\%$
$\qquad = 437 \div 3.790\ 7 \div 10\%$
$\qquad = 1\ 153(万元)$

(2) 分段法。分段法是将永续经营的企业的收益预测分为前后两段。将企业的收益预测分为前后两段的理由在于:在企业发展的某一个期间,企业的生产经营可能处于不稳定状态,因此企业的收益也是不稳定的。而在这个不稳定期间之后,企业的生产经营可能会达到某种均衡状态,其收益是稳定的或按某种规律进行变化。对于不稳定阶段企业的预期收益采取逐年预测,并折现累加的方法。而对于稳定阶段的企业收益,则可以根据企业预期收益稳定程度,按企业年金收益,或按企业的收益变化规律所对应的企业预期收益形式进行折现和资本化处理。将企业前后两段收益现值加在一起便构成企业的评估价值。

假设企业评估基准日后第二段收益取得了年金收益形式(企业评估基准日后第一段收益期最后一年的收益),分段法的数学概括式可写成:

$$P = \sum_{i=1}^{n} \left[R_i \left(1+r\right)^{-i} \right] + \frac{R_n}{r} \left(1+r\right)^{-n}$$

假设从$(n+1)$年起的后段,企业预期年收益将按一固定比率(g)增长,则分段法的数学概括式可写成:

$$P = \sum_{i=1}^{n} [R_i (1+r)^{-i}] + \frac{R_n(1+g)}{r-g}(1+r)^{-n}$$

例 9-2 待估企业预计未来 5 年的预期收益额为 100 万元、120 万元、150 万元、160 万元和 200 万元,并根据企业的实际情况推断,从第 6 年开始,企业的年收益额将维持在 200 万元水平上,假定资本化率为 10%,使用分段法估测企业的价值。

运用公式:

$$
\begin{aligned}
P &= \sum_{i=1}^{n} [R_i (1+r)^{-i}] + \frac{R_n}{r}(1+r)^{-n} \\
&= (100 \times 0.909\,1 + 120 \times 0.826\,4 + 150 \times 0.751\,3 + \\
&\quad 160 \times 0.683\,0 + 200 \times 0.620\,9) + 200 \div 10\% \times 0.620\,9 \\
&= 536 + 2\,000 \times 0.620\,9 \\
&= 1\,778(万元)
\end{aligned}
$$

承例 9-1 资料,假如评估人员根据企业的实际情况推断,企业从第 6 年起,收益额将在第 5 年的水平上以 2% 的增长率保持增长,其他条件不变,试估待估企业的价值。

运用公式:

$$
\begin{aligned}
P &= \sum_{i=1}^{n} [R_i (1+r)^{-i}] + \frac{R_n(1+g)}{r-g}(1+r)^{-n} \\
&= (100 \times 0.909\,1 + 120 \times 0.826\,4 + 150 \times 0.751\,3 + 160 \times 0.683\,0 + \\
&\quad 200 \times 0.620\,9) + 200 \times (1+2\%) \div (10\% - 2\%) \times 0.620\,9 \\
&= 536 + 204 \div 8\% \times 0.620\,9 \\
&= 536 + 2\,550 \times 0.620\,9 \\
&= 536 + 1\,583 \\
&= 2\,119(万元)
\end{aligned}
$$

2. 企业有限持续经营假设前提下的收益法

(1) 关于企业有限持续经营假设的适用。对企业而言,它的价值在于其所具有的持续营利能力,一般而言,对企业价值的评估应该在持续经营前提下进行。只有在特殊的情况下,才能在有限持续经营假设前提下对企业价值进行评估。如企业章程已对企业经营期限作出规定,而企业的所有者无意逾期继续经营企业,则可在该假设前提下对企业进行价值评估。评估人员在运用该假设对企业价值进行评估时,应对企业能否适用该假设作出合理判断。

(2) 企业有限持续经营假设是从最有利于回收企业投资的角度,争取在不追加资本性投资的前提下,充分利用企业现有的资源,最大限度地获取投资收益,直至企业无法持续经营为止。

(3) 对于有限持续经营假设前提下企业价值评估的收益法,其评估思路与分段法类似。

首先,将企业在可预期的经营期限内的收益加以估测并折现;其次,将企业在经营期限后的残余资产的价值加以估测及折现;最后,将两者相加。其数学表达式为

$$P = \sum_{i=1}^{n} [R_i (1+r)^{-i}] + R_n(1+r)^{-n}$$

式中，R_n 为第 n 年时企业资产的变现值；其他符号含义同前。

在企业价值评估中应用收益法的具体技术思路和方法还有许多，评估人员可以参考本教材关于评估途径和方法的有关章节内容，在遵循收益法基本原理的基础上，依据被评估企业的具体情况设计具体的评估技术思路和方法，这里不作过多的介绍。

三、企业收益及其预测

企业的收益额是运用收益法对企业价值进行评估的关键参数。在企业的价值评估中，企业的收益额需要从两个方面来认识和把握：其一，在将企业收益额作为企业获利能力的标志来认识和把握时，企业的收益额是指企业在合法的前提下，所获得的归企业所有的所得额。其二，在将企业收益额作为运用收益法评价企业价值的一种媒介时，企业的收益额可以是广义上的企业收益额，如息税前利润、企业自由现金流量等。作为企业获利能力标志的企业收益额，是评估人员把握衡量企业价值的根本依据。

1. 企业收益的界定

在对企业收益进行具体界定时，应首先注意以下两个方面。

（1）从性质上讲，即从企业价值决定因素的角度上讲，企业创造的不归企业权益主体所有的收入，不能作为企业价值评估中的企业收益。如税收，不论是流转税还是所得税都不能视为企业收益。

（2）凡是归企业权益主体所有的企业收支净额，都可视为企业的收益。无论是营业收支、资产收支，还是投资收支，只要形成净现金流入量，就可视为企业收益。企业的收益有两种基本表现形式：企业净利润和企业净现金流量（净现金流量＝净利润＋折旧及摊销－追加资本性支出）。而选择净利润还是净现金流量作为企业价值评估的收益基础对企业的最终评估值存在一定的影响。一般而言，应选择企业的净现金流量作为运用收益法进行企业价值评估的收益基础。当然，作为运用收益法评价企业价值的一种媒介的企业收益，还可以通过息前净现金流量（企业自由现金流量）、息税前利润、息税前净现金流量等具体指标反映和表示，并通过间接法评估出企业价值。在企业价值评估中选择什么形式和口径的收益额作为折现的基础和标的，则与每次的评估目标和评估效率相关。

在对企业的收益形式作出说明之后，在企业价值的具体评估中还需要根据评估目标的不同，对不同口径的收益作出选择，如净现金流量（股权自由现金流量）、净利润、息前净现金流量（企业自由现金流量）等的选择。因为不同口径的收益额，其折现值的价值内涵和数量是有差别的。

选择什么口径的企业收益作为收益法评估企业价值的基础，首先应服从企业价值评估的目标，即企业价值评估的目的和目标是评估反映股东全部权益价值（企业所有者权益或净资产价值），还是反映企业所有者权益及长期债权人权益之和的投资资本价值，或企业整体价值（所有者权益价值和付息债务之和）。其次，对企业收益口径的选择，应在不影响企业价值评估目的的前提下，选择最能客观反映企业正常营利能力的收益额作为对企业进行价值评估的收益基础。对于某些企业，净现金流量（股权自由现金流量）就能客观地反映企业的获利能力，而另一些企业可能采用息前净现金流量（企业自由现金流量）更能反映企业的获利能力。如果企业评估的目标是企业的股东全部权益价值（净资产价值），使用净现金流量（股权自由现金流量）最为直接，即评估人员直接利用企业的净现金流量（股权自由现金流量)评估出企业的股东全部权益价值。此种评估方式也被称作企业价值评估的"直接法"。

当然,评估人员也可以利用企业的息前净现金流量(企业自由现金流量),首先估算出企业的整体价值(所有者权益价值和付息债务之和),其次再从企业整体价值中扣减企业的付息债务后得到股东全部权益价值。此种评估方式也被称作企业价值评估的"间接法"。评估人员是运用企业的净现金流量(股权自由现金流量)直接估算出企业的股东全部权益价值(净资产价值),还是采用间接的方法先估算企业的整体价值,再估算企业的股东全部权益价值(净资产价值),取决于企业的净现金流量或是企业的息前净现金流量更能客观地反映出企业的获利能力。掌握收益口径和表现形式与不同层次的企业价值的对应关系以及不同层次企业价值之间的关系是企业价值评估中非常重要的事情。

2. 企业收益预测

严格意义上讲,企业的收益预测或营利预测应该由企业的管理当局完成。评估师需要对企业提供的盈利预测进行核实和判断,并与企业管理当局沟通,确定企业预期收益。基于目前国内企业价值评估的实际情况,被评估企业未必都能提供管理当局的企业盈利预测,或者企业不能提供令人信服的企业营利预测。不论是对委托方提供的收益预测资料进行核实和判断还是资产评估师独立进行企业预期收益预测,其工作程序与步骤大致如下:首先,是对企业收益的历史及现状的分析与判断。其次,是对企业未来可预测的若干年的预期收益的预测。最后,是对企业未来持续经营条件下的长斯预期收益趋势的判断。

一般情况下(评估企业的市场价值时),企业价值评估的预期收益的基础,应该是在正常的经营条件下,排除影响企业营利能力的偶然因素和不可比因素之后的企业正常收益。

企业的预期收益既是企业存量资产运作的函数,又是未来新产权主体经营管理的函数。一般情况下(评估企业的市场价值时),评估人员对企业价值的判断,只能基于对企业存量资产运作的合理判断,而不能基于对新产权主体行为的估测。从这个角度来说,评估人员对于企业预期收益的预测,应以企业的存量资产为出发点,可以考虑对存量资产的合理改进乃至合理重组,但必须以反映企业的正常营利能力为基础,任何不正常的个人因素或新产权主体的超常行为等因素对企业预期收益的影响不应予以考虑。评估企业的投资价值时,评估师可以考虑特定的新产权主体的具体情况对被评估企业价值的影响以及新产权主体的介入可能产生的合并效应等。

以下主要介绍对处于稳定期的企业预期收益的预测。

对企业评估基准日后若干年的预期收益进行预测,若干年可以是 3 年,也可以是 5 年,或其他时间跨度。若干年的时间跨度的长短取决于评估人员对预测值的精度要求以及评估人员的预测手段和能力。对评估基准日后若干年的收益预测是在评估基准日调整的企业收益或企业历史收益的平均收益趋势的基础上,结合影响企业收益实现的主要因素在未来预期变化的情况,采用适当的方法进行的。目前较为常用的方法有综合调整法、产品周期法、实践趋势法等。不论采用何种预测方法,首先都应进行预测前提条件的设定,因为企业未来可能面临的各种不确定性因素是无法一项不漏地纳入评估工作中的。科学合理地设定预测企业预期收益的前提条件是必需的。这些前提条件包括:国家的政治、经济等政策变化对企业预期收益的影响,除已经出台尚未实施的以外,只能假定其将不会对企业预期收益构成重大影响;不可抗拒的自然灾害或其他无法预期的突发事件,不作为预期企业收益的相关因素考虑;企业经营管理者的某些个人行为也未在预测企业收益时考虑等。当然,根据评估对象、评估目的和评估的条件,还可以对评估的前提作出必要的限定。但是,评估人员对企业预期收益预测的前提条件设定必须合情合理,否则这些前提条件不能构成合理预测企业预期收益的前提和基础。

在明确了企业收益预测前提条件的基础上,就可以着手对企业评估基准日后若干年的预期收益进行预测。预测的主要内容有:对影响被评估企业及所属行业的特定经济及竞争因素的估计;未来若干年市场的产品或服务的需求量或被评估企业市场占有份额的估计;未来若干年销售收入的估计;未来若干年成本费用及税金的估计;完成上述生产经营目标需追加投资及技术、设备更新改造因素的估计;未来若干年预期收益的估计等。关于企业的收益预测,评估人员不得不加分析地直接引用企业或其他机构提供的方法和数据,应把企业或其他机构提供的有关资料作为参考,根据收集到的数据资料,在经过充分分析论证的基础上作出独立的预测判断。

运用损益表或现金流量表的形式表现预期企业收益的结果通俗易懂,便于理解和掌握。需要说明的是,用企业损益表或现金流量表来表现企业预期收益的结果,并不等于说企业预期收益预测就相当于企业损益表或现金流量表的编制。企业收益预测的过程是一个比较具体、需要大量数据并运用科学方法的分析运作过程。用损益表或现金流量表表现的仅仅是该过程的结果。所以,企业的收益预测不能简单地等同于企业损益表或现金流量表的编制,而是利用损益表或现金流量表的已有栏目或项目,通过对影响企业收益的各种因素变动情况的分析,在评估基准日企业收益水平的基础上,对应表内各项目(栏目)进行合理的测算、汇总分析得到所测年份的各年企业收益。

不论采用何种方法测算企业收益,都需注意以下几个基本问题:一定收益水平是一定资产运作的结果,在企业收益预测时应保持企业预测收益与其资产及其营利能力之间的对应关系;企业的销售收入或营业收入与产品销售量(服务量)及销售价格的关系,会受到价格需求弹性的制约,不能不考虑价格需求弹性而想当然地价量并长;在考虑企业销售收入的增长时,应对企业所处产业及细分市场的需求、竞争情况进行分析,不能在不考虑产业及市场的具体竞争情况下对企业的销售增长作出预测;企业销售收入或服务收入的增长与其成本费用的变化存在内在的一致性,评估人员应根据具体的企业情况,科学合理地预测企业的销售收入及各项成本费用的变化;企业的预期收益与企业所采用的会计政策、税收政策关系极为密切,评估人员不可以违背会计政策及税收政策,以不合理的假设作为预测的基础,企业收益预测应与企业未来实行的会计政策和税收政策保持一致。

由于对企业预期收益的预测存在较多难以准确把握的因素和易受评估人员主观的影响,而该预测又直接影响企业的最终评估值,因此,评估人员在对企业的预期收益预测基本完成之后,应该对所作预测进行严格检验,以判断所作预测的合理性。检验可以从以下几个方面进行:①将预测与企业历史收益的平均趋势进行比较,如预测的结果与企业历史收益的平均趋势明显不符,或出现较大变化,又无充分理由加以支持,则该预测的合理性值得质疑。②对影响企业价值评估的敏感性因素加以严格地检验。在这里,敏感性因素具有两方面的特征:一是该类因素未来存在多种变化;二是其变化能对企业的评估值产生较大影响。如对销售收入的预测,评估人员可能基于对企业所处市场前景的不同假设而会对企业的销售收入作出不同的预测,并分析不同预测结果可能对企业评估价值产生的影响。在此情况下,评估人员就应对销售收入的预测进行严格的检验,对决定销售收入预测的各种假设反复推敲。③对所预测的企业收入与成本费用的变化的一致性进行检验。企业收入的变化与其成本费用的变化存在较强的一致性,如预测企业的收入变化而成本费用不进行相应变化,则该预测值得质疑。

四、折现率和资本化率及其估测

1. 企业评估中选择折现率的基本原则

在运用收益法评估企业价值时,折现率起着至关重要的作用,它的微小变化会对评估结果产生较大的影响。因此,评估人员在选择和确定折现率时,必须注意以下几方面的问题。由于折现率与资本化率的构成相同,测算及选择思路也相同,下面就以折现率为代表来说明折现率与资本化率的测算原则和方法。

(1)折现率不低于投资的机会成本。在存在正常的资本市场和产权市场的条件下,任何一项投资的回报率不应低于该投资的机会成本。在现实生活中,政府发行的国库券利率和银行储蓄利率可以作为投资者进行其他投资的机会成本,相当于无风险投资报酬率。

(2)行业基准收益率不宜直接作为折现率,但行业平均收益率可作为确定折现率的重要参考指标。行业基准收益率旨在反映拟建项目对国民经济的净贡献的高低,包括拟建项目可能提供的税收收入和利润,而不是对投资者的净贡献。因此,行业基准收益率不宜直接作为企业产权变动时价值评估的折现率。而随着我国证券市场的发展,行业的平均收益率日益成为衡量行业平均营利能力的重要指标,可作为确定折现率的重要参考指标。

(3)贴现率不宜直接作为折现率。贴现率是商业银行对未到期票据提前兑现所扣金额(贴现息)与期票票面金额的比率,而折现率是针对具体评估对象的风险而生成的期望投资报酬率。从内容上讲,折现率与贴现率并不一致,简单地把银行贴现率直接作为企业评估的折现率是不妥当的。

2. 风险报酬率的估测

在折现率的测算过程中,无风险报酬率的选择相对比较容易一些,通常是以政府债券利率和银行储蓄利率为参考依据。而风险报酬率的测度相对比较困难。它因评估对象、评估时点的不同而不同。就企业而言,其在未来的经营过程中要面临经营风险、财务风险、行业风险、通货膨胀风险等。从投资者的角度来讲,要投资者承担一定的风险,就要有相对应的风险补偿。风险越大,要求补偿的数额也就越大。风险补偿额相对于风险投资额的比率叫作风险报酬率。

在测算风险报酬率时,评估人员应注意以下因素:①国民经济增长率及被评估企业所在行业在国民经济中的地位;②被评估企业所在行业的发展状况及被评估企业在行业中的地位;③被评估企业所在行业的投资风险;④企业在未来经营中可能承担的风险等。

在充分考虑和分析了以上各因素以后,风险报酬率可通过以下两种方法估测。

(1)风险累加法。企业在其持续经营过程中可能要面临许多风险,像前面已经提到的行业风险、经营风险、财务风险、通货膨胀等。风险因素累加法通常应当考虑的因素包括:市场权益风险、公司规模风险、行业和市场经营风险、财务风险等。将企业可能面临的风险对回报率的要求予以量化并累加,便可得到企业评估折现率中的风险报酬率。用数学公式表示为

风险报酬率 = 行业风险报酬率 + 经营风险报酬率 + 财务风险报酬率 + 其他风险报酬率

（2）β系数法。β系数法主要用于估算被评估企业（或被评估企业所在行业）的风险报酬率。其基本思路是，被评估企业（或行业）风险报酬率是社会平均风险报酬率与被评估企业（或被评估企业所在行业）风险和社会平均风险的相关系数（β系数）的乘积。

从理论上讲，β系数是指某个上市公司相对于充分风险分散的市场投资组合的风险水平的参数。在企业价值评估实践中，β系数有时也被作为代表了相对于充分风险分散的市场投资组合而言的某个行业的系统风险是多少。在成熟市场国家和地区，β系数可以采用参照行业比较法、参照企业比较法以及相关的数学模型测算。

β系数法估算风险报酬率的步骤如下。

① 将市场期望报酬率扣除无风险报酬率，求出市场期望平均风险报酬率。

② 将企业（或企业所在行业）的风险与充分风险分散的市场投资组合的风险水平进行比较及测算，求出企业所在行业的β系数。

③ 用市场平均风险报酬率乘以企业（或企业所在行业）的β系数，便可得到被评估企业（或企业所在行业）的风险报酬率。

用数学公式表示为

$$R_r = (R_m - R_f)\beta$$

式中，R_r 为被评估企业或企业所在行业的风险报酬率；R_m 为市场期望报酬率；R_f 为无风险报酬率；$β$ 为被评估企业（或企业所在行业）的β系数。

如果所求β系数是被评估企业所在行业的β系数，而不是被评估企业的β系数，则需要再考虑企业的规模、经营状况及财务状况，确定企业在其所在行业中的地位系数，即企业特定风险调整系数（$α$），然后与企业所在行业的风险报酬率相乘，得到该企业的风险报酬率 R 如下。

$$R_q = (R_m - R_f)\beta\alpha$$

如果所求β系数是被评估企业的β系数，直接利用β系数就可以了，而不需要再考虑企业特定风险调整系数 $α$ 因素。

五、收益额与折现率口径一致的问题

根据不同的评估价值目标，用于企业价值评估的收益额可以有不同的口径，如净利润、净现金流量（股权自由现金流量）、息前净利润、息前净现金流量（企业自由现金流量）等。而折现率作为一种价值比率，就要注意折现率的计算口径。有些折现率是从股权投资回报率的角度考虑，有些折现率既考虑了股权投资的回报率同时又考虑了债权投资的回报率。净利润、净现金流量（股权自由现金流量）是股权收益形式，因此只能用股权投资回报率作为折现率。而息前净利润、息前净现金流量和企业自由现金流量等是股权与债权收益的综合形式，因此，只能运用股权与债权综合投资回报率，即只能运用通过加权平均资本成本模型获得的折现率。如果运用行业平均资金收益率作为折现率，就要注意计算折现率时的分子与分母的口径与收益额的口径一致的问题。折现率既有按不同口径收益额为分子计算的折现率，也有按同一口径收益额为分子，而以不同口径资金占用额或投资额为分母计算的折现率。如企业资产总额收益率、企业投资资本收益率、企业净资产收益率等。所以，在运用收益法评估企业价值时，评估人员必须注意收益额与计算折现率所使用的收益额之间结构与口径上的匹配和协调，以保证评估结果合理且有意义。

六、运用收益法评估企业的案例及其说明

例 9-3 某大型化工企业拟进行战略重组，需要了解企业股东的全部权益价值，因此要进行企业价值评估。评估基准日为 2018 年 12 月 31 日。根据委托方的要求以及对本次评估目的及相关条件的分析，评估人员同意将持续经营价值作为本次评估结果的价值类型。评估过程和结果如下。

1. 被评估企业有关历史资料的统计分析

根据本次评估目的及价值类型对评估信息资料的要求，评估人员对被评估企业评估基准日以前年度的财务决算和有关资料进行了整理分析，2013—2018 年收支情况见表 9-2 和表 9-3。

表 9-2　企业 2013—2018 年各项收入支出在年度与年度之间的比较　单位：万元

项　　目	2018 年		2017 年		2016 年		2015 年		2014 年		2013 年	
	金额	增长比例/%	金额	增长比例/%	金额	增长比例/%	金额	增长比例/%	金额	增长比例/%	金额	增长比例/%
销售收入	4 200	14.5	3 668.3	9.0	3 366.6	18.8	2 834.9	17.8	2 406.5	−5.0	2 533	
销售现金	626.6	14.5	547.3	11.2	492.3	15.9	424.6	23.7	343.3	−1.4	348.3	
销售成本	2 283.7	18.2	1 932.6	31.1	1 473.8	30.0	1 133.7	15.6	980.9	1.4	967.1	
其中：折旧	374		354		303		254		238		214	
销售及其他费用	162.3	−5.3	171.3	146.5	69.5	−28.6	97.4	135.3	41.4	7.5	38.5	
产品销售利润	1 127.4	10.9	1 017	−17.7	1 235	4.7	1 179.2	13.3	1 040.9	−11.7	1 179.2	
其他销售利润			306.8	8 923.5	3.4	−54.1	7.4	3 600.0	0.2	−88.9	1.8	
营业外支出	100	4.9	95.3	29.8	73.4	33.0	55.2	129.0	24.1	84.0	13.1	
营业外收入	22	−39.6	36.4	313.6	8.8	−49.7	17.5	32.6	13.2	26.9	10.4	
利润总额	1 049.4	−17.0	1 264.9	7.7	1 174	2.2	1 148.9	11.5	1 030.2	−12.6	1 178.3	
税款（按实际税额）	356.07	−32.1	524.3	4.4	502.1	−0.9	506.6	2.5	494.3	−4.8	519	
净利润	693.33	6.4	740.6	10.2	672	4.6	642.3	19.9	535.9	−18.7	659.3	
（＋）折旧	374		354		303		254		238		214	
（一）追加投资	662.5	27.6	519.2	27.1	408.6	27.9	319.5	18.4	269.9	15.3	234	
企业净现金流量	404.83	−29.6	575.4	1.6	566.4	1.8	576.8	14.4	504	−21.2	639.3	

表 9-3　企业 2013—2018 年各项收入支出结构比例　单位：万元

项　　目	2018 年		2017 年		2016 年		2015 年		2014 年		2013 年	
	金额	占销售额比例/%	金额	占销售额比例/%	金额	占销售额比例/%	金额	占销售额比例/%	金额	占销售额比例/%	金额	占销售额比例/%
销售收入	4 200	100	3 668.3	100	3 366.6	1 000	2 834.9	100	2 406.5	100	2 533	100
销售现金	626.6	14.9	547.3	14.9	492.3	14.6	424.6	15.0	343.3	14.3	348.3	13.8
销售成本	2 283.7	54.4	1 932.6	52.7	1 473.8	43.8	1 133.7	40.0	980.9	40.8	967.1	38.2
其中：折旧	374	8.9	354	9.6	303	9.0	254	9.0	238	9.9	214	8.4
销售及其他费用	162.3	3.9	171.3	4.7	69.5	2.1	97.4	3.4	41.4	1.7	38.5	1.5

续表

项　目	2018年		2017年		2016年		2015年		2014年		2013年	
	金额	占销售额比例/%	金额	占销售额比例/%	金额	占销售额比例/%	金额	占销售额比例/%	金额	占销售额比例/%	金额	占销售额比例/%
产品销售利润	1 127.4	26.8	1 017	27.7	1 235	36.7	1 179.2	41.6	1 040.9	43.3	179.2	46.5
其他销售利润			306.8	8.4	3.4	0.1	7.4	0.3	0.2	—	1.8	0.1
营业外支出	100	2.4	95.3	2.6	73.4	2.2	55.2	1.9	24.1	1.0	13.1	0.5
营业外收入	22	0.5	36.4	1.0	8.8	0.3	17.5	0.6	13.2	0.5	10.4	0.4
利润总额	1 049.4	25.0	1 264.9	34.5	1 174	34.9	1 148.9	40.5	1 030.25	42.8	1 179.2	46.5
税款（按实际税额）	356.07	8.5	524.3	14.3	502.1	14.9	506.6	17.9	494.3	20.5	519	20.5
净利润	693.33	16.5	740.6	20.2	672	20.0	642.3	22.7	535.9	22.3	659.3	26.0
（＋）折旧	374	8.9	354	9.7	303	9.0	254	9.0	238	9.9	214	8.4
（－）追加投资	662.5		519.2		408.6		319.5		269.9		234	
企业净现金流量	404.83	9.6	575.4	15.7	566.4	16.8	576.8	20.3	504	20.9	639.3	25.2

评估人员采用的主要指标有：销售收入、成本、利润以及企业净现金流。分析结果如下。

（1）从近几年被评估企业的发展情况看，只有2014年企业出现过负增长，但下降幅度很小，销售收入下降4%左右。企业从2015年开始出现稳定的增长趋势。

（2）2013—2018年企业收支结构的比例没有太大的变化，销售成本占销售收入的比例基本维持在40%左右。

2. 分析、预测企业未来发展情况

根据本次评估目的及价值类型对评估信息资料预测的要求，评估人员对被评估企业评估基准日以后年度的相关资料进行了分析预测。分析预测都是基于被评估企业现有的经营方向、经营能力、管理能力及合理的改进的前提下进行的。具体情况如下。

（1）按被评估企业目前设备使用状况及其他生产条件分析，被评估企业每年只要有200万元左右的技术改造资金投入，企业的生产经营就能长期进行下去，并能保持略有增长的势头。

（2）对被评估企业未来市场预测。从目前及可用预测的年份来看，被评估企业生产的主要产品具有较高的声誉，产品行销全国20多个省市，现有用户15 000多个。企业所在地区有23条送货上门的供应渠道，其他地区有31个代销售网点。该企业产品的主要用户均为重点骨干企业，从经济发展的趋势来看，市场对该企业产品的需求还会进一步增加。因此，被评估企业拥有一个比较稳定且能发展的销售市场。

（3）未来产品成本预测。该企业产品的主要原料来源并不稀缺，也不受季节影响，故未来市场物价变动对其产品的影响不大。占成本比重较大的电费，在2017年和2018年已作了较大的调整，在今后一段时间里不会有太大的升幅。如果以后电价继续调整，产品价格也会相应调整，从而电价因素不会对企业未来收益造成太大的影响。

（4）从目前情况分析，在今后一段时间里，国家主要经济政策不会有太大变化，经济继续保持平稳增长。

（5）未来5年（2019—2023年）企业收益情况预测见表9-4。

表 9-4 对企业未来收益的预测 单位：万元

项 目	2019 年	2020 年	2021 年	2022 年	2023 年
销售收入	4 437.6	4 705.8	5 213.8	5 473.9	2 730.9
销售税金	670.8	704.9	746.6	775.1	813.5
销售现金	2 350	2 500	2 700	2 900	3 100
销售成本	200.9	211.7	222.4	233	223.7
销售及其他费用	1 215.9	1 289.2	1 544.8	1 565.8	1 593.7
产品销售利润					
其他销售利润	8	8	8	8	8
营业外支出	90	95	100	105	110
营业外收入	1 133.9	1 202.2	1 452.8	1 468.8	1 491.7
利润总额	283.5	300.6	363.2	367.2	372.9
税款(按实际税额)	850.4	901.6	1 089.6	1 101.6	1 118.8
净利润	385	410	442	480	508
(+)折旧	655.2	425.4	454.1	501	541
(一)追加投资	580.2	886.2	1 077.5	1 080.6	1 085.8
企业净现金流量	0.917	0.842	0.772 5	0.708	0.65
净现值	532	746.2	831.8	747.4	705.8

3. 评定估算

(1) 依据企业以前年度生产增减变化及企业财务收支分析以及对未来市场的预测,评估人员认为被评估企业未来 5 年的销售收入,将在 2018 年的基础上略有增长,增长速度将保持在 4%～6%(剔除 2021 年销售收入异常增长的情况)。

(2) 根据企业的生产能力状况,尽管从 2020 年开始需要追加的投资将会增加(2019 年追加的投资高于正常年份水平),但由于从 2020 年开始净利润逐年增加,且折旧逐年增加,即从 2020 年起企业的净现金流量将会增加,2024 年及以后各年的预期收益将维持在 2023 年的收益水平上。

(3) 适用的折现率及资本化率的确定。因为本次评估目标是企业股东全部权益价值,适用的折现率及资本化率的测算方式采用了资本资产定价模型。

根据评估人员对资本市场的深入调查分析,初步测算证券市场平均期望报酬率为 10%,被评估企业所在行业对于风险分散的市场投资组合的系统风险水平 β 值为 0.8,无风险报酬率取 3%。被评估企业是一个非上市公司,股权的流动性不强,且企业规模不大,在行业中的地位并不突出。但由于被评估企业产品信誉较高,生产经营稳步增长,而且未来市场潜力很大,企业的投资风险并不是很大。所以,确定企业在其所在的行业中的地位系数,即企业特定风险调整系数 α 为 1.07。依据资本资产定价模型测算被评估企业的折现率为 9%。

$$R = R_f + (R_m - R_f)\beta\alpha = 3\% + (10\% - 3\%) \times 0.8 \times 1.07 = 9\%$$

(4) 所得税税率按当时适用的税率 25%进行计算。

(5) 评估人员根据现有的数据对被评估企业永续经营期间的风险因素进行了初步的分析,没有发现明显高于已预测年份的风险迹象,因此假设资本化率与折现率相同。

4. 评估结果

按收益法中的分段法评估思路估算,企业股东全部权益价值为 10 128 万元。企业股东全部权益价值的评估步骤如下。

(1) 计算未来 5 年(2019—2023 年)企业净现金流量的折现值之和:
$$532+746.2+831.8+747.4+705.8=3\ 563.2(万元)$$

(2) 从未来第 6 年(2024 年)开始,计算永久性现金流量现值。

① 未来永久性收益折成未来第 5 年(2012 年)的价值:
$$1\ 085.8\div 9\%=12\ 064.44(万元)$$

② 按第 5 年的折现系数,将企业预期第二段收益价值折成现值:
$$12\ 064.44\times 0.65=7\ 841.88(万元)$$

(3) 企业股东全部权益价值的评估价值:
$$3\ 563.2+7\ 841.88=11\ 405.1(万元)$$

七、收益法的适用性和局限性

收益法是企业价值评估三种基本方法中较为常用的一种方法。该种方法适用的基本前提是被评估企业满足持续经营假设前提,即该企业可以按照现状持续经营下去,或者是按照既定的状态持续经营下去,在可预见的将来不会因经营业务本身的原因导致停产。当假设被评估企业按照现状持续经营,实际就是企业未来经营预测是建立在最佳估计假设前提基础上的;当假设被评估企业按照既定状态持续经营,实际上也是企业未来的经营预测是建立在推测假设基础上的。无论建立在哪种假设基础上,企业未来的经营是可被预测的,这实际就是我们通常所说的,企业未来发展状态的运动规律要么是按照现状保持不变,要么是按照未来一个特定的状态保持不变,并且这个状态目前可被预测,只有满足这种发展状态的企业才可以使用收益法评估。对于未来发展状态不可预测的,或者说其未来发展是符合随机运动的规律,对于这样的企业,由于其未来发展不确定,因此一般不适合采用收益法评估,这种运动模式的企业需要采用期权定价等方式评估。

因此收益法评估一般仅适用于满足持续经营假设的企业评估,满足持续经营的企业其未来发展方式确定或者可以被准确预测,这种企业的评估适合采用收益法。对于不能满足上述条件的企业或资产,收益法一般不适用。

第六节　市场法在企业价值评估中的应用

一、市场法的基本原理

资产评估的市场法又称市场比较法,是建立在替代原理基础上的资产评估方法。

企业存在"大小"之分,也就是创造未来收益的能力存在差异,因此为了增加可比性,市场法通常是通过对比"单位价值"的方式来进行对比分析。事实上市场法都是通过"价值比率"(multiples)的方式估算被评估资产价值,具体来说就是通过可比对象的市场交易数据,估算其市场价值与一个财务数据或一个非财务数据之比,然后将这种价值比率应用到被评估资产中,以获得被评估资产的评估价值。

价值比率是可比对象市场价值与一个财务数据或一个非财务数据之比,其中典型的价值比率就是现金流价值比率。

$$现金流价值比率=\frac{被评估企业的市场价值(FMV)}{被评估企业年现金流(CF)}$$

通过上式,可以看出"价值比率"实际就是"单位价值"的概念,即产生单位收益的价值。

在市场法中可比对象的价格不一定必须是成交价格,可以放宽为市场上的善意、合理的报价,但要求对比交易价格或报价应该是在活跃市场上成交的价格或报价,即上述交易市场应该是公开的,有众多的市场参与者的市场,不能是内部的仅为具有一定条件的市场参与者才能参与的市场。

市场法根据可比对象选择途径的不同可以进一步分为两类:一类称为上市公司比较法,另一类称为交易案例比较法。

二、市场法评估模型和基本步骤

市场法是通过对比对象的"单位价值"的价值比率,分析调整得到标的企业的"单位价值"的价值比率,然后以此价值比率乘以标的企业的与价值比率匹配的相关参数得到标的企业的评估价值。具体模型如下:

$$Value_{目标公司} = \left[\frac{Value}{Benefit} \right]_{目标公司} \times Benefit_{目标公司}$$

式中,Value 为资产价值;Benefit 为与资产价值密切相关的指标。

市场法评估的基本操作步骤包括以下内容。

(1) 选择可比对象。

(2) 收集并分析、调整可比对象相关财务报告数据。

(3) 选择并计算各可比对象的"单位价值"——价值比率。

(4) 调整、修正各可比对象的价值比率,对于交易案例比较法可能还需要进行价值比率的时间因素修正。

(5) 从多个可比对象的价值比率中挑选出最为合理、贴切的价值比率。

(6) 以从对比对象价值比率中选择出的价值比率作为被评估资产的价值比率,然后估算被评估资产的相关参数,最后计算得出一个评估结果作为评估初步结论。

(7) 考虑是否需要应用相关折价/溢价调整。

(8) 正常营运资金需求量与实际拥有量差异调整。

(9) 加非经营性资产和溢余资产等经过评估后得到的净值,最终得到评估结论。

三、市场法有效性因素分析

市场法评估,无论是采用上市公司比较法还是交易案例比较法,其实质首先都是要在公开市场上选择与被评估企业相同或相似的上市公司或企业成交案例作为"可比对象"。上市公司比较法是在特定的证券交易市场上选择上市公司作为"可比对象";交易案例比较法则是选择非上市公司的股权或企业整体并购市场上的案例作为"可比对象"。两种方法都需要选择可比对象,只是选择可比对象的来源和途径有所不同。

市场法评估的关键及难点主要包括以下几点。

1. 可比对象相关数据信息来源及可靠性

市场法评估主要是依赖可比对象的价值数据与财务等相关数据分析确定被评估企业的价值。因此可比对象的数据首先要具有可获得性,如果没有可获得性,则市场法无法适用。其次,还必须要保证数据的获取渠道合法、有效,信息数据全面可靠并且满足一定的数量需求。

2. 可比对象的可比标准的确定

可比对象的选择关键就是要确定可比对象的选择标准。这里的标准实际就是可比对象与被评估资产的"可比"性标准。市场法评估要求可比对象要与被评估企业相同或相似。相同或相似其含义应该至少包括以下内容。

（1）企业生产的产品或提供的服务相同或相似，或者企业的产品或服务都受相同经济因素的影响。

（2）企业的规模或能力相当。由于可以采用"单位价值"的概念进行对比分析，因此可以不要求资产的规模或能力完全一致，但由于资产的规模或能力相距太大，也会造成一定程度上的不可比，因此可比一般也要求资产的规模或能力尽量相当。

（3）未来成长性相同或相似，即可比对象与被评估资产的未来成长性越相同或相似，则可比性越高。

3. 可比对象的选择数量与评估结论相关性分析

市场法评估主要包括两类，即上市公司比较法和交易案例比较法。上市公司比较法主要采用上市公司作为可比对象。上市公司各方面数据，特别是相关财务数据比较容易获得，便于进行相关财务分析和修正，因此对于选择的可比对象数量不需要太多，但需要选择最可比的可比对象，选择可比的标准制定的越严格，则可能选择出的可比对象数量就会越少；反之，标准制定相对宽松，则可以选择出更多的可比对象。考虑到股票市场会受到无效性因素的干扰影响，个别股票价格可能会有一些非正常的异动，为了稀释个别股票价格的异动，一定数量的可比对象仍是必要的。因此现实中需要评估人员根据被评估企业实际情况和可比对象股票波动情况妥善处理好数量与质量之间的矛盾。

与采用上市公司比较法不同，交易案例比较法选择可比对象时更侧重数量。由于对比交易案例都是非上市公司的交易案例，其信息通常不是公开的。鉴于目前国内的相关实际情况，评估人员可以了解到的关于可比对象的信息十分有限。通常我们可能无法了解可比对象的完整财务数据，不能有效地避免非上市公司的并购交易可能存在一些特殊交易因素情况，如内部关联交易或者是有其他特殊交易安排，因此需要选择足够多的交易案例来稀释这些干扰因素所可能产生的影响，否则，可能会使评估结果失真。

4. 价值比率的选择与适用性分析

价值比率是市场法对比分析的基础，对评估结论的可靠性有重大影响。价值比率存在适用性的问题，需要评估人员根据不同的评估对象作出恰当的选择。

评估人员在选择价值比率时一般需要考虑以下原则：①对于亏损性企业选择资产基础价值比率比选择收益基础值比率效果可能更好；②对于可比对象与目标企业资本结构存在重大差异的，则一般应该选择全投资口径的价值比率；③对于一些高科技行业或有形资产较少但无形资产较多的企业，收益基础价值比率可能比资产基础价值比率效果好；④如果企业的各类成本比较稳定，销售利润水平也比较稳定，则可能选择销售收入价值比率比较好；⑤如果可比对象与目标企业税收政策存在较大差异，则可能选择税后收益的价值比率比选择税前收益的价值比率要好。

另外，在选择价值比率时还需要注意价值比率的分子、分母的"口径"问题，价值比率的分子、分母口径必须保持一致。

四、价值比率的概念与种类

1. 价值比率的概念

价值比率是指资产价值与其经营收益能力指标、资产价值或其他特定非财务指标之间的一个比率倍数。价值比率是市场法对比分析的基础,由于价值比率实际是资产价值与一个与资产价值密切相关的一个指标之间的比率倍数,即

$$价值比率 = \frac{资产价值}{与资产价值密切相关的指标}$$

因此价值比率因资产价值类型的不同而存在不同价值类型的价值比率,其中市场价值类型比率最为常用。

2. 价值比率的种类

上述价值比率的定义式中的分子——资产价值,可以是股权价值或全投资价值,因此可以看出价值比率存在"口径"问题,即股权投资口径或全投资口径的价值比率。

(1)盈利类的价值比率。盈利类价值比率是在资产价值与盈利类指标之间建立的价值比率。这类价值比率可以进一步分为全投资价值比率和股权投资价值比率。

① 全投资价值比率:

销售收入价值比率 = (股权价值 + 债权价值) ÷ 销售收入

EBIT 价值比率 = (股权价值 + 债权价值) ÷ EBIT

EBITDA 价值比率 = (股权价值 + 债权价值) ÷ EBITDA

无负债现金流比率倍数 = (股权价值 + 债权价值) ÷ 无负债现金流

② 股权投资价值比率:

P/E 价值比率 = 股权价值 ÷ 税前收益

股权现金流价值比率 = 股权价值 ÷ 股权现金流

(2)资产类的价值比率。

① 全投资口径价值比率:

总资产价值比率 = (股权价值 + 债权价值) ÷ 总资产价值

固定资产价值比率 = (股权价值 + 债权价值) ÷ 固定资产价值

② 股权投资口径价值比率:

P/B 价值比率 = 股权价值 ÷ 净资产价值

(3)其他特殊类价值比率

仓储量价值比率 = (股权价值 + 债权价值) ÷ 仓库储量

装卸量 / 吞吐量价值比率 = (股权价值 + 债权价值) ÷ 装卸量或吞吐量

专业人员数量价值比率 = (股权价值 + 债权价值) ÷ 专业人员数量

矿山可开采储量价值比率 = (股权价值 + 债权价值) ÷ 矿山可开采储量

在上述三类价值比率中,盈利类和资产类的价值比率更为常用。其他特殊类价值比率则更多地适用于一些特殊的企业价值评估。

五、上市公司比较法

上市公司比较法是市场法评估的一种具体操作方法。该方法的核心就是选择上市公司作为标的公司的"可比对象",通过将标的企业与可比上市公司对比分析,确定被评估企业的价值。采用上市公司比较法评估的主要关注点包括以下内容。

1. 上市公司比较法可比对象的选择标准

(1)有一定时间的上市交易历史。有一定时间的交易历史将能有效保证可比对象的经

营稳定性。考虑到进行上市公司比较法评估操作时需要进行一定的统计处理,需要一定的股票交易历史数据,因此可比对象一般需要有一定时期的上市历史。另外,可比对象经营情况要相对稳定一些。

（2）经营业务相同或相似并且从事该业务已有一段时间。经营业务相同或相似主要是为了满足可比对象与被评估企业从事相同或相似的业务。要求可比对象从事该经营业务的时间不少于 24 个月,主要是避免可比对象由于进行资产重组等原因而刚开始从事该业务的情况。增加上述要求是为了增加可比对象的可比性。

（3）企业生产规模相当。企业生产规模相当实际就是要求资产规模和能力相当,这样可以增加可比性。由于可以采取规模修正方式修正规模差异,因此此处的要求在必要时可以适当放宽。

（4）预期增长率相当。预期增长率相当实际就是要求企业的未来成长性相当,增加可比性。由于可以采取预期增长率修正方式修正增长率的差异,因此此处的要求在必要时可以适当放宽。

（5）其他方面的补充标准。其他方面的补充标准主要是指在可能的情况下,为了增加可比对象与被评估资产的可比性,进一步要求可比对象在经营地域、产品结构等方面可比。在上述方面再进一步设定可比条件可以保证可比对象的可比性更高。

2. 可比对象的财务数据分析调整

为了能顺利地进行对比分析,需要先为对比分析奠定一个基础,这个基础就是将可比对象和被评估企业的相关财务数据整合到一个相互可比的基础上。由于可比对象与被评估企业可能在采用的相关会计准则或会计政策等方面存在重大差异,针对这些差异所可能产生的财务数据上的差异评估人员需要进行调整、修正。

（1）财务数据可比性调整。根据目前国内相关企业执行的会计准则,财务数据调整的内容主要为可比对象与被评估企业财务报告中由于执行的会计政策的不同所可能产生的差异。这些会计政策包括:①折旧/摊销政策;②存货记账政策;③计提坏账准备政策;④收入实现标准等。另外,调整还可能涉及对股份支付、期权激励等成本、费用以及其他特殊事项的调整等。

（2）特殊事项的调整。所谓特殊事项包括非重复性收入、成本费用和非经营性资产、负债辨识与调整等。

3. 可比对象价值比率的计算

有两种价值比率,其中一类是"时点型"价值比率,另一类是"区间型"价值比率。时点型价值比率是根据可比对象时点股票交易价值计算的价值比率。该类型价值比率可以较充分地反映股票时点的现实价值,但是这种类型的价值比率容易受到市场非正常因素的干扰,影响其有效性。区间型价值比率是基于一定时间区段内股票交易均价计算的价值比率,市场的非正常扰动可以利用时间区段的均价有效地稀释,时间区段内的交易均价可以更加接近股票的内在价值。但这种价值比率可能会部分地失去股票价值的时点性。市场的弱有效性,使上述两类价值比率各有优势,也有缺陷,评估实务中需要合理地处理好上述矛盾。

价值比率计算一般认为可以选择评估基准日前 12 个月数据或年化数据,具体计算时也存在两种选择。

（1）时点型价值比率:即选择评估基准日交易价格为基础计算价值比率的分子,以评估基准日前 12 个月的相关财务数据或年化的财务数据为基础计算分母估算价值比率。

(2)区间型价值比率:即以评估基准日前若干日的交易均价为基础计算价值比率的分子,以评估基准日前 12 个月的相关财务数据或年化财务数据为基础计算分母估算价值比率。

选择评估基准日时点型价值比率或区间型价值比率,在现实中需要根据以下因素综合分析确定:①可比对象股票价格时效性因素;②可比对象股票价格由于非正常因素扰动所可能产生的影响。这两个因素实际是相互对立的。资产评估通常都是希望评估的价值是基准日时点的价值,因此希望采用与基准日相应的价值比率为好。但是另一个方面,我们不能排除可比对象股票在特定时点存在非正常因素的干扰,使价格偏离内在价值,采用 3~5 年均值则可以降低这种影响。时间长度越长,可以越有效地降低这种影响,但区间过长,则可能对评估结果时点性产生一定影响。

4. 价值比率的修正

利用对比公司相关数据可以计算得到各对比公司的价值比率,但是由于对比公司与标的企业毕竟不完全一样,因此一般来说不能直接采用对比公司的价值比率,需要根据对比公司与标的企业的相关差异对对比公司的价值比率进行修正。

市场法评估中比较常用的是盈利类价值比率。从盈利类价值比率的定义上看,盈利类价值比率可以用下式表述:

$$盈利类价值比率 = \frac{资产的价值}{盈利类指标}$$

另一方面,在采用收益法评估企业价值时,存在一个收益资本化模型。该模型可以用下式表述:

$$市场价值\,FMV = \frac{FCF_1}{r - g}$$

该模型实际是永续增长、单期间资本化估算企业价值的模型,将上述模型进行变换,可以得到:

$$\frac{市场价值\,FMV}{FCF_1} = \frac{1}{r - g}$$

上式的左侧 $\dfrac{市场价值\,FMV}{FCF_1}$ 的含义为企业市场价值除以一个盈利性指标,这实际上就是市场法评估中需要估算的最为重要的参数——盈利性价值比率。

因此可以得到:

$$盈利类价值比率 = \frac{1}{r - g}$$

式中,r 为折现率;g 为预期增长率。

上述分析,可以得出结论,上市公司比较法中的盈利基础价值比率与企业的经营风险(以折现率 r 表达)以及预期永续增长率 g 有关。

由于被评估企业与可比对象之间存在风险的差异,这个差异反映在被评估企业和可比对象上就是在折现率 r 上的差异,因此可以采用可比对象和被评估企业的相关数据估算相关折现率进行必要的修正。

另外,被评估企业与可比对象可能处于企业发展的不同期间。进入相对稳定期的企业未来发展相对比较平缓,处于发展初期的企业可能会有一段发展相对较高的时期。被评估企业与可比对象处于不同发展时期所产生的预期增长差异可以用未来预期永续增长率 g 来表述,因此可以采用可比对象和被评估企业的数据计算预期永续增长率 g,并以此为基础进行预期增长率修正。

(1) 价值比率风险因素修正。根据单期间资本化模型,可以得到盈利性价值比率:

$$\frac{FMV}{FCF_1}=\frac{1}{r-g}$$

即

$$价值比率\ M=\frac{1}{r-g}$$

式中,r 为全投资折现率;g 为预期增长率。

对于被评估企业有盈利性价值比率 M_s:

$$\frac{1}{M_s}=\frac{FCF_s}{FMV_s}=r_s-g_s=r_G-r_G+r_s-g_G+g_G-g_s$$

$$=r_G-g_G+(r_s-r_G)+(g_G-g_s)=\frac{1}{M_G}+(r_s-r_G)+(g_G-g_s)$$

$$M_s=\frac{1}{\dfrac{1}{M_G}+(r_s-r_G)+(g_G-g_s)}$$

上式中,(r_s-r_G) 即可比对象与被评估企业由于风险因素不同所引起的折现率不同所应该进行的风险因素修正系数;(g_G-g_s) 即为可比对象与被评估企业由于预期增长率差异所需要进行的预期增长率差异修正系数。

(2) 价值比率预期增长率修正。评估人员在选择对比公司时,一般会选择可比对象的预期增长尽量与被评估企业一致,但实际中往往由于许多因素而不能使上述目的有效达到,因此现实中经常需要进行预期长期增长率差异修正。

通常无法有效地估计企业的永续增长率,但可以采用一定时间年限的平均增长率来替代永续增长率。具体的操作可以采用基准日后 5～10 年的几何平均值增长率来近似永续增长率。

评估人员在估算可比对象和被评估企业未来持续增长率时需要关注以下几个问题。

① 预期增长率估算中简单再生产与扩大再生产因素的考虑。在对企业进行评估时一般都是以被评估企业现实生产能力为基础,按其生产能力简单再生产为前提,因此在考虑未来预期增长率时应该考虑上述前提。

② 预期增长率中物价因素的考虑。在考虑预期增长率时应该考虑物价因素,也就是说在估算未来预期增长率时应该是一个复合的增长率,也就是包含未来预期通胀率的增长率。

5. 从多个可比对象价值比率中确定被评估企业价值比率的分析方法

选定并计算各可比对象的各类价值比率后,评估人员需要分析每个可比对象的各类价值比率,并采用恰当的方式在若干可比对象中的价值比率中分析确定被评估企业应该拥有的价值比率。

在评估实务中经常采用的分析方法有以下几种:①平均值法,即取各可比对象的价值比率的平均值或加权平均值作为被评估企业的价值比率。②中间值和众数法,即以可比对象的价值比率最大值和最小值的平均值作为被评估企业的价值比率;或以可比对象价值比率中出现次数最多价值比率作为被评估企业的价值比率。③回归分析法。回归分析法是选取某一个或多个影响价值比率的指标采用回归分析的方法建立一个回归公式,利用回归公式估算被评估公司的价值比率。④其他合理的方法。

由于各类价值比率都有自己的优势和缺陷,因此评估人员通常需要计算多类、多个价值比率,然后再从每个可比对象的相同价值比率中选择出一个被评估企业的价值比率。评估人员需要根据价值比率的适用性综合分析确定一个最终的价值比率。

六、交易案例比较法

交易案例比较法是市场法评估的另一种具体操作方法。该方法的核心就是选择交易案例作为标的公司的"可比对象",通过将标的企业与交易案例进行对比分析,确定被评估企业的价值。采用交易案例比较法评估的主要关注点包括以下内容。

1. 交易案例比较法的可比对象选择

交易案例比较法的可比对象是在公开交易市场上选择的类似企业的并购、交易案例。在选择为可比对象时需要综合考虑以下标准。

(1)经营业务相同或相似。

(2)成交日期与基准日相近。

(3)交易案例的控制权状态与被评估资产的控制权状态相似。

2. 交易案例比较法价值比率修正

交易案例比较法价值比率主要受以下因素的影响。

(1)交易条款。与上市公司比较法不同,交易案例比较法中的成交价格往往与交易条款有关。所谓交易条款是指交易附带的条件,这些条款对交易价格可能产生影响。

(2)交易方式。企业之间的合并收购方式通常包括协议方式和公开交易方式,两种方式在成交价格上会产生一些差异。一般认为公开交易方式更可能产生公平交易价格,但也会存在公开交易的成交价格可能不是市场价格,而是对于特定投资者的投资价值;非公开的协议交易方式,则可能会存在某些其他因素影响交易价格的公允性。

(3)交易时间。在采用上市公司比较法时,可比对象的交易价格是每日发生的。因此评估人员可以通过选择交易日使可比对象的交易价格与评估基准日完全相同或非常接近。但交易案例比较法中可比对象的交易日期一般与基准日都存在一定时间的差异,评估人员在选择可比对象时虽然尽量选择与评估基准日较近成交的案例,但也不能保证可比对象交易日与基准日能够充分接近,这样就会有一个时间间隔。

从理论上说,上述三因素对交易案例比较法可比对象的交易价格都存在影响,因此对价值比率也会产生影响,应该进行必要的修正。对于有资料表明存在交易附加条款的或者有交易不公允的案例,评估人员可以将其删除。另外一种修正方式就是选择尽可能多的可比对象,充分稀释个别可比对象中的由于交易条款和交易方式所产生的影响。

对于上述交易时间因素,评估人员可以采用恰当的方式进行修正,其中较为常用的修正方式就是参考产权交易市场上的相关指数确定修正系数。但由于目前国内产权交易市场上的相关指数尚不容易获得,因此限制了时间因素修正的实施。

七、市场法的适用性与局限性

市场法是基于市场有效性理论基础的一种评估方法。市场法的应用首先要具备一个有效的市场,市场法评估主要是依赖可比对象的价值数据与财务等分析确定被评估企业的价值,所以可比对象相关数据的可获得性就决定了市场法的适用性,可比对象相关数据的来源及可靠性就决定了市场法评估结论的可靠性。因此可比对象的数据要具有可获得性,如果没有可获得性,则市场法就难以适用。

八、市场法的应用举例

例 9-4 被评估 Z 公司为一家非上市的生物制药企业,因股权出售委托乙评估机构对 Z 公司股东全部权益价值进行评估。评估基准日为 2017 年 12 月 31 日。乙评估机构通过调查了解收集了 Z 公司的基本情况:Z 公司在评估基准日之前各年均盈利,2017 年 12 月 31 日的有关财务数据如下:销售收入为 240 000 万元,账面净资产为 300 000 万元,净利润为 29 600 万元。乙评估机构了解到,目前上市公司中与 Z 公司生产经营相同或类似的生物制药公司有许多,Z 公司的股权价值评估可以采用市场法中的上市公司比较法进行。乙评估机构经过筛选,选择了现已上市的且与 Z 公司相同或接近的 A、B、C、D 四家生物制药企业作为参照公司,通过参照公司与 Z 公司可比性分析和相关因素调整,获得了 A、B、C、D 四家公司的可比相关财务数据,利用 A、B、C、D 四家公司的股价和可比相关财务数据计算相应的价值比率,再利用这四家上市公司的价值比率的均值以及 Z 公司的相关财务指标评估 Z 公司的股东全部权益价值。A、B、C、D 四家上市公司的股价和相关财务数据如表 9-5 所示。

表 9-5 参照公司相关数据　　　　　　　　　　　　　　　　　　单位:万元

项　　　目	A 公司	B 公司	C 公司	D 公司
销售收入	80 000	161 000	310 000	300 000
账面净资产	100 000	196 000	400 000	360 000
净利润	10 000	18 000	36 000	40 000
股份总额	20 000	30 000	40 000	50 000
每股市价	10	15	20	16

根据以上相关信息评估 Z 公司过程如下。

(1) 根据收集的 A、B、C、D 参照公司相关财务数据计算各个参照公司市价销售收入比率(市销率)、市价账面净资产比率(市净率)和市价净利润比率(市盈率)。

A 参照公司:

$$市价销售收入比率 = 10 \div (80\,000 \div 20\,000) = 2.5$$
$$市价账面净资产比率 = 10 \div (100\,000 \div 20\,000) = 2.0$$
$$市价净利润比率 = 10 \div (10\,000 \div 20\,000) = 20.0$$

B 参照公司:

$$市价销售收入比率 = 15 \div (161\,000 \div 30\,000) = 2.8$$
$$市价账面净资产比率 = 15 \div (196\,000 \div 30\,000) = 2.3$$
$$市价净利润比率 = 15 \div (18\,000 \div 30\,000) = 25.0$$

C 参照公司:

$$市价销售收入比率 = 20 \div (310\,000 \div 40\,000) = 2.6$$
$$市价账面净资产比率 = 20 \div (400\,000 \div 40\,000) = 2.0$$

市价净利润比率 $= 20 \div (36\,000 \div 40\,000) = 22.0$

D 参照公司：

市价销售收入比率 $= 16 \div (300\,000 \div 50\,000) = 2.7$

市价账面净资产比率 $= 16 \div (360\,000 \div 50\,000) = 2.2$

市价净利润比率 $= 16 \div (40\,000 \div 50\,000) = 20.0$

（2）计算参照公司的相关价值比率的均值（算术平均），计算结果参见表 9-6。

表 9-6　参照公司相关数据

项　　目	A公司	B公司	C公司	D公司	平均
市价/销售收入	2.5	2.8	2.6	2.7	2.65
市价/账面净资产	2.0	2.3	2.0	2.2	2.13
市价/净利润	20.0	25.0	22.0	20.0	21.8

（3）根据参照公司相关价值比率均值和 Z 公司的相应财务数据算出 Z 公司按照不同价值比率计算出的价值，并以这些价值的算数平均值作为 Z 公司的初步评估结果，见表 9-7。

表 9-7　Z公司的初步评估结果

项　　目	Z公司/万元	参照公司平均比率	Z公司指示价值/万元
市价/销售收入	240 000	2.65	636 000
市价/账面净资产	300 000	2.13	639 000
市价/净利润	29 600	21.8	645 280
Z公司平均价值		640 093	

（4）Z 公司评估价值计算。由于 Z 公司是一家非上市公司，而整个评估过程是参照了同类上市公司的股价和相关财务数据计算的价值比率进行的，就 Z 公司与参照上述公司相比较而言，Z 公司缺少流动性，而以上市公司股价计算的各种价值比率值只反映了少数股权交易的市场情况。

因此，需要对 Z 公司做缺少流动性折扣和控股权溢价处理，乙评估机构根据资本市场数据经实证和相关分析获知生物制药行业缺少流动性贬值的贬值率为 25%，通过非上市公司交易案例的统计分析得到股权转让中的控股权溢价率为 15%，缺少控制权贬值率为 10% 等相关数据，计算 Z 公司的评估价值如下。

$$640\,093 \times 25\% = 160\,023（万元）$$

$$(640\,093 - 160\,023) \times (1 + 15\%) = 552\,081（万元）$$

第七节　资产基础法在企业价值评估中的应用

一、资产基础法的基本原理

企业价值评估中的成本法实际上是我国资产评估行业中的一种习惯性称谓。严格地讲，企业价值评估中应用的所谓"成本法"，应该称作"资产基础法"。资产基础法具体是指在合理评估企业各项资产价值和负债的基础上确定企业价值的评估方法。

资产基础法实际上是通过对企业账面价值的调整得到企业价值。其理论基础也是"替代原则",即任何一个精明的潜在投资者,在购置一项资产时所愿意支付的价格不会超过建造一项与所购资产具有相同用途的替代品所需的成本。资产基础法是以企业要素资产的再建为出发点,有忽视企业的获利能力的可能性,而且在评估中很难考虑那些未在财务报表上出现的资产,如企业的管理效率、自创商誉、销售网络等。因此,以持续经营为前提对企业进行评估时,资产基础法一般不应当作为唯一使用的评估方法。

在运用资产基础法评估企业价值之前,应对企业的营利能力以及相匹配的单项资产进行认定,以便在委托方委托的评估范围基础上,进一步界定纳入企业营利能力范围内的资产和闲置资产的界限,明确评估对象的作用空间和评估前提。作为一项原则,评估人员在对构成企业的各个单项资产进行评估时,应该首先明确各项资产的评估前提,即持续经营假设前提和非持续经营假设前提,在不同的假设前提下,运用成本法评估出的企业价值是有区别的,对于持续经营假设前提下的各个单项资产的评估,应按贡献原则评估其价值,而对于非持续经营假设前提下的单项资产的评估,则按变现原则进行。

在持续经营假设前提下,评估人员一般不宜单独运用资产基础法对企业价值进行评估。因为运用资产基础法评估企业价值,是通过分别估测构成企业的所有可确指资产价值后加和而成的。此种方法无法把握持续经营企业价值的整体性,也难以把握各个单项资产对企业的贡献。对企业各单项资产间的工艺匹配和有机组合因素产生出的整合效应,即不可确指的无形资产,很难进行有效衡量。因此,在一般情况下,评估人员不宜单独运用成本法评估一个在持续经营假设前提下的企业价值。在特殊情况下,评估人员采用成本法对持续经营企业价值进行评估,应予以充分地说明。

评估人员在运用资产基础法评估持续经营企业时,在对构成企业的各单项资产进行评估时,应考虑各个单项资产之间的匹配情况以及各个单项资产对于整体企业的贡献;另外,还要充分考虑在持续经营前提下,当企业的单项资产有了评估溢价或升值时的税收因素,才可以客观地反映企业价值。

资产基础法在有些国外的文献资料中也被称为成本途径法或资产负债表调整法。根据会计原理和会计准则,企业的资产负债表记录了企业的资产和负债,将企业资产扣除负债后的净资产,就是企业所有者的权益。因此当评估师将企业的全部资产的价值逐一评估出来,然后再扣除企业全部负债的价值就可以得到一个净资产的价值。这个净资产的价值实际就是企业所有者所能享受的权益价值。

但是由于企业的资产负债表中的账面价值多是企业拥有的资产和负债的历史成本,而非现实的市场价值,也就是说企业的历史成本或许不能恰当地反映其现实的市场价值,因此需要将企业资产和负债的历史成本调整为现实价值,这就是资产基础法评估的基本原理。

资产基础法实质是一种以估算获得标的资产的现实成本途径来进行估价的方法。从经济学的角度看,资产评估的成本途径是建立在古典经济学派的价值理论之上的。亚当·斯密在《国富论》(1776年)中认为价值是一种客观现象。一件物品的自然价格反映了该物品所耗费的成本。古典经济学派将价值归因于生产成本。资产评估成本途径就是建立在这个价值理论基础之上的。

二、单项资产评估的前提假设及选择

资产基础法实质是将企业拥有的各项资产的现实价值或成本逐一评估出来然后扣除负

债得到净资产的价值的方式评估企业股权价值。在评估时由于企业的各单项资产已经作为企业生产经营环节中的一项组成部分,它的价值与一项游离的资产价值还是不完全一样的。主要的差异表现在,作为企业生产经营要素的单项资产已经完成了从资产生产厂家到使用地点的运输,同时也完成了正常的安装调试工作。因此作为企业生产经营要素的单项资产的重置成本与一项游离的资产相比其成本的组成要素是不一样的。作为企业生产要素的资产的重置成本组成包括:

重置成本=资产的购置成本+资产的运输成本+资产的安装调试成本

因此为了采用一种专业的方式表述在各种不同状态下企业各单项资产重置成本估算需要考虑的要素,在进行单项资产评估时通常需要确定单项资产评估的状态假设前提,或者称为资产评估的价值前提。

目前比较常见的假设前提包括:最佳使用前提、现状(持续)使用前提、原地续用前提、异地使用前提、有序变现前提和强制变现前提等。

1. 最佳使用前提

最佳使用是指市场参与者实现一项资产的价值最大化时该资产的用途。具体是指如果一项资产存在多种用途,其中必定存在一种用途能使该资产价值最大化。最佳使用是特指该资产能使其价值最大化的用途。

在使用最佳使用前提时需要考虑资产在确定其最佳用途的限定因素,这些限定因素包括法律上允许、技术上可能、经济上可行。

所谓法律上允许,是指资产的该种用途不违反法律、法规的规定,不侵害社会公众利益。所谓技术上可能,是指资产的这种使用在目前社会技术状态下是可能的,不存在暂时无法克服的技术障碍。经济上可行是指对于资产的这种用途,经济上的投入是合理的、可以承受的。

2. 现状(持续)使用前提

现状(持续)使用是指资产按照其目前的使用目的、使用状态持续下去,在可预见的未来不会改变。在评估实务中,现状使用通常是指标的资产按照评估基准日,该资产在企业中的使用目的、状态持续下去,这种前提是评估实务中最为常见的前提之一。

3. 原地续用前提

原地续用是指资产还会在原地继续被使用,但是使用的目的、状态等可能发生变化。这种前提经常发生在一个企业要收购另一个企业的部分资产,收购后可能还会继续使用该资产,但是使用目的、状态和方式等会有所变化的情况下。

4. 异地使用前提

所谓异地使用,是指标的资产可能还会被使用,不会被报废,但是需要将其从原安装的地点转移到一个新的地点使用。

5. 有序变现前提

有序变现是指相关企业不再使用标的资产,需要将该资产转让给其他方,并且这种转让是在资产所有者控制下,在公开市场上有序进行的。

6. 强制变现前提

与有序变现相比,强制变现的不同点在于这个资产的变现过程资产所有者无法实际控制,通常是由法院或者债权人等实际控制。这个变现过程通常有时间限制,因此有时也称为快速变现。

在用资产基础法评估各单项资产时,通常需要根据评估目的以及相关法律、法规的规定,如在进行财务报告目的的评估时,需要考虑相关会计准则的规定,恰当选择资产评估的假设前提。

三、资产清查和估算的具体方法

企业的资产通常包括流动资产、固定资产和无形资产等。评估人员在具体评估的操作过程中所采用的具体方式和方法也会有所不同。

根据资产基础法的原理,该方法的基本操作程序应该包括以下六个步骤。

(1)要获得以成本为基础的资产负债表。评估人员的评估首先从企业的历史成本资产负债表开始。此资产负债表若是在评估基准日编制的最为理想,如果不能获得评估基准日期的资产负债表时,也可以采取委托方的会计师编制的评估基准日的历史成本资产负债表,或自己根据资料编制评估基准日的资产负债表,或依赖距评估基准日之前最近的财务核算期限已结束的资产负债表进行评估调整等。

(2)确定以成本为基础的资产负债表上需要重新估价的资产与负债。评估人员将慎重地分析和了解所评估企业每一项实质性的在账资产和负债。评估人员的目的是根据所选择的适用于所评估企业价值标准,决定需要评估的资产与负债。如可以设定市场价值为企业评估时适当的价值类型,这样,评估人员将在此程序中按照评估市场价值的要求,分析企业每一项实质性的在账资产项目和负债项目是否需要进行评估。

(3)确定以成本为基础资产负债表之外需要确认的资产。评估分析人员将确定在评估结果的资产负债表中需要确认的目前没有入账的(有时称为资产负债表之外的)资产。例如,无形资产经常没有记入编制的资产负债表中,而这些资产往往是小型高新技术企业和许多传媒文化产业以及第三产业服务机构里经济价值最大的组成部分。评估人员应寻找这些没有在账上体现的有形资产和无形资产。

(4)确定资产负债表之外需要确认的或有负债。评估人员需要确定在评估结果的资产负债表中需要确认的,但目前没有入账的实质性的或有负债。如果或有负债中存在潜在的未解决的环境污染问题,则可能需要聘请专家作出判断。在一般公允会计准则的规定中,或有负债是不记入以历史成本为基础编制的资产负债表中的。但在审计和财务报表的审核中,重要的或有负债需要在其附注中予以披露。或有负债的确定和评估在资产基础法中,相对来说是不经常应用的程序。对于那些存在未予判决的经济起诉、所得税或资产税方面的争议或环境治理要求等情形的企业,或有负债对企业的经营风险是有重要影响的(通常可以量化),因此,或有负债对此企业的评估价值也将有重要的影响。

(5)对以上确定资产和负债项目进行评估。在账面的资产与负债分析之后和账外的资产与负债确定之后,评估人员将开始企业每一项资产评估的定量分析程序,如有必要,还将进行企业每一项负债的定量分析。在典型的企业价值评估项目中,评估人员进行的是各类资产的评估分析。对于某些类型的资产评估,可能需要使用专门的评估人员。

(6)编制评估后的资产负债表。在得出企业的所有有形资产和无形资产的价值以及企业所有的账面和或有负债之后,评估分析人员将可以编制一份经过评估的、日期为评估基准日的资产负债表。在这份以评估结果为基础的(不同于以历史成本为基础的)资产负债表中,评估分析人员直接以算术程序,从企业(有形和无形的)资产价值减去企业(账面和或有的)负债的价值,得出以企业权益价值衡量的100%的所有者权益。

四、资产基础法的适用性、局限性及注意事项

资产基础法的理论基础是成本价值论。但是对于投资者而言,更关注的是投资未来的收益,未来收益与成本实际并没有必然联系,这是资产基础法评估最大的理论缺陷。有可能会出现的一种情况是某种财产购置或购建的成本很高,但是该财产预计未来不能产生收益,按照会计学上的定义,甚至不能称其为资产。因此在采用资产基础法评估时实际应该先确认纳入评估范围内的资产,全部应该是对于企业经营业务具有重要作用的资产,也就是预计能为企业产生收益的资产。

另一方面,在评估实务中也存在这样一种情况,企业拥有的一项要素预计可以为企业产生预期收益,对企业价值具有重大影响,但是由于存在法律、法规方面的限制,这些价值要素不能单独转让,或者对其取得的成本无法准确计量。如目前我国较为普遍的从事特定行业的准入资质、行政许可等,对于具有重大的这样"资产"的企业,采用资产基础法评估就受到限制,或者说资产基础法不适用这样的企业评估。

以下列举了对企业某些单项资产评估时应注意的问题。

(1)现金。评估人员除对现金进行点钞核数外,还要通过对现金及企业运营的分析,判断企业的资金流动能力和短期偿债能力。

(2)应收账款及预付款。从企业财务的角度,应收账款及预付款都构成企业的资产。而从企业资金周转的角度,企业的应收账款应当保持一个合理比例。企业应收账款占销售收入的比例以及账龄的长短大致可以反映一个企业的销售情况、企业产品的市场需求及企业的经营能力等,并为预期收益的预测提供参考。

(3)存货。存货本身的评估并不复杂,但通过对存货进行评估,可以了解企业的经营状况,至少可以了解企业产品在市场中的竞争地位。畅销产品、正常销售产品、滞销产品和积压产品的比重,将直接反映企业在市场上的竞争地位,并为企业预期收益预测提供基础。

(4)机器设备与建筑物。机器设备和建筑物是企业进行生产经营和保持营利能力的基本物质基础。设备的新旧程度、技术含量、维修保养状况、利用率等,不仅决定机器设备本身的价值,同时还对企业未来的营利能力产生重大影响。按照机器设备及建筑物对企业营利能力的贡献评估其现时价值,是持续经营假设前提下运用加和法评估企业单项资产的主要特点。

(5)长期投资。资产评估人员运用成本法进行企业价值评估,应当对长期股权投资项目进行分析,根据相关项目的具体资产、营利状况及其对评估对象价值的影响程度等因素,合理确定是否将其单独评估。

(6)无形资产。企业拥有无形资产的多寡以及研制开发无形资产的能力,是决定企业市场竞争能力及营利能力的决定性因素。在评估过程中,评估人员要弄清每一种无形资产的营利潜力,以便为企业收益预测打下坚实基础。

资产评估人员在对企业各个单项资产实施评估并将评估值加和后,就可以以此作为运用成本法的前提,评估出企业的价值,如对同一企业采用多种评估方法评估其价值时,应当对运用各种评估方法形成的各种初步价值结论进行分析,在综合考虑运用不同评估方法及其初步价值结论的合理性及所使用数据的质量和数量的基础上,形成合理的评估结论。

第十章

以财务报告为目的的评估

学习目标

1. 了解以财务报告为目的的评估的定义、作用及对象。
2. 掌握服务于资产减值测试的资产评估。
3. 掌握服务于企业合并对价分摊的资产评估。
4. 理解资产评估相关会计处理问题。

情境导入

　　北京中天华资产评估有限责任公司接受四川金宇汽车城(集团)股份有限公司的委托，对四川金宇汽车城(集团)股份有限公司投资性房地产采用公允价值模式进行后续计量以财务报告为目的所涉及四川金宇汽车城(集团)股份有限公司投资性房地产于评估基准日的市场价值进行了评估工作，为委托方的财务报告提供资产价值参考。本次评估的价值类型为市场价值。本次评估以持续使用和公开市场为前提，结合评估对象的实际情况，综合考虑各种影响因素，采用收益法对四川金宇汽车城(集团)股份有限公司的投资性房地产进行评估，并最后确定评估结论。在评估过程中，本公司评估人员对评估范围内的资产，按照行业规范要求，履行了必要的评估程序，具体包括：清查核实、实地查勘、市场调查和询证、评定估算等评估程序。根据以上评估工作，在评估前提和假设条件充分实现的条件下，得出如下评估结论：四川金宇汽车城(集团)股份有限公司委托评估的，于评估基准日 2018 年 12 月 31 日四川金宇汽车城(集团)股份有限公司财务报表中的投资性房地产所表现的市场价值为人民币 3 696.18 万元，大写：(人民币)叁仟陆佰玖拾陆万壹仟捌佰圆整。

　　在使用本评估结论时，特别提请报告使用者使用本报告时注意报告中所载明的特殊事项以及期后重大事项。本报告评估结论自评估基准日起一年内有效，即有效期至 2019 年 12 月 30 日。超过一年，需重新进行评估。

　　请思考：以财务报告为目的的评估有哪些特点？评估时应该注意什么？

第一节　以财务报告为目的的评估概述

　　随着《国际财务报告准则(国际会计准则)》在世界范围内的应用，公允价值计量及其他非历史成本的会计计量模式被越来越多地使用。我国 2006 年发布的《企业会计准则》引入了公允价值的概念和计量,为我国以财务报告为目的的评估奠定了制度基础。财政部 2014 年 1 月 26 日发布的《企业会计准则第 39 号——公允价值计量》又为以财务报告为目的的评估提供了相关技术指引。以财务报告为目的的评估已成为我国评估服务领域中的一项重要业务内容。

一、以财务报告为目的的评估的定义

以财务报告为目的的评估是指资产评估机构及其资产评估专业人员遵守相关法律法规、资产评估准则及企业会计准则或相关会计核算、披露要求,根据委托对以财务报告为目的所涉及各类资产和负债的公允价值或特定价值进行评定、估算,并出具评估报告的专业服务行为。

由上述定义可知,以财务报告为目的的评估是为会计的计量、核算及披露提供意见的一种专业服务。根据编制报告的需求不同,评估对象也不同,但是这些评估对象通常来看是构成财务报告信息所需要的资产、负债和或有负债,如资产减值测试的评估对象可能是具体的单项资产,也可能是资产组或者资产组组合。投资性房地产公允价值评估对象是在投资性房地产科目核算的房地产资产,金融工具公允价值评估涉及的评估对象包括基础金融工具,如股票、债券等基础资产,也包括金融衍生工具,如互换、掉期等衍生品。非同一主体控制下的企业合并行为,编制合并会计报表时,需要对被购买方的可辨认资产、负债及或有负债等进行公允价值评估,这时的评估对象是被购买方资产负债表内的资产、负债,以及可以量化的表外无形资产和或有负债。

二、以财务报告为目的的评估的作用

财务报告目标是向财务报表的使用者提供最有意义的信息以支持其投资决策。20 世纪 90 年代以来,财务报告已经不再按照历史成本计量某些资产和负债,而开始使用公允价值。财务报告的主要当事方包括企业财务报表的编制人、审计师和财务报告使用者。企业财务报表的编制人需要评估专家作为其工作人员或者聘请外部顾问进行评估;审计师可能依靠其公司的评估专家作为技术资源和审计过程的复核人。因此财务报告强调以公允价值计量,为评估提供了机会。对于财务报告中各类资产和负债的公允价值或特定价值的计量,国际上较通行的做法是由评估专业人员为公允价值的确定提供专业意见,保障会计信息的客观独立,其作用具体体现在以下三个方面。

1. 评估技术能够满足会计计量专业上的需求

企业以公允价值计量相关资产和负债,应当采用在当前情况下适用并且有足够可利用数据和其他信息支持的估值。企业采用估值技术的目的,是估计在计量日市场条件下,市场参与者在有序交易中出售一项资产或者转移一项负债的价格。

企业以公允价值计量相关资产或负债,适用的估值技术主要包括市场法、收益法和成本法。估值技术因市场情况和资产特点不同,可观察输入值和不可观察输入值均会用到。不可观察输入值要求估值技术能够反映计量日可观察的市场数据,因此对于会计人员而言,不可观察输入值的获取和应用存在很大的挑战,而外部的专业评估机构能够通过运用评估技术,为会计公允价值计量提供专业支持。

2. 评估专业行为能够为会计计量的客观性奠定基础

在公允价值评估中,要求选择与市场参与者在相关资产和负债的交易中所考虑的资产或负债特征一致的输入值,包括流动性溢价、控制权溢价或缺乏控制权折价等。资产评估

是一种专业行为,是建立在专业技术知识和经验基础上的一种专业判断,长期业务积累使评估机构具备客观呈现会计信息的能力。会计信息的这种客观性要求,能够通过评估过程中严格遵循相关的方法和程序取得充分的依据。

3. 评估的独立地位能够强化公允价值的公正性

独立性是资产评估工作的基本特征。在市场经济条件下,由资产评估机构依据相关评估法规、准则、规范和行业惯例,提供现时的价值尺度,对于政府监管部门、会计信息使用方和社会公众是一种具有较强公信力的信息服务,有利于形成公正的会计信息,特别是关于公允价值的信息。

三、以财务报告为目的的评估对象

与其他资产评估业务相比,以财务报告为目的的评估业务涉及的评估对象更加多元化并且更加复杂。一般意义上,以财务报告为目的的评估业务适用于编制财务报告等,具体类型如表 10-1 所示。本章主要针对资产减值和合并对价分摊两种情况进行讲解。

表 10-1　以财务报告为目的的评估对象

序号	适用范围	评估对象	适用依据
1	公允价值评估	以公允价值计量的相关资产或负债	《企业会计准则第 39 号——公允价值》
2	长期股权投资	权益法核算的长期股权投资的初始和后续计量	《企业会计准则第 2 号——长期股权》
3	合并对价分摊	(1) 构成收购的非现金资产、发行或承担的债务、发行的权益性债券等 (2) 合并中取得的被购买方可辨认资产、负债及或有负债	《企业会计准则第 20 号——企业合并》
4	资产减值	单项资产或资产组或资产组组合	《企业会计准则第 8 号——资产减值》
5	投资性房地产的公允价值确定	已出租的土地使用权、持有并准备增值后转让的土地使用权,已出租的建筑物	《企业会计准则第 3 号——投资性房地产》
6	金融工具确认和计量	以公允价值计量且其变动计入当期损益的金融资产或金融负债,或可供出售金融资产	《企业会计准则第 22 号——金融工具确认和计量》

第二节　服务于资产减值测试的资产评估

一、资产减值测试及其流程

1. 资产减值测试

资产减值是指资产的可收回金额低于其账面价值。根据我国企业会计准则,企业应当在资产负债表日判断资产是否存在可能发生减值的迹象。对于存在减值迹象的资产,应当进行减值测试,计算资产的可收回金额。可收回金额低于账面价值的,应当按照可收回金额低于账面价值的金额,计提减值准备。

资产减值测试是指企业财务会计人员根据企业外部信息与内部信息,判断企业资产是否存在减值迹象。如有确切证据表明资产确实存在减值迹象,则需要合理估计该项资产的可收回金额。

资产可能发生减值的迹象是资产是否需要进行减值测试的前提。减值迹象主要包括以下方面。

(1) 资产的市价当期大幅度下跌,其跌幅明显高于因时间的推移或者正常使用而预计的下跌。

(2) 企业经营所处的经济、技术或者法律等环境以及资产所处的市场在当期或者将在近期发生重大变化,从而对企业产生不利影响。

(3) 市场利率或者其他市场投资报酬率在当期已经提高,从而影响企业计算资产预计未来现金流量现值的折现率,导致资产可收回金额大幅度降低。

(4) 有证据表明资产已经陈旧过时或者其实体已经损坏。

(5) 资产已经或者将被闲置、终止使用或者其实体已经损坏。

(6) 企业内部报告的证据表明资产的经济绩效已经低于或者将低于预期,如资产所创造的净现金流量或者实现的营业利润(或者亏损)远远低于(或者高于)预期金额等。

(7) 其他表明资产可能发生减值的迹象。需要指出的是,因企业合并形成的商誉和使用寿命不确定的无形资产,无论是否存在减值迹象,每年都应当进行减值测试。

2. 资产减值测试流程

资产减值测试大致要经历以下阶段:减值迹象的判断;资产寿命的判断;单个资产公允价值及其处置费用是否确定以及与账面价值的比较;单个资产的预计未来现金流量是否确定以及与账面价值的比较;资产组公允价值减去处置费用的余值与账面价值的比较;资产组的预计未来现金流量现值与账面价值的比较。图 10-1 为资产减值测试的一般流程。

二、资产减值测试评估中的评估对象确定

1. 资产减值测试对象

如果有迹象表明一项资产可能发生减值,企业应当以单项资产为基础估计其可收回金额。企业如果难以对单项资产的可收回金额进行估计,则以该资产所属的资产组为基础确定资产组的可收回金额。资产组是企业可以认定的最小资产组合,其产生的现金流入应当基本上独立于其他资产或资产组产生的现金流入。资产组组合是指由若干个资产组组成的最小资产组组合。

企业在判断一个资产或资产组是否独立于其他资产或资产组产生现金流,至少应当从以下两个方面来考虑。

(1) 经营层面的独立性。例如,一个铁矿公司(假设只存在一个资产组组合)使用一条私有铁路来运输铁矿石,这条铁路不能单独运营,因此无法单独产生现金流,如果单独出售,也只能收回残值。在这种情况下,这条铁路在经营上与铁矿公司无法分离,应该并入铁矿公司所在资产组组合一并进行减值测试。

(2) 合同的约束性限制。例如,一个公交运营公司同时运营五条线路,其中一条出现亏损,然而由于公交公司与政府签订了一揽子合同,必须同时运营五条线路,无法将该条亏损线路单独关闭。在这种情况下,这条亏损线路与其他四条线路由于合同的约束性限制无法分离,该线路应该与其他四条线路一并认为为一个资产组组合进行减值测试。

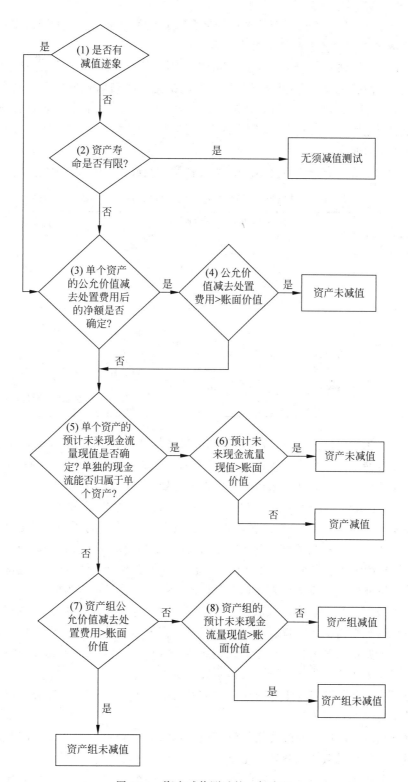

图 10-1 资产减值测试的一般流程

对于商誉以及总部资产的减值测试应当结合与其相关的资产组或者资产组组合进行。

2. 资产减值测试评估中的评估对象确定

资产减值测试评估对象应当与资产、资产组或资产组组合账面价值的成分保持一致。对于资产组或资产组组合而言,其账面价值应当包括可直接归属于该资产组或资产组组合以及可以合理和一致地分摊至该资产组或资产组组合的商誉与总部资产的账面价值。除非不考虑该负债的金额就无法确定资产组的可收回金额,资产组的账面价值一般不应包括已确认的计息负债的账面价值。

表 10-2 归纳了在固定资产减值测试中,常见的资产组或资产组组合的构成与评估对象。

表 10-2 常见的资产组或资产组组合的构成与评估对象

项 目	资产组账面价值涵盖的项目	评 估 对 象
房屋建筑物机器设备	√	√
机器设备	√	√
土地使用权	√	√
工程物资	√	√
在建工程	√	√
营运资金	可选择	可选择
商誉	可选择	可选择
总部资产	可选择	可选择
负债	一般情况不包括,但可选择是否加入资产组的测试	一般情况不包括,视管理层的选择而定

营运资金的主要组成为存货、应收账款和应付账款等,严格来说并不属于非流动资产减值测试的涵盖范畴。然而在实务操作中,为了更加合理地模拟资产组组合的真实构成,有时也将其加入了资产组组合。在一般情况下以下两种处理方法都是可行的。

(1)如果资产组或资产组组合账面构成中不包含营运资本,则评估对象也不包含营运资本。在此基础上,预测期第一年的营运资本变动应在期初余额为零的基础上计算,即假设预测期第一年需要投入一笔额外的营运资本,并且到预测期结束时收回该笔营运资本投入。

(2)如果资产组或资产组组合账面构成中包含营运资本,则评估对象也包含营运资本。预测期第一年的营运资本变动应以评估对象构成中包含的营运资本为期初余额进行计算。

企业总部资产包括企业集团或其事业部的办公楼、电子数据处理设备、研发中心等资产。总部资产的显著特征是难以脱离其他资产或者资产组产生独立的现金流入,而且其账面价值难以完全归属于某一资产组。因此,总部资产通常难以单独进行减值测试,需要结合其他相关资产组或资产组组合进行。具体步骤如下。

(1)对于总部资产能够按照合理和一致的基础分摊至某资产组的部分,应当将总部资产的账面价值分摊至该资产组。

(2)对于总部资产难以分摊之任何资产组的部分,应当按照合理和一致的基础分摊至由若干个资产组组成的最小的资产组组合。

企业合并所形成的商誉,应当结合与其相关的资产组或者资产组组合进行减值测试。相关的资产组或者资产组组合应当是能够从企业合并的协同效应中受益的资产组或者资产组组合,并且不应当大于企业所确定的报告分部。其具体分摊过程和总部资产类似。商誉减值测试与企业合并对价分摊息息相关。事实上,很多企业在进行企业合并对价分摊时,就会对商誉将分摊至哪个资产组或者资产组组合进行初步判定,为日后的商誉减值测试打下基础。而在进行商誉减值测试时,评估专业人员也需要关注之前的合并对价分摊评估,理解商誉的分摊基础,并在此基础上仔细判断合并对价分摊以及商誉减值测试在评估参数选取方面的不同之处。

三、资产减值测试评估中的价值类型选择

在资产存在减值迹象时,应当估计其可收回金额。可收回金额应当根据资产的公允价值减去处置费用后的净额和资产预计未来现金流量的现值两者之间较高者确定。资产减值模型如图 10-2 所示。

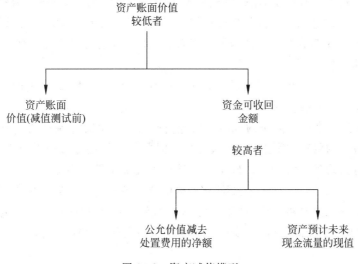

图 10-2 资产减值模型

会计准则下的公允价值减去处置费用后的净额和资产预计未来现金流量的现值这两种计量属性,可以理解为相对应的评估价值类型(见表 10-3)。

表 10-3 价值类型

价 值 类 型	含 义
公允价值减去处置费用后的净额	自愿买方和自愿卖方在各理性行事且未受任何强迫压制的情况下,评估对象在基准日进行正常公平交易的价值并扣减相应的处置费用后得到的净额
资产预计未来现金流量的现值	将评估对象作为企业组成部分或者要素资产按其使用方式和程度及其对所属企业的贡献的价值估计数额

在评估过程中,若以确信资产公允价值减去处置费用的净额或资产预计未来现金流量的现值其中任何一项已超过所对应资产的账面价值,并通过减值测试,可以不必计算另一项数值。

四、资产(固定资产、商誉)减值测试的评估方法与参数选择和确定

1. 评估方法选择

进行以减值测试为目的的评估,应该结合评估对象特点、价值类型、资料收集情况和数据来源等分析市场法、收益法和成本法的适用性。

(1)资产的公允价值减去处置费用的净额。公允价值的可靠性受制于数据获取来源,其估计首先考虑采用市场法,以公平交易中的销售协议价格,或与评估对象相同或类似资产在其活跃市场上反映的价格为计算依据。

当不存在相关活跃市场或缺乏相关市场信息时,资产或资产组的公允价值可以根据企业以市场参与者的身份,对单项资产或资产组的运营作出合理性决策,并在适当地考虑相关资产或资产组内资产的有效配置、改良或重置的前提下提交的预测资料,参照企业价值评估的基本思路和方法(收益法)进行分析和计算。通常来说,采用这种方法时,评估专业人员也应该采用市场乘数等其他方法验证结果,从而保证评估结论的取得充分考虑了恰当的市场参与者可获取的信息。

处置费用的估计包括与资产处置有关的法律费用、相关税费、搬运费以及为使资产达到可销售状态所发生的直接费用等。

(2)资产预计未来现金流量的现值。估计资产预计未来现金流量的现值时通常采用收益法,即按照资产在持续使用过程中和最终处置时所产生的预计未来现金流量,选择恰当的折现率对其进行折现后的金额加以确定。预计未来现金流量的预测是基于特定实体现有管理模式下可能实现的收益。预测一般只考虑单项资产或资产组/资产组组合内主要资产项目在简单维护下的剩余经济年限,即不考虑单项资产或资产组/资产组组合内主要资产项目的改良或重置;资产组内其他资产项目于预测期末的变现净值应当纳入资产预计未来现金流量的现值的计算。

2. 评估参数确定

以固定资产减值测试为例,资产预计未来现金流量的现值评估方法中涉及的参数确定方法如下。

(1)现金流预测基本要求。现金流预测是基于经企业管理层(如董事会)准备的针对评估对象的最近财务预算或者经营计划进行的,评估专业人员应通过关注、检验历史现金流预测和实际值之间的差异来评估和确定当前现金流预测假设的合理性。

现金流预测应以评估对象的当前状况为基础。不应当包括将来可能发生的、尚未作出承诺的重组事项或者与资产改良有关的预计未来现金流量。

评估专业人员应当关注现金流预测涉及的主要评估参数,如销售收入的增长、预测的长期息税前利润率等,是否与行业保持一致。如果不是,评估专业人员应关注其原因所在。

传统使用的现金流预测通常是预测未来每期单一的预计现金流量。在评估实践中,有时影响评估对象未来现金流量的因素较多,情况较为复杂,带有很大的不确定性,在此情况下使用未来每期单一的现金流量可能无法合理预测评估对象现金流。此时,评估专业人员应该详细询问管理层未来现金流在产生时间以及现金流大小方面的不确定性,并在必要时可以进行情景分析(如考虑悲观、一般、乐观三种情况),以期最大限度对管理层准备的现金流预测加以校验。

（2）现金流预测期。减值测试涉及的现金流预测期并不完全等于管理层提供的财务预算或者经营计划期。一般情况下，预测期必须涵盖只考虑单项资产或资产组内主要资产项目在简单维护下的剩余经济年限。评估专业人员可以基于管理层提供的财务预算或经营计划适当延长至资产组中主要资产项目的经济使用寿命结束。

根据减值测试准则的相关规定，减值测试涉及的现流预测期一般只涵盖 5 年；如超过 5 年，专业评估人员要向管理层询问，并取得管理层提供的证明更长期间合理性的证明。

一般来说，原来涵盖的预测期之后延长期内的现金流应该保持稳定或递减的增长率，该增长率不应该超过产品、行业或者企业主要业务所在国家的长期平均增长率，除非管理层能保证其是合理的。

（3）资本性支出预测。预测的资本性支出应该包括维护正常运转或资产正常产出水平而必须要的支出，或者属于资产简单维护下的支出，即维护性资本支出；完成在建工程和开发过程中的无形资产等的必要支出。

预测的资本性支出中不应当包括与资产改良或企业扩张相关的资本性支出，即改良性资本支出和扩张性资本支出。

（4）资产组中主要资产项目经济使用年限最后一年的净现金流量。在资产组中主要资产项目于简单维护下的剩余经济年限资产使用寿命结束时，需要考虑处置资产所收到或者支出的净现金流，相当于预期公允价值减去处置费用后的净值。

由于必须考虑处置费用，该处置资产的净现金流可能为负值。

（5）企业所得税的影响。估算预计未来现金流量现值应该基于税前基础。

在适当考虑相应调整的前提下，基于税前基础计算的未来现金流量现值应等于基于税后基础计算的未来现金流量现值。

在实务操作中，可以考虑采用税后基础进行测算，或者将税后折现率简单推算税前折现率。

税前折现率＝税后折现率÷（1－所得税税率），并将此简单推算的税前折现率应用于税前现金流量计算折现现值。

一般情况下，如果基于上述两种方法计算的未来现金流量现值远远超过被评估对象的账面价值，则代表被评估对象出现减值情况的可能性较低。否则，则需要根据企业会计准则的要求计算以税前为基础的现值。

（6）折现率。折现率要与预计的未来现金流匹配，如是否同为税前或税后基础，是否同时考虑了通货膨胀影响因素；又如是否根据企业会计准则的要求计算相应的税前折现率。

从理论层面来说，在预计未来现金流量时已经对特定的风险影响进行了调整的，在估计折现率时不需要再重复考虑这些因素，如缺乏控制权折扣；在预计未来现金流量时未对特定的风险影响进行调整，在估计折现率时则需要考虑这些因素，如规模风险、缺乏流动性折扣。

采用收益法计算资产公允价值减去处置费用的净额时，选取和确定的各项参数，在某些方面与前述的预计未来现金流量所涉及的参数会有不同，表 10-4 列举了常见的区别之处。

表 10-4　资产公允价值减去处置费用参数与资产预计未来现金流量现值参数的差异

项　目	公允价值减去处置费用的净额	资产预计未来现金流量现值
假设前提	持续经营假设,可以考虑将来可能发生的、尚未作出承诺的重组事项或资产改良; 应同时考虑重组、改良对应的收益和成本、费用	以当前状态为基础; 不应当包括与将来可能发生的,尚未作出承诺的重组事项或者与资产改良有关的预计未来现金流量
盈利预测	在各方面与市场参与者预期保持一致	评估对象在目前使用状况下可实现的盈利情况
资本性支出	维护资产正常运转或资产正常产出水平而必要的支出,或者属于资产简单维护下的支出; 完成在建工程和开发过程中的无形资产等的必要支出; 与资产改良或企业扩张相关的资本性支出	维护资产正常运转或资产正常产出水平而必要的支出,或者属于资产简单维护下的支出; 完成在建工程和开发过程中的无形资产等的必要支出
营运资金预测	维护现有企业运营并考虑企业扩张或重组所需的营运资金	基于特定实体现有管理模式下经营所需的营运资金
所得税基础	可以考虑为税后	通常为税前

五、固定资产组减值测试评估案例

例 10-1

1. 案例背景

由某上市公司控制的一家生产企业 A 公司,最近三年由于市场需求变化较大,出现了间歇性亏损。A 企业拥有的生产线工艺技术水平与目前同类主流生产线存在一定的差距,企业及注册计师都认为 A 业的生产线存在减值的可能,因此根据《企业会计准则第 8 号——资产减值》的要求,聘请评估机构对该生产线进行减值测试。

本次测试的目的是披露年报,初步确定的评估基准日为 2018 年 12 月 31 日。

2. 评估对象的确定

就 A 企业而言,被评估生产线既没有单独核算也不能独立生产现金流,现金流的收入产生包括产品在生产过程中所依赖的厂房、土地和其他辅助设施等。因此本次评估的评估对象最终确定为包括该生产线及其生产性附属设施、生产厂房和厂房所占土地在内的固定资产组(以下简称"待估资产组")。根据管理层提供的资料,待估资产组于评估基准日的账面净值为 8 123 万元人民币。

3. 评估技术思路和方法的选取

根据《企业会计准则第 8 号——资产减值》的要求,需要对待估资产组的可收回金额进行评估,对比账面价值确定减值数额。根据相关会计准则的规定,可收回金额应当根据资产的公允价值减去处置费用后的净额(fair value-less costs to sale,FVLCS)与使用价值(value in use,VIU)两者之间较高者确定。

公允价值减去处置费用后的净额应当根据公平交易中销售协议价格减去可直接属于该资产处置费用的全额确定。不存在销售协议但存在资产活跃市场的,应当按照该资产的市场价格减去处置费用后的金额确定。资产的市场价格通常应当根据资产的买方出价确定。在不存在的销售协议和资产活跃市场的情况下,应当以可获取的最佳信息为基础,估计资产的公允价值减去处置费用后的净额,该净额可以参考同行业类似资产的最近交易价格或者结果进行估计。企业按照上述规定仍然无法可靠估计资产的公允价值减去处置费用后的净额,应当以该资产预计未来现金流量的现值作为其可收回金额。

使用价值应当按照资产在持续使用过程中和最终处置时所产生的预计未来现金流量,选择恰当的折现率对其进行折现后的金额加以确定,预计资产未来现金流量的现值,应当综合考虑资产的预计未来现金流量、使用寿命和折现率等因素。

(1)公允价值评估思路。评估专业人员通过市场调查发现,待估资产组缺乏相关参照物的交易案例,无法实施市场法评价,只能采用现金流折现法进行评估。具体评估思路为:假设在持续经营的前提下,考虑资产组内资产的有效配置、改良或重置的因素对资产组的未来收益进行预测,对净现金流以适当的折现率折现。

(2)使用价值的评估思路。根据准则的要求,在用价值的评估思路为:在生产线主要设备的剩余经济寿命年限内,不考虑改良或重置的因素,对待估资产组的未来净现金流量,以适当的折现率折现。

4. 评估假设和技术要点

在本案例中,虽然评估对象相同,对公允价值和使用价值评估采用的评估方法也相同(收益法),但由于两种价值类型的评估思路并不相同,公允价值和在用价值的评估需要确定的三大参数也不完全相同,而需要分别估测不同评估思路下各自的收益额、收益期和折现率。

以公允价值现金流量折现思路为例说明如下。

(1)公允价值估值思路中的主要假设和技术要点。

(2)假设待估资产组(A公司)将会持续经营。

(3)综合考虑待估资产组(A公司)的营运周期、生产及销售水平、技术及经济更替等因素,预测资产组(A公司)2019—2023年的营运水平,并假设通过A公司管理人员的努力,该营运水平的预测可合理地实现。

(4)为了实现业务的预期增长且保持适当的竞争能力,待估资产组(A公司)可能需使用额外的资本投入。假设所有与资产组(A公司)相关的设施和技术人员均可配套运作,并且有能力实现预期的业务增长。

(5)假设现行法律法规、市场环境、宏观政策等不会发生重大变化,不会对待估资产组(A公司)及其行业的业务造成重大影响。

5. 公允价值估值模型的主要参数

(1)收入预测。根据待估资产组(A公司)提供的预测,并结合评估专业人员对资产组(A公司)及其行业的研究,待估资产组(A公司)2019—2023年各年度的主营业务收入预测如表10-5所示。

表 10-5　各年度的主营业务收入预测　　单位:万元

项　　目	2019 年	2020 年	2021 年	2022 年	2023 年
主营业务收入	4 437	4 525	4 616	4 708	4 802
主营业务税金及附加	465.89	475.2	484.63	494.37	504.23

(2)成本及费用预测。销售成本包括生产成本和生产设备折旧支出;销售费用为市场推广及营销费用;管理费用为生产经营管理相关的费用及支出;财务费用为利息支出。根据评估专业人员对待估资产组(A公司)的历史成本费用占主营业务收入的比例的分析结

果,2019—2023 年各年度的成本费用预测如表 10-6 所示。

表 10-6 各年度的成本费用预测 单位:万元

项 目	2019 年	2020 年	2021 年	2022 年	2023 年
主营业务成本	2 684.39	2 737.63	2 792.68	2 848.34	2 905.21
销售费用	310.59	316.75	323.12	329.56	336.14
管理费用	221.85	226.25	230.80	235.40	240.00
财务费用	221.85	226.25	230.80	235.40	240.00

(3) 折旧和摊销预测。根据对待估资产组(A 公司)的历史折旧和摊销分析的结果,A 公司 2019—2023 年各年度的折旧和摊销预测如表 10-7 所示。

表 10-7 各年度的折旧和摊销预测 单位:万元

项 目	2019 年	2020 年	2021 年	2022 年	2023 年
折旧和摊销	443.7	460	470	480	490

(4) 资本性支出。根据对待估资产组(A 公司)的分析,评估专业人员采用了管理层提供的未来固定资产投资预测。营运资金支出主要根据 A 公司主营业务收入的变化分析确定。资本性支出和营运资金支出预测如表 10-8 所示。

表 10-8 资本性支出和营运资金支出预测 单位:万元

项 目	2019 年	2020 年	2021 年	2022 年	2023 年
资本性支出	313.7	330	340	350	360
营运资金支出	30	30	30	30	30

(5) 终值。采取戈登(GORDON)模型来计算待估资产组于 2023 年的终值,其中假设未来现金流的永续增长率为 1%,折现率为 A 公司的折现率。

(6) 折现率的确定。在使用现金流量折现法时,必须根据所评估资产的性质计算一个适当的折现率。该折现率可视为一个第三方的投资者对同类投资项目的预期回报率。待估资产组的预期回报率与相应的项目风险有关。评估专业人员已考虑以下各项风险因素。

① 利率风险,衡量总体利率水平的变化对投资回报的影响。

② 购买力风险,衡量随时间变化因通货膨胀所丧失的购买力所造成的损失。

③ 变现风险,衡量在目前市场情况下出售该投资项目的变现能力。

④ 市场风险,衡量诸如经济和政治等综合市场因素对资产价格的影响。

⑤ 业务风险,衡量预期营运收入的不确定性。

待估资产组所采用的折现率是根据资本资产定价模型(CAPM)的方法计算的。

基础投资回报 = 无风险回报率 + 行业 β 系数 × 市场风险回报率

除上述方程所得出的基础投资回报以外,有关项目的预期回报要求也受其他非市场因素的影响。此等额外回报要求可视为个别项目风险,以希腊字母代表。综合得出的待估资产组回报率方程为

待估资产组回报率(折现率) = 无风险回报率 + 行业 β 系数 × 市场风险回报率 + ε

确定待估资产组折现率时所用的参数:无风险回报率以评估基准日的 5 年期国债利率

为准。市场回报率以 2009 年年末至评估基准日 10 年上证指数年报酬率的平均值为准。

行业 β 系数以与 A 公司同类上市的所在行业的平均 β 系数为准。

ε 的构成主要包含流动性风险、业务风险及其他个别风险。

综合上述各种因素(计算过程略),待估资产组适用的股权资本回报率为 12%。待估资产组加权平均资本成本(weighted average cost of capital,WACC)是经考虑行业平均资本结构后,按行业平均债务水平计算的。所用的参数包括行业平均债务/股东权益比(0.67)、平均债务资本成本(7%)。因此,待估资产组的 WACC 为 10%。

6. 公允价值和使用价值估值模型的主要差异

在上述收入和成本的预计方面,这两个模型基本相同,二者的主要差异体现为:①收益期不同,分别为有限年期和无限年期;②资本性支出的考虑不同;③营运资金最终处理的方式不同;④资产组收益期末是否有处置收益的考虑不同。

7. 估值过程和结论

(1) 公允价值评估相关数据见表 10-9。

表 10-9 公允价值评估 　　单位:万元

项　　目	2019 年	2020 年	2021 年	2022 年	2023 年
主营业务收入	4 437	4 525	4 616	4 708	4 802
主营业务税金及附加	465.89	475.2	484.63	494.37	504.23
主营业务成本	2 684.39	2 737.63	2 792.68	2 848.34	2 905.21
折旧与摊销	443.7	460	470	480	490
主营业务利润	1 286.72	1 312.17	1 338.69	1 365.29	1 392.56
销售费用	310.59	316.75	323.12	329.56	336.14
管理费用	221.85	226.25	230.8	235.4	240
财务费用	221.85	226.25	230.8	235.4	240
营业利润	532.43	543.92	553.97	564.93	576.32
营业外收支	0	0	0	0	0
利润总额	532.43	543.92	553.97	564.93	576.32
税款(按实际税额)	133.11	135.98	138.49	141.23	144.08
净利润	399.32	407.94	415.48	423.7	432.24
(＋)折旧与摊销	443.7	460	470	480	490
利息(1%～25%)	166.39	169.69	173.1	176.55	180
(－)资本性支出	313.7	330	340	350	360
营运资金支出	30	30	30	30	30
企业净现金流量	665.71	0.826 4	0.751 3	0.683 0	0.620 9
折现系数(按 10%)	0.909 1	0.826 4	0.751 3	0.683 0	0.620 9
净现值	605.2	560	517.33	478.27	442.23

① 依据企业以前年度生产增减变化和企业财务收支分析,以及对未来市场的预测,评估专业人员认为被评估资产组(A 企业)通过未来 5 年的不断更新改造,未来 5 年的主营业务收入将在 2018 年的基础上每年有 2% 的增长。

② 由于从 2019 年到 2023 年每年追加投资进行设备改造,根据企业的生产能力状况,从未来第 6 年起,净现金流量的增长速度将维持在 1% 的水平上。

③ 根据前面的分析,待估资产组(A 企业)适用的折现率为 10%。

④ 所得税税率为 25%。

(2) 公允价值评估过程与结果列示:

① 计算未来 5 年企业净现金流量的折现值之和。

$$605.2+560+517.33+478.27+442.23=2\,603.03(万元)$$

② 计算从未来第 6 年开始的永续性现金流量现值。

$$712.24\times(1+1\%)\div(10\%-1\%)\times0.620\,9=7\,992.92\times0.620\,9=4\,962.8(万元)$$

③ 待估资产组的公允价值。

$$2\,603.03+4\,962.8=7\,565.83(万元)$$

(3) 使用价值评估见表 10-10。

表 10-10　使用价值评估　　　　　　　　　　　单位:万元

项　目	2019 年	2020 年	2021 年	2022 年	2023 年
主营业务收入	4 437	4 437	4 437	4 437	4 437
主营业务税金及附加	465.89	465.89	465.89	465.89	465.89
主营业务成本	2 684.39	2 684.39	2 684.39	2 684.39	2 684.39
折旧与摊销	443.7	443.7	443.7	443.7	443.7
主营业务利润	1 286.72	1 286.72	1 286.72	1 286.72	1 286.72
销售费用	310.59	310.59	310.59	310.59	310.59
管理费用	221.85	221.85	221.85	221.85	221.85
财务费用	221.85	221.85	221.85	221.85	221.85
营业利润	532.43	532.43	532.43	532.43	532.43
营业外收支	0	0	0	0	0
利润总额	532.43	532.43	532.43	532.43	532.43
税款(按实际税额)	133.11	133.11	133.11	133.11	133.11
净利润	399.32	399.32	399.32	399.32	399.32
(+)折旧与摊销	443.7	443.7	443.7	443.7	443.7
利息(1%~25%)	166.39	166.39	166.39	166.39	166.39
(一)资本性支出	0	0	0	0	0
营运资金支出	30	0	0	0	0
企业净现金流量	979.41	1 009.41	1 009.41	1 009.41	1 009.41
折现系数(按 10%)	0.909 1	0.826 4	0.751 3	0.683 0	0.620 9
净现值	890.38	834.18	758.37	689.43	626.74

① 评估资产组使用价值预期收益的预测是建立在资产组按评估基准日状况和状态继续使用下去,不进行技术改造或重组的基础之上。

② 未来 5 年企业经营状况和市场环境不发生重大改变。

③ 未来 5 年的收益现值为 890.38+834.18+758.37+689.43+626.74=3 799.1(万元)。

④ 未来第 5 年年末资产组变现价值预计为 3 655.89 万元。

⑤ 未来第 5 年年末资产组变现价值的现值为 3 655.89×0.620 9=2 269.94(万元)。

⑥ 资产组的使用价值为 3 799.1+2 269.94=6 069.04(万元)。

(4) 资产组减值测试结论。通过比较,待估资产组的公允价值大于其使用价值。但是,待估资产组的公允价值低于其账面净值。根据孰高原则,待估资产组的可回收金额应以其公允价值的评估值为准,即 7 565.83 万元。因此,该资产组存在减值,减值额为待估资产组的账面净值与其可收回金额的差额,即 557.17(8 123－7 565.83)万元。

第三节　服务于企业合并对价分摊的资产评估

一、企业合并对价分摊的基本概念

企业合并是指将两个或两个以上单独的企业合并形成一个报告主体的交易或事项。按合并前后是否受同一方最终控制分为同一控制下的企业合并和非同一控制下的企业合并。同一控制下的企业合并,是指参与合并的企业在合并前后均受同一方或相同的多方最终控制且该控制并非暂时性的。非同一控制下的企业合并是指参与合并的各方在合并前后不受同一方或相同的多方最终控制。

合并对价分摊是指符合企业合并准则的非同一控制下的企业合并的成本在取得的可辨认资产、负债及或有负债之间的分配。根据企业合并准则的规定,对于非同一控制下的企业合并,购买方在购买日应当对合并成本进行分配,按照相关规定确认所取得的被购买方各项可辨认资产、负债及或有负债。购买方对合并成本大于合并中取得的被购买方可辨认净资产公允价值份额的差额,应当确认为商誉。

二、企业合并对价分摊评估中评估对象的确定

1. 企业合并对价分摊评估中的评估对象

合并对价分摊事项涉及的评估业务所对应的评估对象应当是合并中取得的被购买方各项可辨认资产、负债及或有负债,这与企业并购中的企业价值评估所对应的评估对象有所不同。在企业并购中,企业价值评估所对应的评估对象一般为企业整体价值、股东的全部权益价值或部分权益价值。

2. 可辨认资产、负债的确认原则与识别

根据企业合并准则的规定,合并中取得的被购买方的无形资产或或有负债,其公允价值能够可靠计量的,应当单独确认为无形资产或负债,并按照公允价值计量。

评估专业人员在执行以财务报告为目的的评估业务中,应执行相关的识别程序,识别出所有在收购日存在的重大可辨认的无形资产。评估专业人员在识别无形资产过程中应当以《企业会计准则第 6 号——无形资产》和《企业会计准则第 20 号——企业合并》中对于企业合并项下无形资产的相关规定为依据。在评估实践中,评估专业人员识别无形资产的关键在于判断该项资产是否可辨认(见图 10-3)。对此,评估专业人员应该从以下两方面进行分析。

(1)向管理层了解被收购公司是否存在源自合同权利或基于法律的法定权利的无形资产。

(2)考虑该无形资产是否能够从被收购公司中分离出来,并能单独或者与其他相关合同、资产或负债一起,用于出售、转移、授予许可、租赁或者交换。

满足上述任何一个条件,即可确认为可辨认的无形资产,并对无形资产在合并日或购买日以公允价值计量。需要注意的是,对于满足合同权利或基于法律的法定权利,即使从法律角度并非合同或没有合同约束力,例如订单,甚至是可以取消的订单,也满足了合同权利的确认条件。

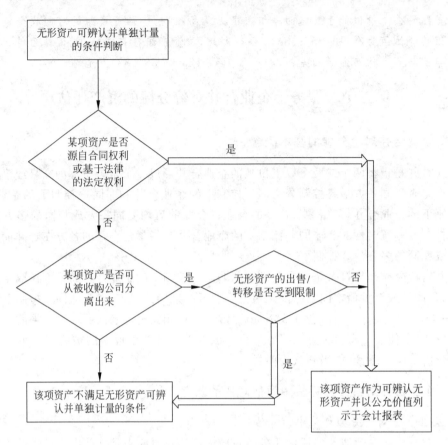

图 10-3　判断无形资产是否可辨认

　　在判断无形资产是否满足合同权利或基于法律的法定权利的条件时,如果合同或协议含有限制特定资产从被收购方分离的条款(如限制转让与政府签订的合约),即需要与其他相关的合同、资产、负债一起出售或转移,此类限制并不影响满足合同权利的无形资产的确认。

　　在进行可分离的判断时,评估专业人员可以参考市场上相同或相似的无形资产的交易情况,不论收购方是否参与该无形资产的买卖或交易,或相同或相类似无形资产的交易。某项无形资产无法单独出售、转移、授权许可、租赁或者交换,但可以与其他相关合同、资产或负债一起,用于出售、转移、授予许可、租赁或者交换,这项无形资产仍然满足可分离的确认条件。需要关注的是,满足可分离条件的无形资产的出售、转移、授予许可、租赁或者交换不能受到任何限制,否则,该项资产不满足可分离的确认条件。例如,客户信息受到保密协议的限制,不可以被出售,因此其无法满足可分离的条件。

　　下列无形资产因无法满足上述可辨认的判断条件,在实务操作中,一般不作为可辨认无形资产,例如消费者基础、客户服务能力、地域优势、经过特别训练的员工等。

　　在对或有负债的识别中,评估专业人员应当根据《企业会计准则第 13 号——或有事项》中的相关依据,识别并确认被收购公司在收购日是否存在需确认的或有负债。评估专业人员在识别或有负债的过程中需要关注以下几方面:在收购日是否存在未决诉讼;在收购日是否存在待执行的亏损合同;被收购公司是否为其他公司或个人进行债务担保;在收购日是否存在已对外公布的详细重组计划;被收购公司对售出产品所作的质量保证;了解对被收购公司进行的相关尽职调查的结果。

根据企业会计准则的相关讲解，与或有事项相关的义务同时满足下列条件，应当确认为预计负债：该义务是企业承担的现时义务，履行该义务很可能导致经济利益流出企业；该义务的金额能够可靠地计量。

可能确认的或有负债的项目一般包括产品质量保证、不可撤销的亏损合同、未决诉讼、重组义务等。

三、企业合并对价分摊评估中评估方法的确定

1. 有形资产和负债的评估

企业合并中取得的资产、负债在满足确认条件后，应以其公允价值计量。确定企业合并中取得的有关可辨认资产、负债的公允价值时，应当遵循企业合并准则应用指南的规定。对于确定有形资产和负债的公允价值，指南中规定的方法如下。

（1）货币资金按照购买日被购买方的账面余额确定。

（2）有活跃市场的股票、债券、基金等金融工具，按照购买日活跃市场中的市场价值确定。

（3）应收款项。对其中的短期应收款项，一般应按应收取的金额作为公允价值；对长期应收款项，应以适当的现行利率折现后的现值确定其公允价值。在确定应收款项的公允价值时，应考虑发生坏账的可能性及相关收款费用。

（4）存货。产成品和商品按其估计售价减去估计的销售费用、相关税费以及购买方通过自身努力在销售过程中对于类似的产成品或商品可能实现的利润确定；在产品按完工产品的估计售价减去至完工仍将发生的成本、预计销售费用、相关税费，以及基于同类或类似产成品的基础上估计可能实现的利润确定；原材料按现行重置成本确定。

（5）不存在活跃市场的金融工具，如权益性投资等，应当参照《企业会计准则第22号——金融工具确认和计量》等，采用适当的估值技术确定其公允价值。

（6）房屋建筑物，存在活跃市场的，应以购买日的市场价格确定其公允价值；本身不存在活跃市场，但同类或类似房屋建筑物存在活跃市场的，应参照同类或类似房屋建筑物的市场价格确定其公允价值；同类或类似房屋建筑物也不存在活跃市场、无法取得有关市场信息的，应按照一定的估值技术（如重置成本法等）确定其公允价值。

（7）机器设备，存在活跃市场的，应按购买日的市场价格确定其公允价值；本身不存在活跃市场，但同类或类似机器设备存在活跃市场的，应参照同类或类似机器设备的市场价格确定其公允价值；同类或类似机器设备也不存在活跃市场，或因有关的机器设备具有专用性，在市场上很少出售、无法取得确定其公允价值的市场证据的，可使用收益法或考虑该机器设备各类贬值（包括实体性贬值、功能性贬值和经济性贬值）后的重置成本合理估计其公允价值。

（8）应付账款、应付票据、应付职工薪酬、应付债券和长期应付款，对其中的短期债务一般应按应支付的金额作为其公允价值；长期债务应当以按适当的折现率折现后的现值作为其公允价值。

（9）取得的被购买方的或有负债，其公允价值在购买日能够可靠计量的，应单独确认为预计负债。此项负债应当按照假定第三方愿意代购买方承担该项义务，就其所承担义务需要购买方支付的金额计量。

2. 无形资产的评估

无形资产,存在活跃市场的,应按购买日的市场价格确定其公允价值;不存在活跃市场的,无法取得有关市场信息的,应按照一定的估值技术确定其公允价值。在这种情况下,评估专业人员需要根据各项无形资产的特点,选用适当的方法进行评估。

无形资产的评估方法包括市场法、收益法和成本法。在评估实践中,评估专业人员应根据无形资产的性质以及市场信息的可获得性,考虑上述方法的适用性。在不同方法都适用于某一特定无形资产公允价值的评估时,应当分析运用不同方法的评估结果。

(1)市场法。运用市场法进行无形资产公允价值评估,主要通过采用市场上相同或相类似的资产、负债或业务的交易价格及其他相关信息来进行。该方法假定公允价值可通过观察类似资产、负债的市场交易价格,并经过对类似资产、负债与被评估的资产负债的差异进行必要的调整来确定。

一般情况下,无形资产较少单独出售、转让,市场上缺乏相同或相类似的可比交易案例或交易量太小导致可观察的价格无法代表可靠的市价,因此市场法往往难以作为无形资产的首选评估方法。

(2)收益法。考虑到无形资产的特殊属性,在合并对价分摊评估中,无形资产最常用的评估方法为收益法。收益法下常用的具体方法包括增量收益折现法、节省许可费折现法、多期超额收益折现法。

① 增量收益折现法是将包括无形资产的经济实体的未来预测现金流与不含无形资产的经济实体产生的相应现金流进行比较,判断有无无形资产在价格方面所产生的差额。增量现金流体现在两个方面:一是价格的溢价,即一个产品采用某一个商标或者品牌与不采用这个商标和品牌之间的差异额;二是成本的节省,就是采用这项无形资产所能节省的成本所导致的差异额。用这个资产的特定加权资本成本将这些增量现金流折现,可以得到这个资产的(税后)公允价值,接着再将税收摊销收益加入这个现值。增量收益折现法要求可比实体未使用无形资产所产生的现金流能够可靠地估算。

② 节省许可费折现法是指假设财务报告的编制者不是相关无形资产的所有者需要花钱从别人手上获得一个许可权,这就是必要的资金流出。但因拥有了该许可权,就可以节省这方面的许可权使用费,所节省的许可费通过折现得出现值。使用节省许可费折现法评估的无形资产的例子一般包括品牌、专利和技术。要使用该方法,必须存在可比资产且这些资产常在熟悉情况的、自愿和独立的双方之间进行专利许可经营。

③ 多期超额收益折现法是指把收益进行拆分,把其中作为评估对象的无形资产得到的收益拆分出来,即扣除该无形资产以外的其他有形及无形资产所应该产生的平均收益。而以超额收益进行分析,通常运用于客户关系、采矿权等无形资产的评估中。采用多期超额收益法评估得到的是无形资产产生的且只由其产生的现金流的现值。通常,一项无形资产只有与其他有形资产和无形资产一起才能产生现金流。为了计算出相关的净现金流,应将其他资产("贡献"资产)产生的现金流作为支出("贡献"资产费用),从无形资产与其他资产共同产生的现金流中扣除。这个程序把"贡献"资产作为从第三方租用的资产进行处理,直至能反映出所评估无形资产现金流的产生情况。通常情况下,多期超额收益法更适用于对现金流产生最大影响的无形资产或类似的无形资产组合,如果这种方法多次使用,就必须注意同现金流是否被多次归到不同的资产上。

（3）成本法。成本法是采用建立在替代原则上的重置概念作为公允价值的计量基础，其主要假设是市场参与者将不会愿意支付超过重置该资产的必要支出。

运用成本法进行无形资产公允价值评估，往往无法反映该项无形资产给企业带来的未来经济利益。例如，建立客户关系的成本往往小于客户关系给企业带来的未来经济利益，而且通常该类成本往往难以从企业经营的其他成本中区分出来。因此，成本法较少运用于企业无形资产的评估。

3．递延所得税的计算

企业合并中取得的被购买方各项可辨认资产、负债及或有负债的公允价值与其原计税基础之间存在差额的，应当按照《企业会计准则第18号——所得税》的规定确认相应的递延所得税资产或递延所得税负债，所确认的递延所得税资产或递延所得税负债的金额不应折现。

应当特别指出的是，对于被购买方在企业合并之前已经确认的商誉和递延所得税项目，购买方在分配企业合并成本、汇总可辨认资产和负债时不应予以考虑。

在按照规定确定了合并中应予确认的各项可辨认资产、负债的公允价值后，计税基础与账面价值不同形成暂时性差异的，应当按照所得税会计准则的规定确认相应的递延所得税资产或递延所得税负债。

4．商誉的计算

在汇总计算各项可辨认资产、负债的公允价值后，可得到被购买方可辨认净资产公允价值。根据企业合并准则的规定，购买方对合并成本大于合并中取得的被购买方可辨认净资产公允价值份额的差额，应确认为商誉。

首先，确定合并成本。通常情况下，企业合并成本按照购买方为进行企业合并支付的现金、非现金资产、发行或承担的债务和发行的权益性证券等在购买日的公允价值以及企业合并中发生的各项直接相关费用之和确定。对于通过多次交换交易分步实现的企业合并，其企业合并成本为每一单项交换交易的成本之和。

其次，在合并成本确定后，评估专业人员可计算得出该企业合并商誉应确认的商誉值。对于该商誉值，评估专业人员应当对其合理性进行分析，解释商誉所代表的含义及其组成成分。一般来说，商誉由以下几类因素构成。

（1）企业现有的管理团队和员工团队。

（2）并购后的协同效应，如销售额的增加、成本开支的压缩等。

（3）收购方对收购对价的判断失误导致收购对价过高。

（4）企业持续经营的能力，包括各类不符合无形资产确认条件的其他资产，如市场占有率、通过资本市场直接融资的能力、良好的政府关系等。

此外，在商誉的评估结果较高的情况下，评估专业人员应当提请公司管理层关注其减值风险，并考虑及时执行商誉的减值测试程序。

5．整体合理性测试

评估专业人员应采取适当的方法对合并对价分摊的评估结果的整体合理性进行验证。通常来说，在合并对价分摊的评估中，以被购买方各项资产公允价值为权重计算的加权平均资本回报率，应该与其加权平均资本成本基本相等或接近。如果评估专业人员经过计算，发现被购买方各项资产的加权平均资产回报率与加权平均资本回报率差异较大，则需要进一步复核无形资产的识别过程以及各项可辨认资产负债和或有负债的评估过程是否合理。各项资产的加权平均资产回报率可采用以下公式计算：

$$R = \frac{\sum_{i=1}^{n} A_i R_i}{\sum_{i=1}^{n} A_i}$$

式中，R 为加权平均资产回报率；A_i 为各项可辨认资产的公允价值；R_i 为各项可辨认资产的要求回报率。

　　评估专业人员在确定各项可辨认资产的必要资产回报率时，除了考虑被购买方的整体企业价值外，尚需考虑该资产自身风险相关的因素。由于进行企业价值评估时运用的加权平均资本成本，反映了一个企业所有的资产、负债所产生现金流的期望回报，包含该企业实现可能的现金流入应取得的风险补偿，所以在确定可辨认无形资产的必要资产回报率时，可参考企业价值评估时采用的加权平均资本成本并在此基础上考虑必要的风险溢价或折价。

四、企业合并对价分摊评估案例

　　例 10-2　某公司以现金收购的方式收购了另一家处于非同一控制下的公司 100% 的权益，收购对价为 7 亿元。假设该被收购公司适用的所得税税率为 25%，在收购日的资产负债表状况如图 10-4 左边所示。评估专业人员在完成四个阶段评估工作以后，将得到被收购公司进行合并对价分摊以后以公允价值计量的资产负债表，如图 10-4 右边所示。

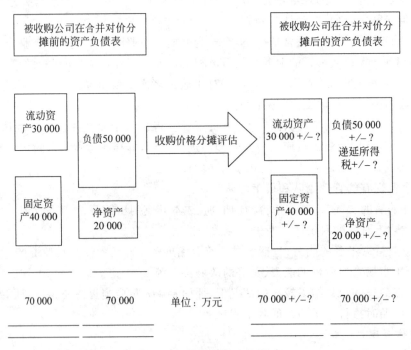

图 10-4　资产负债表状况

1. 第一阶段(分析阶段)

评估专业人员在本阶段的主要工作为分析和理解本次并购交易，主要包括以下内容。

(1) 与管理层进行深入沟通，充分了解收购方对此次交易拟达到的目标，即交易目的。

（2）收集各类相关资料，主要包括股权转让协议、董事会决议、公司对该交易的信息披露、被收购企业历史财务数据，以及与收购相关的尽职调查报告等。

（3）对收集的资料进行分析，了解被收购公司在收购日的经营状况及其资产负债状况。

（4）确定合并成本。本案例中，合并成本为 70 000 万元，假设没有其他交易费用。

2. 第二阶段（无形资产和或有负债的识别阶段）

根据《企业会计准则第 20 号——企业合并》第十四条"（一）合并中取得的无形资产，其公允价值能够可靠地计量的，应当单独确认为无形资产并按照公允价值计量"以及"（三）合并中取得的被购买方或有负债，其公允价值能够可靠地计量的，应当单独确认为负债并按照公允价值计量"进行处理。

在本案例中，被收购公司在收购日的资产负债表中并无任何无形资产的会计记录。因此，在本阶段工作中，评估专业人员应执行相关的识别程序，识别出所有在收购日存在的重大可辨认的无形资产。

本案例中，评估专业人员在对无形资产执行了相关的识别程序以后，认为被收购公司良好的经营业绩主要取决于客户对公司驰名商标的认可度以及公司在全国各地建立的比较稳定的客户关系。因此，评估专业人员识别了以下两项重要的无形资产，即商标和客户关系。此外，评估专业人员通过执行相关识别程序以后，并未发现被收购公司在收购日存在任何可辨认的或有负债。

3. 第三阶段（评估阶段）

评估专业人员的主要工作是对企业合并中取得的各项可辨认资产（包括识别出来的无形资产）和负债、或有负债进行公允价值评估。在确定各项可辨认资产、负债的公允价值时，应当遵循企业合并准则应用指南的规定。

其中流动资产中的存货采用上述方法进行评估，评估增值 5 000 万元。

对于固定资产，由于该类工业厂房和设备不存在活跃市场，评估专业人员采用了重置成本法对其进行评估。最终固定资产评估增值 5 000 万元。

对于识别出的商标和客户关系两项无形资产，评估专业人员分别采用了节省许可费折现法和多期超额收益折现法对其进行评估，确定商标的公允价值为 25 000 万元，客户关系的公允价值为 5 000 万元。

在得出各项资产可辨认资产、负债的公允价值后，对其计税基础与账面价值不同所形成的暂时性差异，应根据《企业会计准则第 18 号——所得税》的相关规定确认相应的递延所得税资产和递延所得税负债。

4. 第四阶段（商誉计算及整体合理性测试阶段）

在完成以上三个阶段的工作以后，评估专业人员在本阶段的工作主要包括以下两方面的内容。

（1）计算商誉。在本案例中，商誉的计算过程如下：

合并成本　　　　　　　　　　　+70 000（A）

公允价值调整

　　流动资产增值额　　　　　　+5 000

　　固定资产增值额　　　　　　+5 000

　　无形资产增值额　　　　　　+30 000

公允价值调整项合计 $+40\,000(D)$

递延所得税 $-10\,000(E)=(D)\times25\%$

税后公允价值调整项合计 $30\,000(F)=(D)-(E)$

合并前账面净资产 $+20\,000(B)$

经公允价值调整后的账面净资产 $+50\,000(C)=(B)+(F)$

商誉价值 $20\,000(G)=(A)-(C)$

在计算出商誉价值以后,评估专业人员应当对最终得出的商誉的合理性进行分析,解释商誉所代表的含义及其组成成分。此外,在计算得出的商誉结果较高的情况下,评估专业人员应提请公司管理层关注其减值风险,并考虑及时进行商誉的减值测试程序。

(2) 整体合理性测试。本案例中,评估专业人员计算了以各项资产公允价值为权重计算的加权平均资本回报率(WARA),其结果为 12%(其中,流动资产回报率为 6%,固定资产回报率为 9%,无形资产回报率为 16%,商誉回报率为 25%)。该数据与企业的加权平均资本成本(WACC)13%基本接近,因此,评估专业人员认为其各项资产、负债的公允价值评估具备合理性,整体合理性测试如图 10-5 所示。

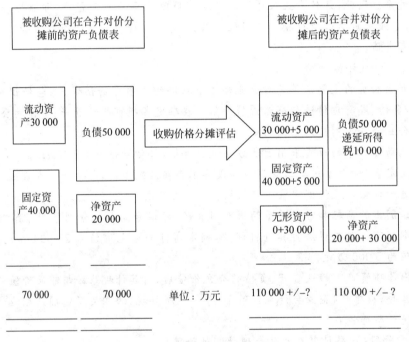

图 10-5　整体合理性测试

由于商誉是在合并报表过程中出现的会计处理,因此在被收购公司层面的资产负债表中未作反映。

第四节　资产评估会计处理

一、资产评估会计处理概述

资产评估机构在评估工作结束后,需要向资产评估的委托单位和有关机构提交资产评估报告书。于委托单位来说,这意味着企业各类资产评估后的价值和原来的价值可能会出现不符。因此,根据特定的资产业务和相关要求,被评估单位就会对评估结果作出会计处理。

1. 资产评估与会计处理

资产评估是由具有资产评估资格的评估机构,根据特定的评估目的,遵循公允原则和标准,利用特有的评估方法对资产某一时点的价格进行评定和估算。而财务会计是对经济活动过程及结果进行确认、记录、计量和报告,是对经济活动全过程进行控制和监督的过程。资产评估的计价和会计的计价之间,既存在着相互联系,也存在着重要的差别。

一方面,传统的会计计价理论及计价模式以历史成本为计量标准。在现代经济中,会计计价试图摆脱历史成本计价模式,又推出了重置成本、变现价值、收益现值和清算价值等新的会计计量标准。根据不同经济时期会计信息使用者和会计准则的要求,会计师可选择适当的计价标准反映会计信息。当会计师选择重置成本、变现价值及收益现值标准作为计价的价值基础时,资产评估的结论就可以成为会计计价的依据。

另一方面,资产评估依赖会计资料。资产评估,特别是继续使用前提下的资产评估,评估中所依据的许多数据资料来源于企业的会计资料和财务数据。资产的重置成本、折旧资料以及资产的预期收益、预期风险的测算都离不开企业的财务会计数据。

2. 资产评估会计处理的要求

资产评估会计处理是一项政策性、技术性很强的工作,因此应遵循下列基本要求。

(1) 会计处理形式要与评估目的一致。对资产评估的结果,其会计处理可以有补充记录、调整账务、重做新账等几种形式,前一种形式不影响企业的税务会计计价,而后两种形式改变了税务会计的计价体系。因而,不同的评估目的要求有不同的会计处理形式与之相适应。从原理上看,企业因为投保、抵押和管理咨询等原因进行评估的结果,只需要进行补充记录,并不影响企业的财务报告和纳税依据;而发生产权变动,但无产权交易的,如企业对外投资、租赁等,则要按评估价调整账务;国家批准进行财产重估以确定会计计价基础的,如清产核资等,也需按评估核准价调整账务;对于发生产权交易(包括单项资产和企业整体资产)的,购买方(或兼并方)则要以成交价和评估价为依据进行价格记录和分摊,重做新账。

(2) 会计处理要遵循会计准则。无论对资产评估结果进行何种会计处理,在运用会计科目、采用会计程序等方面,都应严格地与原有会计惯例保持一致,进行相应的会计处理。

(3) 会计处理的计价原则分别实行核准原则和实现原则。核准原则是指资产评估结果经财政(国有资产管理)部门核准后,因评估目的所需并在有关法律法规允许时,作为会计计价依据。当原有记录与此不一致时,应按核准的评估结果进行调整。实现原则是指对资产交易的成交价,当其与核准价格不一致时,实现价格必须在财务报表上得到相应的反映,以此作为会计计价的依据。

二、资产评估的会计处理

在资产评估工作开始以前,资产评估委托单位必须为评估单位提供真实可靠的会计核算资料,这就需要评估委托单位根据评估的具体要求和目的,对被评估资产进行清查,并对在清查过程中发现的账存与实存不符的事项,按照会计制度及评估原则分别进行会计处理,做到账实相符。这是保证资产评估顺利进行的基本前提。

清产核资及其清查结果的会计处理,是企业按照会计制度所进行的一项正常的会计核算工作,是资产评估中一项必不可少的准备工作,也是有效、顺利地进行资产评估的重要保证。因此,资产评估的委托单位必须认真做好这项工作。

对清产核资过程中发现的盘盈盘亏资产,应分三个步骤作出处理。

第一步,查明原因,填制资产盘盈、盘亏报告表,并按规定的程序报经有关部门批准处理。

第二步,在有关部门批准处理前,将盘盈盘亏资产记入"原材料""产成品""固定资产""待处理财产损溢"等账户,做到账实相符。

第三步,在有关部门批准处理后,以现行财务会计制度为依据,以资产盘盈、盘亏报告表和有关部门的批复意见文本为原始凭证,将处理结果做成会计分录登记入账。

1. 固定资产清产核资的会计处理

企业的固定资产,由于管理、使用上可能出现失误或账务处理过程中可能出现错漏,有时会出现账实不符的现象。清查人员在清查中,应首先查明各种固定资产的实际盘存数量,并认真做好盘点记录,然后将实有数与账存数核对,对账实不符的部分填制"固定资产清产核资盈亏报告表",详细列明盘盈盘亏固定资产的名称、数量和金额等内容,报有关部门审查批示。

对清查中所发现的固定资产盘盈盘亏,应及时调整账目,做到账实相符,并根据造成盘盈盘亏的原因,作出适当处理。为了准确核算企业在清产核资过程中查明的固定资产的盘盈、盘亏和毁损的发生及处理情况,应设置"待处理财产损溢"账户,下设"待处理固定资产损溢"明细账户。

(1) 盘盈的账务处理。对盘盈的固定资产,在报经批准处理前,应首先根据"固定资产清产核资盈亏报告表"及时调整账目,按企业自估的重置完全价值,借记"固定资产"账户,按估计的折旧额贷记"累计折旧"账户,接重置完全价值减去估计折旧后的净值,贷记"待处理财产损溢——待处理固定资产损溢"账户。待盘盈事项经有关部门批准后,将盘盈固定资产净值转作"以前年度损溢调整",借记"待处理财产损溢——待处理固定资产损溢"账户,贷记"以前年度损溢调整"账户。

例 10-3 某企业在资产评估前对资产进行清查,盘盈设备一台,企业自估的重置完全价值为 30 000 元,估计已提折旧额 10 000 元,其有关账务处理如下:

① 企业发现盘盈时,根据"固定资产清产核资盈亏报告表"按自估价值入账:

借:固定资产——设备   30 000

    贷:累计折旧   10 000

         待处理财产损溢——待处理固定资产损溢   20 000

② 经有关部门审批后,转作以前年度损溢调整:

借:待处理财产损溢——待处理固定资产损溢   20 000

    贷:以前年度损溢调整   20 000

(2) 盘亏的账务处理。对于盘亏的固定资产,在报经批准前,也应首先根据"固定资产清产核资盈亏报告表"及时调整账目,注销盘亏的固定资产原价和累计折旧,按账面已提折旧额借记"累计折旧"账户,按账面原价贷记"固定资产"账户,按其账面净值借记"待处理财产损溢——待处理固定资产损溢"账户。待有关部门审批后,按可收回的保险赔偿或过失人赔偿,借记"其他应收款"账户,将其差额列作营业外支出,借记"营业外支出"账户,贷记"待处理财产损溢——待处理固定资产损溢"账户。

例 10-4 企业在固定资产清产核资中发现盘亏专用设备一台,账面原价为 30 000 元,已提折旧 20 000 元。其有关账务处理如下：

① 发现盘亏时，按"固定资产清产核资盘亏报告表"注销盘亏设备原价和已提折旧。

借：待处理财产损溢——待处理固定资产损溢　10 000

　　累计折旧　20 000

　　贷：固定资产——专用设备　30 000

② 经有关部门批准后，转作营业外支出。

借：营业外支出　10 000

　　贷：待处理财产损溢——待处理固定资产损溢　10 000

（3）清理报废的账务处理。在固定资产清产核资过程中，对已到使用年限、不能继续使用的固定资产，或已经毁损而报废的固定资产，应按规定的程序进行清理报废。固定资产在转入清理报废前，要进行有关技术、经济鉴定，并填制报废清理凭证，上报有关部门批准后，才能进行固定资产清理。转入清理报废的固定资产，其报废损失及其在清理过程中所发生的清理费用和清查收入，应通过"固定资产清理"账户进行核算。

① 固定资产转入清理时，应按固定资产净值借记"固定资产清理"账户，按已提折旧借记"累计折旧"账户，按已提的减值准备借记"固定资产减值准备"账户，按固定资产账面原价贷记"固定资产"账户。

② 发生清理费用时，借记"固定资产清理"账户，贷记"银行存款"或"库存现金"账户。取得残料的变价收入时，借记"银行存款"或"库存现金"账户，贷记"固定资产清理"账户。

③ 清理过程中支付的相关税费，借记"固定资产清理"账户，贷记"应交税费"账户。

④ 清理完毕，结转清理固定资产净损失或净收益。清理固定资产为净损失时，借记"营业外支出"账户，贷记"固定资产清理"账户；清理固定资产为净收益时，借记"固定资产清理"账户，贷记"营业外收入"账户。

例 10-5　某企业在清产核资时，发现一台机床已到使用年限，不能继续使用，原价100 000 元，已提折旧 90 000 元。转入清理报废，清理费用 500 元，变卖后取得残值收入 2 000 元，由银行收支。其有关账务处理如下：

① 报废转入清理时

借：固定资产清理　10 000

　　累计折旧　90 000

　　贷：固定资产　100 000

② 支付清理费用时

借：固定资产清理　500

　　贷：银行存款　500

③ 取得残值收入时

借：银行存款　2 000

　　贷：固定资产清理　2 000

④ 结转清理固定资产净收益

借：营业外支出　8 500

　　贷：固定资产清理　8 500

2. 流动资产清产核资的会计处理

存货是指企业在生产经营过程中为销售或者耗用储存的各种资产,包括原材料、燃料、包装物、低值易耗品、在产品、自制半成品、产成品、外购商品等。企业的存货品种复杂、保管分散、收发频繁,由于存货日常收发、计量和计算上的差错,自然损耗和丢失、毁损以及贪污盗窃等原因,往往会比固定资产出现更多的账实不符的现象。

存货清查的任务,首先是要核对账存数额与实存数额,以便加强仓库和生产车间的收发保管工作,严格执行存货收发的手续制度,做到账实相符,存货安全。其次还要查明超储和长期闲置不用的呆滞存货,提出处理意见,做到存货合理节约地使用。存货除了平时的清查外,在企业进行资产评估前,还要进行一次全面清查。

存货清查采用实地盘点方法,清查人员在清查时要对各种不同存货分别进行点数、过磅或测量,点清实存数量,并与账面数量进行核对。对账实不符的存货要查清盘盈盘亏的数量与原因,编制"存货盘盈盘亏报告表",并按规定程序进行有关的上报审批及有关的会计处理。为核算企业在清产核资过程中查明的存货的盘盈、盘亏和毁损的发生及处理情况,应设置"待处理财产损溢"账户,下设"待处理流动资产损溢"明细账户。

(1)存货盘盈的账务处理。在清产核资时,发现盘盈的原材料、在产品、产成品等存货,应及时办理存货入账的手续,调整存货账户的实存数。在报经批准处理前,应首先根据"存货盘盈盘亏报告表"及时调整账目。按盘盈存货的计划成本(或自估的重置成本),借记"原材料""生产成本""产成品"等账户,贷记"待处理财产损溢——待处理流动资产损溢"账户。经有关部门批准后,再冲减管理费用,借记"待处理财产损溢——待处理流动资产损溢"账户,贷记"管理费用"账户。

例10-6 某企业在清产核资时,盘盈甲材料50千克,经查明是由于收发计量错误所致,该企业材料按重置成本核算,经核实确认该批材料重置成本5元/千克,其有关账务处理如下:

① 发现盘盈时,按重置成本入账

借:原材料——甲材料　　　　　　　　　　　2 500

　　贷:待处理财产损溢——待处理流动资产损溢　　　　　2 500

② 报经批准后,冲减管理费用

借:待处理财产损溢——待处理流动资产损溢　　　2 500

　　贷:管理费用　　　　　　　　　　　　　　2 500

(2)存货盘亏和毁损的账务处理。在清产核资中,发现盘亏或毁损的原材料、在产品或产成品等存货,在报经批准处理前,应首先根据"存货盘盈盘亏报告表"及时办理存货入账手续,调整存货账户的实存数;按盘亏或毁损存货的实际成本,借记"待处理财产损溢——待处理流动资产损溢"账户,贷记"原材料""生产成本""产成品"等账户;如果材料日常是按计划成本计价核算的,则上述分录中的原材料也应按计划成本记账,同时,按盘亏或毁损材料应分摊的材料成本差异,借记"待处理财产损溢——待处理流动资产损溢"账户,贷记"材料成本差异"账户。待有关部门批准后,再根据盘亏或毁损的原因,分情况进行账务处理。

① 属于自然损耗造成的定额内合理盘亏,计入管理费用,借记"管理费用"账户,贷记"待处理财产损溢——待处理流动资产损溢"账户。

② 属于超定额盘亏或毁损,能确定过失人的,应由过失人负责赔偿,属于保险责任范围的,应向保险公司索赔。扣除过失人或保险公司赔款后的余额,计入管理费用,借记"其他应

收款""管理费用"账户。

③ 属于非常损失造成的存货毁损,扣除保险赔款和残料价值后,计入营业外支出,借记"营业外支出"账户,贷记"待处理财产损溢——待处理流动资产损溢"账户。

例 10-7　某企业在清产核资时,盘亏甲材料一批,计划成本为 3 000 元。经查明,甲材料盘亏部分是保管员过失造成的,应由保管员赔偿 2 000 元。发现毁损乙材料一批,计划成本 4 000 元。经查明,乙材料毁损是地震造成的,应收保险赔款 2 000 元。材料成本差异率为 5%(超支差异)。其有关账务处理如下:

① 发现盘亏和毁损材料时

借:待处理财产损溢——待处理流动资产损溢　　　　　　　　7 000

　　贷:原材料——甲材料　　　　　　　　　　　　　　　　　3 000

　　　　　　——乙材料　　　　　　　　　　　　　　　　　4 000

借:待处理财产损溢——待处理流动资产损溢　　　　　　　　 350

　　贷:材料成本差异(7 000×5%)　　　　　　　　　　　　 350

② 报经批准后,结转待处理财产损溢

借:管理费用　　　　　　　　　　　　　　　　　　　　　1 150

　　其他应收款——保管员××　　　　　　　　　　　　　2 000

　　营业外支出　　　　　　　　　　　　　　　　　　　　2 200

　　其他应收款——应收保险赔款　　　　　　　　　　　　2 000

　　贷:待处理财产损溢——待处理流动资产损溢　　　　　　7 350

3. 应收账款清查的账务处理

应收账款是指企业因销售产品、材料或提供劳务而应向购货单位或接受劳务单位收取的款项。应收账款不像存货那样存在盘盈、盘亏或毁损问题,但因各种主客观原因,可能会发生呆账,呆账随着时间推移,容易形成坏账。由于这类往来业务不是短期内能结算的,因此原则上讲,在资产评估、财产清查时,对这类往来款项,一般按账面数确定。

坏账是指企业无法收回的应收账款,由于发生坏账而产生的损失被称为坏账损失。现行财务制度规定,符合下列条件之一的应收款项可作为坏账损失处理:①因债务人破产,依照法律程序清偿后,仍然无法追回的应收账款;②因债务人死亡,既无遗产可供清偿,又无义务承担人,确实无法收回的应收账款;③因债务人逾期未履行偿债义务,超过 3 年仍不能收回的应收账款。

坏账损失核算一般有两种方法,即直接转销法和备抵法。

(1) 直接转销法。直接转销法就是在实际发生坏账时,作为损失计入期间费用,同时冲销应收账款。在确认坏账发生时,借记"管理费用"账户,贷记"应收账款"账户。这种账务处理方法简单实用,但不符合权责发生制及收入与费用相配比的原则,致使企业发生的大量陈账、呆账、长年挂账得不到处理,虚增了利润。

(2) 备抵法。备抵法就是按期估计坏账损失,计入期间费用,同时建立"坏账准备"账户,待坏账实际发生时,冲销"坏账准备"账户。这种方法的好处在于:一是预计不能收回的应收账款作为坏账损失同期计入费用,避免了企业的明盈实亏;二是在报表上列示应收账款净额,更能真实反映企业的财务状况;三是使应收账款实际占用资金接近实际,消除了虚列的应收账款,有利于加快企业资金周转。采用备抵法时,应设置"坏账准备"账户,提取坏账准备金时借记"管理费用"账户,贷记"坏账准备"账户。冲销坏账准备时,借记"坏账准备"账户,贷记"应收账款"账户。

例 10-8 某企业在清理其他应收款项时,发现本企业职工张某尚欠借款 1 000 元,张某现已死亡,既无遗产可供清偿,又无义务承担人,报经批准确认为坏账。其他应收款不提取坏账准备,采用直接转销法。其账务处理如下:

借:管理费用　　　　　　　　　　　　　　　　　　1 000

　　贷:其他应收款——张某　　　　　　　　　　　　　　　1 000

例 10-9 某企业在清产核资中发现,应收甲公司货款 10 000 元,逾期尚未收回,经查明该公司已破产,且无可供清偿的财产,报经批准后确认为坏账。其账务处理如下:

借:坏账准备　　　　　　　　　　　　　　　　　　10 000

　　贷:应收账款——甲公司　　　　　　　　　　　　　10 000

三、资产评估结果的会计处理

资产评估结果一经核准后,财务部门应根据有关规定,分别调整有关资产和负债的账面价值。由于资产评估的特定目的不同,企业性质不同,因此评估结果的会计处理方法也不尽相同。

1. 固定资产评估结果的会计处理

按照国家规定,实行租赁经营及其他一般性资产评估的评估结果,应按评估确认价格来调整企业固定资产的账面价值。重估价值大于账面净额的差额,属于法定财产重估值,应作为资本公积金处理,按固定资产重置全价的增加额,借记"固定资产"账户,按重置净价的增加额,贷记"资本公积"账户,按重置全价的增加额与重置净价的增加额之差,贷记"累计折旧"账户。

例 10-10 某企业准备实行租赁经营,其固定资产账面原值为 500 万元,已提折旧 300 万元,评估确认的固定资产重置完全价值为 600 万元,按资产新旧程度确认净价为 250 万元。有关会计处理如下:

借:固定资产(6 000 000－5 000 000)　　　　　　1 000 000

　　贷:资本公积(2 500 000－2 000 000)　　　　　　　500 000

　　　累计折旧　　　　　　　　　　　　　　　　　　　500 000

在资产评估实际工作中,资产评估结果一般多为财产重估增值,因而我国《企业会计准则》以及企业会计制度中只规定了资产重估增值的会计处理方法,而未明确规定资产重估减值的会计处理方法。国际会计准则对资产重估减值的处理方法,一般是净资产重估减值作为损失记入损益账户;如果重估减值与过去的重估增值有关,而重估增值已记入所有者权益账户,则应将后来重估减值冲销已计入资本公积的重估增值,冲销后仍有未冲销的重估减值,则应记入损益账户。

(1) 对外直接投资的资产评估结果的账务处理。经批准实行企业兼并、中外合资、中外合作经营的企业,在产权发生变动前,应对资产进行评估。在资产评估价值确认后,应分以下两步进行会计处理。

① 按评估确认价值调整投资固定资产的账面价值,重估增值计入资本公积,其会计分录与前述租赁评估结果的会计分录相同。

②　按调整后的固定资产价值做对外投资的账务处理,即按评估确认的净价,借记"长期投资"账户;按调整后的账面折旧额,借记"累计折旧"账户;按调整后的账面原价(即确认的评估原价),贷记"固定资产"账户。

例 10-11　经主管部门批准,某企业准备与外商合资,将其拥有的厂房及机器设备向外投资,厂房及机器设备的账面原值为 100 万元,已提折旧 55 万元。评估后确认的重置完全价值为 110 万元,按新旧程度确定的折旧额为 60 万元,则企业应作如下账务处理:

①　按确认的重估价值调账

借:固定资产(1 100 000－1 000 000)　　　　　　　　　　　　　100 000

　　贷:资本公积(500 000－450 000)　　　　　　　　　　　　　　50 000

　　　　累计折旧　　　　　　　　　　　　　　　　　　　　　　　50 000

②　资产向外投资时

借:长期股权投资　　　　　　　　　　　　　　　　　　　　　　500 000

　　累计折旧　　　　　　　　　　　　　　　　　　　　　　　　600 000

　　贷:固定资产　　　　　　　　　　　　　　　　　　　　　1 100 000

在实际工作中,为简化账务处理,也可将上述两笔会计分录合并为一笔会计分录:

借:长期股权投资　　　　　　　　　　　　　　　　　　　　　　500 000

　　累计折旧　　　　　　　　　　　　　　　　　　　　　　　　550 000

　　贷:固定资产　　　　　　　　　　　　　　　　　　　　　1 000 000

　　　　资本公积　　　　　　　　　　　　　　　　　　　　　　50 000

(2) 经营评价、抵押贷款、经济担保评估结果的处理。在企业实行抵押经营、经营评价或经济担保时,在资产业务进行前应该对企业的资产进行评估。经评估确认的固定资产价值不论高于或低于原账面价值,均不能作为企业会计核算的依据,不能据以调整固定资产的账面价值。企业在收到"资产评估确认通知书"后,不作实际账务处理,只是将评估资料作为会计文件保存,保存到业务期满,以备查阅。

2. 流动资产评估结果的会计处理

流动资产可分为货币性流动资产和非货币性流动资产。货币性流动资产包括现金、银行存款、应收账款等项目,其价值表现为一个固定的金额,评估时不需要考虑物价变动的影响,而直接以其账面价值作为评估价值。因而,对这部分流动资产的评估结果,不需要再作账务处理。非货币性流动资产是指存货,包括材料、在产品、产成品等。其价值不固定,将随着物价水平的升降而变动,评估时应考虑物价水平变动对其价值的影响,按现行市价或重置成本确认其价值。同固定资产评估结果一样,这类流动资产的评估结果也要区别不同的特定评估目的进行账务处理。

(1) 非对外投资性流动资产评估结果的账务处理。按规定进行资产评估的企业,应按流动资产确认的评估价格调整评估基准日的有关流动资产账户。重估财产增值,作为资本公积处理,借记"原材料""在产品""产成品"等账户,贷记"资本公积"账户,重估财产减值,做相反的会计分录。

例 10-12　某企业按规定继续资产评估,评估前该企业原材料账面价值为 30 万元,在产品价值 10 万元,半成品价值 5 万元,产成品 10 万元,低值易耗品价值 5 万元。其有关账务处理如下:

① 对重估增值部分调账

借：原材料   100 000

  在产品   20 000

  产成品   30 000

  贷：资本公积   150 000

② 对重估减值部分调账

借：资本公积   70 000

  贷：半成品   20 000

    低值易耗品   50 000

（2）对外投资性流动资产评估结果的账务处理。重估财产增值，作为资本公积处理，借记"原材料""在产品""产成品"等账户，贷记"资本公积"账户，重估财产减值，做相反会计分录。对外投资则冲减流动资产账户。

例 10-13 某企业经批准以流动资产作价投资。该企业原材料账面价值为 50 000 元，评估确认价值为 80 000 元；产成品账面价值 200 000 元，评估确认价值为 250 000 元。其有关会计分录如下：

① 对重估增值调账

借：原材料   30 000

  产成品   50 000

  贷：资本公积   80 000

② 对外投资

借：长期股权投资   330 000

  贷：原材料   80 000

    产成品   250 000

在实际工作中，为简化账务处理，可将上述两笔会计分录合并为一笔会计分录：

借：长期股权投资   330 000

  贷：原材料   250 000

    资本公积   80 000

3. 无形资产评估结果的会计处理

在对无形资产的评估结果进行会计处理时，除了应该遵循前述的原则外，还应注意以下两个问题。

第一，现行财务制度规定，商誉只有在企业合并时才能确认入账。

第二，原国有资产管理局在《国有资产产权变动时必须进行资产评估的若干暂行规定》中对评估费用的处理作出了如下规定："资产评估所需费用、凡有产权转让收入的，在产权转让收入中扣除；无产权转让收入或实行租赁、联营、股份经营以及中外合资、合作经营所进行的资产评估，资产评估费用在企业管理费中列支。"

以下分不同情况来说明无形资产评估结果的会计核算和账务处理问题。

（1）股份经营、联营、联合、中外合资、中外合作经营企业的会计处理。由于企业拥有的无形资产，有的已入账核算，有账面价值；有的尚未入账核算，没有账面价值，因此当企业以专有技术、商标所有权等无形资产进行投资时，其确认的评估价值，应区分不同情况进行会计处理。

(2) 有账面价值的无形资产,确认的评估价值大于账面价值时的会计处理。企业以已入账的无形资产向外投资,应按确认的评估价值,借记"长期股权投资"账户;按确认的评估价值大于原账面价值的部分,贷记"资本公积"账户;按原账面价值,贷记"无形资产"账户。

例 10-14 某企业与外单位联营,将一专有技术作价投资,原账面价值为 100 万元,确认的评估价值为 200 万元。其会计处理如下:

借:长期股权投资 2 000 000
　贷:资本公积 1 000 000
　　无形资本——专有技术 1 000 000

(3) 有账面价值的无形资产,确认评估价格小于原账价值时的会计处理。按确认的评估价值,借记"长期股权投资"账户;按确认评估价值小于原账面价值部分,借记"资本公积"账户;按原账面价值,贷记"无形资产"账户。

例 10-15 某企业与外单位联营,以专有技术作价投资,原账面价值为 100 万元,确认后的评估价值为 80 万元。其会计处理如下:

借:长期股权投资 800 000
　资本公积 200 000
　贷:无形资产——专有技术 1 000 000

(4) 无账面价值的无形资产的会计处理。企业以尚未入账的无形资产向外投资,通过资产评估后,应按评估确认的价值,借记"长期股权投资"账户,贷记"资本公积"账户。

例 10-16 某企业以土地使用权作价向中外合资企业投资,该土地使用权原来由国家无偿划拨企业使用,尚未入账。经资产评估,土地使用权确认价格为 200 万元,有关会计处理如下:

借:长期股权投资 2 000 000
　贷:资本公积 2 000 000

4. 企业兼并或出售情况下评估结果的账务处理

在企业兼并或出售情况下,评估并确认无形资产价值后,应区别下列情况进行账务处理:

(1) 没有账面价值的无形资产。对于尚未入账而没有账面价值的无形资产,应按确认的评估价值将无形资产入账,同时增加资本公积。借记"无形资产"账户,贷记"资本公积"账户。

(2) 有账面价值的无形资产。对于已经入账的有账面价值的无形资产,如确认的评估价值大于账面价值,应按其差额借记"无形资产"账户,贷记"资本公积"账户;如确认的评估价值小于账面价值,则按其差额借记"资本公积"账户,贷记"无形资产"账户。

例 10-17 某企业拟被兼并,该企业拥有的某项无形资产的账面价值为 60 万元,确认的评估价值为 30 万元,评估价值小于账面价值。其会计处理如下:

借:资本公积 300 000
　贷:无形资产 300 000

第十一章

国内外资产评估发展情况及准则

 **学习目标**

1. 了解国内外资产评估发展情况。
2. 了解国际评估准则的主要内容。
3. 了解美国《专业评估职业统一准则》的结构体系。
4. 了解英国《RICS 估价——专业标准》的结构体系。
5. 掌握我国资产评估准则体系的指导思想及资产评估准则框架体系。

 情境导入

中联资产评估集团有限公司接受长安汽车金融有限公司的委托,对长安汽车金融有限公司拟增资所涉及的长安汽车金融有限公司的股东全部权益在评估基准日的市场价值进行了评估。评估对象是长安汽车金融有限公司的股东全部权益,评估范围是长安汽车金融有限公司在评估基准日经审计的全部资产和负债。评估基准日为 2018 年 12 月 31 日。本次评估的价值类型为市场价值。本次评估以持续使用和公开市场为前提,结合委托对象的实际情况,综合考虑各种影响因素,采用资产基础法、收益法对长安汽车金融有限公司股东全部权益进行了评估,然后加以校核比较。考虑评估方法的适用前提和满足评估目的,本次选用收益法评估结果作为最终评估结论。经实施清查核实、实地查勘、市场调查和询证、评定估算等评估程序,得出长安汽车金融有限公司股东全部权益在评估基准日 2018 年 12 月 31 日评估结论如下:长安汽车金融有限公司净资产账面价值为 290 269.53 万元,评估价值为 330 636.41 万元,评估增值 40 366.88 万元,增值率为 13.91%。根据国有资产评估管理的相关规定,资产评估报告须经备案后使用,经备案后的评估结果使用有效期为一年,本报告评估结果使用有效期为一年,即自 2018 年 12 月 31 日至 2019 年 12 月 30 日使用有效。

请思考:案例中,企业在评估的时候应该遵循哪些相关评估准则?

第一节 国内外资产评估发展情况

一、国外资产评估发展情况

1. 美国评估行业的发展情况

19 世纪后期,针对火灾产生的保险诉讼,以及保险对象的赔偿数额,美国出现了专业评估公司。1896年,穆恩·约翰及其合伙人在美国威斯康星州密尔基市创建了评估公司。1917年,美国开始征收所得税,评估机构就资产的折旧、有效使用寿命等因素的确定向美国政府提供咨询,评估业务得到迅速发展,在很多州都开展了业务。

第二次世界大战后,随着美国政治、经济影响力的扩大,美国评估业影响迅速扩大。意大利政府等为确定战争期间遗留资产的价值,重建家园,请评估机构赴意大利进行评估。由此,美国评估机构开始了海外业务的拓展。在传统的不动产评估领域之外,美国评估业自20世纪60年代起致力于评估业务的综合化,资产评估浓厚的不动产色彩得到了很大改变。科学技术进步、世界经济迅速发展、外汇汇率变动和通货膨胀等因素的综合影响,导致了各国企业资产账面价值与其实际价值背离,而资产评估在反映资产现时市场价值方面的作用日益被接受。随着经济的发展,进行资产评估反映资产现时价值已成为各方面的迫切需要,由不动产发展而来的资产评估业逐渐扩展到其他资产领域,被评估资产的类型日趋多样化、综合化。各国关于评估理论的研究也逐步扩大、深入各个相关领域,不仅不动产评估理论继续发展,关于机器设备、动产、无形资产和企业整体资产评估的理论,也得到了重视并日益发展成熟。资产评估专业组织对评估行业的管理也向综合化方向发展。

美国评估师协会成立于20世纪30年代,是具有悠久不动产评估历史的专业协会,早在60年代就认识到综合化发展对评估行业和评估理论的重要性,适时地进行改革,增设了机器设备评估分会、动产评估分会、企业评估分会等众多与不动产评估分会平行的专业分会,开展相应理论研究。20世纪80年代评估业遭受重创后,行业自律改革、政府介入,重新恢复声誉。20世纪90年代以来,企业并购更趋活跃,企业价值评估愈发重要。21世纪后,资产评估正逐步变得更加规范化和实用化。

2. 欧洲资产评估发展情况

欧洲评估业受英国等传统评估业发达国家的影响,长期以来主要以不动产评估领域为核心,早期则以"固定资产评估"为主。欧洲许多国家很早就受到公允会计理论的影响,既允许采用传统的历史成本减折旧的会计处理方式,也允许在一定情况下以评估后的市场价值作为固定资产的列示价值反映在资产负债表中。1978年,欧共体正式发布了第四号法令——《公司法》,其中第三十五条规定了与固定资产评估相关的规则,从立法上对这种会计改革的方向给予肯定。为在公司年度会计报表中反映固定资产的公允(市场)价值,许多公司聘请评估师对公司固定资产进行评估,其目的是最终将固定资产的公允(市场)价值纳入年度会计报表。在此基础上,欧洲各国开展了大量的以撰写财务报告为目的的固定资产评估业务。

为指导欧盟境内跨国商务活动专业评估的发展,1977年4月,比利时、法国、德国、爱尔兰和英国发起成立了欧洲固定资产评估师联合会,后改名为欧洲评估师协会联合会。欧洲评估师协会联合会现有27个会员国家,40个成员协会,成员协会涵盖整个欧洲,甚至包括苏联的一些协会。

现在,欧盟没有在评估领域对所有成员国进行统一执业要求、统一评估技术等方面的强制性规定,将来也很难实现。但是,欧盟委员会支持欧洲评估师协会联合会通过制定和发布欧洲评估准则,致力于协调各个国家的会员协会,在行业内形成了一套行之有效的办法。

欧洲评估师协会联合会的会员国评估立法现状不尽相同,主要有以下三种情况:①在不动产方面有严格的法律规范,如西班牙、德国、丹麦;②在不动产评估方面没有任何规范性的要求,如希腊、葡萄牙、瑞典、芬兰;③虽然没有法律规范,但是存在行业规定,如英国、法国、比利时。欧洲评估师协会联合会的工作之一,就是尽量减少由于各国规定不同而导致的冲突,推进跨国评估工作的规范和发展。

随着评估业的综合发展,欧洲评估业近10年来也在向不动产评估和以撰写财务报告为目的的评估业务以外的领域拓展,欧洲评估准则EVS2003涉及的评估领域,包括房地产评估、机器设备评估、企业价值评估和无形资产评估等。其向非不动产评估领域延伸速度之快,引起了各国评估界的广泛关注,在一定意义上也验证了国际评估业综合性发展的趋势。2005年1月1日,欧洲要求欧盟上市公司根据国际财务报告准则(IFRS)提供合并资产负债表,国际财务报告准则要求某些资产和负债以评估后的公允价值列示。另外,税收目的评估主要在改制(关于企业改制的税法规定)、转移定价、国际税收关系法案、折旧与损耗、少数股东权益(负债部分)等方面进行。在现金买断式合并评估、并购法案、实物出资、遗产税等法律方面也有了一些关于评估的规定。

当前,随着交易规模不断扩大、首次发行股票(IPO)公司逐渐增多、私有化投资的数量和规模不断扩大等,欧洲的评估市场正在增长。但是,欧洲评估行业的竞争并不十分激烈,因为只有少数独立的评估公司拥有足够的人力资源和技术,能够承接大型的评估项目。

3. 国外资产评估对我国资产评估行业的启示

(1)国内评估公司评估企业的整体价值时通常使用成本法,收益法和市场法应用甚少。收益法是比较先进和科学的评估方法,虽然在我国目前应用此方法还存在一些问题,如需要大量的市场数据,参数不易收集,计算、整理等工作技术还有待提高等困难,但在实践中,当条件成熟时,应逐步推广使用这种方法。

(2)评估师应该包括内部评估师和外部评估师。企业内部评估师对企业、对评估行业而言都是不可缺少的一支队伍,他们对企业资产日常的价值确认、保值增值,发挥着不可或缺的作用;而外部评估师相对来说更加专业,与社会接触比较频繁,处理过很多企业的资产评估问题。企业内部评估师应加强相关资格和水平、管理办法的研究;外部评估师更要随时了解相关情况,做好资产评估工作。对资产评估师的培训中,应涉及大量的公司治理、财务预测、财务管理和财务分析等内容。将这些专业知识与资产评估融会贯通,才能更好地开展企业价值评估工作,切实提升资产评估师的评估水平。

(3)在会计和审计准则要求公允价值计价的前提下,评估在审计工作中发挥着重要的作用。评估师和审计师在执业时协作配合是做好审计和评估工作必不可少的前提。如何加强、扩展这种合作关系需要进一步研究。

总体来看,资产评估是市场经济的产物,在国外已有100多年的历史。资产评估的业务范围非常广泛,大到宇宙飞船,小到边角废料,几乎无所不包。在我国,资产评估只有20余年的发展历程,但是其发展速度比较快,竞争也比较激烈。我国加入WTO后,外资评估机构进入中国也有十几年了,竞争会进一步加剧,我国资产评估界应从各方面进一步提高。相信我国会产生一批世界性的著名资产评估公司。

二、国内资产评估发展情况

(一)我国资产评估行业的发展史

不同于西方市场经济发达国家资产评估的发展,我国资产评估是在经济体制和对外开放政策背景下,为满足国有资产管理工作的需要而产生的,并走出了一条适合中国特色发展的道路。1978 年 2 月,中共十一届三中全会作出对国家竞技管理体制和国有企业经营管理方式进行改革的重大决策,为防止国有资产流失,作为国有资产管理的必备程序和保护国有资产权益的专业手段,资产评估运营而生,20 世纪 80 年代末,我国国有企业改革进入纵深阶段。为防止国有资产流失,规范国有资产交易行为,政府部门出台一系列政策规定企业兼并和出售国有小型企业产权,国有资产实行租赁、联营、股份经营,兼并和出售国有企业,资产折股出售,破产清理,企业结业清理,中外合资,合作经营,必须进行资产评估工作,初步确立了资产评估地位。1989 年,原国家体改委,财政部、原国家资产管理局共同发布了《关于出售国有小企业产权的暂行办法》,明确规定:"被出售企业的资产(包括无形资产)要进行清查评估。"同年,原国家体改委、原国家计委、财政部、原国家国有资产管理局共同发布了《关于企业兼并的暂行办法》,明确规定:对兼并方的有形资产和无形资产一定要进行评估作价,并对全部债务给予核实。如果兼并方企业在兼并过程中转换为股份制企业,也要进行资产评估。同年,原国家国有资产管理局发布了《关于在国有资产产权变化时必须进行资产评估的若干暂行规定》。1990 年 7 月原国家国有资产管理局成立资产评估中心,负责资产评估项目和资产评估行业的管理工作。这些早期资产评估管理文件的发布和资产评估管理机构的成立,标志着我国资产评估工作正式起步。

　　20 世纪 90 年代初,原国家国有资产管理局负责管理资产评估行业,建立资产评估机构资格准入制度,建立了资产评估收费管理制度,编写了资产评估专业培训教材。1993 年 9 月民政部批复成立协会,开启了我国资产评估专业发展的新里程。特别是 1991 年以国务院第 91 号令发布的《国有资产评估管理办法》,是我国第一部对资产评估行业进行政府管理的最高行政法规,标志着我国资产评估行业走上法制道路。该办法明确规定:凡是涉及国有资产产权或经营主体发生变动的经济行为都要进行评估,同时还规定全国资产评估管理的政府职能部门是国有资产管理部门,将审批评估机构纳入国有资产管理部门的职责范围,规定了被评估资产的管理范围,评估的程序和方法及法律责任等,为推动我国资产评估行业的发展,起到了历史性的作用。1993 年 12 月,中国资产评估协会成立大会召开,并于 1995 年代表我国资产评估行业加入国际评估准则委员会。中国资产评估协会的成立标志着中国资产评估行业已经开始成立为一个独立的中介行业,我国资产评估行业管理体制也开始走向政府直接管理与行业自律管理相结合的道路。

　　1993 年以后,我国经济体制改革的深入推进为资产评估行业提供了重要的发展机会,资产评估行业得到空前的发展,资产评估机构和人员数量迅速增加,注册资产评估师制度建立,行业准则制度得到了进一步完善,发布了资产评估操作规范意识等技术性规范。

　　1998 年根据政府体制改革方案,国家国有资产管理局被撤销,相应的资产评估管理工作移交到财政部,中国资产评估协会划归财政部管理。1999—2000 年,我国资产评估行业完成了资产评估机构脱钩改制工作。

　　2001 年 12 月 31 日,国务院办公厅转发了财政部《关于改革国有资产评估行政管理方式加强资产评估监督管理工作意见的通知》(国办发〔2001〕102 号),对国有资产评估管理方式进行重大改革,取消财政部门对国有资产评估项目的立项确认审批制度,实行财政部门的核准制或财政部门、集团公司及有关部门的备案制。之后财政部相继制定了《国有资产评估管理者若干问题的规定》《国有资产评估违法行为处罚方法》等配套改革文件,评估项目的立项确认制度改为备案、核准制,加大了资产评估机构和注册资产评估师在资产评估行为中的责任。与此相适应,财政部将资产评估管理、资产评估准则制定等原先划归政府部门的行业管理职能移交给行业协会。这次重大体制改革不仅是国有资产评估管理的重大变化,同时也标志着我国资产评估行业的发展进入一个强化行业自律管理的新阶段。

2003年,国务院设立国有资产监督委员会,财政部有关国有资产管理的部分职能划归国务院国资委。国务院国资委作为国务院特设机构,以出资人的身份管理国有资产,也包括负责监管所属企业资产评估项目的核准和备案。这次改革基本实现了国有资产评估管理与资产评估行业管理的分离,表明我国资产评估行业成为一个独立的专业服务行业。

2004年2月,中国资产评估协会以财政部名义发布了《资产评估准则——基本准则》《资产评估职业道德准则——基本准则》。同期,财政部组织在全国范围内对资产评估行业进行全面检查,进一步推动了我国资产评估行业的健康发展。

2004年以来,根据行政许可等相关法律法规和国务院文件的规定,资产评估行业进一步完善行政管理和行业自律管理相结合的管理体制。实施行政许可的项目有:由财政部门实施的资产评估机构设立许可;由财政部中国证监会共同实施的资产评估机构从事证券业务许可;人事部门与财政部门共同实施的资产评估机构从事证券期货业务许可(含珠宝评估专业);注册资产评估师注册由中国资产评估协会实行自律管理。

2005年5月11日,财政部发布《资产评估机构审批管理办法》(财政部令第22号),对资产评估机构及其分支机构的设立、变更和终止等行为进行规范。

我国自1993年开始,要求资产评估机构开展证券评估相关业务,必须取得证券评估许可证。为规范管理,国家国有资产管理局和证监会联合印发了《关于从事证券业务的资产评估机构资格确认的规定》。2004年,根据国务院的要求,财政部和证监会对102家持有证券评估许可证的资产评估机构开展了综合性检查,并暂停受理证券评估资格的申请和变更。2004年,根据新修订的证券法和《国务院对确需保留的行政审批项目设定行政许可的决定》,国家继续对资产评估机构从事证券业务实施行政许可。财政部和中国证监会联合印发了《关于从事证券期货业务的资产评估机构有关管理问题的通知》,对资产评估机构申请证券评估资格应当满足的条件和应当提交的材料、具有证券评估资格的资产评估机构后续监管等问题作出了明确规定,不仅加强了资格的准入管理,还建立了"优胜劣汰"的退出机制。

2009年12月,财政部发布了《财政部关于推动评估机构做大做强做优的指导意见》(财企〔2009〕453号),明确提出了要加快培养一批与我国经济发展水平相适应,具有较大规模、较强实力和较高执业水平的评估机构,推动评估行业科学发展。2010年11月,财政部发布《关于评估机构母子公司试点有关问题的通知》,鼓励证券评估机构集团化发展,采用母子公司经营模式。

2011年8月11日,财政部发布《资产评估机构审批和监督管理办法》(财政部令第64号),进一步规范了资产评估机构审批行为。

2014年8月12日,国务院发布了《关于取消和调整一批行政审批项目等事项的决定》(国发〔2014〕27号),取消了注册资产评估师等11项职业资格许可证和认定事项。2014年8月13日,人力资源和社会保障部印发《关于做好国务院取消部分准入类职业资格相关后续工作的通知》(人社部函〔2014〕44号),将资产评估师职业资格调整为水平评价类职业资格。

2016 年 7 月 2 日,十二届全国人大常委会第二十一次会议审议通过了《中华人民共和国资产评估法》(以下简称《资产评估法》),自 2016 年 12 月 1 日起施行。《资产评估法》对资产评估机构和资产评估人员开展资产评估业务、资产评估行业行政监督和行业自律管理、资产评估相关各方的权利义务责任等一系列重大问题作出了明确规定,全面确立了资产评估行业的法律地位,对促进资产评估行业发展具有重大历史意义和现实意义。

2016 年 12 月 9 日,财政部《关于贯彻实施〈中华人民共和国资产评估法〉的通知》明确,根据《资产评估法》要求,财政部将加快出台《资产评估行业财政监督管理办法》和《资产评估基本准则》等相关管理制度,确保资产评估落到实处。通知要求各级财政部门和资产评估协会要抓紧清理和修订与《资产评估法》不一致的规定,并按照《资产评估法》的要求,建立新的管理规范和工作流程。中国资产评估协会要按照《资产评估法》的要求,制定并不断完善资产评估执业具体准则和职业道德具体准则,指导和监督会员执业行为。

2017 年 9 月,中国资产评估协会发布了 25 项资产评估执业准则和 1 项职业道德准则修订稿,自 2017 年 10 月 1 日起施行。此次修订是资产评估行业加强《资产评估法》配套制度建设的又一重要举措。

(二)我国资产评估行业现状

1. 服务领域

我国资产评估服务已经涵盖我国经济建设各个领域、各种经济行为、各种资产类型,体现了我国资产评估的广泛性和综合性。从经济行为类型来看,资产评估为企业改制和上市,合资,合作经营,股权转让,资产买卖和置换,债转股,担保融资,破产清算,保险赔偿,损失补偿,税收,司法诉讼,会计计量等众多经济行为提供了广泛的评估专业服务。从资产类型来看,包括企业整体资产、债权类资产、存货、机器设备、房屋建筑物,土地、专利、商标、著作权、专有技术、珠宝首饰、森林资源资产、矿产资源等。

2. 资产评估机构和评估人员

经过 30 年的发展,资产评估行业拥有资产评估师 4.4 万人,其中,执业资产评估师 3.4 万人,资产评估机构 3 340 多家,2016 年评估收入达到 120 亿元。我国已经成为名副其实的评估大国,但在评估理论研究、评估队伍素质等方面与发达国家还存在一定差距,这方面我们也正在发力,迎头赶上,争取尽快成为世界评估强国。

3. 资产评估理论

我国资产评估行业初步形成具有中国特色的资产评估理论框架,从价值理论的经济学基本论点出发,形成了资产评估的基本要素和基本原理,根据成本核算、收益预期及市场博弈等技术方法,形成了资产评估的具体路径、方法和参数。我国的资产评估行业在基本理论与原理、基本评估方法上与国际评估行业保持一致,在具体操作和参数上的某些方面体现了我国社会主义市场经济特色。

4. 行业自律组织

资产评估行业作为市场经济中不可或缺的一个重要组成部分,其行业协会组织建设对保障行业健康发展、维护经济秩序、实现社会稳定具有重要意义。目前,我国资产评估协会形成了完整的行业自律管理组织体系。

5. 国际交流

中国资产评估协会在多个重要国际评估组织担任要职,包括世界评估组织联合会副主席、副秘书长,国际评估准则理事会管委会委员、资格委员会委员,国际财产税学会、国际企业价值评估学会常务委员会常务理事等。中国资产评估协会在参与行业国际规则制定,反映我国评估行业发展诉求,维护我国国家利益和评估行业权益方面发挥了重要作用。中国资产评估协会与50多个国家和地区评估组织建立了联系或合作关系,为我国评估行业国际化奠定了坚实的基础。

(三)我国资产评估的地位和作用

经过30年的发展,我国资产评估在中国特色社会主义市场经济建设、经济体制改革、经济发展方式转变和产业结构优化升级、社会进步和发展等各个方面作出了积极的贡献,服务对象几乎涵盖了国民经济的所有行业及社会的各个领域,已经成为我国经济体制改革的重要专业支柱。

1. 资产评估在市场经济中的地位

(1)资产评估是市场经济不可或缺的专业服务行业。市场经济的特征是生产要素在经济活动中的无障碍流通,调节生产要素在不同部门的流出流入,以实现其有效配置,从而使其获利能力达到最大化。与一般商品不同,资产作为生产要素,其交易价值是由有效配置下的获利能力决定的,交易价格实质上是能力的价值表现。受市场环境和资源配置等各种因素的影响。资产一般不能简单地按照原值或账面价值进行交易,否则会损害交易一方的利益,影响资产的合理流动。资产评估的过程实际上是模拟买卖双方的决策过程,目的在于促进交易各方当事人的合理决策,以消除有限理性和机会主义的影响,从而为资产交易双方理性确定资产交易价格、保障产权有序流转提供价值尺度。市场经济需要对价值进行合理判断,价值判断需要以科学的资产评估为依托。作为一项动态化、市场化的社会活动,资产评估是市场经济条件下活跃存在的经济范畴,评估行业是现代服务的重要组成部分,在市场经济中其专业服务不可或缺。

(2)资产评估是现代服务业的重要专业组成部分。现代服务业通常是指智力化、资本化、专业化、效率化的服务业,其已经成为衡量一个地区综合竞争力和现代化水平的重要标志之一。资产评估行业具备典型的现代服务行业特征,具有技术密集、知识密集、高附加值、低资源消耗、低环境污染、高产业带动等现代高端服务行业特点,是专业服行业的重要组成部分,也成为通用商业化语言。一是服务主体具有专业性;二是服务对象具有高端性;三是服务行为具有公正性。资产评估作为专业服务行业的一分子,不但是经济社会发展中的重要专业力量,也是财政管理中的重要基础工作。

(3)资产评估是我国经济体制改革深化的重要专业支撑力量。1992年10月,中国共产党第十四次全国代表大会改变了过去建立有计划的商品经济的提法,第一次把社会主义市场经济确立为我国经济体制改革的目标模式,从而为资产评估行业的诞生奠定了坚实的制度基础。30年来,我国资产评估行业根植于我国经济体制改革,并成为改革向纵深推进的专业支撑力量。

2. 资产评估在市场经济中的作用

作为规范交易行为的价值标尺,资产评估在促进市场资源优化配置,保障资本市场良性运行,维护社会主义市场经济秩序,维护各类权益,维护公共利益和对外开放环境下的国家利益中发挥了积极作用。

(1)资产评估在促进市场资源优化配置作用。在市场经济条件下,资源优化配置是指市场遵循平等性、竞争性、法制性和开放性的一般规律,由市场机制通过自动调节实现对资源的配置。资产评估所体现的评价和评值功能,恰是价值规律实现的必要条件。为社会必要劳动时间、供求关系及市场环境进行合理评估,为交易双方提供合理的信号,以引导经济资源向价值最大化方向流动,防止"劣币驱逐良币"现象的产生。

(2) 资产评估在服务资本市场发展中的作用。我国资产评估行业与我国资本市场几乎同时起步,资产评估行业已成为保障资本市场良性运行不可或缺的专业服务机构,在推进上市公司并购重组促进融资功能提升,提高资本市场财务会计信息质量方面发挥了重要作用。一是资产评估已经成为上市公司重大资产重组定价的核心环节;二是资产评估已成为促进融资功能提升的手段;三是资产评估提高了上市公司的会计信息质量。

(3) 资产评估对规范经济秩序有促进作用。产权交易的本质是等价交换,而资产评估就是为交易主体实现公平交易提供价值尺度。在产权交易过程中,资产评估机构的介入,既抑制了交易主体的非理性行为,也为政府强力监管提供了"数据库"。正是资产评估机构职能的发挥,才将"看不见的手"与"看得见的手"完美融合,使"公开、公平、公正"的经济秩序得以维护和不断健全。

(4) 资产评估对维护包括国有资产在内的各类资产权益有积极作用。资产评估行业人士通过运用合理假设和相应技术手段,帮助各类的主体在进行资产交易和产权变动时作出价值判断,从而实现价值交易的最大化。有了资产评估,交易各方能够在公开、公正、公平的前提下,实现资产最有可能的最大化,实现资产最有可能实现的交换价值,达到帕累托最优状态。由此不难看出,资产评估作为一种制度设计,目的在于维护投资者(包括潜在的投资者)与经营者、债权与债务人及其他利害关系人的共同权益并实现权益均衡。

(5) 资产评估是公众利益的维护者。首先,资产评估通过促进市场资源的优化配置,为政府增收节支、企业增加经济效益、全社会提高经济总量作出了重要贡献,从而增加了社会公众的整体福祉。其次,资产评估通过完善经济秩序,保障了纳税人合法权益。再次,林权评估、碳排放交易评估等相关业务,有助于消除外部不经济,加快建设资源节约型和环境友好型社会。最后,资产评估通过进入司法鉴证业务领域,已经逐步在防治贪污腐败、实现司法公正方面发挥越来越突出的作用。另外,资产评估是对外开放条件下国家利益的维护者。对外开放是我国的一项基本国策,提高对外开放水平,要以维护国家利益为最高准则,实现国内发展与对外开放的统一。从"引进来"看,资产评估为中外合资、合作的资产组合理作价提供专业服务,使交易双方建立在公平、平等、透明的基础上,避免了中方资产和外方资产高估的情况,提高了外资利用水平,推动了国内企业技术进步和产业结构升级。从"走出去"看,一些大型资产评估机构积极跟随我国企业"走出去",在跨国并购和投资中做好配套服务,有力地支持了我国企业在全球范围内开展资源配置和价值链组合,提高了国家竞争力。

第二节 国内外资产评估准则

一、国际评估准则

国际评估准则理事会(The International Valuation Standards Council,IVSC)其前身为国际评估准则委员会,是 20 世纪 80 年代初在世界各国资产评估专业团体的推动下,逐步发展起来的重要国际评估专业组织,目前在国际评估界发挥着主导作用。其指定和努力推广的《国际评估准则》(The International Valuation Standards,IVS)是目前最具有影响力的国际评估准则。国际评估准则理事会的主要宗旨是：为公共利益制定和发布资产评估准则与技术文件，以满足财务报告、国际资本市场和国际经济领域的需要；促使国际评估准则和指南在世界范围内得到认可和遵守；在世界各国之间统一资产评估准则，致力于促进地方或地区性准则规定与国际评估准则之间的协调统一；促使国际评估准则在国际会计准则及其他相关报告准则中得到认可，促使其他专业领域理解专业评估和评估师的作用，并教育评估师了解相关专业领域的要求。自国际资产评估准则委员会于1985年发布第一版《国际评估准则》以来，截至2017年，《国际评估准则》已更新到了第十一版，从20世纪80年代建立以不动产评估为先导的准则，发展到20世纪90年代市场价值概念和框架下的评估准则，21世纪初已发展成为包括不动产、企业价值、无形资产和机器设备等评估业务在内的比较完善的综合准则体系。

(一) 国际评估准则产生的背景

20世纪70年代末，经济全球化、一体化步伐开始加快，相关经济主体对协调英国和美国两个全球最为重要的经济资产评估准则的呼声越来越强烈，甚至希望建立全球统一的资产评估准则以减少国际并购过程中的制度障碍和交易成本。

鉴于各方面的迫切需求，英国和美国职业评估代表们促成了国际资产评估准则委员会 (The International Assets Valuation Standards Committee, TIAVSC) 于1981年成立，并将其总部设在英国伦敦，现改名为国际评估准则委员会(International Valuation Standards Committee, IVSC)。其最初只是一个行业组织的联合，早期的目标主要包括：与会计行业财务报告里的评估准则合作，为所有评估原则提供依据、定义，从其他价值种类中区分"市场价值"以及区分准则与指南。经过该委员会对以英国、美国评估准则为主的各国、各地资产评估准则差异的研究，于1985年制定了第一部《国际评估准则》。

(二) 国际评估准则的发展历程

国际评估准则委员会于1985年制定了《国际评估准则》第一版，之后分别于1994年和1997年进行了修改，发布了《国际评估准则》第二版和第三版。2000年以后，《国际评估准则》的制定和修订工作进入了一个快速发展的时期，经过较大的修改，2000年和2001年分别发布了第四版和第五版，2003年4月推出了第六版《国际评估准则》。由于欧盟法律要求2005年欧盟上市公司均需执行《国际会计准则》，根据《国际会计准则》的规定，执行公允价值计量模式的公司需要对公司许多资产进行评估。这一重大变化给国际评估行业带来了很大影响。国际评估准则委员会于2005年发布了第七版《国际评估准则》，以满足《国际会计准则》和相关实务对评估行业的需求。2007年国际评估准则委员会发布了第八版《国际评估准则》，全面修订了"市场价值以外的价值基础准则"和"以担保贷款为目的的评估"应用指南，新增"以公共部门资产财务报告为目的的评估"和"历史性资产评估"两个应用指南，并对准则全文进行了文字复核。2011年，国际评估准则理事会发布第九版《国际评估准则》。与早期版本相比，修订后的准则在语言和形式上有了重大的变化，准则内容更突出了原则性。《国际评估准则2013》在原准则基础上，对"基本准则""资产准则""评估应用"部分进行了修订。一是明确评估准则对评估复核业务的适用性；二是加强对使用其他人提供信息的要求；三是废止IVS230"不动产权益"的附件和废止IVS300"以财务报告为目的的评估"的附件，避免对附件内容产生争议。《国际评估准则2017》于2017年发布，在结构和内容上都发生了变化：一是在原准则的基础上增加了"术语"部分，删除了"国际评估准则定义""评估应用";二是 IVS2017 基本准则部分增加了 IVS104"价值类型"和 IVS105"评估途径和方法"两个准则;三是资产准则部分"IVS233 在建投资性不动产"更名为"IVS410 开发性不动产";四是对基本准则和资产准则的内容也进行了修订。

(三)《国际评估准则 2017》的结构体系

《国际评估准则 2017》包括前言、术语、国际评估准则框架、基本准则、资产准则等内容。

1. 前言

前言介绍了国际评估准则理事会的性质和宗旨,并对准则的运用作出总体说明。

2. 术语

该部分明确了国际评估准则中特定术语的定义。

3. 国际评估准则框架

该部分对国际评估准则的适用范围、评估师、客观性和独立性、专业胜任能力、背离等方面进行了说明。

4. 基本准则

基本准则适用于所有的资产类型和评估目的,包括以下 5 个准则。

国际评估准则 101——工作范围

国际评估准则 102——调查和合规

国际评估准则 103——报告

国际评估准则 104——价值类型

国际评估准则 105——评估途径和方法

5. 资产准则

资产准则对具体资产的评估提供指导。该部分是对基本准则要求的细化或者扩充,并说明了基本准则中的规定如何应用到特定资产以及在评估时应特殊考虑的事项。资产准则包括以下 6 个准则。

国际评估准则 200——企业及企业权益

国际评估准则 210——无形资产

国际评估准则 300——机器设备

国际评估准则 410——开发性不动产

国际评估准则 510——金融工具

(四)国际评估准则的主要内容

1. 基本准则

(1)国际评估准则 101——工作范围。该准则主要包括一般要求和工作范围的变动。

在一般要求中,准则要求评估师应当以书面形式准备和确认工作范围。工作范围具体包括评估师身份、委托人身份(如有)、报告使用者身份(如有)、评估对象、评估币种、评估目的、价值类型、评估基准日、评估报告使用的限制、评估以来信息的来源及性质、一般假设和特殊假设、报告形式、使用报告及分发或发布的限制、国际评估准则的遵守。

在工作范围的变动中,准则要求在出具评估报告之后,工作范围不可以变动。

(2)国际评估准则 102——调查和合规。该部分主要规定了评估实施过程中应注意的相关问题,包括基本原则、调查、评估记录以及遵守其他准则,其中调查是核心内容。评估实施过程,首先应当遵守国际评估准则要求后,可以遵守其他要求,在调查中,准则要求评估调查工作必须满足评估主要目的和确定价值类型的要求,明确收集信息的准确性。本部分也介绍了调查方法和内容,如果评估师在调查过程中受到限制,则应在工作范围中披露。评估记录要求评估师在评估过程中必须进行记录。

(3) 国际评估准则103——报告。该准则主要对资产评估报告应该包括的内容进行了规定。评估报告必须能让报告使用者清晰地理解评估结论。该准则包括一般要求、评估报告和评估复核报告,一般要求中包括影响报告详细程度的因素、格式、对评估报告编制和复核人员的要求等。通常,评估报告包括工作范围、适用途经、采用方法、适用的关键输入、评估假设、评估结论、报告日期。评估复核报告至少包括复核工作范围、被复核的评估报告、输入和假设、复核结论、报告日期。

(4) 国际评估准则104——价值类型。该准则主要规定国际评估准则定义的价值类型和其他准则定义的价值类型,包括引言和价值类型两部分,其中价值类型是该准则的核心内容。引言介绍了价值类型的定义和确定依据,价值类型中介绍了国际评估准则定义的价值类型和其他准则定义的价值类型,并解释了其定义、内涵以及使用范围。国际评估准则定义的价值类型包括市场价值、市场租金、公允价值、投资价值、协同价值、清算价值。常见的使用前提包括最高最佳使用、当前用途/现存用途、有序清算、强制出售。

(5) 国际评估准则105——评估途径和方法。该准则主要规定评估途径和方法。在国际评估准则中,基本的评估途径包括市场途径、收益途径、成本途径。无论评估资产的市场价值还是市场价值以外的价值,评估师都需要根据项目具体情况恰当的选择评估方法。在选择评估方法时,评估师应当考虑三种基本评估途径在具体项目中的适用性,采用多种评估方法时,应当分析、调整运用多种评估方法得出的评估结论,确定最终评估结果。

① 市场途径是通过将目标资产与相同或相似且价格信息可获取的资产进行比较提供一种价值的途径。市场途径包括可比交易法和上市公司比较法,采用市场途径的同时还要考虑到流动性折扣、控股权溢价、股票销售折价。

② 收益途径是通过把未来现金流转换为资本现值提供一种价值的途径。该方法考虑一项资产在使用寿命期限内将产生的收入,通过资本化过程估计价值。收益途径方法只介绍了现金流折现法,内容包括现金流的类型和预测、预测期、终值计算、折现率。

③ 成本途径是基于经济学原理,无论是购买还是建造,买房都将支付不高于等效资产获取价格,除非存在超长时间、不变因素、风险或其他因素。成本途径包括更新重置成本法、复原重置成本法和加和法。通常,被评估资产由于年代或损耗,与替代资产相比不具有吸引力,在这种情况下,可能需要根据价值类型对替代资产的成本作出调整,即需要考虑贬值,贬值通常包括实体性贬值、功能性贬值和经济性贬值。

2. 资产准则

(1) 国际评估准则200——企业及企业权益。国际评估准则中基本准则部分所涉及的评估规则要求同样适用于企业及企业权益评估。企业及企业权益评估准则主要包括引言、价值类型、评估途径和方法、企业价值评估中的特别事项四方面,重点对企业及企业权益价值评估的评估途径和方法、企业价值评估中特别事项进行了规范和说明。

(2) 国际评估准则210——无形资产。无形资产评估准则主要包括引言、价值类型、评估方法和无形资产的特别事项四个方面,重点对无形资产评估的评估方法和特别事项进行了规定和说明。

（3）国际评估准则300——机器设备。机器设备评估准则主要包括引言、价值类型、评估方法以及评估机器设备的特别事项四个方面，重点对影响机器设备评估的因素和评估方法进行了规定和说明。

（4）国际评估准则400——不动产权益。不动产评估准则主要包括引言、价值类型、评估方法以及不动产的特别事项四个方面，重点对不动产权益的类型、结构和评估方法进行了规定和说明。

（5）国际评估准则410——开发性不动产。该评估准则主要包括引言、价值类型、评估方法以及特别事项四个方面，重点对开发性不动产概况及其价值的情况以及需要考虑的特别事项进行了规定和说明。

二、国外评估准则

（一）国外资产评估准则概述

资产评估准则是资产评估行业发展到一定阶段的产物，是一国资产评估理论和实践经验的高度浓缩，并随着资产评估行业的发展而不断完善。英、美两国资产评估行业发展较早，起步于19世纪中后期，经过评估理论和实践的长期发展，两国分别从20世纪70年代后开始了评估准则的探索工作，英国于1974年成立了评估和估价准则委员会，并于1976年制定了第一部《评估与股价指南》，之后进行了多次修改。美国虽然有一些评估专业团体早就开始了评估准则的探索工作，但直到经历了20世纪80年代的评估行业动荡之后，才于1987年制定了第一部《专业评估执业统一准则》（USPAP），之后定期对其进行修订。

近20年来，美国、英国、澳大利亚、加拿大和新西兰等评估业务较为发达的西方国家为适应经济全球化发展的需要，明显加大了评估准则制定工作的力度，不断总结本国评估行业发展的经验，在评估准则的制定方面作出了大量的工作。一些国际性和区域性评估专业组织也根据评估行业国际发展状况及本区域评估行业的发展状况，在制定国际性和区域性评估准则方面进行了有益的探索。

评估准则的制定是一项复杂的系统工程，不仅专业性、技术性要求高，而且反映了经济、社会、文化、法律等背景和环境条件，是相关各方利益的协调过程。由于各国评估行业发展很不平衡，各国评估理论基础和实践均缺乏一致性。因此，各国和相关国际性评估专业组织制定的评估准则无论在内容上还是体制上都存在较大差别，侧重点也由于各国评估行业热点问题的不同而各不相同。目前除国际评估准则外，在业界具有较大影响的评估准则主要有美国评估促进会（AF）制定的《专业评估执业统一准则》（USPAP）和美国皇家特许测量师学会（RICS）制定的《评估准则》。

（二）美国评估准则

1. 美国评估准则简介

美国资产评估主要是基于财产保险、税务、会计处理、资产交易、企业合并、资产抵押贷款、家庭财产分割等方面的需要而产生的。为维护评估师和评估服务使用者的权益，满足评估师与评估服务使用者的需要，美国评估促进会（The Appraisal Foundation，AF）下属的评估准则委员会（The Appraisal Standards Board，ASB）负责制定、出版、解释、修订或撤销《专业评估执业统一准则》（Uniform Standards of Professional Appraisal Practice，USPAP）。美国评估准则委员会是由美国国会授权制定评估准则和评估师资格认定的评估组织。《专业评估执业统一准则》也是在美国评估行业中得到普遍认可并已接受了检验的执业标准。各州与联邦政府的有关监管部门都强调要求履行《专业评估执业统一准则》现行版本或试用版本中的规定。由于《专业评估执业统一准则》集中代表了美国评估行业中不同自律管理组织及其评估师的意愿和意见,下面就将《专业评估执业统一准则》作为美国评估准则的范本进行介绍。

2.《专业评估执业统一准则》(2016—2017)的结构体系

(1)定义。定义部分介绍了美国评估准则中相关的主要术语的含义、注释和说明。

(2)引言。引言部分介绍了美国评估准则的宗旨、目的、意义、作用、要求以及准则和评估准则说明之间的关系。

(3)职业规划。职业规划包括职业道德、专业胜任能力、工作范围、档案保管和管辖除外规则。

(4)准则。10个准则确定了评估、评估复核与评估咨询服务的要求及其各项结果表达的方式。这10个准则是USPAP的主要构成部分,包括:

准则1　不动产评估

准则2　不动产评估报告

准则3　评估复核及报告

准则4　不动产评估咨询(作废)

准则5　不动产咨询报告(作废)

准则6　批量评估及报告

准则7　动产评估

准则8　动产评估报告

准则9　企业价值报告

准则10　企业价值评估报告

(5)评估准则说明。评估准则说明是经美国评估促进会的规定程序审定的,专门用于对USPAP内容的澄清、阐释和说明。

此外,准则委员会也发布咨询意见,咨询意见是指导性文件。咨询意见不是新的准则,也不是对现有准则的解释,不是USPAP的组成部分。咨询意见只用于说明USPAP在具体情况下的应用,并对业务争议和疑问提出解决建议。

(三)英国评估准则

1.《RICS估价——专业标准》简介

英国最具有影响力的评估准则是《评估与估价准则》(Appraisal and Valuation Standards),也被称为红皮书(The Red Book)(以下简称RICS红皮书)。英国皇家特许测量师学会(The Royal Institution of Chartered Surveyors,RICS)1975年开始制定第一部红皮书。最初主要是规范以财务报告为目的的评估行为以及测量师出具的其他公众使用的评估报告。其内容由两个部分单独组成,即资产评估指南(guidance notes on the valuation of assets)和评估指南手册(manual of valuation guidance notes)。评估指南手册部分最早发布于1980年,并于1989年和1992年分别进行修改。1976年正式发布的第一版评估准则是资产评估指南部分,并于1981年进行修订(第二版),1990年又进行了修订,发布了资产评估指南第三版,随后,该评估指南就成为所有特许测量师执业的一个强制性标准。

第四版于 1996 年 4 月正式生效。随着国际和欧洲评估准则研究和制定工作取得重大进展,RICS 决定尽可能采用《国际评估准则》,并将这些标准融合到英国评估准则中,对于《国际评估准则》中未涉及的内容,或仅以不太严格或不太详细的形式出现的内容,则仍保留在准则中并依据需要不断更新。2003 年,英国评估准则第五版改名为《评估与估价准则》,于 2003 年 5 月 1 日起执行。改版对红皮书的结构进行了大幅的调整,实现了与《国际评估准则》和欧洲评估准则的接轨。改版准则根据国际评估行业的发展趋势,在参考并借鉴《国际评估准则》重要理念和思路的基础上,形成了英国的评估实务准则。2007 年 RICS 发布了第六版红皮书,基本结构与第五版相同。第七版红皮书于 2011 年发布并生效,在结构方面的主要变动是将执业规范的附录独立为一部分。

2012 年 1 月,2011 版《国际评估准则》生效,为与《国际评估准则》保持一致,RICS 又于 2012 年 3 月修订了 RICS 红皮书全球版《RICS 评估——专业准则 2012(红皮书)》[RICS Valuation-Professional Standards 2012(The Red Book)],于 2012 年 3 月 30 日生效。至此,RICS 发布了第八版红皮书。《国际评估准则》2013 版发布后,第九版红皮书于 2014 年发布。第九版红皮书完整引用了《国际评估准则》2013 版。

2.《RICS 估价——专业标准》2014 版的结构体系

《RICS 估价——专业标准》包括引言,术语表,专业标准,全球估计实践声明,国际评估准则,全球估价实践指南——应用介绍,全球估价标准、附录及指导性说明的变更概述七部分。

(1) 引言。本部分主要介绍了该准则的制定背景,与国际标准的关系,准则的编排,准则的主要目的,遵守本准则,生效日期,修订和补充等内容。

(2) 术语表。本部分定义了 RICS 标准中使用的具有特殊或限制含义的各种术语,并规定如果术语库中包含《国际评估准则》中定义的术语,那么则采用《国际评估准则》的规定。

(3) 专业标准。本部分对评估师遵守准则和操作说明作出规定,对评估师道德、胜任能力、客观性和公开性提出要求。

(4) 全球估价实践声明。本部分对评估业务的基本程序作出规定,包括业务约定书的基本内容,勘察和调查要求,评估报告内容要求,价值类型、假设和特殊假设等方面的规定。

(5) 国际评估准则。本部分完整引用了《国际评估准则》最新版。

(6) 全球估价实践指南——应用介绍。本部分是 RICS 向评估师提供的参考性“最佳实践”,包括财务报告中的评估,担保目的的评估,企业价值评估,交易相关资产评估,机器设备评估,无形资产评估,艺术品古董等个人资产评估,资产评估组合,波动市场中的评估确定和不确定性。

(7) 全球估价标准、附录及指导性说明的变更概述。

三、我国资产评估准则

(一) 我国资产评估准则概述

2016 年 7 月 2 日,全国人大常委会审议通过《中华人民共和国资产评估法》,并于 2016 年 12 月 1 日起施行。这是我国社会主义市场经济法律体系建设的一项重要成果,是资产评估行业发展的一个重要里程碑,标志着我国资产评估行业进入了依法治理的新时代。《资产评估法》强调了资产评估的专业特性和评估准则的重要性,赋予了评估准则法律效力。评估准则不仅是评估专业人员职业道德和职业行为规范,也是执业监管、纠纷调出、司法仲裁的重要依据。资产评估准则成为传播和推广评估行业专业理念、职业精髓和核心价值的重要平台,极大地提升了我国资产评估行业的专业形象和社会公信力,使评估行业更多地得到政府和公众的认可,并在经济活动中发挥着越来越重要的作用。

为了规范资产评估行为,保证执业质量,明确职业责任,保护资产评估当事人的合法权益与公共利益,财政部依据《资产评估法》制定了资产评估基本准则。同时,中国资产评估协会依据资产评估基本准则制定了资产评估执业准则和资产评估职业道德准则。本书所指资产评估准则是指财政部制定的资产评估执业准则和中国资产评估协会根据资产评估基本准则制定的资产评估执业准则和职业道德准则。资产评估执业准则是指在资产评估机构和资产评估专业人员从事资产评估业务过程中普遍遵循的职业技术规范,职业道德准则是资产评估机构和资产评估专业人员从事资产评估业务过程中应当具备的道德品质和道德行为。

2017年资产评估准则修订的主要内容包括7个方面:①调整准则规范主体,将准则规范的主体修订为"资产评估机构"和"资产评估专业人员",全面涵盖了对机构和人员的要求。②明确准则的适用范围,接受财政部监管,以"资产评估报告"名义出具书面专业报告,应遵守资产评估准则。③从增加核查和验证程序、明确资产评估档案的规定期限等方面完善资产评估程序。④明确评估方法的选择范围包括衍生方法。⑤以规范资产评估报告编制,引导正确使用资产评估报告和正确理解评估结论,避免内容误导为出发点调整资产评估报告出具要求。⑥根据《资产评估法》和实践发展要求,整合和强化资产评估职业道德要求,形成了一项职业道德准则。⑦加强了准则间的协调。目前,财政部和中国资产评估协会发布的资产评估准则共27项(包括1项基本准则,1项职业道德准则,11项具体准则,5项评估指南,9项指导意见),已经形成覆盖主要执业流程和执业领域,符合我国国情、与国际趋向、兼容性强的较为完整的资产评估准则体系。

(二) 我国资产评估准则的主要作用

我国资产评估准则是行业发展多年经验的积累和升华,是资产评估行业规范发展的基础。资产评估准则的制定和实施,对于提升行业公信力,规范执业行为,加强行业监管,为纠纷调处和司法仲裁提供依据,促进行业更好地服务于市场经济,增进行业国际交流具有重要作用。

1. 有助于提升行业公信力

资产评估准则制定过程中,各方充分参与,评估准则成为各方协调和平衡需求以及相关各方依赖的标准。评估准则发布后,得到各方普遍认可。监管部门、委托方等普遍把是否遵循准则作为判断评估报告质量的依据。同时,评估师受到职业道德准则约束,增强了勤勉尽责、公正服务的意识和能力,可以依据准则抵制虚假或不合理的评估需求。这些措施增强了评估行业的公信力。此外,资产评估准则的出台,扩大了评估行业的影响,公众对评估行为有了客观评判的依据。

2. 有助于规范执业行为

资产评估作为一项专业性工作,要求评估专业人员具有规范的执业行为和良好的专业能力。这是资产评估行业得以持续、健康发展的重要基础。资产评估准则作为资产评估行业的基本职业规范,为评估机构和评估专业人员提供了统一、全面的执业标准,是资产评估行业规范执业行为,塑造独立、客观、公正专业形象的重要前提和保障。

3．有助于加强行业监管

资产评估关系到国有资产保值增值，委托方及相关方、评估结论的合理性，历来受到社会各界的关注。对资产评估专业服务的监管，既包括政府监管，也包括行业自律监管。监管需要严格的规范体系，才能做到"监管有据、处罚有据"。作为衡量执业责任的重要标尺，资产评估准则的建设尤为重要。评估准则体系的完善为加强行业监管提供有力支持。

4．有助于为纠纷调处、司法仲裁提供依据

《资产评估法》强调了资产评估的专业特性和评估准则的重要性，赋予了评估准则法律效力。资产评估准则具有综合性的特点，涉及各种类型资产、各种评估目的和经济行为，不仅对资产评估中的共性问题进行规范，同时也对各类别、各目的以及各类经济行为的资产评估业务有层次地分别予以指导和规范。《资产评估法》要求评估机构和评估专业人员遵守评估准则，规定了违反评估准则的法律责任。因此，在涉及纠纷调处、司法仲裁时，可以以资产评估准则为依据判断其行为是否违法。

5．有助于行业更好地服务市场经济

我国资产评估行业随着市场经济发展而出现和发展，多年来国有资产管理体制改革、各类所有制企业的各种经济行为提供了权威性的专家意见，为资本市场提供了客观、公正的资本价值信息。在资产评估行业发展过程中，陆续制定发布的评估准则对行业和经济社会发展发挥了积极的作用。资产评估准则使资产评估的价值发现功能、定价功能更加科学有效。资产评估准则的有效实施使行业成为市场经济运行中一支规范、稳定的专业力量，融入市场经济发展的大潮，赢得更加广阔的发展空间，进而为市场经济的发展作出贡献。

6．有助于行业国际交流

资产评估服务的需求最初来自改革开放后对外经济合作中对资产的合理定价。资产评估的理念、方法，资产定价的公允性需要得到合作双方的认可。对资产评估行为进行指导和规范的资产评估准则也就成为各方认可的"国际语言"。在我国资产评估准则建设的过程中，加快与国际评估界的协调，对国际上资产评估的概念、评估方法、价值类型等进行借鉴，这一方面加速了我国评估行业的评估准则的建设进程，同时也促进了我国评估准则与国际主要评估准则的协调，促进了我国评估行业的国际交流。

（三）我国资产评估准则体系

2004年2月，财政部正式发布了中国资产评估协会制定的《资产评估准则——基本准则》和《资产评估职业道德——基本准则》，初步确立了资产评估准则体系。至2016年，我国的资产评估准则在《资产评估法》指导下重新修订。资产评估准则体系作为一个有机整体，系统地对评估机构专业人员进行指导和规范。

1．我国建立资产评估准则体系的指导思想

资产评估准则体系直接影响着各评估执业准则、评估指南和指导意见的内容，各国评估界在制定评估准则时十分重视准则体系结构的设计。由于我国资产评估行业发展的综合性，资产评估准则涉及各种类型资产、各种评估目的和经济行为，因此更需要设计合理、科学的准则体系，使其不仅对资产评估的共性问题进行规范，同时也对各类别、各目的以及各类经济行为的资产评估业务有层次地分别予以指导和规范。我国资产评估准则体系的设计主要遵守以下指导思想。

（1）我国资产评估准则应当是综合性评估准则体系。根据《资产评估行业财政监督管理办法》,资产评估机构及其资产评估专业人员从事资产评估业务,评估对象包括单项资产、资产组合、企业价值、金融权益、资产损失或者其他经济权益。因此,我国资产评估准则应当是综合性评估准则体系,包括企业价值、无形资产、不动产、机器设备、动产等各类别资产和经济权益的评估准则。资产评估机构及其资产评估专业人员从事资产评估业务,涉及法律、行政法规和国务院规定由其他评估行政管理部门管理的,所需遵守的执业标准按照法律、行政法规有关规定执行。

(2)我国资产评估准则体系应当高度重视程序性准则与专业性准则。鉴于资产评估行业的特点,我国资产评估准则体系不仅包括从程序方面规范资产评估行为的准则,如资产评估报告、资产评估档案、资产评估程序等,也包括针对主要类别资产特点而进行规范的执业准则,如企业价值评估准则、机器设备评估准则、不动产评估准则等。

(3)我国资产评估准则体系中应当将职业道德准则放在与执业准则同等重要的高度。基于职业道德在资产评估行业中的重要作用,我国资产评估准则在重视规范评估行为的执业准则的同时,更应当高度重视职业道德准则和作用。

(4)我国资产评估准则体系应当层次清晰,逻辑严密,并具有一定的灵活性。我国资产评估准则体系应当体现各层次准则的不同效力和不同规范领域。同时由于资产评估理论与实践在国际上发展的不均衡,我国资产评估行业发展尚处于不断完善的过程中,准则制定应当考虑评估理论与实践的未来发展趋势。

(5)我国资产评估准则体系应当涵盖评估机构质量管理。质量是评估行业发展的生命线,也是评估行业服务经济社会的基石。加强质量控制不仅是市场对评估行业做优做大的内在动力,而且准则制定过程应考虑评估机构内部治理机制,促进评估行业建成高质量的现代服务行业。

2. 我国资产评估准则框架体系

根据《资产评估法》规定及准则建立的指导思想,我国资产评估准则体系包括资产评估基本准则、资产评估执业准则和职业道德准则。资产评估基本准则由财政部制定,中国资产评估协会根据资产评估基本准则制定资产评估执业准则和职业道德准则。其中基本准则和职业道德准则是单独的准则实体,资产评估执业准则是一系列准则的统称,包含不同层次。

(1)资产评估基本准则。资产评估基本准则是财政部依据《资产评估法》制定的,是资产评估机构、资产评估专业人员执行各种资产类型、各种评估目的资产评估业务的基本规范,是各类资产评估业务中所应当共同遵守的基本规则。资产评估基本准则是一般性原则,是搭建资产评估准则体系的龙头,也是中国资产评估协会制定执业准则与职业道德准则的依据。由于我国资产评估行业特殊的发展背景和综合性地位,基本准则在整个评估准则体系中占有极为重要的地位。

(2)资产评估执业准则。资产评估执业准则包括以下三个层次。

第一层为资产评估具体准则。资产评估具体准则分为程序性准则和实体性准则两个部分。

程序性准则是关于资产评估机构、资产评估专业人员通过履行一定的专业程序完成评估业务、保证评估质量的规范,包括资产评估程序、资产评估委托合同、资产评估档案、资产评估报告等。

实体性准则针对不同资产类别的特点,分别对不同类别资产评估业务中的资产评估机构、资产评估专业人员执业行为进行规范。根据我国资产评估行业的惯例和国际上通用的做法,实体性准则主要包括企业价值评估准则、无形资产评估准则、不动产评估准则、机器设备评估准则、珠宝首饰艺术品评估准则等。

第二层为资产评估指南。资产评估指南包括对特定评估目的、特定资产类别(细化)评估业务以及对资产评估中某些重要事项的规范。评估专业人员在执行不同目的的评估业务时,所应当关注的事项也各有不同。资产评估指南是对我国资产评估行业中涉及主要评估目的的业务进行规范,同时也将涉及一些具体的资产类别评估业务,并对资产评估工作中的一些重要特定事项进行规范。

第三层为资产评估指导意见。资产评估指导意见是针对评估业务中的某些具体问题的指导性文件,该层次较为灵活,针对评估业务中新出现的问题即使提出指导意见,某些尚不成熟的评估指南或具体评估准则也可以先作为指导意见发布,待实践一段时间或成熟后再上升为具体准则或指南。

(3)资产评估职业道德准则。资产评估职业道德准则对资产评估机构及其资产评估专业人员职业道德的基本要求,专业胜任能力,独立性,与委托人和相关当事人的关系,与其他资产评估机构及资产评估专业人员的关系等方面进行了规范。

第十二章

资产评估程序及资产评估报告与档案

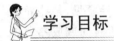 **学习目标**

1. 掌握资产评估程序的内容。

2. 了解资产评估报告的分类,掌握资产评估报告的内容要求、国有资产评估报告的基本内容、资产评估报告的编制和使用。

3. 了解资产评估档案的基本概念,掌握评估工作底稿的内容、评估工作底稿的编制要求,了解评估工作底稿的归档、资产评估档案的保存、评估档案的保密与查询。

情境导入

上海开能环保设备股份有限公司拟将持有的原能细胞科技集团有限公司股权进行转让,截至评估基准日 2017 年 8 月 31 日,原能细胞科技集团有限公司申报评估并经天健会计师事务所(特殊普通合伙)审定的母公司资产总额账面值为 113 726.87 万元、母公司负债总额账面值为 21 313.30 万元、母公司所有者(股东)权益账面值为 92 413.57 万元。经评估,原能细胞科技集团有限公司的股东全部权益于评估基准日 2017 年 8 月 31 日的市场价值评估值为 143 600 万元(大写为人民币壹拾肆亿叁仟陆佰万元整),评估增值额为 51 186.43 万元,增值率为 55.39%。按现行规定,本评估报告的评估结论的有效使用期为 1 年,该有效使用期从评估基准日起计算。本评估报告的合法使用者在使用本评估报告及其评估结论时,应特别注意本评估报告所载明的假设条件、限制条件、特别事项(期后重大事项)及其对评估结果的影响。

请思考:本评估的程序是什么?相应的资产评估报告如何出具和保存?

第一节　资产评估程序

一、资产评估程序概述

(一)资产评估程序的定义和分类

1. 定义

资产评估程序是指资产评估机构和专业人员执行资产评估业务、形成资产评估结论所履行的系统性工作步骤。

2．分类

狭义的资产评估程序一般从接受委托开始，到提交报告为止。广义的资产评估程序开始于承接资产评估业务的明确资产评估基本事项环节，终止于资产评估报告书提交后的资产评估文件归档管理。

《资产评估准则——基本准则》及《资产评估准则——评估程序》是从广义的角度进行规范的。

（二）资产评估程序的重要性

（1）资产评估程序是规范资产评估行为、提高资产评估业务质量和维护资产评估服务公信力的重要保证。其中，提高质量方面，国内目前主要通过规范和防止疏漏，而国外主要通过提高业务水平和社会公信力实现。

（2）资产评估程序是相关当事方评价资产评估服务的重要依据。

（3）恰当执行资产评估程序是资产评估机构和人员防范执业风险、保护自身合法权益、合理抗辩的重要手段之一。

二、资产评估程序的内容

资产评估的基本程序如图 12-1 所示。

（一）一般资产评估具体程序

1．明确业务基本事项

（1）委托方、产权持有者和委托方以外的其他评估报告使用者。

（2）评估目的。

（3）评估对象和评估范围。

（4）价值类型。

（5）评估基准日。

（6）评估报告使用重要假设和限制条件。

（7）评估报告提交时间及方式。

（8）评估服务费总额、支付时间和方式。

（9）委托方与资产评估机构、资产评估专业人员工作配合和协助等其他明确的事项。

2．签订评估业务约定书

根据我国资产评估行业的现行规定，资产评估专业人员承办资产评估业务，应当由其所在的资产评估机构统一受理，并由评估机构与委托人签订书面资产评估业务约定书。资产评估业务约定书是指评估机构与委托方签订的明确评估业务基本事项，约定评估机构和委托方权利、义务、违约责任和争议解决等内容的书面合同。业务约定书应当包括以下基本内容。

（1）评估机构和委托方的名称、住所。

（2）评估目的。

（3）评估对象和评估范围。

（4）评估基准日。

（5）评估报告使用范围。

（6）评估报告提交时间及方式。

（7）评估收费具体事项。

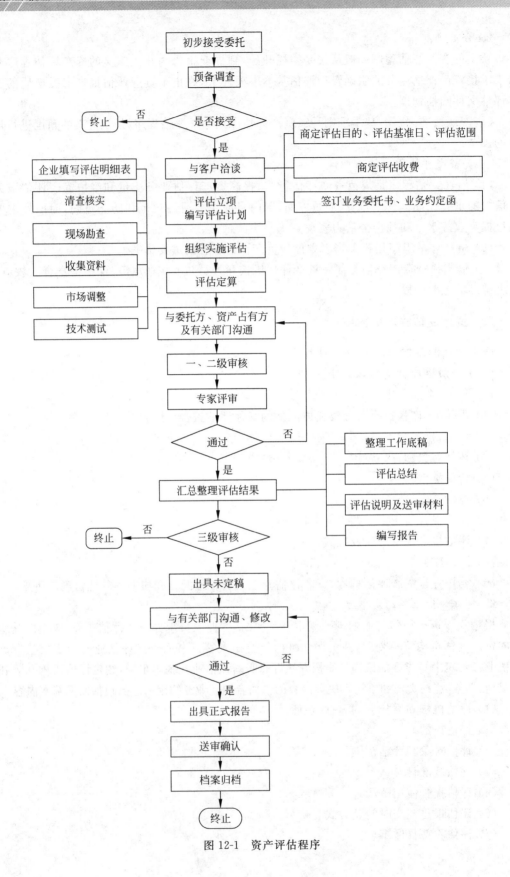

图 12-1 资产评估程序

（8）签约时间。

（9）评估机构和委托方的其他权利和义务。

（10）违约责任和争议解决及双方认为应当约定的其他重要事项。

评估目的、评估对象、评估基准日发生变化，或者评估范围发生重大变化时，评估机构应当与委托方签订补充协议或者重新签订业务约定书。

3. 编制评估计划

资产评估计划是资产评估专业人员为执行资产评估业务拟定的资产评估工作思路和实施方案，对合理安排工作量、工作进度、专业人员调配以及按时完成资产评估业务具有重要意义。评估计划的内容涵盖现场调查、收集评估资料、评定估算、编制和提交评估报告等评估业务实施全过程。评估专业人员可以根据评估业务的具体情况来确定评估计划的繁简程度，制定后将编制的评估计划报评估机构相关负责人审核、批准。评估计划应当根据评估业务实施过程中的情况变化进行必要调整。

4. 进行评估现场调查

为了核实委托方或资产占有方提供资料的可靠性，发现问题、线索，有针对性地收集资料与分析，便于资产评估专业人员与委托方进行沟通，有利于资产评估机构及评估专业人员全面、客观地了解评估对象以及资产评估专业人员根据现场状况安排时间与资源，选择适合的方式及策略，根据具体情况进行必要的现场调查。现场调查的总体目的如下。

（1）确定委托资产是否存在，以及其合法性和完整性。

（2）确定委托评估资产与账簿、报表的一致性。

（3）收集资产评估所需要的有关数据资料。

因此现场调查可以主要从以下几个方面进行：了解企业财务会计制度；了解企业内部控制制度，重点是企业资产管理制度；初审企业申报资产清单；核实企业申报的各项资产；对企业申报的各项资产的产权进行验证与确认；核查企业申报资产中用于抵押、担保、租赁等特殊资产；根据调查结果和制度调整申报有误的资产；初步收集资产评估相关资料。

5. 收集整理评估资料

资产评估专业人员应当根据评估业务具体情况收集评估资料，收集的评估资料包括直接从市场等渠道独立获取的资料，从委托方、产权持有者等相关当事方获取的资料，以及从政府部门、割裂专业机构和其他相关部门获取的资料。评估资料包括查询记录、询价结果、检查记录、行业资讯、分析资料、鉴定报告、专业报告及政府文件等形式。

资产评估机构及评估专业人员应根据评估业务需要和评估业务实施过程中的情况变化，及时补充收集评估资料。

6. 评定估算形成结论

资产评估专业人员应当根据评估业务具体情况，对手里的评估资料进行必要的分析、归纳和整理，形成评定估算的依据，根据评估对象、价值类型、评估资料收集情况等相关条件，分析市场法、收益法和成本法等资产评估方法的实用性，恰当选择评估方法。根据所采用的评估方法，选取相应的公式和参数进行分析、计算和判断，形成初步评估结论，然后对形成的初步评估结论进行综合分析，形成最终评估结论。评估师对同一评估对象需要同时采用多种评估方法的，应当对采用各种方法评估形成的初步评估结论进行分析比较，以确定最终评估结论。

7. 编制出具评估报告

资产评估专业人员应当在执行评定估算程序后，根据法律、法规和资产评估准则的要求来编制评估报告。资产评估专业人员应当根据相关法律、法规、资产评估准则和评估机构内部质量控制制度,对评估报告及评估程序执行情况进行必要的内部审核。资产评估专业人员提交正式评估报告前,可以在不影响对最终评估结论进行独立判断的前提下,与委托方或者委托方许可的相关当事方就评估报告有关内容进行必要沟通。资产评估专业人员完成上述评估程序后,由其所在的评估机构出具评估报告,并按业务约定书的要求向委托方提交评估报告。

8. 整理归集评估档案

资产评估专业人员在提交评估报告后,应当按照法律、法规和资产评估准则的要求对工作底稿进行整理,与评估报告一起及时形成评估档案。工作底稿应当真实完整、重点突出、记录清晰、结论明确,真实地反映评估业务过程,支持评估结论。资产评估专业人员可以根据评估业务的具体情况,合理确定工作底稿的繁简(详略)程度。工作底稿可以是纸质文档、电子文档或其他介质形式的文档,资产评估专业人员可以根据评估业务具体情况合理选择工作底稿的形式。电子文档或其他介质形式的重要工作底稿,应当同时形成纸质文档。

(二)国有企业资产评估程序的特殊性

需要进行资产评估的国有企业,应当向国有资产管理部门申报立项,经过国有资产管理部门的审批,才能委托资产评估机构进行评估。申报立项过程如下:①国有资产评估或者依法应当进行资产评估的国有资产占用企业申报;②国有资产管理部门审查决定是否批准立项并应当及时通知申请人;③选择符合法律规定、具有法定资格的资产评估机构,并委托其进行资产评估。申报立项后再清查资产,评定估算。最后,国有资产管理部门接到评估报告及有关资料后,会同有关机关审核、验证、确认资产评估结果的真实性、合法性以及科学性。

第二节 资产评估报告

一、资产评估报告概述

资产评估报告是指资产评估机构及其评估专业人员遵守法律、行政法规和资产评估准则,根据委托履行必要的评估程序后,由资产评估机构对评估对象在评估基准日特定目的下的价值出具的专业报告。资产评估专业人员应当根据评估业务的具体情况,提供能够满足委托人和其他评估报告使用人合理需求的评估报告,并在评估报告中提供必要信息,使评估报告使用人能够合理理解评估结论。资产评估报告应当按照一定的格式和内容进行编写,反映评估目的、假设、程序、标准、依据、方法、结果及适用条件等基本信息。

《国际评估准则》(IVS)、美国《专业评估执业统一准则》(USPAP)以及英国皇家特许测量师学会《评估与估价准则》(RICS红皮书)对资产评估报告的规定主要是从评估报告的要素和内容进行规范。我国2007年发布了《资产评估准则——评估报告》,并于2017年修订为《资产评估执业准则——资产评估报告》,主要是从内容要求方面对评估报告进行规范。2008年发布的《企业国有资产评估报告指南》及2010年发布的《金融企业国有资产评估报告指南》,均于2017年修订,是从国有资产评估报告的基本内容与格式方面,对评估报告的标题、文号、目录、声明、摘要、正文、附件、评估明细表和评估说明等进行规范。

(一)评估报告的分类

资产评估报告可按不同的标准进行分类。

1. **按法律定位划分**

评估机构开展涉及国有资产或者公共利益等事项,法律、行政法规规定需要评估的法定评估业务,所出具的评估报告为法定评估业务评估报告,比如国有资产评估报告,除此以外开展的评估业务所出具的评估报告为非法定评估业务评估报告。

2. **按评估对象划分**

按资产评估对象,资产评估报告可分为整体资产评估报告和单项资产评估报告。对(企业、单位或业务等)整体资产进行评估所出具的资产评估报告称为整体资产评估报告。对一项资产,或若干项以独立形态存在,可以单独发挥作用或以个体形式进行销售的资产进行评估所出具的资产评估报告称为单项资产评估报告。尽管资产评估报告的基本格式是一样的,但因整体资产评估与单项资产评估在具体业务上存在一些差别,两者在报告的内容上也必然会存在一些差别。一般情况下,整体资产评估报告的报告内容不仅包括资产,也包括负债和股东(所有者利益)方面。而单项资产评估报告除在建工程外,一般不考虑负债和整体资产为依托的无形资产等。

3. **按报告的繁简程度划分**

按照评估报告的繁简程度,评估报告可以分为完整型评估报告、简明型评估报告和限制型评估报告。评估专业人员应在评估报告中明确说明评估报告的类型。完整型评估报告、简明型评估报告和限制型评估报告三种评估意见的根本区别在于所提供的信息的详细程度不同。完整型评估报告和简明型评估报告之间重要的区别在于提供资料的详细程度。简明型评估报告应该包含对解决评估问题具有重要意义的信息予以概略说明。限制型评估报告是仅仅为委托人使用的。

(二)资产评估报告的内容要求

根据资产评估报告准则,资产评估报告主要内容通常包括:①标题及文号;②目录;③声明;④摘要;⑤正文;⑥附件。

1. **资产评估报告声明**

(1)本资产评估报告依据财政局发布的资产评估基本准则和中国资产评估协会发布的资产评估执业准则和职业道德准则编制。

(2)委托人或者其他资产评估报告使用人应当按照法律、行政法规规定和资产评估报告载明的使用范围使用资产评估报告;委托人或者其他资产评估报告使用人违反前规定使用资产评估报告的,资产评估机构及资产评估专业人员不承担责任。

(3)资产评估报告仅供委托人、资产评估委托合同中约定的其他资产报告使用人和法律、行政法规规定的资产评估报告使用人使用;除此之外,其他任何机构和个人不能因得到资产评估报告而成为资产评估报告的使用人。

(4)资产评估机构及资产评估专业人员提示资产评估报告使用人应当正确理解评估结论,评估结论不等同于评估对象可实现价格,评估结论不应当被认为是对评估对象的可实现价格的保证。

(5)资产评估机构及资产评估专业人员遵循独立、客观和公平的原则,遵守法律、行政法规和资产评估准则,并对所出具的资产评估报告依法承担责任。

(6)提醒资产评估报告使用人关注评估结论成立的假设前提、资产评估报告特别事项说明和使用限制。

（7）其他需要声明的内容。

2．资产评估报告摘要

通常提供资产评估业务的主要信息及评估结论。

3．资产评估报告正文

（1）委托人及其他资产评估报告使用人。

（2）评估目的。

（3）评估对象和评估范围。

（4）价值类型。

（5）评估基准日。

（6）评估依据。

（7）评估方法。

（8）评估程序实施过程和情况。

（9）评估假设。

（10）评估结论。

（11）特别事项说明。

（12）资产评估报告使用限制说明。

（13）资产评估报告日。

（14）资产评估专业人员签名和资产评估机构印章。

4．资产评估报告附件

（1）评估对象所涉及的主要权属证明材料。

（2）委托人和相关当事人的承诺函。

（3）资产评估机构及签名资产评估专业人员的资格证明文件。

（4）资产评估汇总表或明细表。

二、国有资产评估报告的基本内容

（一）国有资产评估报告的构成

国有资产评估报告主要包括企业国有资产评估报告、金融企业国有资产评估报告、文化企业国有资产评估报告、行政事业单位国有资产评估报告等。

根据资产评估报告准则，中国资产评估协会分别发布了企业国有资产评估报告指南和金融企业国有资产评估报告指南，分别对资产评估机构及资产评估师根据企业国有资产评估管理和金融国有资产管理的有关规定开展资产评估业务，编制和出具相关国有资产评估报告进行了规范。除了体现各自的业务和资产特点外，两个评估指南在基本内容和要求上具有较强的共性。现以企业国有资产评估报告指南为例进行介绍。

企业国有资产评估报告指南是指企业国有资产评估报告，由标题、文号、目录、声明、摘要、正文、附件、评估明细表和评估说明构成。

（二）标题、文号、目录、声明和摘要

1．标题、文号和目录

资产评估报告标题应当简明清晰，一般采用"企业名称＋经济行为关键词＋评估对象＋资产评估报告"的形式。

资产评估报告的文号包括评估机构特征字、种类特征字、年份、报告序号。

目录应当包括每一部分的标题和相应页码。

2. 评估报告声明

《企业国有资产评估报告指南》规定的评估声明主要内容基本参考资产评估报告准则的要求。资产评估专业人员需要注意的是,准则的要求仅是一般性声明内容,资产评估专业人员在执行具体评估业务时,还应根据评估项目的具体情况,增加和细化声明内容。

3. 评估报告摘要

资产评估报告摘要应当简明扼要地反映经济行为、评估目的、评估对象和评估范围、价值类型、评估基准日、评估方法、评估结论及其使用有限期、对评估结论产生影响的特别事项等关键内容。对影响评估结论的特别事项,无须将评估报告正文的"特殊事项说明"的内容全面反映在评估报告摘要中,而应主要反映在已经确定评估结论的前提下,所发现的可能影响评估结论但非资产评估师职业水平和能力所能评定估算的有关重大事项。在资产评估实践中,对资产评估结论影响程度较大的判断标准,评估专业人员可以根据事项本身的性质和事项影响评估结论的金额进行判断。例如,一笔涉诉的、正处于审核阶段的大额应收款项,评估报告出具日无法判断其可回收的可能性和回收的具体金额,尽管以账面列示,但其存在较大的不确定性,应提醒评估报告使用人注意,所列示的账面值(评估值)不能替代未来的法院裁定结果。对评估结论影响重大、可能直接导致评估报结论使用时不确定的"评估基准日期后重大事项",资产评估专业人员也应在摘要中提醒报告使用人注意,评估结论未反映该期后事项的影响。

评估报告摘要应当采用下述文字提醒评估报告使用人阅读全文:"以上内容摘自资产评估报告正文,欲了解本评估项目的详细情况和合理理解评估结论,应当阅读资产评估报告正文。"该提示性文字旨在明晰,尽管摘要反映了评估报告的关键内容和主要信息,但它还不足以使评估报告使用者全面理解评估结论,因此需要提示评估使用人应当按照评估报告正文的内容正确理解评估报告和合理使用评估报告。

(三) 评估报告正文

1. 绪言

绪言一般采用包含下列内容的表达格式:

"×××(委托人全称):

×××(评估机构全称)接受贵单位(公司)的委托,按照法律、行政法规和资产评估准则规定,坚持独立、客观和公正的原则。采用×××评估方法(评估方法名称),按照必要的程序,对×××(委托人全称)拟实施×××行为(事宜/涉及的×××)(资产——单项资产或者资产组合、企业整体价值、股东全部权益、股东部分权益)在×××年××月××日的×××价值(价值类型)进行了评估。现将资产评估情况报告如下。"

2. 委托人、被评估单位(或者产权持有单位)和资产评估委托合同约定的其他资产评估报告使用人概况

(1) 基本要求。

① 所有描述应客观、真实,并有依据来源,例如一些经营统计材料、获奖情况、行业地位、名次、排位等数据,因资产评估专业人员并未对这些信息进行尽职调查和核查,原则上应在评估报告中谨慎出现。

　　② 篇幅应适度,占评估报告的比重不宜过大。

　　③ 不得带有任何诱导、恭维和推荐的陈述,也不得出现评估机构介绍性的内容。

　　④ 需简要说明本次评估所对应的经济行为。

　　(2) 关于委托人、评估委托合同中约定的其他评估使用人。评估报告使用人通常根据委托人要求和法律、法规规定,在评估委托合同中进行约定,并在评估报告中明确说明委托人以外的其他评估报告使用人。

　　评估报告,阐明委托人和其他评估报告使用人的身份,包括名称和类型。该名称可以是可确指法人、自然人,如某某公司、某某法人;也可以是不确指的一类群体。

　　(3) 关于被评估单位(或者产权持有单位)。资产评估报告应当介绍评估对象的产权持有单位,当评估对象为股权或所有者权益等整体资产权益时,还需要介绍相应的被评估单位。

　　产权持有单位的完整性表述为"评估对象的产权持有单位"。现行国有资产评估项目备案文件格式明确采用了这个提法。明确和介绍评估对象的产权持有单位既是界定和明晰国有资产评估委托关系,满足资产评估报告披露的要求,也可以方便国有资产评估报告出具后备案文件的制作,满足国有资产评估项目的需求。

　　评估对象为股权或所有者权益等整体资产权益时,产权持有单位是指股权或所有者权益等整体资产权益的拥有者,与相关股权或所有者权益等对应的被投资单位则被称为被评估单位。例如,评估 A 公司持有 B 公司 70％股权价值时,评估对象是 70％股权,产权持有单位为 A 公司,被评估单位则是 B 公司,企业价值成本法评估、以被投资企业为基础进行收益法评估等,针对均为 B 公司。因此,被评估单位需要介绍 B 公司的相关情况。国有资产评估项目备案表的评估对象应填写 B 公司的全称,显示的也是 B 公司的评估结论。

　　(4) 关于交叉持股的情形。在国有资产评估项目实践中,特别是企业价值评估项目实践中,存在交叉持股的现象,应当列示交叉持股图并简述交叉持股关系及是否属于同一控制的情形。存在关联交易的,应当说明关联方、交易方式等基本情况。

　　(5) 关于繁简程度。委托人和评估委托合同约定的其他评估报告使用人概况介绍的内容要求比较简单,一般包括名称、法定住所及经营场所、法定代表人、注册资本及主要经营范围等。而对被评估单位(或者产权持有单位)的概况,区分企业价值评估和单项资产或者资产组合评估两种不同的业务,提出不同的繁简要求。企业价值评估中,被评估单位(或者产权持有单位)概况一般包括:①名称。法定住所及经营场所、法定代表人、主要经营范围、注册资本、公司股东及持股比例、股权变更情况及必要的公司产权和经营管理结构、历史情况等。②近三年资产、财务、经营状况。③委托人和被评估单位(或者产权持有单位)之间的关系(如产权关系、交易关系)。单项资产或者资产组合评估,被评估单位(或者产权持有单位)概况一般包括名称、法定住所及经营场所、法定代表人、注册资本及主要经营范围等。委托人与被评估单位(或者产权持有单位)为同一企业,按对被评估单位的要求编写。

　　3. 评估目的

　　资产评估是为满足特定经济行为需要而进行的。资产评估特定目的贯穿着资产评估的全过程,影响着评估人员对评估对象的界定、价值类型的选择等,是评估人员进行具体资产评估时必须首先明确的基本事项。因此,评估目的总是依托于具体的经济行为。在资产评估实践中,引起资产评估的经济行为主要有资产转让、企业兼并、企业出售、企业联营、股份经营、中外合资(合作)、企业清算、担保、企业租赁、债务重组等。

《中华人民共和国企业国有资产法》《企业国有资产评估管理暂行办法》等规定了涉及国有资产必须进行资产评估的情形。

我国对国有资产评估项目对应的经济行为依法实施审批，其审批单位分别是国务院和各级人民政府、各级国有资产监督管理机构、中央企业及其各级子企业等。相应的经济行为文件是这些机构和单位按照权限签发的批复文件。执行相关资产评估业务应当以相关经济行为批准文件或有效材料，作为评估对应的经济行为文件。

资产评估专业人员应当在评估报告中清晰、明确地说明评估目的、评估所对应的经济行为以及该经济行为获得批准的相关情况。

4. 评估对象和评估范围

（1）基本概念。对于企业价值评估，评估对象可以分为两类，即企业整体价值和股东权益价值（全部或部分）。与此对应的评估范围是评估对象涉及的资产及负债内容，包括房地产、机器设备、股权投资、无形资产、债权和债务等。将股东全部权益价值或股东部分权益价值作为评估对象，采用资产基础法或以被投资企业经营为基础采用收益法对其评估时，股东全部权益或股东部分权益对应的法人资产和负债属于评估范围，本身并不是评估对象。

对于单项资产评估，《金融不良资产评估指导意见（试行）》规定，金融不良资产评估业务中，根据项目具体情况和委托人的要求，评估对象可能是债权资产，也可能是用以实现债权清偿权利的实物类资产、股权类资产和其他资产。《资产评估执业准则——无形资产》规定，无形资产评估为单项无形资产或者无形资产组合。《专利资产评估指导意见》规定，专利资产评估业务的评估对象是专利资产权益，包括专利所有权和专利使用权。《专利资产评估指导意见》规定，执行专利资产评估业务，应当在要求委托人根据评估对象的具体情况和评估目的对专利资产进行合理的分离或者合并的基础上，恰当进行单项专利资产或者专利资产组合的评估。《资产评估准则——机器设备》规定，机器设备的评估对象分为单台机器设备和机器设备组合对应的全部或部分权益。单台机器设备是指以独立形态存在、可以单独发挥作用或者以单台的形式进行销售的机器设备。机器设备组合是指为了实现特定功能，由若干机器设备组成的有机整体。机器设备组合的价值不必然等于单台机器设备价值的简单相加。不动产资产评估准则规定，不动产评估对象，可以是不动产对应的全部权益，也可以是不动产对应的部分权益。实物期权评估指导意见规定，执行涉及实物期权评估的业务涉及的实物期权主要包括增长期权和退出期权等。

企业国有资产评估报告说明评估对象时，应根据已经发布施行的相关评估准则中关于评估对象的规范，描述评估对象的相关信息。

（2）国有资产评估项目不同情形下的评估对象和评估范围。国有资产评估项目具体区分为企业价值评估项目和单项资产或资产组合等不同的情形。

对单项资产或者资产组合评估项目，除按资产评估报告准则规定的描述评估对象的法律权属状况、经济状况和物理状况等基本情况外，还需要对委托评估资产的数量内容，如土地面积、建筑物面积、设备数量、无形资产数量等情况进行描述，对评估对象和评估范围的信息披露内容应包括资产类型、规格型号、结构、数量、购置（生产）年代、生产（工艺）流程、地理位置、使用状况、企业名称、住所、注册资本、所属行业、在行业的地位和影响、经营范围、财务和经营状况等，还应当特别了解有关评估对象权利受限状况。

对企业价值评估项目，在最终分析确定评估结论时，应当考虑国有资产评估项目管理对审计的要求、引用其他专业评估机构评估结论的情况等。

（3）评估对象和评估范围与经济行为的一致性。评估对象和评估范围与经济行为涉及的评估内容和评估范围一致，既是资产评估准则的要求，也是国有资产监督管理机构的基本要求。《企业国有资产评估管理暂行办法》(国资委令第12号)第十二条规定，凡需要核准的资产评估项目，企业在资产评估前应当向国有资产监督管理机构报告"资产评估范围的确定情况"。《企业国有资产评估管理暂行办法》第十五条规定，企业提出资产评估项目核准申请时，应当向国有资产监督管理机构报送"与评估目的相对应的经济行为批准文件或有效材料""所涉及的资产重组方案或者改制方案、发起人协议等材料""与经济行为相对应的审计报告"。《企业国有资产评估管理暂行办法》第十五条还规定，国有资产监督管理机构应当对"资产评估范围与经济行为批准文件确定的资产范围是否一致"进行审核。

企业价值评估报告应当说明"委托评估对象和评估范围与经济行为涉及的评估对象和评估范围是否一致，不一致的应当说明原因"。委托评估对象和评估范围与经济行为涉及的评估对象和评估范围的一致性，一般不应由资产评估专业人员来确认，而是由委托人和相关当事人根据其经批准拟实施的经济行为确认并提供给评估机构。资产评估专业人员一般应要求委托人和相关当事人在申报表或申报材料上以签名盖章等符合法律规定的方式，确认评估对象和评估范围。

5. 价值类型和评估基准日

（1）价值类型。企业国有资产评估报告应当明确价值类型及其定义。选择市场价值以外的价值类型，还应当说明价值类型选择理由。例如，处于被迫出售、快速变现等非正常市场条件下的价值评估以及机器设备、房屋建筑物或者其他有形资产等的拆零变现价值评估等，一般认为是可以采用市场价值以外的价值类型的。

（2）评估基准日。评估基准日的确定在资产评估实务中影响重大，评估基准日应根据经济行为的性质确定，并尽可能与评估目的的实现日接近。评估基准日由委托人确定，资产评估专业人员可以根据专业经验提供建议。评估报告中应当披露评估基准日(含格式)以及确定评估基准日所考虑的主要因素。

6. 评估依据

（1）法律法规依据和评估准则依据。资产评估专业人员应当根据与评估项目相关的原则，在评估报告中说明执行资产评估业务所遵循的具体法律、法规和评估准则规范。

（2）权属依据。资产法律权属状况是个法律问题，对资产的所有权及其他与所有权相关的财产权进行界定或发表意见需要履行必要的法律程序，应当由具有相应专业能力的人士(如律师)或部门(如产权登记部门)来进行。

由于资产的价值与其法律权属状况有着密切关系，资产评估准则要求资产评估专业人员在执业过程中应当关注评估对象法律权属状况，收集评估对象的产权资料，对委托人和相关当事人提供的评估对象法律权属资料进行必要的核查和验证，并对资产评估专业人员履行相关资产评估程序情况、评估对象产权情况以及所存在瑕疵对评估结论和评估报告使用的影响等进行必要的披露。

资产评估基本准则还要求资产评估专业人员在评估报告中对评估对象的法律权属及其证明资料来源予以必要说明。

因此，资产评估专业人员应当根据与评估项目相关的原则，在评估报告中说明执行资产评估业务所依托的评估对象的权属依据。

权属依据通常包括国有资产产权登记证书,投资人出资权益的证明文件,与不动产、知识产权资产、资源性资产、运输设备等动产相关的权属证书或其他证明文件,债权持有证明文件,从事特定业务所需的经营许可证书等。需要根据资产评估对象、资产评估项目涉及的具体资产类型等有针对性地选用。

(3)取价依据。评估报告应当说明执行资产评估项目采用的支持评估结论的取价依据。取价依据通常包括以下内容。

① 企业提供的取价依据相关资料一般包括企业本身的财务会计和经营,资产购建、使用及管理等资料。

② 国家有关部门发布的取价依据相关资料一般包括统计资料、技术标准和政策文件等资料。

③ 评估机构收集的取价资料,应当是除国家有关部门发布和企业提供的资料外,评估机构自行收集并依据的市场交易、专业资讯、研究分析等资料。由于统计口径不同等原因,不同部门发布同一指标的统计资料其结果可能存在差异,国家有关部门发布的政策文件,也可能存在多次调整标准的情况。因此,评估取价依据应当列示相关资料的名称、提供或发布的单位及时间等信息。

(4)经济行为依据。资产评估报告应当说明执行资产评估项目所对应的经济行为依据。经济行为依据包括两个方面:一是有效批复文件,二是其他文件资料。国有资产评估项目经济行为的有效批复文件,包括国务院、各级人民政府、国务院国有资产监督管理机构、地方国有资产监督管理机构、中央企业及其各级子企业等按照规定权限签发的经济行为批准文件。

经济行为的其他文件资料是可以说明经济行为及其所涉及的评估对象与评估范围的其他文件资料。例如:

① 国有企业在诉讼过程中以及民事强制执行中,由人民法院委托资产评估机构评估涉诉国有资产价值的情形,人民法院出具的委托函;

② 中央企业涉及经济行为决策的党组会议纪要;

③ 国有独资公司董事会决议,国有资本控股公司、国有资本参股公司股东会、股东大会或者董事会决议;

④ 资产转让、置换合同协议;

⑤ 人民法院发布的有关当事方的破产公告;

⑥ 可以说明经济行为及其所涉及的评估对象与评估范围的其他文件资料。

资产评估委托合同是资产评估机构评估执业的行为依据,不是评估目的对应的"经济行为依据"。

(5)需要注意的问题。

① 评估依据的表述方式应当明确、具体,具有可验证性,使任何评估报告阅读者可以根据报告中披露的评估依据的名称、发布时间或文号找到相应的评估依据。例如,取价依据应披露为"××省建筑工程综合预算定额(××年)",而不是"×省及××市建设、规划、物价等部门关于建设工程相关收费的规定"。

② 评估依据具有代表性,且在评估基准日是有效的。作为评估依据应满足相关、合理、可靠和有效的要求。相关是指所收集的价格信息与评估对象具有较强的关联性;合理是指

所收集的价格信息能反映评估对象的特点,不能简单地用行业或社会平均的价格信息推理具有明显特殊性质的资产价值;可靠是指经过对信息来源和收集过程的质量控制,所收集的资料具有较高的置信度;有效是指所收集的资料能够有效地反映评估基准日评估对象在模拟条件下可能的价格水平。

7. 评估方法

(1) 基本披露要求。资产评估报告应当说明所选用的评估方法及其理由,被披露评估方法运用实施的过程。

首先需简单说明总体思路和主要评估方法及适用原因;其次要按评估对象和所涉及的资产(负债)类型逐项说明所选用的具体评估方法。采用成本法的,应介绍估算公式,并对所涉及资产的重置价值及成新率的确定方法作简要说明。

采用市场法的,应简单介绍参照物(交易案例)的选择原则、比较分析与调整因素等。

采用收益法等方法的,应介绍采用收益法的技术思路,主要测算方法、模型或计算公式,明确预测收益的类型以及预测方法与过程、折现率的选择和确定等情况。

(2) 关于企业价值评估两种以上方法的披露。企业价值准则规定,对同一评估对象采用多种评估方法时,应当对各种初步评估结论进行分析,结合评估目的、不同评估方法使用数据的质量和数量,采用定性或者定量分析方式形成最终评估结论。《关于加强企业国有资产评估管理工作有关问题的通知》(国资委产权〔2006〕274 号)规定,涉及企业价值的资产评估项目,以持续经营为前提进行评估时,原则上要求采用两种以上方法进行评估,并在评估报告中列示,依据实际状况充分、全面分析后,确定其中一个评估结论作为评估报告使用结果。《企业国有资产评估报告指南》规定,未采用两种以上评估方法进行评估的,评估报告应当披露其他基本评估方法不适用的原因或所受的操作限制。采用两种以上方法进行评估的,还应当说明评估结论确定的方法。

评估报告对评估方法、过程和主要参数确定的原则进行必要的说明,体现了国有资产评估项目的特点。从国有资产监管机构的角度来看,评估报告是通过评估机构签字盖章方式出具的、可以作为核准备案文件的依据。另一方面,评估报告也是国有资产交易各方进行交易决策的重要参考。因此,评估报告应当分别说明两种以上评估方法选取的理由和评估结论确定的方法。这主要包括以下两个方面的内容。

① 企业价值评估报告应说明的是整体企业价值评估的两种以上方法及其选取的理由。其主要内容是说明评估方法选取的依据和理由,所选方法的总体思路和基本模型,在两个以上初步结果的基础上是如何得出最终评估结论的。评估实践中,通常是在综合考虑不同评估方法和初步评估结果的合理性及所使用数据的质量和数量的基础上确定其中一个评估结果作为评估报告的评估结论。

② 企业价值评估中采用两种以上评估方法对所涉及的长期股权投资的评估,也应当说明两种以上方法选取的理由以及评估结论确定的方法。同时,按长期股权投资清单,列示各股权两种以上评估方法以及确定最终评估结论的方法。

8. 评估程序实施过程和情况

评估报告应当说明自接受评估项目委托起至出具评估报告的主要评估工作过程,一般包括以下内容。

(1) 接受项目委托,确定评估目的、评估对象与评估范围、评估基准日,拟定评估计划等过程。

（2）指导被评估单位清查资产、准备评估资料，核实资产与验证资料等过程。

（3）选择评估方法、收集市场信息和估算等过程。

（4）评估结论汇总、评估结论分析、撰写报告和内部审核等过程。

评估报告中的评估过程内容，主要说明评估程序实施过程和评估的总体情况而不是详细说明如何评估的。

9. 评估假设

资产评估基本准则规定，资产评估专业人员执行资产评估业务，应当合理使用评估假设，评估报告应当披露所使用的评估假设。《企业国有资产评估报告指南》遵循了上述准则的原则规范要求，规定"资产评估报告应当说明资产评估所使用的假设"。

10. 评估结论

《企业国有资产评估报告指南》规定，资产评估报告应当以文字和数字形式清晰说明评估结论。评估结论通常是确定的数值。境外企业国有资产评估报告的评估结论可以用区间值表达。具体要求包括以下内容。

（1）评估结论的表达方式。国有资产评估报告结果的表达方式，应当依据评估结论在国有资产交易领域中的作用，满足国有资产管理的需要。

国有资产监督管理机构下达的资产评估项目核准文件和经国有资产监督管理机构或所出资企业备案的资产评估项目备案表，是企业办理产权登记、股权设置和产权转让等相关手续的必备文件。《企业国有资产评估管理暂行办法》（国资委第 12 号令）规定，"企业进行与资产评估相应的经济行为时，应当以经核准或备案的资产评估结论为作价依据，当交易价格低于评估结论的 90％时，应当暂停交易，在获得原经济行为批准机关同意后方可继续交易"。国务院国有资产监督管理委员会同财政部联合发布的《企业国有产权转让管理暂行办法》第十三条规定："在清产核资和审计的基础上，转让方应当委托具有相关资质的资产评估机构依照国家有关规定进行资产评估。评估报告经核准或者备案后，作为确定企业国有产权转让价格的参考依据。在产权交易过程中，当交易价格低于评估结论的 90％时，应当暂停交易，在获得相关产权转让批准机构同意后方可继续进行。"《中华人民共和国企业国有资产法》第四十二条规定："企业改制应当按照规定进行清产核资、财务审计、资产评估，准确界定和核实资产，客观、公正地确定资产的价值。企业改制涉及以企业的实物、知识产权、土地使用权等非货币财产折算为国有资本出资或者股份的应当按照规定对折价财产进行评估，以评估确认价格作为确定国有资本出资额或者股份数额的依据，不得将财产低价折股或者有其他损害出资人权益的行为。"第五十五条规定："国有资产转让应当以依法评估的、经履行出资人职责的机构认可或者由履行出资人职责的机构报请本级人民政府核准的价格作为依据，合理确定最低转让价格。"从这一系列规定中不难看出，作为企业国有资本出资额或者股份数额的依据（评估确认价格），都要求评估结论是一个确定的数值。因此，企业国有资产评估要求结论通常是确定的数值。《企业国有资产评估项目备案工作指引》对境外评估或估值报告的评估结论采用区间值的，要求应当在区间之内确定一个最大可能值，并说明确定依据。

《金融企业国有资产评估报告指南》也规定，特殊情况下，在与经济行为相匹配的前提下，评估结论可以用区间值表示，同时给出确定数值评估结论的建议。《金融不良资产评估指导意见（试行）》规定，债权资产价值分析结论可以是明确的数值，也可以是区间，采用区间值时应当确信区间值的合理性并予以充分说明。

(2)企业价值评估和单项资产(或者资产组合)评估结论披露的不同要求。采用资产基础法进行企业价值评估,应当以文字形式说明资产、负债、所有者权益(净资产)的账面价值、评估价值及其增减幅度,并同时采用评估结论汇总表反映评估结论。这是为了满足国有资产评估项目监管需要。资产评估结论表是国有资产评估项目备案表的主要内容之一,它不但清晰地说明了评估的主要资产类型,也说明了评估前后企业账面价值的变动情况,国有资产有关监管方可以很直观地据此编制相关批复文件。

单项资产或者资产组合评估应当以文字形式说明账面价值、评估价值及其增减幅度。

(3)采用两种以上方法进行企业价值评估的披露要求。采用两种以上方法进行企业价值评估的,除单独说明评估价值和增减变动幅度外,还应当说明两种以上评估方法结果的差异及其原因和最终确定评估结论的理由。

11. 特别事项说明

资产评估报告应当说明评估程序受到的限制、评估特殊处理、评估结论瑕疵等特别事项以及期后事项,通常包括下列内容。

(1)引用其他机构出具报告结果的披露要求。近年来,国有资产评估项目,尤其是中央企业改制评估项目,同时委托资产评估机构、土地估价机构和矿业权评估机构以同一个评估基准日对企业重组改制设立公司行为涉及的资产、土地使用权和矿业权进行评估,然后由资产评估机构汇总评估结论的实际情况普遍存在。在汇总时,有的进行了调整,如房地合一评估时,不汇总土地估价机构报告相应的土地评估价值;有的直接汇总,情况较为复杂。国有资产监督管理机构十分关注资产评估机构如何引用、引用中作出了哪些调整等信息。

资产评估引用其他机构评估结论的现象,是由我国评估行业的管理体制所决定的。资产评估报告应当披露引用其他机构出具报告结论的情况,并说明承担引用不当的相关责任。

(2)权属资料不全面或者存在瑕疵的情形。存在评估对象法律权属瑕疵和设定产权前提进行评估时,应披露的内容为:第一,说明法律权属瑕疵和设定产权前提的事实;第二,说明本次评估处理的方法及处理结果;第三,说明此种处理可能产生的后果;第四,提出企业作出的承诺和声明的责任;第五,资产评估师披露此种处理不影响评估结论合理性。所有披露内容,不应与企业出具的相关承诺函的内容相矛盾。

(3)评估程序受到限制的情形。在国有资产评估项目中,经常会遇到因客观原因无法进行实地勘查的情形。

① 资产性能、资产放置地点限制现场清查,如地下深埋管线、空中架设输配电线路、生产过程中的在产品、异地置放资产、分散分布的资产等。

② 涉及商业、国家秘密,限制现场清查,如军工企业存货等。

③ 清查技术手段限制现场清查,如空中架设输配电线路的长度和材质;输油管道中的存货、鉴定环境危害性和合规性、建筑结构强度测定、建筑面积测量、房屋建筑物沉降测试、白蚁蚁害检测、危房鉴定等事项。

④ 诉讼保全限制,如法院查封的资产等。

存在特殊的资产置放方式时,应披露的内容为:首先,说明特殊的资产置放方式、资金金额和占总资产的比例以及采取的清查方法;其次,说明这种处理对评估结论的影响及程度;最后,说明此种处理不影响评估结论的合理性。

(4)评估资料不完整的情形。

（5）评估基准日存在的法律、经济等未决事项。评估基准日存在的法律、经济等未决事项主要是重大合同、重大诉讼等事项。存在影响资产状况从而影响资产评估价值的重大合同、重大诉讼事项对整个评估结论构成实质性影响时应披露的内容为：首先，说明重大合同、重大诉讼事项的情况；其次，说明本次评估处理的方法及处理结果；再次，说明此种处理可能产生的后果；最后，提出此种处理的责任。所有披露内容，不应与事实相矛盾。

（6）关于担保、租赁及其或有负债（或有资产）的披露担保、租赁及其或有负债（或有资产）等都有可能对企业价值以及参考企业价值确定交易价格产生影响，但该事项在经济行为实现时、实现后的状况无法预知，也无法估计其对企业价值的影响程度，不是资产评估师执业水平和能力所能评定估算的有关事项。评估报告应当说明该类事项的性质、金额及与评估对象的关系，并提示评估报告使用人注意该事项对评估结论可能产生的影响。

（7）关于期后事项的披露。资产评估中的期后事项，通常是指评估基准日至评估报告日之间发生的、可能对评估结论产生影响的事项。例如，国家调整税收政策、中央银行调整存贷款利率等，都会对评估结论产生影响。

资产评估专业人员应当在切实可行的情况下，在评估报告中充分披露"评估报告评估基准日期后重大事项"，说明其内容、估计其对资产价值的影响；如无法作出估计，应当说明其原因。

（8）关于经济行为对评估结论的影响。某些情况下，企业拟实施经济行为的进度和安排与评估工作的进度安排衔接不紧密，可能影响到评估工作甚至评估结论。因此，《企业国有资产评估报告指南》要求披露本次资产评估对应的经济行为中，可能对评估结论产生重大影响的瑕疵情形。

例如，某企业重组改制评估项目，根据经济行为实施的安排，在股份公司设立前，将全部纳入改制范围的房屋土地办理产权证，但在评估报告出具时，部分房产和土地仍未办理产权证。该部分房产、土地在办理产权证时，可能与评估申报的信息不同，从而影响评估结论。

（9）总体要求。评估报告应当说明对特别事项的处理方式、特别事项对评估结论可能产生的影响，并提示评估报告使用人关注其对经济行为的影响。

对于客观存在的特殊事项，资产评估专业人员不同的处理方式对报告使用人的决策有直接影响。例如，房屋所有权所载明的面积与实际面积不一致时，实务中存在按实际面积或按证载面积处理两种不同的方式，根据单位面积估算房屋价值也会因此而不同。尽管资产评估处理的一般原则是根据证载面积确定评估价值，但当企业按测绘机构测量的面积重新确权，并正在办理房屋所有权证时，资产评估专业人员可以按照测绘机构测量的面积进行估算；当企业申报的面积明显比证载面积更为符合实际情况时，也可以按申报的面积确定其评估价值。但不论进行何种合理的处理，资产评估专业人员都应当对事项本身以及对事项的处理方式作出说明，以使报告使用人全面了解评估信息。

12. 资产评估报告使用限制说明

除按照资产评估报告准则的相关要求，企业国有资产评估报告应当关注以下几点。

（1）关于评估报告的法律效力。根据现行国有资产管理制度，国有资产评估报告需要经核准或备案后，与核准文件、备案表一起使用。国有资产监督管理机构对企业报送的资产评估报告和有关材料进行审核后，对符合规定条件的，按规定下达核准文件。核准文件是相关经济行为中涉及资产和产权价值的确认文件，是国有资产产权交易重要的参考，也是企业办理产权登记、股权设置等相关手续的必备文件。国有资产评估项目备案表是企业依法履行法定资产评估的有效证明,是相关经济行为中涉及资产和产权价值的确认文件,是国有资产产权交易的重要参考,也是企业办理产权登记、股权设置等相关手续的必备文件。国有资产评估报告是"核准文件"和"备案表"形成的基础文件,但最终直接作为交易参考、企业办理产权登记、股权设置等使用的并不只是国有资产评估报告,还应包括报告的"核准文件"和"备案表"。

(2)关于评估程序受限时评估报告的使用限制。在评估程序受限的情况下,评估结论所依赖的假设条件具有重要作用。例如,因资产性能的限制、存放地点的限制、诉讼保全的限制、技术性能的局限、商业或国家秘密的局限等均对现场勘查产生影响。因此,评估报告应当披露因评估程序受限造成的评估报告的使用限制。

(3)关于报告的摘抄、引用和披露。考虑国有资产评估项目管理的要求和现行有关评估报告信息摘抄引用和披露的其他规范,《企业国有资产评估报告指南》规定,未征得出具资产评估报告的资产评估机构同意,资产评估报告的内容不得被摘抄、引用或者披露于公开媒体,法律、行政法规规定,以及相关当事人另有约定的除外。

(4)关于使用人和使用范围。评估报告仅供委托人、评估委托合同中约定的其他评估报告使用人和国家法律、行政法规规定的评估报告使用人使用;除此之外,任何机构和个人不能由于得到评估报告而成为评估报告的使用人。委托人或者评估报告使用人应当按照法律规定和评估报告载明的使用范围使用评估报告;委托人或者评估报告使用人违反前述规定使用评估报告的,资产评估机构及资产评估专业人员不承担责任。

(5)关于评估结论的理解和使用有效期。评估报告使用人应当正确理解评估结论,评估结论不等同于评估对象可实现的价格,评估结论不应当被认为是对评估对象可实现价格的保证。委托人或者评估报告使用人应当在评估报告载明的评估结论的使用有效期内使用报告。

13. 资产评估报告日和签名盖章

资产评估报告应当载明资产评估报告日。资产评估报告日通常为评估结论形成的日期,可以不同于资产评估报告的签发日。

资产评估报告正文应当由至少两名承办该评估业务的资产评估师签名,并加盖资产评估机构印章。声明、摘要和评估明细表上通常不需要另行签名盖章。

(四)评估报告附件

1. 评估报告附件的内容与构成

评估报告附件通常包括下列内容。

(1)与评估目的相对应的经济行为文件。

(2)被评估单位专项审计报告。

(3)委托人和被评估单位法人营业执照。

(4)委托人和被评估单位(或者产权持有单位)产权登记证。

(5)评估对象涉及的主要权属证明资料。

(6)委托人和相关当事人的承诺函。

(7)签名资产评估专业人员的承诺函。

(8)资产评估机构资格证书。

(9)资产评估机构法人营业执照副本。

(10)负责该评估业务的资产评估专业人员资格证明文件。

（11）资产评估委托合同。

（12）其他重要文件。

2. 基本要求

（1）评估报告附件内容应当与本评估项目的评估目的、评估方法、评估结论相关联。评估报告附件应当列示评估目的对应的经济行为文件和资产评估委托合同；与实际相符的评估主体合法有效的资格文件；与评估对象一致的相关资产的权属文件资料；评估中实际所依据的重要的取价依据文件资料。

（2）评估报告附件的签章应当清晰、完整。附件为复印件的，应当与原件一致。

（3）附件的相关内容应当与评估报告的摘要、正文一致。例如，所附经济行为文件描述的相关资产处置方案是确立评估范围的依据。又如，企业价值评估所附评估基准日会计报表账面数据应当与评估范围一致，等等。

3. 关于审计报告作为附件的要求

审计报告不仅是企业申请备案核准的必报资料之一，而且是评估工作的基础依据。《企业国有产权转让管理暂行办法》（财政部、国资委第 3 号令）规定，在清产核资和审计的基础上，转让方应当委托具有相关资质的资产评估机构依照国家有关规定进行资产评估。《企业国有资产评估管理暂行办法》（国资委第 12 号令）规定，企业提出资产评估项目核准申请时，应当向国有资产监督管理机构报送与经济行为相对应的审计报告。《关于加强企业国有资产评估管理工作有关问题的通知》（国资委产权〔2006〕274 号）规定，对企业进行价值评估，企业应当提供与经济行为相对应的评估基准日审计报告。同时该文件附件"国有资产评估项目备案表""接受非国有资产评估项目备案表"填报说明中提出，当评估对象为企业产权（股权）时，账面价值应当为审计后账面值。根据国有企业改制的相关规定，在资产评估前应聘请有资格的中介机构进行独立的财务审计。

企业价值评估准则提出，企业价值评估中的资产基础法，是指以被评估单位评估基准日的资产负债表为基础，合理评估表内及可识别的表外各项资产、负债价值，确定评估对象价值的评估方法。从中可以看出，采用资产基础法进行企业价值评估，其评估对象是企业各项资产和负债。其中资产和负债的确认和计量是否符合会计准则和相关会计规范，是需要由注册会计师发表审计意见的。企业价值评估是建立在审计基础之上的，注册会计师通过合规性和真实性审计以确定资产的账面价值，企业价值评估的资产范围也因此确定。资产基础法的评估结论，也是通过资产负债表的形式表示的。因此，有关资产负债账面记录的合规性、真实性等的财务会计资料，是作为表明资产评估范围极其重要的依据之一，同时它们也有助于资产评估师合理规避评估执业风险。

国有企业改制设立公司，通常情况下，财务审计的对象包括改制企业母公司及所属境内外全资子企业、控股子企业以及其他需要审计的企业、单位。审计的内容为改制企业（包括其下属子企业）一定期限内的会计报表。受托会计师事务所在对改制企业（包括其下属子企业）的财务状况、经营成果、现金流量、资产质量等基本经营情况进行全面审计的基础上，形成审计结论，对企业编制的会计报表及其附注发表客观公正的审计意见。

改制审计报告是改制方案的依据，是改制资产评估的基础，未经审计不得实施改制资产评估。审计报告除一定程度上是评估的对象和范围依据外，还对主要报表项目在比较会计期间的重大变动情况作出说明。资产评估专业人员利用审计报告时，需关注审计报告披露的可能对评估处理产生重要影响的相关事项,包括:土地使用权、探矿权、采矿权等重大资产使用或处置情况说明;改制过程中涉及的债权债务处置等重大事项的说明;改制企业应付工资、应付福利费、职工教育经费余额的处理情况;企业改制清产核资清查出的损失的处理情况及各项资产减值准备计提情况的说明;按照国家有关规定计提的各项资产减值准备的政策依据、披露以及资产减值准备的财务核销情况的说明等。

因此《企业国有资产评估报告指南》规定,按照法律、行政法规规定需要进行专项审计的,应当将企业提供的与经济行为相对应的评估基准日专项审计报告(含会计报表和附注)作为资产评估报告附件。

4. 关于引用其他机构报告附件的处理

《企业国有资产评估报告指南》规定,如果引用其他机构出具的报告结论,根据现行有关规定,所引用的报告应当经相应主管部门批准(备案)的,应当将相应主管部门的相关批准(备案)文件作为评估报告的附件。比如,与评估经济行为相关的划拨土地使用权处置等土地使用权估价报告、矿业权价款处置等矿业权评估报告需经相关国土资源行政主管部门备案,需将已取得的相关批准(备案)文件作为评估报告的附件。

(五)评估明细表

1. 基本要求

评估明细表可以根据《企业国有资产评估报告指南》的基本要求和企业会计核算所设置的会计科目,结合评估方法特点进行编制。

(1) 单项资产或者资产组合评估、采用资产基础法进行企业价值评估,评估明细表包括被评估资产负债会计科目的评估明细表和各级汇总表。

(2) 采用收益法进行企业价值评估,可以根据收益法评估参数和盈利预测项目的构成等具体情况设计评估明细表的格式和内容。

(3) 采用市场法进行企业价值评估,可以根据评估技术说明的详略程度决定是否单独编制符合市场法特点的评估明细表。

2. 格式和内容要求

(1) 资产、负债会计科目的评估明细表格式和内容基本要求。

① 表头应当含有资产或负债类型(会计科目)名称、被评估单位(或者产权持有单位)、评估基准日、表号、金额单位、页码。

② 表中应当含有资产负债的名称(明细)、经营业务或者事项内容、技术参数、发生(购、建、创)日期、账面价值、评估价值、评估增减幅度等基本内容。必要时,备注栏对技术参数或者经营业务、事项情况进行注释。

③ 表尾应当标明被评估单位(或者产权持有单位)填表人员、填表日期和评估人员。

④ 评估明细表按会计明细科目、一级科目逐级汇总,并编制资产负债表(方式)的评估汇总表及以人民币万元为金额单位的评估结果汇总表。

⑤ 会计计提的减值准备在相应会计科目(资产负债类型)合计项下和相关科目汇总表中列示。

⑥ 评估结果汇总表应当按以下顺序和项目内容列示:流动资产、非流动资产、资产总计、流动负债、非流动负债、负债总计、净资产等类别和项目。

(2) 采用收益法中的现金流量折现法进行企业价值评估,评估明细表通常包括以下内容：资产负债、利润调整表（如果有调整时）；现金流量测算表；营业收入预测表；营业成本预测表；税金及附加预测表；销售费用预测表；管理费用预测表；财务费用预测表；营运资金预测表；折旧摊销预测表；资本性支出预测表；折现率计算表；溢余资产和非经营性资产分析表。

（3）收益法评估明细表表头应当含有评估参数或预测项目名称、被评估单位（或者产权持有单位）、评估基准日、表号、金额单位等。

（4）被评估单位（或者产权持有单位）为两家以上的，评估明细表应当按被评估单位（或者产权持有单位）分别自成体系。

（六）评估说明

1. 评估说明的构成

评估说明包括评估说明使用范围声明、委托人和被评估单位（或者产权持有单位）编写的《企业关于进行资产评估有关事项的说明》和资产评估师编写的《资产评估说明》。

评估说明使用范围的声明，应当写明评估说明使用单位或部门的范围及限制条款。

委托人和被评估单位（或者产权持有单位）可以共同编写或者分别编写《企业关于进行资产评估有关事项的说明》。委托人单位负责人和被评估单位（或者产权持有单位）负责人应当对所编写的说明签名，加盖相应单位公章并签署日期。

（1）《企业关于进行资产评估有关事项的说明》包括以下内容。

① 委托人、被评估单位（或者产权持有单位）各自概况。

② 关于经济行为的说明。

③ 关于评估对象与评估范围的说明。

④ 关于评估基准日的说明。

⑤ 可能影响评估工作的重大事项说明。

⑥ 资产负债情况、未来经营和收益状况预测说明。

⑦ 资料清单。

（2）《资产评估说明》是对评估对象进行核实、评定估算的详细说明，主要包括以下内容。

① 评估对象与评估范围说明。

② 资产核实总体情况说明。

③ 评估技术说明。

④ 评估结论及分析。

2. 评估对象与评估范围说明

（1）基本内容。评估对象与评估范围说明的内容包括三个方面：委托评估的评估对象与评估范围；委托评估的资产类型、账面金额；委托评估的资产权属状况（含应当评估的相关负债）。说明的具体编写，应当注意下列几种情况。

① 评估对象与评估范围为非股权单项资产或者资产组合时，应简要介绍具体内容，如资产的类型、数量、特征及相关权属状况，以便报告使用人简明了解。

② 评估对象为企业价值时，评估范围如包含下属独立核算企业，应介绍公司产权、管理架构图，按母公司会计核算口径简要介绍各级次报表单位，涉及多家单位时应以列表方式介绍。

③ 对与评估对象存在密切关系而不在评估范围内的资产，应予特别说明，如房屋构筑物所占用的土地情况及是否在评估范围内等。

　　④ 如委托人另行委托其他专业评估机构对土地使用权、矿业权等资产进行评估,应对此事项进行说明,同时应关注其所出具报告中评估对象的价值定义;当评估对象存在土地出让金、矿业权价款等预计负债时,需根据经济行为方案内涵所确定的拟支付主体,恰当考虑本评估范围是否应包括这部分负债。

　　⑤ 关于委托评估的资产账面价值,应特别说明是否经过审计以及所发表的审计意见类型及简要情况。

　　⑥ 资产权属状况应重点介绍评估范围内房产、土地、矿业权等办证情况。评估对象与评估范围说明应当根据企业价值评估、单项资产或者资产组合评估的不同情况确定内容的详略程度。

　　(2) 实物资产的分布情况及特点。对实物资产的分布情况及特点的说明应包括实物资产的类型、数量、分布情况和存放地点;实物资产的技术特点、实际使用情况、大修理及改扩建情况等。具体编写要点如下。

　　① 实物资产说明原则首先是总体介绍分类情况,在此前提下重点介绍各类资产构成情况,在各类资产中突出介绍有代表性的、价值量大的资产。

　　② 评估对象与评估范围为单项资产时直接介绍具体情况。对资产组合的介绍应体现先分类再具体的原则。

　　③ 评估对象为企业价值,评估范围为单一企业、无下属单位,其说明应体现先分类再具体的原则;评估范围包括多级下属单位时应分别介绍各单位情况。

　　④ 对固定资产的技术特点、实际使用情况、大修理及改扩建情况等,应选择有代表性的、价值量大的资产介绍。

　　(3) 企业申报的账面记录或者未记录的无形资产情况。评估对象为企业价值时,应说明企业账面记录或者未记录的无形资产情况,对于企业实际存在的、账面未记录的专利或非专利技术等无形资产,应介绍其基准日基本情况及形成过程。

　　(4) 企业申报的表外资产(如有申报)的类型、数量。应说明企业申报的表外资产的类型、数量等,并介绍其在评估基准日的基本情况及形成过程以及企业提供的相关资产权属资料。

　　(5) 引用其他机构出具的报告的结果所涉及的资产类型、数量和账面金额(或者评估值)。对资产组合或者企业价值评估项目,企业已另行委托其他机构对经济行为涉及的部分资产进行评估,资产评估报告引用其他机构出具的报告的结论时,应当详细说明所涉及的资产类型、数量和账面金额(或者评估值);同时应当说明所引用其他机构出具的报告载明的评估范围、评估目的、评估基准日以及评估报告的批准情况。

　　3. 资产核实总体情况说明

　　资产核实总体情况说明通常包括人员组织、实施时间、核实过程、影响事项及处理方法、核实结论。

　　(1) 资产核实人员组织、实施时间和过程说明。资产核实人员组织、实施时间和过程主要说明参加资产评估工作核实的人员情况、人员专业和地域分组情况、时间进度以及核实的总体过程。

　　资产核实的过程,通常可分现场核实工作准备阶段和现场核实工作阶段。现场核实工作准备阶段主要包括审核企业申报的明细表、安排调整完善现场工作计划、进入现场前的准备工作、选择适当的进场时间。现场核实工作阶段主要说明评估专业人员进行的询问、函证、核对、监盘、勘查、检查等工作情况,并说明获取评估业务需要的基础资料,了解评估对象现状,关注评估对象法律权属等总体过程。

（2）影响资产核实的事项及处理方法。影响资产核实的事项一般包括资产性能的限制、存放地点的限制、诉讼保全的限制、技术性能的局限、涉及商业秘密和国家秘密以及评估基准日时正在进行的大修理、改扩建情况等。对于不能采用现场调查方式直接核实的资产,应当说明原因、涉及范围及处理方法。

通常情况下,对于因资产性能的限制（如输配电线路资产、地下管线资产等）而影响资产核实的事项,应当说明对资产是否存在、存在状态、权属资料三个方面采取的措施。对资产技术状态,应说明查阅技术档案、检测报告、运行记录等历史资料情况以及是否利用专业机构的检测结果对资产技术状态作出判断。

对于因存放地点的限制（如分布十分广泛的固定资产、工艺流程中的在产品等）影响资产核实的事项,应当说明对资产是否存在、存在状态、权属资料三个方面采取的措施。如检查资产负债表日后发生的销货交易凭证、账务处理凭证、相关资产管理凭证及台账,向使用者、存放地、购货顾客或供应商函证、获取的实物照片等。

对于因诉讼保全的限制影响资产核实的事项,如查封资产,应当说明对资产是否存在、存在状态、权属资料三个方面采取的措施。例如,向相关部门的函证、获取的实物照片等。

对于因涉及商业秘密和国家秘密而影响资产核实的事项,应当说明对资产是否存在、存在状态、权属资料三个方面采取的措施。例如,收集可以证明资产的运行情况和能够为企业产生相关收益的文件。对资产技术状态、应说明查阅技术档案、检测报告、运行记录等历史资料情况以及是否利用专业机构的检测结果对资产技术状态作出判断。

对于因评估基准日正在进行的大修理、改扩建而影响资产核实的事项,应当说明对资产是否存在、存在状态、权属资料三个方面采取的措施。例如,收集证明资产的运行情况和能够为企业产生相关收益的文件,收集大修理、改扩建设计（或类似文件）的情况。

如果采用抽样方法对资产进行核实,应当说明所采取的抽样方法,并说明抽样方法对作出"是否存在、存在状态"总体判断结果的可靠性。采取任何非现场核查方法,均应在此部分作说明。

（3）核实结论。核实结论应当说明资产核实结果是否与账面记录存在差异及其程度。通常核实结果不应与账面记录有差异,在审计评估同时进行的项目中,对于不一致的情形,应当要求被评估单位作出解释,查明情况后在评估值中作处理。也可以根据评估实物清查的结果,与企业、审计师协调进行追溯至评估基准日的调整,以做到账、表、实相符。

对权属资料不完善的,应说明查验权属资料的截止日,并说明企业提供的有关权属证明的情况。

对企业申报的账外资产,应说明核实情况、相关当事人确认的情况。

4. 评估技术说明

评估技术说明应当考虑不同经济行为和不同评估方法的特点,介绍评定估算的思路及过程。

（1）评估技术说明的体例。

① 评估对象与评估范围为非股权单项资产及资产组合,应按照资产的类型及特征、评估目的及选择的价值类型,结合评估对象的清查核实情况及相关资料的收集情况,分别介绍各类资产评估方法、作价依据及各主要参数的确定过程;在各类资产中选取有代表性的典

型案例揭示评估值的确定过程;最后说明各类资产的评估结论及变动原因分析。

② 评估对象为企业价值的,应按照企业特点、评估目的及选择的价值类型,结合评估对象的清查核实情况及相关资料的收集情况,全面介绍评估方法、作价依据及各主要参数的确定过程;对各项资产及负债,按明细表中会计科目分类,分别选取有代表性的评估案例,揭示该科目中各类资产评估值的确定过程;最后说明各项资产负债的评估结论及变动原因分析。

③ 评估范围如存在会计并表核算单位(含全资、控股子公司及非法人独立会计主体),应以母公司评估说明为主体,对会计并表核算单位应按所属级次,分别以说明附件方式介绍。

(2) 成本法(或资产基础法)评估说明。采用成本法评估单项资产或者资产组合、采用资产基础法评估企业价值,应当根据评估项目的具体情况以及资产负债类型编写评估技术说明。各项资产负债评估技术说明应当包含资产负债的内容和金额、核实方法、评估值确定的方法和结果等基本内容。

(3) 收益法评估说明。采用收益法进行企业价值评估,应当根据行业特点、企业经营方式和所确定的预期收益口径以及评估的其他具体情况等编写评估技术说明。企业的资产、财务分析和调整情况以及评估方法运用实施过程说明通常包括以下内容。

① 收益法的应用前提及选择理由和依据。

② 收益预测的假设条件。

③ 企业经营、资产、财务分析。

④ 收益模型选择理由及基本参数说明。

⑤ 收益期限及明确预测期的说明。

⑥ 收益预测的说明。

⑦ 折现率的确定说明。

⑧ 预测期后价值确定说明。

⑨ 其他资产和负债评估说明。

⑩ 评估价值。

(4) 市场法评估说明。采用市场法进行企业价值评估,应当根据行业特点、被评估企业实际情况以及上市公司比较法或者交易案例比较法的特点等编写评估技术说明。企业的资产、财务分析和调整情况以及评估方法运用实施过程说明通常包括以下内容。

① 具体方法、应用前提及选择理由。

② 企业经营、资产、财务分析。

③ 分析选取确定可比企业或交易案例的说明。

④ 价值比率的选择及因素修正说明。

⑤ 评估对象价值比率的测算说明。

⑥ 评估价值。

5. 评估结论及分析

(1) 评估结论。采用两种或两种以上方法进行企业价值评估时,应当说明不同评估方法结论的差异及其原因和最终确定评估结论的理由。对于存在多家被评估单位的情况,应当分别说明其评估价值。对于不纳入评估汇总表的评估结论,应当单独列示。

(2) 评估价值与账面价值比较变动情况及说明。比较评估价值与账面价值,首先应详细说明账面价值与评估价值的构成要素,将不可比的因素剔除,进而说明构成要素中同一要素的变化幅度及理由。

（3）折价或者溢价情况。股东部分权益的价值并不必然等于股东全部权益价值与股权比例的乘积，因为在某些情况下，同一企业内不同股东的同等股份权益的价值可能会不相等。如果考虑了控股权和少数股权等因素产生的溢价或折价，应当说明溢价与折价测算的方法，对其合理性作出判断。

三、资产评估报告的编制和使用

（一）编制资产评估报告的步骤

编制资产评估报告是评估机构与资产评估专业人员完成评估工作的最后一道工序，也是资产评估工作中的一个重要环节。编制资产评估报告主要有以下几个步骤。

1. 整理工作底稿和归集有关资料

资产评估现场工作结束后，资产评估专业人员必须着手对现场工作底稿进行整理，按资产的性质进行分类；同时对有关询证函、被评估资产背景材料、技术鉴定情况和价格取证等有关资料进行归集和登记；对现场未予确定的事项，还须进一步落实和查核。这些现场工作底稿和有关资料都是编制资产评估报告的基础。

2. 评估明细表的数字汇总

在完成现场工作底稿和有关资料的归集任务后，资产评估专业人员应着手评估明细表的数字汇总。明细表的数字汇总应根据明细表的不同级次先明细表汇总、然后分类汇总，再到资产负债表式的汇总。在数字汇总过程中应反复核对各有关表格数字的关联性和各表格栏目之间数字钩稽关系，防止出错。

3. 评估初步数据的分析和讨论

在完成评估明细表的数字汇总，得出初步的评估数据后，参与评估工作过程的有关人员，应对评估报告的初步数据的结论进行分析和讨论，比较各有关评估数据，复核记录估算结果的工作底稿，对存在作价不合理的部分评估数据进行调整。

4. 编写评估报告

编写评估报告又可分为以下两步。

第一步，在完成资产评估初步数据的分析和讨论，对有关部分的数据进行调整后，由具体参加评估的各评估小组负责人员草拟出各自负责评估部分资产的评估说明，同时提交全面负责、熟悉本项目评估具体情况的人员草拟出资产评估报告。

第二步，就评估基本情况和评估报告初稿的初步结论与委托人交换意见，评估专业人员在听取委托人的反馈意见后，在坚持独立、客观、公正的前提下，认真分析委托人提出的问题和建议，考虑是否应该修改评估报告，对评估报告中存在的疏忽、遗漏和错误之处进行修正，待修改完毕即可撰写出资产评估正式报告。

5. 资产评估报告的签发与送交

资产评估专业人员撰写出资产评估正式报告后，经审核无误，应当由至少两名承办该项业务的资产评估专业人员签名并加盖评估机构印章。法定评估业务的评估报告应当由至少两名承办该项业务的资产评估专业人员签名并加盖资产评估机构印章。

资产评估报告签发盖章后即可连同评估说明及评估明细表送交委托人。

(二) 编制资产评估报告的技术要点

资产评估报告编制的技术要点是指在资产评估报告制作过程中的主要技能要求,具体包括文字表达、格式与内容方面的技能要求以及复核与反馈等方面的技能要求等。

资产评估专业人员应在执行必要的评估程序后,编制并由所在评估机构出具评估报告,并在评估报告中提供必要信息,使评估报告使用人能够合理理解评估结论。资产评估专业人员应根据评估业务具体情况,提供能够满足委托人和其他评估报告使用人合理需求的评估报告。

1. 文字表达方面的技能要求

资产评估报告既是一份对被评估资产价值发表专业意见的重要法律文件,又是一份用来明确资产评估机构和资产评估专业人员工作责任的文字依据。其文字表达要求既要清楚、准确,又要提供充分的依据说明,还要全面地叙述整个评估的具体过程;表达内容必须明确,不得使用模棱两可的措辞;报告陈述既要简明扼要,又要把有关问题说明清楚,不得使用带有任何诱导、恭维和推荐性的陈述。

2. 格式和内容方面的技能要求

对资产评估报告格式和内容方面的要求,按照现行政策规定,应该遵循资产评估报告准则,涉及企业、金融企业国有资产评估的,还应该分别遵循《企业国有资产评估报告指南》和《金融企业国有资产评估报告指南》的有关规定。

3. 评估报告的复核及反馈方面的技能要求

资产评估报告的复核与反馈也是资产评估报告制作的具体技能要求。评估人员通过对工作底稿、评估说明、评估明细表和报告正文的文字、格式及内容的复核和反馈,可以使有关错误、遗漏等问题在出具正式报告之前得到修正。对评估人员来说,资产评估工作是一项有多个评估人员同时作业的中介业务,每个评估人员都有可能因能力、水平、经验、阅历及理论方法的限制而产生工作盲点和工作疏忽,所以,对资产评估报告初稿进行复核就成为必要。就对评估资产的情况熟悉程度来说,大多数资产委托人和占有方对委托评估资产的分布、结构、成新等具体情况总会比评估机构和评估人员更熟悉,所以在出具正式报告之前征求委托人意见、收集反馈人意见也很有必要。

对资产评估报告必须建立起多级复合和交叉符合制度,明确复合人的职责,防止流于形式的复核。收集反馈意见主要是通过委托人或评估对象产权持有人熟悉资产具体情况的人员。对委托人或者产权持有人的反馈信息,评估专业人员应谨慎对待,本着独立、客观、公正的态度处理其反馈意见。

资产评估报告的制作技能除了需要掌握上述三个方面的技术要点外,还应注意以下几个事项。

一是实事求是,切忌出具虚假报告。报告必须建立在真实、客观的基础上,不能脱离实际情况,更不能无中生有。报告拟订人应是参与该项目并较全面了解该项目情况的主要评估人员。

二是坚持一致性原则,切忌表里不一。报告文字、内容前后要一致,摘要、正文、评估说明、评估明细表内容与格式、数据要一致。

三是提交报告要及时,齐全和保密。在完成资产评估工作后,评估人员应按业务约定书的约定时间及时将报告送交委托人;送交报告时,报告及有关文件要送交齐全;此外,还要做好客户保密工作,尤其是对评估涉及的商业秘密和技术秘密,更要加强保密工作。

四是评估机构应当在资产评估报告中明确评估报告使用人、报告使用方式,提示评估报告使用人合理使用评估报告。应注意防止报告的恶意使用,避免报告的误用,以合法规避职业风险。

五是资产评估专业人员执行资产评估业务,应当关注评估对象的法律权属,并在评估报告中对评估对象法律权属及其证明资料来源予以说明。资产评估专业人员不得对评估对象的法律权属提供保证。

六是资产评估专业人员执行资产评估业务受到限制无法实施完整的评估程序时,应当在评估报告中明确披露受到的限制、无法履行的评估程序和采取的替代措施。

(三)资产评估报告的使用

资产评估报告由评估机构出具后,委托人、评估报告使用人可以根据所载明的评估目的和评估结论进行恰当、合理使用,例如作为资产转让的作价基础,作为企业进行会计记录或调整账项的依据等。但是评估报告的使用,应当符合法律规定和评估报告载明的使用范围。

根据我国法律规定,国有资产在转让过程中,通常将评估报告所确定的资产评估价格作为底价或最低成交价格。例如《中华人民共和国企业国有资产法》规定,国有资产转让应当以依法评估的、经履行出资人职责的机构认可或者由履行出资人职责的机构报经本级人民政府核准的价格为依据,合理确定最低转让价格;《中华人民共和国拍卖法》规定,拍卖国有资产,依照法律或者按照国务院规定需要评估,应当经依法设立的评估机构评估,并根据评估结果确定拍卖标的的保留价;《中华人民共和国公路法》规定,国道等公路收费权的转让,必须进行资产评估,国道等公路收费出让的最低成交价,以国有资产评估机构评估的价值为依据确定。委托人或者评估报告使用人应当按照上述法律规定使用评估报告。

在评估报告中,评估报告的使用范围(评估报告限制使用)作为其中一个内容,通常应明确下列事项。

第一,评估报告只能用于评估报告载明的评估目的和用途。

第二,评估报告只能由评估报告载明的评估报告使用者使用。

第三,除法律规定及相关当事方另有约定外,未征得出具评估报告的评估机构同意,评估报告的内容不得被摘抄、引用或披露于公开媒体。

第四,评估报告在载明的结论使用有效期内使用。

委托人或者评估报告使用人按照评估报告载明的使用范围使用评估报告,是履行评估委托合同确定义务的具体表现。如果委托人或者评报告使用人违反法律规定使用评估报告,或者不按照评估报告所载明的使用范围使用评估报告,例如不按评估目的和用途使用或者超过有效期使用评估报告等,所产生的不利后果评估机构和评估专业人员不承担责任。

第三节　资产评估档案

一、资产评估档案的基本概念

资产评估档案是指资产评估机构开展资产评估业务形成的、反映资产评估程序实施情况、支持评估结论的工作底稿、资产评估报告及其相关资料。工作底稿是资产评估专业人员在执行评估业务过程中形成的,反映评估程序实施情况、支持评估结论的工作记录和相关资料。评估基本程序包括明确业务基本事项、签订业务委托合同、编制资产评估计划、进行评估现场调查、收集整理评估资料、评定估算形成结论、编制出具评估报告、整理归集评估档案等内容。工作底稿是判断一个评估项目是否执行了这些基本程序的主要依据,应反映资产评估专业人员实施现场调查、评定估算等评估程序,支持评估结论。

二、评估工作底稿的内容

资产评估工作底稿一般分为管理类工作底稿和操作类工作底稿。

(一)管理类工作底稿

管理类工作底稿是指在执行资产评估业务过程中,为受理、计划、控制和管理资产评估业务所形成的工作记录及相关资料。管理类工作底稿通常包括以下内容:评估业务基本事项的记录;评估委托合同;评估计划;评估业务执行过程中重大问题处理记录;评估报告的审核记录及其他相关资料。

以企业资产评估为例,上述 5 项内容可以细化为以下 12 个方面。

1. 评估业务基本事项

评估业务基本事项的工作底稿应反映以下内容。

(1)评估项目的洽谈人,委托人名称、联系人,相关当事人(主要是产权持有人)名称、地址、法定代表人、企业性质、注册资金、经营期限、经营范围、联系人等基本情况。

(2)相关当事人和委托人的关系。

(3)评估报告使用人及与委托人、产权持有人等相关当事人的关系。

(4)相关经济行为的背景情况及评估目的。

(5)评估对象和评估范围。

(6)评估范围内的资产状况,包括评估对象基本情况及资产分布情况,资产的数量及各类资产、负债账面值、资产质量现状、实物资产存放地、账外资产、或有资产、或有负债、特殊资产情况、资产历次评估、调账情况,相关当事人所处行业、法律环境、会计政策、股权状况等相关情况。

(7)价值类型。

(8)评估基准日。

(9)评估假设、限制条件。

(10)评估报告的类型、提交时间和方式。

(11)评估服务费总额、支付时间和方式。

资产评估专业人员在项目承接洽谈阶段,应尽可能了解以上内容,以更好地控制评估风险。

2. 评估项目风险评价

评估项目风险评价的工作底稿应反映以下内容。

(1)项目洽谈人通过对委托人和相关当事人的要求、评估目的、资产状况等基本情况的了解,对评估项目是否存在风险作出的判断。

(2)风险可控情况,化解风险、防范风险的主要措施。

(3)评估机构按规定流程通过对评估项目基本情况了解、评估项目风险调查分析,对是否承接项目作出的决定或签署的意见。

3. 评估委托合同

评估委托合同的工作底稿应反映评估委托合同签订以及评估目的、评估对象和范围、评估基准日、价值类型、评估服务费、评估报告类型、评估报告提交时间和方式发生变更等的过程。

4. 评估计划

评估计划工作底稿的主要内容如下。

（1）对实施评估程序的具体步骤、时间进度、人员安排、技术方案等的安排。

（2）在评估过程中根据情况变化作出的调整记录。

（3）评估机构对评估计划的审核、批准情况。

5. 委托人、相关当事人提供的主要资料清单

该部分工作底稿应反映资产评估专业人员根据不同的评估方法、不同的评估对象，要求委托人、相关当事人提供的相关评估资料。例如，对某一个大型国有企业整体资产价值的评估，要求提供的资料主要包括以下几个方面。

（1）企业基本情况介绍。

（2）针对本次评估项目的具体资料。

（3）被评估单位财务资料。

（4）被评估单位主要产品的生产和销售资料。

（5）宏观经济形势的影响及行业竞争状况。

（6）未来计划和预测专家。

6. 聘请相关专家的主要情况

评估项目聘用相关专家有关情况的工作底稿应反映需要聘请专家个人解决的问题，拟聘请专家个人的简况、专业或专长。

7. 评估过程中重大问题处理记录

评估过程中重大问题处理记录工作底稿应反映评估项目实施过程中，资产评估专业人员遇到重大问题逐级请示、根据批示意见处理的记录。

8. 委托人的反馈意见和管理部门评审意见

相关底稿可以反映委托人提供的反馈意见、国有资产等管理部门提出的评审意见以及评估机构及其资产评估专业人员对相关意见的处理信息等。

9. 评估报告审核情况

审核是评估机构保证评估质量、降低评估风险的重要手段，是评估机构的内部质量控制程序的重要组成部分。审核工作底稿应反映评估机构实施内部审核情况及审核意见。

10. 评估报告送达情况

评估报告送达情况可编制评估报告签收单，送交委托人时，送交人签字，收件人签收，交接过程中应形成相应的工作底稿。

11. 委托人、相关当事人等外部机构提供的与评估活动相关的工作底稿

该部分工作底稿通常包括以下内容。

（1）与评估目的对应的经济行为文件。

（2）经济行为方案（重组方案、改制方案等）。

（3）委托人、被评估单位的营业执照。

（4）被评估单位的企业国有资产产权登记证。

（5）被评估单位的合同、章程、验资报告。

（6）被评估单位的评估基准日及前3～5年的会计报表。

（7）被评估单位的评估基准日及前3～5年的会计报告。

（8）被评估单位的非经营性资产、负债,溢余资产情况说明。

（9）委托人及被评估单位提供的重大未决策事项、期后事项及其他特殊事项的材料及说明。

（10）委托人、被评估单位关于进行评估有关事项的说明。

（11）委托人、被评估单位承诺函等。

12. 资产评估专业人员在评估中形成的其他管理类工作底稿

资产评估专业人员在评估中形成的其他管理类工作底稿应于归档时一并保存。通常包括以下内容。

（1）与委托人、相关当事人和其他中介机构往来的资料。

（2）项目核准或备案文件。

（3）专家讨论会记录。

（4）资产评估专业人员认为需要保存的其他相关资料。

（二）操作类工作底稿

操作类工作底稿是指在履行现场调查、收集评估资料和评定估算程序时所形成的工作记录及相关资料。操作类工作底稿产生于评估工作的全过程,由资产评估专业人员及其助理人员编制,反映资产评估专业人员在执行具体评估程序时所形成的工作成果。

1. 操作类工作底稿的主要内容

（1）现场调查阶段收集的现场调查记录与相关资料。不同评估方法下的现场调查工作底稿内容不同,资产评估专业人员应根据评估目的和资产状况,合理确定资产(含负债)的调查表,并编制相应的工作底稿。其内容一般包括以下几个方面。

① 委托人、相关当事人申报的资产明细表及相关资料。

② 通过询问、核对、勘察、函证等方式获得的评估业务需要的基础资料。

③ 核实评估对象的存在性和完整性,调查评估对象的品质和使用状况的记录。

④ 查验实行登记制度的评估对象的法律权属证书过程。

⑤ 现场调查因受客观条件限制,确定无法实施现场调查因而采用适当的替代程序的情况。

⑥ 与评估业务相关的财务、审计等资料。

⑦ 在现场调查阶段收集的与评估相关的资料。

（2）评估工作实施中收集的评估资料。在整个评估工作过程中,评估人员除了整理和收集管理类工作底稿外,还应收集所有与评估工作有关的操作类工作底稿,具体包括以下内容。

① 市场调查及数据分析资料。

② 相关的历史和预测资料。

③ 询价记录。

④ 其他专家鉴定及专业人士报告。

⑤ 委托人及相关当事人提供的说明、证明和承诺。

（3）评估估算阶段形成的评定估算记录等相关资料。在评定估算阶段所做的工作,均需编制相应的工作底稿,以支持评估结论,一般包括以下内容。

① 根据不同的评估对象、收集资料情况等相关条件,选用与其相适应的评估方法的理由。

② 选取相应的计算公式的理由。

③ 评定估算过程中收集的各类资产的定价依据。

④ 与计算评估结论有关的各类参数的取值依据。

⑤ 价值分析、计算、判断过程记录。

⑥ 评估结论形成过程记录。

⑦ 评定估算中形成的与评估相关的其他资料。

2．操作类工作底稿的分类

按照评估方法划分，操作类工作底稿一般可以分为成本法工作底稿、收益法工作底稿和市场法工作底稿。

（1）成本法（或资产基础法）工作底稿。资产评估专业人员运用资产基础法对企业进行整体价值评估时，应在工作底稿中反映被评估企业拥有的有形资产、无形资产以及应当承担的负债，记录根据其具体情况分别选用市场法、收益法、成本法的现场调查、评定估算过程。

（2）收益法工作底稿。资产评估专业人员采用收益法评估企业资产时，应与委托人充分沟通，获得委托人关于被评估企业资产配置和使用情况的说明，包括对非经营性资产、负债和溢余资产状况的说明。资产评估专业人员进行现场调查后，应汇集资产的账面值、调查值形成工作底稿。

资产评估专业人员应在于委托人和相关当事方协商并获得有关信息的基础上，采用适当的方法，对被评估企业前几年的财务报表中影响评估过程和评估结论的相关事项进行必要的分析调查，以合理反映企业的财务状况和盈利能力。工作底稿应完整地反映对企业资产、负债、盈利状况进行调整的原因，调整的内容、过程和结果，企业财务报表数据调整前后的变化。

资产评估专业人员应当在工作底稿中反映以下内容：①对企业财务指标进行分析的过程；②对企业未来经营状况和收益状况进行的分析、判断和调整过程；③根据企业经营状况和截止日前景，预测期内的资产、负债、现金流量的预测结果，企业所在行业现状及发展前景，合理确定收益预测期以及预测期后的收益情况和相关终值的计算、收益现值的计算过程；④综合考虑评估基准日的利率水平、市场投资回报率、加权平均资金成本等资本市场相关信息和企业、所在行业的特定风险等因素，合理确定资本化率或折现率的过程。

在采用收益法对企业整体价值进行分析和评估时，企业如有非经营性资产、负债和溢余资产，评估专业人员应当编制相应的非经营性资产、负债和溢余资产的现场调查、评定估算工作底稿。

（3）市场法工作底稿。资产评估专业人员在采用市场法评估企业整体价值时，应在工作底稿中反映收集的参考企业、市场交易案例的资料，反映所选择的参考企业、市场交易案例与被评估企业具有可比性的资料。

资产评估专业人员应对被评估企业与参考企业、市场交易案例之间的相似性和差异性进行比较、分析、调整的过程以及对所选价值乘数计算的过程编制相应的工作底稿。

评估股东部分权益价值时的工作底稿应反映资产评估专业人员对流动性和控制权对评估对象价值影响的处理情况。

三、评估工作底稿的编制要求

评估工作底稿的编制不但直接影响到资产评估的质量，还是资产评估专业人员佐证自己在评估过程中客观、公正地履行程序的依据。资产评估专业人员在评估业务完成后，应及时整理工作底稿。

评估工作底稿编制的具体要求包括以下内容。

（1）作为底稿的相关资料确认。资产评估专业人员收集委托人和相关当事人提供的重要资料作为工作底稿，应当由提供方对相关资料进行确认，包括但不限于签字、盖章、法律允许的其他方式等。

（2）目录和索引号编制。细化的工作底稿种类繁多，不编制索引号和页码将很难查找，利用交叉索引和备注说明等形式能完整地反映工作底稿间的钩稽关系并避免重复。资产评估专业人员应当根据评估业务特点和工作底稿类别，编制工作底稿目录，建立反映工作底稿间钩稽关系的索引号。比如评估项目中的汇率，评估基准日1美元兑换7.5元人民币，评估过程中，在现金、银行存款、应收账款、应付账款等多个科目都要引用，编制工作底稿时，可以在现金的工作底稿中保存汇率的询价依据，其他科目的评估中只要注明交叉索引就能很方便地找到依据。

（3）底稿审核。工作底稿一般是评估项目组的成员在评估时编制的，由于种种原因，编制人可能产生差错、遗漏等问题，因此，在工作底稿的编制过程中，需要经过必要的审核程序，包括对文字、数字、计算过程等内容的审核。

四、评估工作底稿的归档

资产评估业务完成后，资产评估专业人员应将工作底稿与评估报告等归集形成评估档案后及时向档案管理人员移交，并由所在资产评估机构按照国家有关法律、法规及评估准则的规定妥善管理。

1．评估档案归集

为了保证档案管理的规范性，资产评估机构应明确档案管理人员对评估业务档案进行管理。每次业务完成后，资产评估专业人员应及时安排完整归集档案资料，编制目录并装订成册，经检查合格后，移交档案管理人员。

2．确定档案的内容及形式

档案的形式除了纸质文件，还有电子文档或其他介质形式。对于纸质文件，应分类并装订成册。

3．电子文档的管理

由于电子文档或其他介质形式的业务档案，存在可修改以及经过长时间保存或技术进步等原因导致数据难以读取等问题，具体操作中，评估机构、资产评估专业人员及档案管理人员应做到以下两点。

（1）做好电子文件收集、积累的基础工作。电子文件的特性决定了电子文件的收集不同于纸质档案，其收集、积累的范围、方法和要求也不同于纸质档案。对于工作底稿的电子档案应及时收集和整理，并建立与其相应的纸质文件之间的标识关系，尤其是对无纸化系统生成的电子文件，应有更严格的措施。必要时，应在收集积累过程中制作备份文件，以免系统发生意外情况时电子文件信息丢失。

（2）严格电子文件的归档管理。电子文件归档是将应归档的电子文件经过整理确定档案属性后，从电子计算机的存储器或其他网络存储器上，复制或刻录到可脱机的存储载体上，以便长期保存的工作过程。

根据工作底稿的特性，通常将电子介质工作底稿与相关的纸质文件结合归档。在归档时间上,评估机构在将纸质工作底稿进行归档时应同时进行电子文档的归档。

为提高工作底稿电子文档的保存质量,工作底稿的电子文档可以刻录成光盘,与工作底稿的纸质文件存放在一起。另外,评估机构还应配备相应的服务器,对公司一切工作底稿的电子文档进行备份。

(3)加强电子文件软件、硬件设施管理。为保证对工作底稿电子档案的管理,评估机构可积极开辟电子档案存储的新途径,为档案管理部门配备必要的计算机刻录设备,对应归档的电子文件、数据资料采用通用格式的光盘存储。评估机构要及时修补管理软件的安全漏洞,对防火墙和防病毒软件实现自动升级,做好档案上传、下载的安全等级和访问权限管理。在硬件管理上,要进一步完善电子文件和计算机设备的保管设施和环境,保证电子介质档案的安全。

(4)重视和加快电子文件管理人员的培养。从事电子文件管理的人员需要具备档案管理方面的基础知识和计算机信息技术等多方面的技术技能,评估机构在工作底稿电子管理中配备相应的专业管理人员,有利于提高管理的效率。

五、资产评估档案的保存

资产评估专业人员通常应当在资产评估报告日 90 日内将工作底稿与资产评估报告等归集形成评估档案,并由所在资产评估机构按照国家有关法律、行政法规和相关资产评估准则的规定妥善管理。重大或者特殊项目的归档时限不晚于资产评估结论有效期届满后 30 日。评估工作底稿归档后形成的评估档案应由所在资产评估机构按照国家有关法律、法规及评估准则的规定妥善管理。档案管理人员应登记造册,整齐存放,妥善保管,并定期(如每年年底)对档案进行核对,确保业务档案的安全、完整。对于电子文件或者其他介质的评估档案,资产评估机构应当在法定保存期限内妥善保存。

根据《资产评估法》规定:一般评估业务的评估档案保存期限不少于十五年,法定评估业务的评估档案保存期限不少于三十年。评估档案的保存期限,自资产评估报告日起算。

六、评估档案的保密与查询

评估档案涉及客户的商业秘密,评估机构、资产评估专业人员有责任为客户保密。评估机构应建立评估档案保密制度,并认真履行保密责任。

档案管理人员要加强保密观念,明确保密档案的范围和保密要求,严格执行公司内部的各项保密规定和纪律。

项目完成并归档后,资产评估机构不得对在规定保存期限内的评估档案非法删改或者销毁。对违反规定并造成损失的人员,由档案行政管理部门、有关主管部门依法处理。

资产评估档案的管理部门应当执行保密制度。除下列情形外,评估档案不得对外提供。

(1)司法部门按法定程序进行查询的。

(2)资产评估行政管理部门依法调阅的。

(3)依法有权审核资产评估业务的其他政府部门按规定程序对资产评估档案进行查阅的。

(4)资产评估行业协会按规定程序对执业质量进行检查的。

(5)其他依法可以查阅的情形。

公司评估人员需要查阅评估档案,应按规定办理借阅手续。

各章课后习题

第 一 章

一、单选题

1. 资产按照( )分为可确指资产和不可确指资产。
   - A. 资产存在形式
   - B. 是否具有综合获利能力
   - C. 能否独立存在
   - D. 资产在生产经营过程中的作用

2. ( )是资产评估得以进行的一个最基本的前提假设。
   - A. 公开市场假设
   - B. 交易假设
   - C. 清算假设
   - D. 在用续用假设

3. 在同一市场上具有相同使用价值和质量的商品,应该有大致相同的交换价值,以此确立的评估原则是( )。
   - A. 贡献原则
   - B. 资产评估时点原则
   - C. 预期收益原则
   - D. 替代原则

4. 最常见的一类资产评估目的是( )。
   - A. 转让定价评估目的
   - B. 抵、质押评估目的
   - C. 公司设立、改制、增资目的
   - D. 财务报告评估目的

5. 公司甲是一家有限责任公司。该公司包括两家长期投资乙公司和丙公司,现需要对公司甲进行转让目的的评估,则评估对象是( )。
   - A. 甲公司的股权
   - B. 甲公司的可辨识资产和相关负债
   - C. 甲公司的相关负债
   - D. 甲公司对乙公司的权益

6. 决定资产评估机构及其资产评估专业人员在开展资产评估业务中应当坚持独立、客观、公正、科学等工作原则的是( )。
   - A. 资产评估工作的性质
   - B. 资产评估的专业性
   - C. 资产评估机构的选择
   - D. 资产评估人员的专业性

7. 目前,国有资产评估大多为现实性评估,也就是评估基准日需要选择现实日期。下列说法中,不正确的是( )。
   - A. 资产评估基准日一般会选择在会计主体的结账日,即每月的月底
   - B. 国有资产评估备案项目评估基准日应该选择在评估报告使用有效期之前至少5个月
   - C. 国有资产评估核准项目评估基准日至少选择在评估报告使用有效期之前至少5个月
   - D. 对于上市公司发行股票购买资产等重大资产重组事项,非上市公司的资产评估基准日应该尽量与发行股票的定价日一致

8. 某火力发电厂拥有一台10万千瓦的火力发电机组,按照国家有关产业政策,该火电厂需要关停,发电机组不能异地使用。现需要对该火电厂进行清算目的的评估,应该选择价值类型是( )。
   - A. 在用价值
   - B. 市场价值
   - C. 投资价值
   - D. 残余价值

9. 从本质上讲,资产评估是一种( )活动。

    A. 事实判断估算   B. 价值分析估算   C. 价格分析确定   D. 资产保值估算

10. 下列有关评估委托人的说法中,错误的是( )。

    A. 资产评估委托人应当与评估机构订立委托合同

    B. 委托人只能有一个

    C. 非法定评估的委托人可以在自愿协商的原则下确定

    D. 评估委托人和资产评估机构享有委托合同中规定的权利,同时也都要严格履行委托合同约定的义务

二、多选题

1. 资产评估的发展大致经历( )这三个发展阶段。

    A. 原始评估阶段   B. 资本主义阶段   C. 经验评估阶段

    D. 产业革命阶段   E. 现代科学评估阶段

2. 资产评估的特点包括( )。

    A. 市场现实性   B. 预测性   C. 公正性

    D. 贡献性   E. 专业咨询性

3. 以下各项,属于资产评估理论基础的是( )。

    A. 亚当·斯密的国富论   B. 生产要素分配理论

    C. 资金时间价值理论   D. 马克思劳动价值论

    E. 效用价值论

4. 目前国际和国内评估界一般认为最为主要的价值类型主要包括( )。

    A. 账面价值   B. 市场价值   C. 投资价值

    D. 原始价值   E. 残余价值

5. 资产评估目的按照其经济行为可分为( )。

    A. 转让定价评估目的   B. 资产鉴定评估目的

    C. 司法诉讼评估目的   D. 财务报告评估目的

    E. 税收评估目的

第 二 章

一、单选题

1. ( )是以参照资产成交价为基础,考虑参照物成交日期与被评估资产评估基准日的时间间隔对资产价值的影响,进而调整参照物成交价,从而得到评估对象评估值的方法。

    A. 物价指数法   B. 交易情况修正法

    C. 市价成本法   D. 功能系数法

2. 运用市场法时选择 3 个及 3 个以上参照物的目的是( )。

    A. 符合资产评估的政策

    B. 体现可比性的要求

    C. 排除参照物个别交易的特殊性和偶然性

    D. 便于计算

3. 被评估资产年生产能力为 80 吨,参照资产的年生产能力为 100 吨,评估基准日参照

物资产的市场价格为 20 万元,由此确定的被评估资产的价值为(　　)万元。

  A. 14   B. 8   C. 12   D. 16

 4. 下列各项,不属于收益法基本参数的是(　　)。

  A. 收益额   B. 折现率   C. 收益期限   D. 重置成本

 5. 某收益性资产,经专业评估人员预测,评估基准日后第一年预期收益为 100 万元,以后每年递减 10 万元,假设折现率为 5%,该资产的评估价值最接近于(　　)万元。

  A. 710   B. 386   C. 517   D. 446

 6. 被评估对象为某企业的无形资产,预计该无形资产在评估基准日后未来 5 年每年的收益维持在 120 万元的水平,并在第五年年末出售该无形资产。专家分析认为,该无形资产在第五年年末的预期出售价格约为 200 万元,假设折现率为 10%,该无形资产的评估价值最接近于(　　)万元。

  A. 455   B. 580   C. 655   D. 1 324

 7. 实际已使用年限和名义已使用年限的关系为(　　)。

  A. 实际已使用年限＝名义已使用年限×资产利用率

  B. 总使用年限＝实际已使用年限＋尚可使用年限

  C. 二者没有关系

  D. 实际已使用年限＝名义已使用年限＋尚可使用年限

 8. 下列计算重置成本的方法中,计算结果必然属于复原重置成本的是(　　)。

  A. 重置核算法   B. 物价指数法

  C. 功能价值法   D. 规模经济效益指数法

 9. 被评估对象为 2013 年购入的一台设备,评估基准日该设备与目前相同生产能力的新型设备相比,需多用操作工人 4 人,每年多耗电 40 万度。如果每名操作工人每年的工资及其他费用为 2 万元,每度电的价格为 0.6 元,设备尚可使用 4 年。折现率为 10%,所得税税率为 25%,不考虑其他因素,则该设备的功能性贬值最接近于(　　)万元。

  A. 54   B. 76   C. 87   D. 101

 10. 被评估对象为一台设备,2008 年 12 月 31 日购置,账面原值为 28 万元,评估基准日为 2018 年 1 月 1 日。已知 2008 年年末的定基物价指数为 106%,2013 年年末的定基物价指数为 118%,从 2014 年开始,同类物价指数每年比上一年上升 7%,若不考虑其他因素,该设备的重置成本最接近于(　　)万元。

  A. 33.35   B. 37.90   C. 40.86   D. 43.72

 二、多选题

 1. 资产评估的基本方法主要包括(　　)。

  A. 成本法   B. 收益法   C. 市场法

  D. 综合法   E. 剩余法

 2. 市场法的基本程序包括(　　)。

  A. 明确评估对象   B. 选择合适的参照物

  C. 调整差异   D. 确定评估值

  E. 进行成本的调整

3. 资产评估收益法中的收益额有（　　　）特点。

　　A. 资产的历史收益　　　　　　　　　B. 资产的未来收益

　　C. 资产的客观收益　　　　　　　　　D. 资产的现实实际收益

　　E. 收益额是资产在正常情况下所能够得到的归其产权主体的所得额

4. 复原重置成本与更新重置成本的差异在于（　　　）。

　　A. 功能不同　　　　　　　　　　　　B. 成本构成不同

　　C. 价格标准不同　　　　　　　　　　D. 材料、标准、技术等不同

　　E. 经济性贬值不同

5. 选择评估方法时，主要应考虑的因素有（　　　）。

　　A. 资产评估的价值类型　　　　　　　B. 评估对象的类型、理化状态

　　C. 可能收集到的数据及信息资料　　　D. 评估原则

　　E. 如果可以采用多种评估方法时，不仅要确保满足各种方法使用的条件要求和程序要求，还应当对各种评估方法取得的各种价值结论进行比较，分析可能存在的问题并做相应的调整，确定最终评估结果

三、综合题

1. 某商业用房，面积为 700 平方米，现因企业联营需要进行评估，评估基准日为 20×7-10-31。评估人员在房地产交易市场上找到三个成交时间与评估基准日接近的商业用房交易案例，具体情况如下。

　　（1）A、B、C 的交易单价分别为 4 700 元/平方米、5 800 元/平方米、5 900 元/平方米。

　　（2）成交日期分别为 20×7-05-31、20×7-07-31、20×7-10-31，当时房产价格 5～10 月环比上涨率分别为 2%、3%、1%、3%、2%、4%。

　　（3）被评估商业用房所在区域的综合评分为 100，三个参照物所在区域条件综合评分分别为 104、94 和 106。

　　（4）A、B、C 的交易情况分别为低于市价 5%，高于市价 3%，正常。

　　求该商业用房的评估价值。

2. 要求对 ABC 公司进行评估。其公司资料如下：根据该公司以前 5 年的经营状况，预测其未来 5 年的收益额分别为 50 万元、60 万元、65 万元、75 万元、90 万元。经调查分析确定国库券利率为 8%，风险率为 2%，资本率为 9%。假定从第六年起，每年收益额均为 30 万元，确定 ABC 公司整体评估价值。

3. 要求对 ABC 公司的一台机械加工设备进行评估，该设备账面历史成本为 100 万元，已使用 5 年。经抽样选择具有代表性的通用设备 5 台，估算其重置成本之和为 60 万元，而该 5 台通用设备历史成本之和为 50 万元，该待评估设备尚能使用 10 年，由于市场上出现了一种新型的机械加工通用设备，与新设备相比被评估老设备每年的超额运营成本为 1.2 万元。折现率为 10%，计算其评估价值。

第 三 章

一、单选题

1. 以下属于拟评估资产所有者或占有者外部信息资料的是（　　　）。

　　A. 公司历史沿革　　B. 企业组织结构　　C. 产品或服务构成　　D. 公开市场信息

2. 以下关于资产评估信息资料说法中,错误的是( )。

   A. 政府部门的资料一般具有较高的权威性和可信度

   B. 与内部信息相比,公开市场信息具有公开性、合理性、时效性等特点

   C. 新闻媒体提供的信息不仅包含原始信息,并且通常都有一些分析,评估人员可以直接采用,不需要甄别

   D. 通过计算机数据库收集数据的优点是费用较低

3. 二级信息提供的是( )的信息。

   A. 部分处理   B. 未经处理

   C. 变动过   D. 既含未处理的也含部分处理

4. 以下不属于推理三要素的是( )。

   A. 前提   B. 比较   C. 结论   D. 推理过程

5. 以下关于分析的说法,错误的是( )。

   A. 能使人们能够由表及里地看到事物的本质

   B. 能推究事情的结果或原因

   C. 能帮助人们厘清事物间发展的联系

   D. 分析是从部分到整体

6. 以下关于时期指标和时点指标的说法,正确的是( )。

   A. 时期指标数值可以直接相加   B. 时点指标时间间隔越长,数值越大

   C. 时点指标数值具有可加性   D. 时期指标通常每隔一段时间登记一次

7. 反映评估对象总体单位数量标志一般水平的综合指标是( )。

   A. 绝对指标   B. 相对指标   C. 平均指标   D. 标志变异指标

8. 度量两个变量间线性关系密切程度的数量指标叫作( )。

   A. 相关系数   B. 回归系数   C. 物价指数   D. 平均指标

9. 不属于标志变异指标的是( )。

   A. 全距   B. 平均差   C. 标准差   D. 中位数

10. 将数量固定在基期水平上的物价指数叫作( )。

    A. 派氏指数   B. 拉氏指数   C. 定基指数   D. 环比指数

二、多选题

1. 资产评估中需要收集的信息包括( )。

   A. 有关资产权利的法律文件或其他证明资料

   B. 有关资产的剩余经济寿命和法定寿命信息

   C. 资产以往的评估及交易情况信息

   D. 资产转让的可行性信息

   E. 可能影响资产价值的宏观经济前景信息

2. 按可用性原则划分,信息资料可以分为( )。

   A. 一级信息   B. 可用性资产信息资料

   C. 有参考价值的资产信息资料   D. 不可用信息资料

   E. 二级信息

3. 以下属于一级信息的有( )。
 A. 公司的年度报告
 B. 证交所的报告
 C. 行业协会出版物
 D. 评估人员通过问卷调查得来的信息
 E. 报纸杂志

4. 比较分析法是一种应用十分广泛的方法,在比较时应注意( )。
 A. 可比性
 B. 比较方式的选择
 C. 比较的程序
 D. 比较内容的深度
 E. 比较的现状

5. 信息源的可靠性可以通过( )因素考虑判断。
 A. 该渠道的可靠性
 B. 该渠道提供信息的动因
 C. 该渠道过去提供信息的质量
 D. 该渠道过去提供信息的多少
 E. 该渠道的社会信誉度

第 四 章

一、单选题

1. 以下有关国有土地使用权的最高年限,说法不当的是( )。
 A. 居住用地为 70 年
 B. 工业用地为 50 年
 C. 体育用地为 40 年
 D. 娱乐用地为 40 年

2. 某宗土地 1 000 平方米,国家规定容积率为 5,建筑密度小于或等于 60%,下列建设方案比较,最可行的方案是( )。
 A. 建筑物建筑总面积为 5 000 平方米,底层建筑面积为 700 平方米
 B. 建筑物建筑总面积为 1 500 平方米,底层建筑面积为 300 平方米
 C. 建筑物建筑总面积为 4 800 平方米,底层建筑面积为 600 平方米
 D. 建筑物建筑总面积为 7 000 平方米,底层建筑面积为 400 平方米

3. 某宗土地的土地取得成本为 800 万元,土地开发费为 2 000 万元,土地开发费均匀投入,土地开发期为 1 年,银行 1 年期贷款利率为 8%。投资利息使用复利计算,则该土地的投资利息为( )万元。
 A. 120　　　　 B. 142.46　　　　 C. 160　　　　 D. 100

4. 土地的"三通一平"是指( )。
 A. 通水、通热、通路、平整地面
 B. 通水、通路、通气、平整地面
 C. 通水、通路、通电、平整地面
 D. 通气、通电、通信、平整地面

5. 某房地产土地价值 600 万元,建筑物价值 1 400 万元,综合资本化率为 8.5%,建筑物资本化率为 10%,则土地资本化率最可能为( )。
 A. 8%　　　　 B. 6%　　　　 C. 5%　　　　 D. 4%

6. 一般情况下,基于土地规划用途的角度,对于同一宗土地而言,地价递减的顺序为( )。
 A. 商业用地、工业用地、居住用地
 B. 居住用地、工业用地、商业用地
 C. 商业用地、居住用地、工业用地
 D. 工业用地、商业用地、居住用地

7. 在假设开发法评估土地的基本公式 $P = A - (B + C + D + E)$ 中,A 代表的是( )。
 A. 开发完成后的房地产价值
 B. 取得土地的实际成本

C. 整个开发项目的开发成本　　　　　D. 房产和土地的开发成本

8. 对于已经完工或接近完工,只是尚未交付使用的在建工程,可按(　　)评估。

A. 成本法　　　　B. 形象进度法　　　　C. 假设开发法　　　　D. 工作量法

9. 从评估原理和方法论的角度划分,基准地价修正系数法可归属于(　　)

A. 成本法　　　　B. 清算法　　　　C. 收益法　　　　D. 市场法

10. 某建筑物建成于2007年1月,为砖混结构一等,耐用年限为50年,残值率为2%。该建筑物2018年1月的重置成本为500万元,2018年1月的评估值接近于(　　)万元。

A. 400　　　　B. 392　　　　C. 402　　　　D. 390

二、多选题

1. 土地的经济特性包括(　　)等。

A. 供给稀缺性　　　　　　　　　　B. 位置的固定性

C. 质量的差异性　　　　　　　　　D. 利用的多方向性

E. 可垄断性

2. 下列特性中,属于房地产价格特征的是(　　)。

A. 房地产价格与用途相关　　　　　B. 房地产价格是土地购买价格

C. 房地产价格具有可比性　　　　　D. 房地产价格具有个别性

E. 房地产价格由政府定价

3. 在我国城市房地产交易市场上,进行评估的对象有(　　)。

A. 房屋所有权　　　　B. 房屋使用权　　　　C. 房屋租用权

D. 土地使用权　　　　E. 土地所有权

4. 下列关于房地产评估收益法中收益额的说法,正确的有(　　)。

A. 房地产的收益额应该是净收益,指归属于房地产的总收入除去各种付现费用后的收益

B. 净收益不应该是实际净收益(指在现状下被估房地产实际取得的净收益),而应该是客观净收益(房地产在正常的市场条件下用于法律上允许的最佳利用方向上的收益值,其中还应包含对未来收益和风险的合理预期),只有客观净收益才能作为评估的依据

C. 净收益＝客观总收益－客观总费用

D. 总费用也应该是客观费用,需要剔除不正常的费用

E. 总费用包含各种费用,例如折旧费、管理费等

5. 在采用市场法评估房地产价值时,需要修正的因素主要有(　　)。

A. 交易情况因素　　　　　　　　　B. 交易机构和人员因素

C. 交易日期因素　　　　　　　　　D. 房地产状况因素

E. 容积率修正

三、综合题

1. 有一待估宗地需评估,现收集到与待估宗地条件类似的四宗土地A、B、C、D的具体情况如表1所示。

表 1　四块宗地的具体情况

地块宗地	成交价/(元/平方米)	交易时间	交易情况	区域因素	容积率	剩余年限/年	个别因素
宗地					1.1	30	
A	690	2014.8.1	0	+2%	1.0	38	−1%
B	700	2013.8.1	+7%	0	1.1	30	−2%
C	730	2015.8.1	0	−3%	1.4	38	−1%
D	730	2016.8.1	−5%	+3%	1.0	35	+8%

该城市地价指数如表 2 所示。

表 2　该城市地价指数

时间/年	2012	2013	2014	2015	2016	2017
指数	100	107	110	108	113	115

另据调查,该市此类用地容积率与地价的关系为:当容积率在 1～1.5 时,容积率每增加 0.1,宗地单位地价比容积率为 1 时的地价增加 5%;超过 1.5 时,超出部分的容积率每增长 0.1,单位地价比容积率为 1 时的地价增加 3%。该类土地的折现率为 8%。

表 1 交易情况中,正号表示案例价格高于正常交易价格,负号表示低于正常交易价格。对于区域因素、个别因素的修正,都是案例宗地与待估宗地之间的比较,负号表示案例宗地条件比待估宗地差,正号表示案例宗地条件优于待估宗地,数值大小代表对宗地地价的修正幅度。试根据以上条件,回答下列问题。

(1) 为什么要进行交易情况修正?

(2) 在上述可比案例中,已知有一个是收购邻近房地产,一个是急于出售,根据表 2 中提供的信息,请问这两种情况分别应该是 A、B、C、D 中的哪一个?

(3) 根据所提供条件,评估该宗土地 2017 年 8 月 1 日的价值。

(若需计算平均值,为简化计算,要求用算术平均值)。

2. 资产评估专业人员受托评价一处土地的价值,经过调查,获得以下资料。

(1) 该土地位于繁华商业街,于 20×0 年 5 月以有偿出让方式取得,但是获得使用权是商业用地的最高出让年限,并于 20×1 年 5 月在此地块上建成一座砖混结构的写字楼。经济耐用年限为 35 年,残值率为 5%。假设土地使用权出让年限届满,土地使用权及地上建筑物由国家无偿收回。

(2) 当时该写字楼的造价是每平方米 3 000 元,20×0 年 5 月至评估基准日间,物价每年上涨 2%。

(3) 该被评估房地产,20×5 年 1 月订约了 2 年期的租约,整幢出租月租金收入为 3 万元。评估基准日预计同类房地产年租金应为 1 000 元/平方米;空置率为 22%,房产税按租金收入的 12% 计算,管理费以年租金的 3% 计算。

(4) 各年修缮费以评估基准日房屋现值的 1.5% 计算,各年保险费以房屋评估基准日现值的 3‰ 计算,土地使用税以每年每平方米 2 元计算。

(5) 假设建筑物的还原利率为 10%,土地还原利率为 8%。

(6) 该土地面积 360 平方米,建筑面积 510 平方米。

试评估该房屋基地在 20×7 年 5 月的土地使用权价格。

3. 有一宗"七通一平"的待开发建筑用地,面积为 1 000 平方米。使用期限为 50 年,容积率为 5,拟开发建造写字楼,建造期为 2 年,建筑费用 3 500 元/平方米,专业费用为建筑费用的 10%,建筑费用和专业费用在整个建设期内均匀投入。写字楼建成后拟对外出租,租金水平预计为 2 元/(平方米·日)。管理费用为年租金的 2%,维修费用为建筑费用的 1.5%,保险费用为建筑费用的 0.2%,税金为年租金的 17.5%。贷款利率为 6%,房地综合还原利率为 7%,开发商要求的利润率为地价和开发成本(建筑费用+专业费用)之和的 20%。试评估该宗地地价。

第 五 章

一、单选题

1. 流动资产与固定资产等资产比较,具有的特点不包括(   )。

    A. 循环周转速度快   B. 变现能力强

    C. 稳定性   D. 占用形态同时并存又相继转化

2. 专业人员对某企业的库存甲材料进行评估,被评估甲材料共分三批购入。第一批购入 100 吨,材料价款共计 320 000 元,运输费用 1 500 元;第二批购入 100 吨,材料价款共计 350 000 元,运输费用 2 000 元;第三批于评估基准日当天购入,数量为 150 吨,材料价款 510 000 元,运输费用 3 300 元。经清查,评估基准日企业库存甲材料 200 吨且保存完好,则该企业甲材料的评估值最接近于(   )元。

    A. 677 219   B. 684 400   C. 689 300   D. 691 340

3. 100 件在产品因企业转产需要出售而进行评估,评估人员根据在产品的完工程度和市场调查得知,评估基准日该在产品市场上可接受的不含税价为 120 元/件,销售费用约占不含税价的 5%,不考虑增值税及其附加税费等其他因素,则该 100 件在产品的评估值最接近于(   )元。

    A. 9 656.41   B. 9 743.60   C. 11 400   D. 11 487.18

4. 某在用低值易耗品的原价 2 000 元,摊销后的账面余额为 1 800 元,该低值易耗品的使用寿命是 1 年,截至评估基准日已经使用了 8 个月,该低值易耗品的现行市价为 1 400 元,则该低值易耗品的评估价值约为(   )元。

    A. 1 000   B. 800   C. 1 400   D. 466.67

5. 对甲企业进行资产评估,经核查,该企业产成品的实有数量为 6 000 件。根据分析,产成品合理材料工艺定额为 300 千克/件,合理工时定额为 30 小时。评估时,产成品的材料价格下跌,由原来的 60 元/千克下跌到 40 元/千克,单位小时合理工时工资、费用不变,仍为 20 元/小时。根据资料确定的企业的产成品的评估值为(   )元。

    A. 40 000 000   B. 53 000 000   C. 32 000 000   D. 75 600 000

6. 被评估企业有某种零件的在产品 1 000 件,完工程度并不完全相同,如果按已完工工时与该种零件全部工序所需工时的比例进行分类,1 000 件在产品中有 400 件已完成 40%,有 600 件已完成 60%。已知评估基准日该种零件的产成品成本为每件 200 元,其中材料费占 60%,人工及其他费用占 40%,假设各工序每个工时的人工及其他费用相同,不考虑其他因素,则这批在产品的评估值最接近于(   )元。

    A. 104 000   B. 143 200   C. 161 600   D. 183 500

7. 对于材料的评估,下列说法错误的是(　　)。

    A. 在企业中的材料,按其存放地点可分为库存材料和在用材料,材料评估主要是对库存材料进行评估

    B. 材料的评估主要采用成本法和市场法进行评估

    C. 对于近期购进的材料,可以采用成本法或者市场法进行评估

    D. 对于购进批次间隔时间较长,价格变化较大的库存材料,一般采用成本法评估

8. 应收账款评估以后,"坏账准备"科目的评估值应为(　　)。

    A. 应收账款的 3‰～5‰　　　　　　　B. 应收账款的 3%～5%

    C. 零　　　　　　　　　　　　　　　D. 按照账龄分析法确定的数据

9. 某企业向 A 企业售出材料,价款 500 万元,商定 6 个月后收款,采用商业承兑汇票结算。该企业 2 月 1 日开出汇票,并由 A 企业承兑,汇票到期日为 8 月 1 日。5 月 1 日对企业进行评估,由此确定的贴现日期为 90 天,贴现率按月息 6‰计算,则该应收票据的评估值为(　　)万元。

    A. 491　　　　　　B. 509　　　　　　C. 456　　　　　　D. 650

10. 某商人在 20×7 年 1 月租赁一临街商铺,租期 4 年,一次性支付租金 8 万元,20×8 年 1 月向保险公司支付全年火灾保险费 240 元,在 20×8 年 4 月 1 日他欲将该商铺转租,其账簿上房租已摊销 6 万元。他若转租于你,你应支付的客观租金约为(　　)元。

    A. 35 180　　　　　B. 20 000　　　　　C. 20 240　　　　　D. 35 240

二、多选题

1. 下列各项中,属于流动资产评估对象的有(　　)。

    A. 交易性金融资产　　B. 待摊费用　　　C. 预付账款

    D. 其他货币资金　　　E. 预收账款

2. 下列对于库存材料的评估说法,正确的有(　　)。

    A. 近期购进的库存材料,在市场价格变化不大的情况下,其账面价值接近市价,评估的时候可以采用市场法或成本法

    B. 购进批次间隔时间较长,价格变化较大的库存材料,可以采用最接近市场价格的材料价格或直接以市场价格作为其评估值

    C. 对于缺乏准确市价的库存材料的评估,可以通过寻找替代品的价格变动资料修正材料价格

    D. 呆滞材料的评估应该扣除贬值数额,确定评估值

    E. 库存材料应该都按照历史成本进行评估

3. 在对存货进行评估时,能够对存货评估结果产生影响的数据资料有(　　)。

    A. 存货的实际数量　　　　　　　　　B. 存货的入账数量

    C. 存货的入账价格　　　　　　　　　D. 存货在评估基准日的市场价格

    E. 存货的计价方法

4. 运用市场法对在产品进行评估,应考虑的因素主要有(　　)。

    A. 市场价格　　　B. 变现费用　　　C. 管理费用

    D. 实体性损耗　　E. 功能性损耗

5. 非实物类流动资产,常用的清查核实方法有(　　)。

　　A. 盘点　　　　　B. 函证　　　　　C. 抽查

　　D. 访谈　　　　　E. 取样

三、综合题

1. 甲企业被其他企业兼并,生产全面停止,现对其库存的在产品 A、B、C 进行评估。有关评估资料如下。

(1) 在产品 A 已从仓库中领出,但尚未进行加工处理。这批在产品 A 共有 800 件,账面价值为 25 000 元。经调查,该在产品如完好无损地出售,单位市价为 50 元/件。

(2) 在产品 B 已加工成部件,共有 500 件,账面价值为 5 500 元,可通过市场调剂且流动性较好。据调查了解,该在产品的市场可接受价格为 10 元/件,调剂费用为 100 元,但调剂存在风险,预计能够实现调剂价格的 90%。

(3) 在产品 C 已加工成部件,账面价值为 3 000 元,但是对于兼并后的企业来说,在产品 C 已经没有继续加工的价值,而且也无法调剂出去。经分析,该在产品只能作为报废的在制品处理,可回收的价格为 700 元。

求:该批在产品的评估值。

2. 某企业评估化工类库存材料,经核实材料库存量为 100 吨,原始购入成本为 200 万元,根据进货情况,材料的平均库存期为 3 个月。经技术鉴定,其中的一种材料已全部报废,数量为 2.5 吨,购进单价为 2 万元,无回收价值,此外,根据该企业生产用该类材料的实际月耗量计算,库存的该材料有 25% 为超额储存,这部分超储的原料比其他原料多支付利息费用、占地租金费用、保管费用等平均每吨 400 元。根据有关权威部门公布的信息,该类材料每月价格上涨系数为 2%。试确定该类化工原料的评估值。

3. 某企业评估将继续加工的在产品,相关资料如下。

(1) 该在产品在评估基准日的账面总成本为 200 万元。其中,材料成本 145 万元,工资成本 40 万元,制造费用 15 万元。

(2) 根据质量检测的结果,发现这批在产品中有废品 150 件,账面成本为 0.4 万元。其中材料为 0.3 万元,人工为 0.08 万元,制造费用为 0.02 万元。废品残值为 0.15 万元。

(3) 评估基准日材料的现行市价较开始生产投料日的平均材料出库成本上涨了 6%,因工资调整,工资费用上涨了 5%。

(4) 制造费用分析表明,本期在产品的单位产品费用偏低,主要为多记制造费用 8 万元。

求:该批在产品的评估值。

第 六 章

一、单选题

1. 机器设备的技术寿命主要是由其(　　)决定的。

　　A. 无形磨损　　　B. 有形磨损　　　C. 自然寿命　　　D. 经济寿命

2. 机械发生功能性磨损,即(　　)。

　　A. 第一种有形磨损　　　　　　　　B. 第二种有形磨损

　　C. 第一种无形磨损　　　　　　　　D. 第二种无形磨损

3. 宏观调查是以( )为调查对象,具体内容一般包括机器设备的基础信息和安装使用情况。

    A. 机器设备所服务的主体   B. 多台设备

    C. 单台设备   D. 随机设备

4. 用物价指数法评估进口设备时,应选用( )。

    A. 设备出口国分类物价指数   B. 设备进口国生产资料物价指数

    C. 设备进口国综合物价指数   D. 设备出口国综合物价指数

5. 修复费用法适用的可修复费用是指( )。

    A. 修复在技术上可行   B. 修复在经济上和技术上都可行

    C. 技术上可行但经济上不可行   D. 经济上可行但技术上不可行

6. 下列贬值,属于功能性贬值的是( )。

    A. 由于大量产品积压,某车间由三班倒改为两班倒,造成的开工不足

    B. 由于设备生产厂家采用新技术,使某厂使用的车床相对物耗上升了20%

    C. 由于市场疲软,某车间的10台机床只有6台使用,造成4台闲置

    D. 由于原材料紧俏,某厂处于半停产状态,造成设备闲置

7. 进口设备的增值税的计税基数是( )。

    A. 关税完税价   B. 关税完税价+关税

    C. 关税完税价+消费税   D. 关税完税价+关税+消费税

8. 被评估的电焊机与新型电焊机相比,引起超额运营成本的因素主要为老产品的能耗比新产品高。通过分析,按每天工作8小时,每年300个工作日计算,每台老设备比新设备多耗电5 000度,每度电0.5元,则设备的每年超额运营成本是( )元。

    A. 2 500   B. 1 800   C. 1 300   D. 1 500

9. 当设备出现( )的情形时,评估时需要考虑其经济性贬值。

    A. 废品率上升   B. 维修费用上升

    C. 市场竞争加剧导致使用率持续下降   D. 技术水平相对落后

10. 某被评估实验室设备已投入使用5年,按设计标准,在5年内应正常工作14 600小时。由于实验室利用率低,如果按一年365天计算,在过去的5年内平均每天只工作4小时。经专家分析,若按正常使用预测,自评估基准日起该设备尚可使用15年,若不考虑其他因素,则该设备的成新率最接近于( )。

    A. 72%   B. 75%   C. 82%   D. 86%

二、多选题

1. 以下各项,属于按使用性质对机器设备分类的有( )。

    A. 生产机器设备   B. 租出机器设备

    C. 未使用机器设备   D. 自主购买机器设备

    E. 融资租入机器设备

2. 当设备遭受第二种无形磨损时,一般采用( )进行补偿。

    A. 更新   B. 维修   C. 大修

    D. 更换磨损零件   E. 技术改造

3. 进口设备的重置成本除包括设备的到岸价外,还包括(　　)。

　　A. 银行手续费　　　B. 海外运费　　　C. 海外保险费

　　D. 进口关税　　　　E. 安装费

4. 在设备评估中,重置核算法经常用于(　　)设备重置成本的估算。

　　A. 进口　　　　　　B. 通用　　　　　C. 非标准

　　D. 自制　　　　　　E. 租入

5. 火力发电设备中,需要考虑的经济性贬值因素有(　　)。

　　A. 由于能源紧张,上网电价上涨

　　B. 发电使用的煤炭价格上调

　　C. 设备的维修保养费用增加

　　D. 随着技术的不断进步,具有成本优势的水力、风力发电发展加快

　　E. 为达到环保要求,国家规定应使用脱硫装置

三、综合题

1. 被评估机组为 5 年前购置,账面价值为 20 万元人民币。评估时该机组已停产,被新型机组取代。经调查和咨询了解到,在评估时点,其他企业购置新型机组的取得价格为 30 万元人民币,专家认定被评估机组与新型机组的功能比为 0.8,被评估机组尚可使用 8 年。假定其他费用可以忽略不计。试根据所给条件:

　　(1) 估测该机组的重置成本。

　　(2) 确定该机组的成新率。

　　(3) 确定该机组的评估值。

2. 被评估成套设备购建于 2009 年 12 月,账面价值 100 万元。2014 年 12 月对设备进行技术改造,追加投资 20 万元。2019 年 12 月对该设备进行评估。经评估人员调查分析得到如下数据:①2009—2014 年,每年该类设备价格上升率为 10%,2014—2019 年设备价格维持不变;②该设备的月人工成本比其替代设备超支 2 000 元;③被估设备所在企业的正常投资报酬率为 10%,规模经济效益指数为 0.7,所得税税率为 25%;④该设备在评估前使用期间的实际利用率仅为正常利用率的 80%,经技术检测该设备尚可使用 5 年,在未来 5 年中设备利用率能达到设计要求。

　　(1) 被估设备的重置成本及各项损耗。

　　(2) 该设备的评估值。(以万元为单位,计算结果保留两位小数)

3. 被评估对象为 2011 年进口的 A 成套设备,并于当年 12 月 31 日正式投入使用。评估基准为 2019 年 1 月 1 日。

　　评估人员经调查获得以下资料及信息:

　　(1) A 设备在运行过程中由于工人操作失误导致控制中心的程控部分损坏并造成停产,至评估基准日已停产 1 年整。委托方希望尽快修复 A 设备,以便继续使用。要使 A 设备正常运转,必须对程控部分进行全部更换。

　　(2) 在程控部分损坏前,A 设备一直满负荷运转。

　　(3) 除程控部分外,A 设备其他部分均处于可正常运转状态,在停产期间由于保养良好,未发生影响使用寿命的情况。

　　(4) 经现场鉴定,除程控部分外,A 设备其他部分若保持 90% 的负荷率可继续使用

10 年。

（5）要更换程控部分只能向 A 设备原生产厂家购买。

（6）在评估基准日，与被评估设备型号完全相同的新设备的离岸价为 1 000 万美元，其中程控部分占设备价格的 10%，但是如果单独购置程控部分，则其离岸价格要比成套购买时的程控部分的价格高 10%，而且卖方不再负责安装调试所需费用。

（7）在评估基准日，若成套进口全新 A 设备，海外运输保险费为 21.43 万美元，海外运输费为离岸价的 5%，关税税率为 13%，其他进口环节费用为到岸价的 3%，国内运输费为到岸价的 1.5%，配套费用为到岸价的 2%，设备的安装及调试费用含在设备的价格之中。

（8）在评估基准日时，若单独购买程控部分，海外运输保险费为 2.93 万美元，海外运输费为离岸价的 4%，关税及其他进口环节的各税费率及国内运输费费率不变，安装调试费用为到岸价的 0.5%，不再需要配套费用。

（9）被评估 A 设备不存在功能性及经济性贬值。

（10）引进设备采取货到企业后立即付款方式。

（11）评估基准日时美元兑人民币的汇率为 1∶7。

假定不考虑残值，也不再考虑其他因素。根据上述条件试求被评估设备的评估值。

第 七 章

一、单选题

1. 下列关于债券投资评估的说法中不正确的是（　　）。

  A. 对上市交易债券评估，债券评估价值＝债券数量×评估基准日债券的市价（收盘价）

  B. 上市交易的债券是指可以在证券市场上交易、自由买卖的债券，对此类债券一般采用市场法（现行市价）进行评估

  C. 非上市交易债券可以直接采用市场法评估

  D. 对距评估基准日 1 年内到期的债券（非上市交易债券），可以根据本金加上持有期间的利息确定评估值

2. 被评估债券为非上市企业债券，3 年期，年利率为 17%，单利计息，按年付息到期还本，面值 100 元，共 1 000 张，评估时债券购入已满 1 年，第 1 年利息已经收账，若折现率为 10%，被评估企业债券的评估值最接近于（　　）元。

  A. 112 149   B. 117 000   C. 134 000   D. 115 470

3. 被评估甲公司拥有乙公司发行的累积性、非参加分配的优先股 1 000 股，每股面值 100 元，年股息率为 10%。根据评估人员调查，乙公司预计在两年后上市，甲公司计划在乙公司上市后将持有的优先股转售，该优先股的预期变现价格为每股 120 元。经分析认为。甲公司的优先股股票的风险报酬率为 4%，无风险报酬率为 3%，则该股票的评估值为（　　）万元。

  A. 10.48   B. 11.41   C. 12.29   D. 14.28

4. 被评估企业拥有另一企业发行的面值共 100 万元的非上市普通股票，从持股期间来看，每年股利分派相当于票面值的 10%。评估人员通过调查了解到，股票发行企业每年只把税后利润的 80% 用于股利分配，另 20% 用于扩大再生产。假定股票发行企业今后的股本利润率（净资产收益率）将保持在 15% 左右，折现率确定为 12%，则被评估企业拥有的该普

通股票的评估值最有可能是(　　)万元。

    A. 40　　　　　　　　B. 80　　　　　　　　C. 111　　　　　　　　D. 130

5. 长期投资性资产评估指的是(　　)。

    A. 对投资企业的获利能力的评估

    B. 对被投资企业的偿债能力的评估

    C. 对被投资企业的获利能力和偿债能力以及对资本的评估

    D. 对被投资企业的获利能力和偿债能力的评估

6. 下列说法中不正确的是(　　)。

    A. 股权投资通常具有投资大、投资期限长、风险大以及能为企业带来较大的利益等特点

    B. 长期股权投资评估是指采用企业价值评估方法对被投资企业在某一时点的股东权益价值所作的评判和估算

    C. 股权投资评估不仅是交易定价及投资决策的基础,也有助于对被评估企业的股权投资的内在价值进行正确评价

    D. 长期股权投资评估,仅包括对具有控制权的股权评估

7. 作为评估对象的长期待摊费用的确认标准是(　　)。

    A. 能否带来预期收益　　　　　　　　B. 是否已摊销

    C. 能否变现　　　　　　　　　　　　D. 摊销方式

8. 20×9 年 1 月 1 日,甲公司从银行借入一笔短期借款,共计 2 000 万元,期限 9 个月,年利率为 6%,评估基准日为 20×8 年 6 月 30 日。根据与银行签署的借款合同,该笔借款的本金到期后一次性归还,利息分月计提,按季支付,则甲公司短期借款评估值为 2 000 万元。若甲公司与银行签署的借款合同约定本息到期一次性支付,则甲公司短期借款评估值为(　　)万元。

    A. 2 000　　　　　B. 2 020　　　　　C. 2 040　　　　　D. 2 060

9. 甲公司采用分期收款方式向乙公司销售一套大型设备,合同约定的销售价格为 4 000 万元,分 5 次于每年 12 月 31 日等额收取。企业依据合同约定的收款期安排测算该长期应收款折现值约 3 300 万元,并以 3 300 万元确认其公允价值,记入长期应收款科目。经评估专业人员核实,该设备销售后使用正常,且乙公司经营情况较好,没有不能按期支付设备款的迹象,则该长期应收款的评估值为(　　)万元。

    A. 3 300　　　　　B. 4 000　　　　　C. 700　　　　　D. 3 861

10. 下列关于长期应收款的性质表述中,正确的是(　　)。

    A. 属于流动资产　　　　　　　　　　B. 属于固定资产

    C. 属于无形资产　　　　　　　　　　D. 属于具有融资性质的金融资产

二、多选题

1. 长期投资性资产按其投资的性质可以分为(　　)。

    A. 债券投资　　　　　B. 股票投资　　　　　C. 基金投资

    D. 长期股权投资　　　E. 短期投资和长期投资

2. 非上市债券的评估类型可分为(　　)。

    A. 固定红利模型　　　　　　　　　　B. 红利增长模型

    C. 每年支付利息、到期还本型　　　　D. 到期后一次还本付息型

E. 优先股利型

3. 下列价格中,与股票的评估值联系密切的有(　　)。

A. 内在价格　　　　B. 清算价格　　　　C. 市场价格

D. 账面价格　　　　E. 票面价格

4. 下列各项表述中,正确的有(　　)。

A. 应付商业承兑汇票到期,如企业无力支付票款,应将应付票据按票面金额转作应付账款

B. 应付股利评估值按其账面数额进行确认

C. 企业应缴纳的所有税费,均需要做预计应交税费的处理

D. 与资产相关的专项应付款,若该项工程还未完工,按照账面值保留其评估值;若工程已经完工验收,评估值按照剩余寿命期所对应的价值进行确认

E. 与收益相关的专项应付款,用于补偿企业以后期间的相关费用或损失的,评估值仅保留所得税

5. 下列各事项中,属于长期待摊费用核算内容的有(　　)。

A. 开办费

B. 租入固定资产的改良支出

C. 应当由本期负担的借款利息

D. 摊销期在 1 年以上的固定资产大修理支出

E. 股票发行费用

三、综合题

1. P公司为评估公司,20×8 年发生的具体业务如下。

(1) P公司受托对甲企业的持有至到期投资进行评估,该持有至到期投资账面余额为 66 万元(购买债券 6 600 张、面值 100 元/张),年利率 10%,期限 5 年,已上市交易。在评估前,该债券未计提减值准备。根据市场调查,评估基准日的收盘价为 360 元/张。

(2) P公司受托对乙企业拥有的 A 公司债券进行评估,被评估债券面值 80 000 元,系 A 公司发行的 3 年期一次还本付息债券,年利率 10%,单利计息,评估基准日距离到期日两年,当时国债利率为 4%。经评估专业人员分析调查,发行企业经营业绩尚好,财务状况稳健。两年后具有还本付息的能力,投资风险较低,风险报酬率为 2%,以国债利率作为无风险报酬率。

(3) P公司受托对丙企业拥有的 B 公司债券进行评估,被评估债券面值 80 000 元,系 B 公司发行的 3 年期分期付息,到期一次还本的债券,年利率 10%,单利计息,评估基准日距离到期日两年,当时国债利率为 4%。经评估专业人员分析调查,发行企业经营业绩尚好,财务状况稳健。两年后具有还本付息的能力,投资风险较低,风险报酬率为 2%,以国债利率作为无风险报酬率。

要求:估算上述各企业债券的价值。

2. 某资产评估机构受托对甲公司的资产进行评估。甲公司拥有乙公司发行的非上市普通股股票 100 万股,每股面值 1 元。评估人员经过调查分析认为,甲公司在持有该股票期间,每年每股收益率均在 8% 左右,评估基准日后预计该股票第一年每股收益率为 8%,第二年每股收益率为 9%,第三年每股收益率为 10%。从第四年起,乙公司研发的新产品上市,

每股收益率可达到 15%,并将持续下去。通过与乙公司管理层的沟通,评估人员了解到乙公司将从第四年起每年年终将税后利润的 80% 用于股利分配,另 20% 用于公司扩大再生产。评估时无风险报酬率为 5%,预计风险报酬率 3%。评估基准日为 2018 年 12 月 31 日。

要求:

(1) 根据所给资料,估算本项目所选用评估方法中的各项参数指标。

(2) 估算甲公司拥有的乙公司股票的价值。(最终结果以万元为单位,小数点后保留两位)

3. 甲公司委托某资产评估机构对其拥有的 A、B、C、D 公司的长期股权投资进行评估,评估基准日为 2018 年 12 月 31 日。假设无风险报酬率为 3%,预计风险报酬率为 5%,不考虑其他因素,如少数股权折价和控股股权溢价因素。

经评估人员调查了解,取得以下信息。

(1) A 公司为一家非上市的股份公司,2015 年 1 月 1 日发行普通股股票,甲公司购入 50 万股,每股面值 1 元,在其持有股票期间,每年股票收益率均在 10% 左右。A 公司每年将净利润的 50% 用于发行股利,其余 50% 用于追加投资。评估人员分析后认为,A 公司所从事的行业有较大的发展前途,A 公司具有较强的发展潜力,预计净资产收益率将保持在 12% 的水平上。

(2) B 公司为甲公司于 2014 年 12 月 31 日与另一公司共同投资组建的联营企业,甲公司共投入资本 500 万元,占 B 公司总资本的 40%(非控股)。协议约定,合营期 10 年,投资双方按投资比例对 B 公司每年的净利润进行分配,合营期满后,按 B 公司剩余净资产和投资双方的投资比例进行分配。B 公司自成立之日起至评估基准日,每年均盈利,并按股东的投资比例进行分配。评估人员分析后认为,B 公司生产较为稳定,预计今后每年的投资收益率将保持在 20% 的水平上,合同期满后 B 公司剩余净资产的预计变现值为 2 000 万元。

(3) C 公司为甲公司于 2018 年 10 月 1 日与张某共同出资新组建的有限责任公司,注册资本为 1 000 万元,甲公司以 100 万元货币资金出资,占 C 公司总资本的 10%。评估基准日 C 公司资产价值变化不大,公司净资产与注册资本一致。

(4) D 公司为甲公司于 2014 年 12 月 31 日与另外两家单位共同出资组建的有限责任公司,甲公司当时以货币资金投入 200 万元,占 D 公司总股本的 20%。合同约定,甲公司按投资比例对 D 公司每年的净利润进行分红。经调查,D 公司因管理不善、产品滞销等原因,自成立以来一直亏损,也从未向股东进行分红,现已全部停产,无法继续经营。评估人员取得了 D 公司在评估基准日审计后的资产负债表,其净资产为 −500 万元。

要求:根据上述所给资料,分别评估甲公司拥有的 A、B、C 和 D 公司的长期股权投资价值。(需有估算过程或说明理由,小数点后保留两位,最终结果以万元为单位)

第 八 章

一、单选题

1. 一项无形资产可以在不同地点由不同的主体同时使用,它体现了无形资产固有特性中的(　　)。

　　A. 不完整性　　　　B. 非实体性　　　　C. 共益性　　　　D. 效益性

2. 无形资产收益通过分成率的方法来获得,是目前国际和国内技术交易中常用的一种实用方法。按照分成对象的不同,可分为销售收入分成率和销售利润分成率。二者的关系可以通过下面( )公式来说明。

    A. 销售收入分成率＝销售利润分成率＋销售利润率

    B. 销售利润分成率＝销售收入分成率×销售利润率

    C. 销售收入分成率＝销售利润分成率×销售利润率

    D. 以上均不对

3. 某专利技术保护期自 2018 年 10 月 1 日起 20 年,2020 年 12 月 15 日作为评估基准日,预计在 2030 年 1 月会有更新的技术替代该专利技术在生产上得到广泛运用。该专利技术的预期收益期限较为合理的年限为( )年。

    A. 20   B. 17   C. 9   D. 12

4. 甲公司将其拥有的某项产品的商标使用权通过许可使用合同许可给乙公司使用。使用期为 3 年。按许可协议,乙公司每年按使用该商标后净利润的 25% 支付给甲公司。乙公司拟年生产该商标产品为 30 万台,每台市场售价为 120 元,公司预期各年销售净利润率为 30%,折现率按 10% 计算,该商标的评估值接近( )万元。

    A. 995   B. 671   C. 497   D. 1 200

5. 某企业年产塑料件产品 10 万件,企业拟引进一项专利技术 K,如果使用了该专利技术可以使每件产品的成本由原来的 2 元降到 1.5 元,其售价由原来的 8 元上升到 10 元。假设 K 专利技术的剩余使用年限为 5 年,企业产量不变,折现率为 10%,企业适用所得税税率为 25%,不考虑其他因素,则专利技术 K 的评估值最接近于( )万元。

    A. 63.50   B. 71.08   C. 88.52   D. 94.78

6. 据我国著作权法规定,对于一项两人合作完成作品的署名权,其保护期为( )。

    A. 作品完成之日起 100 年   B. 作品首次发表日起 50 年

    C. 最后一位死亡的作者死亡之日起 50 年   D. 永久

7. 商标权与专利权相比,具有( )的特点。

    A. 受专项法律保护   B. 能为企业带来超额收益

    C. 共益性   D. 保护期限可续展

8. 运用市场法评估无形资产会受到一定的限制,这个限制是源于( )。

    A. 无形资产的标准性   B. 无形资产的通用性

    C. 无形资产的非标准性   D. 无形资产的非标准性和唯一性

9. 关于商誉,正确的说法是( )。

    A. 商誉是企业长期积累起来的一项无形资产价值

    B. 商誉是一项单独能产生效益的无形资产

    C. 作为无形资产,企业可用商誉对外投资转让

    D. 形成商誉的个别因素能以任何方法单独计算

10. 根据国际评估准则委员会颁布的《国际评估准则》评估指南 4,商誉属于( )。

    A. 权利型无形资产   B. 关系型无形资产

    C. 组合型无形资产   D. 知识产权

二、多选题

1. 根据无形资产的不同分类标准,专利权分别属于( )。

   A. 权利类无形资产　　B. 工业产权　　　C. 可确指无形资产

   D. 知识产权　　　　　E. 技术诀窍

2. 专利使用权转让可划分为( )等几种形式。

   A. 独资使用权转让　　　　　　　B. 独占使用权转让

   C. 独家使用权转让　　　　　　　D. 公共使用权转让

   E. 普通使用权转让

3. 以下属于专有技术特点的有( )。

   A. 实用性　　　　　B. 获利性　　　　C. 地域性

   D. 排他性　　　　　E. 保密性

4. 作为一类资产,无形资产的成本特性主要有( )。

   A. 不完整性　　　　B. 弱对应性　　　C. 高风险性

   D. 虚拟性　　　　　E. 共益性

5. 通过无形资产评估前的鉴定,应该解决( )等问题。

   A. 证明无形资产存在　　　　　　B. 确定无形资产种类

   C. 确定其获利能力　　　　　　　D. 确定其有效期限

   E. 确定其价值

三、综合题

1. 甲、乙两单位于20×8年12月31日签订组建新企业的协议,协议商定甲单位以其拥有的一项实用新型专利A出资,乙单位以货币资金出资,总投资为3 800万元,合作期20年,新企业全部生产A专利产品,从20×9年1月1日正式开工建设,建设期2年。甲单位拟投资的专利A于20×4年12月31日申请,20×6年12月31日获得专利授予权及专利证书,并且按时缴纳了年费。经充分分析论证后,预计新企业投产后第一年销售量为12万件,含税销售价格为每件150元,增值税税率为13%,可抵扣进项税税额平均为每件6元,生产成本、销售费用、管理费用、财务费用为每件80元。投产后第二年起达到设计规模,预计每年销售量为20万件,年利润总额可达1 100万元。从投产第六年起,为保证市场份额,实行降低价格销售,预计年利润总额为470万元。企业所得税税率为25%。企业所在地的城市维护建设税税率为7%,教育费附加为3%。假设技术的净利润分成率为25%,折现率为10%,评估基准日为20×8年12月31日。

   要求:评估甲单位拟投资的实用新型专利A的价值。

2. 甲研究所拟将一项新研发的专利技术转让给乙企业,评估基准日为2019年1月31日。据评估人员预测与调查,该专利的剩余经济寿命为6年,全部的研发成本为100万元,由于甲研究所历年来成果转化率较高,其成本利润率在200%左右。乙企业为一家电子产品生产企业,乙企业为使用该专利技术拟投入资产的重置成本为2 000万元,其成本利润率为15%。评估人员预测,使用该专利生产的电子产品的利润总额,第一年为700万元,第二至四年每年利润总额将递增5%,第五至六年每年利润总额将在上一年的基础上递减4%。假设社会无风险报酬率为3.5%,该专利的风险报酬率为6.5%,企业所得税税率为15%。评估该专利的转让价格。(计算结果以"万元"为单位,保留两位小数)

3. W 企业现生产甲产品,为了提高甲产品的市场占有率,希望从 A 公司获得其商标的使用权。W 企业已经与 A 公司达成了商标使用权转让初步协议,现委托评估机构对 W 企业拟购买 A 公司所拥有的商标权使用权的价值进行评估,评估基准日为 2019 年 1 月 1 日。

经评估人员调查分析,A 公司是全球知名的企业,商标使用权上次获得注册(续展)的时间是 2016 年 1 月 1 日,并按时缴纳了有关商标的费用,商标有效。如果甲产品采用了 A 公司的商标,预计在评估基准日后 15 年内可具有稳定的市场,产品销售价格可由原来的每台 550 元提高到 750 元,全部成本及由增值税引起的税金及附加由原来的每台 500 元增加到 580 元,评估基准日后第一年可销售 16 000 台,第二年可销售 18 000 台,从第三年开始每年可销售 22 000 台。15 年以后企业不再使用 A 公司的商标。另外,购买该商标使用权的风险回报率是 8%,国库券的利率是 4%。W 企业适用所得税税率为 25%。

第　九　章

一、单选题

1. 整体评估中的投资资本一般是指(　　)。

　　A. 所有者权益 　　　　　　　　　　B. 所有者权益+流动负债

　　C. 所有者权益+长期负债 　　　　　D. 所有者权益+负债

2. 企业合并对价分摊评估中的评估对象,应当是被购买企业的(　　)。

　　A. 整体价值 　　　　　　　　　　　B. 可辨认资产、负债及或有负债

　　C. 全部权益价值 　　　　　　　　　D. 部分权益价值

3. 利用企业净现金流量加上扣税后的长期负债作为企业价值评估的收益额,其直接资本化的结果应该是企业的(　　)。

　　A. 股东部分权益价值 　　　　　　　B. 股东全部权益价值

　　C. 投资资本价值 　　　　　　　　　D. 整体价值

4. 从不同口径收益额与其评估值的价值内涵的角度考虑,利用净利润指标作为企业价值评估的收益额,其资本化价值应该是企业的(　　)价值。

　　A. 部分股权 　　　B. 所有者权益 　　　C. 投资资本 　　　　D. 总资产

5. 关于企业收益说法错误的是(　　)。

　　A. 一般来说,应该选择企业的净现金流量作为运用收益法进行企业价值评估的收益基础

　　B. 选择什么口径的企业收益作为评估的基础要首先服从企业价值评估的目标

　　C. 在预测企业预期收益时以企业的实际收益为出发点

　　D. 收益额的确定比较固定,都是以净现金流量来作为收益额的

6. 在企业价值评估中,当确定了收益额的口径后,评估人员需要注意(　　)的选择应与收益额的口径相匹配。

　　A. 评估方法 　　　　　　　　　　　B. 预测企业收益持续的时间

　　C. 企业价值类型 　　　　　　　　　D. 折现率

7. 评估人员在对甲公司的企业价值进行评估时,了解到该公司评估基准日的流动负债为 1 000 万元,长期负债为 2 000 万元,所有者权益为 8 000 万元。经分析,甲公司长期负债的利息率为 5%,无风险报酬率为 4%,风险报酬率为 6%,企业所得税税率为 25%。则甲公

司投资资本的折现率为(　　　)。

　　A. 5.55%　　　　　B. 8.29%　　　　　C. 8.75%　　　　　D. 9%

　　8. 已知被评估企业的β系数为1.2,市场期望报酬率为11.5%,无风险报酬率为4%,企业特定风险系数为1.1,则被评估企业的风险报酬率为(　　　)。

　　A. 9%　　　　　B. 9.9%　　　　　C. 13%　　　　　D. 13.9%

　　9. 某企业未来5年收益现值之和为2000万元,折现率与本金化率均为10%,第6年起企业的预期收益固定为500万元,用分段法估算该企业持续经营的价值约为(　　　)万元。

　　A. 3 500　　　　　B. 4 500　　　　　C. 5 105　　　　　D. 3 905

　　10. 关于成本法在企业价值评估中的应用说法错误的是(　　　)。

　　　　A. 成本法也可以称为资产加和法

　　　　B. 其思路是通过对企业账面价值的调整得到企业价值

　　　　C. 其理论基础是替代原则

　　　　D. 成本法在企业价值评估中运用的比较广泛

二、多选题

　　1. 企业价值评估对象通常包括(　　　)。

　　　　A. 企业商誉价值　　　　　　　　　B. 企业整体价值

　　　　C. 企业资产组价值　　　　　　　　D. 股东全部权益价值

　　　　E. 股东部分权益价值

　　2. 关于折现率和资本化率说法正确的有(　　　)。

　　　　A. 折现率和资本化率本质上相同,都属于投资报酬率

　　　　B. 折现率和资本化率是恒等的

　　　　C. 行业基准收益率不宜直接作为折现率

　　　　D. 折现率的口径要与收益额的口径保持一致

　　　　E. 折现率的测算方法有多种

　　3. 运用资产加和法评估企业价值存在明显的缺陷,即在评估过程中很难考虑企业的(　　　)等因素对企业价值的贡献。

　　　　A. 商誉　　　　　B. 长期待摊费用　　　C. 特许经营权

　　　　D. 长期股权投资　　　E. 治理结构和管理效率

　　4. 关于企业价值评估中市场法的有关说法正确的有(　　　)。

　　　　A. 运用市场法评估企业价值存在两个障碍:一是被评估企业与参照企业之间存在"可比性"问题,二是企业交易案例的差异

　　　　B. 市场法中常用的两种具体方法是参考企业比较法和并购案例比较法

　　　　C. 市场法的两种方法的核心问题是确定适当的价值比率或经济指标

　　　　D. 在寻找参照企业的过程中,为了降低单一样本,单一参数所带来的误差,国际上通用的办法是采用多样本、多参数的综合方法

　　　　E. 运用市场法评估企业价值,进行简单的直接比较就可以了

　　5. 评估人员在评估企业股东部分权益价值时,在适当及切实可行的情况下应当考虑(　　　)。

　　　　A. 控股权因素　　　　　　　　　　B. 固定股权因素

C. 总股本因素　　　　　　　　　　　D. 股权流动性因素

E. 少数股权因素

三、综合题

1. 甲公司进行资产重组,委托资产评估机构对企业股东全部权益价值进行评估。评估基准日为 2018 年 12 月 31 日。评估人员经调查分析,得到以下相关信息。

(1) 甲公司经过审计后的有形资产账面价值为 920 万元,评估值为 1 000 万元,负债为 400 万元。

(2) 企业原账面无形资产仅有土地使用权一项,经审计后的账面价值为 100 万元。评估人员采用市场法评估后的市场价值为 300 万元。

(3) 甲公司刚开发完成一套产品质量控制系统应用软件,在同行业中居领先地位,已经通过专家鉴定并投入生产使用。该软件投入使用后将有利于提高产品质量,增强企业竞争力,目前市场上尚未出现同类型软件。该套软件的实际开发成本为 50 万元,维护成本很低,目前如果重新开发此软件所需的开发成本基本保持不变。

(4) 甲公司长期以来具有良好的社会形象,产品在同行业中具有较强的竞争力。评估基准日后未来 5 年的企业股权净现金流量分别为 100 万元、130 万元、120 万元、140 万元和 145 万元;从第 6 年起,企业股权净现金流量将保持在前 5 年各年净现金流量计算的年金水平上。

(5) 评估人员通过对资本市场的深入调查分析,初步测算证券市场平均期望报酬率为 12%,被评估企业所在行业对于风险分散的市场投资组合的系统风险水平 β 值为 0.7,无风险报酬率为 4%。由于该企业特定风险调整系数 α 为所在行业系统风险水平的 1.08 倍。

(6) 企业的所得税税率为 25%,甲公司能够持续经营。

要求:折现率取整数,其他计算结果小数点后保留两位。

(1) 根据所给条件,分别用资产加和法和收益法评估甲公司股东全部权益价值。

(2) 对上述两种评估方法所得的评估结果进行比较,分析其差异可能存在的原因。

(3) 如果评估机构最终以上述两种评估方法所得结果的算术平均数作为评估结论,你认为是否妥当? 应如何处理?

(4) 给出甲公司股东全部权益价值的最终评估结果,并简单说明原因。

2. 甲公司和乙公司为两家高科技企业,适用的企业所得税税率均为 15%。2019 年 1 月,甲公司为拓展市场,形成新的市场领域,准备收购乙公司 100% 的股权,为此聘请资产评估机构对乙公司进行价值评估,评估基准日为 2018 年 12 月 31 日。

资产评估机构采用收益法和市场法两种方法对乙公司价值进行评估。并购双方经协商,最终确定按市场法的评估结果作为交易的基础,并得到有关方面的认可。与乙公司价值评估相关的资料如下。

(1) 2018 年 12 月 31 日,乙公司资产负债率为 50%,税前债务资本成本为 8%。假定无风险报酬率为 6%,市场投资组合的预期报酬率为 12%,可比上市公司无负债经营 β 值为 0.8。

(2) 乙公司 2018 年税后利润 2 亿元,其中包含 2018 年 12 月 20 日乙公司处置一项无形资产的税后净收益 0.1 亿元。

(3) 2018 年 12 月 31 日,可比上市公司平均市盈率为 15 倍。

假定不考虑其他因素。要求:

(1) 计算用收益法评估乙公司价值时所使用的折现率。

(2) 用可比企业分析法计算乙公司的价值。

3. A企业拟进行重大资产重组,于2019年2月委托甲资产评估机构对企业股东全部权益价值进行评估,评估基准日为2018年12月31日。经评估人员预测,得到下列相关信息。

(1) A企业经审计后的资产账面价值为28 000万元,负债账面价值为15 000万元。资产总额的评估价值为37 540万元。

(2) A企业未来五年预计可实现的现金净流量分别为1 200万元、1 500万元、1 300万元、1 100万元和1 400万元。从第六年开始,A企业的预计现金净流量将在第五年的基础上,每年递增5%。假设不考虑付息债务的价值。

(3) 评估人员选取B公司作为A公司的可比公司,拟利用修正市盈率价值比率测算A公司的股权价值。B公司经调整后的市盈率为21.5,基准日A公司的净利润为1 000万元。

经查阅分析相关资料,甲机构确定A企业所在行业的目标资本结构为3∶7(债权∶股权),债权融资资本成本(税前)为8%,股权融资资本成本为12%。已知A企业适用的所得税税率为25%。要求:

(1) 根据上述条件,分别用收益法、市场法和资产基础法评估该企业在持续经营条件下的价值。(折现率保留整数,其余计算结果保留两位小数)

(2) 对收益法与资产基础法的评估结果差异进行分析。

(3) 简述资产基础法评估企业价值的操作步骤。

第 十 章

一、单选题

1. 关于评估在会计计量、审计中的应用,下列表述不正确的是(   )。

    A. 会计人员对公允价值的计量和披露负责

    B. 外部评估专业人员对评估结论的合理性负责

    C. 会计人员对评估结论的合理性负责

    D. 审计人员对公允价值的审计结论负责

2. 相对于其他评估业务,下列不属于以财务报告为目的的评估的技术特点的是(   )。

    A. 为会计计量提供服务　　　　B. 评估业务具有多样性、复杂性

    C. 所采用的评估方法具有多样性　　D. 具有公正性

3. 由于会计准则和相关法规的修改,导致在执行以财务报告为目的的评估业务时无法完全遵守《以财务报告为目的的评估指南(试行)》的要求时,(   )。

    A. 应当在评估报告中进行说明　　B. 不得出具简明型评估报告

    C. 应当明确评估报告的类型　　　D. 不得出具完整型评估报告

4. 下列关于以财务报告为目的的评估的说法不正确的是(   )。

    A. 以财务报告为目的的评估是为会计的计量、核算及披露提供意见的一种专业服务

    B. 以财务报告为目的的评估业务涉及的评估对象并不复杂

    C. 以财务报告为目的的评估业务具有多样性

    D. 以财务报告为目的的评估业务具有复杂性

5. 关于合并对价的分摊,下列说法错误的是(   )。

   A. 同一控制下企业合并,不涉及合并对价分摊的问题

   B. 合并对价分摊会影响购买方合并日后各会计期间的会计利润

   C. 评估师应当采取适当的方法对合并对价分摊的评估结果的整体合理性进行验证

   D. 企业合并价值分摊事项涉及的业务所对应的评估对象应当是企业的整体价值、股东的全部权益价值或部分权益价值

6. 固定资产减值测试中,常见的资产组或资产组组合的构成与评估对象不包括(   )。

   A. 在建工程   B. 营运资金   C. 商誉   D. 无形资产

7. 在企业合并对价分摊评估中,对于有活跃市场的股票、债券等金融工具的评估价值,按照购买日(   )确定。

   A. 账面价值   B. 中间价

   C. 活跃市场中的市场价值   D. 协议价值

8. 2018 年 12 月 31 日,甲公司某项固定资产计提减值准备前的账面价值为 1 000 万元,公允价值为 980 万元,预计处置费用为 80 万元,预计未来现金流量的现值为 1 050 万元。2018 年 12 月 31 日,甲公司应对该项固定资产计提的减值准备为(   )万元。

   A. 0   B. 20   C. 50   D. 100

9. 根据减值测试准则的规定,减值测试涉及的现金流预测一般只涵盖(   )年。

   A. 3   B. 5   C. 10   D. 8

10. 可收回金额应当根据资产(   )两者之间较高者确定。

   A. 重置成本净额和资产预计未来现金流量的现值

   B. 公允价值减去处置费用后的净额和资产预计未来现金流量的现值

   C. 公允价值减去处置费用后的净额和资产重置成本净额

   D. 公允价值与重置成本

二、多选题

1. 企业合并对价分摊事项涉及的评估业务所对应的评估对象应当有(   )。

   A. 负债   B. 股东的部分权益价值

   C. 可辨认资产   D. 企业整体价值

   E. 或有负债

2. 资产评估结果的会计处理主要包括(   )等方面。

   A. 固定资产   B. 流动资产   C. 无形资产

   D. 应付账款   E. 本年利润

3. 在资产减值测试评估中,预测的资本性支出应当包括(   )。

   A. 维护性资本支出

   B. 完成在建工程和开发过程中的无形资产等的必要支出

   C. 资产改良资本性支出

   D. 与企业扩张相关的资本性支出

   E. 购置资产支出

4. 下列属于我国资产评估法规中,用于以财务报告为目的的评估法规有(   )。

   A.《企业会计准则第 6 号——无形资产》

B. 《以财务报告为目的的评估指南(试行)》

C. 《企业会计准则第 39 号——公允价值计量》

D. 《投资性房地产评估指导意见》

E. 《企业价值评估指导意见》

5. 在实务中,评估师识别无形资产的关键在于判断该项资产是否可辨认。对此,评估师应该进行分析,满足以下( )任何一个条件,即可确认为可辨认的无形资产。

A. 向管理层了解被收购公司是否存在源自合同权利或基于法律的法定权利的无形资产

B. 与该无形资产有关的经济利益很可能流入企业

C. 考虑该无形资产是否能够从被收购公司中分离出来,并能单独或者与其他相关合同、资产或负债一起,用于出售、转移、授予许可、租赁或者交换

D. 该无形资产的成本能够可靠地计量

E. 向董事会了解被收购公司是否存在源自合同权利或基于法律的法定权利的无形资产

三、综合题

1. 2018 年 12 月 31 日,AS 公司对下列资产进行减值测试,有关资料如下。

资料一:对作为固定资产的机器设备进行检查时发现该类机器出现减值迹象。该类机器原值为 8 000 万元,累计折旧 5 000 万元,2018 年年末账面价值为 3 000 万元。该类机器公允价值总额为 2 000 万元,直接归属于该类机器的处置费用为 100 万元。尚可使用年限为 5 年,预计其在未来 4 年内产生的现金流量分别为 600 万元、540 万元、480 万元、370 万元;第 5 年产生的现金流量以及使用寿命结束时处置形成的现金流量合计为 300 万元;在考虑相关因素的基础上,公司决定采用 5% 的折现率。

资料二:一项作为无形资产的专有技术账面成本为 190 万元,累计摊销额为 100 万元,已计提减值准备为零,该专有技术已被其他新的技术所代替,其为企业创造经济利益的能力受到重大不利影响。公司经分析,认定该专有技术虽然价值受到重大影响,但仍有 30 万元的剩余价值。

资料三:为扩展生产规模,于 2016 年年底开始建造新厂房,工程开工一年后,因资金困难无法继续施工,停工到 2018 年年末已有 1 年,企业内部报告有证据表明预计在未来 3 年内资金困难仍得不到解决,在建工程仍会停滞不前。该在建工程目前挂账成本为 600 万元,该在建工程存在活跃市场,其公允价值为 256 万元,处置费用为 6 万元。扣除继续建造所需投入因素预计未来现金流量现值为 260 万元,未扣除继续建造所需投入因素预计未来现金流量现值为 270 万元。计算 AS 公司 2018 年 12 月 31 日对上述各项资产计提的减值损失,并编制会计分录。(计算结果保留两位小数,答案中金额单位用万元表示)

2. 华特科技有限公司以支付现金和发行股票的方式收购了非同一控制下的达因公司 100% 的权益。收购对价包括 30 亿元,同时为收购所发行的股票面值 1 元,发行市场价格为 4.5 元,总发行份数为 10 亿股。

在收购日达因公司的资产负债表状况如表 3 所示。

表 3　收购日达因公司的资产负债表状况　　单位：人民币亿元

资　　产	期　末　数	负债及所有者权益	期　末　数
货币资金	3	应付账款	3
应收账款净额	9	应付票据	6
存货	18	长期借款	27
固定资产净值	21	实收资本	12
无形资产	3	留存收益	6
资产总计	54	负债及所有者权益总计	54

评估师分析达因公司的资产负债表，并经过调查，得知账面价值与评估价值不一致的事项。

（1）应收款项账面原值 10 亿元，坏账准备 1 亿元，净值 9 亿元。评估时确定其回收风险损失率 20%，审计机构确定的坏账准备为 1.2 亿元。

（2）存货中库存的 B 材料以外其他材料账面价值和评估价值相等，B 材料分两批购进，第一批购进时间为上年 10 月，购进 1 000 吨，单价 380 000 元/吨；第二批购进时间为本年 4 月，数量 100 吨，单价 450 000 元/吨。本年 5 月 1 日进行价值评估，经核实，去年购进的该材料尚存 500 吨，本年 4 月购的尚未使用。公司对材料采用先进先出法核算发出存货成本。

（3）对于固定资产，评估师采用了重置成本法对其进行评估。最终评估结果，固定资产评估增值 2.5 亿元。

（4）评估师经过分析，识别出的商标和客户关系两项无形资产，如果本公司不拥有该商标，将需要支付每年 100 万元使用费从其他公司获得该商标的使用权，该客户关系将在并购后给被并购的公司第一年带来预期现金流量为 1 000 万元，以后每年递减 100 万元，公司使用的投资报酬率为 5%。

（5）长期借款中有 2 亿元尚未计提的利息，年利率为 12%，没有计提的利息期限为 6 个月。

（6）被收购公司适用的所得税税率为 25%。

（7）本题不考虑整体合理性测试。

要求：对此项并购进行合并对价分摊评估。

第 十 一 章

一、单选题

1. 下列不属于我国资产评估行业发展特点的是（　　）。
　　A. 改革开放催生了我国资产评估行业
　　B. 服务国有企业成为资产评估行业发展壮大的基础
　　C. 第三产业的发展促进了资产评估行业的发展
　　D. 金融市场的建立加快了资产评估行业发展

2. （　　）是我国第一部对资产评估行业进行政府管理的最高行政法规，标志着我国资产评估行业走上法制化的道路。
　　A.《关于出售国有小型企业产权的暂行办法》
　　B.《关于企业兼并的暂行办法》

    C.《国有资产评估管理办法》

    D.《国有资产评估管理若干问题的规定》

3. 第一部《评估与估价指南》是(　　)制定的。

    A. 美国　　　　　　B. 英国　　　　　　C. 法国　　　　　　D. 德国

4. 财政部和中国资产评估协会不断完善资产评估准则的体系,目前形成的适用于现在的准则体系是(　　)。

    A. 综合准则为基础、执业准则和职业道德准则组成的准则体系

    B. 基本准则为基础、执业准则和职业道德准则组成的准则体系

    C. 执业准则为基础、规范准则和专业准则组成的准则体系

    D. 基本准则为基础、规范准则和综合准则组成的准则体系

5. "国际评估准则 410——开发性不动产"对"开发性不动产"评估方法规定,除了基本准则中的三种基本评估途径,开发性不动产的估值主要使用的两种方法是(　　)。

    A. 复制法和资本化法　　　　　　　　B. 市场法和复制法

    C. 市场法和剩余法　　　　　　　　　D. 剩余法和复制法

6. 下列不是我国资产评估准则创新性的体现的是(　　)。

    A. 制定了评估对象法律权属、金融不良资产、评估机构质量控制等准则

    B. 将职业道德准则单独设立

    C. 构建无形资产评估准则框架

    D. 对评估执业过程中的重要问题作出原则性的规定

7. 下列不属于我国资产评估基本准则的主要内容的是(　　)。

    A. 对基本准则的规范主体重新界定

    B. 对基本准则的使用者提出了基本要求

    C. 对资产评估程序进行了原则性规范

    D. 对资产评估档案的管理进行了规范

8. 为了对准则制定工作提供组织保障,财政部设立(　　),负责审议准则制订计划,指导准则起草工作,审议准则稿,协调准则实施。

    A. 评估审议委员会　　　　　　　　　B. 评估准则委员会

    C. 准则技术委员会　　　　　　　　　D. 准则咨询委员会

9. (　　)负责组织制定资产评估基本准则。

    A. 中国资产评估协会　　　　　　　　B. 财政部

    C. 国务院国有资产监督管理委员会　　D. 中国注册会计师协会

10. 《专业评估执业统一准则》规定(　　)的评估书面报告应当根据开放性评估报告、限制型评估报告中的一种类型进行编制,并且必须在评估报告中明确所采用的报告类型。

    A. 固定资产　　　　　　　　　　　　B. 企业价值或无形资产

    C. 权益资产　　　　　　　　　　　　D. 负债

二、多选题

1. 资产评估在市场经济中的作用有(　　)。

    A. 促进市场资源优化配置　　　　　　B. 保障资本市场良性运行

    C. 维护社会主义市场经济秩序　　　　D. 维护各类资产权益

E. 维护社会稳定

2. 我国资产评估准则体系的设计主要遵守的指导思想包括(　　)。

    A. 我国资产评估准则应当是综合性评估准则体系

    B. 我国资产评估准则体系应当高度重视程序性准则与专业性准则

    C. 我国资产评估准则体系中应当将职业道德准则放在与执业准则同等重要的高度

    D. 我国资产评估准则体系应当涵盖评估机构质量管理

    E. 我国资产评估准则体系应当层次清晰,逻辑严密,不需要灵活性

3. 资产评估执业准则包含的层次分别有(　　)。

    A. 资产评估专业胜任能力　　　　B. 资产评估具体准则

    C. 资产评估指南　　　　　　　　D. 资产评估指导意见

    E. 资产评估规范准则

4. 国际评估准则基本准则中对工作范围的要求有(　　)。

    A. 评估师应当以书面形式准备和确认工作范围

    B. 评估师应当以书面或邮件的形式准备和确认工作范围

    C. 在出具评估报告后,工作范围不可以变动

    D. 在出具评估报告后,特殊情况下工作范围可以变动

    E. 工作范围可以不包括评估报告使用的限制

5. 《RICS估价——专业标准》2014版的架构体系包括(　　)。

    A. 简介、术语表

    B. 国际评估准则

    C. 全球估价实践指南

    D. 全球估价标准、附录及指导性说明的变更概述

    E. 专业评估执业统一准则

第 十 二 章

一、单选题

1. 资产评估基准日是评估业务中极为重要的基础,也是(　　)在评估实务中的具体体现。

    A. 重要性原则　　　B. 评估时点原则　　C. 及时性原则　　　D. 替代原则

2. 下列各项不属于资产评估基本评估程序的是(　　)。

    A. 明确资产评估业务基本事项　　　B. 签订资产评估业务约定书

    C. 资产评估工作底稿归档　　　　　D. 对往来业务作出账务处理

3. 与委托人签订评估业务约定书的应当是(　　)。

    A. 资产评估师　　　　　　　　　　B. 资产评估机构

    C. 资产评估师和评估机构　　　　　D. 均可

4. 狭义的资产评估程序是(　　)。

    A. 始于资产评估机构和人员接受委托,终于向委托人和相关当事人提交资产评估报告书

    B. 始于明确资产评估业务基本事项,终于资产评估工作档案归档

    C.　始于明确资产评估业务基本事项,终于资产评估工作底稿归档

    D.　始于现场调查,终于提交资产评估报告

5.　资产评估报告标题一般采用的形式是(　　　　)。

    A.　经济行为关键词＋企业名称＋评估对象＋资产评估报告

    B.　评估对象＋企业名称＋经济行为关键词＋资产评估报告

    C.　企业名称＋经济行为关键词＋评估对象＋资产评估报告

    D.　评估对象＋经济行为关键词＋企业名称＋资产评估报告

6.　资产评估专业人员撰写出资产评估正式报告后,经审核无误,应当由至少(　　　　)承办该项业务的资产评估专业人员签名并加盖评估机构印章。

    A.　一名　　　　　　B.　两名　　　　　　C.　三名　　　　　　D.　五名

7.　下列关于影响资产核实的事项及处理方法的表述中不正确的是(　　　　)。

    A.　对于因资产性能的限制而影响资产核实的事项,应当说明对资产是否存在、存在状态、权属资料三个方面采取的措施

    B.　对于因存放地点的限制而影响资产核实的事项,应当说明对资产是否存在、存在状态、权属资料三个方面采取的措施

    C.　对于因诉讼保全的限制而影响资产核实的事项,应当说明对资产是否存在、存在状态、权属资料三个方面采取的措施

    D.　对于因涉及商业秘密和国家秘密而影响资产核实的事项,应当说明对资产是否存在、存在状态两个方面采取的措施

8.　下列不属于国有资产评估报告摘要内容的是(　　　　)。

    A.　经济行为　　　　　　　　　　　　B.　评估对象和评估范围

    C.　评估结论及其使用有效期　　　　　D.　评估假设

9.　资产评估档案的保存规定,自资产评估报告日起算,法定评估业务的评估档案保存期限不少于(　　　　)。

    A.　三十年　　　　　B.　十五年　　　　　C.　二十年　　　　　D.　十年

10.　在工作底稿归档的具体工作中,评估机构应做到的方面不包括(　　　　)。

    A.　评估档案归集　　　　　　　　　　B.　确定档案的内容及形式

    C.　底稿审核　　　　　　　　　　　　D.　电子文档的管理

二、多选题

1.　在资产评估具体程序中,需要明确的资产评估业务基本事项包括(　　　　)。

    A.　资产评估限制条件和重要假设　　　B.　价值类型及定义

    C.　资产评估师的签字　　　　　　　　D.　资产评估目的

    E.　签署资产评估业务约定书

2.　执行资产评估程序环节中,应注意以下(　　　　)要求。

    A.　评估机构和人员应该建立健全自己的评估程序

    B.　评估机构和人员应该认真履行适当的评估程序

    C.　评估机构应该指导和监督评估程序的实施

    D.　评估程序部分无法履行,应考虑对评估结论的影响并在报告中披露,必要时拒绝接受委托

E. 评估人员不用将评估程序的组织实施情况记录于工作底稿

3. 以下( )属于资产评估报告包括的内容。

A. 评估目的　　　　　　　　　　B. 评估对象和评估范围

C. 评估基准日　　　　　　　　　D. 评估方法

E. 评估风险

4. 关于资产评估报告的特别事项说明,以下( )属于其总体要求的内容。

A. 说明对特别事项的处理方式

B. 明确价值类型及其定义

C. 说明特别事项对评估结论可能的影响

D. 说明评估的法律、法规依据

E. 提示评估报告使用人关注其对经济行为的影响

5. 资产评估档案的管理应当执行保密制度。除下列( )情形外,评估档案不得对外提供。

A. 司法部门按法定程序进行查询的

B. 资产评估行政管理部门依法调阅的

C. 依法有权审核资产评估业务的其他政府部门按规定程序对资产评估档案进行查阅的

D. 资产评估行业协会按规定程序对执业质量进行检查的

E. 其他组织越权查阅

三、综合题

1. 下面是某评估事务所完成的国有资产评估业务出具的评估报告的正文,找出评估报告书中的错误。

评估报告书

神州诚信评字〔2018〕第 99 号

海生精密仪器有限责任公司:

神州诚信资产评估有限责任公司(以下简称"本公司")接受贵单位的委托,根据有关法律、法规和资产评估准则、资产评估原则,采用收益法,按照必要的评估程序,对贵公司拟股权收购事宜所涉及的永生有限公司的股东全部权益在评估基准日 2018 年 11 月 30 日所表现的市场价值进行了评估。评估结果有效期为 1 年。通过评估我们认为,永生有限公司是一家信誉良好,资产质量优良,具有良好发展前景、具有良好的社会责任感的公司。现将资产评估结果揭示如下。

(1) 委托方、被评估单位(或者产权持有单位)和业务约定书约定的其他评估报告使用者概况。

(2) 评估目的:海生精密仪器有限责任公司股权收购事宜所涉及的永生有限公司的股东全部权益在评估基准日市场价值进行评估。

(3) 评估原则:根据国家国有资产管理及评估的有关法规,我所遵循独立性、科学性和客观性的评估工作原则,并以贡献原则、替代原则和预期原则为基础进行评估。

(4) 评估对象和评估范围:根据本次评估目的,评估对象是永生有限公司的股东全部权益价值。评估范围是永生有限公司经审计后账面上列示的全部资产及相关负债(具体数据略)。

(5)价值类型及其定义:根据评估目的和评估资产的特点,考虑市场条件及评估对象的使用等并无特别限制和要求,因此确定本次评估结论的价值类型为市场价值。市场价值是指自愿买方和自愿卖方,在各自理性行事且未受任何强迫的情况下,评估对象在评估基准日进行正常公平交易的价值估计数额。

(6)评估基准日:本次评估的评估基准日为2018年11月30日。

(7)评估依据:

① 委托方提供的资产清单及其他资料;

② 有关资产的产权证明及相关资料;

③ 委托方提供的有关会计凭证、会计报表及其他会计资料;

④ 与委托方资产取得、销售业务相关的各项合同及其他资料。

(8)评估方法:根据委托方评估目的和评估对象,此次评估方法为成本法和市场法两种方法进行评估,成本法价格标准为重置成本标准。最后取两种评估方法下评估结果的加权平均值为评估结果。

(9)评估程序实施过程和情况:

货币资金账面价值421 588元,其中现金21 325元,银行存款400 263元,考虑到货币资金即为现值不需折现,经总账明细账与日记账核实一致并对现金盘点无误后,按账面值确认。

其他内容(略)。

(10)评估假设

(11)评估结论:在实施了上述评估程序和评估方法后,贵公司截至评估基准日的资产、负债和所有者权益价值为资产总额41 504 342元,负债总额22 722 000元,净资产价值18 782 342元。

(12)特别事项说明。

(13)评估报告使用限制说明

① 评估报告只能用于评估报告载明的评估目的和用途。

② 评估报告只能由评估报告载明的评估报告使用者使用。

③ 未征得出具评估报告的评估机构同意,评估报告的内容不得被摘抄、引用或披露于公开媒体,法律、法规规定以及相关当事方另有约定的除外。

④ 当政策调整对评估结论产生重大影响时,应当重新确定评估基准日进行评估。

⑤ 本评估报告自评估基准日2018年11月30日起一年内使用有效,超过一年,需要酌情使用本报告。

(14)评估报告日:本评估报告于2019年12月8日出具。

(15)签字盖章:

中国注册资产评估师:李伟(签字盖章)

神州诚信资产评估有限责任公司(盖章)

2019年12月8日

2.评估师执行某国企并购评估项目(重大和特殊项目),评估基准日是2018年3月31日。执行了必要的评估程序之后,2018年5月8日评估师形成了评估结论,2018年5月

12 日评估机构签发了报送国资主管部门备案的评估报告,2018 年 5 月 15 日国资部门签发了资产评估项目备案表,评估结论未发生变化。2018 年 5 月 18 日评估机构签发了其余评估报告,并于 2018 年 5 月 19 日邮寄提交客户。对工作底稿等评估档案进行整理后,于 2018 年 9 月底完成评估档案的归档工作。

请根据上述内容,回答以下问题。

(1) 该项目的评估基准日应当由谁确定?

(2) 什么是资产评估报告日? 本项目的评估报告日为哪一天?

(3) 请说明对本项目资产评估报告的签章要求。

(4) 本项目的归档时间是否符合规定? 为什么?

3. A 有限责任公司拟变更为股份有限公司,以经审计的账面净资产作为折算股本的依据。为实现该经济行为,A 公司需按规定进行资产评估。为此 A 公司的财务总监杜先生委托其妻子刘女士所在的 B 评估公司开展该项评估业务。B 评估公司指定刘女士为该项目的现场负责人及签字评估师。评估对象确定为 A 有限责任公司的股东全部权益。A 公司有少量机器设备存放在矿区,由于冬季矿区道路关闭,评估师无法进行现场勘查,在评估报告中对该部分设备的评估情况进行了披露。评估报告日后,由于评估范围内的重要设备因事故报废,导致 A 公司全面停产,A 公司在 B 公司已按评估委托合同约定出具正式资产评估报告的情况下要求 B 公司根据已出现的变化对原评估报告作出修正评估,并提供补充说明。

请根据上述内容,回答以下问题。

(1) B 评估公司对该评估项目的安排在独立性方面是否存在问题? 如存在,请指明存在的具体问题,并说明原因。

(2) 将评估对象确定为 A 公司的股东全部权益是否合理? 为什么?

(3) 对于评估师无法对矿区设备进行现场勘查事项,评估报告应作为何种情形进行披露?

(4) A 公司因设备故障而全面停产,是否属于 B 公司已出具资产评估报告中的期后事项? 为什么?

(5) B 评估公司应当如何处理 A 公司提出的修正评估要求? 请简述原因。

参考文献

[1] 中国资产评估协会.资产评估[M].北京：经济科学出版社,2012.

[2] 朱柯.资产评估[M].大连：东北财经大学出版社,2011.

[3] 梅丹.资产评估[M].天津：南开大学出版社,2010.

[4] 朱云松,聂新田.资产评估学[M].北京：经济管理出版社,2011.

[5] 王国付.资产评估学[M].北京：经济科学出版社,2009.

[6] 熊晴海.资产评估学[M].北京：清华大学出版社,2009.

[7] 耿琴.成本法在房屋建筑物评估中的运用[J].金融财会,2004(7)：60-61.

[8] 张芳.资产评估学[M].北京：科学出版社,2011.

[9] 唐建新,周娟.资产评估[M].武汉：武汉大学出版社,2011.

[10] 乔志敏,宋斌.资产评估学教程[M].北京：中国人民大学出版社,2010.

[11] 董亚红.资产评估[M].北京：北京大学出版社,2009.

[12] 郭景先,白福萍.资产评估学[M].大连：大连出版社,2011.

[13] 俞明轩.资产评估[M].北京：中国人民大学出版社,2009.

[14] 宋传联,闫大柱,于洪.资产评估理论与实务[M].北京：机械工业出版社,2011.

[15] 秦中甫,杨录强.资产评估[M].北京：清华大学出版社,2011.

[16] 吉林省白山市板庙子金矿勘探矿权评估报告.巨潮网.

[17] 华天酒店集团股份有限公司拟转让部分债权资产评估报告.巨潮网.

[18] ST金宇：以财务报告为目的的投资性房地产项目资产评估报告.巨潮网.

[19] 美康中药材有限公司拟对吉林省嘉禾天然药物有限公司增资扩股涉及吉林省嘉禾天然药物有限公司净资产价值项目资产评估报告.巨潮网.

[20] 长安汽车金融有限公司拟增资项目资产评估报告.巨潮网.

[21] 上海开能环保设备股份有限公司拟股权转事宜所涉及的原能细胞科技集团有限公司股东全部权益价值资产评估报告.巨潮网.

[22] 资产评估过程中的职业道德规范.百度文库.

[23] 刘玉平.资产评估学[M].北京：中国人民大学出版社,2015.

[24] 国际评估准则理事会.国际评估准则(2011)[M].中国资产评估协会,译.北京：经济科学出版社,2011.

[25] 刘萍,韩立英,纪益成.中外资产评估准则[M].北京：中国财政经济出版社,2015.

[26] 中国资产评估协会.经济法[M].北京：经济科学出版社,2016.

[27] 全国人大常委会法制工作委员会.中华人民共和国刑法释义[M].5版.北京：法律出版社,2011.

[28] 俞明轩.企业价值评估[M].北京：高等教育出版社,2016.

[29] 北京资产评估协会.资产评估操作程序实用手册(一)[M].北京：经济科学出版社,2014.

[30] 《中华人民共和国资产评估法》(中华人民共和国主席令第46号).

[31] 《中华人民共和国矿产资源法》(中华人民共和国主席令第47号).

[32] 《森林资源规划设计调查技术规程》(GB/T 26424).

[33] 《森林采伐作业规程》(LY/T 1646).

[34] 《旅游资源分类、调查与评价》(GB/T 18972).

[35] 《旅游区质量等级的划分与评定》(GB/T 17775)。

[36] 《中国森林公园风景资源质量等级评定》(GB/T 18005).

[37] 中国资产评估协会.资产评估[M].北京：中国财政经济出版社,2016.

[38] 范文娟,张新玲,胡海川.生物资产价值评估[M].北京：中国农业出版社,2015.

[39] MCKINSEY & CO.. Measuring and Managing The Value of Companies [M]. New Jersey：John Wiley & Sons, Inc. ,2005.